青　森　県

〈収録内容〉

JN007867

便利な DL コンテンツは右の QR コードから

解答用紙　過去年度　リスニング ⇒

※データのダウンロードは 2025 年 3 月末日まで。
※データへのアクセスには、右記のパスワードの入力が必要となります。 ⇒ 863225

〈各教科の受検者平均点〉

	数学	英語	理科	社会	国語
2023年度	53.6	50.6	50.6	55.7	65.9
2022年度	53.1	54.0	56.9	55.6	67.5
2021年度	56.2	63.4	65.0	67.8	66.8
2020年度	54.7	58.7	64.8	64.0	70.7
2019年度	44.1	54.4	47.0	60.4	60.4

※各100点満点。
※数字はすべて前期選抜。
※最新年度は、本書発行の時点で公表されていないため未掲載。

本書の特長

POINT 1　解答は全問を掲載、解説は全問に対応！

POINT 2　英語の長文は全訳を掲載！

POINT 3　リスニング音声の台本、英文の和訳を完全掲載！

POINT 4　出題傾向が一目でわかる「年度別出題分類表」は、約 10 年分を掲載！

実戦力がつく入試過去問題集

▶ 問題 ……………… 実際の入試問題を見やすく再編集。

▶ 解答用紙 …… 実戦対応仕様で収録。

▶ 解答解説 …… 重要事項が太字で示された、詳しくわかりやすい解説。
※採点に便利な配点も掲載。

合格への対策、実力錬成のための内容が充実

▶ 各科目の出題傾向の分析、最新年度の出題状況の確認で、入試対策を強化！

▶ その他、志願状況、公立高校難易度一覧など、学習意欲を高める要素が満載！

解答用紙ダウンロード　解答用紙はプリントアウトしてご利用いただけます。弊社ＨＰの商品詳細ページよりダウンロードしてください。トビラのＱＲコードからアクセス可。

リスニング音声ダウンロード　英語のリスニング問題については、弊社オリジナル作成により音声を再現。弊社ＨＰの商品詳細ページで全収録年度分を配信対応しております。トビラのＱＲコードからアクセス可。

famima PRINT　原本とほぼ同じサイズの解答用紙は、全国のファミリーマートに設置しているマルチコピー機のファミマプリントで購入いただけます。※一部の店舗で取り扱いがない場合がございます。詳細はファミマプリント（http://fp.famima.com/）をご確認ください。

UD FONT　見やすく読みまちがえにくいユニバーサルデザインフォントを採用しています。

2024年度/青森県公立高校入学者選抜出願状況(全日制)

地域	学校	学科	募集人員	出願者数	倍率
東青	青森	普通	240	281	1.17
	青森西	普通	240	268	1.12
	青森東	普通	240	240	1.00
	青森北	普通	160	164	1.03
		スポーツ科学	40	24	0.60
	青森南	普通	160	182	1.14
		グローバル探究	40	43	1.08
	青森中央	総合	160	177	1.11
	浪岡	普通	70	23	0.33
	青森工業	機械	35	35	1.00
		電気	35	32	0.91
		電子	35	23	0.66
		情報技術	35	29	0.83
		建築	35	29	0.83
		都市環境	35	22	0.63
	青森商業	商業 情報処理	200	159	0.80
西北五	五所川原	普通 理数	200	174	0.87
	木造	総合	160	129	0.81
	鰺ヶ沢	普通	40	27	0.68
	五所川原農林	生物生産	35	25	0.71
		森林科学	35	16	0.46
		環境土木	35	28	0.80
		食品科学	35	33	0.94
	五所川原工科	普通	70	67	0.96
		機械	35	28	0.80
		電子機械	35	33	0.94
		電気	35	22	0.63
中弘南黒	弘前	普通	240	284	1.18
	弘前中央	普通	240	275	1.15
	弘前南	普通	200	224	1.12
	黒石	普通	120	106	0.88
		情報デザイン	40	46	1.15
		看護	40	52	1.30
	柏木農業	生物生産	35	17	0.49
		環境工学	35	12	0.34
		食品科学	35	16	0.46
	弘前工業	機械	35	31	0.89
		電気	35	26	0.74
		電子	35	33	0.94
		情報技術	35	38	1.09
		土木	35	31	0.89
		建築	35	35	1.00
	弘前実業	商業	80	93	1.16
		情報処理	40	44	1.10
		家庭科学	40	51	1.28
		服飾デザイン	40	46	1.15
		スポーツ科学	40	44	1.10

地域	学校	学科	募集人員	出願者数	倍率
上十三	三本木	普通	167	148	0.89
	三沢	普通	240	236	0.98
	野辺地	普通	80	33	0.41
	七戸	総合	120	103	0.86
	百石	普通	80	48	0.60
		食物調理	40	23	0.58
	六ヶ所	普通	40	34	0.85
	三本木農業恵拓	普通	70	68	0.97
		植物科学	35	23	0.66
		動物科学	35	32	0.91
		環境工学	35	37	1.06
		食品科学	35	34	0.97
	十和田工業	機械・エネルギー	35	33	0.94
		電気	35	30	0.86
		電子	35	36	1.03
		建築	35	30	0.86
	三沢商業	商業 情報処理	120	91	0.76
下北むつ	田名部	普通	200	194	0.97
	大湊	総合	160	113	0.71
	大間	普通	70	42	0.60
	むつ工業	機械	35	27	0.77
		電気	35	33	0.94
		設備・エネルギー	35	31	0.89
三八	八戸	普通	240	256	1.07
	八戸東	普通	200	230	1.15
		表現	30	29	0.97
	八戸北	普通	200	220	1.10
	八戸西	普通	200	233	1.17
		スポーツ科学	40	46	1.15
	三戸	普通	40	25	0.63
	名久井農業	生物生産	35	26	0.74
		環境システム	35	12	0.34
	八戸水産	海洋生産	35	32	0.91
		水産食品	35	17	0.49
		水産工学	35	17	0.49
	八戸工業	機械	35	37	1.06
		電気	35	37	1.06
		電子	35	33	0.94
		土木	35	25	0.71
		建築	35	39	1.11
		材料技術	35	40	1.14
	八戸商業	商業	80	50	0.63
		情報処理	40	29	0.73

数学 ●●●• 出題傾向の分析と合格への対策 •●●●

出題傾向とその内容

〈最新年度の出題状況〉

本年度の出題数は，大問が5題，小問にして29問であった。中学数学の全領域からまんべんなく，標準レベルの問題が出題されている。難問はないが，よく練られた良問がそろい，45分の検査時間内に完答するにはかなりの計算力，判断力が必要である。

出題内容は，大問1が数・式の計算，平方根，標本調査，式の展開，関数$y=ax^2$，角度，定理の逆，2元1次方程式など，基本的な数学的知識を問う小問群，大問2は資料の散らばり・代表値，方程式の応用問題，大問3は円錐の側面にそって糸をかけることを題材として糸の最短の長さ，中心角を計量させる空間図形の問題と，平面図形の相似の証明と相似の性質を利用した線分の長さの計量，大問4は図形と関数・グラフの融合問題で，方程式の応用，線分の長さと面積の計量，大問5は規則性，文字を使った式，方程式の応用問題であった。

問題の解答にあたっては，後半の問題にじっくり取り組めるよう，要領よく計算を進めることや，時間配分には十分注意しよう。

〈出題傾向〉

問題の出題数は，ここ数年，大問5題，小問30問前後が定着している。

問題の内容は，大問1が基本的な数学能力を問う小問群であり，数・式の計算，平方根から計算問題が5問，数・式の計算，平方根，資料の散らばり・代表値，標本調査等から基本問題が7問が出題されている。毎年，大問1には45点前後の配点がされており，教科書を中心とした学校の教材をしっかり学習すれば十分解ける問題である。大問2，3は大問1よりも応用力を要求される小問群である。主に，方程式の応用，三平方の定理，図形の計量，図形の証明，作図，確率，規則性等から出題されている。大問4，5は融合問題であり，主に，図形と関数・グラフや動点問題等から出題されている。空間図形や規則性の問題は出題されない年もあるが，いつ出題されてもいいような準備をしておこう。

来年度の予想と対策

来年度も，出題の形式，内容，量，レベルに大きな変化はないであろう。前述した通り，標準レベルの問題を，速く正確に解くことがポイントとなろう。

まず，教科書で苦手分野を克服しよう。例題から練習問題まで完全に解けるように繰り返し練習すること。次に入試問題集などで，全領域の標準問題を解いてみよう。その際，ノートに，途中式や使った定理などをていねいに書くようにし，記述式の問題の準備とするようにしよう。

また，計算問題なども，決して手を抜くことなく，短時間で処理できるように訓練すること。文章題，関数，図形はとくに集中的に演習し，解法のパターンを覚えるようにしよう。一つの問題をいろいろな角度からとらえられるよう，論理的な思考力を養っておくことも必要だろう。

⇨学習のポイント

・授業や学校の教材を中心に全分野の基礎力をまんべんなく身につけよう。
・過去問や問題集を使って図形と関数・グラフの融合問題や図形の計量問題への対策を立てよう。

年度別出題内容の分析表　数学

※H26は前期を対象

出題内容			27年	28年	29年	30年	2019年	2020年	2021年	2022年	2023年	2024年
数と式		数の性質							○	○	○	
		数・式の計算	○	○	○	○	○	○	○	○	○	○
		因数分解									○	
		平方根	○	○	○	○	○	○	○	○	○	○
方程式・不等式		一次方程式	○	○	○	○	○	○		○	○	○
		二次方程式	○	○	○	○	○		○	○	○	○
		不等式		○			○					
		方程式の応用	○	○	○	○	○	○		○	○	○
関数		一次関数	○	○	○	○	○	○	○	○	○	○
		関数 $y = ax^2$	○	○	○	○	○	○	○	○	○	○
		比例関数		○		○		○	○	○		
		関数とグラフ	○	○	○	○	○	○	○	○	○	○
		グラフの作成		○	○	○	○	○	○			
図形	平面図形	角度	○	○	○	○	○	○	○	○	○	○
		合同・相似	○	○	○	○	○	○	○	○	○	○
		三平方の定理	○	○		○	○	○	○	○	○	○
		円の性質			○	○		○	○	○		○
	空間図形	合同・相似										
		三平方の定理			○							
		切断										
	計量	長さ	○	○	○	○	○	○	○	○	○	○
		面積	○	○	○	○	○	○	○	○	○	○
		体積	○		○	○		○	○	○	○	
		証明	○	○		○	○	○	○	○	○	○
		作図	○				○			○	○	
		動点		○		○	○					
データの活用		場合の数									○	
		確率	○	○	○	○	○	○	○	○	○	○
		資料の散らばり・代表値（箱ひげ図を含む）	○		○	○	○		○	○	○	○
		標本調査		○				○				○
融合問題		図形と関数・グラフ	○				○	○	○	○	○	○
		図形と確率						○				
		関数・グラフと確率	○									
		その他				○						
その他			○		○		○			○		○

―青森県公立高校―

英語　出題傾向の分析と合格への対策

出題傾向とその内容

〈最新年度の出題状況〉

本年度は，リスニングが1題，会話文問題が2題，長文読解問題が2題の計5題という構成であった。

リスニング問題は，質問の答えとして適切な絵や英文を選択するもの，質問に対して英語で答える記述問題が出題された。配点は100点満点中27点で，他の都道府県と比較すると割合はやや高い。

会話文問題中で出題された語句整序問題・語句問題は，基本的な単語や構文を問うものであった。ただし，各所に文を補充する問題や和文英訳も出題されており，注意が必要だ。

長文問題の小問は，要約文の完成，要旨把握，英問英答，日本語で答える問題，条件英作文など多岐にわたっている。

特に語句問題，表現力を問う問題が多い。

〈出題傾向〉

ここ数年，出題傾向はある程度安定してきている。

リスニングは，英語で答える記述問題が含まれる点以外は，問題形式としては一般的なものだ。

大問2以降は,「書く」問題の割合が高い。空所補充，整序，英問英答，和文から英文への書き換え，条件英作文と英文を作成する問題が多い。いっぽう大問5では，日本語で説明する設問が出題されている。問題文自体は平易ではあるが，記述式問題が多いため，注意が必要である。

来年度の予想と対策

来年度も問題量，内容ともに同じような傾向が予想される。

聞き取り問題は，日頃から音声を利用するなどして，英語を聞く習慣を身につけておくことが大切だ。また，少しでも過去の入試問題に目を通して，設問の傾向をつかんでおきたい。聞きながらメモを取る習慣もつけた方がよいだろう。

本県の特徴は記述問題が多いという点である。英文法の基本をしっかりと押さえて，ふだんから英文を書く練習をしよう。教科書に出てくる基本文の暗記は効果的といえる。

長文読解については，質・量ともに標準的な内容で教科書レベルの知識で対応可能であるため，しっかりとした既習事項の復習をしておきたい。

⇨学習のポイント

- 選択や穴うめだけでなく,「文」を書く問題に多く触れよう。日本語による記述問題への対策も必要。
- 出題形式が特徴的なので，本書を活用し，過去問の傾向に慣れておくこと。

年度別出題内容の分析表　英語

※H26は前期を対象

出題内容			27年	28年	29年	30年	2019年	2020年	2021年	2022年	2023年	2024年
設問形式	リスニング	絵・図・表・グラフなどを用いた問題	○	○	○	○	○	○	○	○	○	○
		適文の挿入										
		英語の質問に答える問題	○	○	○	○	○	○	○	○	○	○
		英語によるメモ・要約文の完成										
		日本語で答える問題										
		書き取り										
	語い	単語の発音										
		文の区切り・強勢										
		語句の問題							○	○		
	読解	語句補充・選択（読解）	○	○	○	○	○	○	○	○	○	○
		文の挿入・文の並べ換え	○		○	○	○	○	○	○	○	○
		語句の解釈・指示語	○	○	○			○	○	○	○	○
		英問英答（選択・記述）	○	○	○	○	○	○		○	○	○
		日本語で答える問題	○	○	○	○	○	○	○	○	○	○
		内容真偽				○	○	○	○		○	○
		絵・図・表・グラフなどを用いた問題		○		○		○			○	
		広告・メール・メモ・手紙・要約文などを用いた問題	○	○	○	○	○	○	○	○	○	○
	文法	語句補充・選択（文法）										
		語形変化										
		語句の並べ換え		○	○	○	○	○	○	○	○	○
		言い換え・書き換え										
		英文和訳										
		和文英訳	○	○	○	○	○	○	○	○	○	○
		自由・条件英作文	○	○	○	○	○	○	○	○	○	○
文法事項		現在・過去・未来と進行形		○		○	○	○	○	○	○	○
		助動詞	○	○	○	○	○	○	○	○	○	○
		名詞・冠詞・代名詞						○				
		形容詞・副詞				○	○	○				
		不定詞	○	○	○	○	○	○	○	○	○	○
		動名詞		○	○	○	○	○	○	○	○	○
		文の構造（目的語と補語）		○	○	○				○	○	
		比較	○		○	○		○	○	○	○	○
		受け身	○	○	○		○	○	○	○	○	○
		現在完了			○	○	○	○	○	○	○	○
		付加疑問文										
		間接疑問文		○	○		○	○		○	○	○
		前置詞		○		○	○		○		○	○
		接続詞		○	○	○	○	○	○		○	○
		分詞の形容詞的用法		○	○		○	○				○
		関係代名詞		○	○	○		○		○	○	
		感嘆文										
		仮定法										

―青森県公立高校―

理科 ●●●• 出題傾向の分析と合格への対策 •●●●

出題傾向とその内容

〈最新年度の出題状況〉

大問は6題で，小問数は例年とほぼ変わらず枝問が40問ほどである。1は第2分野，2は第1分野からの小問集合で構成されている。3～6は第1分野から2題，第2分野から2題の出題になっている。3は植物のはたらき，4は化学変化とイオン，5は電流，6は大地の活動についての出題であった。

〈出題傾向〉

第1分野は実験を中心としたものが多く，考察力や思考力が問われている。実験の設定についてはていねいに述べているが，小問ごとの問題文は比較的短く，複雑な問題は少ない。しかし，基本的な内容をしっかり理解していないと簡単には解答にたどりつけない。第2分野は，実験操作だけでなく観察のようすや図表についても出題されるので，用語の暗記だけではなく，実験・観察の意味や手順の理解も必要である。

一つの大問中では比較的に関連問題の出題が少なく，それぞれに小問が独立しているものが多い。また，発展的内容は少ない。すべての単元をしっかり学習しておくことが必要である。

物理的領域　小問集合では「音の性質」，「力の分解と合成」，5では「電流と電圧の関係」について出題された。さほど難しくない内容だが，作図や計算による数値記入など，解答に注意が必要な出題であった。

化学的領域　小問集合では「物質の状態変化」，「水の電気分解」，4では酸とアルカリの中和について出題された。実験操作の理由や実験結果についての考察，与えられたデータを用いて計算するなどの出題になっており，問題に慣れているかどうかが影響する内容であった。

生物的領域　小問集合では「動物の分類」，「単細胞生物の生殖」，3では「植物の光合成と呼吸」について出題された。植物のはたらきを調べる実験操作を理解するとともに，光合成と呼吸を考察するための対照実験の選び方がキーポイントになる。

地学的領域　小問集合では「日本付近の季節風」，「太陽系の惑星」，6では「プレートの動きと地震」について出題された。日本列島付近のプレートのようすをもとに，その動きにともなって地震が発生すること，また，地震の観測結果からわかることを考えさせる出題になっている。

来年度の予想と対策

小問数が多いので，時間配分を考えて解きやすい問題から取り組んでいくことを心がけなければいけない。また，記述式問題の対策として，ふだんからノートのまとめや図解による整理を行い，自分の言葉で説明できるようにしておこう。

さらに，基本レベルの問題集を用いて，まちがえた内容を何度も繰り返し学習し，正確に解けるまで練習しておくことが大切である。

⇨学習のポイント

- 過去問を多く練習し，さまざまなパターンの問題に慣れておこう。
- 近年出題されていない単元についても，ひと通り問題演習を行っておこう。

年度別出題内容の分析表　理科

※★は大問の中心となった単元

分野	学年	出題内容	27年	28年	29年	30年	2019年	2020年	2021年	2022年	2023年	2024年
第一分野	第1学年	身のまわりの物質とその性質	○				○				○	
		気体の発生とその性質		★			○		○	○		
		水溶液	○		○	○	○	★	○			
		状態変化							○			○
		力のはたらき(2力のつり合いを含む)			○	○	○	○				
		光と音	★	★		○				○	★	○
	第2学年	物質の成り立ち									○	○
		化学変化，酸化と還元，発熱・吸熱反応	○	○	○	○		○			○	
		化学変化と物質の質量	○	○	★		○		○	○	○	
		電流(電力，熱量，静電気，放電，放射線を含む)	○	○	○	★		★	○	○		★
		電流と磁界	★				○				○	
	第3学年	水溶液とイオン，原子の成り立ちとイオン	★						★			
		酸・アルカリとイオン，中和と塩			○	★		○				★
		化学変化と電池，金属イオン		○			○			○	○	
		力のつり合いと合成・分解(水圧，浮力を含む)			○		★	○	★			○
		力と物体の運動(慣性の法則を含む)	○		★			○		○		
		力学的エネルギー，仕事とエネルギー	○	○			○		○	★	○	
		エネルギーとその変換，エネルギー資源		○								
第二分野	第1学年	生物の観察と分類のしかた			○	○						
		植物の特徴と分類		○			★					
		動物の特徴と分類					○		★		○	○
		身近な地形や地層，岩石の観察	○						○		○	
		火山活動と火成岩			★		○			○		
		地震と地球内部のはたらき		○		★		○				★
		地層の重なりと過去の様子	★						★		○	
	第2学年	生物と細胞(顕微鏡観察のしかたを含む)						○				
		植物の体のつくりとはたらき	★	○	○	○			○	○		★
		動物の体のつくりとはたらき		★	○	★		○		★	○	
		気象要素の観測，大気圧と圧力	○	○	○			★	○	○		
		天気の変化				○	○			○		
		日本の気象									★	○
	第3学年	生物の成長と生殖	○		○		○	★	○			○
		遺伝の規則性と遺伝子			★			○				
		生物の種類の多様性と進化										
		天体の動きと地球の自転・公転	○	★	○	○		○	○	★	○	
		太陽系と恒星，月や金星の運動と見え方					★					○
		自然界のつり合い				○				○	★	
自然の環境調査と環境保全，自然災害				○								
科学技術の発展，様々な物質とその利用												
探究の過程を重視した出題			○	○	○	○	○	○	○	○	○	○

―青森県公立高校―

社会 出題傾向の分析と合格への対策

出題傾向とその内容

〈最新年度の出題状況〉

本年度の出題数は大問7題，小問43題であった。解答形式は，語句記入が21問であり，記号選択は15問であった。短文記述問題は，7問出題されている。大問は，日本地理1題，世界地理1題，歴史2題，公民2題，地理・歴史・公民から構成される大問1題となっており，各分野からバランスよく出題されている。

地理的分野では，略地図など各種資料をもとに出題され，グラフ・表などの資料を読み取らせる出題となっている。広い視野に立ち，基礎知識を組み合わせて答えさせる問題もあった。

歴史的分野では，生徒の学習カードを題材とし，大きな流れや，できごとの前後関係を問うものが多い。世界史の問題も出題されている。

公民的分野では，政治・経済などについて，幅広く出題されている。基本的な語句の意味を理解しているかを確認する内容となっている。

〈出題傾向〉

地理的分野では，略地図・統計資料・グラフ・表などを読み取らせることで，基本知識の定着度を確認している。

歴史的分野では，生徒の学習カード・略年表・史料・グラフ・絵などを題材とし，各時代の特徴をきちんと把握しているかを確認している。

公民的分野では，グラフや写真を題材とし，政治・経済を軸にして，現代社会に対する理解の程度を問う内容となっている。そして，教科書の重要事項を幅広く理解しているか確認している。

全体として難問は少ないので，基礎を固め，問題練習をくり返せば，高得点も可能である。

来年度の予想と対策

来年度も出題数・出題内容ともに大きな変化はないと思われる。基本的な問題が多いので，教科書や資料集を用いて基礎知識の習得に努めるのがよいだろう。考える力をつけておくことも大事である。また，短文記述問題が出題されるので，普段から重要事項について文章にまとめる練習をしておくことも大切である。特に入試過去問題集に取り組んでおくことが必要である。

地理的分野では，地図や表・グラフなどを正しく読み取れるようにしておくことが必要である。必ず地図帳や資料集を参照しながら，主要国・諸地域の産業や気候などの特色に対する理解を深めておくべきである。

歴史的分野では，年表などで時代の流れを把握しておくことが必要である。また，教科書や図説等にのっている写真や絵を確認し，資料を考察することが大切である。

公民的分野では，幅広く基礎的用語を理解すること，さらに，グラフや表などを読み取る練習をしておくことが必要である。また，ニュースや新聞などで，政治・経済のしくみや地方自治・国際社会の動きなどに興味・関心を持つことが大切である。

⇨学習のポイント

- 地理では，略地図等に慣れ，統計資料を読みとり，分析する力をつけておこう！
- 歴史では，教科書で基本的事項を整理し，時代の大きな流れをつかみ，世界史にも目を配ろう！
- 公民では，政治・経済の基礎を幅広く理解し，国内外のニュースについても視野に置こう！

年度別出題内容の分析表　社会

出題内容			27年	28年	29年	30年	2019年	2020年	2021年	2022年	2023年	2024年
地理的分野	日本	地形図の見方				○						
		日本の国土・地形・気候	○	○	○	○	○	○	○	○	○	○
		人口・都市		○	○		○	○		○	○	
		農林水産業	○	○	○	○	○	○	○	○	○	○
		工業	○	○	○				○	○	○	○
		交通・通信								○	○	○
		資源・エネルギー				○						○
		貿易										
	世界	人々のくらし・宗教	○	○	○			○	○	○	○	
		地形・気候	○	○	○	○	○	○	○	○	○	○
		人口・都市		○	○	○				○		○
		産業	○	○	○	○	○	○				○
		交通・貿易				○			○	○	○	○
		資源・エネルギー				○	○	○		○	○	○
	地理総合						○					
歴史的分野	日本史―時代別	旧石器時代から弥生時代		○								
		古墳時代から平安時代	○	○	○	○	○	○	○	○	○	○
		鎌倉・室町時代	○	○	○	○	○	○	○	○	○	○
		安土桃山・江戸時代	○	○	○	○	○	○	○	○	○	○
		明治時代から現代	○	○	○	○	○	○	○	○	○	○
	日本史―テーマ別	政治・法律	○	○	○	○	○	○	○	○	○	○
		経済・社会・技術	○	○	○	○	○	○	○	○	○	○
		文化・宗教・教育		○	○	○	○	○	○	○	○	○
		外交			○	○	○	○	○	○	○	○
	世界史	政治・社会・経済史			○	○	○	○	○		○	○
		文化史								○	○	○
		世界史総合								○		○
	歴史総合											
公民的分野	憲法・基本的人権		○		○		○	○	○	○	○	
	国の政治の仕組み・裁判		○	○	○		○	○	○	○	○	○
	民主主義											○
	地方自治		○					○		○		○
	国民生活・社会保障			○	○	○		○			○	○
	経済一般		○	○	○	○	○	○	○	○	○	○
	財政・消費生活		○	○	○	○	○	○	○	○	○	○
	公害・環境問題				○	○	○	○				○
	国際社会との関わり					○	○	○	○		○	○
時事問題												
その他			○							○		

―青森県公立高校―

国語 出題傾向の分析と合格への対策

出題傾向とその内容

〈最新年度の出題状況〉

今年度も，昨年までと同様，6つの大問で構成されている。

第1問は，放送による聞き取り問題。資料が示され，放送内容に関する問題が出題された。

第2問は漢字。読み，書き取り，漢字の部首を問う問題があった。

第3問は，古文と漢文の読解問題。仮名遣いや漢文の返り点についても出題されている。

第4問は，小説の読解問題。登場人物の心情や人物像について問われた。

第5問は，論説文の読解問題。文章の内容について問う問題の他，文法についても出題された。

第6問は，作文。日本語の会話についての話し合いが示され，そのやりとりを読んで気づいたことや自分の意見を150～200字で書くものであった。

〈出題傾向〉

放送による聞き取りと，作文は，毎年出題されている。

古典は，古文や漢文が出題される。本年度は両方とも出題された。

現代文読解は，文学的文章と説明的文章が1題ずつ出題される。いずれも読みやすく，理解しやすい文章である。記述問題は，本文の内容をまとめたものが示され，指定された字数で空欄を補うという形が特徴的である。内容を把握するだけでなく，前後の語句につながる形でまとめる必要がある。

知識については，漢字は独立問題だが，語句や文法は読解問題の中で問われる。中学の学習範囲を逸脱する内容ではないが，盲点になりそうなところや間違えやすいものが出題される場合がある。

来年度の予想と対策

多少の変化はあるかもしれないが，来年度もあらゆる分野から出題され，基本的な読解力や記述力が試されるだろう。総合的な国語力を身につけて対処してほしい。

現代文の文学的文章は登場人物の心情や情景を想像すること，説明的文章は文脈に注意して筆者の主張を読み取ることが大切である。場面や段落の内容をまとめる練習もしておこう。

古文や漢文は，仮名遣いや返り点，基本古語などの知識を身につける。また，教科書をくり返し音読して古文や漢文の表現に慣れ，おおまかな内容をつかめるようにしたい。

漢字・語句・文法などの知識は，日ごろからきちんと学習しておく。

作文は，書き慣れることが肝要である。新聞のコラムなどを読んで，自分の意見を200字程度でまとめる練習を繰り返すとよい。初めは大変かもしれないが，次第に書くことが楽になるはずである。

⇨学習のポイント

- テレビやラジオなどで，聞き取りの練習をしよう。
- さまざまな種類の読解問題に取り組み，多くの出題パターンに触れよう。
- 漢字や文法などの基礎知識もしっかり身につけよう。

年度別出題内容の分析表　国語

※H26は前期を対象

		出題内容	27年	28年	29年	30年	2019年	2020年	2021年	2022年	2023年	2024年
内容の分類	読解	主題・表題									○	○
		大意・要旨		○	○							
		情景・心情	○	○	○	○	○	○	○	○	○	○
		内容吟味	○	○	○	○	○	○	○	○	○	○
		文脈把握	○		○	○		○	○	○	○	○
		段落・文章構成										
		指示語の問題									○	
		接続語の問題	○									
		脱文・脱語補充	○	○	○	○	○	○	○	○	○	○
	漢字・語句	漢字の読み書き	○	○	○	○	○	○	○	○	○	○
		筆順・画数・部首										○
		語句の意味	○	○		○						
		同義語・対義語										
		熟語										
		ことわざ・慣用句・四字熟語					○					
		仮名遣い			○		○		○		○	○
	表現	短文作成					○				○	
		作文(自由・課題)	○	○	○	○	○	○	○	○	○	○
		その他										
	文法	文と文節				○					○	
		品詞・用法	○	○	○		○	○	○	○	○	○
		敬語・その他						○		○		○
	古文の口語訳		○	○								
	表現技法・形式				○							
	文学史											
	書写											
問題文の種類	散文	論説文・説明文	○	○		○	○	○	○	○	○	○
		記録文・実用文										
		小説・物語・伝記	○	○	○		○	○	○	○	○	○
		随筆・紀行・日記				○						
	韻文	詩										
		和歌(短歌)										
		俳句・川柳										
	古文		○		○		○		○		○	○
	漢文・漢詩			○		○		○		○	○	○
	会話・議論・発表		○		○							
	聞き取り		○	○	○	○	○	○	○	○	○	○

—青森県公立高校—

青森県公立高校難易度一覧

目安となる偏差値	公立高校名
75 ~ 73	
72 ~ 70	青森
69 ~ 67	八戸 弘前
66 ~ 64	
63 ~ 61	八戸北 青森東 五所川原(普／理数)，八戸東
60 ~ 58	青森南，弘前中央 三本木，八戸東(表現)，弘前南 八戸西
57 ~ 55	青森南(グローバル探究)
54 ~ 51	青森北，木造(総合)，弘前工業(情報技術) 青森工業(情報技術)，弘前工業(建築)，弘前実業(商業／情報処理)，三沢 青森西，田名部，八戸工業(機械／電子) 青森北(スポーツ科学)，八戸工業(電気／建築)，八戸西(スポーツ科学)，弘前工業(機械／電気／電子)，弘前実業(スポーツ科学)
50 ~ 47	青森工業(機械)，八戸工業(土木)，八戸商業(商業／情報処理)，弘前実業(服飾デザイン) 青森工業(電気)，青森中央(総合)，八戸工業(材料技術) 青森工業(都市環境)，黒石(看護)，弘前工業(土木) 青森工業(電子)，黒石，五所川原工科(普／機械／電子機械／電気)，弘前実業(家庭科学)，三沢商業(商業／情報処理)
46 ~ 43	青森工業(建築)，青森商業(商業／情報処理)，三戸 大湊(総合)，黒石(情報デザイン)，三本木農業恵拓(普／植物科学／動物科学／環境工学／食品科学)
42 ~ 38	鰺ヶ沢，七戸(総合)，浪岡，百石 十和田工業(機械･エネルギー／電気／電子／建築)，八戸水産(海洋生産／水産食品／水産工学) むつ工業(機械／電気／設備･エネルギー／電気)，百石(食物調理) 柏木農業(生物生産／環境工学／食品科学)，名久井農業(生物生産／環境システム)，六ヶ所
37 ~	五所川原農林(生物生産／森林科学／環境土木／食品科学)，野辺地 大間

＊(　)内は学科・コースを示します。特に示していないものは普通科(普通・一般コース)，または全学科(全コース)を表します。
＊データが不足している高校，または学科・コースなどにつきましては掲載していない場合があります。
＊公立高校の入学者は，「学力検査の得点」のほかに，「調査書点」や「面接点」などが大きく加味されて選抜されます。上記の内容は想定した目安ですので，ご注意ください。
＊公立高校入学者の選抜方法や制度は変更される場合があります。また，統廃合による閉校や学校名の変更，学科の変更などが行われる場合もあります。教育委員会などの関係機関が発表する最新の情報を確認してください。

青森県公立高等学校

2024年度

★★★★★★★★★★★★★★★★★★★★★★★★

入　試　問　題

2024
年
度

●くわしい解説……41ページ

＜数学＞

時間 45分 満点 100点

1 次の(1)~(8)に答えなさい。(43点)

(1) 次のア～オを計算しなさい。

ア $4-(-1)$

イ $8\times(-3)\div 4$

ウ $(9x-6y)\div\left(-\frac{3}{2}\right)$

エ $\frac{2x+y-1}{3}-\frac{3x-2y+3}{5}$

オ $(\sqrt{6}+\sqrt{2})(\sqrt{24}-\sqrt{8})$

(2) 数直線上で，3からの距離が4である数を2つ書きなさい。

(3) 右の図のような同じ大きさのクリップが箱の中にたくさん入っている。24個取り出して印をつけた後，すべて箱に戻してよくかき混ぜた。その中から35個のクリップを無作為に取り出したところ，印のついたクリップは2個であった。この結果から，箱の中にはおよそ何個のクリップが入っていると考えられるか，求めなさい。

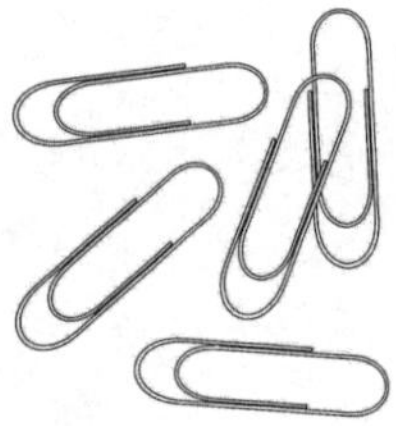

(4) 次の式を展開しなさい。

$\left(\frac{1}{3}x+3\right)^2$

(5) 関数 $y=x^2$ について，x の変域が $-3\leqq x\leqq a$ のとき，y の変域は $b\leqq y\leqq 16$ である。このとき，a，b の値をそれぞれ求めなさい。

(6) 右の図で，△ABC≡△EBDである。このとき，∠x の大きさを求めなさい。

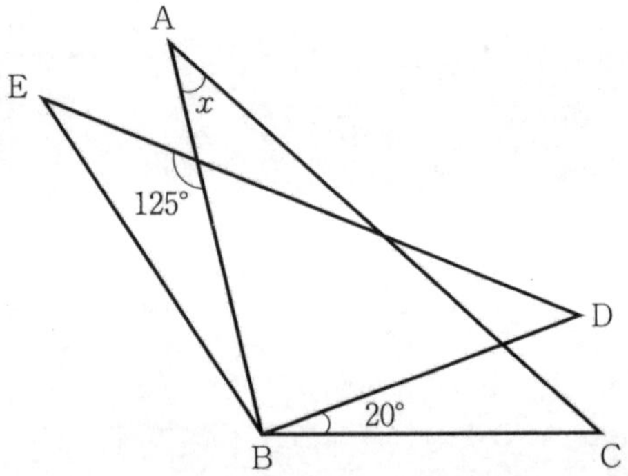

(7) 次のことがらは正しいが，その逆は正しくない。正しくないことを示すための反例を１つ書きなさい。

$x=3$，$y=1$ ならば，$x+y=4$ である。

(8) 方程式 $2x+y=3$ について述べた文として**適切でないもの**を，次の**ア**～**エ**の中から１つ選び，その記号を書きなさい。

ア この方程式では，x の値を１つ決めると，それに対応して y の値がただ１つに決まる。

イ この方程式を成り立たせる x，y の値の組は無数にある。

ウ この方程式のグラフは点（1，1）を通る。

エ この方程式のグラフは点（0，3）を通り，傾き２の直線と一致する。

2 次の(1)，(2)に答えなさい。(14点)

(1) 右の表は，X中学校とY中学校の生徒の通学時間を度数分布表に整理したものである。次の**ア**，**イ**に答えなさい。

階級(分)	度数(人)	
	X中学校	Y中学校
0以上～5未満	1	2
5～10	3	5
10～15	5	10
15～20	7	8
20～25	4	7
25～30	0	3
合計	20	35

ア Y中学校について，中央値がふくまれる階級を書きなさい。

イ この度数分布表から読み取れることとして適切なものを，次の**1**～**4**の中から１つ選び，その番号を書きなさい。

1 通学時間が15分未満の生徒が，X中学校では４人いる。

2 通学時間の最大値は，X中学校の方がY中学校より大きい。

3 通学時間が20分以上25分未満の階級の相対度数は，どちらの中学校も等しい。

4 通学時間が20分未満の生徒の全体に対する割合は，X中学校の方がY中学校より小さい。

(2) 下の［**問題**］とそれについて考えているレンさんとメイさんの会話を読んで，次の**ア**，**イ**に答えなさい。

> ［**問題**］ Aさんは，峠(とうげ)を越えて8.7km離れた祖父の家に行くのに，Aさんの家から峠までは時速３km，峠から祖父の家までは時速５kmで歩いたら，合計２時間18分かかった。Aさんの家から峠までの道のりと，峠から祖父の家までの道のりはそれぞれ何kmか，求めなさい。

レン：［**問題**］にある数量の関係を**図**に表してみたよ。ただ，求めたい道のりの他に，歩いたそれぞれの時間もわからないね。

メイ：それなら，**表**にして整理してみよう。求めたい道のりは２つだから，それぞれ x，y と文字にしたらどうかな。

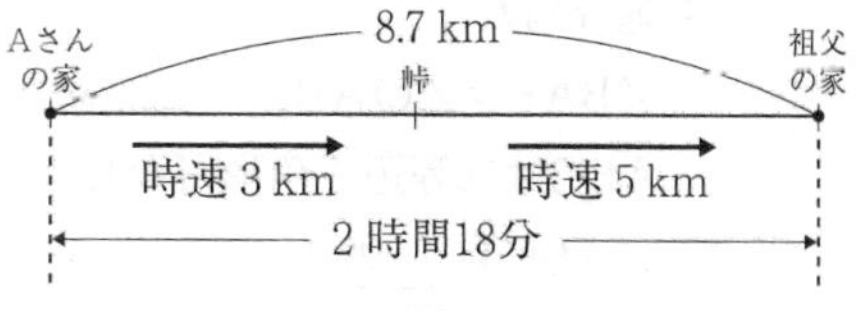

図

	Aさんの家から峠まで	峠から祖父の家まで	合計
道のり	x km	y km	8.7 km
速さ	時速 3 km	時速 5 km	
時間	あ 時間	い 時間	う 時間

表

レン：道のりについて x，y を用いた方程式がつくれるね。

メイ：そうだね。その他に，もう１つ方程式をつくれるよ。

ア あ，い にあてはまる式をそれぞれ書きなさい。また，う にあてはまる数を書きなさい。

イ ［問題］を解きなさい。

3 次の(1)，(2)に答えなさい。（17点）

(1) 右の図は，底面の半径が１cm，高さが $2\sqrt{2}$ cmの円錐（すい）である。母線ABの中点をMとし，点Bから点Mまで，円錐の側面にそって母線ACを通り，最も短くなるように糸をかける。次のア～ウに答えなさい。

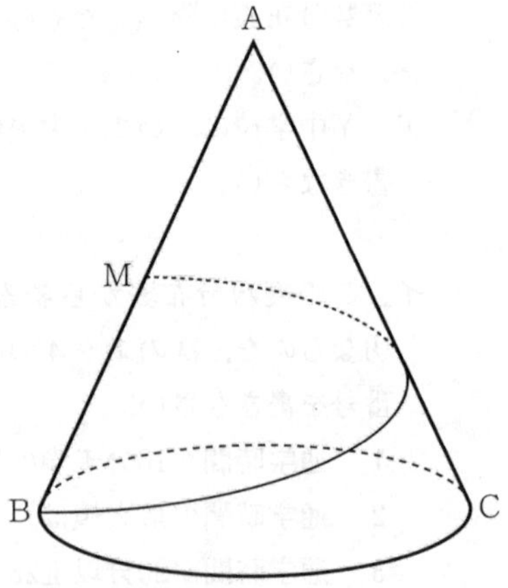

ア 母線ABの長さを求めなさい。

イ この円錐の展開図をかいたとき，側面になるおうぎ形の中心角の大きさを求めなさい。

ウ 糸の長さを求めなさい。

(2) 下の図のように，３点A，B，Cを通る円があり，△ABCはAB＝AC＝５cmの二等辺三角形である。点Pは点Bをふくまない $\overset{\frown}{AC}$ 上を動く点であり，直線APと直線BCの交点をQとする。このとき，次のア，イに答えなさい。

ア △ABPと△AQBが相似になることを次のように証明した。あ ～ う にあてはまる角をそれぞれ書きなさい。

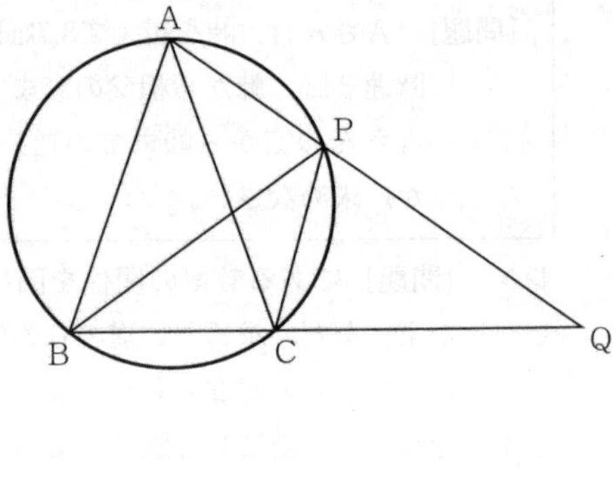

［証明］

△ABPと△AQBにおいて

共通な角だから

∠BAP＝∠QAB ……①

△ABCは二等辺三角形だから

∠ABC＝ あ ……②

円周角の定理より

あ ＝ い ……③

②，③から

[い] ＝ [う]　　　……④

①，④から

２組の角がそれぞれ等しいので

△ABP∽△AQB

イ　点Pが線分AQの中点になるとき，線分APの長さを求めなさい。

4　図１で，①は関数 $y=2x^2$ のグラフであり，２点A，Bは①上の点で x 座標がそれぞれ -1，２である。また，②は２点A，Bを通る直線である。次の(1)～(3)に答えなさい。ただし，座標軸の単位の長さを１cmとする。(12点)

(1)　点Aの y 座標を求めなさい。

(2)　線分ABの長さを求めなさい。

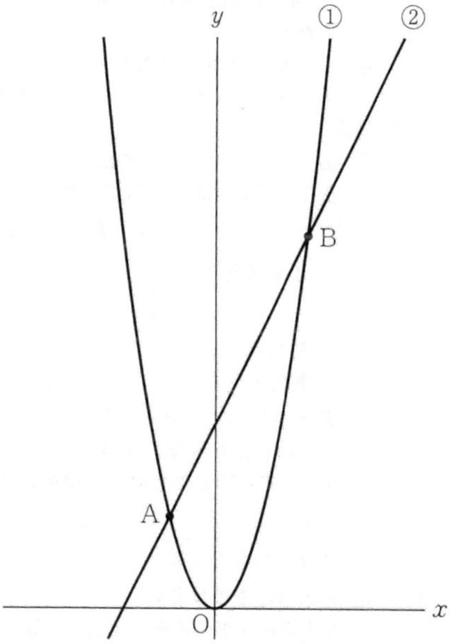

図１

(3)　図２は，図１に面積の等しい△AOBと△AOCをかき加えたものである。点Cは y 軸上の点で，y 座標が正であるとき，次の**ア**，**イ**に答えなさい。

ア　点Cの座標を求めなさい。

イ　点Aと２点B，Cを通る直線との距離を求めなさい。

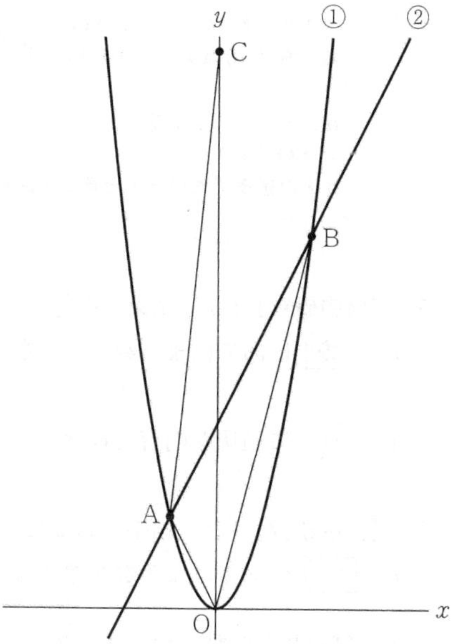

図２

5　下の【自由研究】は，マユさんが冬休みの課題として提出したものの一部である。次の(1)，(2)に答えなさい。(14点)

【自由研究】

対角線の本数の求め方を応用して

1　研究の動機

私は、生徒会でスポーツ大会を担当しています。試合の組み合わせを考えていたとき、数学で学習した「正多角形の対角線の本数を調べる」の考え方を、スポーツ大会の試合数の計算に生かせるのではないかと思い、研究することにしました。

2　研究の方法

①「正多角形の対角線の本数」の求め方を復習し、正n角形では何本の対角線をひけるのかを考え、これをnを用いた文字式で表します。

② ①の考え方や文字式を活用して、バドミントンの個人戦で、n人の選手が他の選手全員と1回ずつ試合をするときの試合数を計算します。

3　結果

① 正n角形の対角線の本数

正多角形とその対角線の本数の関係

正多角形	正方形 	正五角形 	正六角形 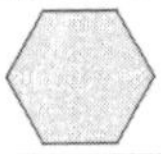	……	正n角形 
対角線の本数（本）	2	あ	9	……	$\dfrac{(n-3)\times n}{2}$

〔正n角形のときの考え方〕

1つの頂点からは、その頂点と隣り合う頂点以外の$(n-3)$個の頂点との間に対角線をひくことができます。頂点は全部でn個あるので、対角線の本数を表す式は$(n-3)\times n$であると考えましたが、それでは［　い　］ことになるため、$\dfrac{(n-3)\times n}{2}$が対角線の本数を表す式になります。

② n人の選手の試合数

5人の選手が他の選手全員と1回ずつ試合をするとき、下の図のように、選手Aは対角線でつないだ選手C、Dの他に、辺でつないだ選手B、Eとも試合をするので

$\dfrac{4\times 5}{2}$

つまり、選手が5人のときの試合数は10試合となります。

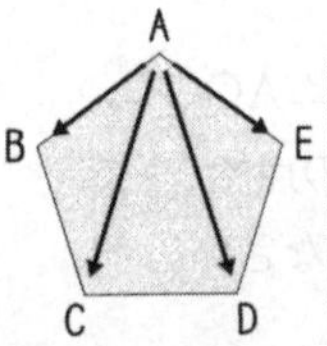

人数と試合数の関係

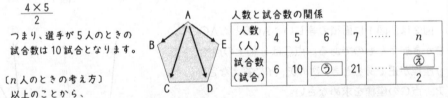

人数（人）	4	5	6	7	……	n
試合数（試合）	6	10	う	21	……	$\dfrac{\text{え}}{2}$

〔n人のときの考え方〕

以上のことから、

n人の選手が他の選手全員と1回ずつ試合をするときの試合数を、nを用いた文字式で表すと、

(1)【自由研究】「3　結果」の①について，次のア，イに答えなさい。

ア　［あ］にあてはまる数を書きなさい。

イ　［い］に適切な内容を書きなさい。

(2)【自由研究】「3　結果」の②について，次のア，イに答えなさい。

ア　［う］にあてはまる数を書きなさい。また，［え］にあてはまる式を書きなさい。

イ　試合数が66試合のとき，選手の人数を求めなさい。

＜英語＞　時間　50分　満点　100点

1　放送による検査（27点）

(1)

ア　1　2　3　4

イ　1　November 21.　2　September 21.
3　December 21.　4　October 21.

ウ　1　What did you eat?　2　Why do you like it?
3　How are you?　4　What food do you like?

(2)

ア　1　To the first floor.
2　To the second floor.
3　To the third floor.
4　To the front of the museum.

イ　1　They can see Japanese art.
2　They can buy some postcards.
3　They can eat traditional dishes.
4　They can find a special art shop.

ウ　1　The museum has the event only this week.
2　The special art shop is in the museum.
3　The restaurant is closed at seven p.m.
4　The museum is open until seven p.m.

(3)

ア　1　In the movie theater.　2　In the park.
3　In the library.　4　In the post office.

イ　1　It takes 20 minutes.　2　You can take the No. 8 Bus.
3　It's 10 kilometers.　4　It's 580 yen.

(4)　(　　　　　　　　　　　　　　　　　　　　　　　　)

2　オンライン英会話の講師で南アフリカ共和国に住んでいるリンジー（Lindsay）からヒロヤ（Hiroya）にメールが届きました。ヒロヤはこのメールを読んだあとで，友人のケン（Ken）に相談をしています。次の英文を読んで，あとの(1)～(3)に答えなさい。（14点）

Lindsay

Hi, Hiroya!

Do you remember that we talked about traveling last class? I want you to visit my country someday, so I will *introduce my country to you. We have beautiful nature here. If you like animals, visit *the Kruger National Park. You can watch *wild lions and elephants there. We have a famous mountain called Table Mountain. The top of the mountain is *flat and it looks like a table. You like nature and climbing mountains, right? ア <u>You (be visit to these will happy) places.</u> I want to go to Japan, so please tell me about it.

Hiroya : Ken, look at this message. I received this from my English teacher, Lindsay. I want to tell her about popular places for foreign people, but I'm not good at English. イ <u>Can (send you help message me my) to her?</u>

Ken : Of course. What place are you going to introduce to her?

Hiroya : Well... I have no idea....

Ken : Then, what does she like?

Hiroya : Well... I don't know....

Ken : Hiroya, that's the problem. She knew your favorite things and introduced nice places to you. If you don't know about her well, how will you choose the place she likes?

Hiroya : You're right. But I'm not good at English. So, what should I do if she doesn't understand my English? I always worry about it.

Ken : Hiroya, do you think that perfect English is needed for good communication? That's wrong. [ ] English is enough. ウ <u>You (have English don't well speak to).</u> You should *care about the person who you are talking with. It's important for good communication.

Hiroya : I see. I should know her first.

Ken : Yes, to know each other is the *beginning of communication.

Hiroya : Thanks, Ken.

（注） introduce ～を紹介する the Kruger National Park クルーガー国立公園 wild 野生の flat 平らな care 気にする beginning 始まり

⑴ 下線部ア～ウについて，文の意味が通るように，（ ）内の語をすべて用いて，正しい順序に並べかえて書きなさい。

⑵ [ ] に入る最も適切な語を，次のページの１～４の中から一つ選び，その番号を書きなさい。

1　Difficult　2　Good　3　Simple　4　Great

(3) 次の文章は，ヒロヤがケンと話をした日の夜に　リンジーに送ったメールの内容の一部です。下線部１，２をそれぞれ一つの英文で書きなさい。

How are you, Lindsay? Thank you for telling me about good places in your country. In Japan, we have delicious foods, the beautiful sea and many famous festivals. 1 <u>もしあなたが冬に青森に来るなら，雪を見ることができます。</u>
2 <u>あなたは何に興味がありますか。</u>

3 次の英文は，中学２年生のサトミ（Satomi）とアキ（Aki）が，外国語指導助手のミラー先生（Ms. Miller）と職場体験（work experience）について話している場面です。これを読んで，あとの(1)，(2)に答えなさい。(13点)

Ms. Miller: What are you doing?

Satomi : We are talking about our work experience. We went to different places to learn about the jobs two weeks ago.

Ms. Miller: Where did you go, Aki?

Aki : I went to a *kindergarten.

Ms. Miller: I see. How about you, Satomi?

Satomi : I chose to go to a hospital because I wanted to be a nurse. [A] Nurses in the hospital were very careful about the body and *mind of the *patients. When they took care of the patients, they always thought about the patients' feelings. I found that making patients *relieved was an important part of their job. I really want to be a nurse now. I will study hard to be a good nurse.

Ms. Miller: Satomi, your feeling about the job got stronger. How about you, Aki?

Aki : It was difficult for me to decide my future job. So, at first, [B] But my mother helped me. She is a kindergarten teacher. She said that she felt very happy when she was with children, and I chose to go to a kindergarten. In my work experience, one of the teachers told me that they needed to think about the children's health and keep the children safe *all the time. Kindergarten teachers had so much *responsibility. Their job was important and wonderful. Now I respect my mother more than before.

Ms. Miller: That's good. How did you feel when you were with children?

Aki : I was happy. [C] They wanted to draw pictures with me.

Satomi : I understand. I was also very happy when patients said "thank you" to me. I thought that I was needed by them.

Ms. Miller: Both of you learned a lot. It's important to feel like that. When I was a student, I felt the same thing through my work experience. If you have that feeling in your future job, it will be nice.

（注） kindergarten 幼稚園 mind 心 patient（s） 患者 relieved 安心した
all the time ずっと responsibility 責任

⑴ 三人の対話が成立するように，［A］～［C］に入る最も適切なものを，次の１～７の中からそれぞれ一つ選び，その番号を書きなさい。

1 I want to be a nurse in the future, too.
2 I couldn't choose a place for my work experience.
3 I can't do this work in the future.
4 I wanted to visit a kindergarten.
5 I learned about working as a nurse.
6 I couldn't enjoy my work experience.
7 I felt that many children needed me.

⑵ 三人の対話の内容と合うものを，次の１～６の中から二つ選び，その番号を書きなさい。

1 Satomi decided to be a kindergarten teacher.
2 Ms. Miller has never tried a work experience.
3 Aki's mother told Aki to go to a kindergarten, but Aki didn't.
4 After a work experience, Satomi wanted to be a nurse more than before.
5 Satomi and Aki tried a work experience last week.
6 Aki understood that her mother's job was wonderful.

4 次の英文は，高校１年生のマリ（Mari）が，調べ学習を通して考えたことについて発表した内容の一部です。これを読んで，あとの⑴～⑶に答えなさい。（21点）

In 2022, about 8 million *tons of plastic went into our world's *ocean as garbage in a year. It is as much as seven *Tokyo Domes. If we don't do anything, about 29 million tons of plastic will go into the ocean in 2040, and all of the plastic in the ocean will be larger than all of the fish living there in 2050! Do you want to eat fish from such an ocean?

There are some stories about sea animals. Plastic brought terrible changes in their lives. Let me show you three examples. First, turtles eat plastic bags, are caught in plastic *fishing nets, and are hurt by plastic *straws. Second, it is said that 90 percent of sea birds are eating plastic. Third, 80 plastic bags were found in a dead whale's stomach in 2018. So, the sea has been getting worse for these animals.

What would you do if this happened to you? You are having a good time in your room, but then garbage is thrown into your room by someone you don't know. It doesn't stop and continues to make your room full of garbage. You can't take it away from your room by yourself. Can you imagine that you live with the garbage? Thinking about something as our problem is needed for us. <u>What do you think about this problem of the ocean?</u>

（注）ton(s)　トン(単位)　ocean　海洋　Tokyo Dome　東京ドーム　fishing net(s)　漁網
straw(s)　ストロー

(1) 次の文章は，マリの発表の内容を，同級生がまとめたものの一部です。発表の内容と合うように，（ア）～（ウ）に入る最も適切な英語１語を，本文中の単語を用いて，それぞれ書きなさい。

・In the ocean in 2050, all of the plastic will be（　ア　）than all of the fish. ・Mari shows three（　イ　）of stories about sea animals. ・Mari wants us to imagine that we live with the（　ウ　）.

(2) マリの発表の内容と合うように，次の１～３の質問に対する答えをそれぞれ一つの英文で書きなさい。

1　What did plastic bring to sea animals?

2　Where were 80 plastic bags found in 2018?

3　Has the sea been getting better for the sea animals?

(3) 下線部について，あなたの考えを英語20語以上で書きなさい。文の数はいくつでもかまいません。

5 次の英文は，高校１年生のメイ（Mei）が，弁論大会で発表した内容です。これを読んで，あとの(1)～(3)に答えなさい。(25点)

We have many teachers at school, but do you have any teachers outside of school? I do. They don't speak, never teach subjects, and they are just waiting for me to come. They are... books! I can say that books are my life teachers.

When you are reading, you can talk with a writer or a person in the story. They will tell you their ideas and teach you some new ways of thinking. One of them may be a great person who already died. One of them may be a person who lived in a different time. You may not meet them in your life, but you can in books. Last year, I was not good at giving a speech in front of my friends. Then, I met *Steve Jobs in a book. When he tried something new, he practiced very hard. He taught me that practicing for 10,000 hours was needed for the best performance. I thought that I already had enough practice for my speech. But Steve Jobs told me that I would need to try harder than before. He helped me, and my speech became better. He died in 2011. However, I can still receive his message now. His messages have been living in the book, and they move my heart. Steve Jobs can be my teacher!

Reading books also gives you a wonderful experience which you can't have in your life. You can imagine a lot through reading. Do you know the book about *Harry Potter? It's an *adventure story. I remember that I got really excited when I read it. I knew that I was not a special person, but I felt that I was spending an amazing time with Harry and his friends. While I was reading, I could imagine myself wearing a black hat, flying in the air, and fighting with them. After reading, I received so much power from the pages. I really enjoyed a world of adventure. You can put yourself into someone's life and spend time in the same world, even if you haven't experienced it before in your life. If the story is *fantasy or adventure, you will enjoy it more. You can be a hero, too!

The books gave me a new way of thinking and a new experience. We can read books at home or on the bus. We can also do it while we are waiting in the hospital or before we go to bed. So, <u>reading books is one easy way to keep learning through our lives.</u> Reading books brings us something new that we can't learn even at school. I think that I can grow more after reading. If you find good books, please let me know. I'm looking forward to meeting my new teachers!

（注） Steve Jobs ステイーブ・ジョブズ（人名）
Harry Potter ハリー・ポッター（小説の主人公の名前） adventure 冒険 fantasy 空想

⑴ 本文の内容と合うように英文を完成させるとき，次のア～エに続く最も適切なものを，1～4の中からそれぞれ一つ選び，その番号を書きなさい。

ア Before Mei read a book about Steve Jobs,
1 she knew that more practice was needed for her best performance.
2 she was good at giving a speech in front of others, but she wanted to get better.
3 she thought that she practiced a lot to make a good speech.
4 she wanted to try something new and looked for it.

イ When Mei was reading the adventure book,
1 she gave strong power to Harry and his friends.
2 she imagined the world of adventure and was very excited.
3 it was difficult for her to enjoy the world of adventure because it was not real.
4 it was written in easy English, so she could enjoy it.

ウ About reading books, Mei does <u>**not**</u> say that
1 we can get new ways of thinking by reading books.
2 a story about fantasy or adventure is more fun to read.
3 we can meet people who are not living today through reading books.
4 reading books at school is better than reading outside of school.

エ In Mei's speech,
1 books can carry someone's messages from the past to today.
2 we can't imagine a world in books if we haven't experienced it before in our lives.
3 books are teachers for her because they teach subjects.

4　she got a message from a person who lived in the past, but didn't like it.

(2)　下線部 reading books is one easy way to keep learning through our lives について，メイがそのように考える理由を，日本語で書きなさい。

(3)　本文の内容をふまえて，次の英文の（ア）～（ウ）に入る最も適切な語を，下の１～７の中からそれぞれ一つ選び，その番号を書きなさい。

Reading books is important for everyone. Mei showed this by talking about how she felt through her reading（　ア　）. Powerful messages are written in books and an exciting world is waiting in books. She knows that books are wonderful teachers for her. So, she wants to（　イ　）more new books. They will also be good teachers for her. She hopes that she can（　ウ　）herself through reading.

1　put	2　ways	3　write	4　read
5　improve	6　performances	7　experiences	

<理科>

時間　45分　　満点　100点

1 次の(1)〜(4)に答えなさい。(18点)

(1) 下の図は，身近な動物について，ある特徴をもとにA〜Eに分類したものである。次のア，イに答えなさい。

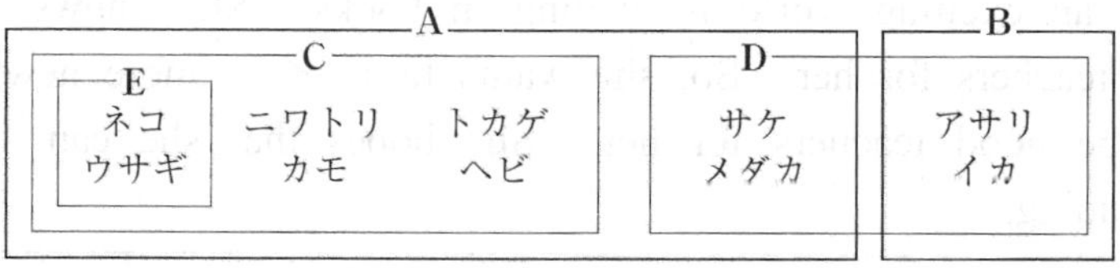

ア　Aのように背骨をもつ動物をまとめて何というか，書きなさい。

イ　Cの特徴について述べたものとして適切なものを，次の1〜4の中から一つ選び，その番号を書きなさい。

1　内臓が外とう膜でおおわれている。　　2　肺で呼吸をする。

3　水中で生活をする。　　4　子のうまれ方は胎生である。

(2) 下の図は，アメーバの生殖のようすを模式的に表したものである。次のア，イに答えなさい。

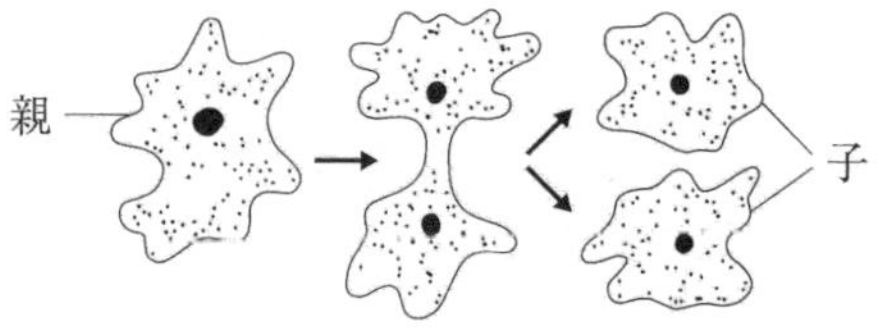

ア　図のようなふえ方をする生物として最も適切なものを，次の1〜4の中から一つ選び，その番号を書きなさい。

1　ミジンコ　　2　エンドウ　　3　チョウ　　4　ミカヅキモ

イ　下の文章は，アメーバの親と子の形質について述べたものである。文章中の（　）に入る適切な語を書きなさい。

> アメーバは体細胞分裂によって子をふやす。そのため，親と子の細胞がもつ染色体の数と，その染色体にある形質を決める要素である（　　　）は同じになるので，親と子の形質は同じになる。

(3) 下の文章は，日本付近で夏に南東の季節風がふくしくみについて述べたものである。文章中の ① に入る内容と ② に入る語の組み合わせとして適切なものを，次のページの1〜4の中から一つ選び，その番号を書きなさい。

> 大陸は海洋に比べて　①　ため，夏は，ユーラシア大陸上では空気が　②　し，気圧が低くなる。一方，太平洋上では気圧が高くなり，日本付近では，夏に気圧の高い太平洋から気圧の低いユーラシア大陸へと南東の季節風がふく。

1　①　暖(あたた)まりやすく冷めやすい　②　上昇
2　①　暖まりやすく冷めやすい　②　下降
3　①　暖まりにくく冷めにくい　②　上昇
4　①　暖まりにくく冷めにくい　②　下降

(4)　右の表は，太陽系の惑星と太陽からの平均距離，直径，密度を表したものである。次のア，イに答えなさい。

惑星	太陽からの平均距離（太陽から地球までの平均距離を 1.00 とする）	直径（地球の直径を 1.00 とする）	密度〔g/cm^3〕
水星	0.39	0.38	5.43
金星	0.72	0.95	5.24
地球	1.00	1.00	5.51
火星	1.52	0.53	3.93
木星	5.20	11.21	1.33
土星	9.55	9.45	0.69
天王星	19.22	4.01	1.27
海王星	30.11	3.88	1.64

ア　真夜中における，地球から見た金星と火星の見え方について述べたものとして適切なものを，次の１～４の中から一つ選び，その番号を書きなさい。
1　金星も火星も見えることがある。
2　金星は見えることがあるが，火星は見えない。
3　金星は見えないが，火星は見えることがある。
4　金星も火星も見ることができない。

イ　表の惑星は地球型惑星と木星型惑星に分けることができる。木星型惑星と比較したときの地球型惑星の特徴を**直径**，**密度**という二つの語を用いて書きなさい。

2　次の(1)～(4)に答えなさい。(20点)

(1)　物質の状態変化について，次のア，イに答えなさい。

ア　水が液体から固体に状態変化するときの体積や質量の変化について述べたものとして最も適切なものを，次の１～４の中から一つ選び，その番号を書きなさい。
1　体積は変化しないが，質量は大きくなる。
2　体積は大きくなるが，質量は変化しない。
3　体積は変化しないが，質量は小さくなる。
4　体積は小さくなるが，質量は変化しない。

イ　下の表は，4種類の物質の沸点と融点を表したものである。それぞれの物質の温度が100℃であるとき，気体の状態のものを，下の表の中から**すべて**選び，その物質名を書きなさい。

物質	窒素	アルミニウム	水銀	エタノール
沸点〔℃〕	−196	2519	357	78
融点〔℃〕	−210	660	−39	−115

(2)　次のページの図のような装置にうすい水酸化ナトリウム水溶液を入れて電流を流し，水の電気分解を行ったところ，陰極，陽極からそれぞれ気体が発生した。電流を流すのをやめ，たまった気体の体積を比べたところ，陰極側と陽極側の比はおよそ２：１であった。次のア，イに答えなさい。

ア 下線部を行う理由を書きなさい。

イ 陰極，陽極から発生した気体の名称をそれぞれ書きなさい。

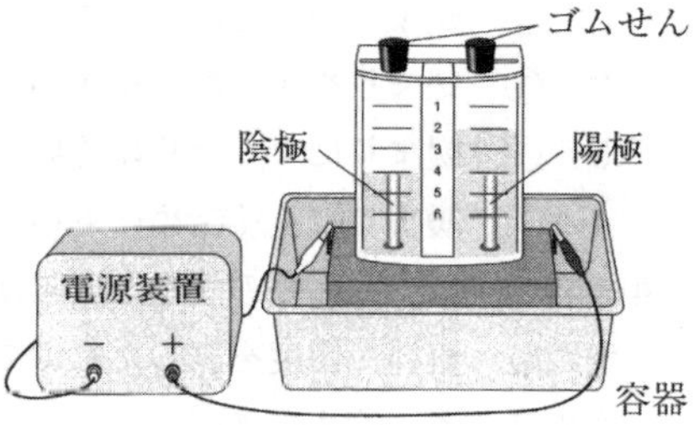

(3) 音について，次のア，イに答えなさい。

ア 音の性質について述べたものとして適切なものを，次の1～4の中から一つ選び，その番号を書きなさい。

1 音は気体中だけ伝わる。
2 音は気体中や液体中では伝わるが，固体中では伝わらない。
3 音は気体中だけでなく，液体中や固体中も伝わる。
4 音は空気などの物質がまったくない真空中でも伝わる。

イ 右の図は，音さ（おん）をたたいて出た音を，マイクロホンでパソコンに入力したときの波形を模式的に表したものである。この音の振動数は何Hzか，求めなさい。ただし，図の横軸は時間を表し，1目盛りは0.001秒である。

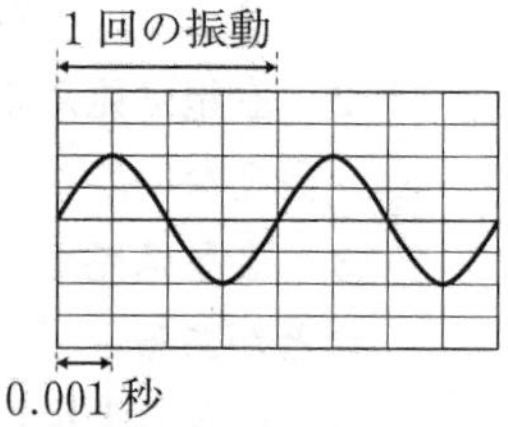

(4) 図1のように，基準線と糸Aのなす角度を45°，基準線と糸Bのなす角度をPとし，2本のばねばかりで力を加え，輪ゴムを点Oまで引き伸（の）ばし静止させた。図2は，図1を真上から見たもので，糸A，Bにかかる力を矢印で表したものである。次のア，イに答えなさい。ただし，図2の方眼の1目盛りを0.5Nとし，力を表す矢印の長さはばねばかりで示した値の大きさを表しているものとする。また，糸の伸びは考えないものとする。

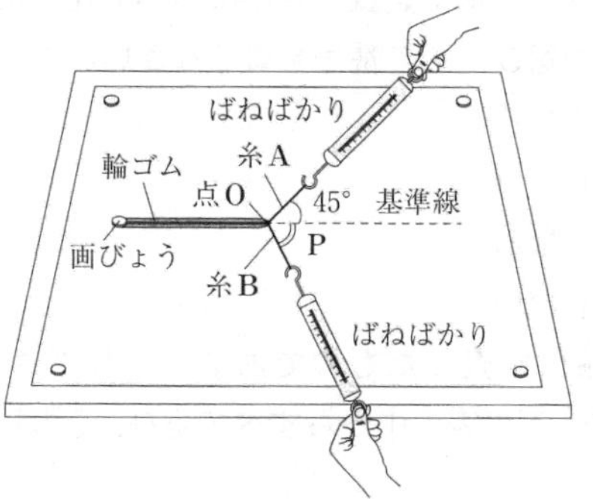

図1

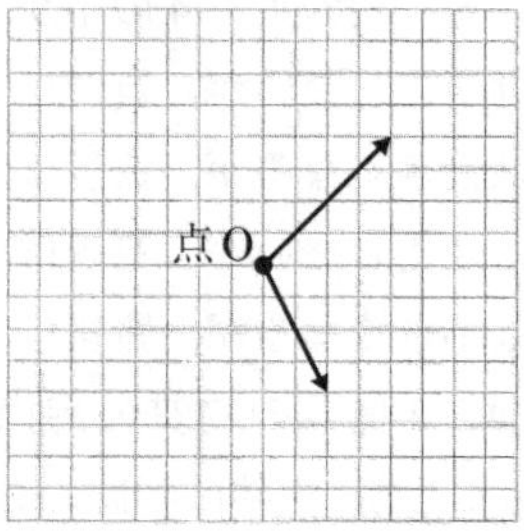

図2

ア 図2において，糸A，Bが輪ゴムを引く力の合力の大きさは何Nか，求めなさい。

イ 輪ゴムを点Oまで引き伸ばし静止させ，基準線と糸Aのなす角度を45°に保ったまま，Pを90°にしたとき，図1のときと比べて糸A，Bにかかる力はどのようになるか。適切なものを，あとの1～6の中から一つ選び，その番号を書きなさい。

1 糸Aにかかる力は大きくなるが，糸Bにかかる力は小さくなる。
2 糸Aにかかる力は小さくなるが，糸Bにかかる力は大きくなる。
3 糸Aにかかる力は変わらないが，糸Bにかかる力は大きくなる。

4　糸Aにかかる力は変わらないが，糸Bにかかる力は小さくなる。
5　糸A，Bにかかる力はどちらも大きくなる。
6　糸A，Bにかかる力はどちらも小さくなる。

3　植物のはたらきを調べるために，下の**実験1**，**2**を行った。あとの(1)，(2)に答えなさい。（15点）

実験1　図1のように，同じ大きさのオオカナダモを，水の入った試験管PとQにそれぞれ入れ，Qの外側をアルミニウムはくでおおった。2本の試験管に日光を半日ほど当てた後，PとQそれぞれのオオカナダモの先端の葉を取って，㋐顕微鏡で観察したところ，PとQから取り出した両方の葉の細胞の中に，緑色の小さな粒が見られた。次に，両方の葉を熱湯につけてから，㋑温めたエタノールに入れ，5分後によく水洗いをし，ヨウ素液を加えた。その後，顕微鏡で観察したところ，Pから取り出した葉の小さな粒だけ青紫色に染まっていた。

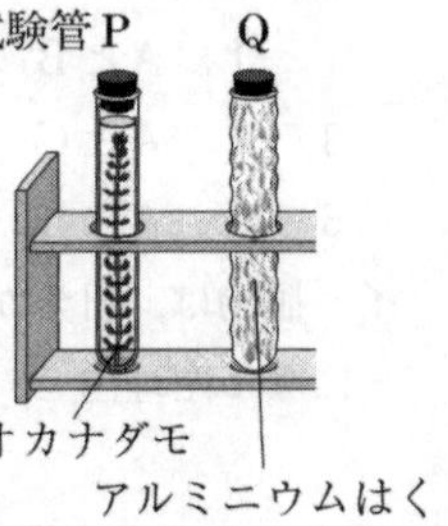

図1

実験2
手順1　透明なポリエチレン袋A～Dを用意し，AとCにはアジサイの葉を入れた。
手順2　すべての袋に十分に空気を入れた後，袋の中の酸素と二酸化炭素の濃度を測定して密封し，図2のようにAとBは日光が当たる場所に置き，CとDは暗い場所に置いた。
手順3　3時間後に再びA～Dの酸素と二酸化炭素の濃度を測定し，**手順2**で測定した濃度と比べ，その結果を下の表にまとめた。

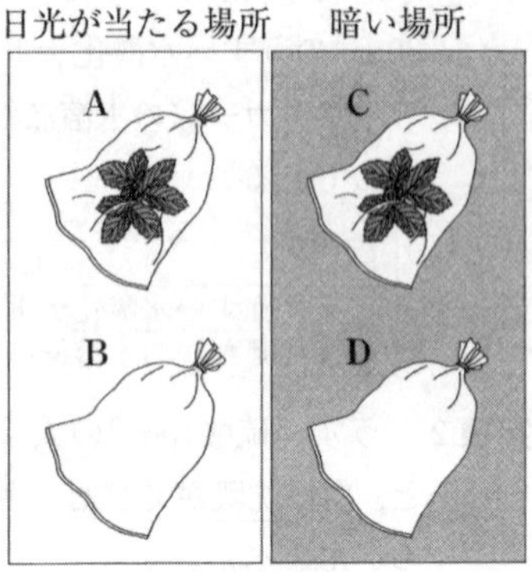

図2

ポリエチレン袋	A	B	C	D
酸素の濃度	増加した	変化なし	減少した	変化なし
二酸化炭素の濃度	減少した	変化なし	増加した	変化なし

(1)　**実験1**について，次の**ア**～**ウ**に答えなさい。
ア　下線部㋐では15倍の接眼レンズと40倍の対物レンズを用いた。この顕微鏡の倍率を求めなさい。
イ　下線部㋑を行う理由を書きなさい。
ウ　下の文は，**実験1**の結果について述べたものである。文中の ① ， ② に入る適切な語を書きなさい。

> 日光を当てたPから取り出した葉の小さな粒だけが青紫色に染まったことから，光合成は緑色の小さな粒である ① で行われ，ここで ② という物質がつくられることがわかった。

(2) **実験2**について，次の**ア**，**イ**に答えなさい。

ア 次のⅠ，Ⅱのことを明らかにするためには，図2のどの袋とどの袋の結果を比べることでわかるか。比べる袋のそれぞれの組み合わせとして最も適切なものを，次の1～6の中から一つ選び，その番号を書きなさい。

Ⅰ 日光を当てても，植物がなければ二酸化炭素の濃度は減少しないこと。

Ⅱ 植物の葉があっても，日光が当たらなければ二酸化炭素の濃度は減少しないこと。

1 Ⅰ AとB Ⅱ AとC　　2 Ⅰ AとB Ⅱ AとD

3 Ⅰ AとC Ⅱ AとB　　4 Ⅰ AとC Ⅱ AとD

5 Ⅰ AとD Ⅱ AとB　　6 Ⅰ AとD Ⅱ AとC

イ 植物は，日光が当たるところでは光合成と呼吸の両方を行っている。Aが表のような結果になった理由を，**光合成**，**呼吸**という二つの語を用いて書きなさい。

4 酸とアルカリを混ぜ合わせたときの変化を調べるために，下の**実験1**，**2**を行った。次の(1)，(2)に答えなさい。(15点)

実験1 うすい塩酸を4つのビーカーA～Dに6 cm³ずつ入れ，BTB溶液を数滴加えたところ，水溶液の色がすべて黄色になった。次に，ビーカーA～Dにそれぞれ5 cm³，10cm³，15cm³，20cm³のうすい水酸化ナトリウム水溶液を加えてかき混ぜ，水溶液の色を観察したところ，ビーカーCの水溶液が中性であることがわかった。下の表は，その結果をまとめたものである。

ビーカー	A	B	C	D
加えたうすい水酸化ナトリウム水溶液の体積〔cm³〕	5	10	15	20
かき混ぜた後の水溶液の色	黄	黄	(　)	青

実験2 うすい硫酸10cm³の入ったビーカーに，うすい水酸化バリウム水溶液を5 cm³加えると，白い沈殿ができた。さらに，水酸化バリウム水溶液を5 cm³ずつ加えていき，沈殿について調べた。

(1) **実験1**について，次の**ア**～**ウ**に答えなさい。

ア 表の(　)に入る適切な色を書きなさい。

イ ビーカーBの水溶液中に，最も多くふくまれるイオンの化学式を書きなさい。

ウ ビーカーDの水溶液を中性にするためには，同じうすい塩酸を何cm³加えればよいか，求めなさい。

(2) **実験2**について，次の**ア**，**イ**に答えなさい。

ア 白い沈殿の化学式を書きなさい。

イ 右の図は，うすい硫酸10cm³に加えたうすい水酸化バリウム水溶液の体積とできた白い沈殿の質量の関係を表したものである。別のビーカーに，同じうすい硫酸を35cm³入れ，同じうすい水酸化バリウム水溶液を80cm³加えた。このとき，ビーカー内にできる白い沈殿の質量は何gと考えられるか，求めなさい。

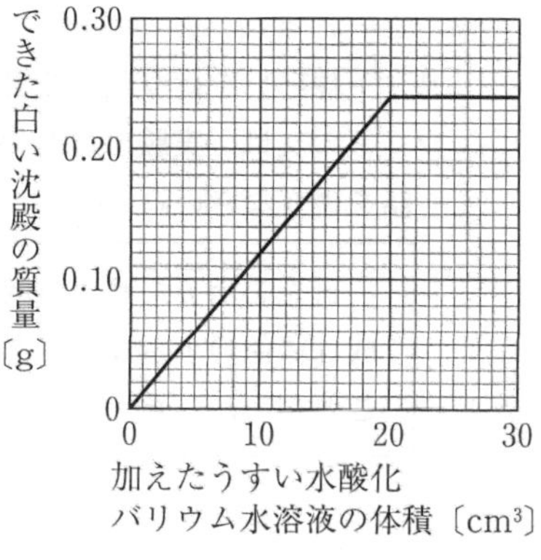

5　電圧と電流の関係について調べるために，下の**実験１**，２を行った。次の(1)，(2)に答えなさい。(15点)

実験１　図１のように，抵抗器Aを用いて回路をつくり，電源装置の電圧を変えて，抵抗器Aに加わる電圧の大きさと回路に流れる電流の大きさの関係を調べた。図１のXとYは，電流計か電圧計のどちらかであり，Pは Xの端子である。下の表は，その結果をまとめたものである。

電圧計の値〔V〕	0	1.0	2.0	3.0	4.0	5.0	6.0
電流計の値〔mA〕	0	20	40	60	80	100	120

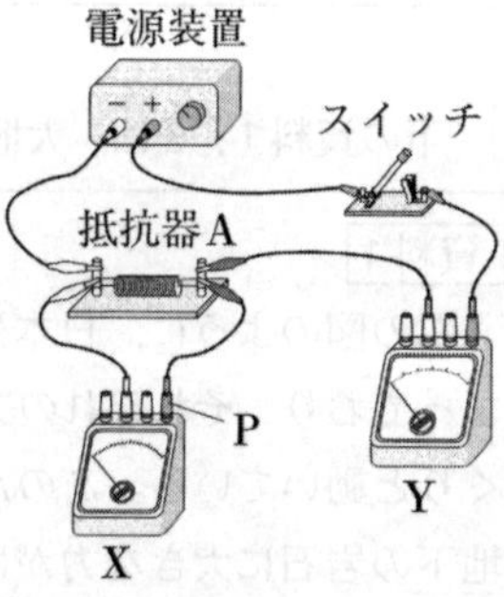

図１

実験２　抵抗の大きさが20Ω，30Ω，40Ωのいずれかである抵抗器B，C，Dを用いて，図２，３のように２つの回路をつくり，回路のab間の電圧の大きさと点aを流れる電流の大きさを調べた。図４は，その結果をまとめたものである。

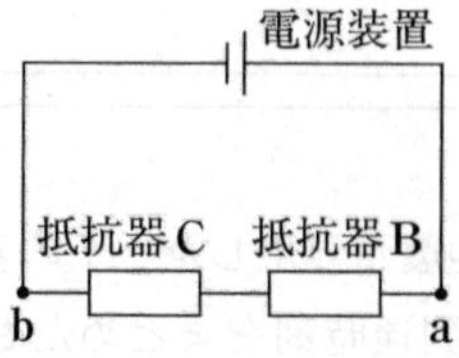

図２

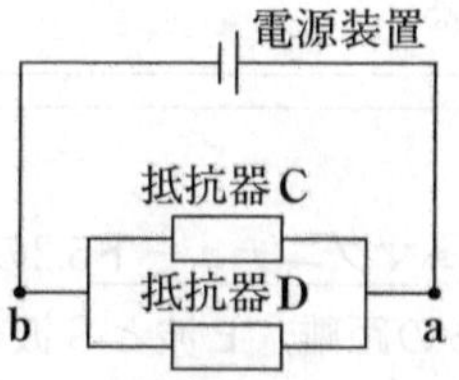

図３

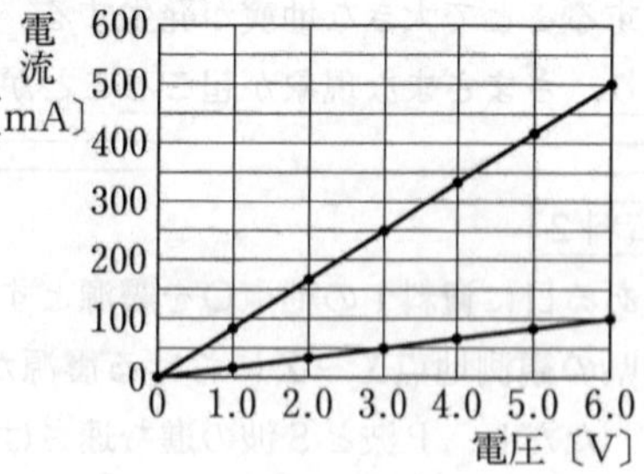

図４

(1)　**実験１**について，次のア～ウに答えなさい。

ア　図１のPとして適切なものを，次の１～４の中から一つ選び，その番号を書きなさい。

１　電流計の＋端子　　２　電流計の－端子

３　電圧計の＋端子　　４　電圧計の－端子

イ　抵抗器Aに加わる電圧と抵抗器Aを流れる電流の関係を表すグラフをかきなさい。

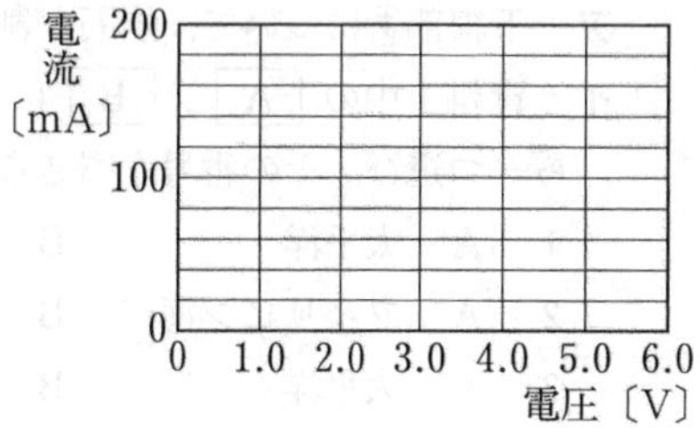

ウ　抵抗器Aに加える電圧を２倍にすると，抵抗器Aで消費される電力は何倍になるか。適切なものを，次の１～４の中から一つ選び，その番号を書きなさい。

１　４分の１　　２　２倍

３　２分の１　　４　４倍

(2)　**実験２**について，次のア，イに答えなさい。

ア　抵抗器B，Dの抵抗は何Ωか，それぞれ求めなさい。

イ　次のページの文は，図２，３の回路の電力と電力量の関係について述べたものである。文中の（　）に入る時間は何秒間か，求めなさい。

ab間の電圧の大きさを9.0Vにしたとき，図2において，電流を1分間流したときの電力量と，図3において，電流を（　　　）秒間流したときの電力量は等しい。

6 下の資料1，2は，大地の活動についてまとめたものである。次の(1)，(2)に答えなさい。(17点)

資料1

右の図のように，日本列島付近には，4つのプレートが集まっており，それぞれのプレートは，さまざまな方向にゆっくりと動いている。このため，プレートの動きにともない，地下の岩石に大きな力がはたらいて変形する。㋐岩石が変形にたえられなくなると破壊され，割れてずれが生じ，地震が発生する。

日本海溝付近では，［A］プレートが沈(しず)み込むときに，［B］プレートが引きずられ，変形にたえきれなくなり反発することで大きな地震が発生する。また，㋑地震が原因となり，さまざまな現象が起こることがある。

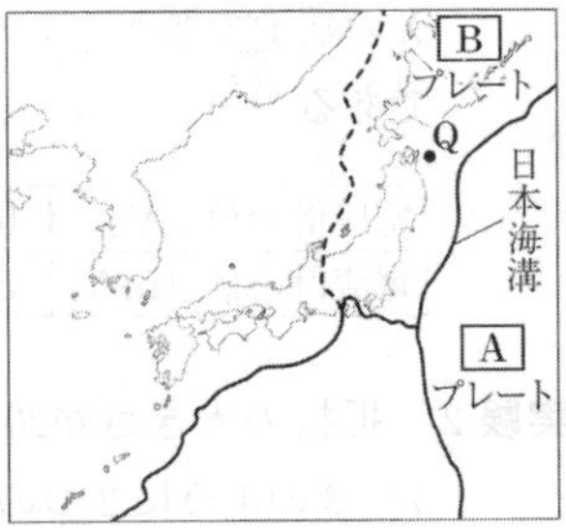

資料2

ある日に資料1の地点Qを震源とする㋒マグニチュード5.2の地震が発生した。下の表は，青森県の観測地点X～Zにおける震源からの距離，P波とS波の到達時刻をまとめたものである。ただし，P波とS波の進む速さは，それぞれ一定であるものとする。

観測地点	震源からの距離	P波の到達時刻	S波の到達時刻
X	63 km	22時23分27秒	22時23分39秒
Y	105 km	22時23分33秒	22時23分53秒
Z	210 km	22時23分48秒	22時24分28秒

(1) 資料1について，次のア～ウに答えなさい。

ア 下線部㋐について，岩石が割れてずれた場所を何というか，書きなさい。

イ 資料1中の［A］，［B］に入る語の組み合わせとして適切なものを，次の1～4の中から一つ選び，その番号を書きなさい。

1 A 太平洋 B 北アメリカ
2 A フィリピン海 B 北アメリカ
3 A 太平洋 B ユーラシア
4 A フィリピン海 B ユーラシア

ウ 下線部㋑について，地震のゆれにより，地面が急にやわらかくなる現象が起こり，砂や水がふき出して，建物が沈むことがある。このような現象として最も適切なものを，次の1～4の中から一つ選び，その番号を書きなさい。

1 地すべり　2 津波
3 土砂くずれ　4 液状化

⑵　資料２について，次のア～ウに答えなさい。

ア　下線部㋒について述べたものとして最も適切なものを，次の１～４の中から一つ選び，その番号を書きなさい。

1　10段階に分けられている。
2　地震の規模を表している。
3　震源から遠くなるにつれて値は小さくなる。
4　値が１大きくなると地震のエネルギーは約２倍になる。

イ　この地震の発生時刻は22時何分何秒と考えられるか，求めなさい。

ウ　この地震のゆれを，震源からの距離が147kmの青森県のある地点で観測したとき，初期微動継続時間は何秒と考えられるか，求めなさい。

＜社会＞　時間　45分　満点　100点

1　下の略地図を見て，次の(1)～(4)に答えなさい。(14点)

(1) 略地図中のXの大陸名を書きなさい。

略地図

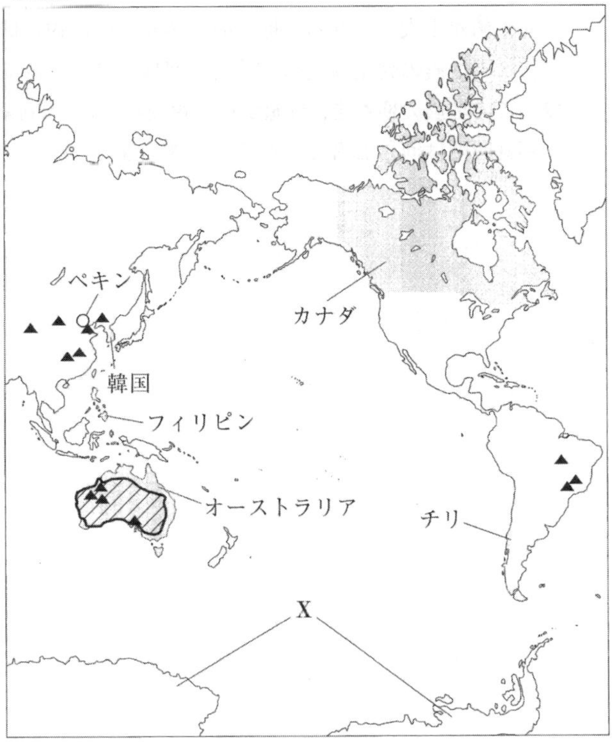

(2) 略地図中の▲は，ある鉱産資源の生産量上位3か国（2017年）における，主な採掘場所を表している。この鉱産資源として適切なものを，次の1～4の中から一つ選び，その番号を書きなさい。

1　石炭
2　天然ガス
3　すず
4　鉄鉱石

(3) 略地図中のカナダ，チリ，オーストラリア，フィリピン，韓国の5か国について，次のア～ウに答えなさい。

ア　これら5か国は，1989年にオーストラリアの主導で結成された，経済協力の枠組みに参加している。この経済協力の枠組みの略称を**アルファベット4字**で書きなさい。

イ　略地図中の（斜線部）の地域の気候帯は何か，書きなさい。

ウ　右の資料は，これら5か国の人口密度，国内総生産，日本への主な輸出品を表している。資料中の2，4にあてはまる国名をそれぞれ書きなさい。

資料

	人口密度（人／km²）2019年	国内総生産（百万ドル）2019年	日本への主な輸出品 2020年
1	512	1646539	機械類，石油製品，鉄鋼
2	358	359354	機械類，果実，木製品
3	4	1741497	肉類，医薬品，石炭
4	25	282318	銅鉱，魚介類，木製品
5	3	1380208	液化天然ガス，石炭，鉄鉱石

〔「世界人口年鑑」2019年版などによる〕

(4) 日本の成田空港を3月20日午後5時に出発した航空機が最短距離を飛んで，ペキンに向かった。ペキンの空港に到着したのは，現地時間で3月20日午後8時だった。出発から到着までにかかった時間は何時間か，書きなさい。なお，日本の標準時子午線は東経135度，ペキンの標準時子午線は東経120度とする。

2　下の略地図や資料を見て，次の(1)～(5)に答えなさい。(15点)

(1)　略地図中の（網かけ部）は，1993年に世界自然遺産に登録された，ブナの原生林が分布する山地である。この山地を何というか，書きなさい。

(2)　東日本の太平洋の沖合いの海流について述べた下の文中の［　］にあてはまる語を書きなさい。

> 赤道付近から北上する暖流の黒潮（くろしお）と，千島列島から南下する寒流の親潮（おやしお）とがぶつかる［　］があり，多くの魚が集まる漁場になっている。

(3)　略地図中の◆は，再生可能エネルギーを使った主な発電所を表している。この発電所の発電方法として適切なものを，次の1～4の中から一つ選び，その番号を書きなさい。

1　バイオマス　　2　地熱
3　風力　　4　水力

略地図

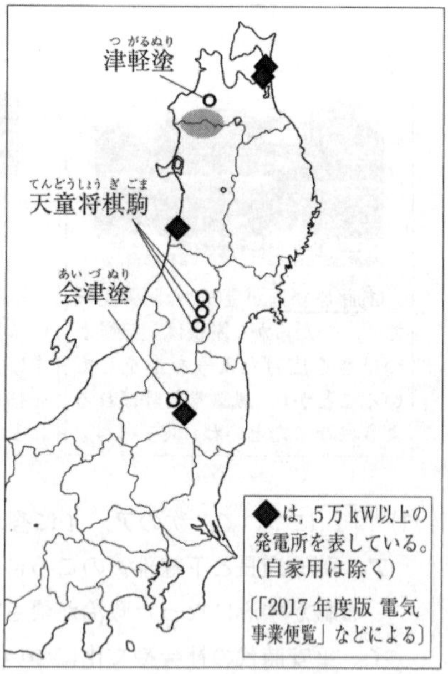

(4)　略地図中の○は，伝統的工芸品の生産地を表している。これらの伝統的工芸品が生産されてきた背景について述べた下の文中の［　］に入る適切な内容を，自然環境と関連付けて，次の2語を用いて書きなさい。

冬　　農作業

> 東北地方では，［　］として，地域でとれる材料や資源を利用した工芸品が作られてきた。

(5)　下の資料は，白菜，ほうれんそう，きゅうり，かぶの生産量の県別割合を表している。次のア，イに答えなさい。

ア　資料から読み取ることができる内容として適切なものを，次の1～4の中から一つ選び，その番号を書きなさい。

1　埼玉県の，白菜とかぶそれぞれの全体の生産量にしめる割合を比べると，白菜の割合の方が高い。
2　群馬県は，白菜の生産量よりほうれんそうの生産量が少ない。
3　きゅうりの生産量上位5県のうち，関東地方の生産量をあわせた割合は，全体の生産量の25%をこえる。
4　青森県のかぶの生産量は約630 t である。

資料　〔2021年〕

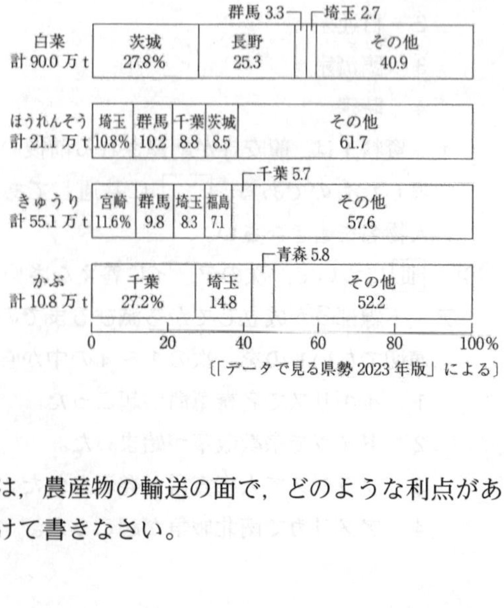

〔「データで見る県勢2023年版」による〕

イ　関東地方で盛（さか）んに行われている近郊農業には，農産物の輸送の面で，どのような利点があるか，「大消費地に近い条件を生かし，」に続けて書きなさい。

3　下の Ⅰ ～ Ⅲ は，ある生徒が京都府の世界文化遺産についてまとめたものである。次の(1)～(3)に答えなさい。（15点）

Ⅰ　平等院鳳凰堂

㋐藤原頼通が造らせた阿弥陀堂です。なだらかな屋根は，鳳凰がつばさを広げたような形をしていることから，鳳凰堂と呼ばれるようになったといわれています。

Ⅱ　龍安寺の石庭

室町時代に細川勝元が創建した（ ㋑ ）の寺院です。水を使わずに山水の風景を表現する庭園を枯山水といい，河原者と呼ばれる人々によって造られました。

Ⅲ　二条城

㋒江戸幕府の初代将軍徳川家康が，天皇の住む京都御所の守護と将軍上洛の際の宿泊所とするために築城したものです。3代将軍家光の時代に大改修が行われました。

(1)　Ⅰ について，次のア，イに答えなさい。

ア　藤原道長と下線部㋐のころに，幼い天皇のかわりに政治を行う職や成長した天皇を補佐する職が中心になった政治が最も安定した。このような政治を何というか，書きなさい。

イ　平安時代の社会や文化について述べた文として**適切でないもの**を，次の1～4の中から一つ選び，その番号を書きなさい。

1　北関東では，平将門が周辺の武士団を率いて大きな反乱を起こした。
2　死後に極楽浄土へと生まれ変わることを願う浄土信仰が地方にも広まった。
3　木綿が商品作物として栽培されるようになり，庶民は木綿の衣服を着るようになった。
4　仮名文字による文学作品が盛んに作られるようになった。

(2)　Ⅱ について，次のア，イに答えなさい。

ア　（㋑）にあてはまる宗派を，次の1～4の中から一つ選び，その番号を書きなさい。また，日本でその宗派を開いたのは誰か，人物名を書きなさい。

1　浄土宗
2　日蓮宗
3　臨済宗
4　時宗

イ　資料1は，龍安寺が創建される前後の出来事を表したものである。□ に共通してあてはまる人物名を書きなさい。

資料1

西暦	出来事
1449年	□ が将軍になる
1450年	龍安寺が創建される
1467年	□ のあとつぎ問題をめぐり，応仁の乱が起こる

(3)　Ⅲ について，次のア，イに答えなさい。

ア　下線部㋒が成立してから滅びるまでの間に世界で起こった出来事について述べた文として**適切でないもの**を，次の1～4の中から一つ選び，その番号を書きなさい。

1　イギリスで名誉革命が起こった。
2　ドイツで宗教改革が始まった。
3　フランスで人権宣言が発表された。
4　アメリカで南北戦争が起こった。

イ　資料２は，二条城で第15代将軍の徳川慶喜(よしのぶ)が，家臣にある決意を伝えている場面を表している。その決意とはどのようなことか，**政権**という語を用いて書きなさい。

資料２

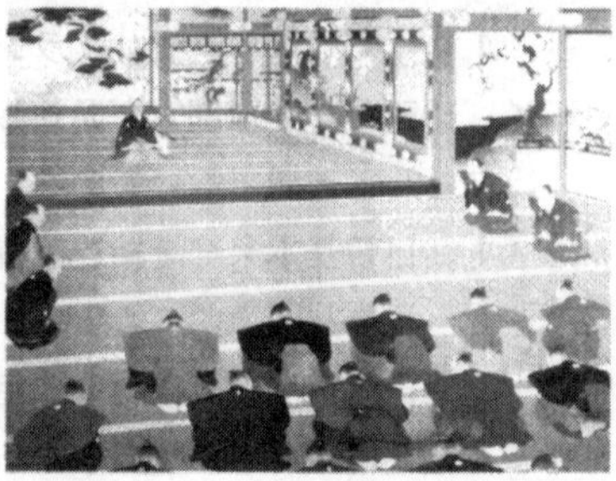

4　下の年表は，ある生徒が日本の外交の歴史についてまとめたものである。あとの(1)~(5)に答えなさい。(15点)

(1)　下線部㋐の結果，参議を辞職して政府を去り，鹿児島に帰郷したのは誰か，人物名を書きなさい。

(2)　下の１～３は，㋑の時期における東アジアの国際関係を表した資料である。１～３を年代の古い順に並べ，その番号を書きなさい。

西暦	日本の外交に関する主な出来事
1873年	㋐朝鮮(ちょうせん)をめぐる政府内の対立がおこる
	↕ ㋑
1906年	半官半民の南満州(みなみまんしゅう)鉄道株式会社が設立される
1914年	第一次世界大戦に参戦する
1920年	㋒国際連盟の常任理事国になる
1936年	(㋓) 海軍軍縮条約・ロンドン海軍軍縮条約が失効する
1941年	太平洋戦争が始まる
1951年	㋔サンフランシスコ平和条約に調印する

1

清での利権を確保したい国が，おびえる日本の背中を押している。

2

第１条　朝鮮国は自主の国であり，日本国と平等の権利を持っている。…
第10条　日本国の人民が，朝鮮国の開港地に在留中に罪を犯(おか)し，朝鮮国の人民に関係する事件は，日本国の領事が裁判を行う。

日本は武力衝突(しょうとつ)を口実に，翌年朝鮮と条約を結び，力で朝鮮を開国させた。

3

魚としてえがかれている朝鮮が，日本・清・ロシアの３国にねらわれている。

(3)　下線部㋒について述べた下の文中の［　］に入る適切な内容を，**反対**という語を用いて書きなさい。

> 国際連盟は，世界平和と国際協調を目的として発足したが，提唱国である［　　］ことや，紛争を解決するための手段も限られていたことなどにより，世界への影響力は大きくなかった。

(4)　(㋓) にあてはまる都市名を書きなさい。

(5)　下線部㋔について，あとのア，イに答えなさい。

ア　下線部㋔を結ぶ講和会議には出席したが，下線部㋔には**調印しなかった国**を，次の１～４

の中から一つ選び，その番号を書きなさい。

1 イギリス　2 フランス　3 オランダ　4 ソ連

イ 1952年，下線部㋔が発効し，日本は独立を回復した。その後の日本の外交について述べた文として**適切でないもの**を，次の１～４の中から一つ選び，その番号を書きなさい。

1 日韓(にっかん)基本条約を結び，韓国政府を朝鮮半島の唯一の政府として承認した。

2 日中共同声明によって，中華人民共和国との国交を正常化した。

3 日米安全保障条約を改定したことで，日本の国際連合への加盟が実現した。

4 沖縄を日本に復帰させるための交渉の中で，非核(ひかく)三原則が国の方針となった。

5 下の Ⅰ ～ Ⅲ は，ある生徒が公民の授業で学習した内容についてまとめたものである。あとの(1)～(3)に答えなさい。（14点）

Ⅰ
・国家は，国民，㋐領域，㋑主権の三つの要素がそろって成り立つ。国家の主権とは，ほかの国に干渉(かんしょう)されたり支配されたりせずに，国内の政治と他国との外交をどのように行うか決める権利である。
・1945年に国際連合憲章が採択され，㋒国際連合（国連）が創設された。2021年現在，193か国が加盟している。

Ⅱ

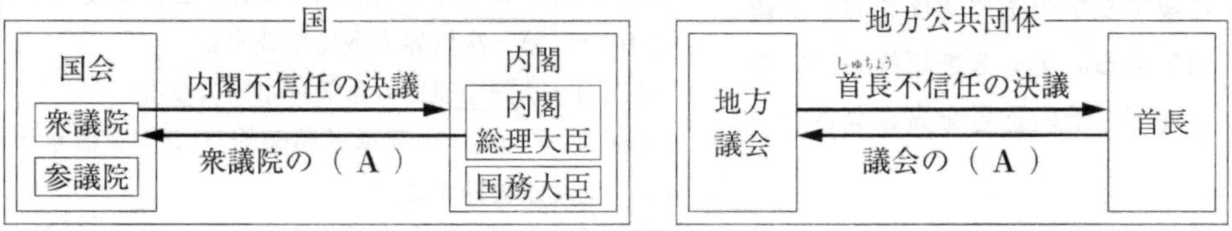

Ⅲ

私の政策提言
・年齢，障がいの有無，国籍などのさまざまなちがいを認め，考え方や価値観の異なる人々が，たがいを認め合い，ともに生活していくことができる社会を目指す。
・言葉や文化のちがいに配慮した教育や社会保障の制度をつくる。
・学び直しや新しいスキルを習得するための制度をつくる。
・障がいのある人の雇用を支援する。
・公共の交通機関や建物でバリアフリー化を進め，多言語の案内板を設置する。

政策を検討するために先生が示した座標軸

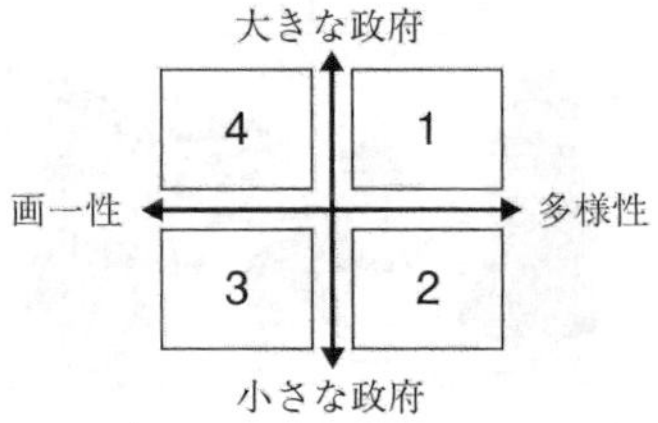

(1) Ⅰ について，次のア～ウに答えなさい。

ア 右の資料は，下線部㋐の**区分**について模式的に表したものである。（X）にあてはまる数字を書きなさい。

イ 右の資料で，下線部㋑が及ぶ範囲として適切なものを，次の１～４の中から一つ選び，その番号を書きなさい。

1 領土，領海
2 領土，領海，領空
3 領土，領海，領空，排他的経済水域
4 領土，領海，領空，排他的経済水域，公海

資料

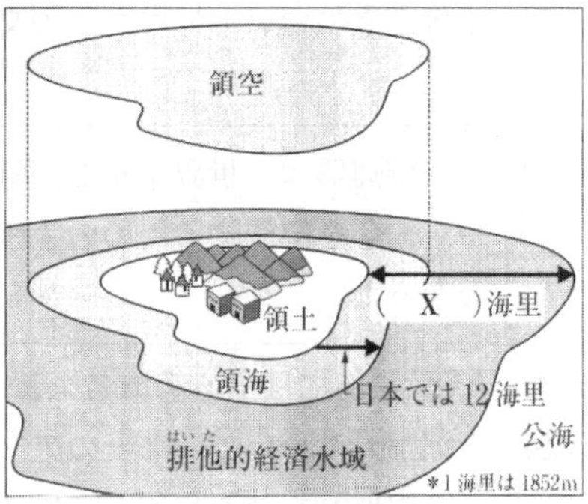

ウ　下線部㋒の機関について述べた下の文章中の［　］に共通してあてはまる語を書きなさい。

> ［　］はすべての加盟国で構成される。毎年９月から開かれ，世界のさまざまな問題を話し合い，決定する。［　］の決定にはすべての加盟国が加わり，主権平等の原則によって平等に１票を持つ。

(2)　Ⅱについて，次のア～ウに答えなさい。

ア　（A）に共通してあてはまる語を書きなさい。

イ　内閣総理大臣の選出方法を，**指名**という語を用いて書きなさい。

ウ　地方公共団体の首長の選出方法を，**住民**という語を用いて書きなさい。

(3)　Ⅲは，ある生徒が考えた政策提言と政策を検討するために先生が示した座標軸である。この政策提言は，座標軸の１～４のどこにあてはまるか，最も適切なものを一つ選び，その番号を書きなさい。

6　下のX～Zは，ある生徒が生活と経済についてまとめたものである。あとの(1)～(4)に答えなさい。(14点)

> **X**　㋐私たちは毎日，実は多くの「契約（けいやく）」を結びながら生活している。コンビニでの買い物も，バスに乗るときも，好きな音楽のダウンロードも，そこにはだれかとの契約が存在している。

> **Y**　国や地方公共団体といった政府の経済的な活動を㋑財政という。政府の収入は税金（租税（そぜい））でまかなわれ，㋒社会保障や公共事業などに支出される。予算は，１年間の政府の収入（歳入（さいにゅう））と支出（歳出（さいしゅつ））の計画である。国会や地方議会は，予算を審議（しんぎ）して議決することで，政府の財政を監視（かんし）している。

> **Z**　社会資本の整備や公共サービスの提供のほかに，税金や社会保障の仕組みを整備して，不当な経済格差をなくし，国民が安定した生活を送れるようにすることも㋓政府の役割である。

(1)　下線部㋐について，次のア，イに答えなさい。

ア　資料１は，ある生徒がコンビニで買い物をしたときの様子である。契約が成立する段階として適切なものを，資料１中の１～４の中から一つ選び，その番号を書きなさい。

資料１

１-生徒：「300円のポップコーンを２つください」
２-店員：「はい，かしこまりました」
３-生徒：（財布から1000円を出して支払う）
４-店員：「400円のおつりとレシートです」

イ　訪問販売（はんばい）や電話勧誘（かんゆう）などで商品を購入した場合に，購入後８日以内であれば消費者側から無条件で契約を解除できる制度を何というか，書きなさい。

(2)　下線部㋑について，資料２は，国の一般会計予算を表している。資料２について述べた次のページの文章を読み，あとのア，イに答えなさい。

租税収入で最も割合が大きいのは，20.1％をしめる［a］税である。この税は，酒税やたばこ税などと同じ間接税に分類される。

政府の政策は，主に税金を使って行われる。税金だけではお金が足りない場合は，公債を発行するが，公債の発行は慎重に行う必要がある。

ア ［a］にあてはまる語を書きなさい。

イ 公債の発行を慎重に行う必要があるのはなぜか，「公債を発行しすぎると，利子の支払いや元金の返済に時間がかかり，」に続けて書きなさい。

資料2

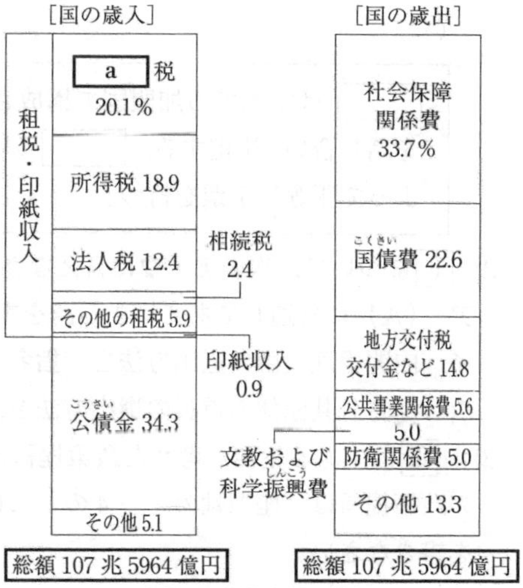

［2022 年度当初予算］
〔「財務省資料」による〕

(3) 下線部㋒について，日本の社会保障制度の四つの柱のうち，生活環境の改善や感染症の予防などで，人々の健康や安全な生活を守る役割を果たしているものは何か，書きなさい。

(4) 下線部㋓について，市場経済における公正さの確保のために行うこととして適切なものを，次の1～4の中から一つ選び，その番号を書きなさい。

1 独占や寡占の規制　2 成年年齢の引き下げ　3 公開市場操作　4 紙幣の発行

7 下のカードは，ある生徒が興味を持ったロゴ，ラベル，マークについて調べたものである。あとの(1)～(4)に答えなさい。(13点)

㋐国境なき医師団 紛争地域や被災地などで，危機に瀕する人々に，独立・中立・公平な立場で緊急医療援助を行っている。 ロゴのモチーフは，走っている人の姿。命の危機に直面している人々のもとに駆け付けるという意味が込められている。	国際フェアトレード認証ラベル FAIRTRADE このラベルが付いた製品は，社会的，環境的，経済的基準について定めた国際フェアトレード基準を満たしている。 フェアトレードは，立場の弱い㋑途上国の生産者や労働者の経済的自立を目指す「貿易の仕組み」である。	エコマーク 100％再生紙利用の㋒トイレットペーパー，文房具や制服などの認定商品がある。 「生産」から「廃棄」にわたるライフサイクル全体を通して，環境への負荷が少なく，㋓環境保全に役立つと認められた商品に付けられる。

(1) 下線部㋐のように，人権，環境，開発などの国際的な課題に取り組む，非政府組織の略称を，アルファベット3字で書きなさい。

(2) 下線部㋑について，貧しい人々が事業を始めるために，少額のお金を貸し出し，事業によって収入を得る機会をあたえる仕組みとして適切なものを，次の1～4の中から一つ選び，その番号を書きなさい。

1 リージョナリズム　2 マニュファクチュア
3 マイクロクレジット　4 インクルージョン

(3)　資料１は，下線部㋒の売り場に人々が殺到し，混乱する様子を表している。資料１が起こった後の日本社会の様子について述べた文として**適切でないもの**を，次の１～４の中から一つ選び，その番号を書きなさい。

1　バブル経済が崩壊すると，投機によって異常に高くなっていた株価と地価が急激に下がった。

2　阪神・淡路大震災が発生し，深刻な被害をもたらしたが，多くのボランティアが被災地を訪れ，「ボランティア元年」とよばれた。

3　世界中の株価が急落する「リーマンショック」が起こり，日本経済も中小企業の倒産や失業率の上昇など，大きな影響を受けた。

4　公害問題への対応として，公害対策基本法が制定され，公害対策や自然環境の保護を専門にあつかう省庁として，環境庁が創設された。

資料１

1973年に発生した石油危機により，石油を使った製品が値上がりしたが，流言によって，関係のない商品まで買いしめられた。
先進工業国の経済は深刻な不況におちいり，日本でも高度経済成長が終わった。

(4)　下線部㋓について，次の**ア**，**イ**に答えなさい。

ア　資料２は，温室効果ガスの排出削減に関する二つの国際的な取り決めを表している。［A］，［B］にあてはまる語をそれぞれ書きなさい。

資料２

［A］議定書	［B］協定
1997年採択	2015年採択
38か国・地域に削減義務	196か国・地域が対象
削減目標値は政府間交渉で決定	削減目標値を各国が自ら決定
・先進国に排出削減の義務あり。目標が達成できなければ罰則。 ・発展途上国の排出削減の義務なし。	・すべての国に目標の策定，報告，見直しを義務付け。 ・すべての国に排出削減の目標達成の義務なし。

イ　環境問題の解決について述べた下の文中の［　　］にあてはまる語を**漢字４字**で書きなさい。

> 地球環境問題の解決には，社会や経済の発展と環境の保全とを両立させ，現在の世代の幸福だけでなく，将来の世代の幸福も満たせる「［　　］な社会」の考え方が重要である。

そうですね。「図書館に行きます」と「図書館に行きません」のように、最後まで聞かないと意味がはっきりしないことがありますね。

こういう場合はどうかな。「強い風が…」と「強い風は…」を比べると、「強い風が…」だと「吹きます」が続き、「強い風は…」だと「吹きません」が続くと、予測できるのではないかな。助詞が「が」であるか「は」であるかの違いから、あとに続く言葉を予測しながら聞くことができますよね。

なるほど。教えてくれてありがとうございます。日本語って面白いですね。

(1) 題名を書かないこと。

(2) 二段落構成とし、それぞれの段落に次の内容を書くこと。

・第一段落では、やりとりをもとに、日本語の会話について**気づいたこと**を書くこと。

・第二段落では、第一段落をふまえて、**自分の意見**を書くこと。

(3) **百五十字以上、二百字以内**で書くこと。

(2) [ ] に入る最も適切な語を、次の1～4の中から一つ選び、その番号を書きなさい。

1 上がる　2 高い　3 劣る　4 狭い

(3) ㋐「可視化」できる とありますが、ある生徒が、この語句について次のようにまとめました。[ ] に入る最も適切な内容を、本文中から**二十三字**で**そのまま**抜き出して書きなさい。

> 北極圏や南極圏におけるオーラや [ ] を見ることで、地球や磁石の磁場が「見える」と言える。

(4) ㋑天動説対地動説のような壮大な例 とありますが、ある生徒が、この例について次のようにまとめました。[ ] に入る適切な内容を、本文中から**十字**で**そのまま**抜き出して書きなさい。

> どの説が「最良の説明」として受けいれられるかは [ ] ことが不思議ではないと示す例である。

(5) ある学級で、「最良の説明への推論」について話し合いをしました。次は、渡辺さんのグループで話し合っている様子です。[A]、[B] に入る適切な内容を、[A] は**二十字以内**で、[B] は**二十五字以内**で、それぞれ書きなさい。

> 渡辺　「最良の説明への推論」について、特定の仮説をたてればある現象についての説明ができる状況においては、その仮説を受けいれるべきだと筆者は言っているね。
>
> 上田　そうだね。「特定の仮説をたてる」とは、例えば、[A] ことだよね。
>
> 寺島　[A] と、周辺の宇宙空間内に起こる直接観測できる現象に最良の説明があたえられるとあるね。
>
> 渡辺　なるほど。だから私たちは、知覚できないものが存在することを受けいれられるんだね。
>
> 上田　つまり、「最良の説明への推論」によって、知覚だけがものの存在を信じる理由ではないと言えるんだね。
>
> 寺島　だから、私たちは、「時間」は [B] ことができるんだね。

(6) この文章の内容について述べたものとして最も適切なものを、次の1～4の中から一つ選び、その番号を書きなさい。

1 ウイルスは目に見えなくても存在しているが、個人が信じるかどうかは説明できない。

2 三種類の視覚モードに特定すると、顕微鏡で見えれば存在するという立場に反論できる。

3 よりよい説明を適切に選ぶと、ゆで卵についての情報の正しさを確認できる。

4 天文学といった科学分野だけではなく日常生活でも、最良の説明は受けいれられている。

6 ある中学校で、外国語指導助手と生徒が、日本語の会話について話し合いをしました。次のやりとりを読んで、あとの(1)～(3)に従って文章を書きなさい。(10点)

日本語の会話では、最後まで聞いてはじめて肯定の文か否定の文かがわかるのですね。

派にちがいありません。なぜわたしたちは、いかなる意味でも目に見えず可視化できない時間の存在を否定しないのでしょうか。それに答えるために、まず、知覚による検証のみが、ものの存在を信じる理由ではない、ということに気づくことからはじめましょう。

ブラックホールはその性質上、知覚できません。宇宙物理学では「直接観測できない」と言ったほうがより正確でしょう。では、なぜ、わたしたちは、宇宙空間の特定の場所にブラックホールが存在すると結論できるのでしょうか。それは、そのブラックホールがそこに存在することを仮定すれば、周辺の宇宙空間内に生起する直接観測できる現象に、最良の説明をあたえられるからです。

一般に、説明を要する現象があって、特定の仮説をたてればその現象を説明でき、たてなければその現象の説明ができないか、またはできても質がおとる説明しかできないような状況下では、当の仮説は受けいれるべきだ、という有名な方法論的原理があります。「最良の説明への推論」とよばれるこの原理は、科学的探求においてもごくふつうの日常生活においても、意図的または暗黙裡[注4]にひろく常用されている方法です。

クラウディオス・プトレマイオス[注5]が生存していた頃は、天動説が当時知られていた天文学的現象の「最良の説明」と見なされていましたが、16世紀以降はニコラウス・コペルニクス[注6]による地動説が「最良の説明」としてひろく提唱され受けいれられています。いかなる説明が「最良の説明」かは時代によってことなって当然なので、どの仮説が受けいれるに値するかも、時代によってことなるのは不思議ではありません。

(い)天動説対地動説のような壮大な例とはちがった、もっと日常的な例をあげましょう。火曜日にゆでた卵を、水曜日に食べたらお腹をこわしたとします。なぜお腹をこわしたかの説明として「ゆで卵が腐っていたから」と「ゆで卵を食べるときにウーロン茶を飲みすぎたから」のどちらかを選択しなければならないとしたら、もちろん「よりよい説明」を選ぶでしょう。どちらが「よりよい説明」かは当の状況にかんする適切な情報――ゆで卵はどこでどのように保存されていたか、ゆで卵をいくつ食べたのか、ゆで卵を食べたほかのひとはお腹をこわしたか、飲んだウーロン茶の量はいくらか、ウーロン茶がはいっていたペットボトルは開封後長時間放置されていたか、等々――に左右されるでしょう。

とにかく、「最良の説明への推論」なしには、科学も日常生活もまならないのは目に見えています。「最良の説明への推論」を追究しないのは、認識主体としての人間にとって不可能だと言っても過言ではありません。

――八木沢敬（やぎさわたかし）『ときは、ながれない』より――

(注1) ＳＮ２００２ｂｊ……ウサギ座の方向にある天体の一つ。
(注2) コンパス……方位磁針。
(注3) 太陽風プラズマ……太陽から吹き出された、電気を帯びた粒子。
(注4) 暗黙裡に……口に出して言わないままに。
(注5) クラウディオス・プトレマイオス……二世紀中頃のギリシアの天文学者・地理学者。
(注6) ニコラウス・コペルニクス……十五世紀末から十六世紀初めのポーランドの天文学者。

(1) なく　と文法上**異なるもの**を、次の1～4の――の中から一つ選び、その番号を書きなさい。

1　本当かどうかわから<u>ない</u>。　2　量が少<u>なけれ</u>ば足す。
3　朝早く起き<u>なく</u>てもよい。　4　何も言え<u>なかっ</u>た。

成田　真子は［　　　］と気づいたから、「もったいない」について「残念って気持ち」と「愛しいと思う気持ち」の両方をあげているんだね。

川村　さらに、「朔くんのソプラノがきれいだった事実は消えないから覚えていてもらえばいい」と言っているね。

沢井　「愛しいと思う気持ち」の方が大きいと伝えることで、朔を励ましているんだね。

5　次の文章を読んで、あとの(1)～(6)に答えなさい。(26点)

「百聞は一見にしかず」ということわざは、視覚にくらべて聴覚は認識の手段として精度がはるかに［　　］という意味ですが、そもそも視覚はそれほど精確な認識手段でしょうか。存在の認識にかぎって考えましょう。

「見えるものは信じるが、見えないものは信じない」という主張はよく耳にします。でも、それを存在についての主張と解釈すると、かなり極端な結論がでてしまいます。たとえば、ウイルスは目に見えないので存在しないのならば、一昨日までインフルエンザでみじめな思いをしていたのはウイルスのせいだという説明ができなくなります。

これに対して「肉眼では見えないが、顕微鏡で見える」という反論があるかもしれません。つまり「肉眼で見えるか顕微鏡で見えれば存在するが、そうでなければ存在しない」という立場からの反論です。でも、ウサギ座の超新星SN2002bj(注1)は肉眼でも顕微鏡でも見えません。だからといって存在しないと言えば、天文学者から異論がでるのは必至です。

「肉眼で見えるか顕微鏡で見えるか望遠鏡で見えれば存在するが、そうでなければ存在しない」と修正しても、さらなる反例をまねく可能性をおおきくのこしていると言わざるをえません。

では、「肉眼で見えるか、なんらかの科学機器を使って見えれば存在するが、そうでなければ存在しない」とすれば、信憑性のたかい一般化になるでしょうか。いや、それでもまだ、その一般化の後半部分「肉眼で見えず科学機器を使っても見えないならば、存在しない」という主張は、視覚を過大評価しているという批判からのがれられないでしょう。たとえ科学機器によって補強されたとしても、視覚による知覚可能性は、存在の必要条件としては強すぎるからです。

たとえば、コンパス(注2)の針が南北方向を向くのはなぜかの説明には、地球の磁場に言及する必要がありますが、磁場は肉眼で見えないし、顕微鏡や望遠鏡やその他の科学機器を使っても見えません。

もし「時間は、肉眼でも科学機器を使っても見えないので、存在しない」と主張するひとがいたとすれば、そのひとの主張は、見えないという理由で地球の磁場の存在を否定するひとの主張とおなじくらい受けいれがたいでしょう。

とはいえ、磁場と時間の類比は完璧ではないかもしれません。磁場はある意味で「可視化」できるのに対して、時間の同様な「可視化」は不可能だと思われるからです。北極圏や南極圏でオーロラを見て地球の磁場が「見える」と言えたり、うすいプラスチック板の上にまかれた砂が作る模様を見て、板の下におかれた磁石の磁場が「見える」と言えたりするでしょうが、それにくらべて時間については、地球の磁場に反応する太陽風(注3)プラズマや、磁石の磁場に反応するプラスチック板上の砂に相当するものが見つかりません。

それでも、「時間は存在しない」と心から信じるひとはきわめて少数

ら、みんなに覚えていてもらえばいい」

わたしだけじゃなくて、半地下合唱団のメンバーだけじゃなくて、夏祭りに来た大勢の人に。「もったいない」と思われるかもしれないけど、その裏には「柚原朔のボーイ・ソプラノは素晴らしかった」という事実が、まちがいなく、あるのだから。

「『もったいない』C」って言葉は、残念って気持ちもあるけど、なくなっちゃったものを愛(いと)しいなって思う気持ちの方が、大きいと思うんだ」

――額賀澪(ぬかがみお)『ラベンダーとソプラノ』より――

(注1) 優里……合唱クラブでの真子の後輩で、朔の幼なじみ。
(注2) 朔ちゃん……ここでは、朔が自分のことをさして言っている。
(注3) バー……朔の父が経営する酒場。昼間は半地下合唱団の練習場となっている。
(注4) 南先生に言われたこと……養護教諭の「南先生」に、人の考え方について「一つの考え方がどこでも正しいなんてこと、滅多にない」と言われた。
(注5) 亜矢さんに言われたこと……「半地下合唱団」のメンバーの一人である「亜矢さん」に、「世の中、いろんな人がいるし、いていいんだ」と言われた。

(1) ㋐言う の尊敬語を書きなさい。

(2) そうじゃなくて とありますが、ある生徒が、このときの「真子」の思いについて次のようにまとめました。[ ] に入る最も適切な語句を、本文中から**十六字**で**そのまま**抜き出して書きなさい。

> 朔の大人っぽい雰囲気は、自分から望んだものではなく[ ]ものかもしれないと真子は思った。

(3) ㋑悪あがきをするように とありますが、ある生徒が、この表現について次のようにまとめました。[ ] に入る適切な内容を、**三十字以内**で書きなさい。

> 「悪あがき」とは、「どうにもならない状況なのに、あせってむだな試みをすること」である。ここでは、真子が[ ]ことについて表現している。

(4) 「朔」について述べたものとして最も適切なものを、次の1～4の中から一つ選び、その番号を書きなさい。

1 「朔」が自分ののどを優しくなでたのは、病弱な体の状態を自覚し大切にしようと思っているからである。
2 「朔」がピアノの鍵盤をもう一度布でふいたのは、うまく歌うために何度でもやり遂げようとするからである。
3 「朔」が「成長期には勝てなかったね」と笑ったのは、「真子」との会話が深刻になりすぎないようにしているからである。
4 「朔」が「朔くん！」と呼ばれて足を止めたのは、相手の正面に立って礼儀正しく対応しようとするからである。

(5) ある学級で、もったいないA、もったいないB、もったいないC について話し合いをしました。次は、川村さんのグループで話し合っている様子です。[ ] に入る適切な内容を、**三十五字以内**で書きなさい。

> 川村　真子の「もったいないA」は「朔くんのソプラノを知らない人がいる」ということについての言葉だね。
> 沢井　それに対して「もったいないB」は「声が消えて残念だ」という気持ちだと言えるよ。真子もそれがわかっているね。

朔くんのことは、はじめて会ったときから大人っぽい雰囲気の子だなと思っていた。わたしが「ラベンダー色の似合うお姉さん」に憧れたように、朔くんも大人っぽい自分になりたくてそうなったんだと、ぼんやり思いこんでいた。

でも、(あ)そうじゃなくて。

大事なものがいつか消えてしまう未来をずっとずっと見つめていたから、ほかの子より一歩前を歩いているような大人びた雰囲気を、いつの間にか身にまとってしまったのかもしれない。

「魚住のおっちゃんが『夏祭りで歌おう！』って言ったのに反対しなかったのも、消える前に誰かに聴いてほしいなって思ったのかも。どうせ声変わりがきたら消えるんだから～って軽く話してたくせに、いつの間にか、放したくなくなっちゃったんだよな」

「だから、牛乳飲むのやめたの？」

優里(注1)の家に行ったとき、朔くんは牛乳を飲まなかった。半年前に飲むのをやめたって。

「あんまり意味なかったけどね。朔ちゃん(注2)、カルシウムを摂らなくても発育いいみたいだから。成長期には勝てなかったね」

あははっと笑った朔くんが時計を確認し、「もう帰らないと。父さんと母さんに怒られる」と立ち上がった。わたしも、テーブル席におきっぱなしだったランドセルと傘を取りに行く。

「それじゃあ、次の練習でね」

バー(注3)の明かりを消し、出入り口にカギをかけた朔くんが、わたしに手を振って、帰っていく。

外はすっかり夜だったけれど、雨は降ってなかった。雨上がり独特の蒸し暑さと、ねっとりとした水たまりの香りが、あたりにただよっている。

朔くんの家は、路地の先。わたしの家は、商店街のメインストリートを抜けた先。ここで別れるのは、ごく自然のことだ。

朔くんの背中が、小さくなっていく。外灯のオレンジ色に照らされたブルーのランドセルは、鮮やかな夕焼け空みたいだった。

「朔くん！」

叫ぶと、朔くんは足を止めて、わたしを見た。次に何を言えばいいのかわからなくて、(い)悪あがきをするように、わたしは朔くんのもとに走った。

水たまりに思い切り足をつっこんでしまって、ふくらはぎのあたりで冷たい水が弾けた。

でも、その冷たさで、目が覚めた気がする。

「いっぱい聴いてもらおうよ、夏祭りで」

朔くんに向かって身を乗り出し、喉を大きく広げて言った。

「どうせ消えちゃう声だから大勢の人に聴かせたくないって気持ちと、消える前にみんなに聴いてほしいって気持ち、正反対だけど、裏と表でちゃんとつながってるんだと思うよ。だから、どっちも持っていいんだよ」

今日、保健室で南先生(注4)に言われたこと。さっき亜矢(注5)さんに言われたこと。内容はちがうけれど、それぞれの話の欠片が集まって、わたしの中で言葉になる。

ああ、そっか。自分の言葉って、こうやって増えていくんだ。友だちを増やすみたいに、出会った言葉の数だけ、わたしの言葉が増えていく。

「だから、夏祭りでいろんな人に朔くんの歌を聴いてもらおうよ。朔くんの寂しさを、いろんな人と共有すればいいんだよ。声変わりがきちゃっても、朔くんのソプラノがきれいだった事実は消えないんだか

晏子は、自分は［　　　］人物であるから、人は自分にはなかなか及ぶことができない、と考えている。

(2) 次の文章を読んで、あとのア、イに答えなさい。

夏は夜。月のころはさらなり、闇もなほ、蛍の多く飛びちがひたる。また、ただ一つ二つなど、ほのかにうち光りて行くもをかし。雨など降るもをかし。

――『枕草子』より――

ア　飛びちがひたる　とありますが、すべてひらがなで現代かなづかいに書き改めなさい。

イ　夜　とありますが、この語について述べたものとして最も適切なものを、次の1～4の中から一つ選び、その番号を書きなさい。

1　月がよく出る季節はよいが他の季節はよくない。
2　暗い闇夜に蛍が数多く飛んでいるのはよい。
3　空に星が一つ二つかすかに光っているのはよい。
4　蛍が飛び始める時期に雨などが降るのはよくない。

4　次の文章を読んで、あとの(1)～(5)に答えなさい。(22点)

合唱クラブに所属している小学六年生の真子(まこ)は、同じ学校の柚原朔(ゆはらはじめ)と知り合う。朔は美しい声の持ち主だが学校の合唱クラブには所属せず、商店街の有志で活動している「半地下合唱団」で歌っていた。朔に誘われて真子も半地下合唱団に加わり、練習のあとで朔に話しかけた。

「やっぱり、もったいないなって思っちゃう」(A)
歌い終えた朔くんに、真っ先にそう伝えた。
「もったいない?」
「朔くんが合唱クラブにいてくれたらってことじゃなくて、朔くんがこんなにきれいなボーイ・ソプラノを持ってるのに、それを知らない人がいっぱいいるのが、もったいないって思って」
「でもさ、俺のソプラノ、もうすぐ消えるんだよ」
わたしの目を見すえたまま、朔くんはつぶやく。
「声変わりがきたら消えるの。小四の秋ぐらいからいきなり背がのび始めたし、いつ声変わりがきてもおかしくないんじゃないかな」
男子の声変わりが始まるのって、小学校高学年から中学生にかけてだっけ?朔くんは背が高いし、まわりの子より早く声変わりするかもしれない。
そうなったらきっと、このボーイ・ソプラノは出せなくなる。
「俺は自分の歌声が好きだ。嫌な思いをしてまで歌いたくないから、学校では歌わない。真子ちゃんがどう思おうと、合唱クラブにも入らない。馬鹿にされたらムカつくから、ここで楽しく歌えれば、それでいい」
――それに。
ぽつりとこぼした朔くんが、のどにそっと手をやる。どこまでも広がる、澄んだソプラノを響かせる自分ののどを、優しくなでた。
「声変わりがきたらなくなるのに、むなしいじゃん。大勢の前で自慢げに歌って『きみの声は素晴らしいね』っていろんな人にほめてもらっても、コンクールで金賞をもらっても、すぐに消えちゃうのにさ。そうなったらきっと、みんな『もったいない』(B)って言うんだ」
「ちがうよ。わたし、そういうつもりで言ったんじゃ……」
「わかってるよ」
鍵盤をもう一度布でふいて、朔くんはピアノの蓋を閉める。
「自分が一番、声が消えるのを『もったいない』って思ってるんだって、わかってる」

2　次の(1)、(2)に答えなさい。(12点)

(1)　次のア～オの――の漢字の読みがなを書きなさい。また、カ～コの――のカタカナの部分を楷書で漢字に書き改めなさい。

ア　寸暇を惜しんで勉強する。
イ　美しい峡谷に感動する。
ウ　収入と支出の均衡を保つ。
エ　頂上から遠くを眺める。
オ　私は白い花が殊に好きだ。
カ　クラブに会員としてトウロクする。
キ　ハソンした部分を修理する。
ク　自転車で本州をジュウダンした。
ケ　スジミチを立てて説明する。
コ　午前中に用事をスます。

(2)　次の行書で書いた漢字と同じ部首であるものを、あとの1～4の中から一つ選び、その番号を書きなさい。

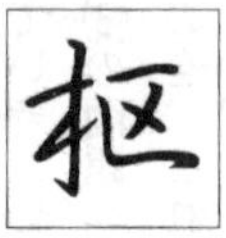

1　初　2　祖　3　狩　4　核

3　次の(1)、(2)に答えなさい。(14点)

(1)　次の文章を読んで、あとのア～ウに答えなさい。

【漢文】

梁丘拠(注1)謂晏子(注2)曰、「吾至死不及夫子(注3)矣。」晏子曰、「嬰(注4)聞之、為者常成、行者常至。嬰非有異於人也。常為而不置、常行而不休者。故難及也。」

――『説苑』より――

【書き下し文】

梁丘拠晏子に謂ひて日はく、「吾死に至るまで夫子に及ばず。」と。晏子日はく、「嬰之を聞く、為す者は常に成り、行く者は常に至ると。(このように聞いた、行動する人物は必ず成功し、進む人物は必ず到達する、と。)嬰人に異なること有るに非ざるなり。(あるのではない)常に為して置かず、(放置せず)常に行きて休まざる者なり。故に及び難きなり。(人は私にはなかなか及ぶことができないのだ)」と。

(注1)　梁丘拠……中国の春秋時代の人。
(注2)　晏子……中国の春秋時代の人。
(注3)　夫子……ここでは、晏子のことを敬って呼んでいる。
(注4)　嬰……晏子の名。ここでは、晏子が自分のことをさして言っている。

ア　謂晏子曰　に、【書き下し文】を参考にして、**返り点**をつけなさい。

イ　及ばず　の主語として最も適切なものを、次の1～4の中から一つ選び、その番号を書きなさい。

1　梁丘拠　2　晏子　3　為す者　4　行く者

ウ　ある生徒が、本文の内容について次のページのようにまとめました。□に入る適切な内容を、**十字以内**で書きなさい。

そうですね。地域の方に環境保全について意識してもらえるように、ポスターを作るのはどうでしょうか。それを見た地域の方に、一人一人の小さな取り組みでも環境保全につながるということを意識してもらえるのではないでしょうか。

以上、会議の様子はここまでです。続いて問題に移ります。

(1)の問題。資料1の空欄に入る適切な内容を書きなさい。

(2)の問題。吉井さんは、今後、どのようなことを町内会の方と相談していきたいと言っていましたか。書きなさい。

(3)の問題。司会の山田さんの会議の進め方の説明として最も適切なものを、これから言う、1、2、3、4の中から一つ選んで、その番号を書きなさい。

1　話し合いが活発に行われるように、発表者に自由な発言を促して進めている。

2　話し合いをスムーズに行うために、一人一人の発表時間を指示して進めている。

3　発表された内容に自分の感想を付け加えて、話の内容をまとめて進めている。

4　発表された内容に疑問を投げかけて、話し合いの方向を変えて進めている。

(4)の問題。資料2は、高橋さんが会議のあとに作ったポスターです。「資源」という語を使って、キャッチコピーを考えて書きなさい。

これで、放送による検査を終わります。では、あとの問題を続けてやりなさい。

【資料】

第一中学校
山田さん
(司会)

第一中学校
吉井さん

東中学校
高橋さん

資料1　代表者会議資料

代表者会議資料

1　日　時
　4月25日(水) 15:30〜16:10

2　目　的
　各学校で行っている環境保全の活動の内容と今後の見通しを知ることで，活動の［　　　　］ため。

3　各学校の活動について
　○第一中学校
　　・内容
　　・今後の見通し
　○東中学校
　　・内容
　　・今後の見通し

資料2　ポスター

＜国語＞

時間　五〇分　満点　一〇〇点

【注意】　問題の1は放送による検査です。問題用紙は放送による指示があるまで開いてはいけません。

1　放送による検査（16点）

国語放送台本

今から、国語の、放送による検査を行います。はじめに、解答用紙を出して、受検番号を決められた欄に記入してください。

□一は、【資料】を見ながら放送を聞いて、質問に答える問題です。

ある二つの中学校の生徒が集まり、代表者会議をしました。参加者は、第一中学校の山田さん、吉井さん、東中学校の高橋さんの三人で、山田さんが司会を務めます。これから、その会議の様子を紹介します。そのあとで、四つの問題を出します。それを聞いて、解答用紙の(1)、(2)、(3)、(4)、それぞれの欄に答えを書きなさい。会議の様子、問題は、それぞれ一回しか言いません。必要なことは、メモを取ってもかまいません。

それでは、始めます。

［山田さん］

こんにちは。私は司会の山田です。今日の会議の目的は、それぞれの学校で行っている環境保全の活動の内容と今後の見通しを知ることで、活動の活性化につなげるためです。まず第一中学校の吉井さんから、活動の内容と今後の見通しについて紹介してください。

［吉井さん］

はい。第一中学校では月に一度、地域を回って廃品回収を行っています。各家庭を訪問して新聞紙や雑誌、段ボールなどの古紙を回収しています。集めた古紙は業者に渡り、新しい紙の原料になります。廃品回収日には、町内会の方もいらっしゃって一緒に活動することもあります。今は古紙の回収しか行っていないので、今後は、回収品の種類を増やすことを、町内会の方と相談していきたいです。

［山田さん］

ありがとうございます。回収した古紙が新しい紙の原料に変わると、資源の節約になりますよね。それでは、次に東中学校の高橋さん、紹介してください。

［高橋さん］

はい。東中学校では再利用できるものとできないものを分別して、ゴミの量を減らしています。特に、紙のゴミを減らすために、配布プリントの印刷がされていない面をメモ用紙として再利用するという活動に、力を入れています。これは、学校内で使用する紙の量を抑え、資源を守ることにもなります。

［山田さん］

なるほど。まだ使えるものを再利用することは、ゴミの削減に向けて有効な取り組みですね。こちらも資源の節約になりますね。高橋さん、東中学校の今後の見通しについても教えてください。

［高橋さん］

はい。現在、環境保全の活動は学校内での活動のみとなっています。私たちは今後、活動の範囲を地域にも広げていきたいです。その第一歩として私たちには何ができるかを考えているところです。第一中学校の吉井さん、何かアイデアはないでしょうか。

［吉井さん］

MEMO

大切なことはメモしておこうネ！

2024年度

解 答 と 解 説

《2024年度の配点は解答用紙集に掲載してあります。》

＜数学解答＞

1 (1) ア 5 イ -6 ウ $-6x+4y$ エ $\frac{x+11y-14}{15}$ オ 8 (2) -1，7
(3) 420(個) (4) $\frac{1}{9}x^2+2x+9$ (5) a 4 b 0 (6) 35(度)
(7) (例)$x=2$，$y=2$ (8) エ

2 (1) ア 15(分以上)20(分未満) イ 3 (2) ア ㋐ $\frac{x}{3}$ ㋑ $\frac{y}{5}$ ㋒ 2.3
イ (Aさんの家から峠まで) 4.2(km)，(峠から祖父の家まで) 4.5(km)

3 (1) ア 3(cm) イ 120(度) ウ $\frac{3\sqrt{7}}{2}$(cm) (2) ア ㋐ ∠ACB
㋑ ∠APB ㋒ ∠ABQ イ $\frac{5\sqrt{2}}{2}$(cm)

4 (1) 2 (2) $3\sqrt{5}$(cm) (3) ア (0, 12) イ $\frac{12\sqrt{5}}{5}$(cm)

5 (1) ア 5 イ (例)すべての対角線を2回ずつ数える (2) ア ㋒ 15
㋓ $n(n-1)$ イ 12(人)

＜数学解説＞

1 (数・式の計算，平方根，標本調査，式の展開，関数$y=ax^2$，角度，定理の逆，2元1次方程式)

(1) ア 正の数・負の数をひくには，符号を変えた数をたせばよい。$4-(-1)=4+(+1)=4+1=5$

イ $8\times(-3)\div4=(-24)\div4=-6$

ウ 分配法則を用いて，$(9x-6y)\div\left(-\frac{3}{2}\right)=(9x-6y)\times\left(-\frac{2}{3}\right)=9x\times\left(-\frac{2}{3}\right)-6y\times\left(-\frac{2}{3}\right)=-\frac{9x\times2}{3}-\left(-\frac{6y\times2}{3}\right)=-6x-(-4y)=-6x+4y$

エ 分母を3と5の最小公倍数の15に通分して，$\frac{2x+y-1}{3}-\frac{3x-2y+3}{5}=\frac{5(2x+y-1)}{15}-\frac{3(3x-2y+3)}{15}=\frac{5(2x+y-1)-3(3x-2y+3)}{15}=\frac{10x+5y-5-9x+6y-9}{15}=\frac{x+11y-14}{15}$

オ $\sqrt{24}=\sqrt{2^3\times3}=\sqrt{2^2\times6}=2\sqrt{6}$，$\sqrt{8}=\sqrt{2^3}=\sqrt{2^2\times2}=2\sqrt{2}$だから，乗法公式$(a+b)(a-b)=a^2-b^2$を用いて，$(\sqrt{6}+\sqrt{2})(\sqrt{24}-\sqrt{8})=(\sqrt{6}+\sqrt{2})(2\sqrt{6}-2\sqrt{2})=2(\sqrt{6}+\sqrt{2})(\sqrt{6}-\sqrt{2})=2\{(\sqrt{6})^2-(\sqrt{2})^2\}=2(6-2)=2\times4=8$

(2) 数直線上での2点間の距離は，大きい座標から小さい座標を引いて求められる。これより，数直線上で，3からの距離が4である数をxとすると，$x<3$のとき，$3-x=4$より$x=-1$，$3<x$のとき，$x-3=4$より$x=7$だから，求める数は-1と7である。

(3) 標本における取り出したクリップとその中の印のついたクリップの比率は35：2。よって，母集団における箱の中のクリップとその中の印のついたクリップの比率も35：2と推測できる。箱の中のクリップの数をx個とすると，$x：24=35：2$　$x=\frac{24\times35}{2}=420$　よって，箱の中のクリップの数はおよそ420個と推測できる。

(4)　**乗法公式 $(a+b)^2=a^2+2ab+b^2$** を用いて，$\left(\frac{1}{3}x+3\right)^2=\left(\frac{1}{3}x\right)^2+2\times\frac{1}{3}x\times3+3^2=\frac{1}{9}x^2+2x+9$

(5)　**関数 $y=x^2$ は，原点を通り，y 軸について対称な上に開いたグラフ**であることから，xの**変域**の両端の値のうち**絶対値**の大きい方で，yの値は最大の16になる。そして，$x=-3$のとき$y=(-3)^2=9$であることから，$x=a$のときyの値は最大の16になり，$16=a^2$が成り立つ。これを解いて，$a=\pm4$　$-3\leqq a$であるから，$a=4$であり，xの変域は$-3\leqq x\leqq4$に決まる。これより，xの変域に0を含むから，関数$y=x^2$は$x=0$で**最小値**$y=0$となり，$b=0$であり，yの変域は$0\leqq y\leqq16$に決まる。

(6)　辺ABと辺EDの交点をFとする。**合同な図形では，対応する角の大きさは等しい**ことと，**三角形の内角の和は180°**であることから，∠ABE＝∠EBD－∠ABD＝∠ABC－∠ABD＝∠CBD＝20°　∠x＝∠BAC＝∠BED＝∠BEF＝180°－∠BFE－∠EBF＝180°－125°－20°＝35°

(7)　あることがらの**仮定**と**結論**を入れかえたものを，そのことがらの**逆**という。また，あることがらが成り立たない例を**反例**という。「$x=3$，$y=1$ならば，$x+y=4$である。」…①　の仮定は「$x=3$，$y=1$」，結論は「$x+y=4$」であるから，ことがら①の逆は「$x+y=4$ならば，$x=3$，$y=1$である。」…②　しかし，②は，「$x=2$，$y=2$」，「$x=1$，$y=3$」などのとき，仮定の「$x+y=4$」は成り立つが，結論の「$x=3$，$y=1$」は成り立たない。よって，ことがら②は，反例「$x=2$，$y=2$」，「$x=1$，$y=3$」などにより，正しくない。

(8)　方程式$2x+y=3$をyについて解くと，$y=-2x+3$…①　である。①は，xの値を1つ決めると，それに対応してyの値が1つ決まる。アは適切である。アと同様にして，①は，無数のxの値の1つ1つに対して，それに対応してyの値が1つ1つ決まるから，①を成り立たせるx，yの値の組は無数にある。イは適切である。①の$x=1$に対応するyの値は，$y=-2\times1+3=1$だから，①のグラフは(1，1)を通る。ウは適切である。①は，傾きが－2，切片が3の一次関数だから，そのグラフは点(0，3)を通り，傾き－2の直線と一致する。エは適切でない。

2　(資料の散らばり・代表値，方程式の応用)

(1)　ア　**中央値**は資料の値を大きさの順に並べたときの中央の値。Y中学校の生徒の人数は35人で**奇数**だから，通学時間の短い方から18番目の生徒がふくまれる**階級**が，中央値のふくまれる階級。10分以上15分未満の階級の**累積度数**は2＋5＋10＝17(人)で，15分以上20分未満の階級の累積度数は17＋8＝25(人)だから，中央値のふくまれる階級は，15分以上20分未満の階級である。

イ　1　X中学校の10分以上15分未満の階級の累積度数は1＋3＋5＝9(人)だから，通学時間が15分未満の生徒が9人いる。適切でない。　2　通学時間の**最大値**は，X中学校が25分未満に対して，Y中学校は25分以上だから，X中学校の方がY中学校より小さい。適切でない。　3　通学時間が20分以上25分未満の階級の**相対度数**は，X中学校が$\frac{4}{20}=0.2$，Y中学校が$\frac{7}{35}=0.2$で，どちらの中学校も等しい。適切である。　4　通学時間が20分未満の生徒の全体に対する割合は，X中学校が$\frac{1+3+5+7}{20}=\frac{16}{20}=0.8$，Y中学校が$\frac{2+5+10+8}{35}=\frac{25}{35}=0.7\cdots$で，X中学校の方がY中学校より大きい。適切でない。

(2)　ア　㋐　**(時間)＝(道のり)÷(速さ)**だから，Aさんの家から峠まで歩いた時間は，x(km)÷時速3(km)$=\frac{x}{3}$(時間)と表される。　㋑　㋐と同様にして，峠から祖父の家まで歩いた時間は，y(km)÷時速5(km)$=\frac{y}{5}$(時間)と表される。　㋒　Aさんの家から祖父の家まで歩くのに，合計2時間18分かかった。これを時間の単位で表すと，18(分)$=\frac{18}{60}$(時間)＝0.3(時間)だから，2時間18分は，2(時間)＋0.3(時間)＝2.3(時間)である。

イ　道のりの関係から，$x+y=8.7$…①　両辺に10をかけて，$10x+10y=87$…②　歩いた時間の関係から，$\frac{x}{3}+\frac{y}{5}=2.3=\frac{23}{10}$　両辺に30をかけて，$10x+6y=69$…③　②－③より，$4y=18$　$y=4.5$　これを①に代入して，$x+4.5=8.7$　$x=4.2$　よって，Aさんの家から峠までの道のりは4.2km，峠から祖父の家までの道のりは4.5kmである。

3 (空間図形，線分の長さ，角度，平面図形，相似の証明)

(1)　ア　底面の円の中心をOとすると，△ABOは∠AOB＝90°の直角三角形である。△ABOに**三平方の定理**を用いると，$AB=\sqrt{AO^2+BO^2}=\sqrt{(2\sqrt{2})^2+1^2}=\sqrt{9}=3$(cm)

イ　側面になるおうぎ形の中心角の大きさをx°とすると，**おうぎ形の弧の長さと，底面の円の円周の長さは等しい**から，$2\pi\times3\times\frac{x}{360}=2\pi\times1$　$x=\frac{2\pi\times1}{2\pi\times3}\times360=120$　よって，側面になるおうぎ形の中心角の大きさは120°である。

ウ　右図に側面になるおうぎ形の展開図を示す。糸の長さが最も短くなるのは，展開図上で糸が直線になるときであり，糸の最短の長さは，線分BMの長さに等しい。点Mから直線ABへ垂線MHを引く。

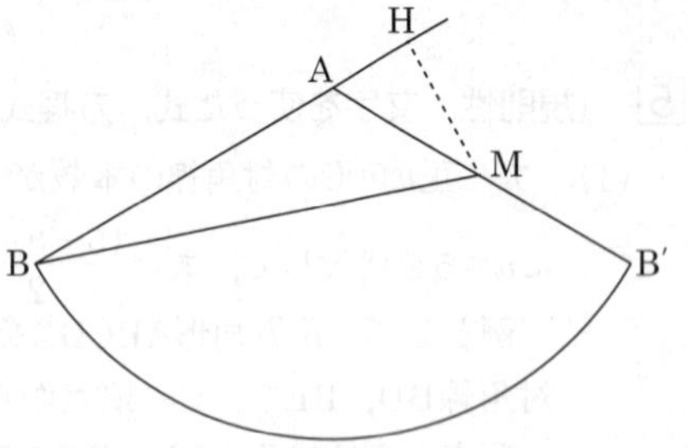

∠MAH＝180°－∠BAB'＝180°－120°＝60°より，**△AMHは30°，60°，90°の直角三角形で，3辺の比は2：1：$\sqrt{3}$**だから，$AH=AM\times\frac{1}{2}=\frac{AB'}{2}\times\frac{1}{2}=\frac{3}{2}\times\frac{1}{2}=\frac{3}{4}$(cm)，$MH=AH\times\sqrt{3}=\frac{3}{4}\times\sqrt{3}=\frac{3\sqrt{3}}{4}$(cm)　よって，求める糸の最短の長さBMは，△BMHに三平方の定理を用いて，$BM=\sqrt{BH^2+MH^2}=\sqrt{(AB+AH)^2+MH^2}=\sqrt{\left(3+\frac{3}{4}\right)^2+\left(\frac{3\sqrt{3}}{4}\right)^2}=\frac{3\sqrt{7}}{2}$(cm)である。

(2)　ア　2つの三角形の相似は，「3組の辺の比がそれぞれ等しい」か，「2組の辺の比とその間の角がそれぞれ等しい」か，「2組の角がそれぞれ等しい」ときにいえる。本証明は，「2組の角がそれぞれ等しい」をいうことで証明する。△ABPと△AQBにおいて共通な角だから，∠BAP＝∠QAB…①　仮定より，△ABCはAB＝ACの**二等辺三角形で，2つの底角は等しい**から，∠ABC＝∠ACB(あ)…②　**円周角の定理**より，$\overset{\frown}{AB}$に対する**円周角**の大きさは等しいから，∠ACB＝∠APB(い)…③　②，③から，∠APB＝∠ABC＝∠ABQ(う)…④　①，④から2組の角がそれぞれ等しいので，△ABP∽△AQBがいえる。

イ　点Pが線分AQの中点になるとき，AP＝x(cm)とすると，AQ＝$2x$(cm)である。△ABP∽△AQBより，AP：AB＝AB：AQ　$x:5=5:2x$　$2x^2=25$　$x^2=\frac{25}{2}$　$x>0$より，$x=\sqrt{\frac{25}{2}}=\frac{5\sqrt{2}}{2}$　よって，$AP=\frac{5\sqrt{2}}{2}$(cm)である。

4 (図形と関数・グラフ，方程式の応用，線分の長さ，面積)

(1)　点Aは$y=2x^2$上にあるから，そのy座標は$y=2\times(-1)^2=2$　よって，A(－1，2)

(2)　同様にして，点Bのy座標は$y=2\times2^2=8$　よって，B(2，8)　三平方の定理より，線分ABの長さ＝2点A，B間の距離＝$\sqrt{\{2-(-1)\}^2+(8-2)^2}=\sqrt{9+36}=\sqrt{45}=3\sqrt{5}$(cm)

(3)　ア　△AOB＝△AOCより，BC//AOである。よって，直線AOの傾きは$\frac{2}{(-1)}=-2$だから，直線BCは点B(2，8)を通り，傾きが－2の直線である。直線BCの式を$y=-2x+b$とおいて，点Bの座標を代入すると，$8=-2\times2+b$　$b=12$　これより，直線BCの式は$y=-2x+12$であり，切片が12であることから，点Cの座標はC(0，12)である。

イ　2点A，Bを通る直線の傾きは$\frac{8-2}{2-(-1)}=2$　よって，直線ABの式を$y=2x+c$とおくと，点Aを通るから，$2=2\times(-1)+c$　$c=4$　これより，直線ABの式は$y=2x+4$であり，切片が4であることから，直線ABとy軸との交点をDとすると，D(0，4)である。また，△ABC＝△ADC＋△BDC＝$\frac{1}{2}$×CD×(点Aとy軸との距離)＋$\frac{1}{2}$×CD×(点Bとy軸との距離)＝$\frac{1}{2}$×CD×{(点Aとy軸との距離)＋(点Bとy軸との距離)}＝$\frac{1}{2}\times(12-4)\times\{2-(-1)\}=12$(cm²)である。ここで，線分BCの長さ＝2点B，C間の距離＝$\sqrt{(2-0)^2+(8-12)^2}=2\sqrt{5}$(cm)であり，点Aと2点B，Cを通る直線との距離を$h$cmとすると，これは△ABCの底辺をBCとしたときの高さに等しいから，△ABC＝$\frac{1}{2}\times$BC$\times h=\frac{1}{2}\times2\sqrt{5}\times h=\sqrt{5}h$(cm²)である。これが，12cm²に等しいことから，求める点Aと2点B，Cを通る直線との距離$h$cmは，$\sqrt{5}h=12$より，$h=\frac{12}{\sqrt{5}}=\frac{12\sqrt{5}}{5}$である。

5　(規則性，文字を使った式，方程式の応用)

(1)　ア　正n角形の対角線の本数が$\frac{(n-3)\times n}{2}$(本)…①　だから，正五角形の対角線の本数は，①に$n=5$を代入して，㋐＝$\frac{(5-3)\times5}{2}=5$である。

イ　例として，正五角形ABCDEを考えると，Aの頂点からは対角線AC，ADを，Bの頂点からは対角線BD，BEを，Cの頂点からは対角線CE，CAを，Dの頂点からは対角線DA，DBを，Eの頂点からは対角線EB，ECをひくことができるが，例えば＿＿や～～を付けた対角線のように，同じ対角線を2回ずつ数えることになる。

(2)　ア　㋒　6人の選手が他の選手全員と1回ずつ試合をするとき，1人の選手は，自分以外の(6−1)人の選手と試合をするから，それぞれの選手は(6−1)試合ずつし，合計で(6−1)×6試合となる。しかし，これでは同じ試合を2回ずつ数えることになるから，選手が6人のときの試合数は$\frac{(6-1)\times6}{2}=15$(試合)となる。　㋓　同様に考えて，$n$人の選手が他の選手全員と1回ずつ試合をするとき，1人の選手は，自分以外の$(n-1)$人の選手と試合をするから，それぞれの選手は$(n-1)$試合ずつし，合計で$(n-1)\times n=n(n-1)$試合となる。しかし，これでは同じ試合を2回ずつ数えることになるから，選手がn人のときの試合数は$\frac{n(n-1)}{2}$試合…②　となる。

イ　試合数が66試合のときの選手の人数は，②より，$\frac{n(n-1)}{2}=66$　$n(n-1)=132$　$n^2-n-132=0$　$(n-12)(n+11)=0$　$n>0$より$n=12$　よって，12人である。

＜英語解答＞

1　(1)　ア　2　イ　1　ウ　4　(2)　ア　3　イ　3　ウ　4　(3)　ア　3　イ　1　(4)　(例)I want to enjoy eating lunch with them. ／ I want to sing a Japanese song for them.

2　(1)　ア　(You)will be happy to visit these(places.)　イ　(Can)you help me send my message(to her ?)　ウ　(You)don't have to speak English well(.)　(2)　3　(3)　(例)1　If you come to Aomori in winter, you can see snow.　2　What are you interested in?

3　(1)　A　5　B　2　C　7　(2)　4，6

4　(1)　ア　larger　イ　examples　ウ　garbage　(2)　(例)1　It brought terrible changes in their lives.　2　They were found in a dead whale's stomach.　3　No, it hasn't,　(3)　(例)I feel sad about this story. I usually use plastic bags for shopping. So, it is good to bring my bag.
I know this news, but I didn't do anything special. We should start something to keep these sea animals safe.

5　(1)　ア　3　イ　2　ウ　4　エ　1　(2)　(例)私たちは，家でもバスの中でも，病院で待っている時でも寝る前でも本を読むことができるから(いつでもどこでも本を読むことができるから。)　(3)　ア　7　イ　4　ウ　5

＜英語解説＞

1　(リスニング)

放送台本の和訳は，51ページに掲載。

2　**(長文読解問題・手紙文・会話文：語句の並べ換え，語句補充・選択，和文英訳，未来，不定詞，助動詞，受け身，接続詞，前置詞)**

(全訳)　こんにちは，ヒロヤ！／この前の授業で，私達が旅行について話したことを覚えていますか？　いつかあなたに私の国を訪れて欲しいと思っています。なので，あなたに私の国を紹介します。ここには美しい自然があります。もし動物が好きなら，クルーガー国立公園を訪れるといいでしょう。そこでは，野生のライオンや象を見ることができます。テーブルマウンテンと呼ばれる有名な山があります。その山頂は平らで，テーブルのように見えます。あなたは自然と登山が好きですよね？　アこれらの場所を訪れれば，幸せな気分になるでしょう。私は日本を訪問したいと思っています。ですから，日本について私に話してください。

ヒロヤ(以下H)：ケン，このメッセージを見て。僕の英語のリンジー先生から受け取ったものだよ。外国の人達にとって人気のある場所を彼女に教えたいと思うんだけれど，僕は英語が得意ではない。イ彼女に僕のメッセージを送る手伝いをしてくれるかい？／ケン(以下K)：もちろん，いいよ。どんな場所を彼女に紹介するつもりかな？／H：そうだな……考えが思いつかないなあ。／K：それじゃあ，彼女は何が好きなの？／K：えーと……，わからないなあ……。／K：ヒロヤ，それは問題だね。彼女は君の好きなことを知っていて，素晴らしい場所を君に対して紹介してくれた。もし君が彼女のことをよく知らないのなら，どうやって彼女の好きな場所を選ぶんだい？／H：君の言う通りだね。でも，僕は英語が得意じゃない。だから，彼女が僕の英語を理解できなかったら，僕はどうしたらいいのかな？　僕はいつだってそのことを気にしているんだ。／K：ヒロヤ，意思疎通を上手くするのに，完璧な英語が必要だと思う？　それは間違いだよ。簡単な英語で十分さ。ウ上手く英語をしゃべる必要はない。君が一緒に話している人について，気にするべきなんだ。意思疎通を上手くするためにはそれが重要だ。／H：なるほど。まず，僕は彼女について知るべきなんだね。／K：そうさ，互いを知ることが，コミュニケーションの始まりなんだ。／H：ありがとう，ケン。

(1)　ア　(You)will be happy to visit these(places.)<**will** ＋原形>未来　<感情を表す語＋不定詞[**to** ＋原形]>「～してある感情がわきあがる」　イ　(Can)you help me send my message(to her ?)<help ＋ O ＋原形[不定詞]>「Oが～[原形]することを助ける」　ウ　(You)don't have to speak English well(.)　<**have** ＋不定詞[**to** ＋原

形]>「～しなければならない，～であるにちがいない」→ 左記の否定形「～する必要がない」

(2) 「良い意思疎通には，完璧な英語が必要だと思う？ それは間違いだ。簡単な英語で十分だ」 正解は simple「簡単な，わかりやすい，やさしい」。is needed ← <**be動詞＋過去分詞**>**受け身「～される，されている」** difficult「難しい」 good「良い」 great「素晴らしい」

(3) （全訳：模範解答含む）リンジー，お元気ですか？ あなたの国の素晴らしい場所について私に話をしてくれて，ありがとうございます。日本には，美味しい食べ物，美しい海，そして，多くの有名な祭りがあります。₁もしあなたが冬に青森に来るなら，雪を見ることができます。₂あなたは何に興味がありますか？ 「もしSがVするなら」**if ＋ S ＋ V**(時制は現在で良い) <in＋季節> 「Oを見ることができる」can see O 「～に興味がある」<**be動詞＋ interested in ～**> 疑問詞付きの受け身の疑問文<疑問詞＋ be動詞＋主語＋過去分詞 ～ ？>

3 （会話文問題：文の挿入，内容真偽，前置詞，動名詞，助動詞，不定詞，接続詞，現在完了，比較）

（全訳） ミラー先生(以下M)：あなた達は何をしているのですか？／サトミ(以下S)：私達は自分らの職場体験について話しています。2週間前に，仕事について学ぶために，私達は別々の場所へ行きました。／M：アキ，あなたはどこへ行きましたか？／アキ(以下A)：私は幼稚園へ行きました。／M：なるほど。サトミ，あなたはどうでしたか？／S：私は看護師になりたかったので，病院へ行くことを選びました。A⁵看護師として働くことに関して学びました。病院の看護師は，患者の心身に最新の注意を払っていました。彼女らは患者の世話をする際に，常に患者の感情を考慮していました。患者を安心させることが，彼女らの仕事の重要な一部である，と気づきました。今，私は本当に看護師になりたいと考えています。良い看護師になるために，私は懸命に勉強するつもりです。／M：サトミ，あなたの仕事に関する気持ちが強まったのですね。アキ，あなたはどうですか？／A：私にとって，将来の仕事を決断することは困難でした。そこで，当初，B²私の職場体験の場所を決めることができませんでした。でも，私の母が助けてくれました。彼女は幼稚園の先生をしています。子供と一緒にいると，とても幸せである，と彼女は言い，私は幼稚園へ行くことを選択しました。その職場体験では，子供の健康について考え，ずっと彼らの安全を確保する必要がある，と1人の先生が話してくれました。幼稚園の先生は非常に多くの責任を負っていました。彼女らの仕事は，重要であり，素晴らしいものでした。今，私は以前よりも母を尊敬しています。／M：それは良いですね。子供と一緒にいて，どのように感じましたか？／A：楽しかったです。C⁷多くの子供達が私を必要としてくれている，と感じました。彼らは私と一緒に絵を描きたがっていました。／S：わかります。患者が私に「ありがとう」と言ってくれた時に，私もうれしかったです。自分は彼らに必要とされている，と私は感じました。／M：二人とも多くを学んだのですね。そのように感じることは大切です。私が学生だった頃に，自身の職場体験を通じて，同様に感じました。自分の将来の仕事において，そのような感情を抱ければ，それは素晴らしいですね。

(1) ［ A ］「私は看護師になりたかったので，病院へ行くことを選んだ」→ A⁵「看護師として働くことについて学んだ」→「病院の看護師は～」空所Aの後に，看護師の仕事について記されていることから考える。about working ← <前置詞 ＋ 動名詞[-ing]> take care of「～の世話をする，に気をつける」 ［ B ］「私には将来の仕事を決断することは困難だった」→「そこで，当初，B²私の職場体験の場所を決めることができなかった」couldn't ← can't「～できない」の過去形 It was difficult for me to decide my future job. ← <**It is ＋ 形容詞＋ for ＋ S ＋不定詞[to ＋原形]**>「**Sにとって～［不定詞］することは…… ［形容詞］だ**」 ～. **So** ……「**～である。だから／それで……**」 at first「最初は」 ［ C ］ミラー先生：「子供と一緒の時にどのように感じたか？」→ アキ：「楽しかった。C⁷多くの子供達が私を必要とし

てくれていると感じた。彼らは私と一緒に絵を描きたがっていた」　1「将来，私も看護師になりたいと思っている」　3「私は，将来，この仕事をすることができない」　4「私は幼稚園を訪れたかった」　6「私は自分の職場体験を楽しめなかった」

(2)　1「サトミは幼稚園の先生になることを決意した」(×)　サトミがなりたいのは看護師。サトミの第2番目のせりふ(I chose to go to a hospital because I wanted to be a nurse. ／I really want to be a nurse now.)を参照。 2「ミラー先生は職場体験を経験したことがない」(×)　ミラー先生の最後のせりふに When I was a student, I felt the same thing through my work experience. とあるので，不適。has never tried ← <**have [has]**＋過去分詞>現在完了(完了・経験・結果・継続)　through「～を通り抜けて，じゅう，を通じて」 3「アキの母はアキに幼稚園へ行くように言ったが，アキはそうしなかった」(×)　母親の発言を介して，アキが幼稚園へ職場体験に行く決意をしたのは事実であり(She [Aki's mother]is a kindergarten teacher. She said that she felt very happy when she was with children, and I chose to go to a kindergarten.)，実際の幼稚園での職場体験に関してアキの第2番目の発言で語られているので，不適。Aki didn't(go to a kindergarten). 4「職場体験後，サトミは以前よりも看護師になりたい気持ちが強まった」(○)　選択肢1の解説参照。**more**「もっと多く(の)」← **many／much** の比較級
5「サトミとアキは先週職場体験を経験した」(×)　サトミは最初の発言で We went to different places to learn about the jobs two weeks ago. と述べているので，不可。
6「自分の母の仕事は素晴らしい，ということをアキは理解した」(○)　アキは第2番目のせりふの最後で，Their[kindergarten teachers']job was important and wonderful. Now I respect my mother more than before. と述べているので一致している。**more**「もっと多く(の)」← **many／much** の比較級

4 (長文読解問題・スピーチ：要約文を用いた問題，英問英答・記述，自由・条件英作文，比較，分詞の形容詞的用法，受け身，現在完了)

(全訳)　2022年の1年間で，約800万トンのプラスティックが，ごみとして世界の海洋へ流出しました。それは東京ドーム7施設分と同分量に値します。仮に私達が何もしなければ，2040年には，およそ2900万トンのプラスティックが海洋へと流入することになり，2050年には，海洋に存在する全てのプラスティックが，そこに生息している魚の総量を超えることになるでしょう！　そのような海洋から捕獲された魚を食べたいと思いますか？

海洋生物にまつわる話はいくつか存在します。プラスティックは海洋生物の暮らしに恐ろしい変化をもたらしました。皆さんに3つの例を紹介しましょう。まず，カメがビニール袋を食べて，プラスティック製の漁網(ぎょもう)に捕獲され，プラスティックのストローにより傷ついています。第2に，海鳥の90％がプラスティックを食べていると言われています。第3に，2018年には，80枚のビニール袋が死んだクジラの腹部から見つかりました。つまり，海はこれらの動物にとってより劣悪な環境になっているのです。

このような事態が皆さんに起きたとしたら，どうしますか？　自分の部屋で楽しい時間を過ごしていて，その時に，見知らぬ他人により，皆さんの部屋にゴミが投じられます。その行為は止まらず，部屋がゴミでいっぱいになるまで続きます。1人では自分の部屋からゴミを取り除けません。ゴミと共生する自分を想像できますか？　物事を自分の問題として考えることが，私達には求められています。

海洋のこの問題を皆さんはどう考えますか？

(1) ・「2050年に海洋においては，全てのプラスティックが，全ての魚と比べてア<u>より多く</u>なるだろう」第1段落第3文後半で，all of the plastic in the ocean will be <u>larger</u> than all of the fish living there in 2050！ と述べられている。larger ← large「大きい」の比較級 the fish <u>living</u> there ← <**名詞＋現在分詞[-ing]＋他の語句**>「**～している名詞**」**現在分詞の形容詞的用法**
・「マリは海洋生物について3つのイ<u>例</u>を提示する」第2段落第3文に Let me show you three examples. とある。<let + O +原形>「Oに～[原形]させる」
・「ウ<u>ゴミ</u>と生活することを，マリは私達に想像して欲しいと思っている」第3段落最後から第2文に Can you imagine that you live with the <u>garbage</u>？とある。

(2) 1 「プラスティックは海洋生物に何をもたらしたか？」第2段落第2文に Plastic brought terrible changes in their lives. とある。 2 「2018年にどこで80枚のビニール袋が見つかったか」第2段落の最後から第2文に 80 plastic bags were found in a dead whale's stomach in 2018. とある。were found ← <**be動詞＋過去分詞**>**受け身**「**～される／されている**」 3 「海は海洋生物にとってより良くなっているか？」第2段落最終文で the sea has been getting worse for these animals. と述べられているので，否定で答える。has been getting better／has been getting worse ← 現在完了進行形<have[has]been ＋ 現在分詞[-ing]>動作動詞の継続を表す。 **better「もっとよい[よく]」← good／well の比較級** ⇔ **worse「もっと悪い[悪く]」← bad／badly／ill の比較級**

(3) (模範解答例訳)「この話に関して，私は悲しく感じる。私は買い物に通常ビニール袋を使っている。従って，自分の袋を持参する方が良い」「私はこのニュースを知っているが，何か特別なことをしていない。これらの海洋生物が安全であることを保つために，私達は何かをするべきである」 プラスティックの海洋投棄の問題について，自身の考えを20語以上の英語でまとめる自由・条件英作文。

5 **(長文読解問題・スピーチ：語句補充・選択，語句の解釈，日本語で答える問題，要約文を用いた問題，不定詞，比較，受け身，進行形，動名詞，前置詞，接続詞，助動詞，現在完了，間接疑問文)**

(全訳) 学校には多くの先生がいますが，学校外に先生は存在しますか？ 私には存在します。彼らは話さず，決していかなる教科も教えることはなく，私が帰るのをひたすら待っています。彼らは……本です。本は私の人生の先生であると私は言えます。

読書をしている時には，作者や物語上の登場人物と話しをすることができます。彼らは自分の考えをあなたに告げて，新しい考え方をあなたに教えてくれます。彼らの中には，既に亡くなった偉人が含まれているかもしれません。彼らの中の1人は異なった時間を生きた人かもしれません。彼らとは実生活では会わないかもしれませんが，本の中では会うことが可能です。去年の時点で，私は人前でスピーチをすることが得意ではありませんでした。そんな折に，本でスティーブ・ジョブズと出会いました。彼は何か新しいことを挑戦する際に，懸命に練習したそうです。ものごとを最も上手に遂行するには，10000時間の練習が必要であるということを，彼は私に教えてくれました。自分のスピーチに対して十分に練習を既に積んだ，と私は考えていました。でも，以前にも増して，私はもっと熱心に頑張る必要があるだろうと，スティーブ・ジョブズは私に告げてくれたのです。彼は私を支えてくれて，私のスピーチは改善しました。彼は2011年に亡くなりました。でも，今でも私は彼のメッセージを受け取ることが可能です。彼のメッセージは本の中で生き続けて，私の心を動かします。スティーブ・ジョブズは，私の先生でありうるのです。

本を読むことは，実生活では得られない素晴らしい経験を与えてもくれます。読書を通じて，多くのことを想像することができます。ハリーポッターの本を知っていますか？　それは冒険物語です。それを読んだ時に，本当にわくわくしたのを覚えています。自分が特殊な人物ではないことはわかっていましたが，ハリーと彼の友人達と共に素晴らしい時を過ごしている，と実感しました。読書中に，自分が黒い帽子をかぶり，空中を飛び，彼らと一緒に戦っていることが，想像できました。読後に，それらのページからとても多くの力を得ました。私は冒険の世界をとても堪能しました。たとえ自分の人生で以前に経験していなくとも，誰かの人生へと自身を置き換えて，同一の世界で時間を過ごすことが可能なのです。もし物語が空想や冒険ならば，さらに楽しめるでしょう。あなたも英雄になることができるのです！

本は私に新しい考え方や新たな経験を与えてくれました。自宅で，あるいは，バスの車上で，私達は本を読むことが可能です。病院の待ち時間や就寝前も，本を読むことができます。従って，本を読むことは，生涯を通じて学び続けるための簡単な1つの方法となります。学校でさえも，私達が学ぶことができないような何か新しいものを，読書はもたらしてくれるのです。読書後に，自分はより成長しうる，と私は考えています。もし良書を見つけたら，どうか私に教えてください。私の新しい先生に会うのを楽しみにしています！

(1)　ア 「メイがスティーブ・ジョブズの本を読む前には，3良いスピーチをするのに沢山練習をした，と彼女は思った」第2段落に I thought that I already had enough practice for my speech. とある。a lot = lots「たくさん，いっぱい，とても」 to make a good speech ← 不定詞[to ＋原形]の副詞的用法(目的)「～するために」　1「最善の成果を挙げるには，より多くの練習が必要であることを彼女は知っていた」(×)　前出の解説参照。**more**「もっと(多くの)」← **much／many** の比較級　was needed ← <**be**動詞 ＋ 過去分詞> 受け身「～される，されている」**best**「もっともよい／もっとよく」← **good／well** の最上級　2「彼女は人前でのスピーチをすることは上手だったが，より上手くなりたかった」(×)　第2段落に I was not good at giving a speech in front of my friends. とある。<be動詞 ＋ good at>「～がじょうずだ，得意だ」 give[make]a speech「スピーチをする」 in front of「～の前で」 **better**「よりよい，よりよく」← **good／well** の比較級　4「彼女は新しいものに挑戦したくて，それを探した」(×)　記述ナシ。look for「～を探す」

イ 「メイが冒険の本を読んでいた際に，2彼女は冒険の世界を想像して，とても興奮していた」冒険の本[ハリーポッターの本]を読んだ時のメイの様子は，第3段落で I got really excited when I read it.(第5文)／I could imagine myself wearing ～, flying ～, and fighting ～.(第7文) と述べられている。was reading ← <**be**動詞＋現在分詞[**-ing**]>進行形　myself wearing ～, flying ～, fighting ← <動名詞の意味上の主語[目的格／所有格]＋ 動名詞[**-ing**]>　1「彼女はハリーと彼の友人達に強い力を与えた」(×)　第3段落第8文に After reading, I received so much power from the pages. とある。after reading ← <前置詞＋動名詞>　3「事実ではなかったので，冒険の世界を楽しむのは彼女にとって困難だった」(×)　第3段落第9文に I really enjoyed a world of adventure. とある。it was difficult for her to enjoy ～ ← <**It is** ＋形容詞＋不定詞[**to** ＋原形]>「～[不定詞]することは……[形容詞]だ」　4「それは簡単な英語で書かれているので，彼女はそれを楽しむことができた」(×)　記述ナシ。was written ← <**be**動詞＋過去分詞>受け身「～される，されている」 ～, **so** ……「～である，それで／だから……」

ウ「本を読むことについて，メイは，4学校で本を読むのは，学校外で読書するよりも良い，とは述べていない」学校と読書の関係については，第4段落第5文で Reading books brings

us something new that we can't learn even at school. と述べられており，本文に不一致。**better**「よりよい，よりよく」← **good**／**well** の比較級　<something ＋形容詞>　<先行詞＋目的格の関係代名詞 that ＋主語＋動詞>「主語が動詞する先行詞」　1 「本を読むことで，新しい思考法を得ることができます」第4段落第1文(The books gave me a new way of thinking ～)に一致。of thinking／by reading ← <前置詞＋動名詞[-ing]>
2 「空想や冒険に関する物語は読むのにより楽しい」第3段落の最後から第2文(If the story is fantasy or adventure, you will enjoy it more.)に一致。**more**「もっと(多くの)」← **much**／**many** の比較級　3 「本を読むことを通じて，今生きていない人々と会うことができる」作者や作品中の登場人物について記されている第2段落第3文～第5文(one of them may be a great person who already died. One of them may be a person who lived in a different time. You may not meet them in your life, but you can in books.)に一致。people who are not living ～ ← <先行詞(人)＋主格の関係代名詞 **who** ＋動詞>「動詞する先行詞」／進行形<**be**動詞＋現在分詞[**-ing**]>　through「～を通り抜けて／～の間ずっと／～の至る所を／~~を通じて~~」 through reading ← <前置詞＋動名詞[-ing]> **may**「～かもしれない／してもよい」 a great person who already died／a person who lived in ～ ← 主格の関係代名詞 who
エ 「メイのスピーチにおいて，[1]書物はある人物の意図を過去から現在へと伝達することが可能である」第2段落第2文～第4文で，They[writers or persons in the story]will tell you their ideas ～. One of them may be a great person who already died. One of them may be a person who lived in a different time. と述べられており，メイがその著作から影響を受けたスティーブ・ジョブズについて，第2段落の最後から第2文～第4文で，He dies in 2011. However, I can still receive his message now. His messages have been living in the book, ～ と記されている。**may**「～かもしれない／してもよい」 a great person who already died／a person who lived in ～ ← 主格の関係代名詞 who　however「しかしながら」 have been living ← <have[has] been ＋ 現在分詞[-ing]>現在完了進行形(動作動詞の継続)　2 「私達の暮らしで，それ以前に経験していなければ，本の中で表されている世界を想像できない」(×)　第3段落第1・2文(Reading books also gives you a wonderful experience which you can't have in your life. You can imagine a lot through reading.)に不一致。haven't experienced it ← <**have**[**has**]＋過去分詞>現在完了(完了・経験・結果・継続)　reading books ← 動名詞[**-ing**]「～すること」 a wonderful experience which you can't have ～ ← <先行詞(もの)＋目的格の関係代名詞 **which** ＋主語＋動詞>「主語が動詞する先行詞」 a lot = lots「たくさん，いっぱい，とても」through reading ← through「～を通り抜けて／～の間ずっと／～の至る所を／~~を通じて~~」／<前置詞＋動名詞[-ing]>
3 「教科を教えてくれるので，本は彼女にとって，先生である」(×)　本が実際に教科を教えるわけではない(第1段落第2・3文 They[books]don't speak, never teach subjects, ～参照)。　4 「彼女は過去に生きていた人からの伝言を手にしたが，彼女はそれを好ましいと思わなかった」(×)記述ナシ。 a person who lived in ～ ← <先行詞(人)＋主格の関係代名詞 **who** ＋動詞>「動詞する先行詞」

(2) 下線部を含む文は「従って，本を読むことは，生涯を通じて学び続けるための簡単な1手段である」の意。つまり，下線部の発言の理由は，その前に書かれていることになる。～. **So** ……「～である。それで／だから……」 reading books ← 動名詞[**-ing**]「～すること」 one

easy way to keep learning through our lives ← 不定詞の形容詞的用法＜名詞 不定詞[**to** ＋原形]＞「～するための／すべき名詞」／keep -ing「～し続ける」 through「～を通り抜けて／~の間ずっと／～の至る所を／～を通じて」

(3)　(全訳)「本を読むことは，誰にとっても大切である。自身の読書ア7経験を通して，いかに彼女が感じたかを話すことで，メイはこのことを示した。力強い主張は書物に記されて，わくわくさせる世界が本の中で待ち受けている。彼女にとって本は素晴らしい教師であることを彼女は知っている。よって，もっと多くの新しい本をイ4読むことを彼女は望んでいる。それらの書物も，彼女にとって良き先生になるだろう。読書を通じて，自身をウ5向上させることを彼女は望んでいる」　ア　当スピーチは，メイの読書経験を通じて読書の大切さを唱えたものである。「読書経験」her reading experience ← her experience for reading 目的や用途を表すので，動名詞(現在分詞ではない)。～ by talking about how she felt ～ ← ＜前置詞＋動名詞＞／**間接疑問文(疑問文が他の文に組み込まれた形)**では＜**疑問詞＋主語＋動詞**＞の語順になる。　イ　本文の最後(If you find good books, please let me know. I'm looking forward to meeting my new teachers !)より，メイがより多くの本を読みたいと望んでいることは明らかである。**more**「もっと(多くの)」← **much／many** の比較級　＜let ＋ O ＋ 原形＞「Oに～[原形]させる」 I'm looking forward to meeting ～ ← 進行形＜be動詞＋現在分詞[-ing]＞／＜look forward to ＋動名詞[-ing]＞「～[動名詞]することを楽しみにする[待つ]」　ウ　文脈より，「読書を通じて自己をどうさせたい」とメイは願っているかを考える。空所の前に can があるので，空所には動詞の原形が当てはまる。第4段落第6文に I can grow more after reading. とあるのを参考にすること。答えは improve で，improve oneself は「向上する」の意。through reading ← ＜前置詞＋動名詞[-ing]＞／「～を通り抜けて／～の間ずっと／～の至る所を／~を通じて」 **more**「もっと(多くの)」← **much／many** の比較級

2024年度英語　放送による検査

〔放送台本〕

(1)は，英文と質問を聞いて，適切なものを選ぶ問題です。問題は，ア，イ，ウの三つあります。質問の答えとして最も適切なものを，1，2，3，4の中からそれぞれ一つ選んで，その番号を解答用紙に書きなさい。英文と質問は一回だけ読みます。それでは始めます。

アの問題

I found this sign, so I walked in the park with my dog. Which is the sign?

イの問題

My birthday is October 21st. Kanako's birthday is one month after my birthday. When is Kanako's birthday?

ウの問題

You are talking with John. You want to know his favorite food. What will you ask him?

〔英文の訳〕

アの問題

この標識を見つけたので，自分の犬と公園内を歩きました。その標識はどれですか？

イの問題

私の誕生日は10月21日です。カナコの誕生日は，私の誕生日のひと月後です。カナコの誕生日はいつですか？

〔選択肢の訳〕 ① 11月21日。 2 9月21日。 3 12月21日。 4 10月21日。

ウの問題

あなたはジョンと話しています。あなたは彼の好きな食べ物を知りたいと思っています。何とあなたは彼に尋ねるでしょうか？

〔選択肢の訳〕 1 あなたは何を食べましたか？ 2 なぜあなたはそれが好きなのですか？
3 お元気ですか？ ④ 好きな食べ物は何ですか？

〔放送台本〕

(2)は，美術館の館内放送を聞いて，質問に答える問題です。問題は，ア，イ，ウの三つあります。はじめに，英文を読みます。次に，質問を読みます。そのあと，もう一度，英文と質問を読みます。質問の答えとして最も適切なものを，1，2，3，4の中からそれぞれ一つ選んで，その番号を解答用紙に書きなさい。それでは始めます。

Thank you for coming to our museum. We have an international art event this month. On the second floor, you can see Japanese art. If you want to enjoy foreign art, please go to the third floor. On the first floor, we have a restaurant and you can eat traditional dishes from many countries. If you eat lunch there, we will give you a postcard as a present. In front of this museum, a special art shop is open only this week. The museum and the shop are closed at 7 p.m., but the restaurant is open until 9 p.m. Enjoy our museum. Thank you.

アの問題

If people want to see foreign art, where do they go?

イの問題

What can people do on the first floor?

ウの問題

Which is true about the international art event?

〔英文の訳〕

当美術館へご来館いただきまして，ありがとうございます。今月は，国際的芸術イベントが開催中です。2階では，日本芸術をご覧いただけます。外国の芸術を鑑賞されたい場合には，3階へお進みください。1階には，レストランがございます。そこでは，多くの国々の伝統的料理を召し上がりいただけます。レストランにて昼食をとられた際には，プレゼントとして絵はがきを進呈しております。当美術館の正面には，臨時のアートショップが今週限定でご利用いただけます。美術館とショップは午後7時に閉まりますが，レストランは午後9時までご利用いただけます。当美術館をお楽しみください。ありがとうございます。

アの問題

外国の芸術を見たければ，どこへ行きますか？

〔選択肢の訳〕

1 1階へ。 2 2階へ。 ③ 3階へ。 4 美術館の正面へ。

イの問題

1階では何をすることができますか？

〔選択肢の訳〕 1　日本芸術を鑑賞できる。　2　絵はがきを購入できる。
③　伝統的料理が食べられる。　4　臨時のアートショップを見つけることができる。

ウの問題

国際芸術イベントに関してどれが事実ですか？

〔選択肢の訳〕 1　美術館ではこの催しを今週のみ開催している。　2　臨時のアートショップは美術館内にある。　3　レストランは午後7時に閉店している。　④　美術館は午後7時まで開館している。

〔放送台本〕

(3)は，タカシとリサの対話の一部を聞いて，質問に答える問題です。問題は，ア，イの二つあります。はじめに，対話を読みます。次に，質問を読みます。質問の答えとして最も適切なものを，1，2，3，4の中からそれぞれ一つ選んで，その番号を解答用紙に書きなさい。対話と質問は二回読みます。それでは始めます。

アの問題

Takashi: Lisa, how about this book about history?
Lisa: Thank you. This is good for me. Where did you find it?
Takashi: Over there. There are more books about history.
Lisa: How many books can I borrow in a day?
Question: Where are they talking?

イの問題

Lisa: Takashi, I will go to the Central Stadium tomorrow.
Takashi: It's a long way from here. You should go there by bus.
Lisa: Oh, really? How long does it take to go to the stadium by bus?
Question: What will Takashi say next?

〔英文の訳〕

アの問題

タカシ：リサ，歴史のこの本はどうかな？
リサ　：ありがとう。これは私にとっては良いわね。どこで見つけたの？
タカシ：あっちだよ。歴史の本はもっと沢山揃っているよ。
リサ　：1日に何冊借りれるのかしら？
質問：どこで彼らは話していますか？

〔選択肢の訳〕 1　映画館にて。　2　公園にて。　③　図書館にて。　4　郵便局にて。

イの問題

リサ　：タカシ，私は明日セントラルスタジアムへ行くことになっているの。
タカシ：ここからは遠いね。バスでそこまで行くべきだよ。
リサ　：えっ，本当？　バスで競技場までどのくらいかかるのかしら？
質問：次にタカシは何と言いますか？

〔選択肢の訳〕 ①　20分かかるよ。　2　8番のバスに乗れるよ。　3　10キロだよ。　4　580円だよ。

〔放送台本〕

(4)は，リー先生の話を聞いて，質問に答える問題です。話の最後の質問に対して，あなたなら何と答えますか。あなたの答えを解答用紙に英文で書きなさい。リー先生の話は二回読みます。それで

は始めます。

Hi, everyone. I want to ask you a question. Next week, we will have 10 students from America. They will visit our school. I want you to spend a good time with them. What do you want to do with them?

〔英文の訳〕

皆さん，こんにちは。私は皆さんにある質問をしたいと思います。来週，私達はアメリカから10名の学生を迎え入れます。彼らは私達の学校を訪問します。皆さんには彼らと充実した時間を過ごして欲しいと願っています。皆さんは彼らと何をしたいですか？

〔模範解答例の訳〕

彼らと昼食を食べて楽しみたい。／彼らのために日本の歌を歌いたい。

＜理科解答＞

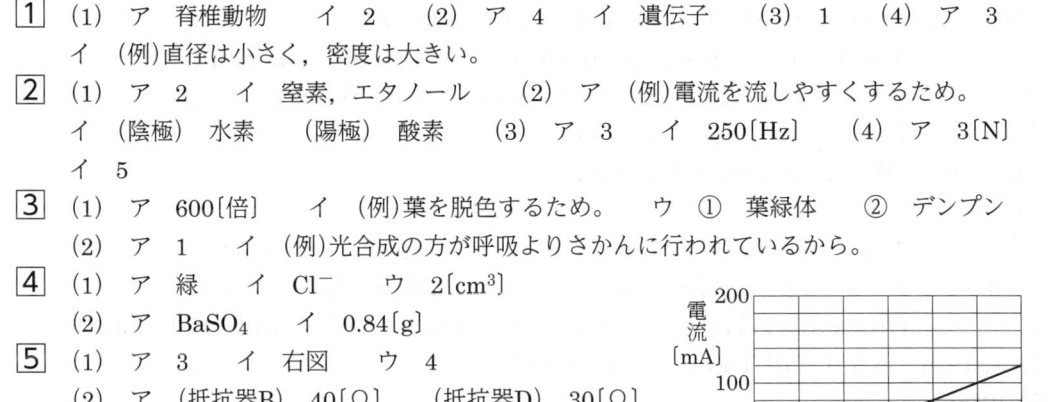

1 (1) ア 脊椎動物　イ 2　(2) ア 4　イ 遺伝子　(3) 1　(4) ア 3
イ (例)直径は小さく，密度は大きい。

2 (1) ア 2　イ 窒素，エタノール　(2) ア (例)電流を流しやすくするため。
イ (陰極) 水素　(陽極) 酸素　(3) ア 3　イ 250〔Hz〕　(4) ア 3〔N〕
イ 5

3 (1) ア 600〔倍〕　イ (例)葉を脱色するため。　ウ ① 葉緑体　② デンプン
(2) ア 1　イ (例)光合成の方が呼吸よりさかんに行われているから。

4 (1) ア 緑　イ Cl^-　ウ 2〔cm^3〕
(2) ア $BaSO_4$　イ 0.84〔g〕

5 (1) ア 3　イ 右図　ウ 4
(2) ア (抵抗器B) 40〔Ω〕　(抵抗器D) 30〔Ω〕
イ 12〔秒間〕

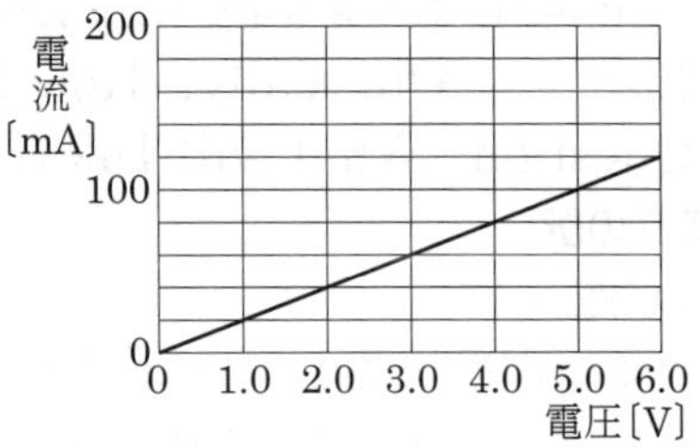

6 (1) ア 断層　イ 1　ウ 4　(2) ア 2
イ 〔22時〕23〔分〕18〔秒〕　ウ 28〔秒〕

＜理科解説＞

1 (小問集合―動物の分類，生殖，日本の天気，太陽系の惑星)

(1) ア 背骨をもっているかどうかによって，動物は2つのグループに分けることができる。Aは背骨をもつ**セキツイ動物**，Bは背骨のない**無セキツイ動物**である。　イ Eはホニュウ類，ニワトリとカモは鳥類で，トカゲとヘビはハチュウ類。EをふくむCはいずれも肺で呼吸する。サケとメダカは魚類，アサリとイカは軟体動物で，この4種類の動物はいずれもえらで呼吸をする。1は軟体動物，4はホニュウ類の特徴を述べている。

(2) ア アメーバやミカヅキモなどの**単細胞生物**は，からだが2つに分かれる**無性生殖**を行う。無性生殖は**受精**を行わず，体細胞分裂によって細胞の数がふえ，新しい個体をつくる。　イ 無性生殖では，子は親の**染色体**をそのまま受けつぐため，子の形質は親の形質とまったく同じものになる。生物の形質を決めるもとになる**遺伝子**の本体は，DNA(デオキシリボ核酸)という物質で，細胞がもつ染色体の中に存在する。

(3)　大陸をつくる岩石は海洋をつくる水に比べて，あたたまりやすく冷めやすい。大陸と海洋のうち，あたたかい方では上昇気流が生じて**低気圧**となり，冷たい方では下降気流が生じて**高気圧**になる。そのため大陸と海洋の境界付近では気圧の差が生じて，高気圧から低気圧へ向かって**季節風**がふく。

(4)　ア　**惑星**は太陽を中心として，ほぼ同じ平面内で同じ方向に**公転**している。水星と金星は地球よりも内側を公転する内惑星で，明け方か夕方に近い時間帯にしか見えない。それ以外の惑星は地球よりも外側を公転する外惑星で，その位置によって真夜中に見えることもある。

イ　小型で密度が大きい**地球型惑星**(水星，金星，地球，火星)は，主に岩石からできており，太陽に近い位置を公転している。そのため表面温度が比較的に高い。大型で密度が小さい**木星型惑星**(木星，土星，天王星，海王星)のうち，木星と土星は主に気体でできているが，天王星と海王星は気体とともに大量の水をふくんでいる。

2　(小問集合―状態変化，水の電気分解，音，力の合成と分解)

(1)　ア　温度によって物質の状態が変わることを，物質の**状態変化**という。物質に熱が加えられると，物質をつくる粒子の運動が激しくなり，粒子と粒子の間隔が広がるために体積が大きくなる。しかし，物質の粒子の数は変わらないので，質量は変化しない。水は他の物質とちがい，液体から固体に状態変化するときに体積が大きくなるため，**密度**が小さくなるという特別な性質をもっている。このために，氷は水に浮く。　イ　液体を熱したときに，沸騰し始める温度を**沸点**，固体がとけて液体に変化するときの温度を**融点**という。100℃で気体の状態ということは，その物質の沸点は100℃以下である。

(2)　ア　物質に電流を流して分解することを**電気分解**という。純粋な水には電流がほとんど流れないが，水の分解の反応に関わらない**電解質**である水酸化ナトリウムなどをとかすと，電流が流れて水が分解される。　イ　水を電気分解すると，陰極から水素(H_2)，陽極から酸素(O_2)が2：1の体積比で発生する。この反応を**化学反応式**で表すと，$2H_2O \rightarrow 2H_2 + O_2$

(3)　ア　振動して音を出すものを**音源**といい，音源が振動することによって空気を振動させ，その振動が空気中を次々と伝わり，耳の中にある鼓膜が振動することによって音として聞こえる。したがって，気体だけでなく振動を伝えるものの中では，音が波として広がりながら伝わる。

イ　図より，1回の振動にかかる時間は(0.001×4)秒なので，この音の**振動数**は，1÷0.004＝250(Hz)

(4)　ア　糸Aにかかる力と糸Bにかかる力を表す矢印を2辺とする平行四辺形を作図したとき，基準線上に示すことができる対角線の長さが**合力**の大きさにあたる。0.5(N)×6＝3(N)　イ　図2に作図で求めた合力の大きさ(矢印の長さ)は変わらないので，Pを90°にして平行四辺形をかくと，OA，OBの矢印が示す**分力**の大きさ(矢印の長さ)はどちらも長くなる。

3　(植物のはたらき－実験操作，光合成，呼吸)

(1)　ア　顕微鏡の倍率＝対物レンズの倍率×接眼レンズの倍率より，40×15＝600(倍)　イ　ヨウ素液の反応による色の変化が見やすくなるように，エタノールにつけて葉の緑色を脱色しておく。　ウ　デンプンがある部分は，ヨウ素液をつけると青紫色に変化する。葉の細胞の中に見られた緑色の小さな粒は**葉緑体**で，日光が当たるとこの葉緑体で**光合成**が行われ，デンプンがつくられる。

(2)　ア　Ⅰは，日光が当たっているが，植物が入っているか入っていないかの条件のちがいがある実験どうしを比べる。Ⅱは，植物は入っているが，日光が当たるか当たらないかのちがいがあ

る実験どうしを比べる。いずれも，調べたい条件のみが異なる実験で，**対照実験**にあたる。
イ　植物は，昼夜ともに**呼吸**を行っているが，日光が当たる昼はさらに光合成も行う。呼吸で放出される二酸化炭素よりも，光合成で吸収される二酸化炭素の方が多く，また，呼吸で使用する酸素よりも光合成で放出される酸素の方が多い。そのため，見かけの上では昼は植物から二酸化炭素は放出されず，酸素のみが放出されているように見える。

4　(化学変化とイオン－酸とアルカリ，イオン，化学式，中和と塩)

(1)　ア　BTB溶液は酸性で黄色，中性で緑色，アルカリ性で青色を示す**指示薬**である。　イ　実験1で起きた塩酸と水酸化ナトリウム水溶液の**中和**は，次のように表すことができる。$HCl + NaOH \rightarrow NaCl + H_2O$　この反応で生じた塩化ナトリウム(NaCl)は，水溶液中でナトリウムイオン(Na^+)と塩化物イオン(Cl^-)に**電離**している。Bの水溶液は黄色を示しているので酸性で，反応に使われなかった水素イオン(H^+)と塩化物イオンが同数ずつ残っている。したがって，塩化物イオンが最も多くふくまれている。　ウ　うすい塩酸6cm^3とうすい水酸化ナトリウム水溶液15cm^3でちょうど過不足なく中和が起きて，Cの水溶液は中性を示した。したがって，Dの水溶液を中性にするためには，20－15＝5(cm^3)のうすい水酸化ナトリウム水溶液を中性にするだけのうすい塩酸が必要である。求めるうすい塩酸の体積をxcm^3とすれば，6：15＝x：5，x＝2(cm^3)

(2)　ア　硫酸と水酸化バリウム水溶液の中和は，次のように表すことができ，水にとけない硫酸バリウム($BaSO_4$)という**塩**ができる。$H_2SO_4 + Ba(OH)_2 \rightarrow BaSO_4 + 2H_2O$　イ　グラフより，うすい硫酸10cm^3とうすい水酸化バリウム水溶液20cm^3が過不足なく反応して，白い沈殿が0.24gできたことがわかる。したがって，うすい硫酸35cm^3ではうすい水酸化バリウム水溶液を$20\times\frac{35}{10}=70$(cm^3)加えたときに，$0.24\times\frac{35}{10}=0.84$(g)の白い沈殿ができる。

5　(電流－電流計と電圧計，電圧と電流の関係，電力，抵抗，電力量)

(1)　ア　電流計は回路に**直列**につなぐ。**並列**につなぐと，電流計に大きな電流が流れてこわれることがある。一方，電圧計は回路の中で電圧を測定したい部分に並列につなぐ。直列につなぐと，回路に電流がほとんど流れなくなる。どちらの計器も電源の＋側と＋端子を，電源の－側を－端子につなぐ。　イ　実験1の表では，電圧計の値が2倍，3倍…になると，電流計の値も2倍，3倍…になっているので，**電流は電圧に比例**していることがわかる。グラフは，原点を通る直線になる。　ウ　抵抗(Ω)＝電圧(V)÷電流(A)より，電流(A)＝電圧(V)÷抵抗(Ω)である。電力(W)＝電圧(V)×電流(A)より，電力(W)＝電圧(V)×電圧(V)÷抵抗(Ω)。抵抗の大きさは変わらないので，電圧を2倍にすると，電力は2^2倍になる。

(2)　ア　図2と図3の回路にはいずれもCが接続されているので，図4で6.0Vのときに電流が小さい方が直列つなぎの回路の結果を示している。図2のBとCの合成抵抗は，6.0(V)÷0.1(A)＝60(Ω)。図3のCとDの合成抵抗は，6.0(V)÷0.5(A)＝12(Ω)。したがって，Cが20ΩでBが40Ω，またはCが40ΩでDが20Ωの組み合わせになる。いずれにしても，Dは30Ωである。Cが20Ωだとすれば図3の合成抵抗Rは，$\frac{1}{20}+\frac{1}{30}=\frac{1}{R}$より，R＝12(Ω)となり，グラフと一致するのでBは40Ωである。　イ　電力量(J)＝電力(W)×時間(s)　図1の回路全体の抵抗は60Ω，図2の回路全体の抵抗は12Ωなので，ab間の電圧が9.0Vのとき，図2のa点を流れる電流は，9.0(V)÷60(Ω)＝0.15(A)，図3のa点を流れる電流は，9.0(V)÷12(Ω)＝0.75(A)　図2の回路に電流を1分間(60秒間)流したときの電力量は，9.0(V)×0.15(A)×60(s)＝81(J)　求める時間をx秒とすれば，9.0(V)×0.75(A)×x(s)＝81(W)　x＝12(秒)

6 (大地の活動−断層，プレート，液状化，マグニチュード，初期微動継続時間)

(1)　ア　**プレート**の境界部分にはさまざまな力が加わり，地下の岩盤にひずみが生じている。このひずみがしだいに大きくなり，岩盤がひずみに耐えられなくなると，岩盤の一部が破壊されて地層が断ち切られ，そこを境にずれることがある。これが**断層**で，このとき同時にゆれが発生する。　イ　大陸プレートと海洋プレートの接する境界では，大陸プレートの下にしずみこむ海洋プレートが，大陸プレートを引きずりこむため，大陸プレートにひずみが生じる。これが限界になると大陸プレートの先端部は反発し，プレートの境界付近を**震源**とする大きな地震が起こる。Aは海洋プレート，Bは大陸プレートである。　ウ　地すべりや土砂くずれは，斜面などで発生する土砂災害で，津波は，海底の地下を震源とする大きな地震が発生したことで，海底が急激に隆起したり沈降したりして，海底から海面までの大量の海水がいちどに動き，移動する大規模な波である。

(2)　ア　地震によるゆれの大きさは，日本では10段階に分けられた**震度**で表される。震度階級表は，気象庁が日本独自でつくった地震のゆれの大きさについての階級表である。ゆれの大きさは，震源からはなれるほど小さくなり，震度の分布もほぼ同心円状になる。**マグニチュード**は，値が1大きいとエネルギーは約30倍に，値が2大きいと1000倍になる。　イ　P波の進む速さは，地点X，Yの記録より，(105−63)(km)÷(33−27)(秒)＝7(km/秒)である。63(km)÷7(km/秒)＝9(秒)より，P波が地点Xに到達した時刻の9秒前にこの地震が発生した。　ウ　**初期微動継続時間**は，震源からの距離に比例する。求める時間をx秒とすると，地点Zの初期微動継続時間が40秒なので，210：40＝147：x，x＝28(秒)

＜社会解答＞

1 (1)　南極〔大陸〕　(2)　4　(3)　ア　APEC　イ　乾燥〔帯〕　ウ　2　フィリピン　4　チリ　(4)　4〔時間〕

2 (1)　白神〔山地〕　(2)　潮境〔潮目〕　(3)　3　(4)　(例)冬に雪でおおわれて農作業ができない時期の仕事　(5)　ア　2　イ　(例)〔大消費地に近い条件を生かし,〕・新鮮な状態で出荷ができること。・輸送にかかる時間や費用をおさえることができること。

3 (1)ア　摂関政治　イ　3　(2)　ア　(宗派)　3　(人物)　栄西　イ　足利義政　(3)　ア　2　イ　(例)朝廷に政権を返上すること。

4 (1)　西郷隆盛　(2)　2→3→1　(3)　(例)アメリカが国内の反対で加入できなかった　(4)　ワシントン　(5)　ア　4　イ　3

5 (1)　ア　200〔海里〕　イ　2　ウ　総会　(2)　ア　解散　イ　(例)国会議員の中から国会が指名する。　ウ　(例)住民が直接選挙で選ぶ。　(3)　1

6 (1)　ア　2　イ　クーリング・オフ〔制度〕　(2)　ア　消費　イ　(例)〔公債を発行しすぎると，利子の支払いや元金の返済に時間がかかり,〕将来の世代に借金の返済を担わせることになるから。　(3)　公衆衛生　(4)　1

7 (1)　NGO　(2)　3　(3)　4　(4)　ア　A　京都　B　パリ　イ　持続可能

＜社会解説＞

1 (地理的分野—世界地理−地形・資源・気候・貿易・人口・産業)

(1) **南極大陸**は，**六大陸**(ユーラシア大陸・アフリカ大陸・北アメリカ大陸・南アメリカ大陸・オーストラリア大陸・南極大陸)のうち5番目に大きな大陸であり，オーストラリア大陸のほぼ2倍の面積である。**三大洋**(太平洋・大西洋・インド洋)の全部に面している。地球の最も南にあり，**南極点**を含み，南氷洋に囲まれている。

(2) **石炭**の産出の三大国は，中国・インド・インドネシアである。**天然ガス**の産出の三大国は，アメリカ・ロシア・イランである。**すず**の産出の三大国は，中国・インドネシア・ミャンマーである。**鉄鉱石**の産出三大国が，オーストラリア・ブラジル・中国であり，地図に▲で示されている鉱産資源とは，鉄鉱石である。

(3) ア **アジア太平洋地域**の経済発展や地域協力を推進するための枠組みとして，1989年に日本を含む12か国で設立され，現在21か国が参加しているのが，**APEC**(Asia Pacific Economic Cooperation)である。 イ この地域は，1年を通して降水量が少なく，森林がほとんど育たない気候である。この気候帯は**乾燥帯**であり，オーストラリア大陸は，大部分がこの乾燥帯に属している。 ウ この5国のうち**人口密度**が最も高いのは，世界15位の韓国である。1は韓国である。この5国の中で，人口密度が世界150位以下の低さであるのが，オーストラリア・カナダ・チリの3国であり，最も低いのはオーストラリアである。この5国のうち人口密度が最も低いのは，世界190位のオーストラリアである。5はオーストラリアである。 2 フィリピンは，バナナ・パイナップル等の**果実**の生産が盛んであり，輸出品の第2位である。2はフィリピンである。 4 チリは**漁業**が盛んであり，魚介類の輸出が，輸出品のうち第2位である。4はチリである。

(4) 地球は24時間で1回転自転するので，**経度差15度で1時間の時差**となる。日本の**標準時子午線**が**東経135度**であり，東経120度であるペキンとの経度差は15度となる。両者の時差は1時間である。成田を3月20日午後5時に出発した航空機が，3月20日午後8時に着くのであれば，3時間経過したことになり，時差から生じる1時間を合わせて，4時間の航空時間となる。

2 **(地理的分野―日本地理－地形・農林水産業・気候・エネルギー・工業・交通)**

(1) 秋田県北西部と青森県南西部にまたがる約13万haに及ぶ広大な山地帯を**白神山地**という。ここには人為の影響をほとんど受けていない世界最大級の原生的な**ブナ林**が分布している。この中に多種多様な動植物が生息・自生するなど貴重な**生態系**が保たれており，1993年に世界遺産(自然遺産)に登録された。

(2) 温度の異なる海流がぶつかる場所の境目のことを**潮境**(しおざかい)という。**暖流**(**黒潮**)と**寒流**(**親潮**)がぶつかる場所であり，多くの魚種のとれるよい漁場となる。境潮は**潮目**ともいう。

(3) **風力発電所**は岩手県・秋田県・山形県・福島県に点在し，特に東北地方に多く見られる。風力発電は**再生可能エネルギー**として注目されているが，プロペラがまわる騒音などの問題点もある。

(4) この地域は東北地方の日本海側であり，冬に大陸から北西の**季節風**が吹きつけ，日本海を渡るときに大量の水蒸気を含むため，降水量が多くなり，**積雪**が深くなる。冬に雪でおおわれて農作業ができない時期の仕事として**工芸品**が作られるようになった。伝統的工芸品といわれるものが多い。上記の文の下半分を□に当てはまるようにまとめればよい。

(5) ア 1 日本全体の白菜とかぶの生産量がある。埼玉県の白菜の生産量が，日本全体の中で占める割合は，2.7%である。埼玉県のかぶの生産量が，日本全体の中で占める割合は，14.8%である。よって，かぶの方が多い。 3 きゅうりの生産量上位5県のうち，関東地方3県の生産量を合わせると23.8%となり，全体量の25%は越えない。 4 青森県のかぶの生産量は約6.3万tである。1・3・4のどれも誤りであり，2が正しい。 2 群馬県の白菜生産量は29.7万tである

のに対し，ほうれんそうの生産量は2.15万tとなる。　イ　**近郊農業**とは，大消費地となる東京・大阪・愛知・福岡など**大都市**の周辺で，大都市に新鮮な農産物を通年的に供給することを目的として，野菜や花などの**商品作物を**栽培・出荷することをいう。近郊農業を行うと以下のようなメリットがあると考えられる。

・新鮮な状態で出荷ができること。
・輸送にかかる時間や費用を抑えることができること。
・輸送により生じる二酸化炭素の量を減らすことができること。

上記のような内容を簡潔に記せばよい。問題文にある「大消費地に近い条件を生かし，」に続くようにまとめることに留意する。

3 (歴史的分野―日本史時代別－古墳時代から平安時代・鎌倉時代から室町時代・安土桃山時代から江戸時代，―日本史テーマ別－政治史・文化史・社会史・宗教史，―世界史－政治史・文化史)

(1)　ア　**藤原氏**は，自分の娘を天皇のきさきとし，生まれた子供を天皇にして**外祖父**となり，天皇が幼い時には**摂政**として，成人してからは**関白**として政治を代行・補佐した。これを摂関政治という。摂関政治は，11世紀前期の**藤原道長**・**頼通**父子の時代に全盛期を迎えた。　イ　1・2・4は平安時代のこととして適切である。3が適切ではない。**木綿**栽培は，安土桃山時代に東北地方を除く全国でできるようになり，江戸時代には**商品作物**として広く栽培されるようになった。江戸時代には，**庶民も木綿の服**を着るようになった。

(2)　ア　(宗派)　写真の寺は京都の龍安寺であり，**枯山水**の庭が有名である。この寺は幕府に保護されていた**臨済宗**の寺院である。　(人物)　臨済宗を開いたのは**栄西**である。栄西は，宋に二度渡り，臨済宗の禅とともに，茶の文化も日本に持ち帰った。**曹洞宗の道元**とともに，**鎌倉新仏教**を興した**禅宗**の開祖である。　イ　**室町幕府**の八代将軍は，**足利義政**であり，15世紀の半ばに将軍位についた。その頃には，幕府の要職についている**守護大名**が権力を伸ばし，将軍の座は揺らぎ始めていた。そして将軍の跡継ぎをめぐって，全国の守護大名が，東軍・西軍に分かれて争う**応仁の乱**となった。

(3)　ア　1　**名誉革命**は，1688年にイギリス議会がジェームズ2世を追放し，オランダからウィリアム3世とメアリ2世を迎えて，二人を共同統治の国王とし，翌1689年に『**権利の章典**』を制定したものである。　2　**マルティン・ルター**が，1517年に『95カ条の論題』をヴィッテンベルクの教会に掲出したことが宗教改革の発端である。**ローマカトリック教会**による免罪符の発行に反対したルターらの人々が，カトリック教会の腐敗を批判し，正そうとして始められたのが**宗教改革**である。宗教改革の動きはヨーロッパに広まっていった。　3　『**フランス人権宣言**』は，1789年の**フランス革命**と同年に発表された。正確には『人間と市民の権利の宣言』という。「人間は，生まれながらにして，自由で平等な権利をもっている。」と記している。　4　1861年から1865年にかけて行われた，**アメリカ合衆国**と，その連邦組織から脱退した南部11州が結成した南部連合との戦争が，**南北戦争**である。南北戦争さなかの1863年に「人民の，人民による，人民のための政治」で有名な「**ゲティスバーグ演説**」を行ったのが，アメリカの十六代大統領**リンカン**である。江戸時代は1603年から1867年まで続いたので，江戸幕府の期間と重ならないのは，2の宗教改革の始まりである。　イ　十五代将軍の**徳川慶喜**が行った**大政奉還**は，1867年に行われた。自ら政権を天皇に返上することで，徳川家の勢力を温存し，新政府の中でも発言力を維持しようという狙いを持っていた。

4 (歴史的分野―日本史時代別－明治時代から現代，―日本史テーマ別－政治史・外交史，―世界

史－政治史)

(1) **岩倉使節団**に参加しなかった**西郷隆盛**らの**参議**は，中国を宗主国として他の国に対しては鎖国の状態にあった朝鮮を，武力によって開国させようとした。これが**征韓論**である。欧米諸国から帰国した**大久保利通**らとの征韓論争に敗れた西郷は，1873年に政府から去り，故郷の鹿児島に帰った。この事件を**明治六年の政変**という。

(2) 資料1は，イギリスが日本の背を押し，日本を**ロシア**に立ち向かわせようとする姿が描かれている。日本は，ロシアの南下を警戒するイギリスと，ロシアの**満州**・朝鮮への進出を抑制しようとする日本の利害の一致から，1902年の**日英同盟**を締結した。その直前の国際情勢を描いた**ビゴーの風刺画**である。資料2は，1875年の**江華島事件**と翌年締結された**日朝修好条規**の一部である。内容は日本が有利な**不平等条約**となっている。資料3は，大きな魚は朝鮮，左側の武士の姿の人物が日本，右側の帽子をかぶっているのが清国，橋の上から見ているのがロシアを，それぞれ表している。日本と清国が朝鮮を狙って対立し，すきをうかがっているのがロシアである。1894年に起こった**日清戦争**前の国際情勢を描いた，ビゴーの風刺画である。したがって，年代の古い順に並べると，2→3→1となる。

(3) **第一次世界大戦**後の**パリ講和会議**は，**アメリカ大統領ウィルソン**の十四カ条の原則の柱である，**国際協調・民族自決**の精神で進められた。この国際協調の精神を具体化したものが，**国際連盟**である。国際連盟は1920年に創立されたが，アメリカは議会の**上院が反対した**ため，加盟できなかった。

(4) 1921年から1922年にかけてアメリカのワシントンで行われ，**海軍軍縮条約**が締結されて，各国の**海軍主力艦の保有量を制限**したのが，ワシントン会議である。日本は1936年にワシントン海軍軍縮条約と**ロンドン海軍軍縮会議**からの脱退を表明し，条約は失効した。

(5) ア **国際連合**の**安全保障理事会**では，**常任理事国**のうち一国でも反対すると，決議できないことになっている。これを**拒否権**といい，1952年に日本が国際連合に加盟を申請した際には，ソ連が拒否権を発動し，加盟は実現しなかった。正答は，4である。 イ 1・2・4は正しい。適切でないのは，3である。1956年に**日ソ共同宣言**が成立し，ソ連との国交が回復して，ソ連は拒否権を発動しなくなり，日本は国際連合への加盟が実現した。

5 **(公民的分野―国際社会との関わり・国の政治の仕組み・地方自治・民主主義)**

(1) ア 海岸線から12海里(約22km)の領海に接し，**海岸線から200海里**(約370km)までの海域を，**排他的経済水域(EEZ)**という。排他的経済水域内では，漁業などを自由に行うことができる。逆に言えば，他国の排他的経済水域内では，自由に漁業を行うことができない。 イ 国際法上，国家の主権の及ぶ，領土・領海・領空からなる区域を，**領域**といい，これが主権の及ぶ範囲とされる。排他的経済水域の上空は，領域ではない。 ウ 国際連合の**総会**において各加盟国が投票できる票数は，大国も小国も一票ずつである。

(2) ア **衆議院**の**解散**は，天皇の**国事行為**となっているが，日本国憲法第7条において，天皇の国事行為は「**内閣の助言と承認**により」行われることになっており，事実上，**内閣**が衆議院の解散権を持っていることになる。地方自治法によれば，地方自治体の首長も，議会の解散権を持っている。 イ 日本国憲法第67条は「内閣総理大臣は，国会議員の中から国会の議決で，これを指名する。この指名は，他のすべての案件に先だつて，これを行ふ。」と規定している。
ウ 地方自治体の**首長**は，地方自治体の住民が直接選挙で選ぶ。選挙権は18歳以上にあり，被選挙権は都道府県知事で30歳以上，市町村長で25歳以上にある。

(3) 「私の政策提言」では，**バリアフリー**化を進めるなど，多額の課税及び支出を要するところ

から，**大きな政府**の考え方である。また，高齢の人・障がいのある人，国籍の異なる人に配慮するというところから，多様性を重視する考え方である。したがって，座標軸の1にあたる。

6 **(公民的分野―消費生活・財政・社会保障・経済一般)**

(1)　ア　売買の場合，**「買う」**という意思表示と，これに呼応する**「売る」**という意思表示の二つが一致することにより合意がなされ，**契約**が成立する。正答は，2である。　イ　**クーリング・オフ**とは，**訪問販売**や**通信販売**などのセールスに対して，契約した後に冷静に考え直す時間を消費者に与え，一定期間内であれば無条件で契約を解除することができる制度のことをいう。

(2)　ア　国の歳入のうち，最も大きいのが**消費税**である。消費税は1989年に始まり，税率が高くなればなるほど税収が多くなり，**3%→5%→8%→10%**と税率が変更されるにしたがって，国の税収が増えてきた。消費税は，**所得**の低い人ほど，所得に対する税負担の割合が高くなる傾向があり，**逆進性**のある税金だとされる。　イ　歳入に占める公債金の割合は，増加し続けている。国債は，満期になるごとに**償還**できれば問題はないが，それができずに国債を償還するために新たな国債を発行すると，**国債残高**が年を追って増大していく状態になり，このままでは，将来の世代に国債償還の莫大な負担を負わせることになる。上記を要領よくまとめ，「公債を発行しすぎると，利子の支払いや元金の返済に時間がかかり，」に続くように工夫して解答する。

(3)　日本の**社会保障制度**は，**社会保険・公的扶助・社会福祉・公衆衛生**の4本の柱からなっている。公衆衛生の内容としては，予防接種などの感染症対策，各種健康診断などが含まれる。

(4)　**資本主義**の市場経済において，自由な競争を促進し，事業者が自主的な判断で自由に活動できるようにするために，1947年に制定されたのが**独占禁止法**である。独占や寡占を規制し，競争の制限を排除することなどが，その内容である。独占禁止法の運用のために，同年設置されたのが**公正取引委員会**である。正答は，1である。

7 **(歴史的分野―日本史時代別－明治時代から現代，―日本史テーマ別－社会史，地理的分野―地理総合，公民的分野―国際社会との関わり・環境問題)**

(1)　**国境を越えて**，開発・貧困・平和・人道・環境等さまざまな課題に取り組む**非政府組織**のことを，**NGO**(Non－governmental Organization)という。「国境なき医師団」は，その一例である。

(2)　1　地理的に近い複数の国家が，結び付きを強化していく過程，あるいはそのような考え方を，**リージョナリズム**という。　2　**マニュファクチュア**とは，工場制手工業のことを指す。　4　**インクルージョン**とは，多様な人々の個々の特性が十分に活かされて企業活動が行われている状態を指す。1・2・4は，どれもほかの意味を持つ語句であり，3が正しい。　3　**マイクロクレジット**とは，貧困層・低所得者・失業者など，事業を始めたいが銀行から融資を受けられない人に対し，無担保・低金利で小口資金を提供する金融サービスのことをいう。特に**発展途上国**の人々の自立を支援する目的のものを指して言うことが多い。

(3)　資料1の写真は，1973年に起こった**石油危機**の際の様子である。　1　**バブル経済**が崩壊したのは，1991年である。　2　**阪神淡路大震災**が起こったのは，1995年である。　3　**「リーマンショック」**が起こったのは，2008年である。　4　**公害対策基本法**が制定されたのは1967年，**環境庁**が創設されたのは1971年のことである。したがって，資料1が起こった後の日本社会の様子として，適切でないのは，4である。

(4)　ア　A　1997年に京都市で開かれた**地球温暖化防止会議**で，**京都議定書**が採択された。議定書では，**先進工業国**に二酸化炭素など**温室効果ガス**の排出量を削減することを義務づけ，その第一約束期間(2008年～2012年)における目標を初めて数値で定めた。Aにあてはまるのは，京都であ

る。　B　2015年に採択されたのが**パリ協定**である。パリ協定では，2020年以降の気候変動の問題に関する，**発展途上国**も対象とする国際的な枠組みが定められた。Bにあてはまるのは，パリである。　イ　地球環境や自然環境が適切に保全され，将来の世代が必要とするものを損なうことなく，現在の世代の要求を満たす開発が行われている社会のことを，**持続可能**な社会という。

＜国語解答＞

1　(1)　活性化につなげる　(2)　回収品の種類を増やすこと。　(3)　3　(4)　(例)再利用で資源の節約を

2　(1)　ア　すんか　イ　きょうこく　ウ　きんこう　エ　なが　オ　こと
カ　登録　キ　破損　ク　縦断　ケ　筋道　コ　済　(2)　4

3　(1)　ア　聞二孝子一曰　イ　1　ウ　(例)常に行動し，常に進む　(2)　ア　とびちがいたる　イ　2

4　(1)　(例)おっしゃる　(2)　いつの間にか身にまとってしまった　(3)　(例)次に何を言えばいいのかわからないのに，朔のもとに走った　(4)　3　(5)　(例)正反対の気持ちでも裏と表でつながっているからどっちも持っていい

5　(1)　2　(2)　3　(3)　うすいプラスチック板の上にまかれた砂が作る模様
(4)　時代によってことなる　(5)　A　(例)ブラックホールが存在すると仮定する
B　(例)目に見えず可視化できないが存在すると認識する　(6)　4

6　(例)　話し合いでは，日本語の会話では最後まで聞かないと肯定か否定かわからないことがあるが，途中で予測できる場合もあると言われている。しかし，私は最後まで聞いてもわからない場合もあるということに気づいた。
　意見を求められたとき，最後までその場の状況を見て，態度をはっきりさせない人は多い。他の人の気持ちや場の雰囲気も大切だが，私は必要なときには自分の意見をはっきり言えるようになりたいと思う。

＜国語解説＞

1　**(聞き取り―主題・表題，内容吟味，脱文・脱語補充)**

(1)　司会の山田さんが，「今日の会議の目的は，それぞれの学校で行っている環境保全の活動の内容と今後の見通しを知ることで，活動の**活性化につなげる**ためです。」と言っている。

(2)　吉井さんは，「今後は，**回収品の種類を増やすこと**を，町内会の方と相談していきたいです。」と言っている。

(3)　山田さんは，吉井さんの発表に対しては「資源の節約になる」，高橋さんの発表に対しては「ゴミの削減に向けて有効な取り組み」という自分の感想を付け加えて話の内容をまとめているので，3が正解となる。山田さんが発言を促しているのは「活動の内容と今後の見通し」の紹介であり，1の「自由な発言」ではない。また，2の「発表時間の指示」や4の「疑問」は出されていない。

(4)　ポスターには，再利用できるものと再利用できないものを分別している人物が描かれている。これに合わせ，「資源」という語を使って「**再利用で資源の節約を**」などと書く。

2 (知識一漢字の読み書き，筆順・画数・部首)

(1) ア 「**寸暇**」は，ほんのちょっとのひまという意味。　イ 「**峡谷**」は，険しい山や崖に挟まれた谷のこと。　ウ 「**均衡**」の「衡」を「衝」(ショウ)と混同しないように注意。　エ 「**眺める**」は，遠くのものをゆったり見ること。　オ 「**殊に**」は，他のものとは違って，ということ。カ 「**登録**」の「録」を形の似ている「緑」「縁」などと間違えないようにする。　キ 「**破損**」は壊れること。　ク 「**縦断**」は，細長いものの長いほうの端から端まで行くこと。　ケ この場合の「**筋道**」は，話を進めるためのきちんとした手順。　コ 「**済**」の音読みは「サイ」で，「救済」「返済」などの熟語を作る。

(2) 行書で示された字は「枢」で，部首は「**木**」**(きへん)**である。選択肢の漢字の部首は，1「初」―「刀」(かたな)，2「祖」―「ネ」(しめすへん)，3「狩」―「(犭)」(けものへん)，4「**核**」―「木」(きへん)。

3 (古文・漢文一内容吟味，仮名遣い，その他)

(1) 〈口語訳〉 梁丘拠が晏子に言った，「私は死ぬまであなたに及ばない。」と。晏子が言った，「嬰はこのように聞いた，行動する人物は必ず成功し，進む人物は必ず到達する，と。嬰は人と異なることがあるのではない。常に行動して放置せず，常に進んで休まない者なのだ。だから人は私にはなかなか及ぶことができないのだ。」と。

ア 漢文の漢字の順序は「謂晏子日」，書き下し文で読む順序は「晏子謂日」なので，**「謂」の左下に二点，「子」の左下に一点**をつける。

イ 「及ばず」の主語は「吾」で，この言葉を言ったのは**梁丘拠**である。

ウ 晏子は自分のことを「**常に為して置かず，常に行きて休まざる者なり**」と言っているので，この部分をもとに10字以内の現代語で書く。

(2) 〈口語訳〉 夏は夜。月が出ているときは言うまでもない。闇夜もやはり，蛍が多く飛びちがっているの(がすばらしい)。また，ただ一つ二つなどがほのかに光って飛んでいくのも趣がある。雨などが降るのも趣がある。

ア 「飛」をひらがなにし，「ひ」を「い」に直して「**とびちがいたる**」と書く。

イ 1は，「月のころ」を「月がよく出る季節」と解釈しているので誤り。2は，「**闇もなほ，蛍の多く飛びちがひたる**」と一致するので，これが適切である。3は，光っているのは「蛍」であって「星」ではないので誤り。4は，本文では雨が降ることを「をかし」としているので誤りである。

4 (小説一情景・心情，内容吟味，文脈把握，敬語)

(1) 「言う」の尊敬語は「**おっしゃる**」。「言われる」も間違いではないが，受身表現と同じ形なので誤解が生じやすい。

(2) 傍線㋐の「そう」は，前の文の「朔くんも大人っぽい自分になりたくてそうなったんだ」ということを指すが，真子はその考えを否定している。次の段落に「大人びた雰囲気を，**いつの間にか身にまとってしまったのかもしれない**」とあるので，ここから抜き出す。

(3) 「悪あがき」は，しても効果のないことを必死ですること。直前に「**次に何を言えばいいのかわからなくて**」とある。真子は，朔を呼び止めたものの続ける言葉が見つからず，それでも何とかしたくて**朔のもとに走った**のである。

(4) 大人っぽい雰囲気の朔が自分のことを幼い子どものように「朔ちゃん」と言ったのは，真子が朔の思いに真剣に向き合ったことで，だんだん**会話が深刻になってきた**ためであり，朔はこの

流れを断ち切って会話を切り上げようとしている。このことを説明した3が正解。1は「病弱な体の状態」が誤り。声変わりは病気ではない。2は，「何度でもやり遂げよう」が，もうすぐ消えるボーイ・ソプラノに対する朔の思いと合わない。4は，朔が足を止めたのは思いがけず真子に呼びかけられたためであり，特に「礼儀正しく」しようとしたためではない。

(5)　真子の思いは，注4の南先生の言葉や注5の亜矢さんの言葉と結びついて「大勢の人に聴かせたくないって気持ちと，消える前にみんなに聴いてほしいって気持ち，**正反対だけど，表と裏でちゃんとつながってるんだ**と思うよ。だから，**どっちも持っていい**んだよ」という言葉になった。この部分をもとに，前後の語句につながるように35字以内で書く。

5　**(論説文―内容吟味，文脈把握，脱文・脱語補充，品詞・用法)**

(1)　「できなくなります」の「なく」は**助動詞**で，終止形は「ない」である。1の「わからない」は助動詞，2の「**少なければ**」は**形容詞**の活用語尾，3の「起きなくても」は助動詞，4の「言えなかった」は助動詞なので，2が文法上異なるものである。

(2)　「百聞は一見に如かず」は，何度話を聞くよりも一度実際に見るほうがよくわかるという意味のことわざ。見るほうが聞くよりわかるのだから，視覚に比べて聴覚は認識の手段としての精度が**劣る**ということになる。

(3)　「可視化できる」は，見えるようにできるということ。同じ段落の後半に「**うすいプラスチック板の上にまかれた砂が作る模様**を見て，板の下におかれた磁石の磁場が『見える』と言えたりする」とあるので，ここから抜き出す。

(4)　傍線ⓘの前の段落では，以前は天動説が「最良の説明」とされていたが，16世紀以降は地動説が「最良の説明」となったことを述べ，「どの仮説が受けいれるに値するかも，**時代によってことなる**のは不思議ではありません」とまとめているので，ここから抜き出す。

(5)　A　「仮説」は理論的な仮定のこと。二重傍線の前の段落に「**ブラックホールがそこに存在することを仮定すれば**，周辺の宇宙空間内に生起する直接観測できる現象に，最良の説明をあたえられる」とあるので，この部分をもとに前後につながるように20字以内で書く。　B　「最良の説明の推論」により，ブラックホールは知覚できないが存在することを受けいれられる。同様に，「いかなる意味でも**目に見えず可視化できない時間の存在」を受けいれられる**のである。空欄の前後につながるように25字以内で「目に見えず可視化できないが存在すると認識する」(22字)などと書く。

(6)　1は，「個人が信じるかどうか」は，この文章に書いていないので不適切。2は，顕微鏡は「三種類の視覚モード」に含まれているので誤り。3は，「説明」と「情報」の関係が逆転している。4は，最終段落の「**『最良の説明への推論』なしには，科学も日常生活もままならない**のは目に見えています」と一致するので，これが最も適切な選択肢である。

6　**(作文)**

(1)～(3)の条件を満たすこと。題名は書かず，**二段落構成**で第一段落ではやりとりをもとに日本語の会話について**気づいたこと**を書き，第二段落では第一段落をふまえて**自分の意見**を書く。制限字数は，両方合わせて**150～200字**である。解答例は，第一段落で「日本語は最後まで聞いてもわからない場合がある」という気づいたことを書き，第2段落でそれについての自分の考えを書いている。

書き始めや段落の初めは1字空けるなど，原稿用紙の使い方にも注意する。書き終わったら必ず読み返して，**誤字・脱字**や表現のおかしなところは書き改める。

青森県公立高等学校

2023年度

★★★★★★★★★★★★★★★★★★★★★★

入試問題

●くわしい解説……43ページ

＜数学＞

時間　45分　　満点　100点

1　あとの(1)～(8)に答えなさい。(43点)

(1)　次の**ア**～**オ**を計算しなさい。

ア　$4-10$

イ　$(-2)^2\times3+(-15)\div(-5)$

ウ
$$\begin{array}{rr} & 6x^2-x-5 \\ -) & 2x^2+x-6 \\ \hline \end{array}$$

エ　$(6x^2y+4xy^2)\div2xy$

オ　$\sqrt{\dfrac{3}{2}}-\dfrac{\sqrt{54}}{2}$

(2)　縦が x cm，横が y cmの長方形がある。このとき，$2(x+y)$ は長方形のどんな数量を表しているか，書きなさい。

(3)　右の表は，あるクラスの生徒20人のハンドボール投げの記録を度数分布表に整理したものである。記録が20m以上24m未満の階級の相対度数を求めなさい。また，28m未満の累積(るいせき)相対度数を求めなさい。

階級(m)	度数(人)
16以上～ 20未満	4
20 ～ 24	6
24 ～ 28	1
28 ～ 32	7
32 ～ 36	2
合計	20

(4)　次の式を因数分解しなさい。

$3x^2-6x-45$

(5)　関数 $y=ax+b$ について，x の値が2増加すると y の値が4増加し，$x=1$ のとき $y=-3$ である。このとき，a，b の値をそれぞれ求めなさい。

(6)　右の図で，$\ell\,/\!/\,m$ のとき，$\angle x$ の大きさを求めなさい。

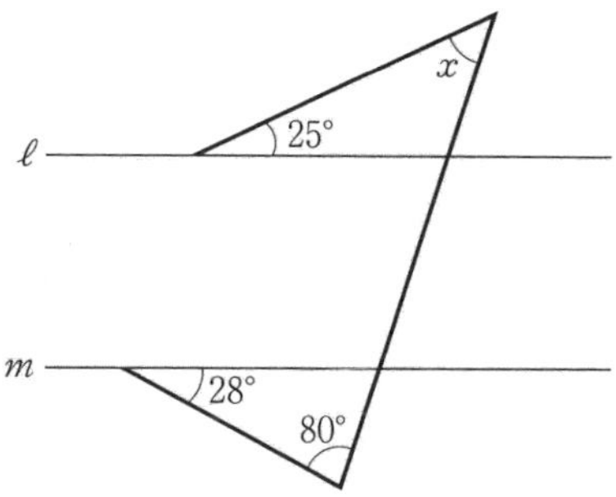

(7)　右の図で，辺BCの長さを求めなさい。

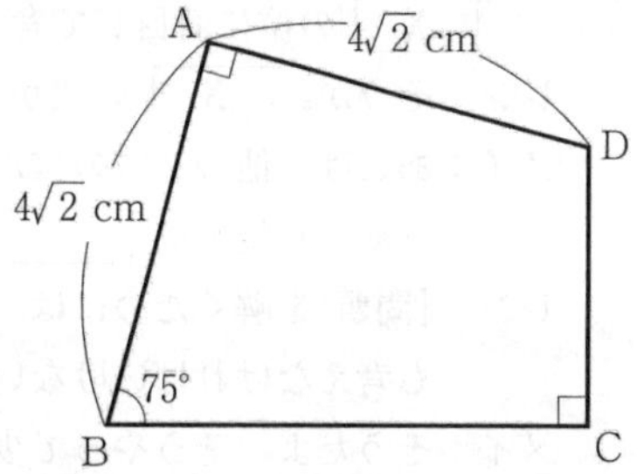

(8)　データの分布を表す値や箱ひげ図について述べた文として**適切でないもの**を，次のア～エの中から1つ選び，その記号を書きなさい。

ア　第2四分位数と中央値は，かならず等しい。

イ　データの中に極端にかけ離れた値があるとき，四分位範囲はその影響を受けにくい。

ウ　箱ひげ図を横向きにかいたとき，箱の横の長さは範囲（レンジ）を表している。

エ　箱ひげ図の箱で示された区間には，全体の約50％のデータがふくまれる。

2　あとの(1)，(2)に答えなさい。(15点)

(1)　下の図の点Aを，点Oを中心として，時計回りに90°回転移動させた点Bを作図によって求めなさい。ただし，作図に使った線は消さないこと。

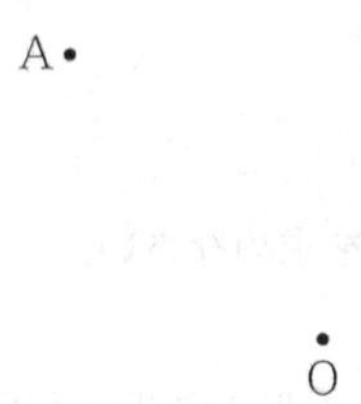

(2)　下の［問題］とそれについて考えているレンさんとメイさんの会話を読んで，次のページのア，イに答えなさい。

［問題］　右の図のように，1から5までの数字が書かれた5枚のカードが袋の中に入っている。このカードをよくまぜてから1枚ずつ続けて3回取り出し，取り出した順に左から並べて3けたの整数をつくる。このとき，3けたの整数が350以上になる確率を求めなさい。

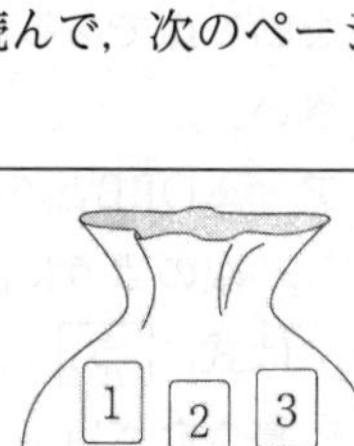

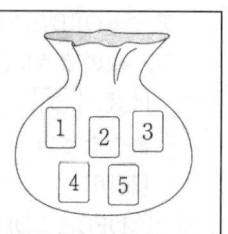

レン：例えば，1回目に1，2回目に3，3回目に4のカードを取り出したら，3けたの整数は134で，これは［問題］の条件を満たさないよね。

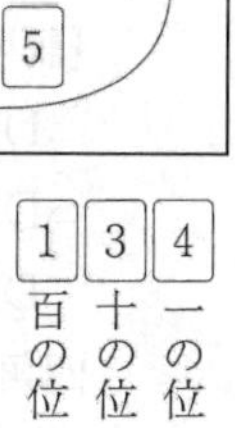

メイ：3けたの整数は全部で ［あ］ 通りできるよ。

X の位に着目して考えてみてはどうかな。

レン：そうか。X の位が３のときは，条件を満たす整数がいくつかできるね。

メイ：あとは，他の２つの位がどのカードになるかを考えると，X の位が３のとき，条件を満たす整数は ㋑ 通りできるよ。

レン：[問題]を解くためには，X の位が３のときだけではなく，㋒，㋓ のときも考えなければいけないね。

メイ：そうだよ。そうやって少しずつ条件を整理して考えると，確率を求めることができるんだ。

ア ㋐ ～ ㋓ にあてはまる数をそれぞれ書きなさい。また，X に共通してあてはまる位を書きなさい。

イ ［問題］を解きなさい。

3 あとの(1)，(2)に答えなさい。（16点）

(1) １辺の長さが８cmの正方形の紙ABCDがある。右の図は，辺BC，CDの中点をそれぞれE，Fとし，線分AE，EF，FAで折ってできる三角錐（すい）の展開図である。次のア，イに答えなさい。

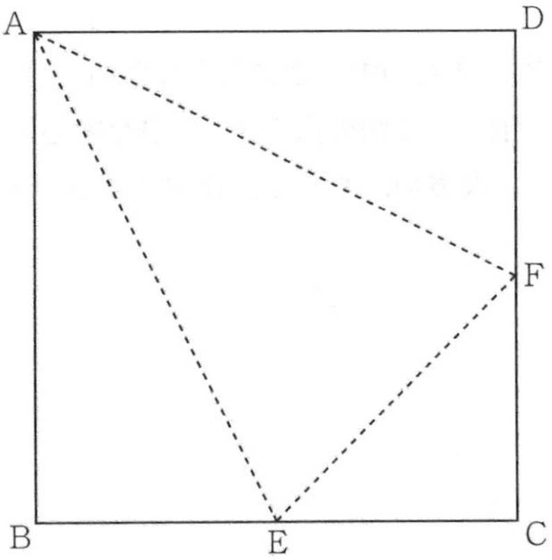

ア 線分AEの長さを求めなさい。

イ 折ってできる三角錐について，次の(ア)，(イ)に答えなさい。

(ア) 体積を求めなさい。

(イ) △AEFを底面としたときの高さを求めなさい。

(2) 下の図のように，作図ソフトで，正方形ABCDとDB＝DEの直角二等辺三角形DBEをかき，辺AB上に動く点Fをとる。また，線分DFを１辺とする正方形DFGHをかくと，点Hは辺CE上を動く点であることがわかった。辺BCと辺FGの交点をＩとするとき，あとのア，イに答えなさい。

ア △DFBと△DHEが合同になることを次のように証明した。㋐，㋑ には式，㋒ には適切な内容をそれぞれ書きなさい。

［証明］

△DFBと△DHEにおいて

△DBEは二等辺三角形だから

DB＝DE　　　　……①

四角形DFGHは正方形だから

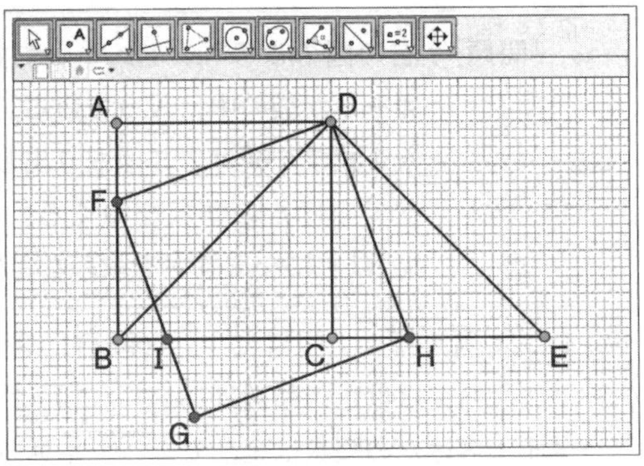

［　　あ　　］　……②

また，２つの直角三角形DAFとDCHにおいて

∠DAF＝∠DCH＝90°，DF＝DH，DA＝DCであるから　△DAF≡△DCH

したがって，∠ADF＝∠CDH　であり

∠BDF＝45°－∠ADF，∠EDH＝45°－∠CDH　であるから

［　　い　　］　……③

①，②，③から

［　　う　　］がそれぞれ等しいので

△DFB≡△DHE

イ　AB＝５㎝，CH＝２㎝のとき，△FBIの面積を求めなさい。

4　図１で，①は関数 $y = ax^2$ $(a > 0)$ のグラフである。点Aは①上にあり，x 座標が２である。また，点Bは x 軸上にあり，x 座標は点Aの x 座標と同じである。次の(1)，(2)に答えなさい。ただし，座標軸の単位の長さを１㎝とする。(11点)

(1)　次のア，イに答えなさい。

ア　$a = \frac{1}{2}$ のとき，点Aの y 座標を求めなさい。

イ　２点A，B間の距離が６㎝のとき，a の値を求めなさい。

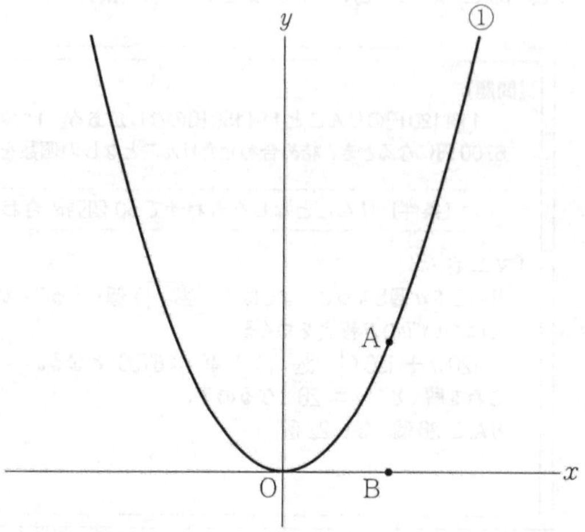

図１

(2)　次のページの図２は，図１に正方形ABCDと△BDEをかき加えたもので，点Eは①上にあり，x 座標は－１である。このとき，次のア，イに答えなさい。ただし，点Cの x 座標は点Bの x 座標より大きいものとする。

ア　２点B，Dを通る直線の式を求めなさい。

イ　△BDEの面積が80㎠であるとき，a の値を求めなさい。

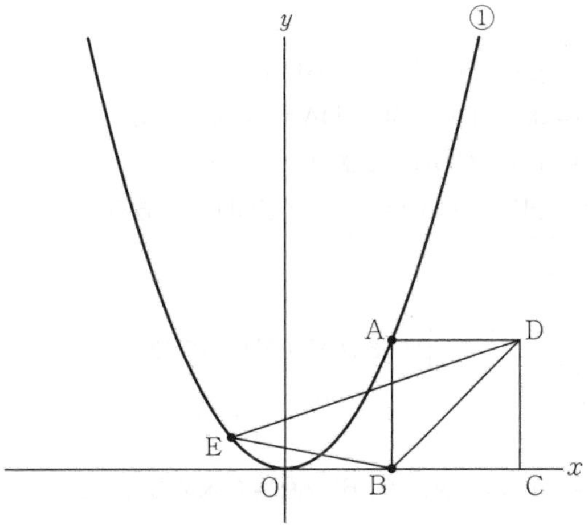

図2

5 マユさんとリクさんは数学の授業で，下のように，ホワイトボードに書かれた【問題】を解いた。あとの(1)，(2)に答えなさい。(15点)

【問題】

1個120円のりんごと1個150円のなしがある。1つの箱にりんごとなしを詰め合わせて、箱代40円をふくめて6700円になるとき、詰め合わせたりんごとなしの個数をそれぞれ求めなさい。ただし、次の〔条件〕を満たすこと。

〔条件〕りんごとなしを合わせて50個詰め合わせる。

〔マユさん〕

りんごをa個とすると、なしは（ あ ）個とすることができる。

aについての方程式をつくると、

$120a + 150($ あ $) + 40 = 6700$ となる。

これを解くと、$a = 28$となるので、

りんご28個、なし22個

〔リクさん〕

りんごをa個、なしをb個とする。

a, bについての連立方程式をつくると、

い

これを解くと、$a = 28$, $b = 22$ となるので、

りんご28個、なし22個

(1) あ ，い にあてはまる式をそれぞれ書きなさい。

(2) 【問題】を解いた後，先生からプリントが配られた。下は，マユさんが取り組んだプリントの一部である。次のページのア，イに答えなさい。

● 【問題】の〔条件〕を、次の〔条件A〕と〔条件B〕に変えて、その2つを満たすりんごとなしの個数をそれぞれ求めましょう！

〔条件A〕りんごとなしはどちらも18個以上詰め合わせる。
〔条件B〕りんごとなしを合わせて50個より多く詰め合わせる。

〔解答〕

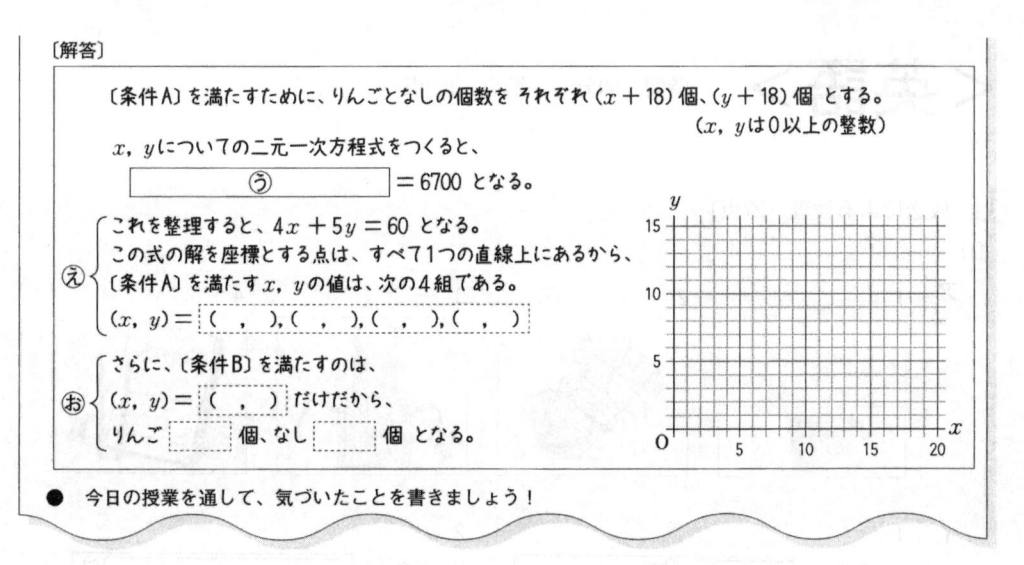

〔条件A〕を満たすために、りんごとなしの個数をそれぞれ $(x+18)$ 個、$(y+18)$ 個とする。
（x, y は0以上の整数）

x, y についての二元一次方程式をつくると、

［　㋒　］$=6700$ となる。

㋓ これを整理すると、$4x+5y=60$ となる。
この式の解を座標とする点は、すべて1つの直線上にあるから、
〔条件A〕を満たす x, y の値は、次の4組である。
$(x, y)=$ （　,　）,（　,　）,（　,　）,（　,　）

㋔ さらに、〔条件B〕を満たすのは、
$(x, y)=$ （　,　）だけだから、
りんご［　］個、なし［　］個となる。

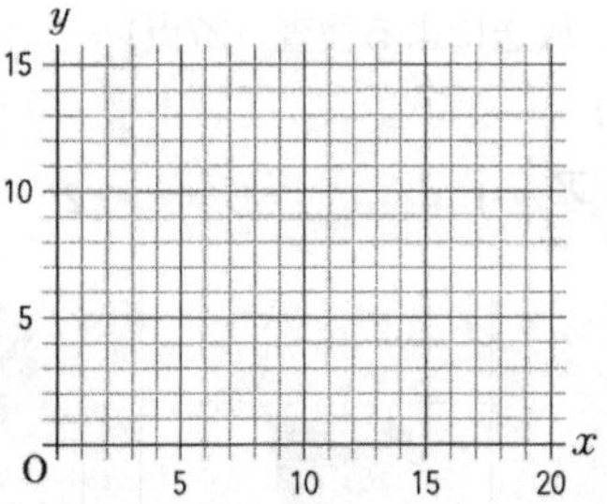

● 今日の授業を通して、気づいたことを書きましょう！

ア ㋒ にあてはまる式を書きなさい。

イ ㋓, ㋔の［　］について，あてはまる座標や数をそれぞれ求めなさい。

＜英語＞

時間 50分　満点 100点

1 放送による検査（27点）

(1)

ア

1

2

3
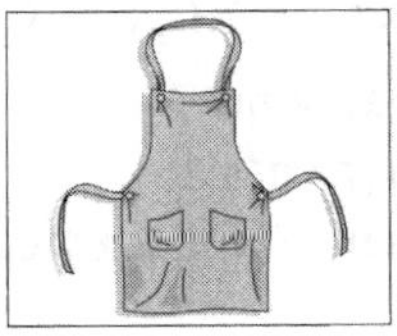

4

イ

1
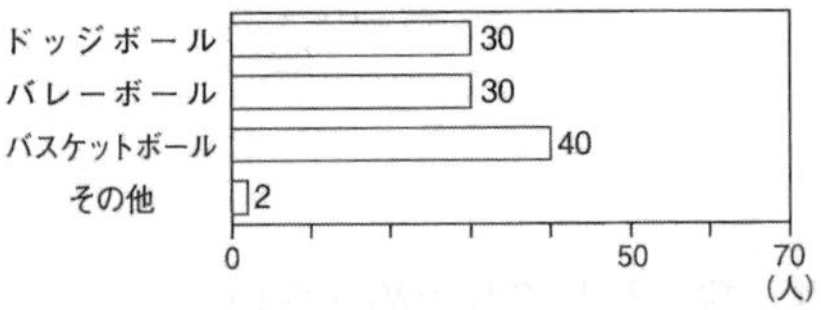

2
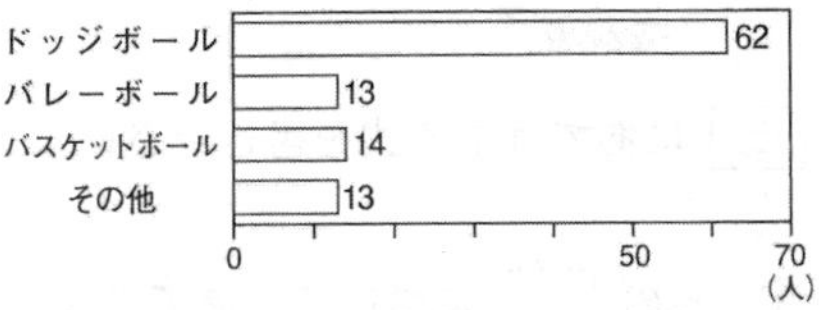

3
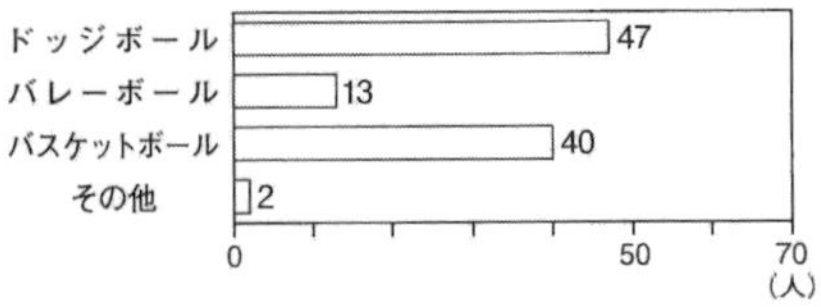

4
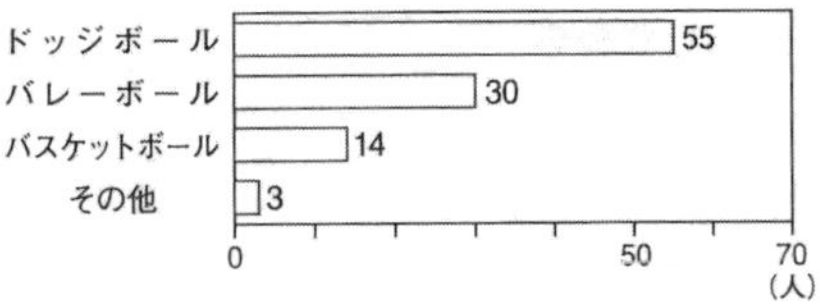

ウ　1　10:10 a.m.　2　10:20 a.m.　3　10:30 a.m.　4　10:50 a.m.

(2)

ア　1　About her family.　2　About winter.
　　3　About her dream.　4　About her town.

イ　1　She went there today.　2　She went there when she was a child.
　　3　She went there last summer.　4　She went there last winter.

ウ　1　They got gold medals.　2　They practiced harder than Kate.
　　3　They went to some countries.　4　Their dreams came true.

(3)

ア　1　She enjoyed camping with Mr. Sato.
　　2　She saw many stars on TV.
　　3　She invited Mr. Sato to camping.
　　4　She went to the mountain with her family.

イ　1　OK, I will.　2　OK, you should.
　　3　Let's go to our school.　4　Go to bed.

(4)　(　　　　　　　　　　　　　　　)

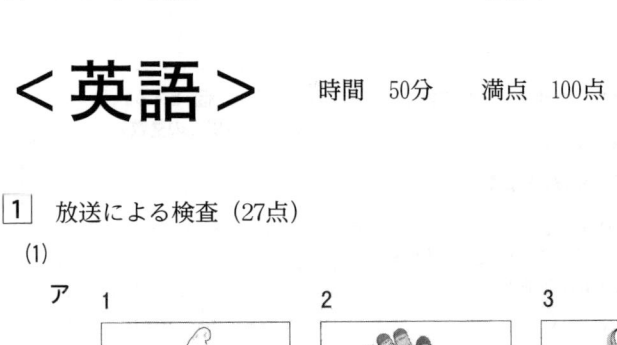

2 次の英文は，中学２年生のショウタ（Shota）と，アメリカ人留学生のエマ（Emma）の対話の一部です。ショウタは，エマに，九九の一覧表を見せながら話をしています。これを読んで，あとの(1)～(3)に答えなさい。（14点）

九九の一覧表

×	1	2	3
1	1	2	3
2	2	4	6
3	3	6	9
4	4	8	12

Shota : How do you *memorize this in America? ア(me about tell you it can), please?

Emma : As an example, when we memorize 2×2=4, we say "two *times two is four," and when we memorize 2×3=6, we say "two times three is six." Is this different from yours?

Shota : No, it isn't. It sounds the same, but we have an interesting way to say this in Japan. イ(what know is you it do)?

Emma : Not really. You usually count numbers, "*ichi, ni, san, shi, go, roku*...."

Shota : That's right. We use them to say numbers like singing a song. When we memorize 2×2=4, we can say "*ni-nin-ga-shi*." When we see 2×3=6, we can say "*ni-san-ga-roku*." They sound like songs, right?

Emma : Yes, that's amazing!

Shota : It is said that this way helps Japanese people memorize this easily. Well, have you ever heard that Japanese people also say numbers, "*hi, fu, mi, yo, itsu, mu*...?" It can be used when we want to memorize several numbers easily.

Emma : I've [　　] heard of it! It is new information to me.

Shota : This gives us a faster and easier way to memorize numbers. How do you remember the $\sqrt{2}$? You know it is 1.41421356.... We remember it with the *phrase, "*hitoyohitoyoni-hitomigoro*." It is very famous and popular among Japanese students because it is fun just by saying it.

Emma : Oh, "*hitoyohitoyoni-hitomigoro*?" Interesting!

Shota : I like making phrases by using these two ways. For example, I saw a long number, 8724164, on a magazine last week. The number wasn't important to me, but I made a phrase, "*hanani-yoimushi*." In this example, I could imagine a picture that shows a cute *bee on a flower. We can sometimes create the picture of it with the phrase.

Emma : If I think about the number like that, I'm sure that I can't forget it easily! ウ This is a (to lot example remember good a) of numbers. Thank you for telling me.

（注）memorize　～を暗記する　times　～倍　phrase(s)　言い回し，フレーズ　bee　ミツバチ

(1) 下線部ア～ウについて，文の意味が通るように，（　）内の語をすべて用いて，正しい順序に並べかえて書きなさい。大文字にする必要のある文字は大文字にしなさい。

(2) [　　] に入る最も適切な英語を，次の１～４の中から一つ選び，その番号を書きなさい。

1　once　　2　before　　3　ever　　4　never

(3) 次の文章は，ショウタと話をした日の夜に，エマがショウタに送ったメールの内容の一部です。下線部１，２をそれぞれ一つの英文で書きなさい。

Hi, Shota. I was happy to talk with you today. 1 <u>私は日本に来てからずっと日本語を勉強しています。</u>Japanese has *hiragana*, *katakana*, and *kanji*, but I'm not good at reading *kanji*. 2 <u>日本語は他の言語よりも難しいです。</u>

3 次の英文は，アメリカ人留学生のジェフ (Jeff) と，ホストファミリーの母のヒロコ (Hiroko) の対話の一部です。二人は，食卓で話をしています。これを読んで，あとの(1)，(2)に答えなさい。（13点）

Jeff : The pizza you made is so delicious. I love it. [A].

Hiroko : Thank you, Jeff. Today I used something special for this pizza. Do you know it?

Jeff : Something special? You put *green pepper, onion, tomato, *sausage and cheese.... Are the vegetables special? Did you *grow the vegetables for the pizza?

Hiroko : No, I didn't grow any vegetables.

Jeff : Then, did you make the sausage?

Hiroko : No, I can't make it. I bought it at the supermarket.

Jeff : I see. Well, it is the cheese, right?

Hiroko : That's right! You may be surprised, but the cheese is made from rice! Did it taste like rice?

Jeff : No, not at all! [B], so I can't believe that the cheese is made from rice. It is very surprising to me.

Hiroko : I was also surprised to know that this cheese was made from rice. When I found it at the supermarket, I wanted to use it for my pizza. I think that rice cheese is great food for us.

Jeff : Why do you think so?

Hiroko : First, it is easy for Japanese people to get rice because most of the rice we usually eat is made in Japan. That means we can make rice cheese in Japan. Second, people who *are allergic to milk can also enjoy eating cheese pizza.

Jeff : Oh, that is good news for my brother. He is allergic to milk, so he has never eaten milk cheese pizza. He should try rice cheese pizza someday.

Hiroko : [C]!

（注） green pepper ピーマン　sausage ソーセージ　grow ～を育てる
be allergic to ～に対してアレルギーのある

(1) 二人の対話が成立するように，〔A〕～〔C〕に入る最も適切なものを，あとの１～７の中からそれぞれ一つ選び，その番号を書きなさい。

1 I hope you'll eat cheese pizza

2 You are good at cooking
3 You told me that cheese was made from milk
4 I hope that day will come soon
5 I hope he'll never eat pizza
6 You've cooked the pizza I don't like so much
7 I thought that this cheese was made from milk

(2) 二人の対話の内容に合うものを，次の１～６の中から二つ選び，その番号を書きなさい。

1 Hiroko enjoyed growing the vegetables for the pizza.
2 Jeff is allergic to milk.
3 Something special for the pizza was the rice cheese.
4 Jeff's brother has eaten milk cheese pizza.
5 Hiroko cooked a delicious pizza.
6 The rice cheese for the pizza tasted like rice.

4 次の英文は，中学３年生のアユミ（Ayumi）が，授業で行った発表の内容です。これを読んで，あとの(1)～(3)に答えなさい。(21点)

What is language to you? My answer is that language is a necessary thing to change myself. I want to continue improving myself through my life. I know it's not so easy and I cannot do it only by myself, but "meeting and talking with people" can help me. When I meet and talk with people, their way of thinking always touches my heart. I usually feel happy, sometimes sad, or even surprised, but every feeling gives me something. I can learn something from people.

However, if I don't have a way to communicate, I cannot talk with people and I cannot understand them. We have many ways to communicate, but I believe that language is the most useful to understand each other because language has the power to change people through talking.

One day, I bought a book written by my favorite singer at a bookstore. He was there, and I could talk with him. I asked him, "How can I use exciting words in songs like you?" He said to me, "Bring a notebook with you, and go around the town. When you find something wonderful to you, write your feelings in your own words. Then, you can get words which move someone's heart." It was a happy day for me because I was sure that talking with him changed me. Of course, I have a small notebook in my *pocket now.

There are many people in the world. So, to change yourself, <u>who do you want to meet and talk with?</u>

（注） pocket ポケット

(1) 次のページの文章は，アユミの発表の内容をまとめたものの一部です。発表の内容と合うように，（ア）～（ウ）に入る最も適切な日本語をそれぞれ書きなさい。

・アユミにとって，言語は（　ア　）ために必要なものである。
・アユミの大好きな歌手は，「素敵なものを見つけたときに，自分の気持ちを（　イ　）で書き留めることで，（　ウ　）言葉を自分のものにすることができる」と話した。

(2) アユミの発表の内容と合うように，次の１～３の質問に対する答えをそれぞれ一つの英文で書きなさい。

1 What does Ayumi want to do through her life?

2 Is language the only one way to communicate?

3 Why was Ayumi happy on that day?

(3) 下線部に関して，「あなたが話をしてみたい人」について，その理由を含めて英語20語以上で書きなさい。文の数はいくつでもかまいません。また，人名を用いる場合は，ローマ字で書いてもかまいません。

5 次の英文は，高校１年生のコウスケ（Kosuke）が，英語の授業で発表した内容です。これを読んで，あとの(1)～(3)に答えなさい。(25点)

I gave my five-year-old sister a toy on her birthday. Then she brought the toy's box with a *2D code and asked me, "What's this? I always see this around me." Before I answered, I put my smartphone's camera over it. Then, information about the toy appeared on my phone. She was very surprised with this new world behind the 2D code. I said to her, "If we have this 2D code, we can easily get this information from it."

*Innovation sometimes comes from simple, easy answers and improves our lives. The 2D code was invented by a Japanese man. His company kept many boxes with *barcodes, but there was a problem. It was not easy to know all the box's information without any trouble. One day, workers were playing a traditional game, **igo*. Don't you think it looks similar to a 2D code? He focused on its *pattern of black and white pieces. This gave him the great idea about how to keep a lot of information, and he thought what good change this would bring to his daily life. 2D codes have more information than barcodes. They are now found in textbooks, video games, and websites. This shows some people tried to find better ways to use them in their daily lives. Through this story, I respect this Japanese man and how he invented the 2D code, and I also respect people who want to make it better.

The 2D code is a good example of innovation and helped me realize <u>an important thing</u>. We can get great ideas from anything, anywhere, and at any time. So, innovation doesn't need to come from something big and special. There are *inconvenient things and simple problems around us. Sometimes, answers to them can be very easy. They can be the key to innovation. We just need to

look around and ask ourselves, "What can be improved?" Do we look for new ideas or do we stay with only old ideas?

When I thought about this more, I found I often heard, "If I had..." or "If there were..." around me. Before, I thought these "If" *sentences would not create anything, but now I believe they can be the first step to innovation. We don't need to keep listening to and saying "If" without doing anything. Look around you to see what you can improve. How many doors of innovation have been waiting to be opened around you? You can be on the way to discover and create something better. Use people's "If" to open the doors and make our society better in ways we have never imagined.

(注) 2D code (s) 二次元コード innovation 革新 barcode(s) バーコード *igo* 囲碁
pattern 模様 inconvenient 不便な sentence(s) 文

(1) 本文の内容と合うように英文を完成させるとき，次のア～エに続く最も適切なものを，1～4の中からそれぞれ一つ選び，その番号を書きなさい。

ア When Kosuke talked with his sister about 2D codes,
1 it was her first time to see them.
2 he didn't know anything about them.
3 she saw some of them before.
4 he let her put his smartphone over them.

イ 2D codes
1 were born because many Japanese people tried hard to invent them.
2 have less information than barcodes.
3 were used in a company to keep many boxes.
4 became popular because there were people who wanted to find ways to use them.

ウ The thing Kosuke learned is that
1 innovation is only born from something big and special.
2 answers to inconvenient things can sometimes be very easy.
3 he doesn't need to look for new ideas and should stay with old ideas.
4 a great idea can spread in the society even if we especially don't do anything.

エ Kosuke is thinking that
1 he can create a better society by focusing on "If" around him.
2 it is important to keep listening to "If" from people and waiting for innovation.
3 the society around him has no doors of innovation, so he has to make them.
4 "If" will create nothing and people should stop saying "If."

(2) 下線部an important thingが表している内容を日本語で書きなさい。

⑶ 本文の内容をふまえて，次の英文の（ア）～（ウ）に入る最も適切な語を，下の１～７の中からそれぞれ一つ選び，その番号を書きなさい。

When a Japanese man had （ ア ） in keeping a lot of information in his work, he found an answer from an *igo* board in his daily life. Kosuke understood that he could use a （ イ ） way of thinking to make the society around him better. We should look around and （ ウ ） what we can improve without keeping only old ideas. Each of us will be one of the people who will make a good change in the future.

1 stay	2 similar	3 easy	4 convenience	5 trouble
6 find	7 traditional			

＜理科＞

時間　45分　　満点　100点

[1] あとの(1)～(4)に答えなさい。(20点)

(1) 無せきつい動物について，次のア，イに答えなさい。

ア　クモやエビのように，外骨格をもち，からだに節がある動物のなかまを何というか，書きなさい。

イ　次の1～4の中で，動物名とその特徴の組み合わせとして適切なものを**二つ**選び，その番号を書きなさい。

	動物名	特徴
1	カブトムシ，バッタ	3対のあしがある。
2	カニ，ミジンコ	からだが頭部と腹部からなる。
3	イカ，タコ	内臓が外とう膜でおおわれている。
4	アサリ，サザエ	肺や皮膚で呼吸している。

(2) 右の図は，ヒトの排出にかかわる器官を模式的に表したものであり，下の文章は，排出のしくみについて述べたものである。次のア，イに答えなさい。

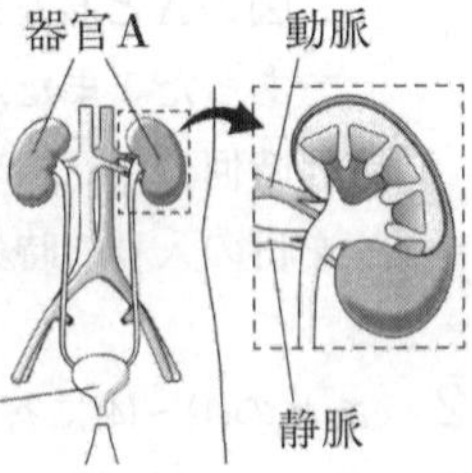

> 細胞の活動によって，ある有毒な物質ができるが，肝臓で尿素という無毒な物質に変えられる。尿素は，血液によって図の器官Aに運ばれ，水などとともに血液からこしとられて，尿として体外に排出される。

ア　下線部の名称として適切なものを，次の1～4の中から一つ選び，その番号を書きなさい。

1　アミラーゼ　　2　アンモニア　　3　グリセリン　　4　胆汁

イ　器官Aの名称を書きなさい。また，図の動脈と静脈のうち，尿素をより多くふくむ血液が流れている血管はどちらか，書きなさい。

(3) 右の図は，ある地点で観察した地層のようすを模式的に表したものである。この地層に見られる岩石は，もろくくずれやすくなっていた。次のア，イに答えなさい。

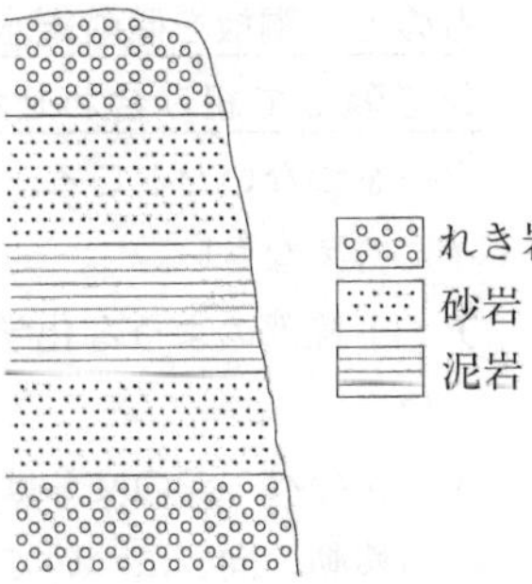

ア　下線部のように，岩石が長い年月の間に，気温の変化や雨水などのはたらきによって，もろくくずれやすくなることを何というか，書きなさい。

イ　図の地層が堆積する間に海水面はどのように変化したと考えられるか，適切なものを，次のページの1～4の中から一つ選び，その番号を書きなさい。ただし，この地層は海底で連続して堆積したものである。また，断層やしゅ

う曲はないものとする。

1 上昇した。 2 上昇した後，下降した。

3 下降した。 4 下降した後，上昇した。

(4) 青森県のある場所で，夏至の日の８時から16時まで，太陽の位置を透明半球上に１時間ごとに●で記録し，なめらかな曲線で結んだ。右の図は，その結果を表したものであり，1時間ごとの曲線の長さは同じであった。また，A，Bは，曲線を延長して透明半球のふちと交わる点を示したものである。次のア，イに答えなさい。

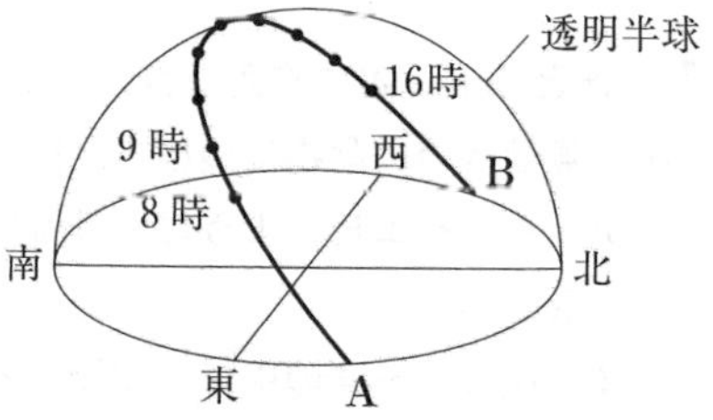

ア 下線部の理由について述べたものとして適切なものを，次の１～４の中から一つ選び，その番号を書きなさい。

1 太陽が一定の速さで自転しているため。

2 太陽が一定の速さで地球のまわりをまわっているため。

3 地球が一定の速さで自転しているため。

4 地球が一定の速さで太陽のまわりをまわっているため。

イ 図のAとBを結んだ透明半球上の曲線の長さは30.2㎝，１時間ごとの曲線の長さは2.0㎝であった。また，この日の日の入りの時刻は，19時12分であった。この日の日の出の時刻は何時何分か，求めなさい。ただし，太陽の位置がAのときの時刻を日の出，Bのときの時刻を日の入りの時刻とする。

2 あとの(1)～(4)に答えなさい。(18点)

(1) ペットボトルは，ポリエチレンテレフタラートでできている。右の図のように，空(から)のペットボトルの質量をはかったところ，28.0ｇであった。このペットボトルは，何㎤のポリエチレンテレフタラートでできているか，求めなさい。ただし，ポリエチレンテレフタラートの密度は1.4ｇ/㎤であるものとする。

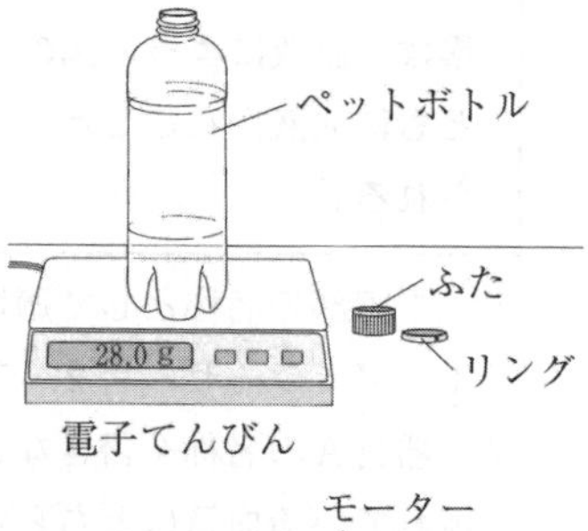

(2) 右の図のように，亜鉛板を硫酸亜鉛水溶液に入れたものと，銅板を硫酸銅水溶液に入れたものを，セロハンで隔(へだ)てて組み合わせた電池を作った。これにモーターをつないだところ，モーターがまわった。次のア，イに答えなさい。

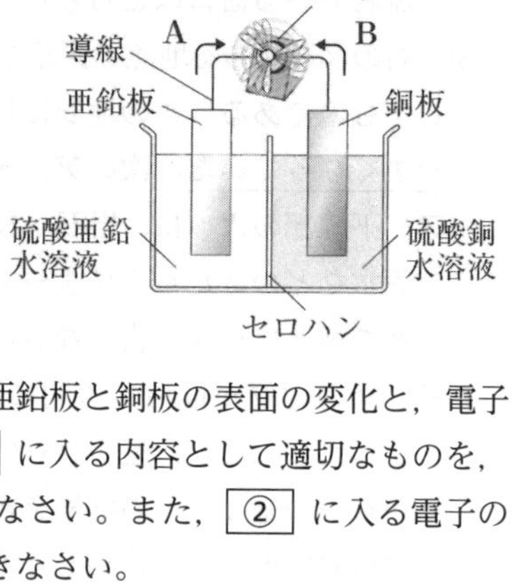

ア 下線部のような化学電池を何というか，書きなさい。

イ 次のページの文章は，モーターを十分にまわした後の亜鉛板と銅板の表面の変化と，電子の移動の向きについて述べたものである。文章中の ① に入る内容として適切なものを，次のページの１～４の中から一つ選び，その番号を書きなさい。また， ② に入る電子の移動する向きは，図のA，Bのどちらか，その記号を書きなさい。

モーターを十分にまわした後，［　①　］。このことから，電子は，図の［②］の向きに移動していることがわかる。

1　亜鉛板では亜鉛が付着し，銅板では銅が溶(と)け出した
2　亜鉛板では亜鉛が付着し，銅板では銅が付着した
3　亜鉛板では亜鉛が溶け出し，銅板では銅が溶け出した
4　亜鉛板では亜鉛が溶け出し，銅板では銅が付着した

(3)　図1の装置を用いて，コイルAに電流を流したところ，コイルBにつないだ<u>検流計の針が＋にふれた</u>。次のア，イに答えなさい。

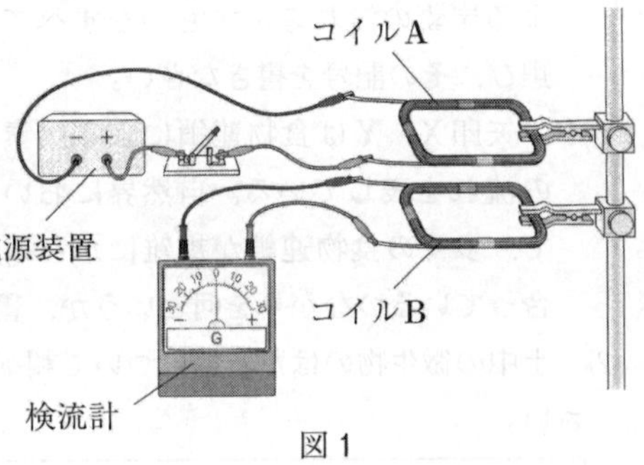

図1

ア　下線部について，このとき流れた電流の名称を書きなさい。

イ　図2のように，図1のコイルBの真上からS極を下にして棒磁石を落下させるときの，検流計の針のふれのようすについて述べたものとして適切なものを，次の1～4の中から一つ選び，その番号を書きなさい。

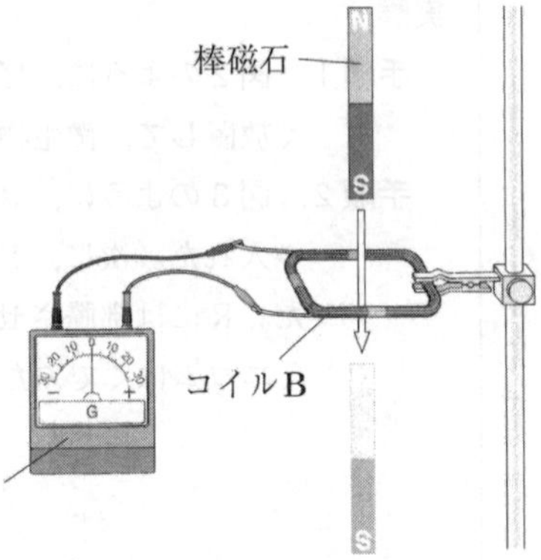

図2

1　＋にふれた後，－にふれて0に戻る。
2　＋にふれた後，0に戻る。
3　－にふれた後，＋にふれて0に戻る。
4　－にふれた後，0に戻る。

(4)　図1のように，300gの物体にひもをつけ，床から40cmの高さまでゆっくりと一定の速さで引き上げた。次に，図2のように，同じ物体を斜面に置き，床から40cmの高さまで斜面に沿ってゆっくりと一定の速さで引いたところ，ばねばかりは2.0Nを示した。次のア，イに答えなさい。ただし，100gの物体にはたらく重力の大きさを1Nとし，ひもの重さや物体と斜面との摩擦は考えないものとする。

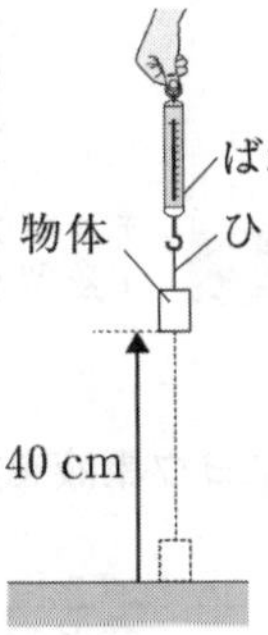

図1

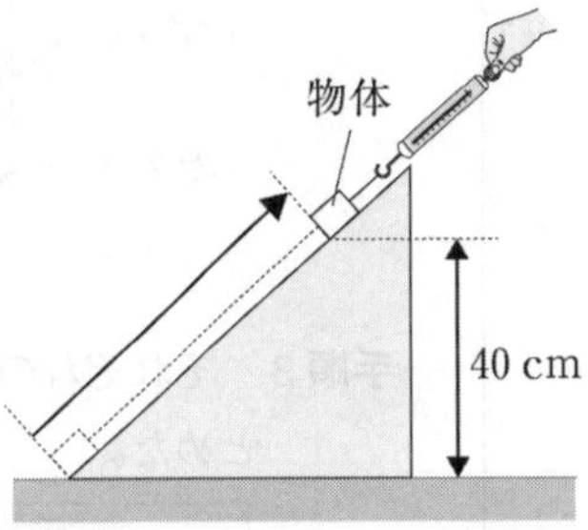

図2

ア　図1，2で，手が物体にした仕事の大きさは変わらない。このことを何というか，書きなさい。

イ　図2について，物体が斜面に沿って移動した距離は何cmか，求めなさい。

3 生態系における生物のはたらきについて，あとの(1)，(2)に答えなさい。(15点)

(1) 図１は，生態系における炭素の循環を模式的に表したもので，矢印は炭素の流れを示している。次のア～ウに答えなさい。

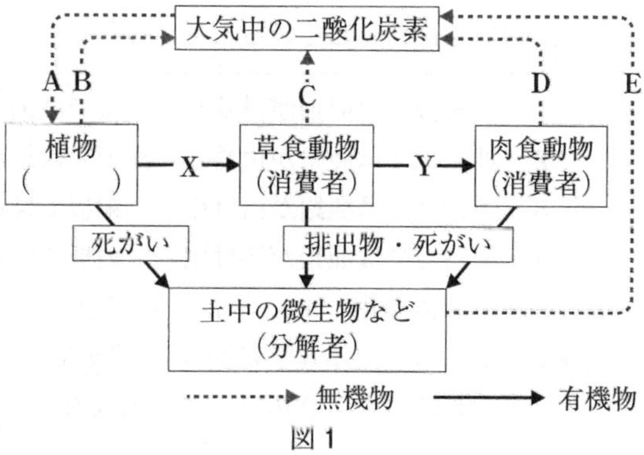

図１

ア 図１の(　)に入る語を書きなさい。

イ 矢印A～Eの中で，生物の呼吸による炭素の流れを示すものをすべて選び，その記号を書きなさい。

ウ 矢印X，Yは食物連鎖による炭素の流れを表している。自然界において，多くの食物連鎖が複雑にからみ合っているつながりを何というか，書きなさい。

(2) 土中の微生物のはたらきについて調べるために，下の**実験**を行った。あとの**ア**，**イ**に答えなさい。

実験

手順１ 図２のように，ビーカーに森林の土と蒸留水を入れ，よくかき混ぜた後しばらく放置して，微生物をふくむ上ずみ液をつくった。

手順２ 図３のように，３本の試験管P～Rを用意し，0.5%のデンプン溶液を5 cm³ずつ入れた。次に，Pには蒸留水を，Qには上ずみ液を，それぞれ5 cm³ずつ加えた。Rには沸騰(とう)させた上ずみ液を室温に戻してから5 cm³加えた。その後，アルミニウムはくでふたをして室温で３日間放置した。

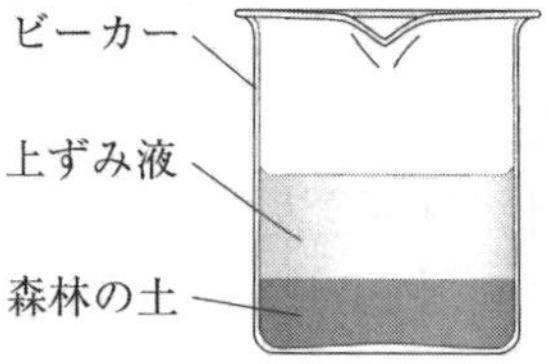

図２

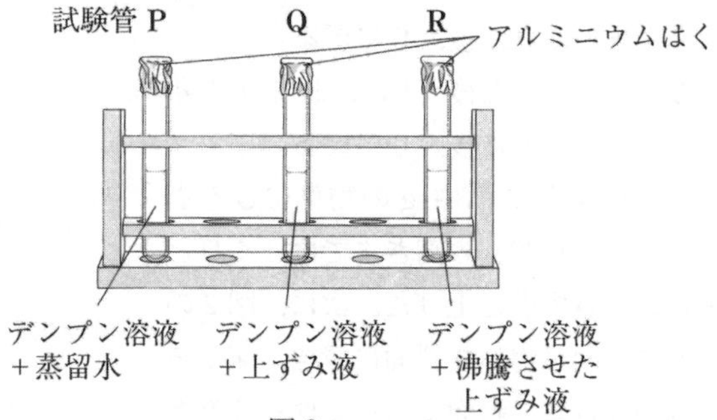

図３

手順３ それぞれの試験管にヨウ素液を加えて色の変化を調べ，その結果を下の表にまとめた。

試験管	P	Q	R
ヨウ素液の色の変化	青紫色になった	変化しなかった	青紫色になった

ア 次のページの文は，試験管Q，Rが表のような結果になった理由について述べたものである。文中の ① ， ② に入る適切な内容を書きなさい。

> 試験管Q：微生物が [①] ため，ヨウ素液の色が変化しなかった。
> 試験管R：上ずみ液を沸騰させることで，微生物が [②] ため，ヨウ素液の色が青紫色になった。

イ　試験管にアルミニウムはくでふたをせずに同じ実験を行うと，試験管Pや試験管Rでもヨウ素液の色が変化しないことがある。その理由について述べたものとして最も適切なものを，次の1～4の中から一つ選び，その番号を書きなさい。

1　試験管の中で発生した二酸化炭素が空気中に出るため。
2　試験管の中に空気中の酸素が入るため。
3　試験管の中に空気中の微生物が入るため。
4　試験管の中の温度を一定に保てないため。

4　金属の酸化について，下の実験1，2を行った。あとの(1)～(4)に答えなさい。(17点)

実験1　ステンレス皿にマグネシウムの粉末1.20 gをはかりとり，図1の装置を用いて，全体の色が変化するまで加熱した後，よく冷やしてから物質の質量をはかった。

これをよく混ぜてから一定時間加熱し，よく冷やして質量をはかった。この操作を，物質の質量が一定になるまでくり返し，その結果を，下の表にまとめた。

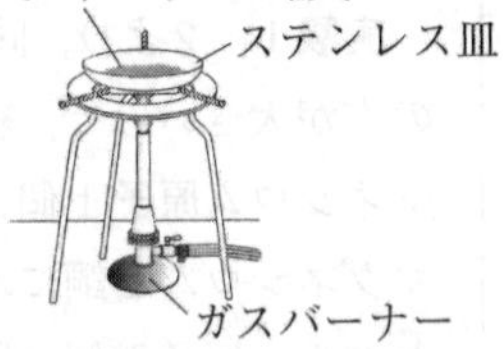

図1

マグネシウムの粉末の質量〔g〕	加熱後の物質の質量〔g〕				
	1回目	2回目	3回目	4回目	5回目
1.20	1.56	1.80	1.94	2.00	2.00

実験2　ステンレス皿に銅粉1.20 gをはかりとり，実験1と同じ装置を用いて，かき混ぜながら全体の色が変化するまで加熱した後，よく冷やしてから物質の質量をはかった。

これをかき混ぜながら一定時間加熱し，よく冷やして質量をはかった。この操作を，物質の質量が一定になるまでくり返した。

さらに，最初にはかりとる銅粉の質量を1.60 g，2.00 gと変えて，同様の操作を行い，その結果を，図2にまとめた。

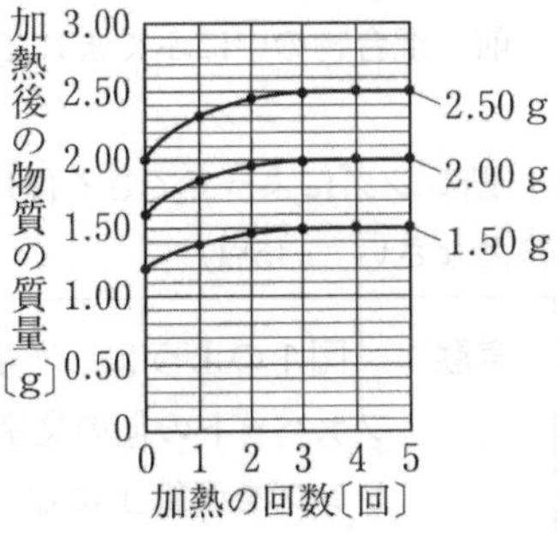

図2

(1)　実験1について，次のア，イに答えなさい。

ア　マグネシウムの酸化を表した右の化学反応式を完成させなさい。

[　　　] ＋ [　　　] → 2MgO

イ　1回目の加熱で，酸素と反応したマグネ

シウムの質量は何gか，求めなさい。

(2) **実験2**について，次の**ア**，**イ**に答えなさい。

ア　銅粉を加熱したときに見られる変化として適切なものを，次の1～4の中から一つ選び，その番号を書きなさい。

1　激しく熱や光を出して，黒色の物質に変化する。
2　激しく熱や光を出して，白色の物質に変化する。
3　おだやかに黒色の物質に変化する。
4　おだやかに白色の物質に変化する。

イ　加熱後の物質の質量が一定になったときの結果をもとに，銅の質量と結びついた酸素の質量との関係を表すグラフをかきなさい。

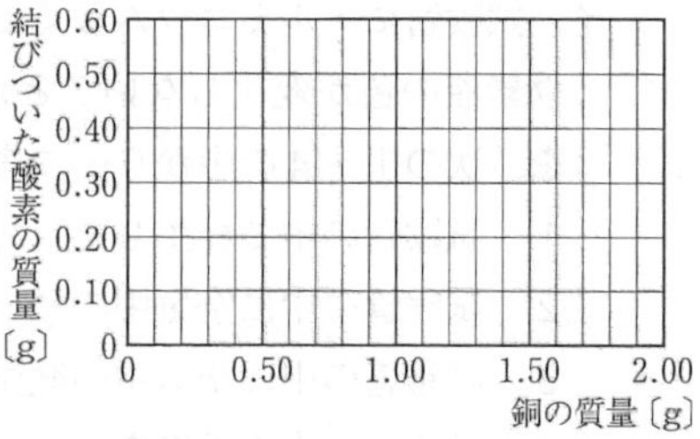

(3) 下の文章は，マグネシウムと銅の質量と原子の数について考察したものである。文章中の ① ， ② に入る語の組み合わせとして適切なものを，次の1～4の中から一つ選び，その番号を書きなさい。

> **実験1**，**2**より，同じ質量のマグネシウムと銅を比べると，結びつく酸素の質量は ① の方が大きいので，結びつく酸素原子の数も ① の方が多いことがわかる。また，マグネシウム原子1個と銅原子1個は，それぞれ酸素原子1個と結びつくため，同じ質量のマグネシウムと銅にふくまれる原子の数も ① の方が多いことがわかる。これらのことから，原子1個の質量は， ② の方が大きいと考えられる。

1　①　銅　②　マグネシウム　　2　①　マグネシウム　②　マグネシウム
3　①　銅　②　銅　　4　①　マグネシウム　②　銅

(4) ある生徒が実験をしていたところ，マグネシウムの粉末と銅粉が混ざってしまった。この混合物の質量をはかると，1.10gであった。これをステンレス皿に入れて，**実験1**と同様の手順で実験を行った。全体の質量が一定になったとき，物質の質量は，1.50gであった。加熱する前の混合物の中にふくまれていた銅粉の質量は何gか，求めなさい。

5　凸レンズによってできる像について調べるために，下の**実験1**，**2**を行った。あとの(1)，(2)に答えなさい。(15点)

実験1　図1のように，光学台の上に物体（アルファベットのLの文字を記した方眼紙），凸レンズを直線上に並べた。物体が凸レンズの焦点よりも内側にあるとき，凸レンズを通して物体を見ると文字の像が見えた。

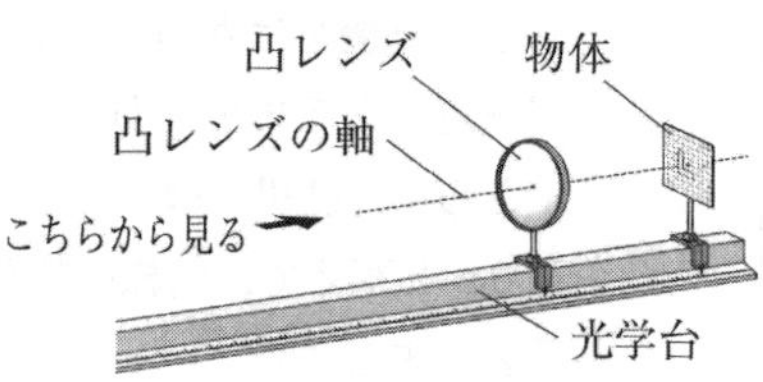

図1

実験2　次のページの図2のように，光学台の上に方眼付きの半透明のスクリーンを加えて，直線上に並べた。物体は固定し，スクリーンに文字の像がはっきりとうつるように，凸レンズとスクリーンを光学台上でそれぞれ動かした。次のページの図3は，物

体を表したもので，方眼の１目盛りは１㎝であり，物体の中心は●で示している。物体から凸レンズまでの距離と，物体からスクリーンまでの距離，物体の文字の高さと比べた像の高さをそれぞれ測定すると，下の表のようになった。

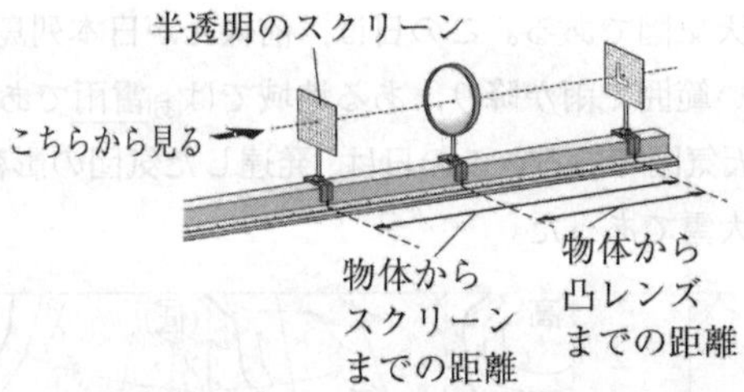

図２

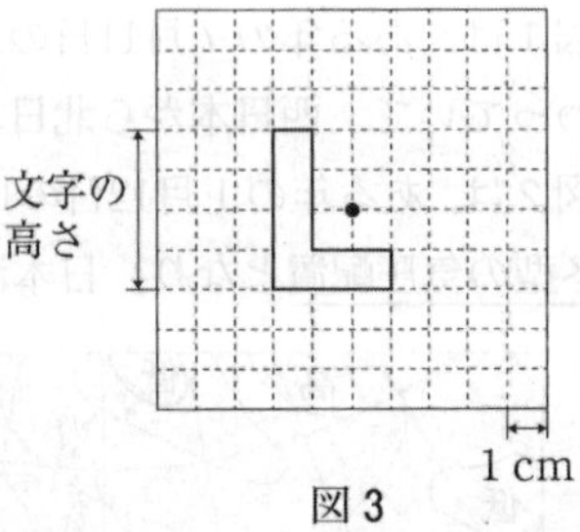

図３

物体から凸レンズまでの距離〔cm〕	28	30	36	40	(　)	60	70
物体からスクリーンまでの距離〔cm〕	98	90	81	80	81	90	98
物体の文字の高さと比べた像の高さ〔倍〕	2.50	2.00	1.25	1.00	0.80	0.50	0.40

ただし，物体，凸レンズ，スクリーンは光学台に対して垂直であり，それぞれの中心は，光学台に平行な凸レンズの軸上に並んでいるものとする。

(1)　**実験１**について，次の**ア**，**イ**に答えなさい。

ア　下線部のとき，凸レンズを通して見える像を何というか，書きなさい。

イ　図１において，凸レンズを物体に少しずつ近づけていくと，凸レンズを通して見える文字の像はどのようになるか。適切なものを，次の１～４の中から一つ選び，その番号を書きなさい。

1　少しずつ大きくなり，やがて実際の文字より大きく見える。
2　少しずつ小さくなり，やがて実際の文字より小さく見える。
3　少しずつ大きくなるが，実際の文字より大きく見えることはない。
4　少しずつ小さくなるが，実際の文字より小さく見えることはない。

(2)　**実験２**について，次の**ア**～**ウ**に答えなさい。

ア　用いた凸レンズの焦点距離として適切なものを，次の１～４の中から一つ選び，その番号を書きなさい。

1　15㎝　　2　20㎝　　3　30㎝　　4　40㎝

イ　表の（　）に入る適切な数値を書きなさい。

ウ　物体から凸レンズまでの距離が30㎝のとき，スクリーンにうつった文字の像をかきなさい。ただし，スクリーンの方眼の１目盛りは１㎝であり，スクリーンの中心は●で示しているものとする。

スクリーン

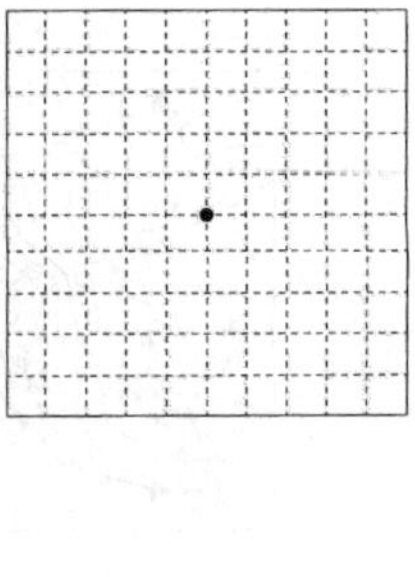

6 下の資料は，日本の天気の記録についてまとめたものの一部である。あとの(1)，(2)に答えなさい。(15点)

資料

図１は，ある年の７月11日の13時の天気図である。この日は，前線Ａが日本列島付近にいすわっていて，西日本から北日本の広い範囲で雨が降り，ある地域では㋐雷雨であった。

図２は，ある年の１月12日の13時の天気図である。この日は，発達した気団の影響を受け，㋑冬型の気圧配置となり，日本海側で大雪であった。

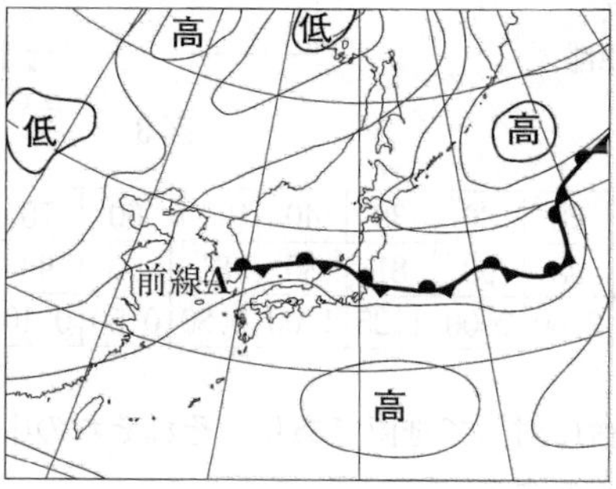

図１

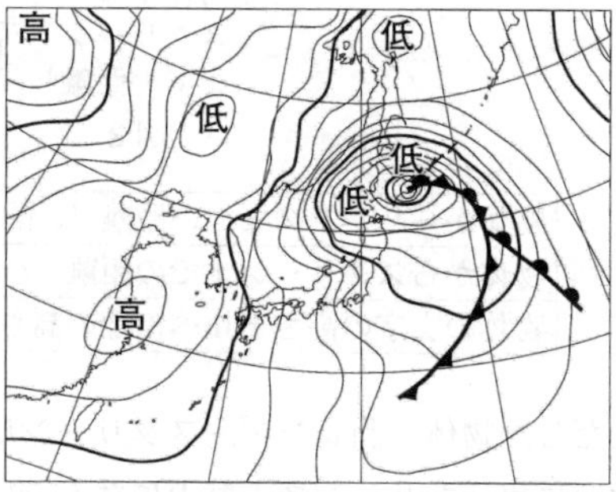

図２

(1) 図１について，次のア～ウに答えなさい。

ア 下線部㋐をもたらす雲として最も適切なものを，次の１～４の中から一つ選び，その番号を書きなさい。

１ 積乱雲　　２ 乱層雲　　３ 高積雲　　４ 巻雲

イ 前線Ａの名称を書きなさい。

ウ 下の文章は，前線Ａと気団の関係について述べたものである。文章中の ① ， ② に入る気団の名称を書きなさい。また， ③ に入る方位は，**東**，**西**，**南**，**北**の中のどれか，書きなさい。

> ６月から７月にかけて，日本列島付近では ① と ② の勢力がつり合って前線Ａはあまり動かなくなる。７月の後半になると，前線Ａは勢力を増した ① により， ③ に移動させられたり消滅させられたりする。

(2) 図２について，あとのア，イに答えなさい。

ア 下のＸ～Ｚは，この年の１月10日，１月11日，１月13日のいずれかの日における13時の天気図である。Ｘ～Ｚを日付の早い順に左から並べて書きなさい。

X

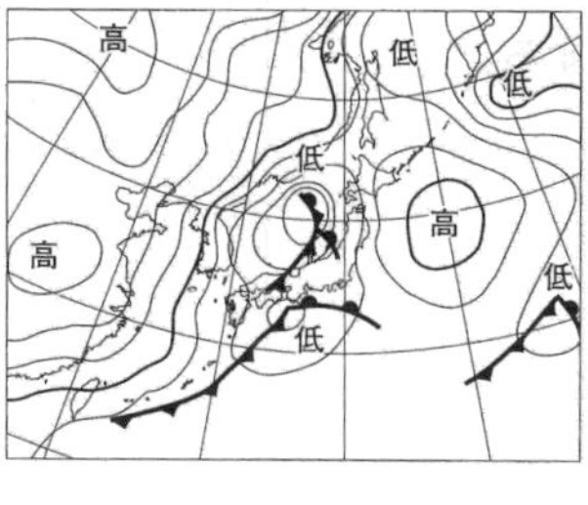

Y

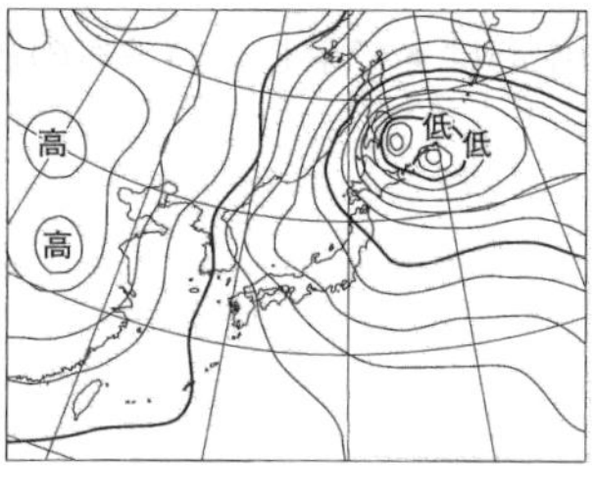

Z

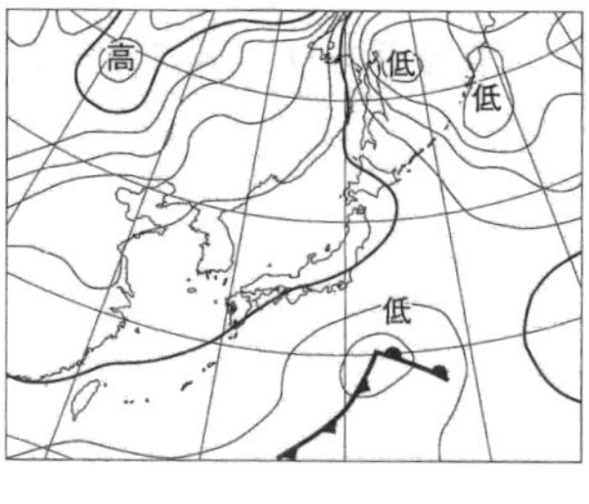

イ　下線部Ⓘについて，下の文章は，日本海側に雪が降るしくみについて述べたものである。文章中の（　）に入る適切な内容を書きなさい。

ユーラシア大陸からふく冷たく乾燥した季節風は，日本海をわたるときに，比較的あたたかい海水から（　　　　　　）ことで，雲を生じさせるようになる。この雲が日本の中央部の山脈に当たって上昇することによって，日本海側に雪が降る。

＜社会＞

時間　45分　　満点　100点

1　下の略地図や資料を見て，あとの(1)～(5)に答えなさい。(13点)

略地図１

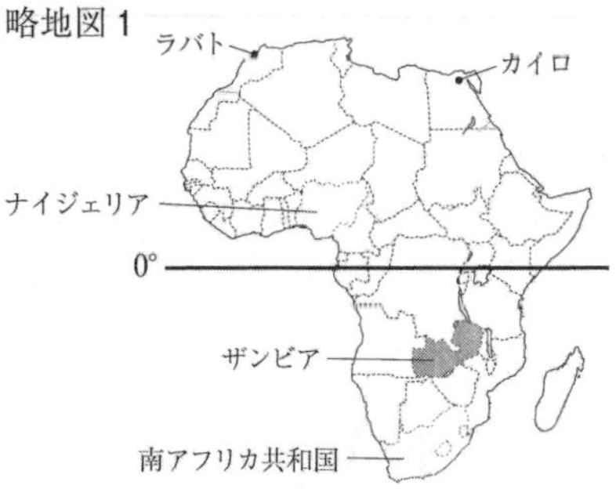

略地図２

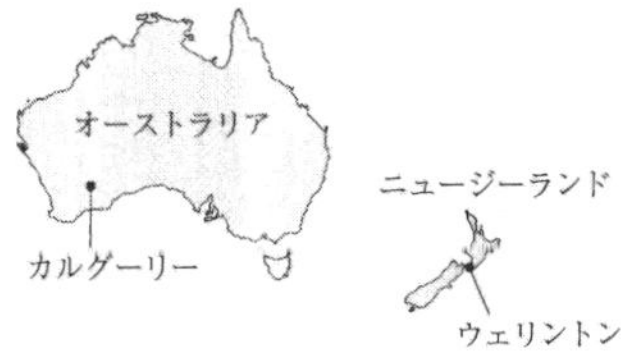

(1)　略地図１中の０度の緯線を何というか，書きなさい。

(2)　略地図２中のオーストラリアの先住民を何というか，書きなさい。

(3)　下の１～４は，略地図1，略地図２中のラバト，カイロ，カルグーリー，ウェリントンのいずれかの都市の雨温図を表している。ウェリントンの雨温図として適切なものを一つ選び，その番号を書きなさい。

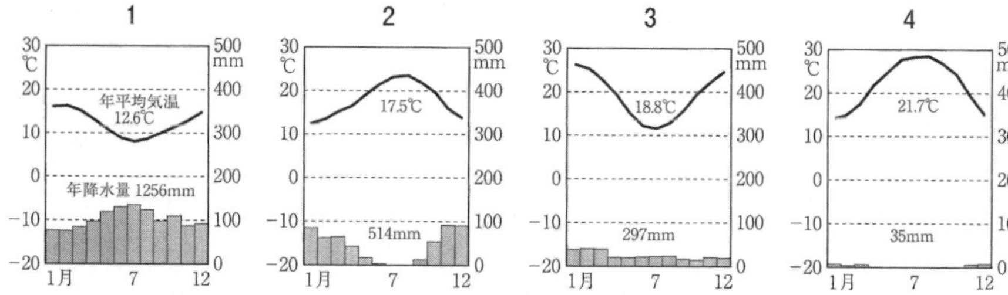

〔「理科年表 2022」などによる〕

(4)　略地図１，略地図２中のナイジェリア，南アフリカ共和国，オーストラリア，ニュージーランドについて，次のア，イに答えなさい。

ア　下の文中の［　　］に共通してあてはまる国名を書きなさい。

・これらの４か国は，かつて［　　］の植民地や自治領であった。
・オーストラリアとニュージーランドは，［　　］の国旗を自国の国旗の一部にしている。

イ　資料１は，４か国の国内総生産，日本からの輸入額，日本への輸出額，日本への主な輸出品を表している。資料１中の１～４のうち，南アフリカ共和国を表しているものを一つ選び，その番号を書きなさい。

資料１　〔2016 年〕

	国内総生産（百万ドル）	日本からの輸入額（百億円）	日本への輸出額（百億円）	日本への主な輸出品
1	404649	3.6	9.4	液化天然ガス，アルミニウム，ごま
2	1304463	153.2	332.1	石炭，液化天然ガス，鉄鉱石
3	295440	24.2	45.8	プラチナ，自動車，鉄鋼
4	187517	23.8	25.5	アルミニウム，果実，酪農品

〔「世界人口年鑑」2017 年版などによる〕

(5)　資料２は，略地図１中のザンビアの輸出額と輸出額にしめる銅の割合の推移を，資料３は，銅の国際価格の推移を表している。資料２，資料３から読み取ることができるザンビアの経済の課題を，次の２語を用いて書きなさい。

国際価格　収入

資料２

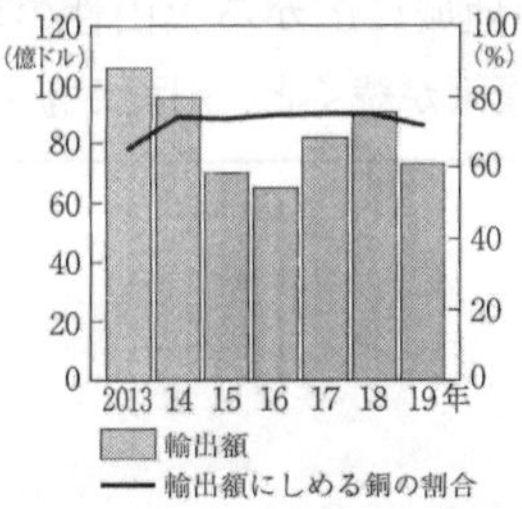

〔「世界国勢図会 2021/22」などによる〕

資料３

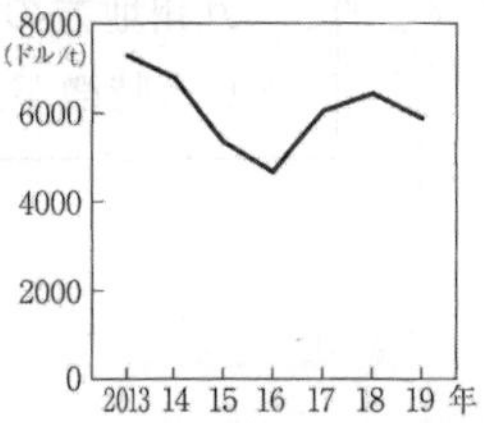

〔「世界銀行資料」による〕

2　下の略地図や資料を見て，次の(1)，(2)に答えなさい。(16点)

(1)　略地図について，次の**ア**～**エ**に答えなさい。

略地図

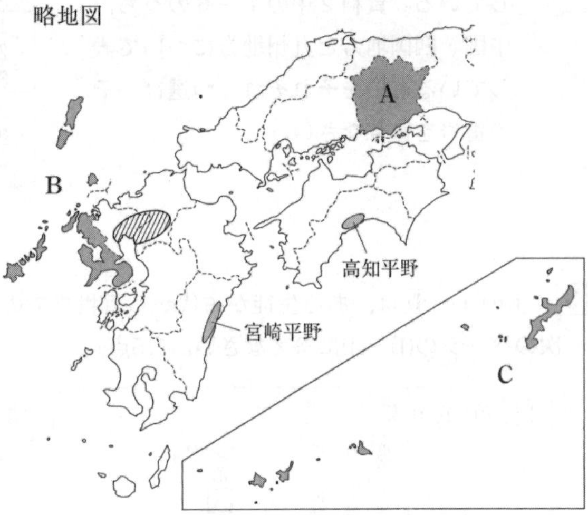

ア　政府の出先機関や企業の支社，支店などが置かれ，人口100万人をこえる中国・四国地方の中心都市はどこか，書きなさい。

イ　(斜線の楕円)で表された平野は，九州地方の北部を代表する稲作(いなさく)地帯である。この平野を何というか，書きなさい。

ウ　宮崎平野や高知平野では，温暖な気候を利用して，野菜の出荷時期を早める工夫をしている。このような栽培(さいばい)方法を何というか，書きなさい。

エ　下の１～３は，略地図中のＡ～Ｃ県のいずれかの人口増減数（千人），外国人のべ宿泊者数（万人），漁業産出額（億円），果実産出額（億円）を表している。１～３のうち，Ａ～Ｃ県について表しているものをそれぞれ一つ選び，その番号を書きなさい。

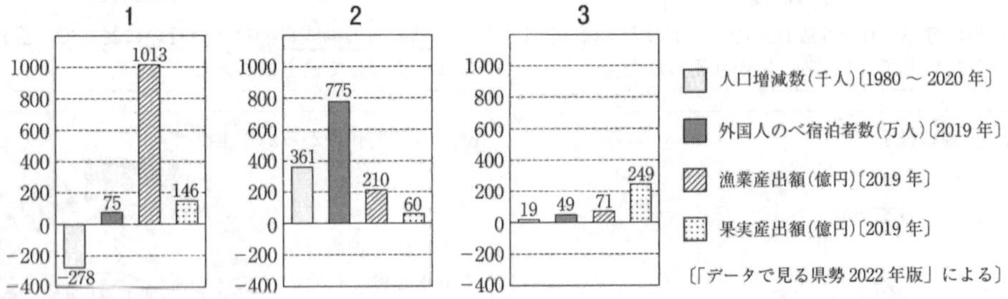

〔「データで見る県勢 2022 年版」による〕

(2)　日本の７地方区分についてまとめた次のページの資料１，資料２について，あとの**ア**，**イ**に答えなさい。

ア　資料１は，各地方を土砂災害発生件数の多い順に並べたものである。九州地方で土砂災害が多い理由について，地質と気候を関連付けてまとめた次のページの文中の □ に入る適切な内容を書きなさい。

九州地方の多くの地域に広がる火山性の地層には，［　　］という特徴があり，豪雨が続くと，斜面が崩れやすくなるから。

資料１
〔令和２～３年の合計〕

地方区分	件数
九州	850
中国・四国	473
中部	439
関東	292
近畿	128
東北	97
北海道	12

〔「国土交通省資料」による〕

イ　資料２は，各地方の人口，農業生産額，工業生産額，年間商品販売額を表している。資料２中の１～６のうち，中国・四国地方と九州地方について表しているものをそれぞれ一つ選び，その番号を書きなさい。

資料２

	人口（万人）2018年	農業生産額（兆円）2018年	工業生産額（兆円）2018年	年間商品販売額（兆円）2016年
1	2129	1.4	95.7	84.4
2	2237	0.6	64.2	94.8
3	1108	0.9	36.7	35.3
4	1431	1.9	25.7	45.0
5	4336	1.7	84.7	274.3
6	529	1.3	6.3	18.9
東北	875	1.4	18.6	28.9

〔「国土地理院資料」などによる〕

3　下のⅠ～Ⅳは，ある生徒が古代から近世までの農村に関する資料をまとめたカードである。次のページの(1)～(4)に答えなさい。（15点）

Ⅰ　702年の戸籍（こせき）

筑前［A］嶋［B］戸籍川邊［C］

	氏名	年齢
戸主	卜部乃母曽	年四十九歳
母	葛野部伊志賣	年七十四歳
妻	卜部甫西豆賣	年四十七歳
男	卜部久漏麻呂	年十九歳

戸籍に登録された６歳以上のすべての人々に，性別や身分に応じて，（　あ　）が与えられた。

Ⅱ　鎌倉時代の農民の訴状（そじょう）

阿氐河荘上村（あてがわのしょう）の百姓（ひゃくしょう）たちがつつしんで申し上げます。……
一（領主に納める）材木のことですが，［D］が上京するとか，あるいは近所の労役（ろうえき）だとかいっては，このように人夫（にんぷ）として［D］の所でこき使われるので，ひまが無いのです。……
（部分要約）

い御家人（ごけにん）の湯浅氏（ゆあさ）のひどい行いに対して，農民たちは，団結して領主に訴えた。

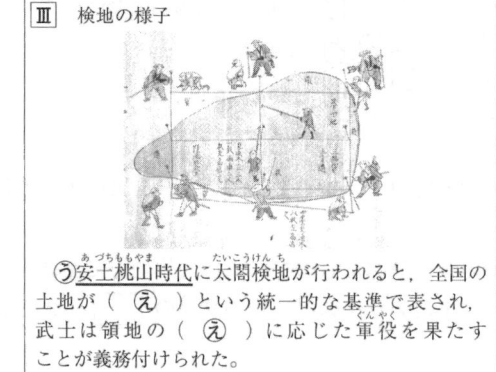

Ⅲ　検地の様子

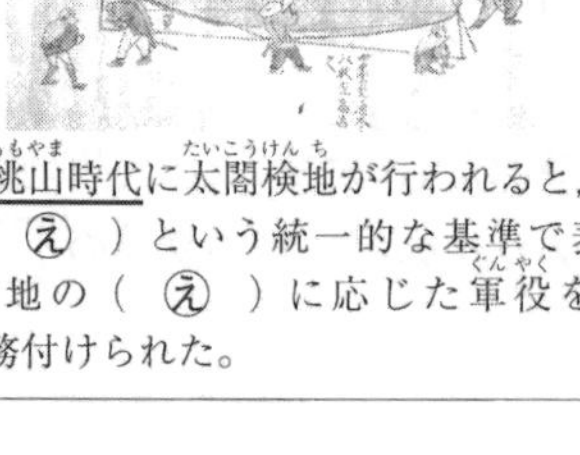

う安土桃山時代（あづちももやま）に太閤検地（たいこうけんち）が行われると，全国の土地が（　え　）という統一的な基準で表され，武士は領地の（　え　）に応じた軍役（ぐんやく）を果たすことが義務付けられた。

Ⅳ　江戸時代のからかさ連判状（れんぱんじょう）

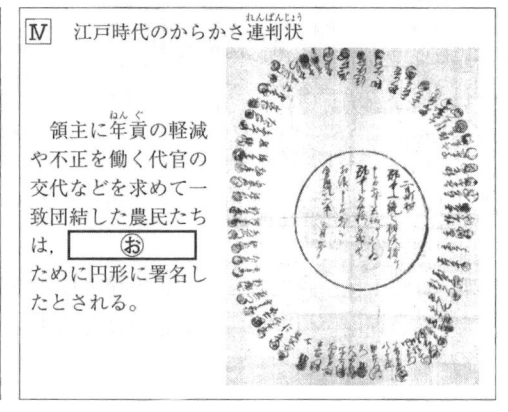

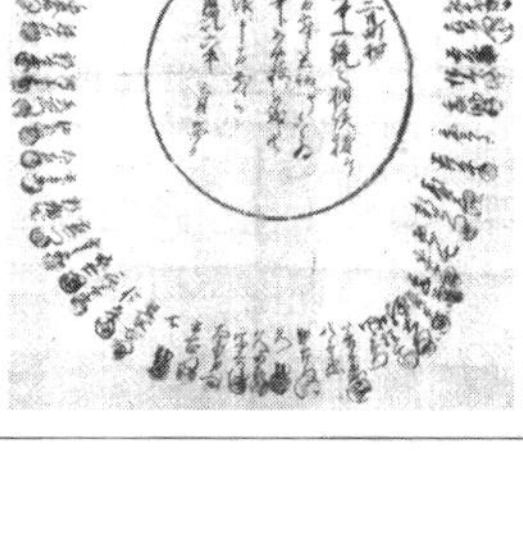

領主に年貢（ねんぐ）の軽減や不正を働く代官の交代などを求めて一致団結した農民たちは，［　お　］ために円形に署名したとされる。

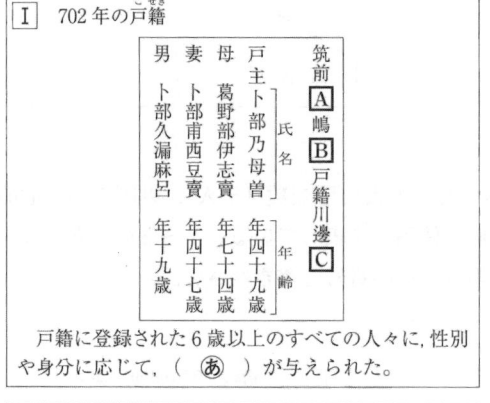

(1) Ⅰについて，次のア，イに答えなさい。

ア (あ) にあてはまる語を書きなさい。

イ A～Cにあてはまる，律令体制における地方行政の区分の正しい組み合わせを，次の1～6の中から一つ選び，その番号を書きなさい。

1　A－郡　B－国　C－里　2　A－里　B－郡　C－国
3　A－国　B－里　C－郡　4　A－国　B－郡　C－里
5　A－郡　B－里　C－国　6　A－里　B－国　C－郡

(2) Ⅱ中の D に共通してあてはまる，下線部いが幕府から任命された役職名を**漢字**で書きなさい。

(3) Ⅲについて，次のア，イに答えなさい。

ア 下線部うのころに栄えた，桃山文化の特色について述べた文として**適切でないもの**を，次の1～4の中から一つ選び，その番号を書きなさい。

1　狩野永徳は，城の室内におかれた，ふすまや屏風に，力強く豪華な絵をえがいた。
2　井原西鶴は，武士や町人の生活を基に浮世草子（小説）を書き，庶民の共感を呼んだ。
3　千利休は，禅宗の影響を受け，内面の精神性を重視し，質素なわび茶の作法を完成させた。
4　出雲の阿国という女性が始めたかぶき踊りが人気を集めた。

イ (え) に共通してあてはまる語を書きなさい。

(4) Ⅳ中の お に入る適切な内容を書きなさい。

4 下の年表は，ある生徒が日本の政治に関する主な出来事をまとめたものである。あとの(1)～(6)に答えなさい。（15点）

西暦	主な出来事
1889年	あ大日本帝国憲法が発布される
1898年	大隈重信が初めて政党内閣を組織する
1918年	い原敬を首相とする，本格的な政党内閣が成立する
1924年	う加藤高明を首相とする，連立内閣が成立する
	↕ え
1940年	政党が解散し，新たに結成された（ お ）に合流する
1945年	連合国軍最高司令官総司令部（GHQ）による占領政策がはじまる
	↕ か
1952年	日本が独立を回復する

(1) 下線部あを制定するために，ドイツやオーストリアなどの各地で憲法について学び，内閣制度ができると初代の内閣総理大臣に就任したのは誰か，人物名を書きなさい。

(2) 下線部いについて，当時の衆議院第一党を，次の1～4の中から一つ選び，その番号を書きなさい。

1　立憲改進党　2　立憲政友会　3　憲政会　4　自由党

(3) 下線部㋒は，政治により多くの国民の意向が反映される政策を実施した。右の資料は，1920年と1928年の衆議院議員選挙における有権者数と全人口にしめる有権者の割合の変化を表している。この変化について述べた下の文中の X にあてはまる法律名を書きなさい。また，Y に入る適切な内容を，**納税額**という語を用いて書きなさい。

資料

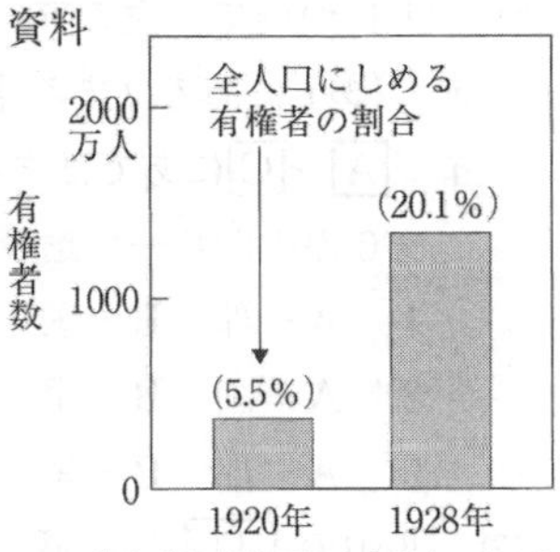

〔「衆議院議員選挙の実績」による〕

> 1925年に成立した X により， Y に対して選挙権が与えられたため，有権者がそれまでの約４倍に増えた。

(4) ㋓の時期に起こった，次の１～３の出来事を年代の古い順に並べ，その番号を書きなさい。

1　中国で国民党が共産党の呼びかけに応じて，内戦を停止した。
2　ドイツでヒトラーが首相になると，ワイマール憲法が停止された。
3　ニューヨークの株式市場(しじょう)で株価が大暴落した。

(5) (㋔) にあてはまる語を書きなさい。

(6) ㋕の時期について述べた文として適切なものを，次の１～４の中から一つ選び，その番号を書きなさい。

1　GHQは戦後改革(せんごかいかく)を急ぐため，日本の経済を支配してきた財閥(ざいばつ)との連携を強化した。
2　沖縄と奄美(あまみ)群島，小笠原諸島では，本土と同様に間接統治の方法が採られた。
3　朝鮮戦争(ちょうせんせんそう)が始まった影響で日本の経済は不景気となり，復興が遅れた。
4　冷戦が東アジアにおよぶと，GHQの占領政策は，経済の復興を重視する方向に転換された。

5 下の文章は，ある生徒が日本国憲法と現代の民主政治について学習した内容をまとめたものである。あとの(1)～(4)に答えなさい。(14点)

> ・日本国憲法の三つの基本原理は，国民主権，基本的人権の尊重，(　㋐　) である。
> ・産業や，情報化などの科学技術の発展にともなって，日本国憲法には直接的に規定されていない㋑「新しい人権」が主張されるようになった。
> ・㋒裁判は，正しい手続きによって，中立な立場で公正に行われなければならない。
> ・選挙権年齢は，2016年から満18歳以上に引き下げられた。選挙の主な課題として，有権者が投票に行かない棄権(きけん)が多くなり投票率が低下していることや，有権者が持つ ㋓ ことなどがあげられる。

(1) (㋐) にあてはまる語を書きなさい。

(2) 資料１は，臓器提供意思表示カードを表している。下線部㋑について述べた次のページの文章中の A ， B にあてはまる語の組み合わせとして適切なものを，次のページの１～４の中から一つ選び，その番号を書きなさい。

資料１

「新しい人権」は主に，日本国憲法第13条に定められている「生命，自由及び［A］に対する国民の権利」に基づいて主張されている。この人権のうち，［B］が尊重された例の一つとして，自分の意思を記入した臓器提供意思表示カードを持つことがあげられる。

1　A－平等　B－自己決定権　2　A－平等　B－プライバシーの権利
3　A－幸福追求　B－自己決定権　4　A－幸福追求　B－プライバシーの権利

(3) 下線部㋒について，次のア～ウに答えなさい。

ア　国会や内閣は裁判所に干渉(かんしょう)してはならず，一つ一つの裁判では，裁判官は自分の良心に従い，憲法と法律だけにしばられるという原則を何というか，書きなさい。

イ　下線部㋒について述べた文として適切なものを，次の1～4の中から一つ選び，その番号を書きなさい。

1　裁判員が参加するのは，高等裁判所で行われる第二審までである。
2　裁判員制度の対象となるのは，殺人や強盗致死(ごうとうちし)などの重大な犯罪についての刑事裁判である。
3　下級裁判所は，法律などが合憲か違憲かについて審査する違憲審査を行わない。
4　日本の裁判所は，最高裁判所，高等裁判所，下級裁判所に分かれる。

ウ　刑事裁判について述べた下の文中の［C］，［D］にあてはまる語を，それぞれ書きなさい。

［C］官は，被疑者(ひぎしゃ)が罪を犯した疑いが確実で，刑罰(けいばつ)を科すべきだと判断すると，被疑者を［D］人として，裁判所に訴(うった)える。

(4) 資料2は，衆議院議員選挙・小選挙区の議員一人あたりの有権者数を表している。㋓に入る適切な内容を，資料2を参考にして，価値という語を用いて書きなさい。

資料2

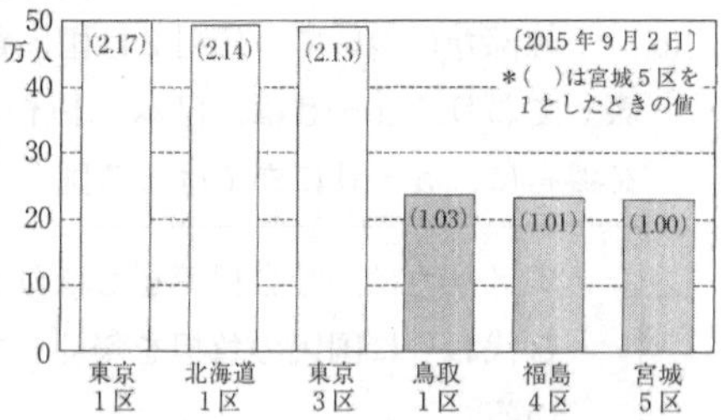

〔「総務省資料」による〕

6　下の表は，ある生徒が生活と経済についてまとめたものである。次のページの(1)～(6)に答えなさい。(15点)

雇用と労働条件の改善	・質の高い充実した仕事をするうえで，休息の時間をしっかり取り，家族や地域の人と過ごす時間が必要である。そのためには，労働時間を短縮し，育児や介護のための休暇を充実させることで，性別や年齢に関わりなく，仕事と個人の生活とを両立できる（㋐）を実現することが重要である。 ・㋑賃金や労働時間などの労働条件は，原則として，労働者と使用者との間で，契約の形で決められる。
貿易と経済のグローバル化	・それぞれの国が得意な商品の生産に力を入れ，その商品を貿易する（㋒）の実現で，それぞれの国が，国民の暮らしをより豊かにできる。外国と貿易したり，海外旅行をしたりするときには，㋓日本の通貨である円を，外国の通貨と交換する必要がある。
私たちの生活と㋔財政	・社会保障費が増加する現在の日本にとって，㋕社会保障の充実と経済成長とをどのように両立させていくかが，大きな課題となっている。

(1) (㋐) にあてはまる語を，次の1～4の中から一つ選び，その番号を書きなさい。

1 フェアトレード　2 ワーク・ライフ・バランス

3 バリアフリー　4 ストライキ

(2) 下線部㋑について，最低限の基準を定めている法律を何というか，書きなさい。

(3) (㋒) にあてはまる語を，次の1～4の中から一つ選び，その番号を書きなさい。

1 国際分業　2 保護貿易　3 マイクロクレジット　4 クラウドファンディング

(4) 下線部㋓について，資料1は日本の通貨（円）とアメリカの通貨（ドル）の為替相場（かわせそうば）の変動を模式的に示したものである。為替相場の変動について述べた下の文章中の A ， B にあてはまる数字を，それぞれ書きなさい。また， X ， Y にあてはまる語の組み合わせとして適切なものを，次の1～4の中から一つ選び，その番号を書きなさい。ただし，為替相場以外の影響は考えないものとする。

資料1

月	為替相場(月平均値)
1月	1ドル＝ 80円
6月	1ドル＝100円
12月	1ドル＝120円

> 資料1中で最も円安なのは， A 月である。1台240万円の日本製自動車がアメリカへ輸出された場合，この月の為替相場（月平均値）で計算すると，1台 B ドルとなる。一般的に円安は，輸出が中心の日本の企業にとって X となり，日本からアメリカへ旅行する観光客にとって Y となる。

1 X－有利　Y－有利　2 X－有利　Y－不利

3 X－不利　Y－有利　4 X－不利　Y－不利

(5) 下線部㋔について，国や地方公共団体が税金を使って，道路や公園，水道などの社会資本の整備や，社会保障や消防などの公共サービスの提供を行う理由を，次の2語を用いて書きなさい。

利潤　民間企業

(6) 下線部㋕について，資料2は国民負担率と国民所得（NI）にしめる社会保障支出の割合を表しており，a～dは，日本，ドイツ，アメリカ，スウェーデンのいずれかである。下の文章を参考に，a～dにあてはまる国名をそれぞれ書きなさい。

> ・アメリカは，社会保障をしぼりこむ代わりに国民の負担を軽くしている。
> ・スウェーデンは，社会保障を充実させる代わりに，税金などの国民の負担を大きくしている。
> ・日本の社会保障負担の比率と租税負担の比率は，いずれもドイツよりも低い。

資料2

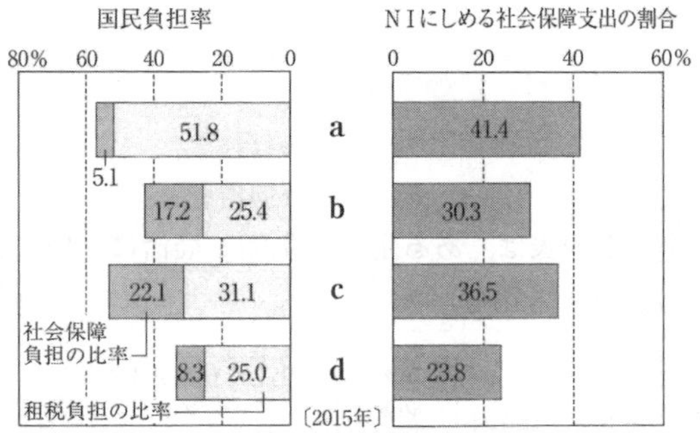

(注) 国民負担率は，国民の税や社会保障費の負担の，国民所得（NI）にしめる割合。国民所得は，国民全体が一定期間に得る所得の総額。

〔「厚生労働省資料」による〕

7 下の資料１，資料２は，ある生徒が海上輸送に大きな役割を果たしている運河について調べてまとめたものの一部である。あとの(1)～(5)に答えなさい。ただし，資料１と資料２の地図の縮尺は同一ではない。(12点)

資料１

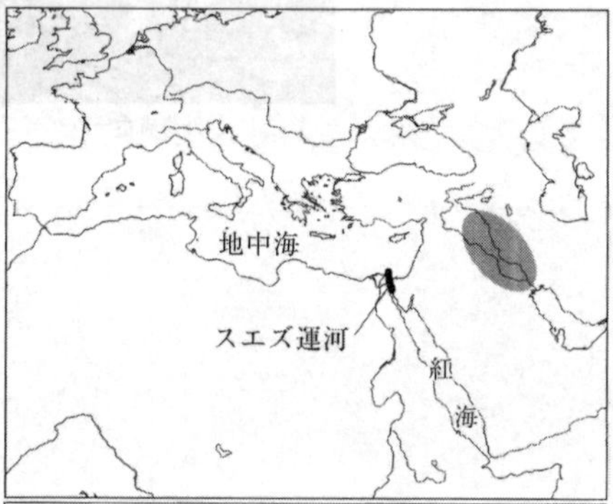

・スエズ運河は，地中海と紅海を結ぶ全長約 163 km（建設当時）の運河で，㋐1869 年に完成した。
・ヨーロッパとアジアを結ぶ航路は，バスコ・ダ・ガマが開拓した，（　X　）を回る航路に比べて大幅に短縮された。

資料２

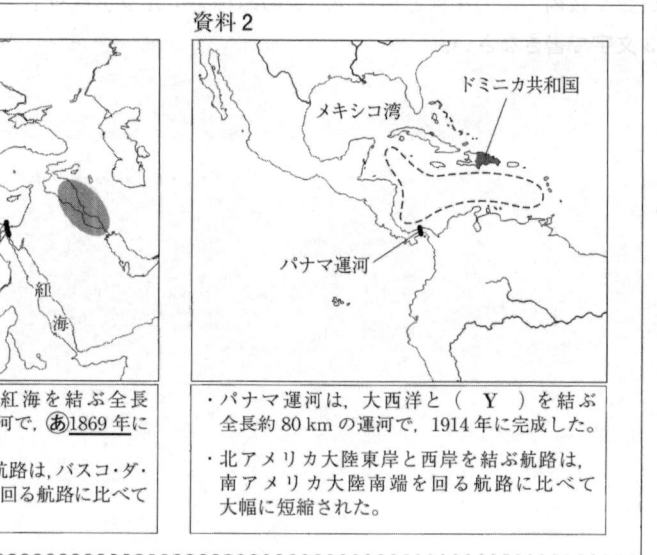

・パナマ運河は，大西洋と（　Y　）を結ぶ全長約 80 km の運河で，1914 年に完成した。
・北アメリカ大陸東岸と西岸を結ぶ航路は，南アメリカ大陸南端を回る航路に比べて大幅に短縮された。

(1)　（X），（Y）にあてはまる語の組み合わせとして適切なものを，次の１～４の中から一つ選び，その番号を書きなさい。

１　X－アフリカ大陸南端　Y－太平洋　　２　X－アフリカ大陸南端　Y－インド洋
３　X－ユーラシア大陸北端　Y－太平洋　　４　X－ユーラシア大陸北端　Y－インド洋

(2)　資料１中の ⬮ で栄えた古代文明について述べた文として適切なものを，次の１～４の中から一つ選び，その番号を書きなさい。

１　各地に都市国家が建設され，男性市民全員が参加する民会を中心に民主的な政治が行われた。
２　川のはんらんの時期を知るための天文学が発達し，太陽暦が作られ，象形文字（しょうけいもじ）も発明された。
３　楔形文字（くさびがたもじ）が発明され，太陰暦（たいいんれき），時間を60進法で測ること，１週間を七日とすることが考え出された。
４　文字や長さや重さ，容積の基準，貨幣が統一され，北方の遊牧民の侵入を防ぐための長城が築かれた。

(3)　下線部㋐の後に起こった，日本に関する次の１～３の出来事を年代の古い順に並べ，その番号を書きなさい。

１　イギリスとの日英同盟が結ばれた。
２　清との下関条約が結ばれた。
３　関税自主権の完全な回復を実現した。

(4)　主に資料２中の ⬭ で発生し，西インド諸島，北アメリカ大陸南部や南東部をおそう熱帯低気圧を何というか，書きなさい。

(5) 資料3は，資料2中のドミニカ共和国にある，日本の協力で整備された消化器疾患(しっかん)センターを表している。このように，発展途上国の社会・経済の開発を支援するため政府が行う資金や技術の協力を何というか，その略称を**アルファベット3文字**で書きなさい。

資料3

〔「外務省ホームページ」より〕

【資料】

「いいです。」と答えた二つの場面

A　部活動の先輩から「一緒に帰らない？」と聞かれ、私は一緒に帰りたいと思い、「いいです。」と答えた。しかし、先輩は「じゃあ、また今度ね。」と言って帰ってしまった。

B　レストランで店員から「お皿をお下げしましょうか？」と聞かれ、私はまだ食べている途中だから下げないでほしいと思い、「いいです。」と答えた。しかし、店員は皿を下げてしまった。

「いいです。」と言っても相手にうまく伝わらないことはよくあるよね。何か原因があるのかな。

そうだね。自分の考えを間違いなく伝えるためには、どうすればよいのかな。

(1)　題名を書かないこと。

(2)　二段落構成とし、それぞれの段落に次の内容を書くこと。

・第一段落では、【資料】の「いいです。」の意味や使い方について気づいたことを書くこと。

・第二段落では、第一段落をふまえて、自分の意見を書くこと。

(3)　百五十字以上、二百字以内で書くこと。

3 すばやく動く。
4 先生も笑う。

(2) ㋐異変を感じた とありますが、「母」が「凛」の状態を見て動揺している様子を表した語句を、本文中から**十四字**で**そのまま**抜き出して書きなさい。

(3) ㋑動かなかった とありますが、ある生徒が、動けないでいる時の「凛」の様子について次のようにまとめました。□ に入る適切な内容を、**二十五字以内**で書きなさい。

> 「凛」は、部屋に入ってきた母に □ よく分からなかった。

(4) ㋒自分だけの新しいカケ とありますが、ある生徒が、「カケ」に対する「凛」の気持ちについて次のようにまとめました。□ に入る適切な内容を、**二十字以内**で書きなさい。

> カケは、弓よりも □ から、「凛」は自分だけのものが欲しくて仕方なかった。

(5) ㋓「ごめんね……」、㋔「ごめんなさい……」 とありますが、ある学級で、この二つの表現について話し合いをしました。次は大森さんのグループで話し合っている様子です。A、B に入る適切な内容を、A は**十五字以内**で、B は**十字以内**で書きなさい。

> 大森　「ごめんね……」は、カケに対して、二ヶ月ほどしまい込んでいたことを謝っているんだよね。
> 渡辺　カケに触ったことで、買ってもらったばかりのカケを着けて寝ていた日々が A ことを思い出したんだよ。
> 水木　このとき、弓道の大切さを再確認したんだね。
> 大森　「ごめんなさい……」は、「母」に対して謝っているとも考えられるね。
> 渡辺　「母」は「凛」が無理をしていたことに以前から気づいていたんだね。「母」は、「安心した様子」だけど「怒ったように」言っているよ。「凛」のことを B からこそ、「母」は強い口調で言ったのではないかな。

(6) この文章について述べたものとして最も適切なものを、次の1～4の中から一つ選び、その番号を書きなさい。

1 比喩を用いて体の様子を描写することで、「凛」にとって「母」が必要不可欠な存在であることを表現している。
2 言葉を省略する「――」を用いることで、「凛」が「母」に対して言い返せずに悩んでいることを表現している。
3 弓道に関する単語を多用することで、「凛」が弓道の難しさについて認識していることを表現している。
4 現在の場面に回想する場面をはさむことで、「凛」が弓道に懸命に向き合ってきたことを表現している。

6 ある中学校で、【資料】を見ながら、自分の考えの伝え方について話し合いをしました。次のページの【資料】と生徒のやりとりを読んで、あとの(1)～(3)に従って文章を書きなさい。(10点)

在せず、学校で必要なものとは別に何でも理由を言えばそれに応じて足りなくなったお金は出してくれる。その代わり、どんなつまらないものでも、使った用途は報告しなければならない。変なものにお金を使ってしまっても、鼻で笑われることはあっても怒られることはない。ただその後、他にもっと欲しいものが出てきた時に「あの時あんなものを買ってなければねえ……」としばらく嫌みを言われることになる。そうして少しずつ、自分が本当に欲しいのかどうか、どれくらいのお金を出す価値があるかということを学ばされてきた。

小学校まではともかく、中学に入って以降、使うお金の九割は弓道関係だった。それ以外のことに払う関心が残っていなかったのだ。学校帰り、コンビニやなんかでちょっとしたスナックを買って食べたりする以外、同級生が飛びつくようなアクセサリーやチャーム(注2)、ファッショングッズも文具もどうでもよかった。可愛いペンケースより、可愛い握り革(注3)が、かっこいい矢が欲しかった。そしてもちろんいつかは自分のカケ、そして自分の弓――。

カケは弓よりも身体に密着するものだから、それが馴染(なじ)んでいるかどうかは弓よりも重要とされる。弓はある意味消耗品でもあるし、貸し借りもさほど問題なくできるが馴染んだカケはそうはいかない。「掛け替えのない」という言葉は「弽(カケ)は替えが利(き)かない」ということから来ているという説もあるという（棚橋先生(注4)はあまり信じてはいない様子でそんな話をしてくれた）。新品のカケはなるべく常に身に着けておき、手に馴染ませるのがよいと聞いて、凜も買ってもらったばかりのカケを一ヶ月ほどは、授業中以外はほぼ毎日着け、そのまま寝ていたものだった。

どんなに可愛いぬいぐるみよりも嬉(うれ)しく、新しい鹿革の匂いを嗅ぎながら眠りに落ちる日々は、希望に満ちていて、それまでの人生で一番幸せだったかもしれない。

弓のことは頭から追い出そうとクロゼットにしまい込んで二ヶ月ほど。久しぶりに触るその革の感触は記憶していた以上に滑らかで優しく、母の手以上に凜の心を慰めてくれた。

下掛け(注5)をしていないことを若干申し訳なく思いながらも、我慢できずに紐(ひも)を解き、型崩れ防止の木を引き抜いて手を差し入れた。手から全身に、じいんと震えのような波が駆け抜ける。

㋒「ごめんね……」

責められているような気がして、凜はカケをぎゅっと抱いて謝った。

「言ったよね、無理しないでいいよって。凜には無理なんだよ。弓をやめるとか、我慢するとか。お母さん、分かってたよ」

少し安心した様子の母が、それでも怒ったように言う。

㋔「ごめんなさい……」

母に謝っているのかカケに謝っているのか、自分でもよく分からないまま繰り返した。

――我孫子武丸(あびこたけまる)『残心(ざんしん)　凜の弦音(つるね)』より――

(注1)　カケ……弓道の道具。革製の手袋状のもので、右手にはめて親指を保護するために使う。
(注2)　チャーム……かばんやアクセサリーなどにつける小さな飾り。
(注3)　握り革……弓の握り持つ部分に巻く革。
(注4)　棚橋先生……凜の師匠。
(注5)　下掛け……汗からカケの革を守るために着ける布製の手袋。

(1)　扉を開ける　の文節相互の関係と同じ関係のものを、あとの1～4の中から一つ選び、その番号を書きなさい。

1　少女が歌う。
2　晴れたので見える。

を、「多様」という語を用いて**三十字以内**で書き、**B** には最も適切な語を、本文中から**五字**で**そのまま**抜き出して書きなさい。

松田　「ほかでもないあなたを必要としている」とは、どういうことかな。
高橋　オーケストラにおいて、一人一人の奏者は、代わりになる者がいない存在であることを言っているんだよね。
中村　奏者たちが代わる者のない存在なのは、「個性ある音楽家ならではのずれ」があるからだと思うよ。
松田　そうだね。奏者たちの　A　ことから生じた「ずれ」が重なることで、オーケストラの魅力ある音は生み出される、ということなんだね。
高橋　オーケストラには社会のあるべき姿が反映されているようだともあるね。
中村　それは「ずれ」を　B　社会の姿なのではないかな。

5　次の文章を読んで、あとの(1)～(6)に答えなさい。(26点)

高校三年生の篠崎凛(しのざきりん)は、中学生の頃から弓道に打ち込んできたが、自分の進む道が分からず、進路について悩んでいた。そこで、勉強に集中するために、ずっと続けてきた弓道から離れることにした。

鳴り続ける目覚ましに㋐異変を感じたのだろう、母が凛の部屋に入ってきて、じっと見下ろしている。エプロンをして、手には菜箸を持ったままだ。朝食の用意をしていたところなのだろう。

(お母さん)

そう呼びかけようとしたが声が出たのか出ていないのかよく分からなかった。口が動いたのかどうかも。

母はしばらく青ざめた顔で立ち尽くしていたが、やがてゆっくりと手を伸ばして目覚まし時計を止めると、そのまま凛の額に手を当てて熱を測っているようだった。

温かい。

家族と――というか、人と触れあうのが随分久しぶりな気がした。

起きられない、と言おうとした途端、母は身を翻(ひるがえ)して小さなクロゼットの扉を開ける。何やらゴソゴソしていたかと思うと、引き返してきて布団(ふとん)を少しめくり、娘の胸に何かを押しつける。

「熱はないようだけど、今日は休みなさい。学校には連絡しとくから。分かった？」

母が一体何を押しつけてきたのかと首を無理矢理起こして見ると、それはクロゼットの奥に自ら押し込めておいたカケ(注1)だった。思わず両手を伸ばしてそれを握る。金縛りが解けたように身体が動く。

「なんで……？」

さっきまでどうやっても㋑動かなかったのに。

「『なんで』じゃないでしょ。あなたにはそれがいるってことじゃないの？　まったく、もう」

中二の春、一生弓を続けたいと既に思っていた。借り物のカケではない、㋒自分だけの新しいカケが欲しくて仕方なくて、両親に頭を下げてねだったのだった。道着に足袋にその洗い替え、袴(はかま)や細かい諸々(もろもろ)のお金を出してもらっている上での、さらなるお願いだった。中学の間、備品を借りて済ます部員も珍しくはなかった。弓ほどではないにしろ中学生にとって安い買い物ではない。

篠崎家はずっと、基本的に毎月の決まったお小遣いというものは存

理的に起こりえない。誰がどのポジションにいようとも、いつでも替えがきくからだ。そんな㋒非人間的な社会で、ひとがいきいきと、各々の役割を果たせるとは思えない。

手触りのやさしい社会は、個々人の価値観が多少ずれていても、正否の基準が人によって違っていても、それを鷹揚(注4)に受け入れる共同体ではないか。端的にいうと、いつでも互いに迷惑をかけあえる集団であるはずだ。であればこそ、顔が見える。

だとすると、各奏者の発する音が微妙にずれるオーケストラは、全員が全員に対してずれているという事実ゆえに、一人としてその奏者に代わる者はいないことになる。互いに歩み寄ろうとしても埋めることのできない溝が、かけがえのない顔の象徴でもあったわけだ。

どうやら、ひとびとを魅了してやまないオーケストラの響きは、音楽観が違い、美意識が違い、正否の基準が違う奏者たちの多様な価値観から生み出されるものであったようだ。個性ある音楽家ならではのずれが一つずつ重なることによって、オーケストラは初めて魅力ある音を奏でることができる。「いったんその席に座ったものは断固として、その人間の責任で音楽を作らねばならない」という言は、じつはオーケストラからの「あなたの代わりになる奏者はどこにもいない」という呼び声ではなかったか。㋓「ほかでもないあなたを必要としている」という音楽からの招きに応えて、奏者たちは、作品のなかに深くに入り込むことができる。たとえそれが、孤独な作業であったとしても、だ。

――大嶋義実『演奏家が語る音楽の哲学』より――

(注1) オケ……オーケストラの略。
(注2) アンサンブル……二人以上でする演奏。
(注3) ヴィブラート……音程を細かく上下させて、震えるように音を響かせる奏法。
(注4) 鷹揚……小さなことにこだわらないで、おっとりとしているさま。

(1) 試みる は他動詞です。次の1～4の――の中から他動詞を**すべて**選び、その番号を書きなさい。

1 注文の品を届ける。　2 街の風景が変わる。
3 喜びが顔に表れる。　4 手伝いの人数を増やす。

(2) ㋐そう とありますが、どのようなことをさしているか、次のようにまとめました。□に入る適切な内容を、**十五字以内**で書きなさい。

奏者が、まわりとの調和を願って □ こと。

(3) ㋑結構それらしく聞こえる とありますが、ある生徒が、この語句について次のようにまとめました。□に入る最も適切な語句を、本文中から**六字**で**そのまま抜き出して**書きなさい。

さまざまな音楽的要素を一致させない音楽は、まるで本物のオーケストラのような、□サウンドとして聞こえる。

(4) ㋒非人間的な社会 とありますが、この語句について述べたものとして最も適切なものを、次の1～4の中から一つ選び、その番号を書きなさい。

1 集団の成員が自分の役割をそれぞれに務める社会。
2 そこにいるのが特定の誰かでなくてもよい社会。
3 全員が違うことを言い、別々の行動をとる社会。
4 いつでも互いに迷惑をかけることを勧める社会。

(5) ある学級で、㋓「ほかでもないあなたを必要としている」という音楽からの招き について話し合いをしました。次のページは、松田さんのグループで話し合っている様子です。 A には適切な内容

4 次の文章を読んで、あとの(1)～(5)に答えなさい。(22点)

オーケストラのあの豊饒な響きは、孤独な魂が、なお他者とひとつになることを試みる、という葛藤のなかからしか生まれ得ないものだ。

どんなに耳を澄ましても聞こえようもない小さな音にまで、オーケストラの奏者がこだわりを見せるのも、その調和を願えばこそ、だ。わずかな音の差が全体のパフォーマンスに影響することを知っている者の責任感が(あ)そうさせる。だから現場で音を発するときの奏者は、全員が皆「自分の奏でる音は正しい音である」ことを信じている。その確信がなければ、怖くてオケ(注1)のなかで音を出すことなど不可能だ。しかもそれは、まわりとの調和をはかることを要求される音でもある。自分とは違う他者の音に寄り添うことを前提に、自分の信じる正しい音を作るという芸当が至難の業であることは容易に想像がつこう。でも、それをしないことにはオーケストラメンバーとしての使命を果たすことはできない。

ただ、もう一方の真実は、オケで正しい音を奏することは結果的には誰にもできていない、という事実でもある。それぞれの奏者の奏でる音はそれぞれに微妙にずれているからだ。ひとり一人の奏者は音楽家として美意識が異なり、価値観が異なるのだから当然ともいえる。音楽家としての訓練を受けてきたからには、そこには必ず奏者の解釈が加わる。こころひとつに音楽を奏でることを目指しているにもかかわらず、不一致の溝を埋めるにはあまりに芸術家としての自我が確立しているのだ。いかにまわりと合わせようとしても、埋めようのないずれが生じてしまうのもいたしかたなかろう。

アンサンブル(注2)に集中し、相互に音を聞き合うほどに、それは露わになる。発音のタイミングや音の立ち上がり、立ち下がり、音のつながりや切り方、強弱、ヴィブラート(注3)の周期や深さまで、すべての音のふるまいについて、鋭敏な耳はそのちがいを感知する。調和を願う心が、かえって奏者に疎外感をもたらす。オーケストラ奏者は自分の思い描く理想の音と、他人の思い描く理想の音のあいだに挟まれて、いつもストレスを抱えている。互いが互いに対してちょっと迷惑なのだ。

ところが面白いことに、コンピュータを使い、音程はもとより発音のタイミング、音の立ち上がりなどすべての要素をぴたりと一致させてオーケストラ音楽をシミュレートすると……、これほど味気のない音もあるまいという音楽が聞こえてくるらしい。ずれを排除し、すべてが完璧に一致する音楽は砂をかむような響きだ、という。

そこで、さまざまな音楽的要素を微妙にずらしてみる。これが、(い)結構それらしく聞こえる、というではないか。本物のオーケストラの音を録音したかのようにさえ聞こえてくる瞬間もあるようだ。

こうした実験の結果から考えられるのは、じつはひとを包み込むような豊かで温かなオーケストラのサウンドは、それぞれの奏者の奏でる音の一致しなさから生まれてくるのではないかということだ。皆が一致することよりも、一致しないところに充実したオーケストラサウンドの魅力は隠されていると想像するほかはない。そう考えると、ますますオーケストラは社会のあるべき姿を映しているようではないか。

もしも成員の全員が一分のすきもなく、与えられた役目に同じことをする社会が実現したとしたら、それはとりもなおさず、あなたがあなたである必要はなく、私が私である必要のない社会を意味しよう。誰もが一つの課題に対し同じことを言い、同じ行動をとるのだから個人の顔の必要性はなくなる。そこにいるのが特定の誰かである必然性はない。誰かの代わりが見つからなくて困る、というようなことは原

コ　船の上から海に釣り糸を夕らす。

(2)　次の――のカタカナの部分を漢字で表したとき、その漢字と同じ漢字が使われている熟語を、あとの1～4の中から一つ選び、その番号を書きなさい。

一歩ずつケンジツに勉強する。

1　謙虚　2　貢献　3　賢明　4　堅固

3　次の(1)、(2)に答えなさい。(14点)

(1)　次の文章を読んで、あとのア～ウに答えなさい。

弥生(やよひ)も末の七日(なぬか)、明(あけ)ぼのの空朧々(ろうろう)(ぼんやりとして)として、月は有(あり)あけにてひかりおさまれるものから、富士の峰幽(かすか)に見えて、上野・谷中(やなか)(注1)の花のこずゑ、又いつかはと(またいつの日に見られるのか)心ぼそし。むつましきかぎりは(親しい人々は皆)宵よりつどひて、舟に乗りて送る。千じゆ(注2)と云(い)ふ所にて舟をあがれば、前途(せんど)三千里(この先の三千里もあろうかという非常に長い道のり)のおもひ胸にふさがりて、幻のちまたに(はかないこの世の分かれ道)離別の泪(なみだ)をそそぐ。

――松尾芭蕉(まつおばしょう)『おくのほそ道』より――

(注1)　上野・谷中……旅立つ芭蕉が船着き場に向かう途中に通った場所。

(注2)　千じゆ……千住という地。ここから芭蕉の旅が本格的に始まる。

ア　こずゑとありますが、**すべてひらがなで現代かなづかいに書き改めなさい。**

イ　幽に見えてとありますが、その理由として最も適切なものを、次の1～4の中から一つ選び、その番号を書きなさい。

1　一月で雪が降っていたから。
2　空が少し明るくなったから。
3　月の光がまぶしすぎたから。
4　富士山が花で隠れていたから。

ウ　ある生徒が、本文の内容について次のようにまとめました。□に入る適切な内容を、**三十字以内**で書きなさい。

> 作者は、旅に出るにあたり、「花をまたいつの日に見られるのか」という心細さを感じている。親しい人々が、舟に乗って送ってくれる。舟から上がると、「この人たちとはもう会えなくなるかもしれない」と感じ、□こともあって、はかないこの世での皆との別れに涙を流した。

(2)　次の漢詩を読んで、あとのア、イに答えなさい。

春暁(しゅんぎょう)　孟浩然(もうこうねん)

A　春眠暁を覚えず	春眠不レ覚レ暁ヲ
B　処処□	処処聞ニク啼鳥ヲ一
C　夜来風雨の声	夜来風雨ノ声
D　花落つること知る多少	花落ツルコト知ル多少

ア　書き下し文の□に入る適切な語句を書きなさい。

イ　場面が大きく転換するのは、どの句か。A～Dの中から一つ選び、その記号を書きなさい。

＜国語＞

時間　五〇分　　満点　一〇〇点

【注意】**問題の1は放送による検査です。**問題用紙は放送による指示があるまで開いてはいけません。

1　放送による検査（16点）

【資料】

資料1　放送委員会での話し合いの記録

放送委員会

○生徒総会での意見
昼の放送について、もっと興味をもてる内容にしてほしい。
↓
○生徒が放送に興味をもてない理由
内容が［　　　　］。

○委員から出された案
・アンケート
・クイズ
・インタビュー

資料2　インタビューのためのメモ

○インタビューする相手
卓球部　　井上太郎さん
（3年1組）

○集めた情報
・小学校5年生から卓球を始めた。
・卓球部部長。
・シングルスで県大会優勝。
・先週、東北大会に出場。

○井上さんの思いや考えをきく質問
［　　　　］

2　次の(1)、(2)に答えなさい。（12点）

(1)　あとの**ア**～**オ**の――の漢字の読みがなを書きなさい。また、**カ**～**コ**の――のカタカナの部分を楷書（かいしょ）で漢字に書き改めなさい。

ア　褐色のかばんを購入する。
イ　迅速な対応を心がける。
ウ　彼は寡黙で落ち着きがある。
エ　運動会を明日に控える。
オ　前の列との間を狭める。
カ　停電はすぐにフッキュウした。
キ　新企画をゴクヒのうちに進める。
ク　休日に公園をサンサクする。
ケ　チョークのコナが手につく。

国語放送台本

今から、国語の、放送による検査を行います。はじめに、解答用紙を出して、受検番号を決められた欄に記入してください。

次に、問題用紙の2ページを開いてください。

□一は、【資料】を見ながら放送を聞いて、質問に答える問題です。

ある中学校で放送委員会が開かれました。司会を務めるのは加藤さんで、意見を述べるのは三浦さんと田村さんです。これから、その委員会の様子を紹介します。そのあとで、四つの問題を出します。それを聞いて、解答用紙の(1)、(2)、(3)、(4)、それぞれの欄に答えを書きなさい。委員会の様子、問題は、それぞれ一回しか言いません。必要なことは、メモを取ってもかまいません。

それでは、始めます。

[加藤さん]

これから放送委員会を始めます。今日の議題は、「放送内容の改善について」です。先日の生徒総会で、「昼の放送について、もっと興味をもてる内容にしてほしい。」という意見がありました。皆さんはこのことについてどう思いますか。三浦さん、意見をどうぞ。

[三浦さん]

はい。今の放送の主な内容は、行事予定や給食の献立の紹介です。生徒が放送に興味をもてない理由は、内容が掲示板で確認できるものと同じだということです。私たちの放送ならではの内容を考えることが必要です。そこで私は、生徒が登場する場面をつくるのがよいと思います。

多くの生徒が放送に参加できる企画を考え、皆さんで楽しめる内容を盛り込むのはどうでしょうか。例えば、全校生徒に好きな本や音楽などのアンケートをとって、結果をランキング形式で発表したり、クイズ大会を行ったりするとよいと思います。全校生徒と一緒に楽しい昼のひとときをつくりたいですね。

[加藤さん]

それは楽しそうですね。では次に、田村さん、意見をどうぞ。

[田村さん]

はい。私も三浦さんと同じで、生徒が登場する場面をつくるのがよいと思います。私は、一人の生徒に注目して紹介することを考えました。例えば、部活動で活躍している人にインタビューを行い、その内容を放送します。何かに全力で取り組む人の話は、放送を聞いた全校生徒に多くの影響を与えるのではないでしょうか。

[加藤さん]

そうですね、インタビューも面白そうですね。インタビューを行うには準備が大切だと思いますが、田村さんはどのような準備をすればよいと思いますか。

[田村さん]

はい。インタビューの前に、相手の思いや考えをきく質問をあらかじめ考えておきます。そのために、相手に関する情報を集めます。例えば、最近活躍している卓球部の生徒なら、活動の状況や出場した大会について調べておきます。そして、集めた情報を利用して質問を考えます。質問してわかったその人の思いや考えを、全校生徒に紹介したいと思います。

以上、委員会の様子は、ここまでです。続いて問題に移ります。

(1)の問題。今日の議題は何でしたか。書きなさい。

(2)の問題。資料1は、放送委員会での話し合いの記録です。空欄に入る適切な内容を書きなさい。

(3)の問題。三浦さんと田村さんの意見について述べているものとして最も適切なものを、これから言う、1、2、3、4の中から一つ選んで、その番号を書きなさい。

1　三浦さんも田村さんも、全力で取り組むことについて、複数の生徒から話してもらうとよいと述べている。

2　三浦さんも田村さんも、生徒が参加する企画について、全校生徒に意見を募集するとよいと述べている。

3　三浦さんは、多くの生徒が参加できる企画を提案しているが、田村さんは、一人の生徒を紹介する企画を提案している。

4　三浦さんは、みんなを楽しませる生徒を紹介したいと述べているが、田村さんは、必ず運動部を紹介したいと述べている。

(4)の問題。資料2は、放送委員が用意したインタビューのためのメモです。集めた情報を利用して、卓球部の井上さんの思いや考えをきく質問を考えて書きなさい。

これで、放送による検査を終わります。では、あとの問題を続けてやりなさい。

MEMO

大切なことはメモしておこうネ！

2023年度

解答と解説

《2023年度の配点は解答用紙集に掲載してあります。》

＜数学解答＞

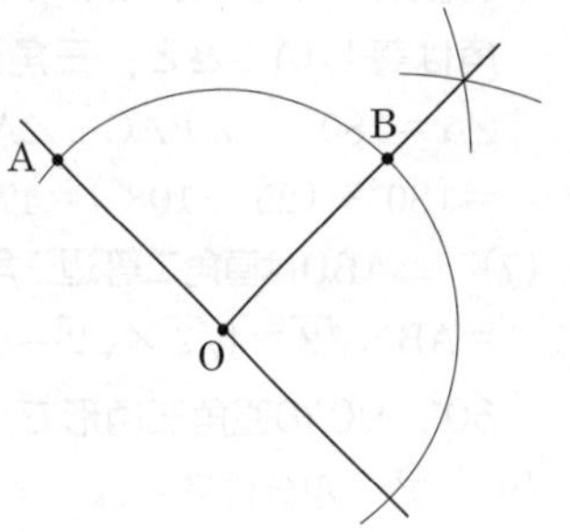

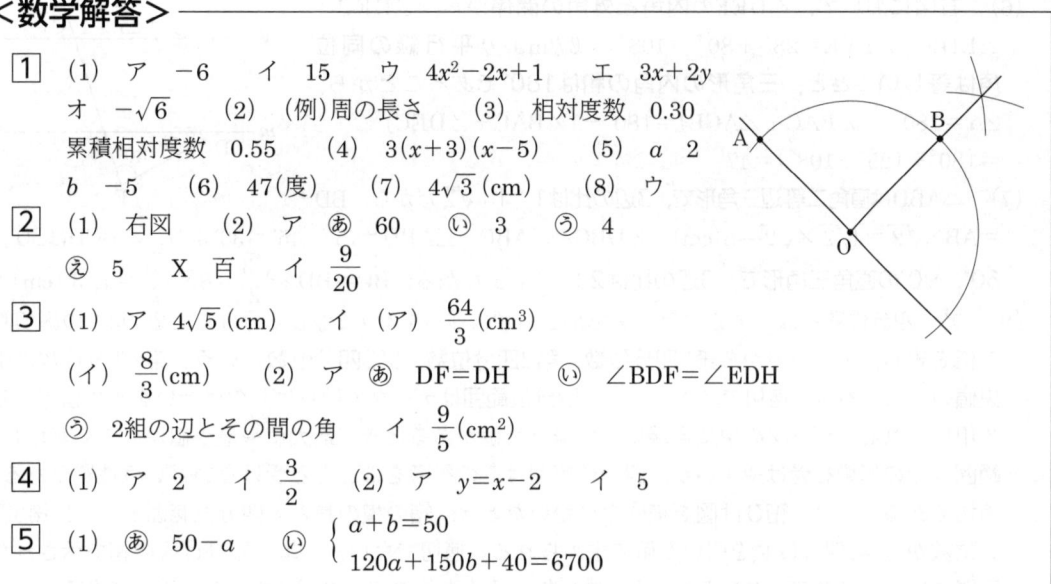

1 (1) ア -6　イ 15　ウ $4x^2-2x+1$　エ $3x+2y$
オ $-\sqrt{6}$　(2) (例)周の長さ　(3) 相対度数 0.30
累積相対度数 0.55　(4) $3(x+3)(x-5)$　(5) a 2
b -5　(6) 47(度)　(7) $4\sqrt{3}$(cm)　(8) ウ

2 (1) 右図　(2) ア ㋐ 60　㋑ 3　㋒ 4
㋓ 5　X 百　イ $\frac{9}{20}$

3 (1) ア $4\sqrt{5}$(cm)　イ (ア) $\frac{64}{3}$(cm^3)
(イ) $\frac{8}{3}$(cm)　(2) ア ㋐ DF＝DH　㋑ ∠BDF＝∠EDH
㋒ 2組の辺とその間の角　イ $\frac{9}{5}$(cm^2)

4 (1) ア 2　イ $\frac{3}{2}$　(2) ア $y=x-2$　イ 5

5 (1) ㋐ $50-a$　㋑ $\begin{cases} a+b=50 \\ 120a+150b+40=6700 \end{cases}$
(2) ア $120(x+18)+150(y+18)+40$　イ ㋓ (0, 12), (5, 8), (10, 4), (15, 0)
㋔ (15, 0)　りんご 33(個)　なし 18(個)

＜数学解説＞

1 (数・式の計算，平方根，文字を使った式，資料の散らばり・代表値，因数分解，一次関数，角度，線分の長さ，箱ひげ図)

(1) ア　異符号の2数の和の符号は絶対値の大きい方の符号で，絶対値は2数の絶対値の大きい方から小さい方をひいた差だから，$4-10=(+4)+(-10)=-(10-4)=-6$

イ　四則をふくむ式の計算の順序は，指数→かっこの中→乗法・除法→加法・減法となる。
$(-2)^2=(-2)\times(-2)=4$だから，$(-2)^2\times3+(-15)\div(-5)=4\times3+3=12+3=15$

ウ　$(6x^2-x-5)-(2x^2+x-6)=6x^2-x-5-2x^2-x+6=6x^2-2x^2-x-x-5+6=4x^2-2x+1$

エ　$(6x^2y+4xy^2)\div2xy=(6x^2y+4xy^2)\times\frac{1}{2xy}=6x^2y\times\frac{1}{2xy}+4xy^2\times\frac{1}{2xy}=\frac{6x^2y}{2xy}+\frac{4xy^2}{2xy}=3x+2y$

オ　$\sqrt{\frac{3}{2}}=\sqrt{\frac{6}{4}}=\frac{\sqrt{6}}{\sqrt{4}}=\frac{\sqrt{6}}{2}$，$\frac{\sqrt{54}}{2}=\frac{\sqrt{9\times6}}{2}=\frac{\sqrt{9}\times\sqrt{6}}{2}=\frac{3\sqrt{6}}{2}$だから，$\sqrt{\frac{3}{2}}-\frac{\sqrt{54}}{2}=\frac{\sqrt{6}}{2}-\frac{3\sqrt{6}}{2}$
$=\left(\frac{1}{2}-\frac{3}{2}\right)\sqrt{6}=-\sqrt{6}$

(2) 長方形の縦が$x$cm，横が$y$cmのとき，$2(x+y)=2\times$(縦＋横)　これは周の長さである。

(3) 相対度数＝$\frac{\text{各階級の度数}}{\text{度数の合計}}$であり，度数の合計が20人，20m以上24m未満の階級の度数が6人だから，この階級の相対度数は$\frac{6}{20}=0.30$　また，24m以上28m未満の階級の累積度数は$4+6+1=11$(人)だから，28m未満の累積相対度数は$\frac{11}{20}=0.55$

(4) **共通な因数**3をくくり出して，$3x^2-6x-45=3(x^2-2x-15)$　たして-2，かけて-15になる2つの数は，$(+3)+(-5)=-2$，$(+3)\times(-5)=-15$より，$+3$と-5だから$3(x^2-2x-15)=3\{x+(+3)\}\{x+(-5)\}=3(x+3)(x-5)$

(5) **一次関数$y=ax+b$では，変化の割合は一定で，aに等しい。**xの値が2増加するとyの値が4増加するから，**変化の割合**$=\dfrac{y\text{の増加量}}{x\text{の増加量}}=\dfrac{4}{2}=2=a$　$x=1$のとき$y=-3$だから，$y=2x+b$に代入して，$-3=2\times1+b$　$b=-5$

(6) 右図において，△DEFの**内角と外角の関係**から，$\angle DEC=\angle EDF+\angle DFE=28°+80°=108°$　$\ell /\!/ m$より**平行線の同位角は等しいことと，三角形の内角の和は180°**であることから，$\angle x=180°-(\angle BAC+\angle ACB)=180°-(\angle BAC+\angle DEC)=180°-(25°+108°)=47°$

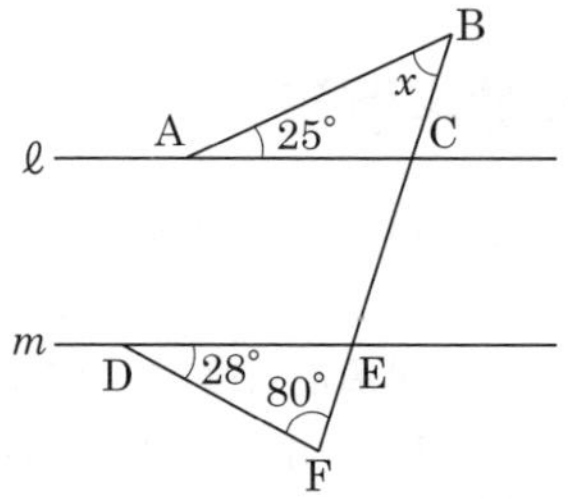

(7) △ABDは**直角二等辺三角形で，3辺の比は1：1：$\sqrt{2}$**だから，$BD=AB\times\sqrt{2}=4\sqrt{2}\times\sqrt{2}=8$(cm)　$\angle DBC=\angle ABC-\angle ABD=75°-45°=30°$より，△BCDは**30°，60°，90°の直角三角形で，3辺の比は2：1：$\sqrt{3}$**だから，$BC=BD\times\dfrac{\sqrt{3}}{2}=8\times\dfrac{\sqrt{3}}{2}=4\sqrt{3}$(cm)

(8) ア　**四分位数**とは，全てのデータを小さい順に並べて4つに等しく分けたときの3つの区切りの値を表し，小さい方から**第1四分位数，第2四分位数，第3四分位数**という。第2四分位数は**中央値**のことである。適切である。　イ　**四分位範囲**はデータの散らばりの度合いを表す指標として用いられる。データの中に極端にかけ離れた値があるとき，最大値や最小値が大きく変化し，**範囲**はその影響を受けやすいが，四分位範囲はその影響をほとんど受けないという性質がある。適切である。　ウ　**箱ひげ図**を横向きにかいたとき，箱の横の長さを四分位範囲といい，第3四分位数から第1四分位数を引いた値で求められる。適切でない。　エ　箱ひげ図の箱で示された区間には，全てのデータのうち，真ん中に集まる約半数のデータが含まれる。適切である。

2 (作図，場合の数，確率)

(1) (着眼点)点Bは点Oを通る直線AOの垂線上にあり，AO＝BOである。　(作図手順)次の①～③の手順で作図する。
① 直線AOを引く。　② 点Oを中心とした半径AOの円を描き，直線AOとの交点のうち，点Aと異なる方をCとする。
③ 2点A，Cを中心として，交わるように半径の等しい円を描き，その交点と点Oを通る直線(点Oを通る直線AOの垂線)を引き，②で描いた円との交点をBとする。(ただし，解答用紙には点Cの表記は不要である。)

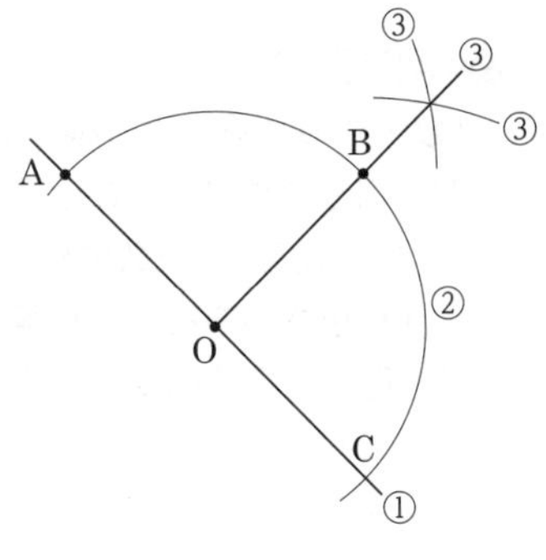

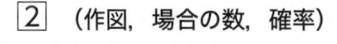

(2) ア　百(X)の位が1のとき，図1の樹形図に示す通り，3けたの整数は12通りできる。百の位が2，3，4，5のときも，同様にして12通りずつできるから，3けたの整数は全部で12×5＝60(㋐)通りできる。百の位が3のとき，条件を満たす整数は，図2の樹形図で示す通り，3(㋑)通りできる。百の位が1，2のときは，明らかに3けたの整数は350未満になるから，[問題]を解くためには，百の位が4(㋒)，5(㋓)のときも考えなければいけない。

イ　百の位が4，5のときは，明らかに3けたの整数は350以

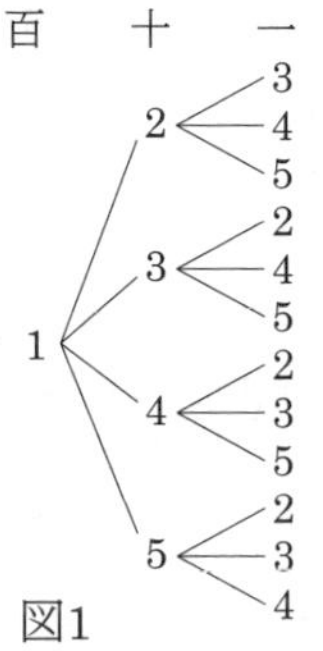

図1

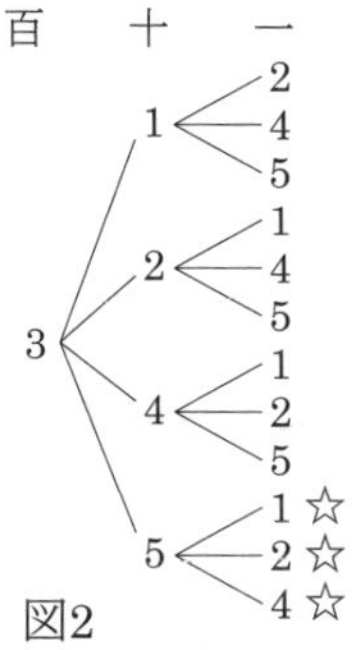

図2

上になるから，350以上の3けたの整数は全部で3＋12×2＝27(通り)できる。よって，求める確率は$\frac{27}{60}=\frac{9}{20}$

3 **(線分の長さ，体積，三角錐の高さ，合同の証明，面積)**

(1)　ア　△ABEに**三平方の定理**を用いると，$AE=\sqrt{AB^2+BE^2}=\sqrt{8^2+4^2}=4\sqrt{5}$ (cm)

イ　(ア)　折ってできる三角錐を右図に示す。ここで，AC⊥CE，AC⊥CFより，AC⊥△CEFであり，ACは△CEFを三角錐の底面としたときの高さである。よって，折ってできる三角錐の体積は，$\frac{1}{3}\times\triangle CEF\times AC=\frac{1}{3}\times\left(\frac{1}{2}\times CE\times CF\right)\times AC=\frac{1}{3}\times\left(\frac{1}{2}\times4\times4\right)\times8=\frac{64}{3}$(cm³)

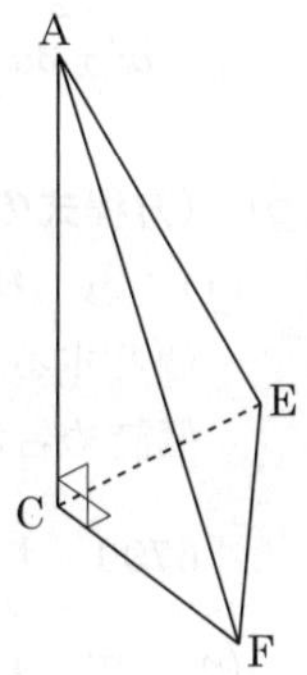

(イ)　右図において，△CEFは直角二等辺三角形で，3辺の比は$1:1:\sqrt{2}$だから，$EF=CE\times\sqrt{2}=4\times\sqrt{2}=4\sqrt{2}$ (cm)　△AEFは$AE=AF=4\sqrt{5}$ (cm)の二等辺三角形　点Aから辺EFへ垂線AHを引くと，**二等辺三角形の頂角からの垂線は底辺を2等分する**から，$EH=\frac{EF}{2}=\frac{4\sqrt{2}}{2}=2\sqrt{2}$ (cm)　△AEHに三平方の定理を用いると，$AH=\sqrt{AE^2-EH^2}=\sqrt{(4\sqrt{5})^2-(2\sqrt{2})^2}=6\sqrt{2}$ (cm)　$\triangle AEF=\frac{1}{2}\times EF\times AH=\frac{1}{2}\times4\sqrt{2}\times6\sqrt{2}=24$(cm²)　以上より，△AEFを底面としたときの高さをhとすると，$\frac{1}{3}\times\triangle AEF\times h=\frac{64}{3}$より，$h=\frac{64}{\triangle AEF}=\frac{64}{24}=\frac{8}{3}$(cm)

(2)　ア　2つの三角形の合同は，「3組の辺がそれぞれ等しい」か，「2組の辺とその間の角がそれぞれ等しい」か，「1組の辺とその両端の角がそれぞれ等しい」ときにいえる。本証明は，「2組の辺とその間の角がそれぞれ等しい」をいうことで証明する。仮定より，△DBEは二等辺三角形だから，DB＝DE…①　四角形DFGHは正方形であり，正方形の4つの辺はすべて等しいことから，DF＝DH(あ)…②　△DAFと△DCHにおいて，∠DAF＝∠DCH＝90°，DF＝DH，DA＝DCであるから，直角三角形の斜辺と他の1辺がそれぞれ等しいので△DAF≡△DCH　したがって，∠ADF＝∠CDH…④　また，∠BDF＝∠BDA－∠ADF＝45°－∠ADF…⑤，∠EDH＝∠EDC－∠CDH＝45°－∠CDH…⑥　④，⑤，⑥より，∠BDF＝∠EDH(い)…③　①，②，③から，2組の辺とその間の角(う)がそれぞれ等しいことがいえる。

イ　AD＝AB＝5(cm)　また，△DAF≡△DCHより，AF＝CH＝2(cm)　△FBIと△DAFにおいて，∠FBI＝∠DAF＝90°…①　∠BFI＝180°－∠DFG－∠AFD＝180°－90°－∠AFD＝90°－∠AFD…②　∠ADF＝180°－∠DAF－∠AFD＝180°－90°－∠AFD＝90°－∠AFD…③　②，③より，∠BFI＝∠ADF…④　①，④から，2組の角がそれぞれ等しいので，△FBI∽△DAF　その**相似比**はFB：DA＝(AB－AF)：DA＝(5－2)：5＝3：5　**相似な図形では，面積比は相似比の2乗に等しい**から，△FBI：△DAF＝$3^2:5^2$＝9：25　以上より，$\triangle FBI=\triangle DAF\times\frac{9}{25}=\left(\frac{1}{2}\times AD\times AF\right)\times\frac{9}{25}=\left(\frac{1}{2}\times5\times2\right)\times\frac{9}{25}=\frac{9}{5}$(cm²)

4 **(図形と関数・グラフ，方程式の応用)**

(1)　ア　点Aは$y=\frac{1}{2}x^2$上にあるから，そのy座標は$y=\frac{1}{2}\times2^2=2$

イ　点Aは$y=ax^2$上にあるから，そのy座標は$y=a\times2^2=4a$　よって，A(2，$4a$)　また，B(2，0)　AB//y軸より，2点A，B間の距離6cmは，2点A，Bのy座標の差に等しいから，$4a-0=6$　$a=\frac{6}{4}=\frac{3}{2}$

(2)　ア　∠DBC＝45°より，直線BDの傾きは1である。直線BDの式を$y=x+b$とおくと，点B(2，0)を通るから，$0=2+b$　$b=-2$　よって，直線BDの式は$y=x-2$

イ　点Eは$y=ax^2$上にあるから，そのy座標は$y=a\times(-1)^2=a$　よって，E$(-1,\ a)$　A$(2,\ 4a)$より，正方形ABCDの一辺の長さは$4a$cm　点Eからx軸へ垂線EFを引くと，F$(-1,\ 0)$　FB＝FO＋OB＝1＋2＝3　FC＝FB＋BC＝$3+4a$であるから，△BDE＝台形EFCD－△EFB－△BCD$=\left\{\frac{1}{2}\times(\mathrm{EF}+\mathrm{DC})\times\mathrm{FC}\right\}-\left(\frac{1}{2}\times\mathrm{FB}\times\mathrm{EF}\right)-\left(\frac{1}{2}\times\mathrm{BC}\times\mathrm{DC}\right)=\left\{\frac{1}{2}\times(a+4a)\times(3+4a)\right\}-\left(\frac{1}{2}\times3\times a\right)-\left(\frac{1}{2}\times4a\times4a\right)=(2a^2+6a)\mathrm{cm}^2$　これが$80\mathrm{cm}^2$に等しいから，$2a^2+6a=80$　$a^2+3a-40=0$　$(a-5)(a+8)=0$　$a>0$より，$a=5$

5　**(方程式の応用，一次関数，数の性質)**

(1)　あ　りんごとなしを合わせて50個詰め合わせるとき，りんごをa個とすると，なしは$(50-a)$個とすることができる。　い　りんごをa個，なしをb個とすると，りんごとなしを合わせて50個詰め合わせるから，$a+b=50$　箱代40円をふくめて6700円になるから，$120a+150b+40=6700$　よって，a，bについての連立方程式は，$\begin{cases} a+b=50 \\ 120a+150b+40=6700 \end{cases}$

(2)　ア　1個120円のりんごを$(x+18)$個と，1個150円のなしを$(y+18)$個を1つの箱に詰め合わせて，箱代40円をふくめて6700円になるから，$120(x+18)+150(y+18)+40=6700$

イ　$4x+5y=60$をyについて解いて，$y=-\frac{4}{5}x+12$…①　x，yは0以上の整数だから，①よりxは0以上の5の倍数である。①に$x=0$，5，10，15，20，…を代入すると，yの値はそれぞれ$y=12$，8，4，0，-4，…　$y=-4$は条件を満たさないから，［条件A］を満たすx，yの値は(0，12)，(5，8)，(10，4)，(15，0)の4組である。さらに，$(x,\ y)=(0,\ 12)$のとき，(りんご，なし)＝(18個，30個)，$(x,\ y)=(5,\ 8)$のとき，(りんご，なし)＝(23個，26個)，$(x,\ y)=(10,\ 4)$のとき，(りんご，なし)＝(28個，22個)，$(x,\ y)=(15,\ 0)$のとき，(りんご，なし)＝(33個，18個)だから，［条件B］を満たすのは$(x,\ y)=(15,\ 0)$だけであり，りんご33個，なし18個となる。

<英語解答>

1　(1)　ア　2　イ　3　ウ　1　(2)　ア　3　イ　4　ウ　2　(3)　ア　4　イ　1　(4)　(例)I will read many books written in English.／I want to talk with an English teacher every day.

2　(1)　ア　Can you tell me about it(, please ?)　イ　Do you know what it is(?)　ウ　(This is a)good example to remember a lot(of numbers.)　(2)　4　(3)　(例)1　I have learned Japanese since I came to Japan.　2　Japanese is more difficult than other languages.

3　(1)　A　2　B　7　C　4　(2)　3，5

4　(1)　ア　自分自身を変える　イ　自分の言葉　ウ　誰かの心を動かす　(2)　(例)1　She wants to continue improving herself through her life.　2　No, it isn't.　3　Because she was sure that talking with her favorite singer changed her.　(3)　(例)I like playing *shogi*, so I want to talk with Fujii Sota.　I want to ask him how many hours he plays *shogi* every day.／The person who I want to talk with is Murakami Munetaka.

I want to know how to hit a ball to be a great baseball player like him.

5 (1) ア 3　イ 4　ウ 2　エ 1　(2) (例)私たちは，どんなものからでも，どこでも，いつでも，すばらしい考え(アイディア)を手に入れることができるということ。
(3) ア 5　イ 2　ウ 6

<英語解説>

1 **(リスニング)**

放送台本の和訳は，53ページに掲載。

2 **(会話文問題：語句の並べ換え，語句補充・選択，メールを用いた問題，和文英訳，表を用いた問題，助動詞，間接疑問文，不定詞，現在完了，比較)**

(全訳) ショウタ(以下S)：アメリカでは，これをどうやって暗記しますか？ ア<u>そのことについて教えてくれますか</u>？／エマ(以下E)：ひとつの例として，2×2=4を暗記する時には，"two times two is four."と言い，2×3=6を覚える時には，"two times three is six."と言います。これはあなた達のとは異なりますか？／S：いいえ，異なりません。同じように聞こえますが，日本ではこれ[九九]を言うのに面白い方法が存在します。イ<u>それが何であるか知っていますか</u>？／E：あんまりわかっていません。あなた達は通常『イチ，ニ，サン，シー，ゴー，ロク……』と数を数えますよね。／S：その通りです。歌を歌うように数を唱えるために，私達はそれらを使います。2×2=4を覚える時には，『ニ，ニン，ガ，シ』と言うことができます。2×3=6を見ると，『ニ，サン，ガ，ロク』と言えます。歌のように聞こえるでしょう？／E：ええ，驚きですね！／S：このようにすることで，日本人がこれ[九九]を簡単に覚える手助けになると言われています。それに，日本人が『ヒー，フー，ミー，ヨー，イツ，ムー…』と数を言うのも聞いたことがありますか？　いくつかの数を簡単に記憶したい時に，これが使われることもあります。／E：私はそれについて今まで聞いたことは<u>ありません</u>！　私にとっては新しい情報です。／S：これにより，私達は，より速く，より簡単な数の暗記法を手にすることができます。$\sqrt{2}$ をどうやって覚えていますか？その数値は1.41421356……ですよね。私達はそれを『一夜一夜に人見頃(ヒトヨ，ヒトヨニ，ヒトミゴロ)』という言い回しで覚えています。単純にそう言うだけで面白いので，日本人学生の間で非常に有名で，定着しています。／E：えっ，『ヒトヨ，ヒトヨニ，ヒトミゴロ』ですか？　面白いですね！／S：こういった2つのやり方を用いて，言い回しを作るのことが，私は好きなのです。例えば，先週，ある雑誌で，8724164という長い数字を見かけました。その数字は私にとっては重要ではありませんでしたが，私は『ハナニ，ヨイムシ』という言い回しを作りました。この例では，花に可愛いミツバチがとまっていることを示す図を，私は思い描くことができたのです。時には，言い回しと共にそれを示す図を作り出すことができるのです。／E：そのように数について考えれば，きっとその数を簡単に忘れることはないでしょうね！ ウ<u>それは多くの数を覚えておくための好例と言えますね</u>。教えてくれて，ありがとうございます。

(1) ア　Can you tell me about it(, please ?)　<Can you + 原形 ~, please ?> 丁寧な依頼　イ　Do you know <u>what it is</u>(?)　疑問文(What is it ?)が他の文に組み込まれる[間接疑問文]と，<疑問詞+主語+動詞>の語順になるので，注意。　ウ　(This is a) good example to remember a lot(of numbers.)　a good example <u>to remember</u> ~ ← <名詞+不定詞>「~するための／するべき名詞」不定詞の形容詞的用法　**a lot of**「(数・量が)たくさんの」

(2) 空所を含む文の次に,「それは私にとって新しい情報である」という意味の文が続いていることから,エマはそのことを初めて耳にした,ということが明らかである。「私はそのことについて決して聞いたことがない」という意味になるように,空所に never を補充する。<**have [has]+ never +過去分詞> 現在完了の未経験** 1「1度,かつて」 2「以前」 3「今まで」

(3) (全訳) こんにちは,ショウタ。今日,あなたと話して楽しかったです。[1]私は日本に来てからずっと日本語を勉強しています。日本語には,*ひらがな*,*カタカナ*,そして,*漢字*がありますが,私は*漢字*を読むことが不得手です。[2]日本語は他の言語よりも難しいです。**「~以来ずっと……している」(継続:現在完了)<have[has]+過去分詞+ since ~>**「~よりも難しい」more difficult than ~

3 (会話文問題:文の挿入,内容真偽,動名詞,関係代名詞,受け身,助動詞,接続詞,現在完了)

(全訳) ジェフ(以下J):あなたの作ったピザはとても美味しいです。とても気に入りました。A 2あなたは料理が上手ですね。/ヒロコ(以下H):ありがとう,ジェフ。今日は,このピザに特別のものを使いました。それが何だかわかりますか?/J:何か特別なものですか? あなたは,ピーマン,タマネギ,トマト,ソーセージ,そして,チーズを入れた……。野菜が特別なのでしょうか? ピザに使う野菜を自分で育てたのですか?/H:いいえ,私はどの野菜も育てていません。/J:それでは,ソーセージを作ったのですか?/H:いいえ,それを作ることはできません。スーパーで買いました。/J:なるほど。では,チーズですね,そうでしょう?/H:その通りです! あなたは驚くかもしれませんが,このチーズは何と米からできています! 米のような味がしたかな?/J:いいえ,全くしませんでした! B 7このチーズは牛乳から作られていると思ったので,チーズが米から作られているなんて,信じられません。とても驚きました。/H:このチーズが米から作られたということを知り,私も驚きました。スーパーでこの商品を見かけた時に,自分で作るピザに使いたくなりました。米のチーズは私たちにとって素晴らしい食品だと私は思います。/J:なぜそのように思うのですか?/H:第1に,私達が通常食べる米のほとんどが日本で作られているので,日本人にとって米を入手することは簡単です。このことは,日本で米のチーズを作ることができるということを意味します。第2に,牛乳アレルギーのある人々も,チーズピザを楽しんで食べることができます。/J:わっ,そのことは私の兄[弟]にとっては良い知らせです。彼は牛乳アレルギーがあるので,彼は牛乳から作られたチーズのピザを食べたことがありません。いつの日か,彼は米のチーズピザを食べてみると良いでしょうね。/H:C 4そのような日がすぐに来ることを願っています。

(1) [A]空所の前では,「ヒロコの作ったピザがとても美味しくて,気に入った」とジェフが述べており,ジェフの空所のせりふを受けて,ヒロコは Thank you. と述べていることから,判断すること。正解は,2「料理が上手ですね」。<**be動詞+ good at +動名詞[原形+ -ing]**>「~することが上手[得意]である」The pizza▼you made「あなたが作ったピザ」← **<先行詞(+目的格の関係代名詞)+主語+動詞>「主語が動詞する先行詞」目的格の関係代名詞の省略** [B]H:「驚くかもしれないが,このチーズは米からできている。米のような味がしたか?」→ J:「いいえ,全くしなかった。B 7このチーズは牛乳から作られていると思ったので,チーズが米から作られているということが,信じられない」was[is] made from「~から作られていた[いる]」/be surprised「驚いている」← **<be動詞+過去分詞>「~される,されている」受け身** **may**「~かもしれない,してもよい」not ~ at all「全く~ない」~, **so**……「~,だから……」 [C]前文が「いつの日か,私の兄[弟]は米のチーズピザを食べてみると良い」であることから,考えること。正解は,4「まもなくそのような日が来るこ

とを願っている」。**should**「～すべきである，したほうが良い，のはずだ」 1「あなたがチーズピザを食べることを願っている」 3「チーズは牛乳から作られている，とあなたは私に言った」was made from「～から作られた」← <**be**動詞 + 過去分詞>「～される，されている」**受け身** 5「彼が決してピザを食べないことを願っている」 6「私がそれほど好きでないピザをあなたは作った」you've cooked ← 現在完了<have[has]+ 過去分詞> the pizza▼I don't like ← **<先行詞(+目的格の関係代名詞)+主語+動詞>「主語が動詞する先行詞」目的格の関係代名詞の省略** not ~ so much「それほど～ない」

(2) 1「ヒロコはピザのために野菜を育てることを楽しんだ」(×) ジェフの質問(Did you grow the vegetables for the pizza?：ジェフの第2番目のせりふ)に対して，ヒロコはNo, I didn't grow any vegetables. と答えている。<enjoy +動名詞>「～することを楽しむ」 2「ジェフは牛乳に対してアレルギーがある」(×) アレルギーなのは，ジェフの兄[弟]である(Oh, that is good news for my brother. He is allergic to milk ~：最後のジェフのせりふ)。 3「ピザにとって特別なものは，米のチーズである」(○) ジェフ：Well, it is the cheese, right ?／ヒロコ：That's right！ ジェフのせりふの it は，something special Hiroko used for the pizza を指す(ヒロコの第1番目のせりふ Today I used something special for the pizza. 参照)。 4「ジェフの兄[弟]は牛乳から作られたチーズのピザを食べたことがある」(×) ジェフは，最後のせりふで，自分の兄[弟]のことを He is allergic to milk, so he has never eaten milk cheese pizza. と述べている。～，**so**……「～，だから……」has(never)eaten「～を食べたことがある(食べたことがない)」← **<have[has]+過去分詞>(完了・結果・経験・継続)現在完了** 5「ヒロコは美味しいピザを調理した」(○) ジェフは，最初のせりふで，ヒロコに対して，The pizza you made is so delicious. と述べている。The pizza▼you made ← **<先行詞(+目的格の関係代名詞)+主語+動詞>「主語が動詞する先行詞」目的格の関係代名詞の省略** 6「ピザに使われた米でできたチーズは，米のような味がした」(×) ヒロコの Did it[the cheese made from rice]taste like rice? という質問に対して，ジェフは No, not at all. と答えている。not ~ at all「全く～でない」

4 **(長文読解問題・スピーチ：要約文を用いた問題，日本語で答える問題，英問英答・記述，自由・条件英作文，不定詞，関係代名詞，接続詞，動名詞)**

(全訳) 言語はあなたにとってなんですか？ 私の答えは，言語は私自身を変えるために必要なものである，ということになります。私は，生涯を通じて向上し続けたい，と願っています。それは，そんなに簡単なことではなく，自分自身だけではできませんが，"人々との出会いや人々と話すこと"が私を助けることがありうる，ということはわかっています。人々と会い，話すと，彼らの考え方が常に私の心を動かすのです。通常は，私はうれしくなり，時には悲しくなり，あるいは，驚くことさえありますが，ありとあらゆる感情が私に何かを与えてくれます。私は人々から何かを学ぶことができます。

しかしながら，仮に意思疎通をする方法がなければ，人々と話すことも，彼らを理解することもできません。私達には，意思疎通をするための多くの方法がありますが，会話を通じて人々を変える力を言語は持っているので，互いに理解し合うためには言語が最も役に立つ，と私は信じています。

ある日，私は本屋で私のお気に入りの歌手によって書かれたある1冊の本を購入しました。彼はその場にいて，私は彼と話すことができました。私は彼に尋ねました。『どうすれば，あなたのよ

うに，人々をわくわくさせるような言葉を，歌の中で，用いることができるのでしょうか？』彼は私に言いました。『ノートを携えて，町中を歩いて下さい。あなたにとって何か素晴らしいことを見つけたら，自分自身の言葉で，自分の感情を書き留めてください。そうすれば，誰かの心を動かす言葉を手にすることができるでしょう』その日は私にとっては幸福な日となりました。彼と話をしたことで，私が変わった，ということを確信したからです。もちろん，今では，自分のポケットの中に小さなノートを持っています。

世界には多くの人々が存在します。そこで，自分自身を変えるためには，皆さんは誰と会って，話してみたいですか？

(1) （ア）第1段落第2文 My answer is that language is a necessary thing to change myself. を参考にすること。**不定詞[to ＋原形]の目的(「〜するために」)を表す副詞的用法** （イ）・（ウ）第3段落の歌手のアドバイス(Bring a note book with you, and go around the town. When you find something wonderful to you, write your feelings in your words. Then, you can get words which move someone's heart.)を参考にすること。~ words which move ~ ← **<先行詞(もの)＋主格の関係代名詞 which ＋動詞>「主語が動詞する先行詞」**

(2) 1 「アユミは生涯を通じて何をしたいですか？」第1段落第3文で I want to continue improving myself through my life. と答えている。質問に対応して，必要に応じて代名詞等を変えること。 <want ＋不定詞[to ＋原形]の名詞的用法>「〜したい」continue improving ← **動名詞[原形＋ -ing]「〜すること」** 2 「言語は意思疎通をする唯一の方法ですか」第2段落第2文に We have many ways to communicate とあるので，否定で答える。the only one way[many ways]to communicate ← **不定詞の形容詞的用法<名詞＋不定詞[to ＋原形]>「〜するための，すべき名詞」** 3 「なぜアユミはその日幸せだったのか？」第3段落の最後から第2文目で，It was a happy day for me because I was sure that talking with him changed me. と述べられていることから，考えること。**because「なぜならば〜だから，〜なので」** talking ← **動名詞[原形＋ -ing]「〜すること」**

(3) (解答例訳)「私は*将棋*をすることが好きなので，藤井聡太と話したい。私は彼に，毎日何時間*将棋*をしているか，尋ねたい」／「私が話したい人物は村上宗隆だ。彼のように偉大な野球選手になるためには，どうやってボールを打つか知りたい」話してみたい人について，その理由も含めて20語以上の英語で書く自由条件英作文。

5 (長文読解問題・スピーチ：語句の解釈，日本語で答える問題，要約文を用いた問題，語句補充・選択，関係代名詞，不定詞，比較，受け身，助動詞，接続詞，進行形，動名詞，文の構造・目的語と補語，現在完了，前置詞，間接疑問文)

(全訳) 5歳の妹に対して，彼女の誕生日に，私はおもちゃをあげました。すると，彼女は二次元コードの付いたおもちゃの箱を持ってきて，私に尋ねました。「これは何？　これは私の周りでいつも見かけるよ」答える前に，私はスマートフォンのカメラをそれにかざしました。すると，おもちゃに関する情報が私のスマートフォンに映し出されました。二次元コードの背後にあるこの新しい世界に対して，彼女は非常に驚きました。私は彼女に言いました。「もしこの二次元コードがあれば，そこからこういった情報を簡単に得ることができるよ」

革新というものは，時には，単純かつ，簡単な答えから生まれ，私達の生活をより良くします。二次元コードはある日本人により考案されました。彼が働いていた会社では，バーコードの付いた多くの箱を抱えていましたが，ある問題が存在していました。手間をかけずに，箱のすべての情報

を知ることは容易ではなかったのです。ある日，従業員達は，伝統的なゲームである*囲碁*を打っていました。*囲碁*は，二次元コードに似ていると思いませんか？　彼は黒と白の石の模様に注意を向けていました。このことがきっかけで，多くの情報を保持する方法に関して，優れたアイディアを彼は思いついたのです。そして，日常生活に対して，このことがとても良い変化をもたらすだろう，と彼は考えました。二次元コードは，バーコードよりも多くの情報を含みます。現在，それらは，教科書，ビデオゲーム，そして，ウェブサイト上に見受けられます。このことは，日常生活における二次元コードのより良い使用法を一部の人々が模索したことを示しています。この話を通じて，この日本人に対して，および，いかに彼が二次元コードを考案したかということ，また，二次元コードを改良したいと考えた人々に対しても，私は敬意を抱いています。

二次元コードは革新の好例であり，ある重要なことを私が実感することの手助けとなりました。私達は，優れた考えを，どのようなものからも，いかなる場所でも，いつでも，得ることが可能なのです。従って，革新というものは，何か大きくて，特別なものに根ざす必要はありません。不便なことや単純な問題が私達の周囲に存在しています。時には，それらの解決策は非常に簡単なものとなりえましょう。それらが革新の手がかりになる可能性があります。私達はただ周囲を見回し，『何を改善することが可能であるか？』と自問する必要があるだけなのです。私達は新しい考えを探しますか，それとも，古い考えのみに固執しますか？

このことについてさらに詳しく考えた時に，私の周囲で，『もし私が……を持っていれば』，あるいは，『もし……があれば』という言葉をしばしば耳にすることに気づきました。以前は，これらの“もし”の文は，何も創造しないだろうと考えていましたが，現在は，それらが革新への最初の一歩になりうる，と私は信じています。何もせずに，“もし”を聞き続けたり，“もし”を言い続けたりする必要はありません。何を改善できるかを確認するために，周りを見回しましょう。皆さんの周囲で，いくつの改革の扉が，開けられるのを待ち続けていることでしょうか？　皆さんは，より良いものを発見し，作り出す途上にいることができます。扉を開くために，人々の“もし”を使い，私達が想像したことがないやり方で，私達の社会をより良くしましょう。

(1)　ア「コウスケは二次元コードについて彼の妹と話した時に，[3]彼女はそれらのいくつかを以前見たことがあった」コウスケの妹は二次元コードの付いたおもちゃの箱を持ってきて，What’s this? I always see this around me.（第1段落第2文）と言っている。
1「それらを見るのは彼女にとって初めてだった」前出の説明参照。　2「彼[コウスケ]はそれらについて何も知らなかった」コウスケはスマートフォンを二次元コードにかざして，妹に説明している(If we have this 2D code, we can easily get this information from it.：第1段落最終文)。not ～ any「全く～ない」　4「彼は彼女にそれらの上に彼のスマートフォンをかざさせた」スマートフォンを二次元コードにかざしたのはコウスケである。**<let ＋ O ＋ 原形>「Oに～[原形]させる」**　イ「二次元コードは[4]それらを使う方法を見つけたい人々がいたので，普及した」第2段落の最後から第2・3文に They[2D codes]are now found in textbooks, video games, and websites. This shows some people tried to find better ways to use them in their daily lives. とあり，二次元コードの普及と改良しようとする人々の存在について記されている。people who wanted ← **<先行詞(人)＋主格の関係代名詞 who ＋動詞>**「～[動詞]する先行詞」wanted to find／tried to find ← **不定詞[to ＋原形]の名詞的用法**「～すること」ways to use ← **<名詞＋不定詞[to ＋原形]> 不定詞の形容詞的用法**「～するための，すべき名詞」**better ← good／well の比較級**「より良い[良く]」　1「多くの日本人達がそれらを発明しようと一生懸命に頑張ったので，生まれた」第2段落第2文に The 2D code was invented by a Japanese man. とある。

were born／was invented ← 受け身 <**be動詞＋過去分詞**>「～される，されている」 2 「はバーコードよりも情報が少ない」第2段落に 2D codes have more information than barcodes. とある。**less ← little** の比較級「もっと少ない[少なく]」⇔ **more ← many／much** の比較級「もっと多く(の)」 3 「多くの箱を保存するために，ある会社で使われていた」記述ナシ。保管されていた多くのものは，バーコード付きの箱である(His company kept many boxes with barcodes.：第2段落第3文)。were used ← 受け身 <**be動詞 ＋過去分詞**>「～される，されている」to keep many boxes ← 不定詞の目的「～するために」を示す副詞的用法 ウ 「コウスケが学んだのは，²不便なことへの解決法は，時には非常に簡単でありうる(ということである)」第3段落第4・5文に There are inconvenient things and simple problems around us. Sometimes, answers to them can be very easy. と述べられている。the thing▼Kosuke learned ← <**先行詞(＋目的格の関係代名詞)＋主語＋動詞**>「**主語が動詞する先行詞**」**目的格の関係代名詞の省略** 1 「革新は大きくて特別なものからのみ生まれる(ということである)」第3段落第2・3文に We can get great ideas from anything, anywhere, and at any time. So, innovation doesn't need to come from something big and special. とある。<be動詞＋ born>「生まれる」 3 「彼は新しい考えを探す必要はなくて，古い考えに留まるべきだ(ということである)」第3段落の最後に Do we look for new ideas or do we stay with only old ideas? とあるが，むしろ，コウスケは，改善点がないか，周囲を見回す必要があると考えている(第3段落最後から第2文目：We just need to look around and ask ourselves, "What can be improved?")。look for「～を探す」can be improved ← <助動詞＋be＋過去分詞> 助動詞を含む受け身。 4 「たとえ特に何をしなくても，偉大な考えは社会に広がりうる」記述ナシ。even if「たとえ～だとしても」 エ 「¹周囲の"もし"に注意を向けることで，より良い社会を築くことができる，とコウスケは考えている」第4段落最終文に Use people's "If" to open the doors and make our society better in ways we have never imagined. とある。is thinking ← <**be動詞＋ -ing**>「～している」進行形 **better ← good／well** の比較級「より良い[良く]」by focusing ← <前置詞＋動名詞[原形＋ -ing]> focus on「(注意などを)～に向ける，に集中させる」make our society better ← **make A B**「**AをBの状態にする**」in ways▼we have never imagined ← <**先行詞(＋目的格の関係代名詞)＋主語＋動詞**>「**主語が動詞する先行詞**」**目的格の関係代名詞の省略**／<**have ＋過去分詞**>(**完了・結果・経験・結果**)**現在完了** 2 「人々からの"もし"を聞き続けて，革新を待ち続けることが重要である」第4段落第3文に We don't need to keep listening to and saying "If" without doing anything. とある。It is important to keep ～ ← <**It ＋ is ＋形容詞＋不定詞**>「**～[不定詞]することは…… [形容詞]だ**」keep -ing「～し続ける」wait for「～を待つ」<without ＋動名詞>「～することはなしで」 3 「彼の周囲の社会には革新の扉がないので，彼はそれらを作らなければならない」第4段落第5文に How many doors of innovation have been waiting to be opened around you? と述べられており，革新の扉は存在するのである。～, **so**……「**～である，だから……**」<**have[has]＋不定詞**>「**～しなければならない，に違いない**」have been waiting ← <**have[has]been ＋ -ing**> **現在完了進行形 動作動詞の継続** to be opened ← 不定詞の受け身 <to ＋ be ＋過去分詞> 4 「"もし"は何も作り出さず，人々は"もし"と言うことを止めるべきだ」"もし"は何も作り出さないと考えたのは過去のことであり(第4段落第2文：Before, I thought these"If"sentences would not create anything, but now I believe they can be

the first step to innovation.), “もし”を言うことを止めるべきだ，とは述べられていないので，不適。**should**「～すべきである，のはずだ」<stop +動名詞>「～することを止める」

(2) 後続文の We can get great ideas from anything, anywhere, and at any time. をまとめること。

(3) （全訳）「ある日本人が，彼の仕事における多くの情報を管理するのにア5問題を抱えていた時に，日常生活で，*囲碁*の碁盤からある解決策を見つけた。自分の周囲の社会をより良くするために，イ2似通った考え方を使うことができることを，コウスケは理解した。私達は周囲を見回し，古い考えのみに固執するのではなく，私達が改善できることをウ6見つけるべきだ。私達各々は，将来，良い変化をもたらす人々に加わるだろう」(ア)had の後ろに空所があるので，名詞が当てはまる。第2段落第3・4文に His company kept many boxes with barcodes, but there was a problem. It was not easy to know all the box's information without any trouble. とある。<have trouble in -ing>「～するのに困っている」 (イ) 空所を含む文は，「自分の周囲の社会をより良くするために，(イ)考え方を使うことができることを，コウスケは理解した」の意。空所を補充するのに適切な形容詞を選ぶこと。 (ウ) 第4段落第4文に Look around you to see what you can improve. とあるのを参考にすること。**疑問文(What can you improve?)が他の文に組み込まれる[間接疑問文]と，<疑問詞＋主語＋動詞>の語順になる。**1「滞在する」 3「簡単な」 4「便利なこと」 7「伝統的」

2023年度英語　放送による検査

〔放送台本〕

(1)は，英文と質問を聞いて，適切なものを選ぶ問題です。問題は，ア，イ，ウの三つあります。質問の答えとして最も適切なものを，1，2，3，4の中からそれぞれ一つ選んで，その番号を解答用紙に書きなさい。英文と質問は二回読みます。それでは始めます。

アの問題

It is cold. You want something to make you warm. What will you buy?

イの問題

Emi's school will have a sports festival this month. Students answered a question about their most favorite sport. The most popular sport was dodgeball. Volleyball was chosen by 13 students, and basketball was chosen by 40 students. Which is Emi's school?

ウの問題

You need to go to Midori Park next Saturday. You have to arrive there at 10：30 am. It is 20 minutes from your house to the park. What time will you leave home?

〔英文の訳〕

アの問題

寒いです。体を温かくするための何かが欲しいです。あなたは何を買いますか？

イの問題

エミの学校は今月スポーツ大会が開催されます。生徒は，彼らの最も好きなスポーツに関する質問

に回答しました。最も人気のあるスポーツはドッジボールでした。バレーボールは13名の生徒から選ばれて，バスケットボールは40名の生徒から選ばれました。どれがエミの学校ですか？

ウの問題

あなたは翌土曜日にミドリ公園へ行く必要があります。そこには午前10時30分に着かなければなりません。あなたの家からその公園までは，20分かかります。あなたは何時に家を出発しますか？

〔選択肢の訳〕

①　午前10時10分。　2　午前10時20分。　3　午前10時30分。　4　午前10時50分。

〔放送台本〕

(2)は，ケイトのスピーチを聞いて，質問に答える問題です。問題は，ア，イ，ウの三つあります。はじめに，英文を読みます。次に，質問を読みます。そのあと，もう一度，英文と質問を読みます。質問の答えとして最も適切なものを1，2，3，4の中からそれぞれ一つ選んで，その番号を解答用紙に書きなさい。それでは始めます。

Today I want to tell you about my dream. I've wanted to be the best snowboarder in the world since I was a child. Last winter, I went to America to improve my snowboarding skills. I saw many great snowboarders there. I was very surprised because they practiced snowboarding harder than I did. I respected them. So, I practice it every day. I want to snowboard at the Olympics and get a gold medal someday.

アの問題

What did Kate talk about?

イの問題

When did Kate go to America?

ウの問題

Why did Kate respect many great snowboarders in America?

〔英文の訳〕

本日は，私の夢について皆さんに話したいと思います。私は子どもの頃から，世界で最も優れたスノーボーダーになりたいと思っています。この前の冬に，自身のスノーボードの技術を向上しようと，アメリカへ行ってきました。私はそこで多くの偉大なスノーボーダー達を見かけました。私がするよりも，彼らは一生懸命に練習をしていたので，私はとても驚きました。私は彼らを尊敬しました。なので，私はそれ(スノーボード)を毎日練習しています。いつの日か，オリンピックでスノーボードをし，金メダルを獲得したいです。

アの問題

「何についてケイトは話しましたか？」

〔選択肢の訳〕

1　彼女の家族について。　2　冬について。　③　彼女の夢について。　4　彼女の町について。

イの問題

「いつケイトはアメリカへ行きましたか？」

〔選択肢の訳〕

1　今日，彼女はそこへ行きました。　2　子どもだった頃に，彼女はそこへ行きました。

3　この前の夏に，彼女はそこへ行きました。　④　この前の冬に，彼女はそこへ行きました。

ウの問題

「なぜケイトはアメリカで多くの偉大なスノーボーダーを尊敬しましたか？」

〔選択肢の訳〕

1　彼らは金メダルを獲得した。　②　彼らはケイトよりも激しく練習をした。

3　彼らはいくつかの国々を訪問した。　4　彼らの夢が実現した。

〔放送台本〕

(3)は，ルーシーとサトウ先生の対話の一部を聞いて，質問に答える問題です。問題は，ア，イの二つあります。はじめに，対話を読みます。次に質問を読みます。質問の答えとして最も適切なものを1，2，3，4の中からそれぞれ一つ選んでその番号を解答用紙に書きなさい。対話と質問は二回読みます。それでは始めます。

アの問題

Lucy:　My family likes to go camping, so we went to the mountain last summer.

Mr. Sato:　How was it, Lucy? I guess it was nice.

Lucy:　Of course, it was nice. I saw a lot of beautiful stars in the sky at night.

Question:　What did Lucy do last summer?

イの問題

Mr. Sato:　Hi, Lucy. You look sick What's wrong?

Lucy:　I have a headache and feel cold.

Mr. Sato:　That's too bad. You may have a cold. You should go home and go to bed.

Question:　What will Lucy say next?

〔英文の訳〕

アの問題

ルーシー　：私の家族はキャンプに行くのが好きなので，この前の夏に山へ行きました。

サトウ先生：どうでしたか，ルーシー？　素晴らしかったと思います。

ルーシー　：もちろん，良かったです。夜には，空に多くの美しい星を見かけました。

質問　　　：この前の夏にルーシーは何をしましたか？

〔選択肢の訳〕

1　彼女はサトウ先生とキャンプを楽しみました。　2　彼女はテレビで多くの星を見ました。

3　彼女はサトウ先生をキャンプへ招待しました。　④　彼女は彼女の家族と一緒に山へ行きました。

イの問題

サトウ先生：こんにちは，ルーシー。体調が悪そうですね。どうしましたか？

ルーシー　：頭痛と寒気がします。

サトウ先生：それはお気の毒ですね。風邪をひいたのかもしれません。帰宅して，寝るべきです。

質問　　　：ルーシーは次に何と言いますか？

〔選択肢の訳〕

①　わかりました，そうします。　2　わかりました，あなたがするべきです。

3　私達の学校へ行きましょう。　4　寝なさい。

〔放送台本〕

(4)は，ウィリアム先生の話を聞いて，質問に答える問題です。話の最後の質問に対して，あなた

なら何と答えますか。あなたの答えを解答用紙に英文で書きなさい。ウィリアム先生の話は二回読みます。それでは始めます。

Hi, everyone. You have only a few weeks before graduating. I remember all the school days I've had with you. My best memory is enjoying the English classes with you. Your English is getting better. So, I want to ask you. What will you do to improve your English in high school?

〔英文の訳〕

皆さん，こんにちは。皆さんの卒業までは，ほんの数週間しかありませんね。皆さんと過ごした学校での全ての日々を，私は覚えています。私の1番の思い出は，皆さんと英語の授業を楽しんだことです。皆さんの英語は上達しています。そこで，皆さんに質問したいです。高校では，英語を上達させるために，皆さんは何をするでしょうか？

〔模範解答例訳〕

私は英語で書かれた多くの本を読もうと思います。／私は毎日英語の先生と話をしたいです。

＜理科解答＞

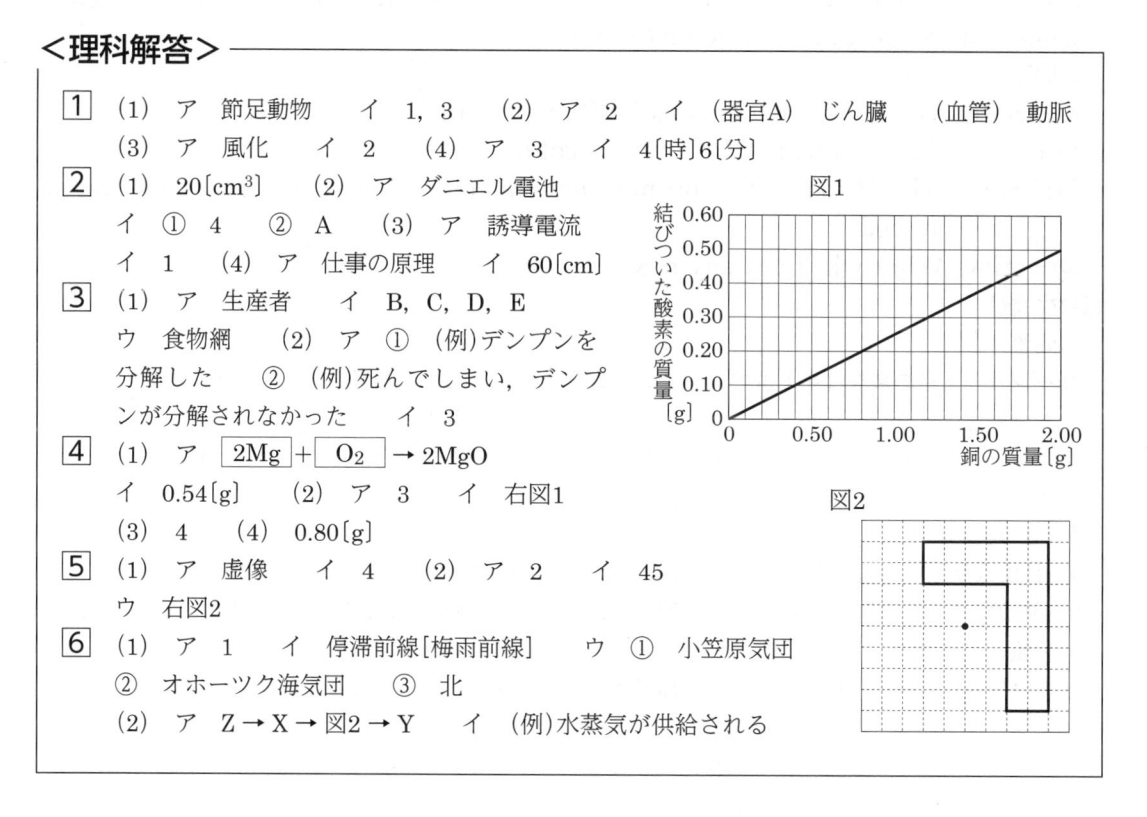

1 (1) ア 節足動物　イ 1，3　(2) ア 2　イ (器官A) じん臓　(血管) 動脈
(3) ア 風化　イ 2　(4) ア 3　イ 4〔時〕6〔分〕

2 (1) 20〔cm^3〕　(2) ア ダニエル電池
イ ① 4　② A　(3) ア 誘導電流
イ 1　(4) ア 仕事の原理　イ 60〔cm〕

3 (1) ア 生産者　イ B，C，D，E
ウ 食物網　(2) ア ① (例)デンプンを分解した　② (例)死んでしまい，デンプンが分解されなかった　イ 3

4 (1) ア $\boxed{2Mg}+\boxed{O_2}\rightarrow 2MgO$
イ 0.54〔g〕　(2) ア 3　イ 右図1
(3) 4　(4) 0.80〔g〕

5 (1) ア 虚像　イ 4　(2) ア 2　イ 45
ウ 右図2

6 (1) ア 1　イ 停滞前線[梅雨前線]　ウ ① 小笠原気団
② オホーツク海気団　③ 北
(2) ア Z→X→図2→Y　イ (例)水蒸気が供給される

図1

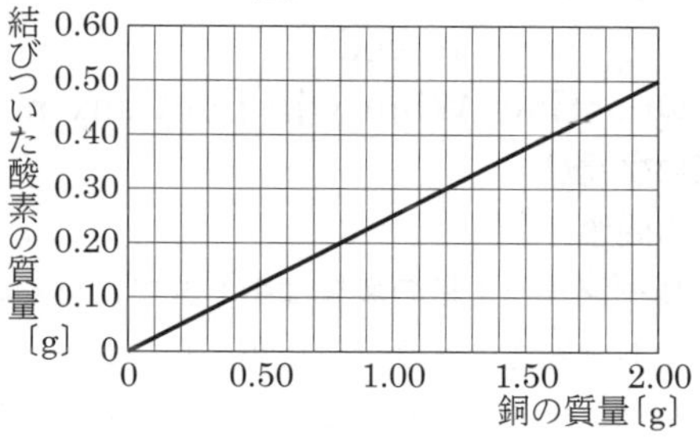

図2

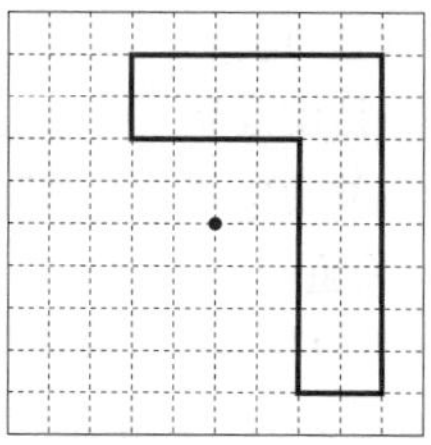

＜理科解説＞

1 (小問集合―無せきつい動物，排出器官，地層，天体の動き)

(1) ア 無せきつい動物は，イカのように**外とう膜**が内臓の部分を包む**軟体動物**，カニやエビのようにからだが**外骨格**という殻でおおわれてからだとあしに節がある**節足動物**，さらにその他のグループに分けられる。その中で，節足動物はカニなどの**甲殻類**とカブトムシのような**昆虫類**に分けられる。　イ 1は昆虫類で，胸部に3対のあしがある。2の甲殻類は頭胸部と腹部の2つ，

または頭部，胸部，腹部の3つの部分からなる。3の軟体動物にはアサリなどのように外とう膜をおおう貝殻があるものもいる。4も軟体動物だが，アサリとサザエは水中生活をするので，えら呼吸をしている。

(2)　ア　**細胞の呼吸**では，酸素を使って養分からエネルギーがとり出され，二酸化炭素と水ができる。このときにアンモニアもできるが，この物質は蓄積すると細胞のはたらきにとって有害である。　イ　細胞の呼吸で生じたアンモニアは，血液にとりこまれて**肝臓**へ運ばれ，無害な尿素に変えられる。**じん臓**は，血液中から尿素などの不要な物質をとり除くはたらきをしている。血液の流れは動脈→じん臓→静脈なので，静脈には不要な物質がこしとられた後の血液が流れる。

(3)　ア　かたい岩石は長い年月をかけてもろくなり(**風化**)，けずられ(**浸食**)，水の流れによって運ばれ(**運搬**)，平地や海岸などにたまる(**堆積**)。　イ　粒の大きさは，れき＞砂＞泥。粒が大きいものほど海岸に近いところ(水深の浅いところ)に堆積し，沖に向かう(水深が深い)ほど粒の小さなものが堆積する。図はれき岩→砂岩→泥岩と粒が小さくなった後，砂岩→れき岩と逆に粒が大きくなっているので，水深が深くなっていった後で逆に水深が浅くなっていったと考えられる。

(4)　ア　太陽が東から西へ動いているように見えるのは，地球が西から東へ**自転**しているために起こる見かけの動きで，この太陽の1日の見かけの動きを太陽の**日周運動**という。星座を形づくる**恒星**の日周運動も，地球が地軸を中心として西から東へ自転しているために起こる見かけの動きである。　イ　図のAから8時までの長さは，$30.2(\mathrm{cm})-(2.0\times8)(\mathrm{cm})-(2.0\times3.2)(\mathrm{cm})=7.8(\mathrm{cm})$，$7.8(\mathrm{cm})\div2.0=3.9$(時間)　8時より3.9時間(3時間54分)前が日の出の時刻である。

2　(小問集合—密度，化学変化と電池，電流と磁界，仕事)

(1)　単位体積あたりの質量をその物質の**密度**といい，固体はふつう$1\mathrm{cm}^3$あたりの質量で表す。$28.0(\mathrm{g})\div1.4(\mathrm{g/cm^3})=20(\mathrm{cm^3})$

(2)　ア　化学変化を利用して，物質のもつ化学エネルギーを電気エネルギーに変える装置を**化学電池**という。**ダニエル電池**は，2種類の**電解質**の水溶液をセロハン膜で区切っている。このセロハン膜は2種類の水溶液がすぐに混ざらないようにするが，電流を流すために水溶液中を移動する**イオン**は通過させる。　イ　亜鉛板では次のように亜鉛原子(Zn)が**電子**を失って亜鉛イオン(Zn^{2+})となって，硫酸亜鉛水溶液中にとけ出す。$Zn\rightarrow Zn^{2+}+2e^-$　一方，亜鉛板から銅板に電子が流れてくると，次のように硫酸銅水溶液中の銅イオン(Cu^{2+})が電子を受けとって銅原子(Cu)になり，銅板上に付着する。$Cu^{2+}+2e^-\rightarrow Cu$

(3)　ア　電流の流れるコイルAのまわりには**磁界**が生じる。これによって，磁石を動かしてコイルBの内部の磁界を変化させるのと同じ状態になり，その磁界の変化にともなって電圧が生じて，コイルBに電流が流れる。この現象を**電磁誘導**といい，このとき流れる電流を**誘導電流**という。　イ　図1で，コイルAに電流を流すと，コイルBの上側にS極を近づけたことと同じ状態になる。図2で，棒磁石のS極がコイルBの上側に近づいたとき，検流計には図1と同じ向きに誘導電流が流れるが，棒磁石がコイルBを通りぬけてN極が遠ざかるときには，コイルBの下側にS極が生じるような誘導電流が流れるため，検流計の針は－にふれる。

(4)　ア　物体を持ち上げる**仕事**では，滑車やてこなどの道具を使うと必要な力を小さくすることができるが，力を加える距離は長くなるため，物体にする仕事の大きさは変わらない。これを**仕事の原理**という。　イ　図1で，物体を40cmの高さまで引き上げた仕事の大きさは，$3.0(\mathrm{N})\times0.4(\mathrm{m})=1.2(\mathrm{J})$　図2で，物体を斜面に沿って移動した距離をxmとすれば，$2.0(\mathrm{N})\times x(\mathrm{m})=1.2(\mathrm{J})$より，$x=0.6(\mathrm{m})=60(\mathrm{cm})$

3 (自然界のつり合い－生産者，炭素の循環，食物網，微生物のはたらき)

(1) ア ある地域に生息・生育するすべての生物と，それらをとり巻く環境をひとつのまとまりでとらえたものを**生態系**という。この中で，**光合成**を行う生物は**生産者**，ほかの生物や生物の死がいなどを食べることで**有機物**を得る生物は**消費者**とよばれる。また，生物の死がいや排出物を食べ，これらを分解する生物を特に**分解者**とよぶ。 イ 生産者も消費者，分解者も呼吸によって有機物を水や二酸化炭素などの無機物に分解し，生きるために必要なエネルギーを得ている。 ウ 自然界での食べる，食べられるという鎖のようにつながった一連の関係を，**食物連鎖**という。生態系において，食物連鎖による生物どうしの関係は網の目のようになっていて，これを**食物網**という。

(2) ア ヨウ素液は，デンプンがあると青紫色に変化する。したがって，試験管P，Rの液にはデンプンがふくまれている。上ずみ液には**微生物**がふくまれ，試験管Qではこの微生物がデンプンを分解したため，ヨウ素液の色は変化しなかった。試験管Rでは，沸騰させた上ずみ液を加えたため，微生物は死滅していて，デンプンを分解できなかった。 イ ヨウ素液の色が変化しないということは，デンプンが分解されたということで，試験管の中には微生物が存在したことになる。

4 (金属の酸化－化学反応式，化学変化と物質の質量，燃焼，原子)

(1) ア 化学変化は，**化学式**を組み合わせて**化学反応式**で表すことができる。化学変化の前後で，原子の種類と数は変化せず，その組み合わせが変わるだけなので，化学反応式の矢印の左右で原子の種類と数は同じである。マグネシウムは**分子**をつくらず，原子がたくさん集まってできているので，1個のマグネシウム原子で代表する。酸素は，原子2個が結びついた分子(O_2)になっている。 イ 実験1の結果から，マグネシウムと酸素は，1.20：(2.00－1.20)＝1.20：0.80＝3：2の質量比で結びつくことがわかる。1回目の質量の増加分は，1.56－1.20＝0.36(g)なので，この酸素と結びついたマグネシウムの質量は，0.36÷2×3＝0.54(g)

(2) ア 物質が酸素と結びつくことを**酸化**といい，酸化によってできた物質を**酸化物**という。銅は空気中の酸素によって酸化されて，黒色の酸化銅ができる。この反応は，多量の熱や光を発生しないので，**燃焼**ではない。一方，マグネシウムは空気中の酸素と結びつくときに，熱や光を出して激しく反応する。 イ 銅1.20gと結びついた酸素は，1.50－1.20＝0.30(g) 同様に，銅1.60gでは，2.00－1.60＝0.40(g)，銅2.00gでは，2.50－2.00＝0.50(g) 銅と酸素は，1.20：0.30＝4：1の質量比で結びついたことがわかる。したがって，グラフは原点を通る直線になる。

(3) (マグネシウムの質量)：(酸素の質量)＝3：2，(銅の質量)：(酸素の質量)＝4：1で結びつくので，同じ質量のマグネシウムと銅と結びつく酸素の質量の比は，8：3になる。

(4) 加熱する前の混合物の中にふくまれていた銅の質量をxgとすると，マグネシウムの質量は$(1.10-x)$g，混合物と結びついた酸素の質量は(1.50－1.10)gなので，$\frac{x}{4}+\frac{2}{3}(1.10-x)=0.40$，$x=0.80$(g)

5 (光－凸レンズ，虚像，焦点距離，実像)

(1) ア **光源**(物体)が凸レンズとその**焦点**の間にあるとき，凸レンズをのぞくと，光源と上下左右が同じ向きで光源より大きい像が見える。このような像を**虚像**という。 イ 凸レンズを物体に近づけていくと，光源と凸レンズの距離がしだいに小さくなり，虚像は光源の実際の大きさに近づいていくが，実際の大きさより小さく見えることはない。

(2)　ア　**光軸**に平行に進む光は，凸レンズに入るときと出るときに屈折して1点に集まる。この点を焦点といい，凸レンズの両側にある。凸レンズの中心から焦点までの距離を**焦点距離**という。また，光源の1点から出た光が凸レンズを通って，1点に集まってできる像を**実像**という。焦点距離の2倍の位置にある光源から出た光は，凸レンズを通って焦点距離の2倍の位置に集まり，光源と同じ大きさの実像を結ぶ。表で，像の高さが1.00倍のとき，物体から凸レンズまでの距離は焦点距離の2倍にあたる。　イ　表より，(　)に入る数値をxとすると，物体から凸レンズまでの距離が28cm，30cm，36cm，40cm，$x$cm，60cm，70cmとなるにつれて，凸レンズからスクリーンまでの距離は(98−28=)70cm，(90−30=)60cm，(81−36=)45cm，(80−40)40cm，(81−x)cm，(90−60=)30cm，(98−70=)28cmとなっている。したがって，$81-x=36$より，$x=45$　ウ　スクリーン上にできる実像は，上下左右が光源とは逆向きになる。また，表より，像の高さは物体の2倍なので，スクリーンにうつった像は，たて(4×2)cm，よこ(3×2)cmである。

6 **(日本の天気ー雲，前線，気団，天気図)**

(1)　ア　地表付近の空気があたためられて上昇気流となり，気圧の低い上空で膨張して温度が下がる。この空気の温度が**露点**に達すると，空気のかたまりにふくまれていた水蒸気の一部が水滴になり，雲の粒になる。上昇気流によって垂直に発達した**積乱雲**は，落雷，ひょう，急な大雨の原因になる。　イ　暖気と寒気がぶつかり合って，**前線**の位置がほとんど変わらないものが**停滞前線**で，この前線付近では長時間，雨が降り続くことが多い。初夏の梅雨前線や夏の終わりの秋雨前線は，停滞前線である。　ウ　初夏のころ，日本列島付近では，あたたかく湿った**小笠原気団**と冷たく湿った**オホーツク海気団**の勢いが同じくらいになり，前線はほとんど動かなくなって停滞前線(梅雨前線)が生じる。夏になって太平洋高気圧の勢力が強くなると，梅雨前線は北に移動し，しだいに見えなくなる。

(2)　ア　中緯度地域の上空では，**偏西風**とよばれる西から東へふく風が地球を1周している。これによって，日本列島付近の天気は，西から東へ変わることが多い。前線をともなう**低気圧**が西→東と移動するが，やがて寒冷前線が温暖前線に追いつき，**閉そく前線**(▲◆▲◆▲)ができる。そして，図2のように，閉そく前線が低気圧の中心から外側へさらに長くのびるにつれて，中心の気圧が上がりはじめ，低気圧はおとろえていく。　イ　冬に大陸からふく北西の**季節風**は，この季節風よりもあたたかい日本海の上空を通るときに，海面からの水蒸気をふくんであたためられて上昇し，筋状の雲をつくる。日本海側に雪を降らせることで水蒸気を失い，太平洋側では冷たく乾いた北西の風がふくことで，乾燥した晴れの天気が続くことが多い。

＜社会解答＞

1　(1)　赤道　(2)　アボリジニ　(3)　1　(4)　ア　イギリス　イ　3
(5)　(例)銅の輸出に頼っているため，国際価格の変動の影響を受けて，輸出によって得られる収入が安定しない。

2　(1)　ア　広島〔市〕　イ　筑紫平野　ウ　促成栽培　エ　A県　3　B県　1　C県　2　(2)　ア　(例)水がしみこみやすく，もろい　イ　中国・四国地方　3　九州地方　4

3　(1)　ア　口分田　イ　4　(2)　地頭　(3)　ア　2　イ　石高　(4)　(例)中心

人物が誰か分からないようにする

4　(1)　伊藤博文　(2)　2　(3)　X　普通選挙法　Y　(例)納税額による制限が廃止され，満25歳以上の男子　(4)　3→2→1　(5)　大政翼賛会　(6)　4

5　(1)　平和主義[戦争の放棄]　(2)　3　(3)　ア　司法権の独立[裁判官の独立]　イ　2　ウ　C　検察　D　被告　(4)　(例)一票の価値に差が生じている

6　(1)　2　(2)　労働基準法　(3)　1　(4)　A　12[月]　B　20000[ドル]　番号　2　(5)　(例)利潤が目的ではなく，民間企業だけが担うのは困難なため。　(6)　a　スウェーデン　b　日本　c　ドイツ　d　アメリカ

7　(1)　1　(2)　3　(3)　2→1→3　(4)　ハリケーン　(5)　ODA

<社会解説>

1　(地理的分野―世界地理－地形・人々のくらし・気候・資源・貿易)

(1)　緯度0度の緯線を**赤道**(せきどう)という。赤道は，**インドネシア・南アメリカ大陸北部・アフリカ大陸の南半部**を通る。アフリカ大陸は，赤道が大陸の中央よりもはるかに南を通るので，**熱帯**の面積は少なく5割以下であることに注意が必要である。

(2)　4万年以上前に，アジアからオーストラリアに渡ってきたオーストラリア大陸の**先住民**を，**アボリジニ**という。アボリジニは，1967年に市民権が与えられた。伝統的に狩猟・採集生活を営み，自然と調和して独自の文化を築き上げてきた。オーストラリアでは，アボリジニの文化の価値が認められ，それと共存する**多文化社会**が実現されている。

(3)　**ウェリントン**はニュージーランドの首都である。ニュージーランドは南半球に位置するため，12月・1月・2月と比べて，7月・8月・9月の方が気温が低い。また，**温帯**に属するため，年平均気温は10℃を少し超える程度である。この二つのことからウェリントンの**雨温図**として適当なのは，1である。

(4)　ア　オーストラリアは，**イギリス**の植民地であったが，1901年にイギリス自治領として**連邦**を形成し，事実上独立した。かつてイギリスの植民地であったために，イギリスの国旗を一部に描いた国旗を用いている。　イ　2000年代以降著しい経済発展を遂げているブラジル・ロシア・インド・中国・南アフリカの5か国をまとめてBRICSという。その中の南アフリカは，金・プラチナ・鉄などの鉱産物を多く産出し，日本に輸出している。

(5)　ザンビアでは，輸出総額に占める**銅**の輸出額の割合が極端に大きい。そのため銅価格の変動に輸出総額が影響を強く受け，銅価格が低下すると，輸出総額も下落する。上記を簡潔に指摘すればよい。なお，このような，特定の鉱産資源や農産物の輸出に頼る経済の状態を，**モノカルチャー経済**という。原油の輸出に依存するナイジェリア，カカオ豆の輸出に依存するコートジボワール等，モノカルチャー経済はアフリカの国によくみられる。

2　(地理的分野―日本地理－都市・工業・交通・農林水産業・地形・人口)

(1)　ア　**地方自治法**の規定により，人口50万人以上の市の中で，特に政令により指定された都市を**政令指定都市**という。政令指定都市となると，県からの事務移譲があり，区制の施行が可能となる。また，新たな財源等により，高度で専門的な行政サービスが行えるようになる。政令指定都市は全国で20市あり，広島市はその一つである。岡山市も政令指定都市であるが，人口が100万人を超えるのは広島市だけである。　イ　福岡県・佐賀県の南部の筑後川の中・下流沿岸に広がる九州最大の平野が**筑紫平野**である。九州最大の米の産地となっている。　ウ　高知県や宮崎

県では，冬でも温暖な気候を利用して，きゅうり・なす・ピーマンなどをビニールハウスで育てる**促成栽培**を行っている。他の都道府県からの出荷量が少なく，価格が高い冬から初夏に出荷量を増やすことが行われている。　エ　A県は岡山県，B県は長崎県，C県は沖縄県である。長崎県は，漁業産出額が北海道に次いで全国第二位であり，長崎県は1のグラフである。沖縄県は，東京都に次ぐ人口増加率であり，沖縄県は2のグラフである。残る3のグラフが岡山県である。

(2)　ア　鹿児島県や宮崎県など九州南部に数多く分布する，火山噴出物からなる台地をシラス台地という。典型的な火砕流台地であり，シラスや溶結凝灰岩などで構成される。シラスは雨水がしみこみやすく，もろい，酸性の強い土壌である。　イ　日本の7地方とは，**北海道・東北地方・関東地方・中部地方・近畿地方・中国・四国地方・九州地方**である。1は，工業生産額が最も多いため，**中京工業地帯**を含む中部地方だとわかる。近畿地方は**農業生産額**が最も少ないことから，2だとわかる。関東地方は人口が最も多いため，5だとわかる。北海道は，**工業生産額**が最も少なく，6だとわかる。残るのは問題が求めている中国・四国地方と九州地方である。中国・四国地方は，工業生産額が低く，**年間商品販売額**も少ないため，3だとわかる。九州地方は，工業生産額も2番目に少ないことから，4だとわかる。

3　**(歴史的分野―日本史時代別－古墳時代から平安時代・鎌倉時代から室町時代・安土桃山時代から江戸時代，―日本史テーマ別－政治史・文化史・社会史)**

(1)　ア　**律令制度**の下で，6歳以上の男女に貸し与えられたのが，**口分田**である。良民男子**2段**(たん)，女子はその3分の2とされ，死後は収公された。　イ　地方行政区分は，全国を60余りに区分し，**国司**が納める「国」，その下に**郡司**が治める「郡」，その下に里長が治める「里」が置かれた。

(2)　**源頼朝**は，**源義経**を追捕するという名目で，1185年に**後白河法皇**に**守護・地頭**の設置を認めさせた。鎌倉幕府により，国ごとに一人配置されたのが守護で，荘園・公領ごとに配置された役職が地頭である。地頭は軍事警察権を持ち，治安維持や**年貢**の徴収にあたった。

(3)　ア　江戸時代前期から中期に流行した小説が**浮世草子**である。17世紀後期から以後，18世紀半ばまで**上方**中心に流行した現実主義的で娯楽的な**町人文学**を指す。**井原西鶴**の**『好色一代男』『世間胸算用』**等が有名である。1・3・4はどれも**桃山文化**の説明であり，2のみが江戸時代のことを説明している。　イ　**太閤検地**後，米の収穫量は**石高**で表されるようになり，農民が**年貢**を納めたり，武士が**軍役**を果たしたりする際の基準となった。

(4)　**一揆**の首謀者は，幕府によって死罪など厳しく処罰されるため，中心的人物が誰だか分からないように，**からかさ連判状**では名前を円形に記した。このような趣旨を簡潔にまとめればよい。

4　**(歴史的分野―日本史時代別－明治時代から現代，―日本史テーマ別－政治史・経済史・外交史，―世界史－政治史)**

(1)　**長州藩**出身の**伊藤博文**は，**大久保利通**亡き後の明治新政府をけん引し，肥前藩出身の大隈重信が**明治十四年の政変**で下野した後は，政府のリーダーとなった。自らヨーロッパに**憲法調査**に出向き，帰国後1885年の**内閣制度**の創立とともに初代**総理大臣**となった。伊藤はその後3回総理大臣となった。

(2)　1900年に**伊藤博文**により，旧自由党系の憲政党を吸収して，結成された政党が**立憲政友会**である。1918年，**原敬**総裁のときに本格的**政党内閣**を組織するなど，近代日本政治史に重要な位置を占めた。

(3)　X　**納税額**等による選挙権の制限があるのを，**制限選挙**という。これに対して，身分・財産・納税額・学歴・性別などにかかわらず，国籍を有する成年全員の選挙権と被選挙権を認める選挙制度を**普通選挙**という。加藤高明を首相とする**護憲三派内閣**の下で，1925年に法改正が行われ**普通選挙法**が成立した。　Y　1925年の法改正で，25歳以上の男子であれば，納税額による制限がなくなったため，有権者は大幅に増加した。このような，納税額による制限のない選挙を，普通選挙という。

(4)　1　中国で，それまで内戦を繰り返していた**国民党**と**共産党**が，日本に抵抗するために協力関係をつくった。これが**国共合作**である。1924年から1927年に第一次国共合作があるが，本格的なのは，1937年から1945年の第二次国共合作である。　2　ドイツでは，1932年の選挙で**アドルフ・ヒトラー**の率いる**ナチス**が第一党となり，1933年ヒトラーが首相に任命され，当時の世界で一番進歩的といわれた**ワイマール憲法**を停止した。　3　1929年にニューヨーク市場で**株価が大暴落**したのをきっかけに，世界的に深刻な長期不況に陥ったことを**世界恐慌**という。アメリカの景気後退は，1933年まで続き，1930年代を通じて経済は沈滞した。年代の古い順に並べると，3→2→1となる。

(5)　**日中戦争**の長期化に伴って，**総力戦**遂行のために，1940年に**近衛文麿**首相とその側近によって組織された**「挙国一致」**のための官製国民統制組織が，**大政翼賛会**である。各政党は先を争うように解党してこれに参加した。なお，大政翼賛とは，天皇の政治を助けるという意味である。

(6)　1　**GHQ**は日本の民主化のために**財閥解体**を行った。　2　**沖縄**と**奄美群島**，**小笠原諸島**では，占領軍による直接支配が行われた。沖縄が返還されたのは，1972年である。　3　1950年に**朝鮮戦争**が始まると，日本は**特需景気**と呼ばれる好景気となった。1・2・3のどれも誤りがあり，4が正しい。　4　**冷戦**が東アジアに波及すると，GHQの日本占領政策は大きく転換し，日本を**西側**諸国の一翼を担う国に成長させようとした。

5　**(公民的分野―憲法・基本的人権・裁判・国の政治の仕組み)**

(1)　日本国憲法の三つの基本原理とは，**国民主権・基本的人権の尊重・平和主義**である。平和主義については，日本国憲法の**前文**に「日本国民は，恒久の平和を念願し，人間相互の関係を支配する崇高な理想を深く自覚するのであつて，平和を愛する諸国民の公正と信義に信頼して，われらの安全と生存を保持しようと決意した。」と記されている。

(2)　**日本国憲法第13条**は「すべて国民は，**個人として尊重**される。生命，自由及び**幸福追求**に対する国民の権利については，**公共の福祉**に反しない限り，立法その他の国政の上で，最大の尊重を必要とする。」と定めている。また，一定の個人的な事柄について，公権力から干渉されることなく，自由に決定する権利を**自己決定権**という。**新しい人権**の一つである。医療の場においては，患者が持つ臓器提供意思表示カードが，その一例である。

(3)　ア　日本国憲法は，第76条で「すべて司法権は，最高裁判所及び法律の定めるところにより設置する下級裁判所に属する。」と明記しており，このことを**司法権の独立**という。　イ　1　**裁判員裁判**は，第一審のみに取り入れられている。　3　下級裁判所も**違憲審査**を行うことができる。　4　日本の裁判所は，**最高裁判所・高等裁判所・地方裁判所**に分かれる。1・3・4のどれも誤りを含んでおり，2が裁判員制度の正しい説明である。裁判員制度は，2009年に始まった。　ウ　C　被疑者が罪を犯した疑いが確実で，刑罰を課すべきだと判断して，被疑者を裁判所に訴えるのは**検察官**の役割である。　D　被疑者が起訴され，裁判所に送られる場合は，**被告人**となる。

(4)　資料2のグラフで見られるとおり，**議員一人あたりの有権者数**が，東京1区・北海道1区・東

京3区では，鳥取1区・福島4区・宮城5区の2倍を上回っており，有権者のもつ**一票の価値**が異なり，**一票の格差**が生じていることがわかる。一票の格差があるのは，日本国憲法第14条の定める法の下の平等に反するとされる。上記を簡潔にまとめ，「価値」の言葉を使って簡潔にまとめればよい。

6 (公民的分野―国民生活・経済一般・国際社会との関わり・財政)

(1) 「ワーク・ライフ・バランス」とは，「仕事と生活の調和」のことをいう。充実感をもって働きながら，家庭生活や地域生活も充実させられること，またはそのための取り組みを言う。そのためには，企業は育児や介護にともなう休業取得促進を進める必要がある。

(2) 労働者のための統一的な保護法として，1947年に制定されたのが**労働基準法**である。労働条件の基準をその内容としている。第4条では，**男女同一賃金**について定め，第32条では，**1日8時間労働制**や，**1週40時間労働制**などを定めている。

(3) 各国が自国の生産条件に見合った商品の生産を行い，その一部を輸出し，他の商品は外国から輸入することなど，国と国との間で分業が行われることを，**国際分業**という。

(4) A **為替相場**の変動で「1ドル80円」から「1ドル120円」のように，外国の通貨に対して円の価値が下がることを**円安**になるという。資料1中で最も円安なのは，1ドル120円の12月である。
B 1台240万円の自動車は，2,400,000(円)÷120(円)＝20,000(ドル)となる。　番号　円安が進むと円の価値が低くなるため，日本からの輸出品の外国での価格が安くなるので，よく売れるようになり，日本の企業には有利になる。また，海外旅行などの値段が上がることになり，日本からアメリカへ旅行する日本人観光客には不利になる。正しい組み合わせは，2である。

(5) **国**や**地方公共団体**が，**社会資本**の整備や消防などの**公共サービス**を行う理由の一つは，**利潤**が目的ではないためである。もう一つは**民間企業**だけが担うのは困難なためである。上記を簡潔にまとめて解答すればよい。

(6) **低福祉低負担**の国の典型的な例は，アメリカである。アメリカは，**社会保障**をしぼりこむ代わりに**国民負担**を軽くしているのだから，dに該当する。一方，**高福祉高負担**の国の典型的な例は，スウェーデンであり，aである。残る日本とドイツを比べてみる。日本の社会保障の負担の比率と租税負担の比率は，どちらもドイツよりも低いのだから，bが日本，cがドイツである。

7 (歴史的分野―日本史時代別－明治時代から現代，―日本史テーマ別－外交史，―世界史－政治史・文化史，地理的分野―世界地理－気候，公民的分野―国際社会との関わり)

(1) X **バスコ・ダ・ガマ**は，ポルトガル人の航海者・探検家であり，ポルトガル王の命を受けて，東回り航路をとり，アフリカ大陸の南端の**喜望峰**を回って，1498年にインドに到達した。
Y パナマ運河は，**太平洋**と**大西洋**を結んでいる。

(2) 資料1中の網掛けの部分は，チグリス川・ユーフラテス川にはさまれたメソポタミア地方であり，**メソポタミア文明**では，楔形文字・太陰暦等が発明された。

(3) 1 日本は，ロシアの南下を警戒するイギリスと，ロシアによる満州・朝鮮への進出を抑えようとする日本の利害の一致から，1902年に**日英同盟**を締結した。　2 **日清戦争**に勝利した日本は清国と1895年に**下関条約**を結び，**台湾**他の領土と多額の**賠償金**を獲得した。　3 小村寿太郎外務大臣が，1911年に**関税自主権**を回復し，**条約改正**を完了した。したがって，年代の古い順に並べると，2→1→3となる。

(4) メキシコ湾・西インド諸島付近などで発生する強い暴風雨を**ハリケーン**と呼ぶ。この地域の熱帯低気圧のうち最大風速が毎秒32.7メートル以上のものを指す。

(5) **開発途上国**の経済・社会の発展や福祉の向上を支援するために，**政府**が行う資金や技術面での援助を，**ODA**(政府開発援助)という。日本のODAは，援助額では世界第三位だが，国民総所得に占める割合は低い。

<国語解答>

1 (1) 放送内容の改善について (2) 掲示板で確認できるものと同じだということ
(3) 3 (4) (例)県大会で優勝した時，どう思いましたか。

2 (1) ア かっしょく イ じんそく ウ かもく エ ひか オ せば
カ 復旧 キ 極秘 ク 散策 ケ 粉 コ 垂 (2) 4

3 (1) ア こずえ イ 2 ウ (例)この先の非常に長い道のりへの思いで胸がいっぱいになっている (2) ア 啼鳥を聞く イ C

4 (1) 1，4 (2) (例)小さな音にまでこだわりを見せる (3) 豊かで温かな
(4) 2 (5) A (例)音楽観，美意識，正否の基準が違い，価値観が多様である
B 受け入れる

5 (1) 3 (2) 青ざめた顔で立ち尽くしていた (3) (例)呼びかけようとしたが声が出たのか口が動いたのか (4) (例)馴染んでいるかどうかが重要とされる
(5) A (例)希望に満ちていて幸せだった B (例)心配している (6) 4

6 (例) 資料のAの場面では，「私」は先輩の誘いを承諾するつもりで「いいです」と言ったのに，先輩は「私」が断ったと思った。「いいです」が承諾する場合にも断る場合にも使われる言葉なので，誤解が生じたのである。

このように，複数の意味をもつ言葉を不用意に使うと，相手を傷つけたり不都合な結果をもたらしたりする恐れがある。私は，言葉を慎重に選び，自分が伝えたいことを相手にきちんと伝えられるようにしたいと思う。

<国語解説>

1 **(聞き取り―主題・表題，内容吟味，脱文・脱語補充，短文作成)**

(1) 司会の加藤さんが，「今日の議題は，『**放送内容の改善について**』です。」と言っている。

(2) 三浦さんが，「生徒が放送に興味をもてない理由は，内容が**掲示板で確認できるものと同じだということ**です。」と言っている。

(3) 1は，田村さんは「一人の生徒」にインタビューを行うことを提案しているので誤り。2は，三浦さんも田村さんも意見の「募集」については述べていないので誤り。3は，**三浦さんはアンケートやクイズ大会，田村さんはインタビューを提案している**ので適切である。4は，三浦さんは生徒の紹介を提案していないし，田村さんは例を挙げているだけで「必ず運動部を紹介したい」とは述べていないので誤り。

(4) 解答例の通りでなくても，「卓球を始めたきっかけは何ですか。」など，**集めた情報を利用して井上さんの思いや考えをきく質問**であれば正解とする。

2 **(知識―漢字の読み書き)**

(1) ア 「**褐色**」は，黒っぽい茶色のこと。 イ 「**迅速**」は，非常にすばやいこと。 ウ 「**寡**

黙」は，言葉数が少ないこと。　エ　この場合の「控える」は，時間的に近いという意味。　オ　「狭」には，「キョウ・せま(い)・せば(める)・せば(まる)」という読みがある。　カ　「復旧」は，元通りにするという意味。　キ　「極秘」は，絶対に秘密にすること。　ク　「散策」の「策」を形の似ている「築」と間違えないように注意。　ケ　「粉」は「米＋八＋刀」である。　コ　「垂」は，横画の数に注意すること。

(2)　例文のカタカナを漢字で書くと「堅実」となる。

3　**(古文・漢文―内容吟味，脱文・脱語補充，仮名遣い)**

(1)　〈口語訳〉　3月27日，明け方の空がぼんやりとして，月は有明の月で光は薄らいでいるけれども，富士山の峰がかすかに見えて，上野・谷中の花のこずえを，またいつの日に見られるのかと心細い。親しい人々は皆昨夜から集まって，舟に乗って見送る。千住というところで舟から下りると，この先の三千里もあろうかという非常に長い道のりへの思いで胸がいっぱいになり，はかないこの世の分かれ道で離別の涙を流す。　ア　「ゑ」を「え」に改めて「こずえ」とする。

イ　「明ぼの」はまだ夜が明けきる前の明るくなりはじめた時間帯で，「有あけ」の「月」が出ていたため，富士山が見えたのである。「空が少し明るくなった」と説明する2が正解。1は，本文の「弥生」は3月であり，「雪」は，本文にない内容なので誤り。3の「月の光がまぶしすぎた」は「ひかりおさまれる」と矛盾する。4の「富士山が花で隠れていた」に対応する描写は本文になく，不適切である。　ウ　「前途三千里のおもひ胸にふさがりて」の内容を，前後の語句につながるように現代語で書く。

(2)　〈口語訳〉　春の眠りは夜明けに気づかない／あちこちから鳥のさえずりが聞こえる／昨夜は風雨の音がひどかった／花はどれほど散ってしまっただろう。　ア　書き下し文の空欄に対応するのは「聞啼鳥」である。返り点に従うと漢字を読む順序は「啼鳥聞」なので，これに送りがなをつけて「啼鳥を聞く」とする。　イ　A・Bは現在の描写であるが，Cは過去の回想である。

4　**(論説文―内容吟味，文脈把握，指示語の問題，品詞・用法)**

(1)　他動詞は，動作やその結果が他に及ぶことを示す動詞。ここでは，助詞の「を」に続く1の「届ける」と4の「増やす」が他動詞である。

(2)　前の文の「どんなに耳を澄ましても聞こえようもない小さな音にまで，オーケストラの奏者がこだわりを見せる」の内容を15字以内で書く。

(3)　「本物のオーケストラ」の音について述べている部分を探すと，次の段落に「ひとを包み込むような豊かで温かなオーケストラのサウンド」とあるので，ここから6字で抜き出して書く。

(4)　「そんな非人間的社会」は，「そこにいるのが特定の誰かである必然性はない」などを指しているので，この内容と合致する2が正解。「誰がどのポジションにいようとも，いつでも替えがきく」ので，1は不適切。「誰もが……同じことを言い，同じ行動をとる」ので，3は誤り。「いつでも互いに迷惑をかけること」が許されるのは「手触りのやさしい社会」であり，「非人間的社会」ではないので，4は不適切である。

(5)　A　「オーケストラの魅力ある音」について述べている部分を探すと，最終段落に「ひとびとを魅了してやまないオーケストラの響きは音楽観が違い，美意識が違い，正否の基準が違う奏者たちの多様な価値観から生み出される」とあるので，この内容を前後につながるように30字以内で書く。指定語句の「多様」を必ず入れること。　B　本文では，社会のあるべき姿について，傍線部⑤の次の段落に「手触りのやさしい社会は，個々人の価値観が多少ずれていても，正否の

基準が人によって違っていても，それを鷹揚に受け入れる共同体」と述べているので，ここから5字で抜き出して書く。

5 （小説─情景・心情，内容吟味，文脈把握，文と文節）

(1)　波線部を文節で区切ると「扉を／開ける」で，文節相互の関係は**修飾・被修飾の関係**である。1「少女が／歌う」は主語・述語の関係，2「晴れたので／見える」は接続の関係，3「**すばやく／動く**」は修飾・被修飾の関係，4「先生も／笑う」はは主語・述語の関係である。

(2)　「母はしばらく**青ざめた顔で立ち尽くしていた**」とある。明らかにいつもと違う「凛」の姿を見ても，すぐに声をかけることや目覚まし時計を止めることができなかった様子から，「母」の動揺を読み取る。

(3)　「**呼びかけようとしたが声が出たのか**出ていないのかよく分からなかった。**口が動いたのか**どうかも。」をもとに，前後につながるように25字以内で書く。

(4)　傍線部㋒の3つ後の段落に，「カケは弓よりも身体に密着するものだから，それが**馴染んでいるかどうか**は弓よりも**重要**とされる」とあるので，この部分をもとに20字以内で書く。

(5)　A　「凛」は，カケを買ってもらったばかりのころのことを，「どんなに可愛いぬいぐるみよりも嬉しく，新しい鹿革の匂いを嗅ぎながら眠りに落ちる日々は，**希望**に満ちていて，それまでの人生で一番**幸せ**だったかもしれない」と回想しているので，この内容を15字以内で書く。

B　「母」が，カケを身に着けた途端に回復する「凛」の様子を見て「安心」と「怒り」を同時に表すのは，それだけ「凛」のことを大事に思い，**心配している**ためである。「大事に思っている」(8字)などでも正解である。

(6)　1は，「金縛りが解けたように体が動く」という比喩は「母」ではなく弓道が必要不可欠な存在であることを表現しているので，不適切。2は，本文の「──」はより適切な言葉を探す間を表しているので，誤り。3は，弓道に関する単語は，「凛」の弓道に対する思い入れの強さを表現しているので，不適切。4は，この文章は**現在**の朝の場面に中二の春などを**回想する場面をはさんで描写している**ので，適切な説明である。

6 （作文）

(1)～(3)の条件を満たすこと。題名は書かず，**二段落構成**で第1段落に【資料】をもとに「いいです。」の意味や使い方について**気づいたこと**を書き，第2段落に第一段落をふまえて**自分の意見**を書く。制限字数は，両方合わせて**150～200字**である。解答例は，第1段落に【資料】のAの場面での「私」と先輩の行き違いが「いいです。」という言葉の意味が二つあることから生じたという気づきを述べ，第2段落にそれに対する自分の考えを書いている。

書き始めや段落の初めは1字空けるなど，原稿用紙の使い方にも注意する。書き終わったら必ず読み返して，**誤字・脱字**や表現のおかしなところがあれば書き改める。

青森県公立高等学校

2022年度

★★★★★★★★★★★★★★★★★★★★★★★★

入 試 問 題

2022年度

●くわしい解説……41ページ

＜数学＞

時間　45分　　満点　100点

1　次の(1)～(8)に答えなさい。(43点)

(1) 次のア～オを計算しなさい。

ア　$-5+7$

イ　$(-0.4)\times\frac{3}{10}$

ウ　$\frac{1}{3}x+y-2x+\frac{1}{2}y$

エ　$24ab^2\div(-6a)\div(-2b)$

オ　$(\sqrt{5}-\sqrt{2})(\sqrt{2}+\sqrt{5})$

(2) 右の図は，半径が9 cm，中心角が60°のおうぎ形である。
このおうぎ形の面積を求めなさい。

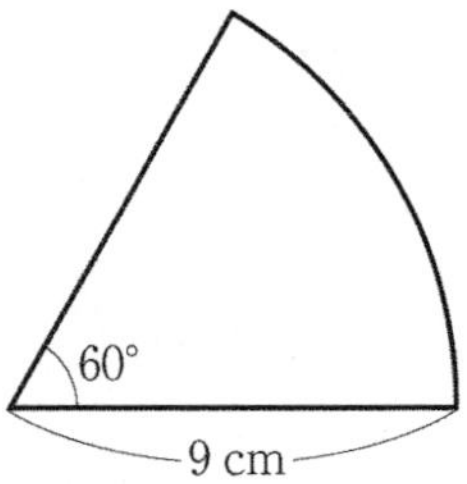

(3) 2.7，$-\frac{7}{3}$，-3，$\sqrt{6}$ の中で，絶対値が最も大きい数を選びなさい。

(4) 右の表は，ドーナツとクッキーをそれぞれ1個作るのに必要な材料のうち，小麦粉とバターの量を表したものである。表をもとに，ドーナツ x 個，クッキー y 個を作ったところ，小麦粉380 g，バター75 gを使用していた。x，y についての連立方程式をつくり，ドーナツとクッキーをそれぞれ何個作ったか，求めなさい。

	小麦粉	バター
ドーナツ1個	26 g	1.5 g
クッキー1個	8 g	4 g

(5) 関数 $y=ax^2$ について，x の変域が $-2\leqq x\leqq 3$ のとき，y の変域は $-6\leqq y\leqq 0$ である。
このとき，a の値を求めなさい。

(6) 右の図で，点A，B，Cは円Oの周上の点である。
$\angle x$ の大きさを求めなさい。

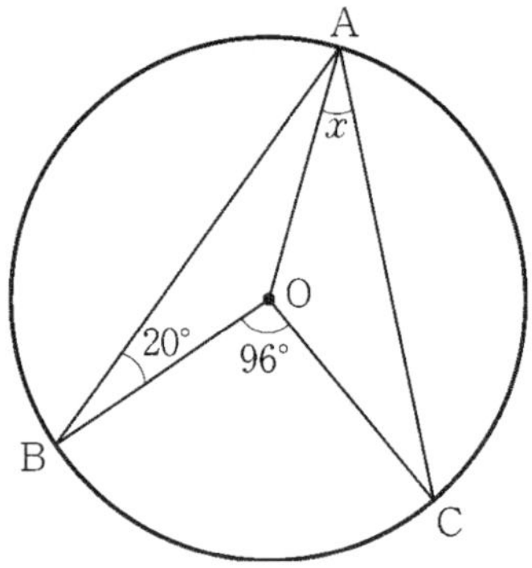

(7) 下のデータは，ある中学校のバスケットボール部員A～Kの11人が1人10回ずつシュートをしたときの成功した回数を表したものである。このとき，四分位範囲(しぶんいはんい)を求めなさい。

バスケットボール部員	A	B	C	D	E	F	G	H	I	J	K
成功した回数(回)	6	5	10	2	3	5	9	8	4	7	9

(8) 根号を使って表した数について述べた文として適切なものを，次の**ア**～**エ**の中から1つ選び，その記号を書きなさい。ただし，$0 < a < b$とする。

ア　$\sqrt{a} < \sqrt{b}$である。　　**イ**　$\sqrt{a} + \sqrt{b} = \sqrt{a+b}$である。

ウ　$\sqrt{(-a)^2} = -a$である。　　**エ**　aの平方根は$\sqrt{a}$である。

2 次の(1)，(2)に答えなさい。(16点)

(1) 右の図において，円Oの周上の点Aを通る接線を作図しなさい。ただし，作図に使った線は消さないこと。

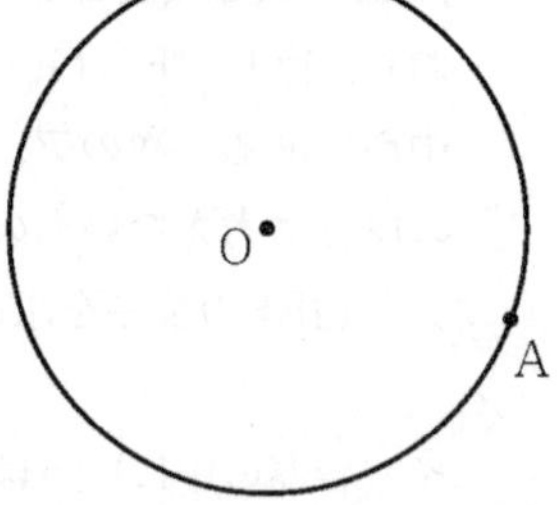

(2) 下の［問題］とそれについて考えているレンさんとメイさんの会話を読んで，次の**ア**，**イ**に答えなさい。

> ［問題］　大小2つのさいころを同時に投げ，大きいさいころの出た目の数をa，小さいさいころの出た目の数をbとする。このとき，xについての方程式$ax + 4b = 20$の解が負の整数になる確率を求めなさい。

レン：例えば，大きいさいころの出た目の数が2，小さいさいころの出た目の数が3のときは，方程式$ax + 4b = 20$の解はどうなるかな。

メイ：方程式に$a = 2$，$b = 3$を代入してxについて解くと，$x =$ ［あ］ だね。
解が負の整数になるさいころの目の出方は，どんなときだろう。

レン：大小2つのさいころを同時に投げるとき，起こりうる場合は全部で36通りあるから，それぞれ代入して解が負の整数になるかどうかを調べるしかないのかな。
でも，これだと時間がかかって大変だね。

メイ：そうだ。この方法はどうかな。

方程式をxについて解くと，$x = \dfrac{［い］}{a}$となるから，

この解が負になるのは，［ X ］さいころの出た目の数が［う］のときだけだよ。

レン：なるほど。でも，これだと解が整数になるとは限らないよね。
解が負の整数になる確率を求めなければいけないから，

[Y] さいころの出た目の数が [え] の約数になるときを考えたらいいんだね。

ア [あ], [う], [え] には正の数, [い] には式をそれぞれ入れなさい。また, [X], [Y] に入る語の組み合わせとして適切なものを, 次の①～④の中から1つ選び, その番号を書きなさい。

① X 大きい Y 大きい　② X 大きい Y 小さい
③ X 小さい Y 大きい　④ X 小さい Y 小さい

イ ［問題］を解きなさい。

3 次の(1), (2)に答えなさい。(16点)

(1) 右の図のように, 1辺の長さが12cmである立方体の容器が水平に固定されている。その容器の中には, 面EFGHを底面とし, 高さが12cmの正四角錐(せいしかくすい)が入っており, 点E, F, G, Hは容器の底面ABCDの各辺の中点にある。次のア, イに答えなさい。ただし, 容器の厚さは考えないものとする。

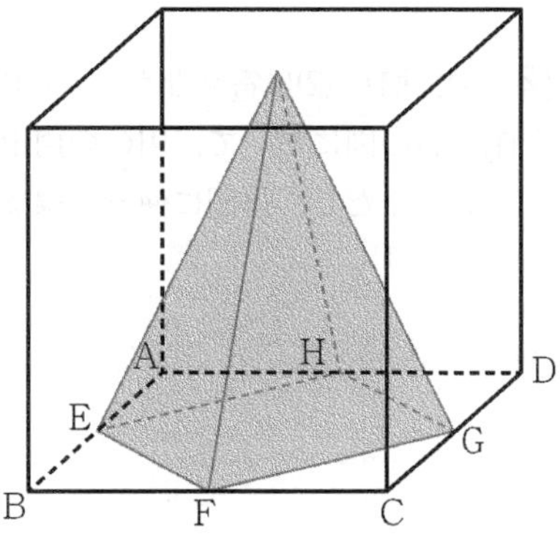

ア 辺EFの長さを求めなさい。

イ 容器の中にいっぱいになるまで水を入れ, その後, 容器の外に水をこぼすことなく正四角錐を取り出したとする。このとき, 容器の中にある水の底面ABCDから水面までの高さを求めなさい。

(2) ひし形の紙があり, これをひし形ABCDとする。下の図のように, 辺ABと辺CDが対角線BDと重なるように折った。線分BE, DFは折り目であり, 点A, Cが移った対角線BD上の点をそれぞれG, Hとする。$\angle BAD = \angle x$ とするとき, 次のア, イに答えなさい。

ア △BFHと△DEGが合同になることを次のように証明した。[あ], [い] には式, [う] には適切な内容をそれぞれ入れなさい。

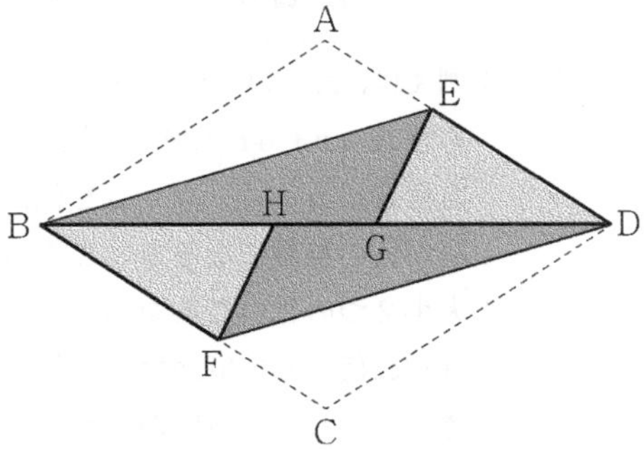

［証明］
△BFHと△DEGにおいて
平行線の錯角は等しいから
$\angle FBH = \angle EDG$ ……①
$\angle DHF = \angle BGE = \angle x$ から
[あ] $= 180° - \angle x$ ……②
また
BH＝BD－DH, DG＝DB－BGであり
AB＝CD＝BG＝DHであるから
[い] ……③
①, ②, ③から

| ㋒ | がそれぞれ等しいので

△BFH≡△DEG

イ　$\angle x = 108^\circ$のとき，次の(ア)，(イ)に答えなさい。

(ア)　∠GEDの大きさを求めなさい。

(イ)　DG＝4㎝のとき，ひし形ABCDの周の長さと四角形ABGEの周の長さとの差を求めなさい。

4　図1で，①は関数$y = \frac{16}{x}$のグラフであり，2点A，Bは①上の点でx座標がそれぞれ－4，8である。点Pはy軸上にあり，y座標は点Bのy座標と同じである。②は2点A，Bを通る直線であり，②とy軸との交点をQとする。次の(1)～(3)に答えなさい。(10点)

(1)　点Aのy座標を求めなさい。

(2)　点Pを通り，直線②に平行な直線の式を求めなさい。

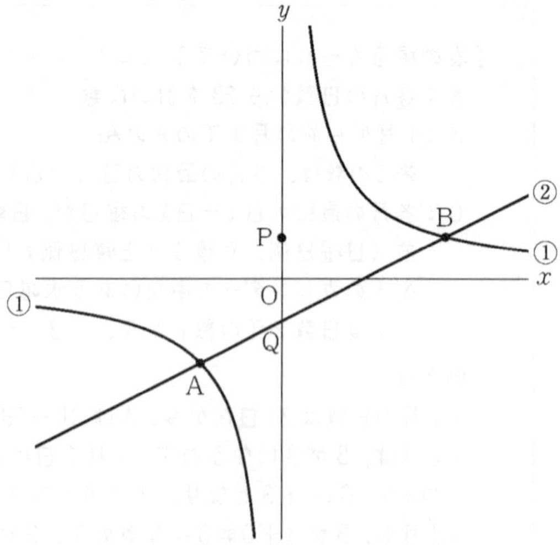

図1

(3)　図2は，図1に③，④をかき加えたもので，③は関数$y = \frac{1}{4}x^2$のグラフであり，④は直線$x = t$である。また，④と②，③の交点をそれぞれR，Sとする。このとき，次のア，イに答えなさい。

ア　点Sのy座標をtを用いた式で表しなさい。

イ　四角形PQRSが平行四辺形になるとき，tの値をすべて求めなさい。

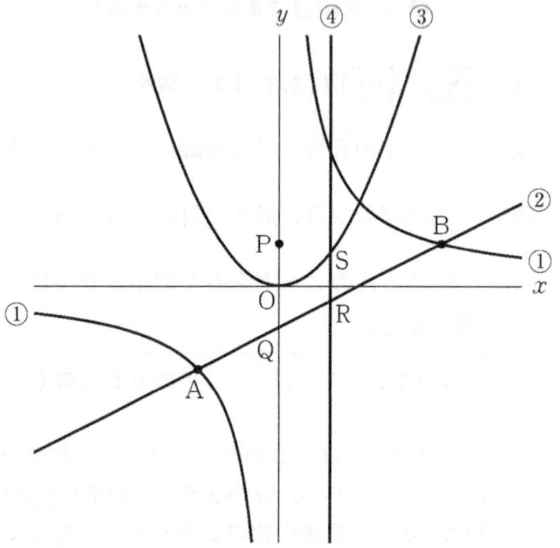

図2

5　ある年の1月1日は水曜日である。この年について，マユさんは水曜日を基準として，2月以降の各月の最初の日（一日(ついたち)）が何曜日になるのかを求めるために，次のページのように考え，

ノートにまとめた。次の(1)~(4)に答えなさい (15点)

① 右のカレンダーのように，水曜日を基準とします。
② 7日間で1週間なので，28日間で4週間になることを利用します。
③ 下のような表を作ります。

項目＼月・日数	1月	2月	3月	4月	5月	6月	7月	8月	9月	10月	11月	12月
	31	28	31	30	31	30	31	31	30	31	30	31
A	3	0	3	2	3	2	3	3	2	3	2	3
B		3	3	6	あ	11	13					
C	0	+3	+3	−1	+1	い	−1					

1月 基準

日	月	火	水	木	金	土
			1	2	3	4
5	6	7	8	9	10	11
12	13	14	15	16	17	18
19	20	21	22	23	24	25
26	27	28	29	30	31	

2月 基準

日	月	火	水	木	金	土
			――+3――			→ 1
2	3	4	5	6	7	8

【表の項目A～Cについて】
A：各月の日数から28を引いた数
B：1月から前の月までのAの和
※この数は，各月の最初の日（一日）の曜日が，水曜日から何日後の曜日かを表します。
C：各月の最初の日（一日）の曜日が，日曜日から土曜日の1週間の中で，水曜日からみて，前（日曜日側）や後ろ（土曜日側）にずれている日数
※上のカレンダーの中央にある水曜日を0，前にずれている日数を負の数，後ろにずれている日数を正の数として，−3，−2，−1，0，+1，+2，+3で表します。

例えば
・1月の日数は31日だから，Aは31−28=3になります。
・2月は，Bが3になるので，2月1日は水曜日から3日後の曜日です。
つまり，Cは+3となり，上のカレンダーのように土曜日だとわかります。
・3月も，Bが3+0=3になるので，3月1日は土曜日だとわかります。
・4月は，Bが6になるので，4月1日は水曜日から6日後の曜日である火曜日だとわかります。
つまり，火曜日は基準である水曜日からみて，前に1日ずれた曜日なのでCは−1となります。

(1) あ，い にあてはまる数を求めなさい。

(2) この年の5月1日は何曜日か，求めなさい。

(3) この年の7月の最初の日曜日は何日か，求めなさい。

(4) マユさんのノートをみた数学の先生は，マユさんに下のように質問をした。あとのア，イに答えなさい。

右のカレンダーは，この年のある月のもので，日数は30日です。
私の誕生日は，このカレンダーの中にあります。誕生日の日にちをaとすると，aの2乗とaのすぐ真上にある数の2乗の和は，aの2日後の数の2乗と等しくなっています。
私の誕生日がわかりますか。

□月

日	月	火	水	木	金	土
	1	2	3	4	5	6
7	8	9	10	11	12	13
14	15	16	17	18	19	20
21	22	23	24	25	26	27
28	29	30				

ア 下線部について，aを用いた式で表しなさい。

イ 数学の先生の誕生日は何月何日か，求めなさい。

＜英語＞

時間　50分　満点　100点

1　放送による検査（27点）

(1)

ア

1

2

3

4

イ

1
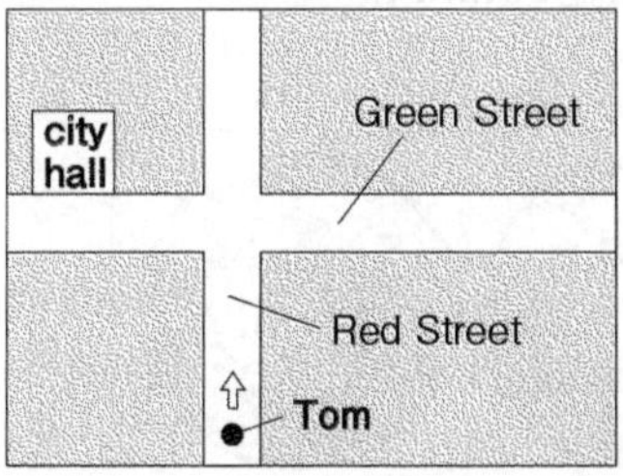

2
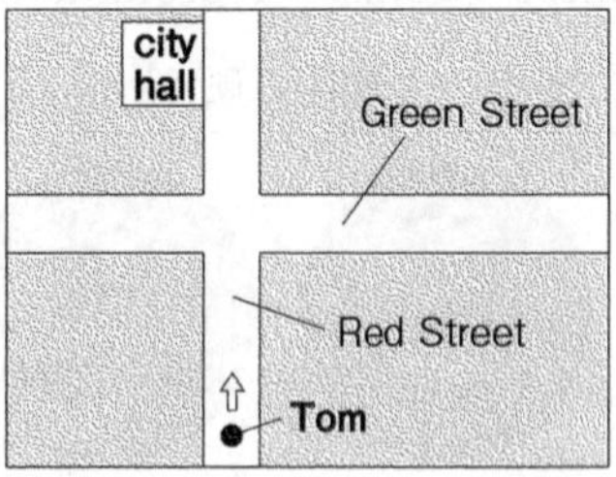

3
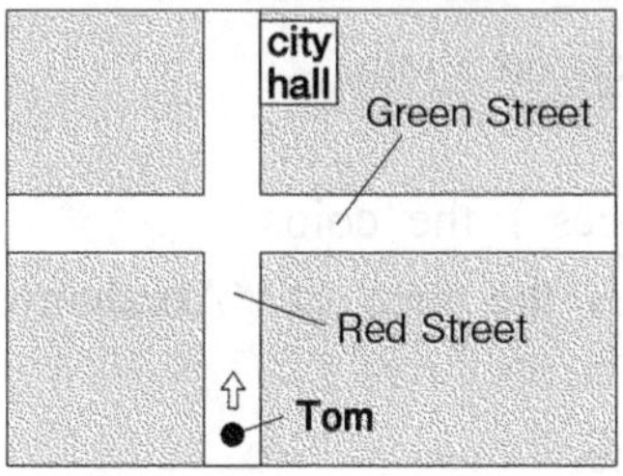

4
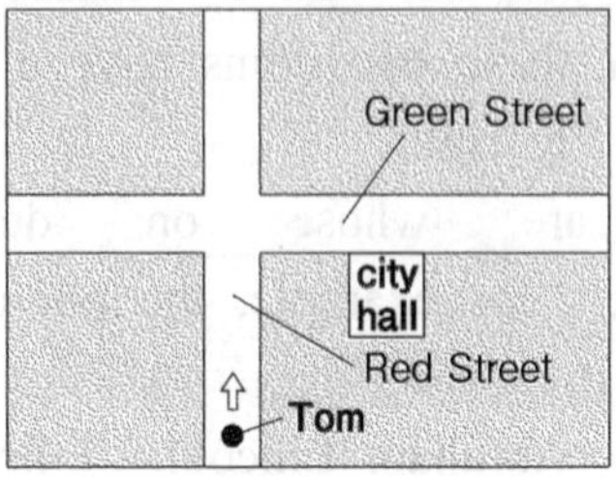

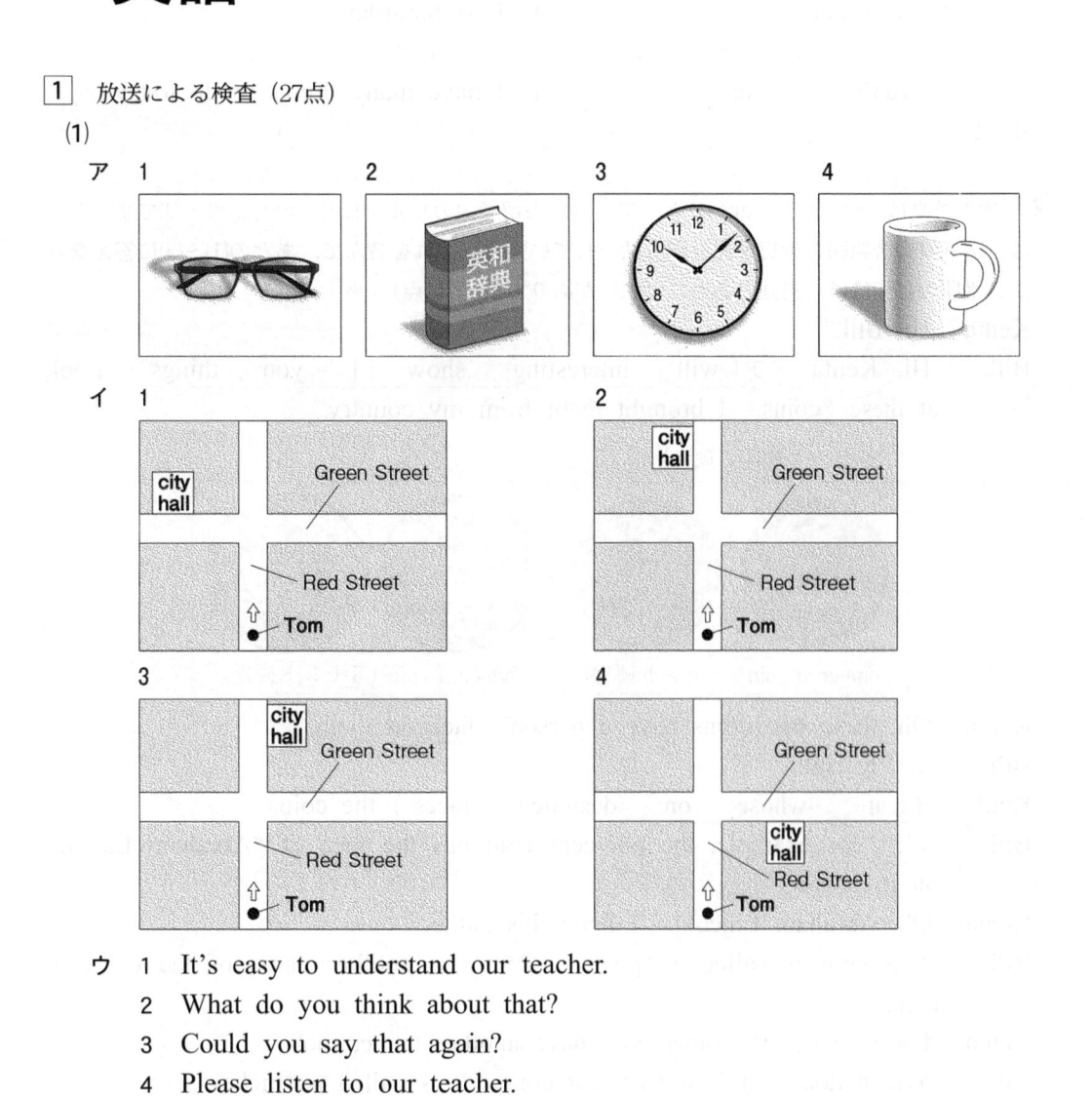

ウ
1 It's easy to understand our teacher.
2 What do you think about that?
3 Could you say that again?
4 Please listen to our teacher.

(2)

ア
1 To a bookstore.　2 To her house.
3 To a Japanese restaurant.　4 To a cooking school.

イ
1 Her parents tried to cook Japanese food many times.
2 Her parents went to a restaurant to buy a gift.
3 Her mother cooked Japanese food and could cook it well.
4 Her mother wanted to learn how to cook Japanese food.

ウ
1 Her father.　2 Her brother.
3 Her mother.　4 Her sister.

(3)

ア 1 Yes, I will. 2 No, I will not.
3 Next Saturday. 4 Last Saturday.

イ 1 That's a wonderful idea. 2 You really enjoyed it.
3 You're welcome. 4 I have many things to do today.

(4) ( )

2 次の英文は，ケンタ（Kenta）と，アメリカ人留学生のビル（Bill）の対話の一部です。２人は，アメリカ合衆国の硬貨を見ながら話をしています。これを読んで，あとの(1)～(3)に答えなさい。＊印の語句には，対話のあとに（注）があります。(14点)

Kenta : Hi, Bill.

Bill : Hi, Kenta. ア(will interesting show I you) things. Look at these *coins. I brought them from my country.

【アメリカ合衆国の硬貨】

one-cent coin（１セント硬貨） five-cent coin（５セント硬貨）

Kenta : Oh, these two coins have a person's face on them.

Bill : You're right.

Kenta : イ(are whose on designed faces) the coins?

Bill : Well, for example, the one-cent coin has the face of *Abraham Lincoln on it.

Kenta : Oh, Abraham Lincoln. I know his name.

Bill : This coin is called a *penny. Penny is another name of the one-cent coin.

Kenta : I see. Does the other coin have another name, too?

Bill : Yes, it does. It is a five-cent coin. It is called a *nickel.

Kenta : Interesting! Some coins have other names. I didn't know that.

Bill : Do you have other names for Japanese coins?

Kenta : No, we don't have them, but Japanese coins have interesting *characteristics. We have six [ ] of coins today. Two of them have a hole in them. Did you know that?

Bill : Yes, I did. I was surprised when I saw them *for the first time. I can *distinguish the coins easily by the hole. It's very useful.

Kenta : Do you think so? ウ(have you I could wish) a useful hole in your country's coins. Now, I'm interested in the coins of your

country. I will look at a website about them. If I have questions, I will send you an e-mail.

Bill : Yes, please.

(注) coin(s) 硬貨　Abraham Lincoln エイブラハム・リンカン（アメリカ合衆国第16代大統領）
penny ペニー（硬貨の通称）　nickel ニッケル（硬貨の通称）
characteristic(s) 特徴　for the first time 初めて　distinguish ～を見分ける

(1) 下線部ア～ウについて，文の意味が通るように，（　）内の語をすべて用いて，正しい順序に並べかえて書きなさい。大文字にする必要のある文字は大文字にしなさい。

(2) [　　] に入る最も適切な英語１語を書きなさい。

(3) 次の文章は，ビルと話をした日の夜に，ケンタがビルに送ったメールの内容です。下線部１，２をそれぞれ一つの英文で書きなさい。

Hi, Bill. Thank you for talking with me today. I found some words on the two coins. I don't think that some of them are English. 1 私はその言語が何かを知りたいです。 Do you know that? I also found a nice building on the five-cent coin. I looked at the website about it and I was surprised that it was a part of a World Heritage Site. 2 世界には訪れるべき建物がたくさんあります。 I think that this building is one of them.

3 次の英文は，中学生のヒロミ（Hiromi）と台湾からの留学生のメイリン（Meiling）の対話の一部です。これを読んで，あとの(1)，(2)に答えなさい。＊印の語には，対話のあとに（注）があります。（13点）

Meiling : Is this a present for my birthday? Thank you, Hiromi. What a pretty paper bag! I'm so happy. I want to see what is in this bag. [ア]

Hiromi : Of course. I want you to see what is in it. I've been thinking about what to give you for a week. I hope you will like it.

Meiling : Wow, this is wonderful. It is a box with beautiful *wrapping paper and there is a message card on it. Pretty *ribbons and some *stickers are on it, too. Did you *decorate the paper for me?

Hiromi : Yes, I did it for you. When I decorated it, 〔 A 〕.

Meiling : I'm happy to hear that. I haven't seen the present yet, but I'm already enjoying your present. Opening presents makes me surprised and excited. I enjoy guessing what it is.

Hiromi : That's good to know. I often use special gift wrapping paper for special days. I sometimes decorate it with ribbons and stickers, and use paper bags. Have you ever thought about why some people, like myself, enjoy wrapping a present?

Meiling : [イ] Why do you enjoy it and take your time to do it?

Hiromi : When I'm wrapping a present, I'm thinking about the person who will

get it. Giving and receiving a present gives both of us a wonderful time to think about each other. I can say that thinking about how to wrap this gave me a great time to think about you.

Meiling : I like your idea. A present *itself is important but〔　B　〕. Your idea is also a special present for me today. My mother's birthday is next month and I will send her a present. I really thank her for helping me a lot. You gave me a great idea about gift wrapping. I will enjoy decorating, wrapping, and thinking about her. I'm looking forward to seeing her smile.

Hiromi : I'm sure she will love it! I'm happy that you like my wrapping. Oh,〔　C　〕. I wonder how you will like it. Please open it.

Meiling : OK, what is it... I'm excited!

（注）wrap　～を包装する　ribbon(s)　リボン　sticker(s)　シール　decorate　～を飾る
itself　それ自体

(1) 二人の対話が成立するように ア ， イ に入る英文をそれぞれ一つ書きなさい。

(2) 二人の対話が成立するように〔A〕～〔C〕に入る最も適切なものを，次の１～７の中からそれぞれ一つ選び，その番号を書きなさい。

1 you have not opened my present yet
2 you should take more time for wrapping to enjoy yourself
3 I was thinking about what you like and how you feel
4 I wanted to make my mother surprised with my wrapping
5 I want you to open the box because I don't know what is in it
6 thinking about how to give it is also important
7 thinking about where to buy it is more important for you

4 次の英文は，中学生のミホ（Miho）がお気に入りのものについて紹介したスピーチです。これを読んで，あとの(1)～(3)に答えなさい。＊印の語句には，スピーチのあとに（注）があります。（21点）

Do you know the children's picture book, "The Very Hungry *Caterpillar" by *Eric Carle? A little green caterpillar was born from an egg, ate one apple on Monday, three *plums on Wednesday, five oranges on Friday... and finally grew into a big, beautiful *butterfly! If you read it, you may feel that you want to try something new and improve yourself. The original book was written in America in 1969. The book was written in more than 70 different languages. A lot of people in the world have bought the book. Some of you may have it, but did you know that it was created by using Japanese *technology?

You can find "*Printed in Japan" on the first book's last *page. Why was it printed in Japan? The book has many colors, different page sizes, and even some holes on the pages. You can see a hole on some fruits in the book. It

shows that the caterpillar has already eaten them. This is one of Eric's interesting ideas. Children can enjoy reading by putting their fingers into these holes. They were difficult to make in America. Then a Japanese man said to Eric, "We will help you. Our company's technology can do it." This is why the book was printed in Japan.

Eric's new idea and Japanese technology made this book famous. He died last May, but his book has *influenced many people around the world and will be always with us.

(注) caterpillar　イモムシ　Eric Carle　エリック・カール（人名）　plum(s)　スモモ
butterfly　チョウ　technology　技術　print(ed)　～を印刷する　page(s)　ページ
influence(d)　～に影響を与える

(1) 次の文章は，ミホのスピーチの内容に関する生徒のメモです。スピーチの内容と合うように（ア）～（ウ）に入る最も適切な日本語をそれぞれ書きなさい。

【メモ】

・「The Very Hungry Caterpillar」という絵本を読むと，（　ア　）に挑戦して自分を高めていきたい気持ちになる。
・果物の絵に開いている穴は，イモムシがすでに（　イ　）ことを表している。
・エリック氏は昨年（　ウ　）に亡くなったが，彼の本はこれからも私たちのそばにあり続ける。

(2) ミホのスピーチの内容と合うように次の１～３の質問に対する答えをそれぞれ一つの英文で書きなさい。

1 When was the original book written in America?
2 How can children enjoy reading with the holes in the book?
3 Was it easy to make the holes on the pages in America?

(3) 「あなたのお気に入りのもの」一つについて，その理由を含めて英語20語以上で書きなさい。文の数はいくつでもかまいません。

5 高校生のナオミ（Naomi）と弟のケイタ（Keita）についての英文を読んで，あとの(1)~(3)に答えなさい。＊印の語句には，本文のあとに（注）があります。(25点)

One Sunday afternoon, Naomi and Keita, decided to go to the park to play tennis after it stopped raining in the morning. Keita is a junior high school student and three years younger than Naomi. They are always interested in many things around them.

While Naomi and Keita were walking to the park, they found a beautiful rainbow in the sky. Naomi asked, "Why does a rainbow appear in the sky?" Keita answered, "Rain *divides the *sunlight into seven colors. I learned it in a science class." Naomi said, "Great, but are there really seven colors? They are seven for us, Japanese, but six for people in America and three for people in some countries in Asia." Keita was surprised and said in a big voice, "What?

Why is the number of colors so different?" Naomi continued, "Look at the rainbow again. Can you really see seven colors in the rainbow?" Keita looked at the rainbow for a few minutes and answered, "I can see red, yellow, green, blue... four colors.... If I try to see the other three colors between them, I think I can see more colors...." Naomi said, "See? We cannot say it is seven because colors of light change *little by little." "I didn't know that! That's interesting," Keita said. Naomi asked again, "Why do you think that a rainbow has seven colors?" "Maybe, I learned it when I was little," Keita answered. Naomi smiled and said, "That's right. Different people have different ideas about how many colors a rainbow has. If you believe that it is seven, seven will be the right answer for you." Keita looked up at the same rainbow again and began to think it didn't have seven colors.

Naomi said, "We have many cultures in the world and people in different cultures have different ways of feeling." "I am happy to know that," Keita smiled. Naomi continued, "When you want to know something, it is important to see it with your own eyes, listen to it with your own ears, and think about it with your own *mind. Sometimes it may be different from ideas that you have learned. Think and feel by yourself!" Keita looked excited and said, "I also learned at school that all colors *disappear when they are *mixed." Naomi felt proud of her brother and even herself. Keita found a new way to learn through talking with his sister.

This experience was a nice lesson for Keita. He wanted to learn more than before. The most exciting thing for him was that science gave him a better understanding of different cultures in the world. Before this experience, he believed that learning science and thinking about cultures were different. Now he knows that all learning experiences *are related to each other.

(注) divide(s)　～を分ける　sunlight　太陽光　little by little　少しずつ　mind　頭
disappear　消える　mix(ed)　～を混ぜる　be related to　～に関係している

(1) 本文の内容と合うように英文を完成させるとき，次のア～エに続く最も適切なものを，1～4の中からそれぞれ一つ選び，その番号を書きなさい。

ア When Naomi asked the number of the colors in a rainbow,
1 Keita already knew that there were not seven colors in a rainbow.
2 Keita's answer was seven, but he could not see all of them.
3 Keita could see more colors in a rainbow than Naomi.
4 Keita said there were four, but he could see seven colors.

イ After Naomi and Keita talked, Keita
1 knew that understanding different cultures was more important than learning science.
2 was happy because the things he learned before were always right.

3 understood that thinking by himself would help him learn something.

4 wasn't interested in the number of colors in a rainbow.

ウ This experience

1 let Keita think that learning at school was more important than thinking by himself.

2 gave Keita a new idea that learning science and thinking about cultures were different.

3 made Keita tired because he had to remember many new things.

4 taught Keita that all the things he was learning from his experiences were related.

エ The thing Naomi taught Keita is that

1 rain divides the sunlight into seven colors.

2 the number of colors in a rainbow may be different in other cultures.

3 every country believes a rainbow has seven colors.

4 all colors disappear when they are mixed.

(2) 下線部 that が表している内容を日本語で書きなさい。

(3) 本文の内容をふまえて，次の英文の（ア）～（ウ）に入る最も適切な語を，下の１～７の中からそれぞれ一つ選び，その番号を書きなさい。

Naomi asked Keita some questions when they (ア) to the park. Her questions gave him a new understanding in his way of learning. Naomi found her brother was more excited to enjoy talking and learning with her. This made Naomi proud of herself in (イ) him new things. She began to feel that he could find his (ウ) to any questions by himself from all of his learning experiences.

1 answers	2 talked	3 science	4 walked
5 looking	6 cultures	7 teaching	

＜理科＞

時間 45分 満点 100点

1 次の(1)~(4)に答えなさい。(20点)

(1) タンポポの花と根について，次の**ア**，**イ**に答えなさい。

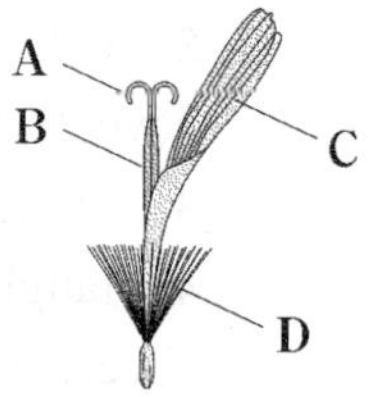

ア 右の図は，花のつくりを表したものである。図のA～Dの中でおしべはどれか，適切なものを一つ選び，その記号を書きなさい。

イ 下の文章は，根のつくりとはたらきについて述べたものである。文章中の ① ～ ③ に入る適切な語句を書きなさい。

> タンポポの根は太い根の主根と細い根の [①] からなり，根の先端近くには多くの [②] がある。[②] があることによって根の [③] が広くなるので，水と水に溶けている無機養分を効率よく吸収することができる。

(2) 右の図は，ある地域のすべての生物とそれをとりまく環境を一つのまとまりとしてとらえたものにおいて，生物量（生物の数量）のつり合いのとれた状態をピラミッド形に表したものである。次の**ア**，**イ**に答えなさい。

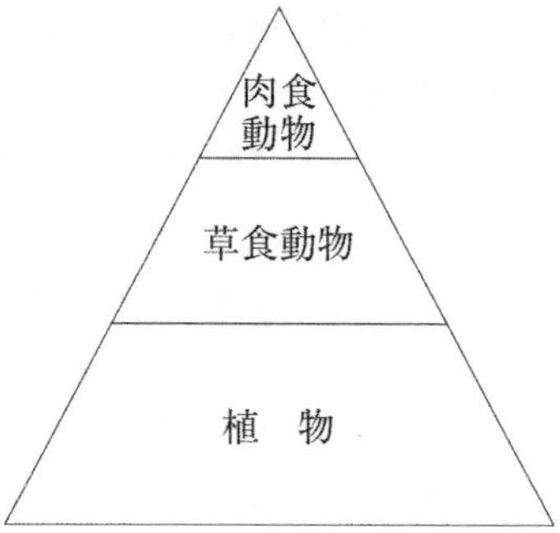

ア 下線部を何というか，書きなさい。

イ 下の文章は，この地域において，何らかの原因で急に草食動物の生物量が変化したとき，再び全体の生物量のつり合いがとれるまでの過程について述べたものである。文章中の ① ～ ③ に入る語の組み合わせとして最も適切なものを，次の1～6の中から一つ選び，その番号を書きなさい。ただし，ほかの地域との間で生物の移動はないものとする。

> 草食動物の生物量が [①] すると，植物が増加し，肉食動物が [②] する。肉食動物の [②] により，その後，草食動物が [③] すると，やがて植物が減少し，肉食動物が増加する。このような増減が繰り返され，全体の生物量のつり合いがとれた状態になる。

1 ① 増加 ② 増加 ③ 増加　　2 ① 減少 ② 増加 ③ 減少
3 ① 増加 ② 増加 ③ 減少　　4 ① 減少 ② 減少 ③ 増加
5 ① 増加 ② 減少 ③ 増加　　6 ① 減少 ② 減少 ③ 減少

(3) 右の図は，花こう岩をルーペで観察してスケッチしたものである。花こう岩のつくりは，結晶が大きく成長した鉱物でできており，不規則に割れる無色鉱物や，決まった方向にうすくはがれる有色鉱物などが見られた。次の**ア**，**イ**に答えなさい。

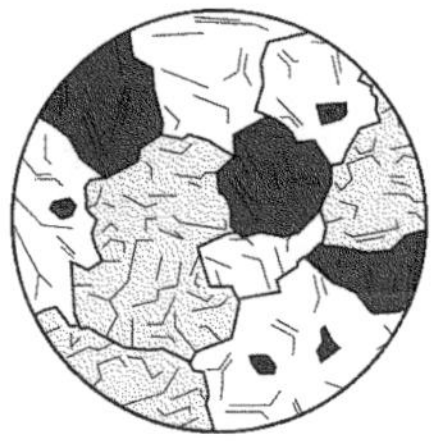

ア 下線部として適切なものを，次のページの1～4の中から一つ選び，その番号を書きなさい。

1　セキエイ　　2　カンラン石　　3　クロウンモ　　4　チョウ石

イ　花こう岩をつくる鉱物について，結晶が大きく成長する理由を，**マグマ**という語を用いて書きなさい。

(4)　次の図は，ある年の４月14日から15日にかけて，青森市を温帯低気圧が通過したときの，気温，湿度，天気の変化をまとめたものである。次の**ア**，**イ**に答えなさい。

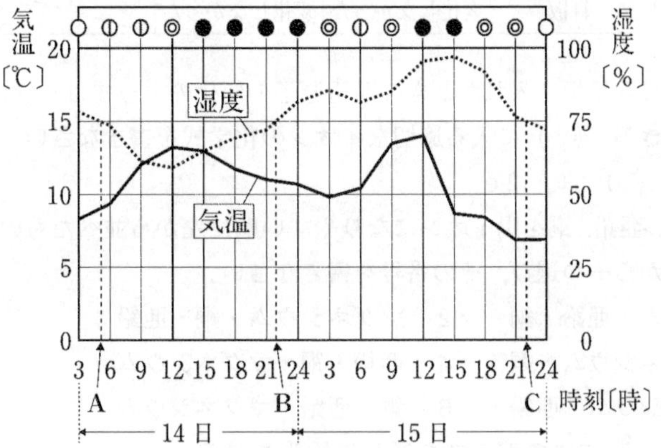

ア　寒冷前線が通過したのは，何日の何時から何時の間であると考えられるか，最も適切なものを，次の１～４の中から一つ選び，その番号を書きなさい。

1　14日の６時から12時　　2　14日の15時から24時

3　15日の６時から９時　　4　15日の12時から15時

イ　図のA，B，Cの各時刻における湿度はすべて75%であり，各時刻において空気 $1\,m^3$ にふくまれる水蒸気量をそれぞれa，b，cとしたとき，a～cを小さい順に左から並べて書きなさい。

2　次の(1)～(4)に答えなさい。(18点)

(1)　３枚の蒸発皿A～Cを準備し，Aに塩化ナトリウム，Bに炭酸水素ナトリウム，Cに塩化ナトリウムと炭酸水素ナトリウムの混合物を3.2gずつ入れ，それぞれをかき混ぜながら十分に加熱した。右の表は，加熱前後のそれぞれの質量をまとめたものである。混合物3.2gにふくまれていた炭酸水素ナトリウムの質量は何gか，求めなさい。

蒸発皿	物質	加熱前の質量〔g〕	加熱後の質量〔g〕
A	塩化ナトリウム	3.2	3.2
B	炭酸水素ナトリウム	3.2	2.0
C	混合物	3.2	2.3

(2)　右の図のように，６本の試験管を準備し，硫酸マグネシウム水溶液，硫酸亜鉛水溶液，硫酸銅水溶液をそれぞれ２本ずつに入れた。次に，硫酸マグネシウム水溶液には亜鉛板と銅板を，硫酸亜鉛水溶液にはマグネシウムリボンと銅板を，硫酸銅水溶液にはマグネシウムリボンと亜鉛板をそれぞれ入れて変化を観察した。次のページの表は，その結果をまとめたものである。

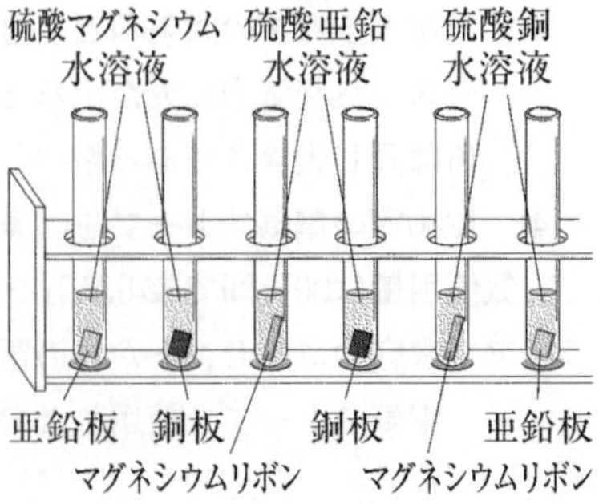

次の**ア**，**イ**に答えなさい。

	硫酸マグネシウム水溶液	硫酸亜鉛水溶液	硫酸銅水溶液
マグネシウムリボン		亜鉛が付着した	銅が付着した
亜鉛板	変化しなかった		銅が付着した
銅板	変化しなかった	変化しなかった	

ア　硫酸銅水溶液に亜鉛板を入れたときの亜鉛原子の変化のようすは，次のように化学式を使って表すことができる。（　）に入る適切なイオンの化学式を書きなさい。

$Zn \rightarrow (\quad\quad) + 2e^-$

イ　マグネシウム，亜鉛，銅を陽イオンになりやすい順に左から並べたものとして適切なものを，次の1～6の中から一つ選び，その番号を書きなさい。

1　マグネシウム・亜鉛・銅　　2　マグネシウム・銅・亜鉛
3　亜鉛・マグネシウム・銅　　4　亜鉛・銅・マグネシウム
5　銅・マグネシウム・亜鉛　　6　銅・亜鉛・マグネシウム

(3)　図1のように，直方体のガラスを通して鉛筆を見ると，光の屈折により，鉛筆が実際にある位置よりずれて見えた。次の**ア**，**イ**に答えなさい。

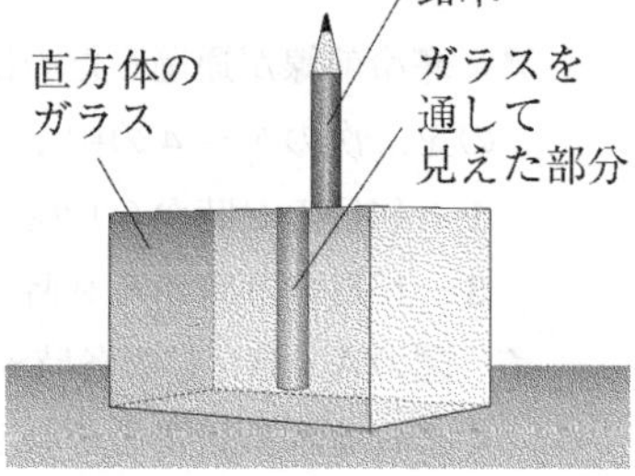

図1

ア　下線部による現象として最も適切なものを，次の1～4の中から一つ選び，その番号を書きなさい。
1　鏡にうつった物体は，鏡のおくにあるように見える。
2　虫めがねを物体に近づけると，物体が大きく見える。
3　でこぼこのある物体に光を当てると，光がいろいろな方向に進む。
4　光ファイバーの中を光が進む。

イ　図2は，図1の直方体のガラスと鉛筆，ガラスを通して見えた鉛筆の位置の関係を模式的に表したものである。鉛筆を見た位置をA点として，鉛筆からガラスの中を通ってA点に向かう光の道すじを実線（――）でかきなさい。ただし，空気中から直方体のガラスに光が入るときの入射角と，直方体のガラスから空気中に光が出るときの屈折角は同じ大きさであるものとする。

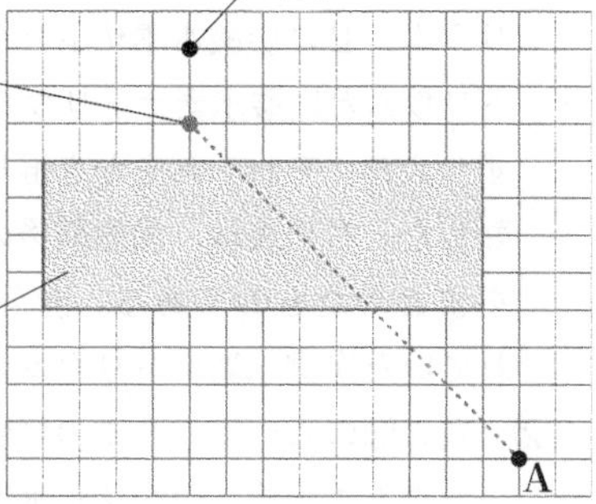

図2

(4)　1200Wの電気ストーブを，家庭のコンセントにつないで使用したところ，電気ストーブの電気使用量は30日間で324kWhであった。次の**ア**，**イ**に答えなさい。

ア　家庭のコンセントからの電流のように，周期的に向きが変わる電流の名称を書きなさい。

イ　電気ストーブを使用したのは1日あたり平均して何時間か，求めなさい。

3 だ液のはたらきと性質を調べるために，下の実験１，２を行った。次の(1)~(3)に答えなさい。(15点)

実験１

手順１　試験管A～Cに0.5%のデンプン溶液を$10cm^3$ずつ入れ，Aには水$2cm^3$を，B，Cにはだ液$2cm^3$を加えてふり混ぜた。

手順２　図１のように，A，Bは24℃の室温で，Cは手でにぎってあたためながら10分間おいた。

手順３　A～Cそれぞれにヨウ素液を加えて反応のようすを観察し，その結果を表１にまとめた。

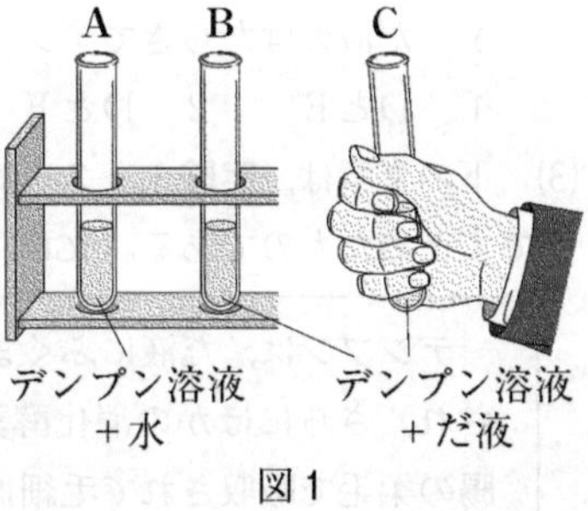

図１

Aの溶液	Bの溶液	Cの溶液
青紫色になった	うすい青紫色になった	反応しなかった

表１

実験２

手順１　図２のように，試験管D～Gに0.5%のデンプン溶液を$10cm^3$ずつ入れ，DとEには水$2cm^3$を，FとGにはだ液$2cm^3$を加えてふり混ぜ，24℃の室温で20分間おいた。

手順２　DとFにヨウ素液を加えて反応のようすを観察した。

手順３　EとGにベネジクト液を加えて<u>ある操作</u>を行い，反応のようすを観察した。

手順４　手順２，３の結果を表２にまとめた。

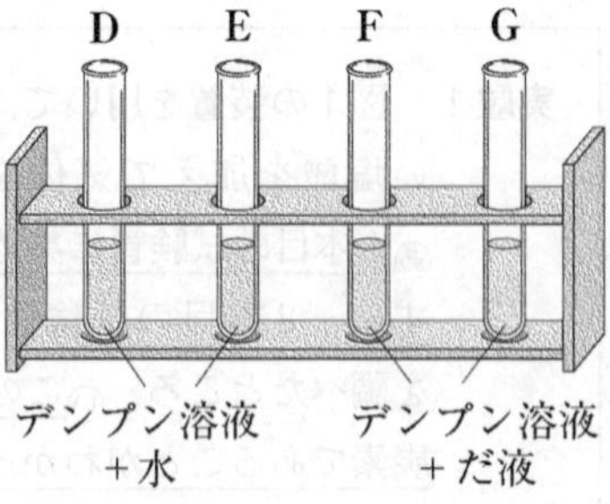

図２

	Dの溶液	Eの溶液	Fの溶液	Gの溶液
手順２	青紫色になった		反応しなかった	
手順３		反応しなかった		赤褐色になった

表２

(1) **実験１**について，次のア，イに答えなさい。

ア　試験管Bに対するAのように，調べたい条件以外の条件をそろえて行う実験を何というか，書きなさい。

イ　試験管BとCの結果を比べて，だ液のはたらきについてわかることを，温度に着目して書きなさい。

(2) **実験２**について，次のア，イに答えなさい。

ア　下線部として適切なものを，次の１～４の中から一つ選び，その番号を書きなさい。

1　沸とう石を入れて加熱する。　2　水に入れて冷やす。
3　暗いところにしばらく置く。　4　日光にしばらく当てる。

イ 次のX，Yは，どの試験管とどの試験管の結果を比べることでわかるか。比べる試験管の組み合わせとして最も適切なものを，次の１～６の中からそれぞれ一つ選び，その番号を書きなさい。

X だ液のはたらきでデンプンがなくなったこと。

Y だ液のはたらきでデンプンが麦芽糖などに分解されたこと。

1 DとE　2 DとF　3 DとG　4 EとF　5 EとG　6 FとG

(3) 下の文章は，**実験１**，**２**を終えた生徒が，デンプンの消化・吸収・貯蔵・運搬について調べてまとめたものである。文章中の ① ～ ③ に入る適切な語を書きなさい。

> デンプンは，だ液にふくまれる消化酵素である ① のはたらきで麦芽糖などに分解され，さらにほかの消化酵素のはたらきで最終的に ② に分解される。 ② は小腸の柔毛で吸収されて毛細血管に入り，血液とともに ③ に集まった後，ここから血管を通って全身に運ばれる。

4 気体の発生について，下の**実験１**，**２**を行った。あとの(1)～(3)に答えなさい。(17点)

実験１ 図１の装置を用いて，石灰石にうすい塩酸を加えて気体を発生させた。㋐<u>１本目の試験管に集めた気体は調べずに</u>，２本目の試験管に集めた気体を調べたところ，㋑<u>この気体は二酸化炭素であることがわかった。</u>

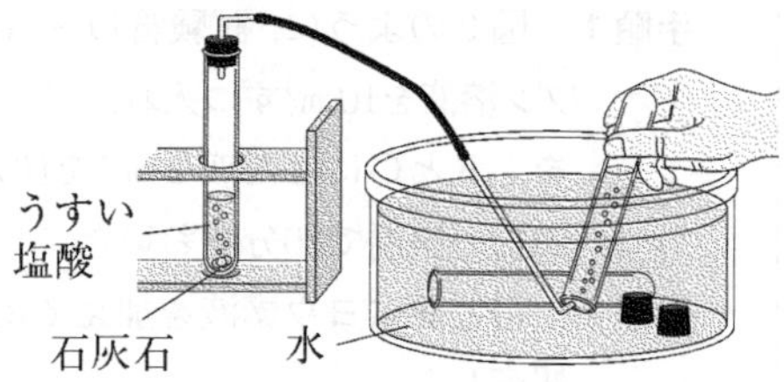

図１

実験２ 図２のように，うすい塩酸40.0cm³を入れたビーカーと，石灰石1.00 gをのせた薬包紙を電子てんびんにのせ，反応前の質量をはかった。この石灰石1.00 gをうすい塩酸に入れて二酸化炭素を発生させ，発生が止まったところで，反応後の質量をはかった。反応前後の質量の差から，発生した二酸化炭素の質量を求めたところ，0.44 gであった。石灰石の質量を2.00 g，3.00 g，4.00 g，5.00 gと変えて，他の条件は変えずに同様の実験を行った。図３は，その結果をまとめたものである。ただし，反応によって発生した二酸化炭素はすべて空気中に逃げて，ビーカーに残らないものとする。

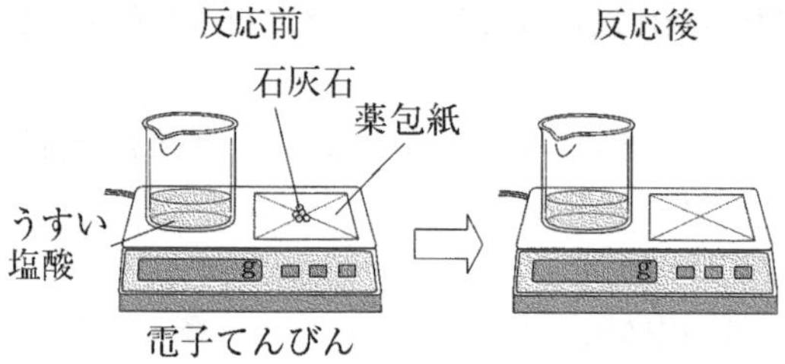

図２

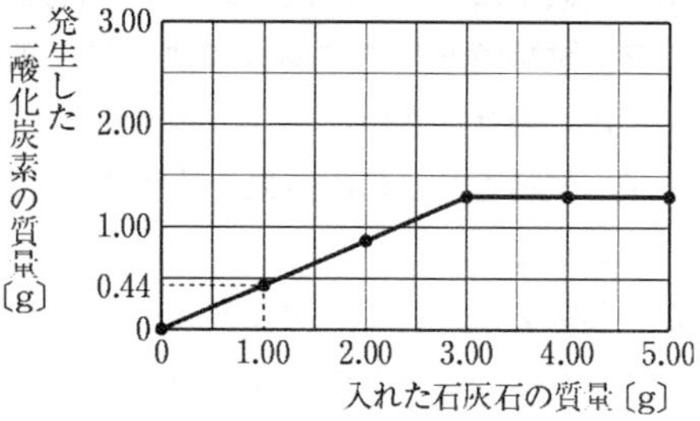

図３

(1) 次の１～４の中で，化学変化によって気体が発生するものを**二つ選び**，その番号を書きなさい。

1　うすい硫酸ナトリウム水溶液にうすい塩化バリウム水溶液を加える。

2　鉄にうすい塩酸を加える。

3　塩化アンモニウムと水酸化カルシウムの混合物を加熱する。

4　銅板を加熱する。

(2) **実験１**について，次の**ア**～**ウ**に答えなさい。

ア　二酸化炭素の化学式を書きなさい。

イ　下線部㋐の理由を書きなさい。

ウ　下の文は，下線部㋑について述べたものである。文中の ① に入る適切な語を書きなさい。また， ② に入る適切な内容を書きなさい。

> 発生した気体を集めた試験管に ① を入れてよくふると ② ことから，二酸化炭素であることを確かめられる。

(3) **実験２**について，次の**ア**，**イ**に答えなさい。

ア　うすい塩酸に入れた石灰石の質量と，反応せずに残った石灰石の質量の関係を表すグラフをかきなさい。

イ　この実験で用いたものと同じうすい塩酸100.0cm³に石灰石8.00gを入れたとき，発生する二酸化炭素の質量は何gか，求めなさい。

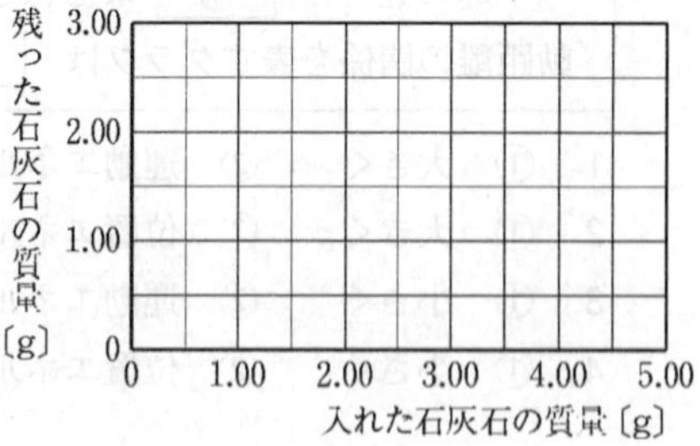

5　ある生徒が，運動とエネルギーについて調べるために下の**実験１**，**２**を行った。次の(1)～(3)に答えなさい。ただし，摩擦力は木片だけが受けるものとし，空気の抵抗は考えないものとする。また，小球のもつエネルギーは木片に衝突後，すべて木片を移動させる仕事に使われるものとする。(15点)

実験１　図１の装置を用いて，レールの水平面から高さが５cmの位置で小球をはなし，小球をはなしてからの時間とはなした位置からの移動距離を調べた。次に，高さが10cm，20cmの位置で小球をはなして，同様の実験を行い，その結果を表１にまとめた。

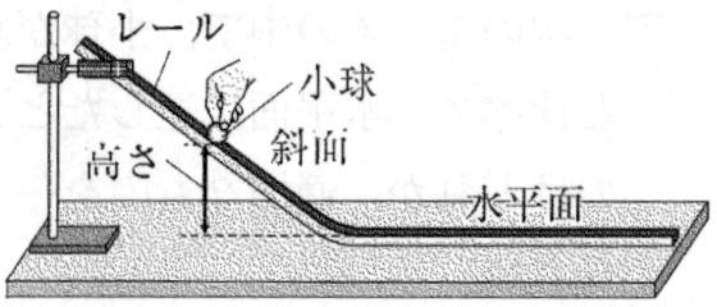

図１

小球をはなしてからの時間〔秒〕		0.0	0.1	0.2	0.3	0.4	0.5	0.6	0.7
はなした位置からの移動距離〔cm〕	高さ５cmのとき	0.0	2.0	8.0	17.5	27.4	37.3	47.2	57.1
	高さ10cmのとき	0.0	2.0	8.0	18.0	31.5	45.5	59.5	73.5
	高さ20cmのとき	0.0	2.0	8.0	18.0	32.0	50.0	69.8	89.6

表１

実験2　図2のように，小球を転がして木片に衝突させて小球の速さと木片の移動距離の関係を調べ，その結果を表2にまとめた。

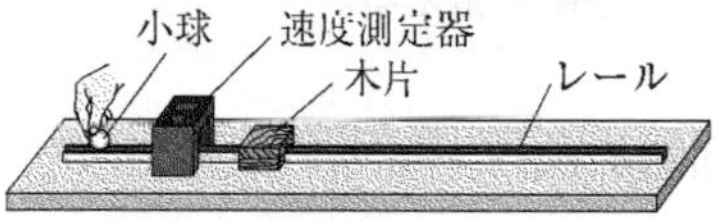

図2

小球の速さ〔cm/s〕	99	140	171	198	221
木片の移動距離〔cm〕	4.0	8.0	12.0	16.0	20.0

表2

(1) **実験1**について，次の**ア**，**イ**に答えなさい。

ア　水平面での小球の運動を何というか，その名称を書きなさい。

イ　高さが5cmの位置で小球をはなしたとき，水平面を運動しているときの小球の速さは何cm/sか，求めなさい。

(2) 下の文章は，**実験2**の結果について述べたものである。文章中の ① ， ② に入る語の組み合わせとして適切なものを，次の1～4の中から一つ選び，その番号を書きなさい。また， ③ に入るグラフとして適切なものは，次のA，Bのどちらか，その記号を書きなさい。

> 小球の速さが ① なるほど， ② が大きくなる。また，小球の速さと木片の移動距離の関係を表すグラフは， ③ のようになる。

1　①　大きく　②　運動エネルギー
2　①　大きく　②　位置エネルギー
3　①　小さく　②　運動エネルギー
4　①　小さく　②　位置エネルギー

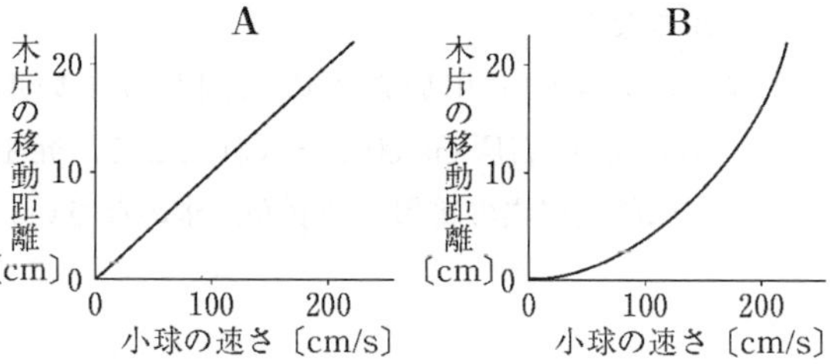

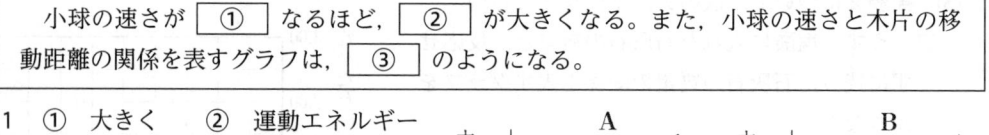

(3) この生徒が，図3のように，**実験1**の装置のレールの水平面に木片を置き，高さを変えながら小球をはなして木片に衝突させた。次の**ア**，**イ**に答えなさい。ただし，用いた木片および木片が受ける摩擦力は**実験2**と同じであるものとする。

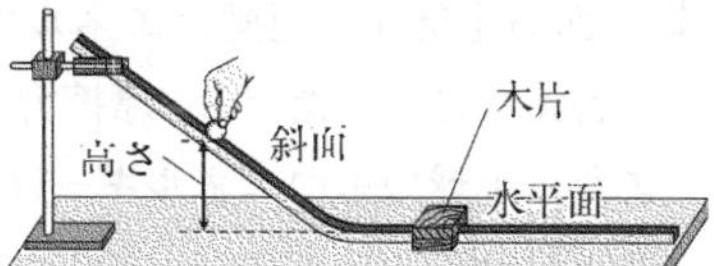

図3

ア　次の1～4の中で，小球が斜面を運動しているときと比べて，水平面に達したときに小さくなっているものはどれか。適切なものを一つ選び，その番号を書きなさい。

1　小球にはたらく重力
2　小球のもつ力学的エネルギー
3　小球のもつ運動エネルギー
4　小球のもつ位置エネルギー

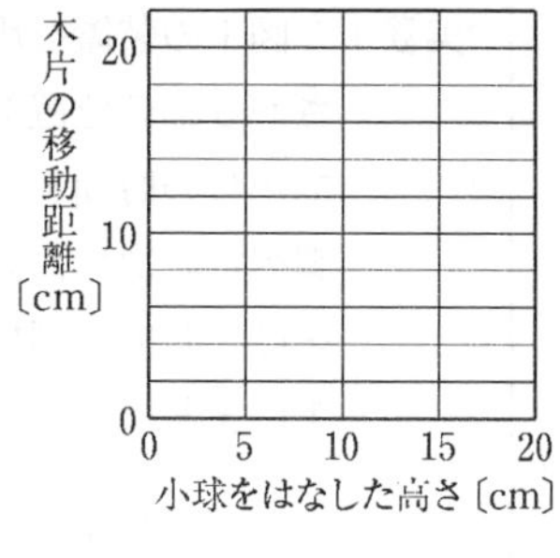

イ　表1，2をもとに，小球をはなした高さと木片の移動距離の関係を表すグラフをかきなさい。

6　下の資料１，２は，天体の運動についてまとめたものである。次の(1)，(2)に答えなさい。（15点）

資料１

図１は，日本のある場所で観察した北の空の星の動きを模式的に表したものである。北極星はほとんど動かず，ほかの星は北極星を中心に回転しているように見えた。

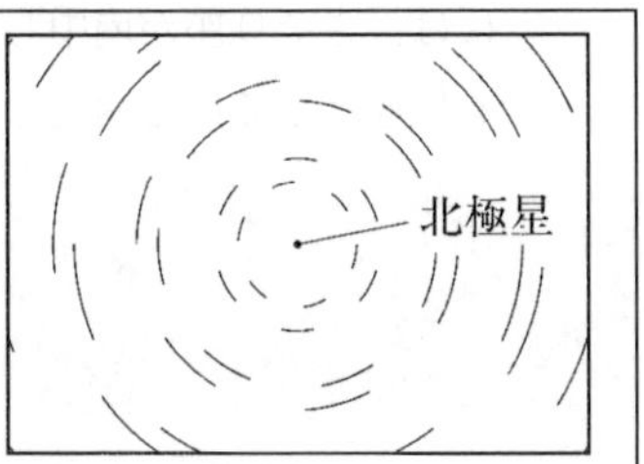

図１

資料２

図２は，太陽と黄道上の12星座および地球の位置関係を模式的に表したものである。また，Aは日本における春分，夏至，秋分，冬至のいずれかの日の地球の位置を示している。

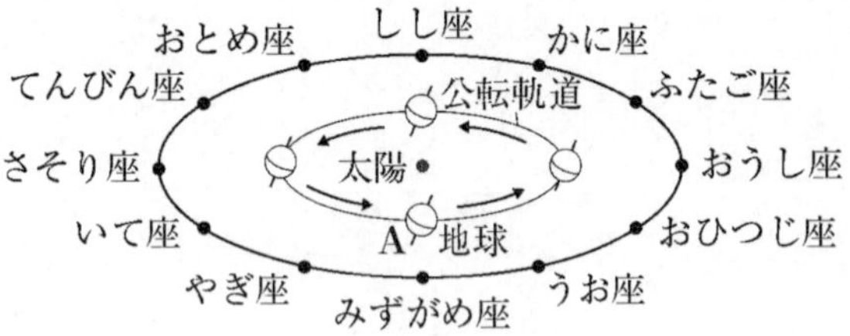

図２

(1)　資料１について，次のア～ウに答えなさい。

ア　それぞれの恒星は，非常に遠くにあるため，観測者が恒星までの距離のちがいを感じることはなく，自分を中心とした大きな球面にはりついているように見える。この見かけの球面を何というか，その名称を書きなさい。

イ　この場所での天頂の星の動きを表したものとして最も適切なものを，次の１～４の中から一つ選び，その番号を書きなさい。

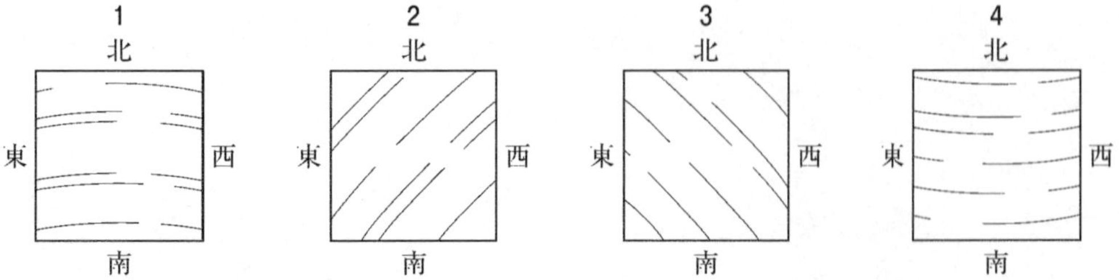

ウ　次の文章は，星の動きについて述べたものである。文章中の ① ， ② に入る適切な語を書きなさい。

> 北の空の星は ① を延長した方向の一点を中心として，１日に１回転しているように見える。これは，地球が ① を中心にして自転しているために起こる見かけの運動で，星の ② という。

(2)　資料２について，次のア，イに答えなさい。

ア　図２のAは，次のページの１～４の中のいずれの日の地球の位置を示しているか，適切なものを一つ選び，その番号を書きなさい。

1　春分　　2　夏至　　3　秋分　　4　冬至

イ　青森県内のある場所において，22時にてんびん座が南中して見えた。同じ場所で２時間後には，さそり座が南中して見えた。この日から９か月後の20時に，同じ場所で南中して見える星座として最も適切なものを，図２の12星座の中から一つ選び，その名称を書きなさい。

＜社会＞

時間　45分　　満点　100点

1　下の略地図や資料を見て，次の(1)~(5)に答えなさい。(14点)

略地図

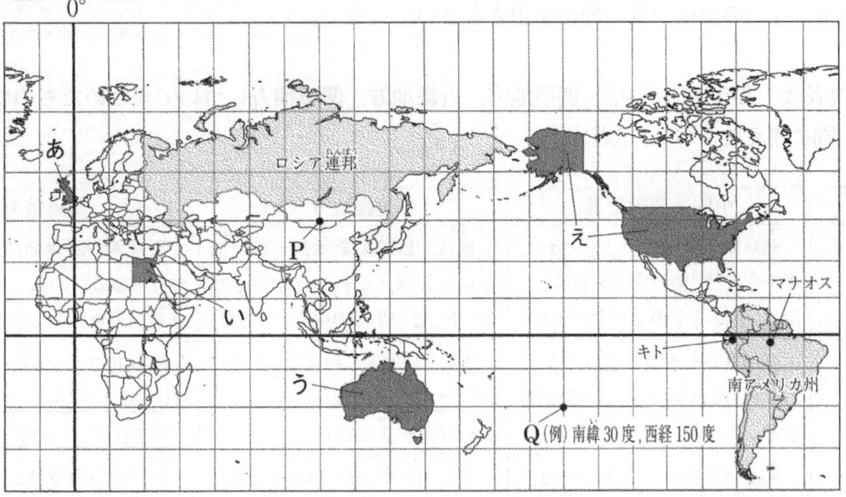

(1)　略地図中のロシア連邦の北部に広がる針葉樹の森林を何とよぶか，書きなさい。

(2)　略地図中のP点の緯度と経度を，Q点の例を参考に書きなさい。

(3)　資料1は，面積，人口，GDP（国内総生産）の世界の州別割合を表している。資料1中のA～Cは，それぞれ面積，人口，GDPのどれを表しているか。適切な組み合わせを，次の1～6の中から一つ選び，その番号を書きなさい。

	A	B	C
1	人口	面積	GDP
2	GDP	人口	面積
3	面積	GDP	人口
4	人口	GDP	面積
5	GDP	面積	人口
6	面積	人口	GDP

資料1　(注) ロシア連邦は，ヨーロッパ州にふくむ。

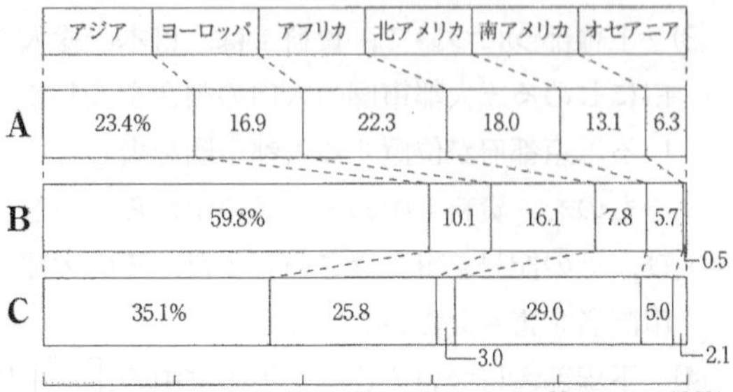

〔「世界人口年鑑」2015年版などによる〕

(4)　資料2は，日本における鉄鉱石の輸入相手国ごとの輸入額の割合を表している。資料2中のXにあてはまる国として適切なものを，略地図中のあ～えの中から一つ選び，その記号を書きなさい。また，その国名を書きなさい。

資料2
〔2015年〕

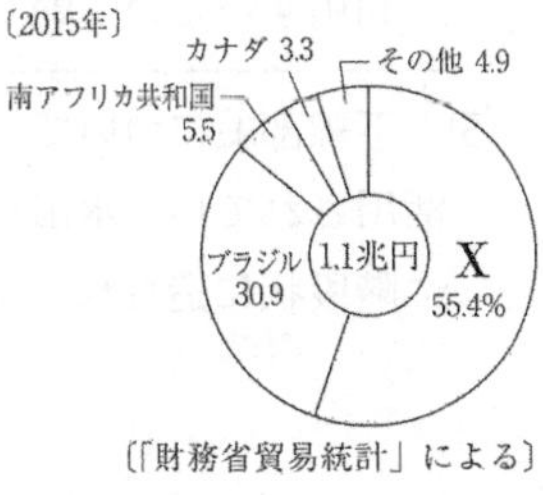

〔「財務省貿易統計」による〕

(5) 略地図中の南アメリカ州について，次のア，イに答えなさい。

ア　さとうきびやとうもろこしなどの植物原料から作られ，地球温暖化対策になると注目されている燃料を何というか，書きなさい。

イ　資料3は，略地図中のキトとマナオスの月平均気温を表している。ほぼ同緯度に位置するマナオスに比べて，キトの気温が低い理由を書きなさい。

資料3

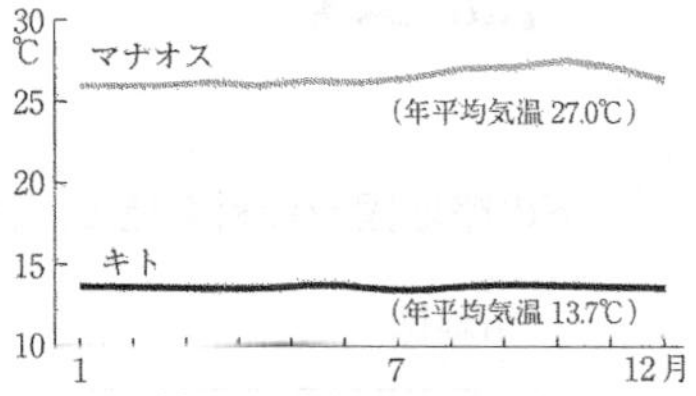

〔「理科年表2021年版」などによる〕

2　下の表は，ある生徒が中国・四国地方，近畿地方，関東地方についてまとめたものである。次の(1)～(6)に答えなさい。（15点）

	中国・四国地方	近畿地方	関東地方
産業	瀬戸内工業地域で生産された工業原料は，瀬戸内海を利用して船で全国の工業都市に運ばれる。	戦後，阪神工業地帯では，沿岸部の製鉄所や石油化学コンビナートなどが生産の中心になった。	東京湾の臨海部には，大工場が立ち並び，（ あ ）工業地帯や京葉工業地域が形成されている。
他地域との結び付き	高速道路や鉄道の建設により，人々の行動や物の移動の範囲が広がった。	大阪，い京都，神戸などを中心にう大都市圏が形成され，人や物の移動が盛んである。	都市の機能が一極集中するえ東京には，郊外からもたくさんの人々が鉄道を利用して通勤・通学している。
人口，都市・村落	過疎に直面する市町村では，地域の実状に応じたお町おこし・村おこしが行われている。	海と山にはさまれ，都市の発展に限界のあった神戸市では，か海と山との一体的な開発が行われた。	首都である東京では，住宅問題やゴミ問題など，さまざまな都市問題を抱えている。

(1) （あ）にあてはまる語を書きなさい。

(2) 下線部いでは，店の看板，建物の高さ，デザインなどを規制する条例が定められている。このような条例が定められている理由を，**景観**という語を用いて書きなさい。

(3) 下線部うについて，資料1は，日本の総人口にしめる三大都市圏の人口の割合を表している。京都府が位置する大都市圏を表しているものを，資料1中のX～Zの中から一つ選び，その記号を書きなさい。また，その大都市圏名を書きなさい。

資料1

総人口 1億2807万人	X	Y	Z	その他
	28.2%	14.4	8.9	48.5

〔「住民基本台帳人口要覧」平成28年版による〕

(4) 下線部えについて述べた下の文中の □ にあてはまる語を，**カタカナ5字**で書きなさい。

> 都心と郊外を結ぶ鉄道が集中する新宿，池袋，渋谷などは，□ 駅として多くの人が利用するため，朝夕の通勤・通学時間帯にとても混雑する。

(5) 下線部おについて，資料2は，高知県梼原町の町おこしに活用されている水田を表している。このような山の斜面などに階段状に造られた水田を何というか，書きなさい。

資料2

⑹　下線部㋕について，資料３は，神戸市の主なニュータウンとうめ立て区域を表している。神戸市ではどのような開発が行われたのか，資料３を参考にして，次の２語を用いて書きなさい。

丘陵地　　うめ立て

資料３

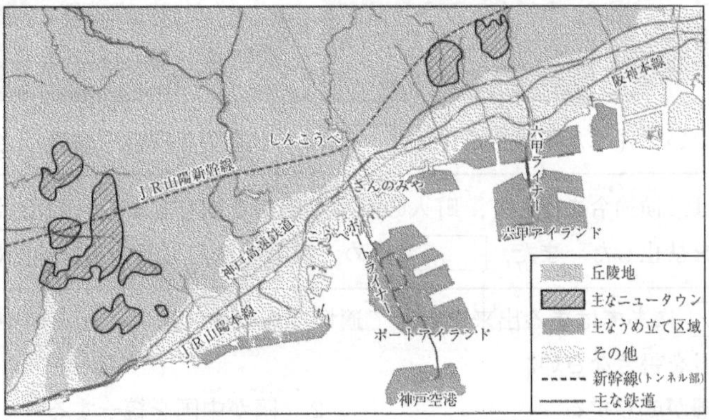

3　下の表は，ある生徒が歴史の学習で興味をもった出来事についてまとめたものである。次の⑴～⑹に答えなさい。(15点)

世紀	日本と世界の主な出来事
7	㋐大化の改新
8	㋑墾田永年私財法
9	坂上田村麻呂が胆沢城を築く
10	A
11	藤原道長が摂政になる
12	源頼朝が征夷大将軍になる
13	㋒モンゴル襲来
14	南朝と北朝が統一される
15	応仁の乱 B
16	キリスト教の伝来
17	鎖国の体制が固まる
18	寛政の改革 ㋓フランス革命
19	C ㋔天保の改革

⑴　下線部㋐について述べた文として適切なものを，次の１～４の中から一つ選び，その番号を書きなさい。

1　聖徳太子らが大王（天皇）を中心とする政治制度を整えようとした。

2　中大兄皇子らが新しい支配の仕組みを作る改革を始めた。

3　聖武天皇が仏教の力にたよって国家を守るために，東大寺を建てた。

4　桓武天皇が政治を立て直すために，都を平安京に移した。

⑵　下線部㋑によって認められた貴族や寺院の私有地を何というか，書きなさい。

⑶　下の資料は，下線部㋒の後に鎌倉幕府が出した法令の一部である。この法令を何というか，書きなさい。

資料

> 領地の質入れや売買は，御家人の生活が苦しくなるもとなので，今後は禁止する。
> …御家人以外の武士や庶民が御家人から買った土地については，売買後の年数に関わりなく，返さなければならない。

⑷　下線部㋓の様子を表しているものとして適切なものを，次のページの１～４の中から一つ選

び，その番号を書きなさい。

1

2

3

4

(5) 下線部㋔について述べた下の文章中の［　　］に入る適切な内容を書きなさい。

水野忠邦は，倹約令を出して，町人の派手な風俗を取りしまり，政治批判や風紀を乱す小説の出版を禁止した。また，［　　］ため，営業を独占している株仲間に解散を命じた。

(6) ［A］～［C］にあてはまる出来事として適切なものを，次の1～6の中からそれぞれ一つ選び，その番号を書きなさい。

1　ローマ帝国が成立する　　2　隋が中国を統一する
3　コロンブスが西インド諸島に到達する　　4　ロシア革命が起こる
5　アヘン戦争が起こる　　6　唐がほろびる

4 下の文章は，ある生徒が食生活の歴史について，カレーライスをテーマとしてまとめたものである。次の(1)～(6)に答えなさい。(15点)

「カレー」という言葉をはじめて紹介したのは，福沢諭吉だといわれる。諭吉は1860年，㋐日米修好通商条約を結ぶ手続きをするためにアメリカに派遣された。アメリカで諭吉は一冊の辞書を手に入れ，帰国後，日本語に訳した。その中に「カレー」を意味する言葉があった。

㋑明治時代になると，文明開化によって，食生活にも西洋料理が取り入れられ，カレーライスはイギリス料理として紹介された。カレーライスは，大鍋で一度に大量に作ることができるため，軍隊での料理で大いに活用された。㋒徴兵制によって，兵役の義務が課せられた人々が，除隊後にカレーライスの味と作り方をふるさとに持ち帰った。

大正時代には，カレーライスは一般家庭にも広く普及した。また，1923年9月1日に発生した（　㋓　）の後の復興の中で，西洋料理を提供する食堂が急増し，カレーライスは人気料理として，多くの人々に食べられた。

しかし，1931年の㋔満州事変から，戦争の時代に入ると，スパイスの輸入が制限されるようになり，カレーライスは食卓から姿を消した。戦後，カレー粉の製造が再開され，㋕1950年代半ばには固形のカレールーが開発された。また，高度経済成長期には，レトルトカレーも販売され，カレーライスは人気料理の一つになった。

(1) 下線部㋐が結ばれたときの江戸幕府の大老は誰か，人物名を書きなさい。

(2) 下線部㋑の様子について述べた文として**適切でないもの**を，あとの1～4の中から一つ選び，その番号を書きなさい。

1　民主主義の教育の基本を示す教育基本法などが作られた。

2　れんが造りなどの欧米風の建物が増え，道路にはランプやガス灯がつけられた。
3　太陽暦（たいようれき）が採用され，1日を24時間，1週間を七日とすることになった。
4　活版印刷の普及で，日刊新聞や雑誌が発行されるようになった。

(3)　下線部㋒や殖産興業（しょくさんこうぎょう）など，欧米諸国に対抗するため，経済を発展させ軍隊を強くする政策を何というか，書きなさい。

(4)　(㋓) にあてはまる語を書きなさい。

(5)　下線部㋔の後に起こった次の1～3の出来事を年代の古い順に並べ，その番号を書きなさい。
1　日本軍が，アメリカの軍事基地があるハワイの真珠湾（しんじゅわん）を攻撃した。
2　日本は，ドイツ，イタリアと日独伊（にちどくい）三国同盟を結んだ。
3　日本軍と中国軍が，北京（ペキン）郊外の盧溝橋（ろこうきょう）付近で武力衝突を起こした。

(6)　右の資料は，下線部㋕の日本の外交に関する出来事を表している。資料中の □ に入る適切な内容を，次の2語を用いて書きなさい。
調印　国交

資料

西暦	主な出来事
1951年	アメリカなど48か国とサンフランシスコ平和条約を結んだ。 アメリカと日米安全保障条約を結んだ。
1956年	□ ことにより，日本は国際連合に加盟し，国際社会に復帰した。

5　下の文章は，ある生徒が地方自治と私たちの生活についてまとめたものである。次の(1)～(4)に答えなさい。(14点)

> 私たちは毎日の生活を，自分たちが住む地域という社会で営んでいる。地域は住民自身によって運営されるべきであり，そのために国から自立した地方公共団体を作るという原則が，㋐日本国憲法に明確に示されている。地方自治は，住民の生活に身近な民主主義を行う場であり，「民主主義の（　㋑　）」とよばれている。
> ㋒地方公共団体の首長（しゅちょう）が，都道府県知事と市町村長である。首長は，その㋓地方公共団体の予算を作って地方議会に提出し，地方議会が議決した予算を実行したり，地方公共団体の税金を集めたりする仕事を担当する。

(1)　下線部㋐について，次のア，イに答えなさい。
ア　資料1中の（A），（B）にあてはまる語句を，それぞれ書きなさい。
イ　第12条中の公共の福祉により，人権の制限が認められる場合がある。次のページのX，Yの人権が制限される例を，あとの1～6の中からそれぞれ一つ選び，その番号を書きなさい。

資料1

前文	日本国民は，正当に（　A　）された国会における代表者を通じて行動し，…
第3条	天皇の国事に関するすべての行為（こうい）には，内閣の（　B　）を必要とし，内閣が，その責任を負ふ。
第12条	この憲法が国民に保障する自由及（およ）び権利は，国民の不断の努力によつて，これを保持しなければならない。又（また），国民は，これを濫用（らんよう）してはならないのであつて，常に公共の福祉（ふくし）のためにこれを利用する責任を負ふ。

X　労働基本権　　Y　表現の自由

1　他人の名誉を傷つける行為の禁止　　2　企業の価格協定（カルテル）などの禁止

3　不備な建築の禁止　　4　無資格者による営業の禁止

5　道路や空港建設のための土地の収用　　6　公務員のストライキ禁止

(2)（Ⓘ）にあてはまる語を書きなさい。

(3) 下線部㋒について述べた文として**適切でないもの**を，次の1～4の中から一つ選び，その番号を書きなさい。

1　首長は，議会が議決した条例や予算を拒否して審議のやり直しを求めることができる。

2　議会は，首長の不信任の議決をすることができる。

3　住民がリコールを求めて集めた署名に基づく住民投票で過半数の賛成があれば，首長は解職される。

4　議会は，住民が直接選挙で選んだ議員の中から首長を指名することができる。

(4) 下線部㋓について，資料2は，主な都道府県の歳入とその内訳を表している。資料2中の地方交付税交付金について述べた下の文中の □ に入る適切な内容を書きなさい。

> 自主財源だけでまかなえない分を補う依存財源のうち，□ ために国から配分されるのが地方交付税交付金である。

資料2

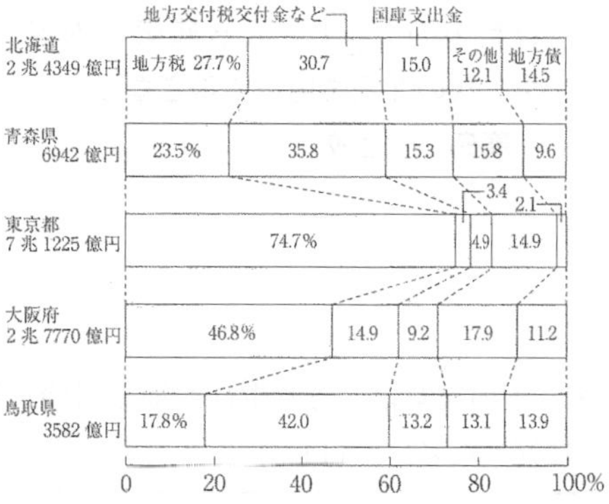

〔「地方財政統計年報」平成28年度による〕

6　下の表は，ある生徒が暮らしと経済についてまとめたものである。あとの(1)～(6)に答えなさい。(14点)

消費生活	私たちが消費する㋐商品は，農家や工場，商店などで生産され，卸売業者や小売業者によって消費者に届けられる。 消費とは，私たちが商品を受け取る代わりに，お店にお金を支払うように，Ⓘ商品とお金のやりとりでつながっている。
消費者主権	私たちが買い物をするときには，㋒企業の広告にたよることが多い。㋓消費者が自分の意思と判断で，適切な商品を自由に選んで購入することが必要である。
価格の決まり方	㋔商品の価格は，消費者の買う量と生産者の売る量との関係で変化する。 電気やガス，水道などの価格は，国や地方公共団体が決定や認可をしている。
さまざまな税金	所得税や相続税などの直接税は，所得が高い人ほど，所得や財産などに対する税金の割合を高くする，累進課税の方法が採られている。 ㋕消費税などの間接税は，所得が低い人ほど，所得にしめる税金の割合が高くなるという逆進性がある。

(1) 下線部㋐について，電車に乗ったり美容室で髪を切ったりといった，形の無い商品をサービスというのに対して，食品や衣類といった，形のある商品を何というか，書きなさい。

(2) 下線部㋑をするときに，売る側と買う側との間で成立している合意を何というか，書きなさい。

(3) 下線部㋒が果たすべき社会的責任として**適切でないもの**を，次の１～４の中から一つ選び，その番号を書きなさい。

1　法令を守り，情報を公開すること。
2　公開市場操作を行い，景気を安定させること。
3　従業員の生活を安定させることや消費者の安全を守ること。
4　教育や文化，環境保護などの面で社会に貢献すること。

(4) 下線部㋓について述べた下の文章中の □ にあてはまる語を**カタカナ４字**で書きなさい。

> 消費者それぞれが各自にとっての社会的課題の解決を考慮したり，そうした課題に取り組む事業者を応援しながら消費生活を行うことを □ 消費という。リサイクルの商品やフェアトレードの商品，被災地の商品などを選ぶことで，持続可能な社会の実現に貢献することができる。

(5) 下線部㋔について，右の資料は，需要量・供給量・価格の関係を表している。下の文章中の（A）～（C）にあてはまる語句の組み合わせとして適切なものを，次の１～４の中から一つ選び，その番号を書きなさい。

資料

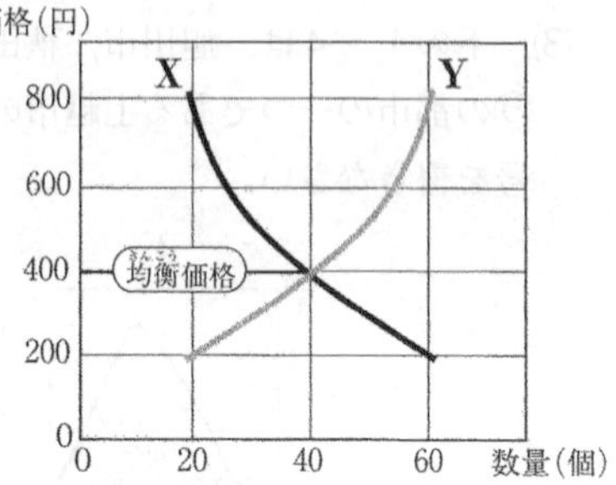

> 曲線Xは，（　A　）曲線である。価格が800円のとき，商品は（　B　）。やがて，価格は（　C　）し，需要量と供給量が一致するような価格に落ち着いていく。

1　A－需要　B－売れ残る　C－下落
2　A－需要　B－売り切れる　C－上昇
3　A－供給　B－売れ残る　C－上昇
4　A－供給　B－売り切れる　C－下落

(6) 下線部㋕について，この理由を「すべての国民が，」に続けて，**所得**という語を用いて書きなさい。

7 下のレポートは，ある生徒が興味をもった文化遺産について調べてまとめたものの一部である。あとの(1)～(5)に答えなさい。(13点)

世界文化遺産

バチカン　サン・ピエトロ大聖堂

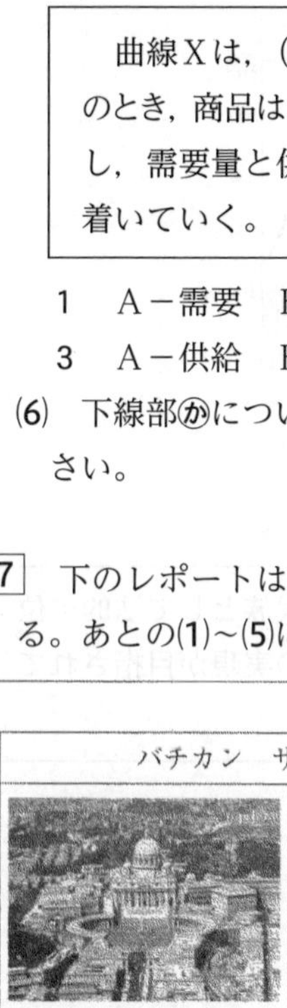

バチカンは全カトリック教会の総本山であり㋐ローマ教皇を元首とする国である。
世界最大のキリスト教建築物であるサン・ピエトロ大聖堂は，324年に創建された。

イスファハン　イマームモスク

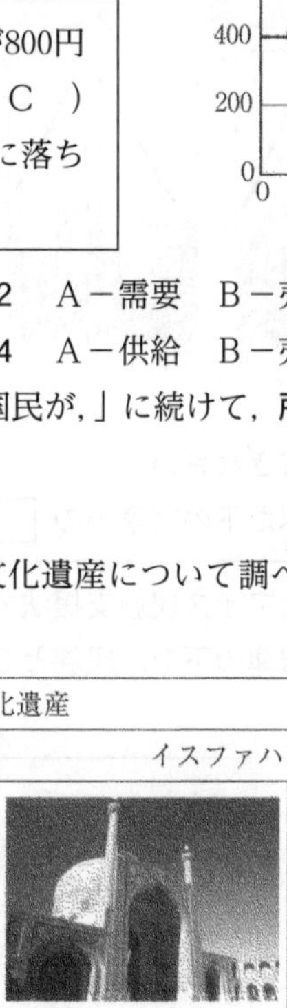

イスファハンは㋑イランの中部に位置する都市である。
青を基調とした幾何学模様のタイルに覆われ，イスラム建築の中でも屈指の美しさを誇る。

日本の無形文化遺産

小千谷縮・越後上布

小千谷縮は，㋒新潟県の小千谷市を中心に，越後上布は南魚沼市を中心に生産される麻の織物である。
聖武天皇が使用した道具や楽器などが保管されていた東大寺の（ ㋓ ）の宝庫にも「越後の麻布」という記録が残っている。

アイヌ古式舞踊

㋔アイヌ民族の伝統的な舞踊
（サロルン リムセ 鶴の踊り）
アイヌの人々によって伝承されている歌と踊りで，アイヌの主要な祭りや家庭での行事などに踊られる。

(1) 11世紀末に下線部㋐の呼びかけにより，聖地エルサレムをイスラム教の勢力から取り戻すために組織された軍隊を何というか，書きなさい。

(2) 右の資料は，下線部㋑，ベトナム，フランス，アメリカの家畜頭数を表している。下線部㋑の家畜頭数を表しているものを，資料中の1～4の中から一つ選び，その番号を書きなさい。

資料

	牛（千頭）	豚（千頭）	羊（千頭）	鶏（百万羽）
1	6060	19616	—	383
2	94805	78658	5230	1972
3	18151	13510	7105	238
4	5194	—	41304	1091

〔「世界国勢図会 2021/22」による〕

(3) 下の1～4は，旭川市，秋田市，上越市，鳥取市のいずれかの雨温図を表している。下線部㋒の都市の一つである上越市の雨温図として適切なものを，1～4の中から一つ選び，その番号を書きなさい。

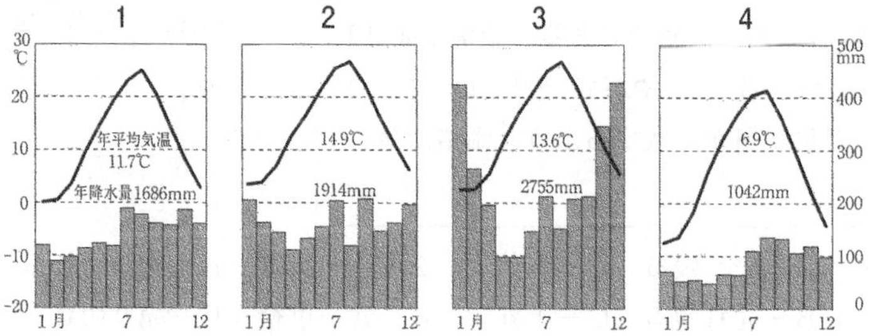

〔「理科年表 2021 年版」による〕

(4) ㋓にあてはまる語を書きなさい。

(5) 下線部㋔について述べた下の文章中の □ にあてはまる語を書きなさい。

> 2019年に制定されたアイヌ民族支援法では，アイヌ民族が □ 民族として法的に位置付けられた。この法律の下で，民族としての誇りが尊重される社会の実現が目指されている。

3　「雄大」は豊富な知識があるので、どんな状況でも冷静で動揺することはない。

4　「センター長」はおおらかな性格であるので、子どもたちが宿題をやらなくても気にしない。

6　次の【資料】は、「国語が乱れていると思うか」というアンケートの結果を、調査年度ごとにまとめたグラフです。これを見て、あとの(1)～(3)に従って文章を書きなさい。(10点)

【資料】

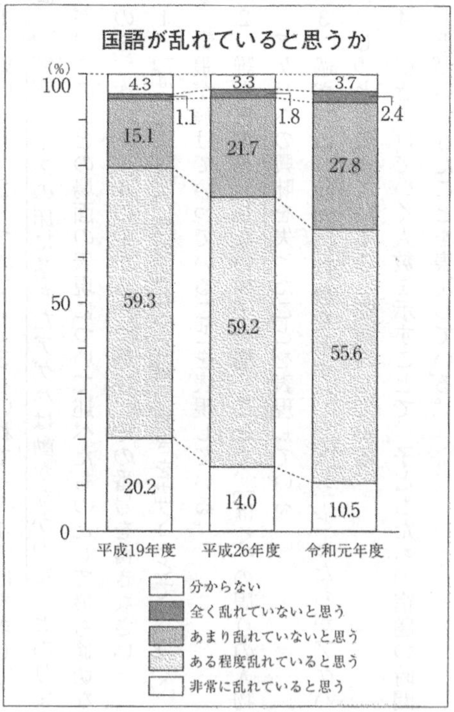

文化庁「国語に関する世論調査(令和元年度)」より作成

(1)　題名を書かないこと。

(2)　二段落構成とし、それぞれの段落に次の内容を書くこと。

・第一段落では、【資料】をもとに自分の意見を書くこと。

・第二段落では、第一段落をふまえて、意見の理由を書くこと。

(3)　百五十字以上、二百字以内で書くこと。

た。ⓔぼくはただ黙って、外灯の下で舞い続けるアゲハの行方を目で追っていた。生き物ってすごい。弱いけど強い。

（八束澄子『ぼくらの山の学校』より）

(1) □ に入る最も適切な語句を、次の1～4の中から一つ選び、その番号を書きなさい。

1 ぬいて　2 つめて　3 いれて　4 はずませて

(2) ⓐ飼育ケースの床に落ちたアゲハは動かなかった　とありますが、このあとの場面の表現について述べたものとして最も適切なものを、次の1～4の中から一つ選び、その番号を書きなさい。

1 「ぼく」の体の血の流れや心臓の動きを描くことで、「ぼく」の緊張が解けていっていることを表現している。

2 誰も言葉を発しない様子を描くことで、「ぼく」の周りの人物がアゲハへの興味を失ったことを表現している。

3 過ぎていく時間の秒数を示すことで、子どもたちがアゲハをじっと見続けていることを表現している。

4 引き上げていく人数を示すことで、子どもたちの宿題の時間が近づいてきたことを表現している。

(3) ⓘもっと気をつけて　とありますが、このときの「ぼく」の気持ちについて次のようにまとめました。□ に入る最も適切な語句を、本文中から**十二字**で**そのまま**抜き出して書きなさい。

「ぼく」は、アゲハがサナギになったときに □ やるべきだったと考えている。

(4) ⓤ口にできなかった　について、次のア、イに答えなさい。

ア 「ぼく」が口にできなかったことを、**十五字以内**で書きなさい。

イ ある生徒が、「ぼく」が口にできなかった理由を次のようにまとめました。□ に入る適切な内容を、**五字**で書きなさい。

「ぼく」はアゲハの今の状態を目の当たりにして、そうなったのは □ だと考え、こわさを感じているから。

(5) ある学級で　ⓔぼくはただ黙って　における「ぼく」の気持ちについて話し合いをしました。次は竹内さんのグループで話し合っている様子です。□ に入る適切な内容を、**四十字以内**で書きなさい。

竹内　「生き物ってすごい」という言葉があるね。

川田　「ぼく」が、言葉を失うほど生き物に驚嘆していることがわかるね。

橋本　「弱いけど強い」とあるから、生き物の弱さを乗り越える強さに心が動かされているんだと思うよ。

竹内　アゲハを羽化から見守り続けた「ぼく」は、アゲハが、□ 様子から、生き物が「弱いけど強い」ことを感じとったんだね。

川田　そうだね。特に、生き物の強い生命力に感動しているんじゃないかな。

(6) ある生徒が、この文章の登場人物についてまとめました。文章全体を通して述べられた人物像として最も適切なものを、次の1～4の中から一つ選び、その番号を書きなさい。

1 「ぼく」は魚やチョウなどの生き物が好きなので、飼育ケースで多くの生き物を飼っている。

2 「たくと」は衝動的な行動が多いので、周りに迷惑をかけることもあるが友だち思いの面もある。

「生きてる!」

思わず立ち上がって叫んでいた。

「うそ!」

雄大とたくとが駆け寄ってきた。

「よかったねえ、壮くん」

たくとの声かけに、泣き笑いで答えた。

「羽を広げるためにつかまる場所を探してるんだ。壮くん、早く棒を立ててやらなきゃ」

こんなときは雄大の知識が頼りだ。はじかれたようにぼくは調理室へと走り、割り箸片手に猛ダッシュでもどった。

「どしたんや、壮太」

ぼくのあまりの勢いに、センター長が事務室から顔をのぞかせた。

プラスチックの壁に割り箸を立てかけてやると、待っていたかのようにアゲハは前脚を伸ばして一歩一歩上っていく。そして床から十センチほどのところでぴたりと静止すると、ゆっくりと羽を広げ始めた。

「わあ」

思わず声が出た。思っていたよりずっと大きい。羽のはしからはしまで十センチはゆうに超えてる。黒に少し青みがかった黄色の模様がものすごくきれいだ。

「羽がやぶけとる」

たくとが言った。四枚ある羽のうち、下の一枚のとがった先が破れて垂れ下がっていた。きっと床にすべり落ちたときに傷ついたんだろう。ほんとうはぼくも気がついていた。だけど、こわくて㋒口にできなかった。

「おう、とうとう羽化したか」

蚊にさされたのか、おしりをぼりぼりかきながらセンター長が入ってきた。

「……羽が、破けとんよ」

涙声になったのが恥ずかしかった。

「どうれ」

あわてもせず飼育ケースをのぞきこんだセンター長は、

「ほう、立派なアゲハになったなあ。壮太が一生懸命世話したからなあ」

と感嘆したような声をあげた。

「……でも、羽が……」

「大丈夫だ、このくらい。心配するな。ほれ、外に放してやれ」

センター長にうながされ、ぼくはそっと手を飼育ケースに入れた。

「羽じゃなくて、胴をつまめよ」

言われるまでもなく、そのつもりだった。これ以上羽を傷つけたくない。たくとが急いで窓の網戸を開けに走った。

指がふるえているのが自分でもわかった。力の入れ加減が難しい。入れすぎるとつぶしちゃいそうだし、入れなさすぎるとつまめない。

――つかまえた!

全神経を集中した人差し指と親指に、生きてるアゲハのわななきが伝わる。バタついた拍子に鱗粉(りんぷん)が舞った。ぼくは窓辺へとダッシュし、アゲハを空中に放った。一瞬落下しそうになったけれど、すぐにアゲハは羽をバタつかせて、ひらひらと外灯の下で旋回した。夜見るチョウはきれいだった。黒い羽が外灯の明かりを受けて、キラキラ光る。

「どや、壮太。ここで一句」

センター長に言われたけれど、俳句なんてまったく浮かばなかっ

5 次の文章を読んで、あとの(1)～(6)に答えなさい。（26点）

（四国の山村留学センターで十三人の仲間と共同生活を送る小学校四年生の「ぼく（壮太（そうた））」は、釣りの帰りにみかんの葉の上にアゲハチョウの幼虫を見つける。飼育ケースの中でアゲハチョウは順調に育ち、ついに羽化の時を迎える。）

「羽化だ、羽化が始まった！」

ぼくは廊下を走り回ってみんなに知らせた。宿題を放り出して、みんながどやどやどやとぼくらの部屋に集まってきた。事務室でたくとの音読を聞いてやっていたセンター長まで、「どれどれ」とやってきた。

息をこらして全員が見守る中、カラをやぶってアゲハが頭を出した。

ごくっ。ぼくはつばを飲みこんだ。

「出た！」

たくとが叫び、みんなが「しー」と指をたてた。興奮するとたくとはじっとしていられない。雄大（ゆうだい）の足をがんがん蹴って、「やめて！」と黄色い声をあげられていた。

アゲハはゆっくりと時間をかけて前脚を壁にかけ、体全体を出そうとするんだけど、飼育ケースのプラスチックがつるつるすべるせいで、うまくいかない。

――しまった。ダンボールかなにか、すべらない入れ物に移してやればよかった。

後悔したけど、もう遅い。動かなくなったサナギに興味を失ってしまった自分をなぐりつけたくなった。今となってはもう、息を［　］見守ることしかできなかった。

ようやくなんとかカラから抜け出すことに成功したアゲハは、抜け殻の中におしっこをした。

「きゃははは、おしっこ、おしっこ」

大声をあげるたくとに、ふたたびみんなが「しー」と指をたてた。

次の瞬間だった。ふるふるふるえるアゲハの細い脚が壁をつーとすべって、アゲハは飼育ケースの床に落下してしまった。

「あー」

今度は全員の口から声がもれた。

ⓐ飼育ケースの床に落ちたアゲハは動かなかった。まだぬれているような羽も閉じられたままだ。

――死んだのか？

体中の血がさーと引いて、心臓が音をたてて鳴り始めた。

だれも、なにも言わなかった。十秒、二十秒……。アゲハはまったく動かない。見守っていたみんなは一人、二人と引き上げていった。センター長はなにも言わず、ぼくの肩をとんとんとたたくと、「ほれ、音読の続きやるぞ」と、たくとを引き連れ、事務室にもどっていった。

一人になると涙が出た。ぽたぽたぽたぽた、雨だれみたいに飼育ケースの底に落ちていく涙をじっと見ていた。

――どうしてサナギになったとき、ⓘもっと気をつけてやらなかったんだろう。

どうして、どうして。自分への問いばかりが頭の中で渦を巻く。

そうしてどのくらいの時間がたったのか、雄大とたくとが風呂に入る用意をしに部屋にもどってきたときだった。まったく動かなかったアゲハの糸のように細い脚がかすかにふるえているのに気がついた。最初はぼくの息のせいかと思った。だけど違った。息をとめてもやっぱり動いている。

で、右脚と右手を同時に出し、左手と左脚を同時に出す歩き方自体は、何も日本独自のものではなかった。身体の安定を保とうとすると き、人間は自然とこのような歩行法を取る。生の基盤を稲作に置く日本人にとっては、身体のブレを防いで動くことが必須のものであった。急な斜面を耕して、水を引き、稲を植えるという労働をこなしていくために、安定を約束してくれる歩行法をしなければならなかった。また、ひねもす(注4)地に伏して働く稲作のためには、地面と並行する横方向に注意を払い、どっしりと着実に、下向きに、ときには後ずさりして安定を確保しながら進むことを優先しなければならなかった。

稲作を営むためには、ともに力を合わせて、強い拍をつくるのがお互いに分かりやすい。息を止めて、断絶をつくり、打ち付けるように第一拍目を揃えて作業に携わることは、同じ動作のリズムの共有に役立つのである。下に向かい、内側に引く方向性をもつ㋒日本人の身体の型は、歩き方のみならず、日常生活の動作や仕草に影響を与える。

(樋口桂子(ひぐちけいこ)『日本人とリズム感』より)

(注1) 邦楽……日本古来の音楽の総称。

(注2) 六方……歌舞伎で、役者が舞台から退くとき、両手を大きく振り高く足踏みをして歩く所作。

(注3) 鉄砲……相撲で、両手を伸ばして相手の胸部を強く突っ張ること。

(注4) ひねもす……朝から夕まで。一日中。

(1) 向け と動詞の活用形が同じものを、次の1～4の——の中から一つ選び、その番号を書きなさい。

1 彼に聞けばわかるだろう。
2 毎日運動することが大切だ。
3 バランスよく食べよう。
4 女の子は楽しそうに笑った。

(2) ㋐リズム感覚 とありますが、ある生徒が、ヨーロッパのリズムの方向について、次のようにまとめました。□ に入る適切な内容を、**十五字以内**で書きなさい。

> ヨーロッパのリズムの方向とは、上向きというよりも、身体の □ 方向である。

(3) ㋑水平方向 とありますが、これと同じ内容を述べている語句を、本文中から**十字**で**そのまま**抜き出して書きなさい。

(4) この文章について述べたものとして最も適切なものを、次の1～4の中から一つ選び、その番号を書きなさい。

1 日本人と欧米人でのこぎりの方向が真逆であると提示することで、住居の違いによって動きが異なることを指摘している。
2 動きを下に向けて止める和楽器の奏法を解説することで、日本のリズムは持続されずに途切れることを表現している。
3 日本の伝統的な動作は跳び上がるものが少なくないことをあげることで、ヨーロッパのリズム感覚との違いを示唆している。
4 日本人の「ナンバ歩き」が他国でも見られる例を示すことで、人間としてリズムの共有が大切であることを論証している。

(5) ㋒日本人の身体の型 とありますが、ある生徒が、このことについて、次のようにまとめました。□ に入る適切な内容を、「安定」「生の基盤」「共有」の**三つの語句**を用いて**五十字以内**で書きなさい。

> 日本人の身体の型が、下向きで内側に引く方向性であるのは、□ から。

して止めることも多い。比較のために、西欧楽器のティンパニを考えてみればよい。ティンパニのバチは皮の表面を打つが、それは上に跳ねるためであり、皮面でバチを跳ねるようにして打っている。息を吹いて音を出す管楽器も同様で、クラリネットはリードを吹くとき、身体を上に向けて、ときに身体を反りかえらせるようにして、外に向かって音を出している。ところが日本の尺八は首を振りながら、息を下方に向かわせており、ときにかがみ込んで身体を折るように、内向きに吹く。三味線も琴も、爪弾いて、弦の上でバチを止める。和楽器はいずれも、動きを下にして止めることで、リズムの流れをいったん途切れさせているのである。

つまり日本のリズムには断絶がある。切断がある。一方、ヨーロッパのリズムは上向きであるが、それに加えてリズムは連続性を蓄えて粘っており、エネルギーを途切れさせないように次へ次へと持続させてゆくのである。

さらによく観察してゆくと、日本人のつくるリズムは交互に裏と表に交替するように進んでいる。踊りにもこのリズムの方向性は顕れている。日本の古典舞踊は、摺り足で、腰を落として沈みこんで踊り、その姿勢で足裏を下に向けて打つことを基本とする。邦楽の動作(注1)は基本的に、横向きで、安定的で、上下に大きく動くことを好まない。日本の舞踊にも、伝統にコミカルな面を強調した、跳び上がるものは少なくないのであるが、しかし跳びはねる踊りでも、動きの向きは身体を開放して上に向かうのではなく、跳ねる前に少しタメをつくるようにほんの少し動きを止めており、強拍で揃えるように拍を狙って取るというリズムの基本を外すことはあまりない。

したがって、（あ）リズム感覚の差異は上向きか下向きか、というよりも、身体の内部から外に向かって開放されてゆく方向か、あるいは身体の中からさらにその芯へ、奥へ向かうか、という違いである、とした方がよいかもしれない。というのは、ヨーロッパのリズムの方向性は上向きである、といっても、上に向かうためには下肢の筋肉はいったん地面を蹴っていて、下に向かう瞬間があるからである。しかしそれははじけさせるための動きである。身体の中心にバネがあってそれがまず縮んで、粘りを絶やさずに次に伸びて外へと解放されていくことが、結果として身体リズムの方向を上に向けている。

日本人の（い）水平方向の運動に敏感な性向は、歩き方にも現れている。かつて日本人は、右手右脚、左手左脚を同時に出し、手と脚を同じ向きに動かして歩く歩き方、つまりいわゆる「ナンバ歩き」という歩き方をしていたとされる。今でも梯子をのぼるときにはわれわれは同じ側の手と足を出している。竹馬の歩き方もそうである。梯子が同じ側の手と脚を同時に運ぶのは、この方法が身体全体を安定させてくれるからである。ナンバ歩きの痕跡は歌舞伎の六方や相撲の鉄砲など(注2)(注3)に残り、伝統として受け継がれて来ている。ひょっとこの面を頭に載せて踊る八木節の振り付けも、同じ手足の側を同時に出す。さらに盆踊りの振りは同じ側の手足を同時に出して歩く。山形の花笠音頭などのように、踊りの途中でしばしば二、三歩後ろに戻って、また進むというかたちも少なくない。阿波踊りではこの格好で何百人、何千人という人が一斉に練り歩く。最近の身近な例として、映画の『シン・ゴジラ』でゴジラがナンバ歩きで歩いている。昔の日本においてこうした歩き方がさほど珍しいことでなかったとすれば、身体を揺さぶらずに安定して歩くことが、稲作を基調とする日本人の生のスタイルにかなっており、それが人々の普段の生活の中に組み込まれていたからであろう。

実はこのような歩き方は、ギリシアの壺絵などにも見られるもの

コ　湿気を取りノゾく装置。

(2)　次のア、イの——のカタカナの部分を漢字で表したとき、その漢字と同じ漢字が使われている熟語を、それぞれあとの1～4の中から一つずつ選び、その番号を書きなさい。

ア　紙を縦にサく。

1　決裂　2　風刺　3　避暑　4　過去

イ　シュコウを凝らしたおもてなしをする。

1　特殊　2　主役　3　取得　4　趣味

3　次の文章を読んで、あとの(1)～(3)に答えなさい。(12点)

【漢文】

漢人有適呉。呉人設筍、問「是何物。」語曰、「竹也。」帰煮其床簀（注1）而不熟、乃謂其妻曰、「呉人轣轆（注2）、欺我如此。」

（『笑林』より）

【書き下し文】

漢人（漢の国の人で）に呉に適くもの有り。呉人筍を設くれば（呉の国の人がたけのこ料理を用意したところ）、問ふ「是れ何物ぞ。」と。語げて曰はく、「竹なり（竹です）。」と。帰りて其の床簀を煮るも熟せず（煮えなかったので）、乃ち其の妻に謂ひて曰はく、「呉人は轣轆たり、我を欺くこと此くのごとし（このようだ）。」と。

（注1）床簀……ベッドに敷くための竹で編んだ敷物。

（注2）轣轆……人を偽り、欺くこと。

(1)　有適呉に、【書き下し文】を参考にして、返り点をつけなさい。

(2)　問ふ　の主語として最も適切なものを、次の1～4の中から一つ選び、その番号を書きなさい。

1　作者　2　漢人　3　呉人　4　妻

(3)　【漢文】にある「漢人」と、次の【資料】にある「宋人」について、両者に共通する内容として最も適切なものを、あとの1～4の中から一つ選び、その番号を書きなさい。

【資料】

宋人（宋の国の人で畑を）に田を耕す者有り。田中に株有り（畑の中に木の切り株があり）、兎走りて株に触れ（突き当たり）、頸を折りて死す。因りて其の耒を釈てて（そこで自分のすきを放り出して）株を守り（切り株の番をし）、復た（再び）兎を得んと冀ふ（手に入れようと待ち望んだ）。兎復た（兎を二度とは）得べからずして（手に入れることができず）、身は（彼自身は）宋国の笑と為れり。

（『韓非子』より）

1　両者とも自分の思い違いに気づいていない。

2　両者とも自分の失敗を人のせいにしている。

3　両者とも古い習慣を改めることができない。

4　両者とも予想通りになって満足している。

4　次の文章を読んで、あとの(1)～(5)に答えなさい。(22点)

平均的な日本人であれば、のこぎりは自分に引きつける方向に引く。ところが欧米人ののこぎりの方向は向こう側、つまり外側に向かっており、日本人とは真逆なのである。鼓のような日本古来の打楽器も内に打ちつける。打ったところで内側に向かってすり込むように

＜国語＞

時間　五〇分　　満点　一〇〇点

【注意】 問題の1は放送による検査です。問題用紙は放送による指示があるまで開いてはいけません。

1　放送による検査（16点）

【資料】話し合いの記録

生徒会役員会（司会：林さん）

〔本田さん〕
動画を利用する。
・動画の特徴
　→ ［　　　　　　］。
・紹介する内容
　→「総合的な学習の時間」で調べたこと。

〔中村さん〕
新聞を作る。
・新聞の特徴
　→全体を見渡せるので読みやすいこと。
・紹介する内容
　→文化祭で学級旗が展示されたこと。

新聞の一部

〇〇中学校新聞

（見出し）

10月15日(金)に文化祭が行われた。3年生が制作した各クラスの「学級旗」が展示された。学級旗には、それぞれのクラスの目標の言葉とオリジナルの絵柄が入り、色とりどりの学級旗が見る人の目を楽しませた。3年2組の佐藤君は「細かい部分の色塗りが大変だった。みんなで力を合わせて完成させたのでうれしい」と、クラスの団結を喜んだ。学級旗は、文化祭終了後、各クラスの教室に飾られている。

（写真）

下の読み取りコードから動画にアクセスできます。

http://……

2　次の(1)、(2)に答えなさい。（14点）

(1) 次のア～オの――の漢字の読みがなを書きなさい。また、カ～コの――のカタカナの部分を楷書で漢字に書き改めなさい。

ア　不屈の精神でやり遂げる。
イ　試合前に激励の言葉をもらった。
ウ　博物館で剝製を見る。
エ　砂糖を水に溶かす。
オ　小学生の頃の自分を顧みる。
カ　芸術家のソシツがある。
キ　国王へのチュウセイを誓う。
ク　古くなった靴をホシュウする。
ケ　誕生会に友人をマネく。

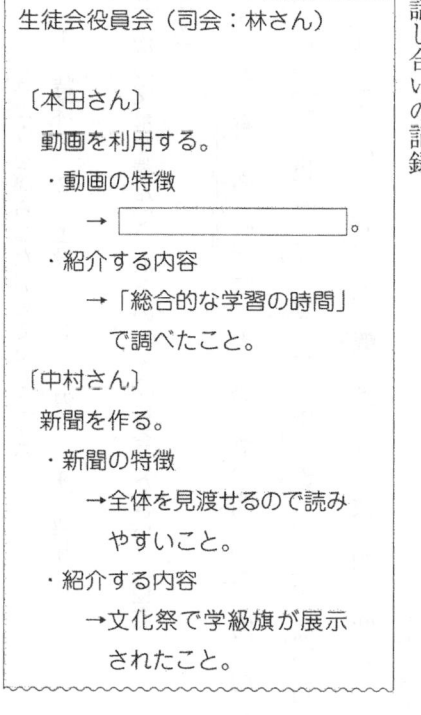

国語放送台本

今から、国語の、放送による検査を行います。はじめに、解答用紙を出して、受検番号を決められた欄に記入してください。

次に、問題用紙の2ページを開いてください。

□一は、【資料】を見ながら放送を聞いて、質問に答える問題です。ある中学校で生徒会役員会が開かれました。話し合っているのは、林さん、本田さん、中村さんの三人で、林さんが司会を務めます。これから、その役員会の様子を紹介します。そのあとで、四つの問題を出します。それを聞いて、解答用紙の(1)、(2)、(3)、(4)、それぞれの欄に答えを書きなさい。役員会の様子、問題は、それぞれ一回しか言いません。必要なことは、メモを取ってもかまいません。

それでは、始めます。

[林さん]

これから生徒会役員会を始めます。今日は、地域の人たちに本校の活動の様子を伝えるにはどうすればよいかを考えます。では、本田さん、意見をどうぞ。

[本田さん]

はい。私は、動画を利用するのがよいと思います。動画の特徴は、音や動きがあることです。私たちが学習や学校行事に積極的に取り組んでいる姿を、地域の人たちに見てもらいたいと思います。特に、「総合的な学習の時間」で調べたことを紹介してはどうでしょうか。私たちは地域の歴史について、グループに分かれて調べました。わかったことをまとめ、資料を使って発表する様子を撮影しましょう。さまざまな人にわかりやすい動画にするために、話す速さや表情を工夫することと、資料を効果的に提示することが大切だと思います。この動画を通して、地域の人たちに学校への興味をもってもらいたいです。より多くの人たちに動画を見てもらうためにはどうすればよいか、考えているところです。

[林さん]

では次に、中村さん、意見をどうぞ。

[中村さん]

はい。新聞を作って、学校行事の様子を紹介するのはどうでしょうか。動画を見ることに不慣れな方にとっては、新聞の方が全体を見渡せるので読みやすいと思います。作った新聞を地域の町内会の回覧板で各家庭に届けてもらうと、手に取りやすいのではないでしょうか。記事は自分たちで書いて、地域の人たちに伝えたいことを表現します。例えば、文化祭で三年生の学級旗が展示されたことを紹介するのはどうでしょうか。当日の様子に加えて、準備で大変だったことや学級旗に込めた思いを取材すると、より面白い記事になりそうです。見出しを一目見てわかるように工夫したり、写真や図を活用したりして、本校の生徒が楽しく活動する様子が伝わる新聞を目指しましょう。

[林さん]

そうですね、動画も新聞もどちらもよい方法だと思います。では、二人の意見を合わせて、新聞に、動画にアクセスできる読み取りコードやアドレスを掲載すれば、より多くの人たちが動画を見てくれるのではないでしょうか。

以上、役員会の様子は、ここまでです。続いて問題に移ります。

(1)の問題。本田さんは、動画の特徴はどのようなことだと言っていましたか。書きなさい。

(2)の問題。本田さんは、さまざまな人にわかりやすい動画にするために、話す速さや表情を工夫することと、もう一つ、どのようなことが大切だと言っていましたか。書きなさい。

(3)の問題。本田さんと中村さんの意見の述べ方の説明として最も適切なものを、これから言う、1、2、3、4の中から一つ選んで、その番号を書きなさい。

1　本田さんは、本やインターネットの内容を引用することで、聞き手が納得できるように意見を述べている。

2　中村さんは、調査した結果の数値をあげて、高齢化による地域の課題を知ってもらえるように意見を述べている。

3　本田さんも中村さんも、はじめに主張を明確に示して、話の中心がわかりやすく伝わるように意見を述べている。

4　本田さんも中村さんも、他者の意見に対して共感する点をあげて、話し合いがまとまるように意見を述べている。

(4)の問題。【資料】の新聞の一部は、ある生徒が、文化祭での学級旗の展示について書いた記事です。記事の内容に合わせて、「学級旗」という語を使って、見出しを考えて書きなさい。

これで、放送による検査を終わります。では、あとの問題を続けてやりなさい。

MEMO

大切なことはメモしておこうネ！

2022年度

解 答 と 解 説

《2022年度の配点は解答用紙集に掲載してあります。》

＜数学解答＞

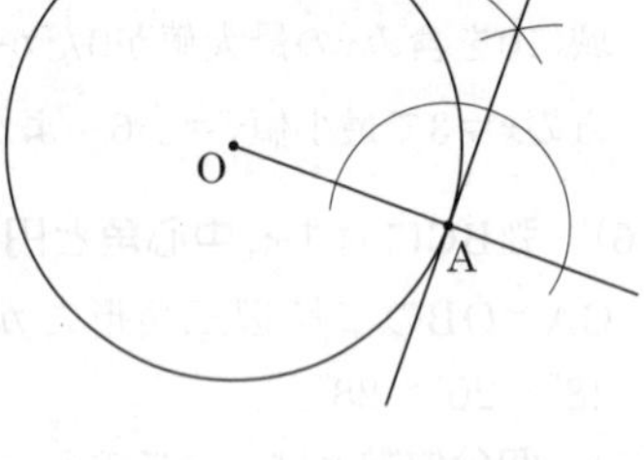

1 (1) ア 2 イ $-\frac{3}{25}$ ウ $-\frac{5}{3}x+\frac{3}{2}y$ エ $2b$ オ 3 (2) $\frac{27}{2}\pi$ (cm²)
(3) −3 (4) 連立方程式 $\begin{cases}26x+8y=380\\1.5x+4y=75\end{cases}$ ドーナツ10(個)，クッキー15(個)
(5) $-\frac{2}{3}$ (6) 28(度) (7) 5(回) (8) ア

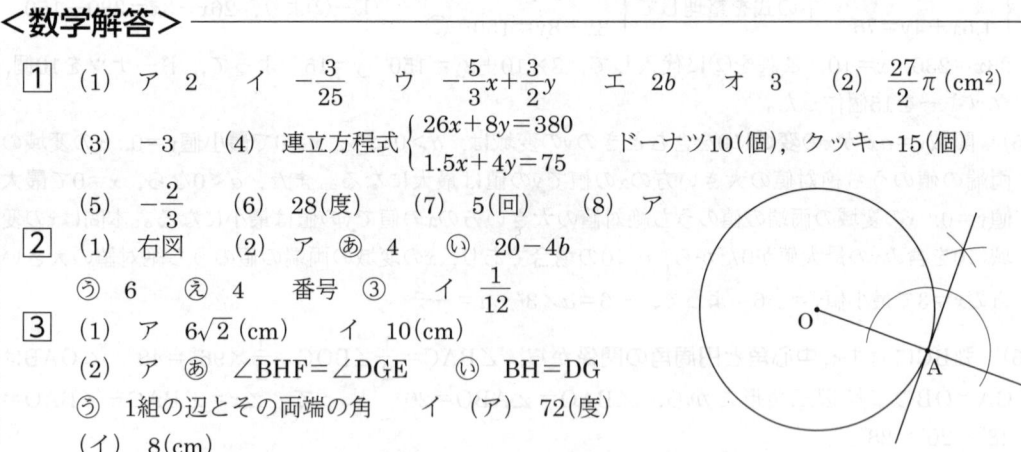

2 (1) 右図 (2) ア ㋐ 4 ㋑ $20-4b$
㋒ 6 ㋓ 4 番号 ③ イ $\frac{1}{12}$

3 (1) ア $6\sqrt{2}$ (cm) イ 10(cm)
(2) ア ㋐ ∠BHF＝∠DGE ㋑ BH＝DG
㋒ 1組の辺とその両端の角 イ (ア) 72(度)
(イ) 8(cm)

4 (1) −4 (2) $y=\frac{1}{2}x+2$ (3) ア $\frac{1}{4}t^2$ イ −2，4

5 (1) ㋐ 8 ㋑ −3 (2) 木曜日 (3) 6(日)
(4) ア $a-7$ イ 9(月)15(日)

＜数学解説＞

1 （数・式の計算，平方根，おうぎ形の面積，絶対値，方程式の応用，関数$y=ax^2$，円の性質，角度，資料の散らばり・代表値）

(1) ア 異符号の2数の和の符号は絶対値の大きい方の符号で，絶対値は2数の絶対値の大きい方から小さい方をひいた差だから，$-5+7=(-5)+(+7)=+(7-5)=2$

イ 異符号の2数の積の符号は負で，絶対値は2数の絶対値の積だから，$(-0.4)\times\frac{3}{10}=-\left(0.4\times\frac{3}{10}\right)=-\left(\frac{4}{10}\times\frac{3}{10}\right)=-\frac{3}{25}$

ウ $\frac{1}{3}x+y-2x+\frac{1}{2}y=\frac{1}{3}x-2x+y+\frac{1}{2}y=\left(\frac{1}{3}-2\right)x+\left(1+\frac{1}{2}\right)y=\left(\frac{1}{3}-\frac{6}{3}\right)x+\left(\frac{2}{2}+\frac{1}{2}\right)y=-\frac{5}{3}x+\frac{3}{2}y$

エ $24ab^2\div(-6a)\div(-2b)=24ab^2\div6a\div2b=24ab^2\times\frac{1}{6a}\times\frac{1}{2b}=\frac{24ab^2}{6a\times2b}=2b$

オ 乗法公式$(a+b)(a-b)=a^2-b^2$を用いると，$(\sqrt{5}-\sqrt{2})(\sqrt{2}+\sqrt{5})=(\sqrt{5}-\sqrt{2})(\sqrt{5}+\sqrt{2})=(\sqrt{5})^2-(\sqrt{2})^2=5-2=3$

(2) 半径r，中心角a°のおうぎ形の面積は$\pi r^2\times\frac{a}{360}$だから，半径9cm，中心角60°のおうぎ形の面積は$\pi\times9^2\times\frac{60}{360}=\frac{27}{2}\pi$ (cm²)

(3) 数直線上で，ある数に対応する点と原点との距離を，その数の絶対値という。また，ある数の絶対値は，その数から＋や−の符号を取りさった数ということもできる。これより，2.7の絶

対値は2.7，$-\frac{7}{3}$の絶対値は$\frac{7}{3}=2\frac{1}{3}=2.\dot{3}$，$-3$の絶対値は3，$\sqrt{6}$の絶対値は$\sqrt{6}$であり，$\sqrt{4}<\sqrt{6}<\sqrt{9}$より$2<\sqrt{6}<3$だから，絶対値が最も大きい数は$-3$

(4)　ドーナツをx個作るのに必要な小麦粉とバターの量はそれぞれ$26(g)\times x$(個)$=26x(g)$，$1.5(g)\times x$(個)$=1.5x(g)$　また，クッキーをy個作るのに必要な小麦粉とバターの量はそれぞれ$8(g)\times y$(個)$=8y(g)$，$4(g)\times y$(個)$=4y(g)$だから，使用していた小麦粉とバターの量の関係から

$\begin{cases} 26x+8y=380 \\ 1.5x+4y=75 \end{cases}$　下の式を整理して$\begin{cases} 26x+8y=380\cdots① \\ 3x+8y=150\cdots② \end{cases}$　①－②より，$26x-3x=380-150$

$23x=230$　$x=10$　これを②に代入して，$3\times10+8y=150$　$y=15$　よって，ドーナツを10個，クッキーを15個作った。

(5)　関数$y=ax^2$がxの**変域**に0を含むときのyの変域は，$a>0$なら，$x=0$で**最小値**$y=0$，xの変域の両端の値のうち絶対値の大きい方のxの値でyの値は最大になる。また，$a<0$なら，$x=0$で**最大値**$y=0$，xの変域の両端の値のうち絶対値の大きい方のxの値でyの値は最小になる。本問はxの変域に0を含みyの最大値が0だから，$a<0$の場合であり，xの変域の両端の値のうち絶対値の大きい方の$x=3$で最小値$y=-6$　よって，$-6=a\times3^2$　$a=-\frac{2}{3}$

(6)　弧BCに対する**中心角と円周角の関係**から，$\angle BAC=\frac{1}{2}\angle BOC=\frac{1}{2}\times96°=48°$　△OABはOA＝OBの二等辺三角形だから，$\angle BAO=\angle ABO=20°$　よって，$\angle x=\angle BAC-\angle BAO=48°-20°=28°$

(7)　**四分位数**とは，全てのデータを小さい順に並べて4つに等しく分けたときの3つの区切りの値を表し，小さい方から**第1四分位数**，**第2四分位数**，**第3四分位数**という。第2四分位数は**中央値**のことである。また，**四分位範囲**は第3四分位数から第1四分位数を引いた値で求められる。問題のデータを小さい順に並べ替えると，2，3，4，5，5，6，7，8，9，9，10。よって，第1四分位数，第2四分位数(中央値)，第3四分位数はそれぞれデータの小さい方から3番目，6番目，9番目の4回，6回，9回であり，四分位範囲は，第3四分位数－第1四分位数＝9－4＝5回である。

(8)　a，bが正の数で，$a<b$のとき，$\sqrt{a}<\sqrt{b}$である。アは適切である。例えば，$a=1$，$b=1$のとき，(イの左辺)$=\sqrt{1}+\sqrt{1}=1+1=2$，(イの右辺)$=\sqrt{1+1}=\sqrt{2}$だから，イは適切ではない。正の数aの平方根は2つあり，この2つの数は絶対値が等しく，符号が異なる。aの平方根のうち正の方を$\sqrt{a}$，負の方を$-\sqrt{a}$と書く。エは適切ではない。また，$\sqrt{(-a)^2}=\sqrt{a^2}=a$より，ウも適切ではない。

2　(作図，確率，数の性質)

(1)　(着眼点)**接線と接点を通る半径は垂直に交わる**ので，点Aを通る半直線OAの垂線を引く。
(作図手順)　次の①～③の手順で作図する。　①　半直線OAを引く。　②　点Aを中心とした円を描き，半直線OA上に交点をつくる。　③　②でつくったそれぞれの交点を中心として，交わるように半径の等しい円を描き，その交点と点Aを通る直線(円Oの周上の点Aを通る接線)を引く。

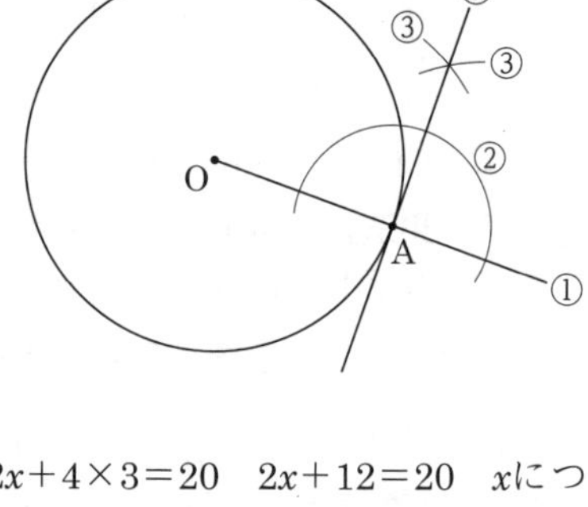

(2)　ア　あ　方程式$ax+4b=20$に$a=2$，$b=3$を代入して，$2x+4\times3=20$　$2x+12=20$　xについて解くと，$2x=20-12=8$　$x=4$

㋑　方程式$ax+4b=20$をxについて解くと，左辺の＋$4b$を右辺に移項して，$ax=20-4b$　両辺をaで割って，$x=\frac{20-4b}{a}$…㊟

㋒　㊟が負になるのは，$a>0$であることより，㊟の分子が負になるときである。つまり，$4b$の値が20より大きいときであり，小さいさいころ…[X]の出た目の数が6のときだけである。

㋓　$b=6$のとき，㊟は$x=\frac{20-4\times6}{a}=-\frac{4}{a}$となる。これが負の整数になる確率を求めなければいけないから，大きいさいころ…[Y]の出た目の数aが4の約数になるときを考えたらいい。

イ　前問アより，$b=6$かつaが4の約数になるのは，$(b,\ a)=(6,\ 1),\ (6,\ 2),\ (6,\ 4)$の3通りだから，求める確率は，$\frac{3}{36}=\frac{1}{12}$

3　(線分の長さ,体積，合同の証明，角度)

(1)　ア　△BEFはBE＝BF＝6cmの**直角二等辺三角形で，3辺の比は1：1：$\sqrt{2}$** だから，EF＝BE×$\sqrt{2}=6\sqrt{2}$ (cm)

イ　正方形ABCDの面積をScm²とすると，$S=\mathrm{AB}^2$　これより，正方形EFGHの面積は，$\mathrm{EG}\times\mathrm{FH}\times\frac{1}{2}=\mathrm{AB}\times\mathrm{AB}\times\frac{1}{2}=\mathrm{AB}^2\times\frac{1}{2}=\frac{1}{2}S$　容器の中にいっぱいになるまで入れた水の容積は，立方体の容器の容積から正四角錐の体積を引いたものだから，(底面ABCDの面積)×高さ$-\frac{1}{3}\times$(底面EFGHの面積)×高さ$=S\times12-\frac{1}{3}\times\frac{1}{2}S\times12=10S$　よって，正四角錐を取り出したとき，容器の中にある水の底面ABCDから水面までの高さは10cmである。

(2)　ア　2つの三角形の合同は，「3組の辺がそれぞれ等しい」か，「2組の辺とその間の角がそれぞれ等しい」か，「1組の辺とその両端の角がそれぞれ等しい」ときにいえる。本証明は，「1組の辺とその両端の角がそれぞれ等しい」をいうことで証明する。仮定より，四角形ABCDはひし形であり，ひし形の対辺は平行である，つまりAD//BCより，**平行線の錯角は等しい**から，∠FBH＝∠EDG…①　ひし形の対角は等しい，つまり∠DHF＝∠BGE＝∠BAD＝∠xから，∠BHF＝180°－∠DHF＝180°－∠BGE＝∠DGE＝180°－∠x(㋐)…②　BH＝BD－DH，DG＝DB－BGであり，ひし形の4つの辺はすべて等しいことから，AB＝CD＝BG＝DHだから，BH＝DG(㋑)…③　①，②，③から，1組の辺とその両端の角(㋒)がそれぞれ等しいことがいえる。

イ　(ア)　∠BGE＝∠BAD＝∠x＝108°　△ABDはAB＝ADの二等辺三角形だから，∠EDG＝(180°－∠BAD)÷2＝(180°－108°)÷2＝36°　△EDGの**内角と外角の関係**から，∠GED＝∠BGE－∠EDG＝108°－36°＝72°

(イ)　AB＝$a$cmとすると，ひし形ABCDの周の長さは4AB＝$4a$cm　△GBEは△ABEを折った図形だから，△ABE≡△GBE　よって，AE＝$b$cmとすると，四角形ABGEの周の長さは$2(\mathrm{AB}+\mathrm{AE})=2(a+b)$cm　前問(ア)より，∠GED＝72°　また，∠EGD＝180°－∠BGE＝180°－108°＝72°　よって，△EDGはDE＝DG＝4cmの二等辺三角形　これより，b＝AD－DE＝AB－DE＝$(a-4)$cm　以上より，ひし形ABCDの周の長さと四角形ABGEの周の長さとの差は，$4a-2(a+b)=2(a-b)=2\{a-(a-4)\}=8$cm

4　(図形と関数・グラフ)

(1)　点A，Bは$y=\frac{16}{x}$上にあるから，そのy座標はそれぞれ$y=\frac{16}{-4}=-4$，$y=\frac{16}{8}=2$　よって，A(－4，－4)，B(8，2)

(2)　点Pはy軸上にあり，y座標は点Bのy座標と同じであるから，P(0，2)　また，直線ABの傾き

は$\frac{2-(-4)}{8-(-4)}=\frac{1}{2}$　よって，点Pを通り，直線ABに平行な直線の式は$y=\frac{1}{2}x+2$

(3)　ア　点Sは$x=t$上にあるから，そのx座標はt　また，点Sは$y=\frac{1}{4}x^2$上にあるから，そのy座標は$y=\frac{1}{4}t^2$　よって，$S\left(t,\ \frac{1}{4}t^2\right)$

イ　前問(2)より，直線ABの傾きは$\frac{1}{2}$だから，直線ABの式を$y=\frac{1}{2}x+b$とおくと，点Bを通るから，$2=\frac{1}{2}\times8+b$　$b=-2$　直線ABの式は$y=\frac{1}{2}x-2$　また，$PQ=2-(-2)=4$　点Rは$x=t$上にあるから，そのx座標はt　また，点Rは直線AB上にあるから，そのy座標は$y=\frac{1}{2}t-2$　よって，$R\left(t,\ \frac{1}{2}t-2\right)$　PQ//SRより，四角形PQRSが平行四辺形になるのは，PQ＝SR，つまり，$4=\frac{1}{4}t^2-\left(\frac{1}{2}t-2\right)$のとき。整理して，$t^2-2t-8=0$　$(t+2)(t-4)=0$　よって，四角形PQRSが平行四辺形になるとき，$t=-2,\ 4$

5　(規則性，文字を使った式)

(1)　(5月のB)＝(4月のB)＋(4月のA)＝6＋2＝8…㋐　6月は，Bが11になるので，6月1日は水曜日から11日後＝4日後(＝11−7)の曜日である日曜日だとわかる。つまり，日曜日は基準である水曜日からみて，前に3日ずれた曜日なのでCは−3…㋑　となる。

(2)　5月は，前問(1)より，Bが8になるので，5月1日は水曜日から8日後＝1日後(＝8−7)の曜日である木曜日だとわかる。

(3)　7月は，Bが13になるので，7月1日は水曜日から13日後＝6日後(＝13−7)の曜日である火曜日だとわかる。これより，7月の最初の日曜日は火曜日の5日後の1＋5＝6日である。

(4)　ア　aのすぐ真上にある数は，aの1週間前(＝7日前)の日にちだから$a-7$と表される。

イ　数学の先生の誕生月の日数は30日であることから，4月，6月，9月，11月のいずれかである。4月のBは6だから，4月1日の曜日は水曜日から6日後の曜日の火曜日である。6月のBは11だから，6月1日の曜日は水曜日から11日後＝4日後(＝11−7)の曜日の日曜日である。9月のBは19だから，9月1日の曜日は水曜日から19日後＝5日後(＝19−7×2)の曜日の月曜日である。11月のBは24だから，11月1日の曜日は水曜日から24日後＝3日後(＝24−7×3)の曜日の土曜日である。よって，数学の先生の誕生月は9月である。また，数学の先生の誕生日の日にちをaとすると，aの2乗とaのすぐ真上にある数の2乗の和は，aの2日後の数の2乗と等しくなっているから，$a^2+(a-7)^2=(a+2)^2$　整理して，$a^2-18a+45=0$　$(a-3)(a-15)=0$　ここで，$a-7\geqq1$より$a\geqq8$だから，$a=15$　以上より，数学の先生の誕生日は9月15日である。

＜英語解答＞

1　(1)　ア　2　イ　1　ウ　3　(2)　ア　3　イ　4　ウ　2　(3)　ア　3　イ　1　(4)　(例)I listen to my friend(s).

2　(1)　ア　I will show you interesting(things.)　イ　Whose faces are designed on(the coins ?)　ウ　I wish you could have(a useful hole in your country's coins.)　(2)　(例)kinds　(3)　(例)1　I want to know what the language is.　2　There are many buildings to visit in the world.

3　(1)　(例)ア　Can I open it ?／May I open it ?　イ　No, I haven't.

(2) A 3 B 6 C 1

4 (1) ア 新しいこと イ 食べた ウ 5月 (2) (例)1 It was written in 1969. 2 They can enjoy reading by putting their fingers into them.／They can put their fingers into them. 3 No, it wasn't. (3) (例)My favorite thing is my watch because my grandfather gave it to me on my birthday last year. It is small and cute. (例)I like my bike. I always use it when I go out with my friends, so I could visit many places in my town.

5 (1) ア 2 イ 3 ウ 4 エ 2 (2) (例)世界には多くの文化があって，異なる文化の人たちは異なる感じ方を持っているということ。

(3) ア 4 イ 7 ウ 1

＜英語解説＞

1 (リスニング)

放送台本の和訳は，50ページに掲載。

2 (会話文問題：語句の並べ換え，語句の問題，語句補充・記述，メール文などを用いた問題，和文英訳，受け身，間接疑問文，不定詞)

(全訳) ケンタ(以下K)：こんにちは，ビル。／ビル(以下B)：こんにちは，ケンタ。ア君に面白いものを見せましょう。これらの硬貨を見て下さい。私はこれらを私の国から持ってきました。／K：あっ，これらの2つの硬貨には人の顔がありますね。／B：その通りです。／K：硬貨イには誰の顔がデザインされていますか？／B：えーと，例えば，1セント硬貨には，エイブラハム・リンカンの顔があります。／K：あっ，エイブラハム・リンカン。私は彼の名前を知っています。／B：この硬貨はペニーと呼ばれています。ペニーは1セント硬貨の別の名前です。／K：なるほど。もうひとつの硬貨にも別の名前がついていますか？／B：はい，ついています。5セント硬貨です。それはニッケルと呼ばれます。／K：興味深いですね！硬貨の中には，他の名前がついているものがあるのですね。知りませんでした。／B：日本の硬貨には別の名前がありますか？／K：いいえ，ありませんが，日本の硬貨には面白い特徴があります。現在，6種類の硬貨があります。それらのうちの2つには，穴が開いています。知っていましたか？／B：はい，知っていました。初めて見た時に，驚きました。穴によって，簡単に硬貨を見分けることができますね。とても便利です。／K：そう思いますか？ウあなたの国の硬貨にも便利な穴が開いていたらと思います。今や，私は，あなたの国の硬貨に興味を持っています。それらについてウェブサイトを見てみましょう。もし質問がある場合には，電子メールを送ります。／B：ええ，どうぞ。

(1) ア I will show you interesting(things.) <show +A+B>「AにBを見せる」 イ Whose faces are designed on(the coins ?) <Whose+名詞~?>「誰の名詞が~か」 **<be動詞+過去分詞>受け身「~される」** ウ I wish you could have(a useful hole in your country's coins.) **<I wish+主語+過去の助動詞+原形>「主語が~するといいなあ，と(私が)願う」現在の事実に反することを仮定。**

(2) six kinds of coins「6種類の硬貨」

(3) (全訳) こんにちは，ビル。今日，私と話をしてくれて，ありがとう。私は2つの硬貨に関してある言葉を見つけました。それらの中には英語でないものが存在していると思います。1私はその言語が何かを知りたいです。あなたは知っていますか？また，5セント硬貨には素敵な建物が

デザインされていることにも気づきました。それについてウェブサイトを見て，それが世界遺産の一部であることに驚きました。[2]世界には訪れるべき建物がたくさんあります。この建物はそれらのうちの1つだと思います。

1 「その言語が何であるか」What is the language ? → I want to know what the language is. 間接疑問文(疑問文が他の文に組み込まれた形)<(疑問詞＋)主語＋動詞>の語順になることに注意。 2 「～がある」<**There＋be**動詞＋主語～.>「訪れるべき建物」buildings to visit ← 不定詞の形容詞的用法<名詞＋**to**不定詞>「～するべき[するための]名詞」

3 (会話文問題：文の挿入・記述，語句補充・選択，間接疑問文，現在完了形，動名詞，不定詞，助動詞，比較，文の構造・目的語と補語)

(全訳) メイリン(以下M)：これは私の誕生日の贈り物？ありがとう，ヒロミ。なんてかわいらしい紙の袋でしょう！ とてもうれしいわ。この袋の中に，何が入っているか確認したいの。[ア]開けてもいい？／ヒロミ(以下H)：もちろん。何が入っているかあなたに見て欲しいわ。1週間あなたに何をあげようか考えてきたの。気に入ってくれればいいなあ。／M：あっ，これは素晴らしいわ。美しい包装紙に包まれた箱で，メッセージカードが付いているわね。かわいらしいリボンとシールも付いているわ。私のためにこの紙を飾り付けてくれたの？／H：ええ，私があなたのために飾り付けしたの。飾り付けた際に，[A][3]あなたが何を好み，どのように感じるかについて考えていたわ。／M：それを聞いてうれしいわ。まだ贈り物を見ていないけれど，既にあなたの贈り物を楽しんでいるわ。贈り物を開けることは，驚きでもあり，わくわくするわね。それが何であるかを推測して楽しんでいるわ。／H：そのことを知って良かったわ。特別な日には，特別な贈り物の包装紙をしばしば使うの。時には，リボンやシールで飾り付けをして，紙袋を使うわ。なぜ私のような人たちが，贈り物を包装することを楽しんでいるか，これまでに考えたことがあるかしら？M：[イ]いいえ，考えたことはないわ。なぜそのことを楽しみ，それをするのに時間をかけるのかしら？／H：私が贈り物を飾り付けている時には，それを手にする人のことを私は考えているわ。贈り物を与え，受け取ることは，私たち双方にとって，互いについて考える素晴らしい時間を与えてくれるの。これをどのように包装するかについて考えることで，あなたについて考える素晴らしい時間を得た，と言えるのよ。／M：あなたの考え方が気に入ったわ。贈り物自体は重要だけれども，[B][6]それをどのように与えるかについて思いをはせることも大切だわ。あなたの考え方もまた，今日，私にとって特別な贈り物となったわ。私の母の誕生日が来月で，私は彼女に贈り物を送ろうと思うの。私のことをたくさん手助けしてくれていることに対して，本当に彼女に感謝しているわ。贈り物の包装について，あなたは素晴らしい考えを私に与えてくれた。飾り付け，包装，彼女のことを考えることを楽しもうと思うわ。彼女の微笑みを見ることが楽しみだわ。／H：きっと，彼女は気に入ることでしょう！私の包装をあなたが気に入ってくれてうれしいわ。あっ，[C][1]あなたは，まだ私の贈り物を開けていないわね。どのように気に入ってくれるのかしら。どうぞ開けて。／M：わかったわ，何でしょう……わくわくするわね！

(1) ア 空所の前で，メイリンが「この袋の中に何が入っているか確認したい」と中身を開けたがっていることと，空所後で，ヒロミが「もちろん。わたしはあなたにその中に何があるか見て欲しい」と応えていることから，考えること。see what is in this bag[it]← 間接疑問文<疑問文が他の文に組み込まれた形><(疑問詞)＋主語＋動詞>の語順になる。ここでは，主語の位置に疑問詞があるので，<疑問詞＋動詞>の形になっている。 イ H：「なぜ私のような人たちが，贈り物を包装することを楽しんでいるか，これまでに考えたことがあるか」

→ M：イいいえ，考えたことはない。なぜそのことを楽しみ，それをするのに時間をかけるのか」という疑問文に対して，疑問が解消されないまま，疑問文で応えていることから，考える。Have you ever thought ～？　現在完了(経験)＜**have[has]＋過去分詞**＞

(2)〔A〕 M：「私のためにこの紙を飾り付けてくれたのか」→ H：「はい，私があなたのためにした。飾り付けた際に，A3あなたが何を好み，どのように感じるかについて考えていた」→ M：「それを聞いてうれしい」I was thinking about what you like and how you feel ← What do you like and how do you feel？ **間接疑問文＜疑問文が他の文に組み込まれた形＞＜(疑問詞)＋主語＋動詞＞**の語順になる。〔B〕「贈り物自体が重要だが，B6それをどのように与えるかについて思いをはせることも大切だ。thinking about how to give **動名詞＜原形＋-ing＞**「～すること」＜**how＋to不定詞**＞「いかに～するか，する方法」

〔C〕この時点でまだ贈り物を開けておらず，空所後に Please open it. と述べていることから考える。have not opened ← ＜**have[has]＋過去分詞**＞**現在完了(完了)**ここでは未完了を表している。その他の選択肢は次の通り。　2「楽しむために，包装にもっと時間を費やすべきだ」**should**「～すべきである／するはずだ」**more** ← **many/much**の比較級「もっと(多くの)」　4「包装で，自分の母を驚かせたかった」**make A B**「AをBの状態にする」　5「その中に何がはいっているかわからないので，あなたに箱を開けてほしい」I don't know what is in it ← **間接疑問文＜疑問文が他の文に組み込まれた形＞＜(疑問詞)＋主語＋動詞＞**の語順になる。ここでは，主語の位置に疑問詞があるので，＜疑問詞＋動詞＞の語順になっている。　7「それをどこで買うかについて考えることは，あなたにとってより重要である」thinking ← **動名詞＜原形＋-ing＞**「～すること」＜**where＋to不定詞**＞「どこで～するか」more important ← important の比較級

4 (長文読解問題・スピーチ：メモを用いた問題，日本語で答える問題，英問英答・記述，条件英作文，助動詞，現在完了，受け身，動名詞，不定詞)

(全訳) あなたはエリック・カールによる"はらぺこあおむし"という子供の絵本を知っているか。小さな緑色のイモムシが卵から生まれて，月曜日には1つのりんごを，水曜日には3つのスモモを，金曜日には5つのオレンジを食べて……ついに，大きな美しいチョウに成長した！もしこれを読めば，何か新しいことに挑戦して，自分自身を高めたいと感じるかもしれない。原作は1969年にアメリカで書かれた。その本は70以上の異なった言語で書かれた。これまでに世界中で多くの人々がこの本を購入してきた。あなた方の中にはこの本を買った人がいるかもしれないが，それが日本の技術を用いて作られたことをご存じだっただろうか？

初版の最後のページに，"日本で印刷された"という文字が見いだされる。なぜそれは日本で印刷されたのか？その本には，多くの色が使われ，ページの大きさも異なり，ページにはいくつかの穴さえ開いている。本の果物には，穴が見受けられる。それは，イモムシが既に食べてしまったことを示しているのだ。これはエリックの興味深い考えの1つである。子供たちはこれらの穴に指を突っ込んで，読むことを楽しむことが可能である。それらはアメリカで作ることは困難だった。そこで，ある日本人がエリックに申し出た。「私たちが手伝いましょう。わが社の技術がそのことを可能にします」このような理由で，この本が日本で出版されたのである。

エリックの新しい考えと日本の技術のおかげで，この本は有名になった。彼は昨年の5月に亡くなったが，彼の本は世界中の多くの人々に影響を与えており，常に私たちと共に存在するであろう。

(1) ア　第1段落第3文[If you read it, you may feel that you want to try something new and improve yourself.]を参考にすること。**may**「～かもしれない／してもよい」

something new「新しいこと」<something＋形容詞>「～な何か」　イ　第2段落第4・5文を参考にする。has already eaten ← **<have[has]＋過去分詞>現在完了(完了)**
ウ　第3段落第2文を参照のこと。

(2)　1　質問「いつアメリカで原作が書かれたか」第1段落第4文を参照。was written ← **<be動詞＋過去分詞>受け身「～される」**　2　質問「どのようにして，子供たちは，本に穴がある読書を楽しむことができるか」第2段落7文参照。<u>by putting</u> their fingers into these holes ←<前置詞＋動名詞[原形＋-ing]>　3　質問3「アメリカでページに穴を作ることは簡単だったか」第2段落第8文参照。否定形で答えること。**<It＋be動詞＋形容詞＋to不定詞>「～[不定詞]することは……［形容詞］である」**<difficult＋to不定詞>「～するのに困難な」

(3)「あなたのお気に入りのもの」に関して，理由を含めて，20語以上の英語でまとめる条件英作文問題。(解答例訳)「私の好きなものは私の時計です。私の祖父が去年の誕生日に私にくれたからです。それは小さくて，かわいいです」「私は私の自転車が好きです。友達と出かける時には，いつもそれを使うので，私の町の多くの場所へ行くことができました」

5　**(長文読解問題・物語文：語句補充・選択，指示語，日本語で答える問題，要約文などを用いた問題，比較，動名詞，関係代名詞，受け身，進行形，助動詞)**

ある日曜日の午後，午前中の雨が止んだ後に，ナオミとケイタはテニスをするために公園へ行くことにした。ケイタは中学生で，ナオミより3歳年少だった。彼らは常に身の回りの多くのことに興味をもっている。

ナオミとケイタが公園へ向かって歩いていると，空に美しい虹を見つけた。ナオミは「なぜ虹が空に現れるのかしら？」と尋ねた。ケイタは「雨が太陽光を7色に分けているんだ。理科の授業でそれを学んだよ」と答えた。ナオミは「上出来だけれど，本当に7色あるのかしら？虹は私たち日本人にとっては7だけれど，アメリカの人々にとっては6で，そして，アジアのある国々の人々にとっては3なのよ」と言った。ケイタは驚いて，大声で，「なんだって？　なぜ色の数がそんなに異なっているのだろう？」と言った。ナオミは続けて，「もう一度虹を見て。虹の中に本当に7色見える？」と言った。ケイタは数分間虹を見て，答えた。「僕には，赤，黄色，緑，青……4色……。それらの間に他の3色を見ようとすれば，もっと多くの色を見ることができると思うけれど……」ナオミは「わかった？　光の色が少しずつ変化するので，(虹の色が)7色だ，とは言うことができないのよ」と言った。「知らなかったなあ！　それは興味深いね」とケイタは言った。ナオミは再び「なぜ虹には7色あるとあなたは考えているのかしら？」と尋ねた。「おそらく，小さい頃，そう習ったから」とケイタは答えた。ナオミは微笑んで，「その通りね。人が変われば，虹には何色あるかについての考えも異なってくるのよ。もし，7だとあなたが信じるのであれば，7があなたにとっては正しい答えになるのよ」と言った。ケイタは同じ虹を再び見上げて，虹には7色はないのではないか，と考え始めた。

ナオミは「世界には様々な文化があって，異なった文化圏の人々には，異なった感じ方が存在するの」と言った。「そのことを知って，満足だよ」とケイタは微笑んだ。ナオミは続けて，「何かを知りたければ，自分自身の目で見て，自分自身の耳で聞いて，自分自身の頭でそのことについて考えることが大切だわ。時には，あなたが学んできた考えと違うかもしれないわね。自身で考えて，感じることね！」と述べた。ケイタは興奮している様子で，「全ての色は混ざると，消えるということも，学校で学んだよ」と言った。ナオミは自分の弟と自分自身に対してすら，誇らしい気持ちがした。ケイタは，彼の姉と話すことを通じて，新しい学び方に気づいたのである。

この体験はケイタにとって素晴らしい教訓となった。彼においては，以前よりも，もっと物事を

学びたい気持ちが強まった。彼にとって，最もわくわくすることは，科学が，世界中の異なった文化をより良く理解する機会を与えてくれたこと，である。この経験をする以前は，科学を学ぶことと，文化について考えることは，別物だと信じていた。今や，すべての学習する体験は，互いに関連しているということを，彼は知っている。

(1)　ア「ナオミが虹の色の数を尋ねると，$_2$ケイタの答えは7だったが，彼はそれらの全ての色を見ることができたわけではなかった」ケイタは，ナオミの「なぜ空に虹が現れるのか」という質問に対して，「雨が太陽光を7色に分けると理科の授業で学んだ」と応えて，実際にケイタが目視，確認できた色は，赤，黄色，緑，青の4色のみだった(第2段落)。他の選択肢は次の通り。　1「ケイタは虹には7色ないということを既に知っていた」(×)　ケイタは，当初，虹は7色だと思っていた。　3「ケイタはナオミよりも，虹により多くの色を見かけた」(×)　言及なし。**more ← many／much** の比較級「もっと(多量の／多数の)」　4「ケイタは4色あると言ったが，7色見えた」(×)　ケイタが確認した色は，4色のみ。

イ「ナオミとケイタが話した後に，ケイタは$_3$自分で考えることが何かを学ぶ手助けになる，ということを理解した」第3・4段落の記述(it is important ~ to think about it with your own mind.／Think and feel by yourself.／Keita found a new way to learn through talking with his sister.)に一致。**by oneself**「ひとりで，独力で」<help＋人＋原形>「人が～することの手助けとなる」　他の選択肢は次の通り。　1「異なった文化を理解することは，科学を学ぶことをよりも重要だと知った」(×)　異なった文化を理解することと，科学を学ぶことの重要性を比較していない。**動名詞<原形＋-ing>「～すること」** more important「より重要な」　2「うれしかった。というのは，彼が以前学んだことは常に正しかったからである」(×)　言及ナシ。the things ▼ he learned before ← **<先行詞(＋目的格の関係代名詞)＋主語＋動詞>「～［主語］が……［動詞］する先行詞」目的格の関係代名詞の省略**　4「虹の色の数に興味がなかった」(×)　虹の色の数で話が盛り上がっていたので，不適。<be動詞＋**interested in**>「～に興味がある」

ウ「この経験は，$_4$彼の経験から彼が学んでいる全てのことは，関連している，ということをケイタに教えた」最終文に一致。all the things ▼ he was learning from ← **<先行詞(＋目的格の関係代名詞)＋主語＋動詞>「～［主語］が……［動詞］する先行詞」目的格の関係代名詞の省略<be動詞＋-ing>進行形「～しているところだ」** 他の選択肢は次の通り。　1「学校で学ぶことは，自身で考えることよりも重要であるということを，ケイタに考えさせた」(×)学校で学ぶことと，自身で考えることの重要性を比較していない。learning／thinking ← **動名詞<原形＋-ing>「～すること」 by oneself「ひとりで，独力で」** more important ← important の比較級　2「科学を学ぶことと，文化について考えることは異なっているという新たな考えをケイタに与えた」(×)　言及なし。learning／thinking ← **動名詞<原形＋-ing>「～すること」**　3「ケイタを疲れさせた。というのは，彼は新しい多くのことを覚えなければならなかったから」(×)　言及なし。**<had＋to不定詞>** ← **<have[has]＋to不定詞>「～しなければならない」の過去形**

エ「ナオミがケイタに教えたのは，$_2$虹の色の数は，別の文化において異なっているかもしれないということである」第2段落第6文に一致。the thing ▼ Naomi taught Keita ← **<先行詞(＋目的格の関係代名詞)＋主語＋動詞>「～［主語］が……［動詞］する先行詞」目的格の関係代名詞の省略　may「～かもしれない／してもよい」** 他の選択肢は次の通り。　1「雨が太陽光を7色に分けるということ」(×)　ケイタが理科の授業で学んだこと(第2段落第3・4文)。　3「全ての国が虹には7色あると信じているということ」(×)　第2段落第6文の記述に不一致。

4 「全ての色が混ざると消滅するということ」(×) ケイタが学校で学んだこと。第3段落最後から第3文目。

(2) 直前の文(We have many cultures in the world and people in different cultures have different ways of feeling.)を指している。

(3) (全訳) 「公園に向かって ア歩いている時に，ナオミはケイタにいくつかの質問をした。彼女の質問が，ものを学ぶ方法において，新しい理解を与えた。彼女の弟が彼女と一緒に話をしたり，学んだりすることで，よりわくわくしていることに，ナオミは気づいた。このことで，彼に新しいことを イ教えることに，彼女自身，誇らしく思うようになった。全ての学びの経験から，自分自身でいかなる質問に対しても ウ答えを彼が見つけることができる，と彼女は感じ始めた」

2022年度英語 放送による検査

〔放送台本〕

(1)は，英文と質問を聞いて，適切なものを選ぶ問題です。問題は，ア，イ，ウの三つあります。質問の答えとして最も適切なものを，1，2，3，4の中からそれぞれ一つ選んで，その番号を解答用紙に書きなさい。英文と質問は二回読みます。それでは始めます。

アの問題

You want to know what a word means. What will you use?

イの問題

Tom is walking on Red Street to visit the city hall. He will go to Green Street and turn left. Then, he will find the city hall on his right. Which picture shows this?

ウの問題

You are talking with a teacher from Australia in English, but you didn't hear what he said. What will you say to him?

〔英文の訳〕

アの問題

あなたはある単語が何を意味するか知りたい。あなたは何を使うだろうか？

イの問題

トムは市役所を訪れるために，レッド・ストリートを歩いている。彼はグリーン・ストリートまで行き，左折するだろう。すると，彼は右側に市役所を見つけるだろう。どの図がこれを示すか？

ウの問題

あなたは英語でオーストラリア出身の先生と話をしているが，彼が何と言ったか聞こえなかった。あなたは彼に何と言うだろうか？

〔選択肢の訳〕

1 私たちの先生を理解するのは簡単である。 2 それについてあなたはどう考えますか？

③ もう1回言っていただけませんか？ 4 どうか私たちの先生の話を聞いてください。

〔放送台本〕

(2)は，メアリーの家族に関するスピーチを聞いて，質問に答える問題です。問題は，ア，イ，ウ

の三つあります。はじめに，英文を二回読みます。次に，質問を二回読みます。質問の答えとして最も適切なものを，1，2，3，4の中からそれぞれ一つ選んで，その番号を解答用紙に書きなさい。

I'm looking for something for my mother's birthday. I know my mother likes Japanese food. So, when I went out with my family, we often went to a Japanese restaurant. She enjoyed eating Japanese food there. My father told me that she wanted to learn how to cook Japanese food and when she tried once at home, she could not cook it well. Then, he said that a book about Japanese cooking would be a nice gift for her. So, I will go to the bookstore with my brother to get it this weekend. I hope she will like it.

アの問題

Where did Mary go with her family?

イの問題

What did Mary hear from her father?

ウの問題

Who will go shopping with Mary?

〔英文の訳〕

私は母の誕生日のため何かを探しているところである。母が和食を好んでいることを私は知っている。だから，私が家族と出かけた時には，私たちはしばしば日本料理店へ行った。彼女はそこで和食を食べることを楽しんだ。彼女(母)は和食の作り方を学びたい，彼女が家で一度挑戦した際には，上手く調理することができなかった，と父は私に言った。そこで，彼は和食の本が彼女にとって良い贈り物になるだろう，と言った。従って，今週末に，それを入手するために，私の弟[兄]と本屋に行こうと思う。彼女が気に入ってくれることを望んでいる。

アの問題

「メアリーは彼女の家族とどこへ行ったか」

〔選択肢の訳〕

1　本屋へ。　2　彼女の家へ。　③　日本料理店へ。　4　調理学校へ。

イの問題

「メアリーは彼女の父から何と聞いたか」

〔選択肢の訳〕

1　彼女の両親は何度も和食を調理しようとした。

2　彼女の両親は贈り物を買うためにレストランへ行った。

3　彼女の母は和食を調理して，上手く作ることができた。

④　彼女の母は和食の調理の仕方を学びたかった。

ウの問題

「メアリーと一緒に誰が買い物へ行くか」

〔選択肢の訳〕

1　彼女の父。　②　彼女の弟[兄]。　3　彼女の母。　4　彼女の妹[姉]。

〔放送台本〕

(3)は，ジェーンとユウタの対話の一部を聞いて，質問に答える問題です。問題は，ア，イの二つあります。はじめに，対話を読みます。次に，質問を読みます。質問の答えとして最も適切なもの

を，1，2，3，4の中からそれぞれ一つ選んで，その番号を解答用紙に書きなさい。対話と質問は二回読みます。それでは始めます。

アの問題

Jane : My friend invited me to the music festival this month and I will go.
Yuta : That sounds good, Jane. I want to go with you. When will you go?
Question : What will Jane say next?

イの問題

Jane : Hi, Yuta. I heard that you have already watched this new movie.
Yuta : That's right. I watched it two weeks ago, but I want to watch it again.
Jane : How about watching it together next Sunday?
Question : What will Yuta say next?

〔英文の訳〕

アの問題

ジェーン：今月，私の友人が私を音楽祭へ招待してくれていて，私は(そこへ)行くつもりです。
ユウタ　：ジェーン，それは素晴らしいですね。私も一緒に行きたいです。いつあなたは行きますか？
質問　　：次にジェーンは何と言うでしょうか？

〔選択肢の訳〕

1　はい，そうします。　　2　いいえ，そうしません。
③　次の土曜日です。　　4　この前の土曜です。

イの問題

ジェーン：こんにちは，ユウタ。この新しい映画をあなたはすでに見たと聞きました。
ユウタ　：その通りです。私はそれを2週間前に見ましたが，もう一度見たいです。
ジェーン：一緒に次の日曜日に見るのはどうですか？
質問：ユウタは次に何と言うでしょうか？

〔選択肢の訳〕

①　それは素晴らしい考えですね。　　2　あなたは本当にそれを楽しみましたね。
3　どういたしまして。　　4　私には今日やることがたくさんあります。

〔放送台本〕

(4)は，外国語指導助手のホワイト先生の話を聞いて，質問に答える問題です。話の最後の質問に対して，あなたなら何と答えますか。あなたの答えを解答用紙に英文で書きなさい。ホワイト先生の話は二回読みます。それでは始めます。

I tried to do many things in junior high school. Sometimes they didn't go well, but my friend helped me a lot. I improved myself after that. What do you do when your friends try to do something and it doesn't go well?

〔英文の訳〕

私は中学でたくさんのことをしようとしました。時には上手くいかないことがありましたが，私の友人が私をたくさん手助けしてくれました。その後，上手くいくようになったのです。あなたの友人が何かをしようとして，上手くいかない時に，あなたならどうしますか？

〔模範解答例訳〕

友人の話を聞く。

<理科解答>

1 (1) ア　B　イ　①　側根　②　根毛

③　表面の面積〔面積，土に接する面積〕

(2) ア　生態系　イ　4　(3) ア　3

イ　(例)マグマが地下深くで長い時間をかけてゆっくりと冷えるから。　(4) ア　4　イ　c・a・b

2 (1) 2.4〔g〕　(2) ア　Zn^{2+}　イ　1

(3) ア　2　イ　右図1　(4) ア　交流

イ　9.0〔時間〕

3 (1) ア　対照実験　イ　(例)24℃の室温よりも手であたためた方が，だ液のはたらきがよくなること。

(2) ア　1　イ　X　2　Y　5

(3) ①　アミラーゼ　②　ブドウ糖　③　肝臓

4 (1) 2, 3　(2) ア　CO_2　イ　(例)1本目の試験管に集めた気体は，ほとんどが空気だから。

ウ　①　石灰水　②　白くにごる

(3) ア　右図2　イ　3.30〔g〕

5 (1) ア　等速直線運動　イ　99〔cm/s〕

(2) 番号　1　記号　B　(3) ア　4　イ　右図3

6 (1) ア　天球　イ　4　ウ　①　地軸

②　日周運動　(2) ア　3　イ　ふたご座

図1

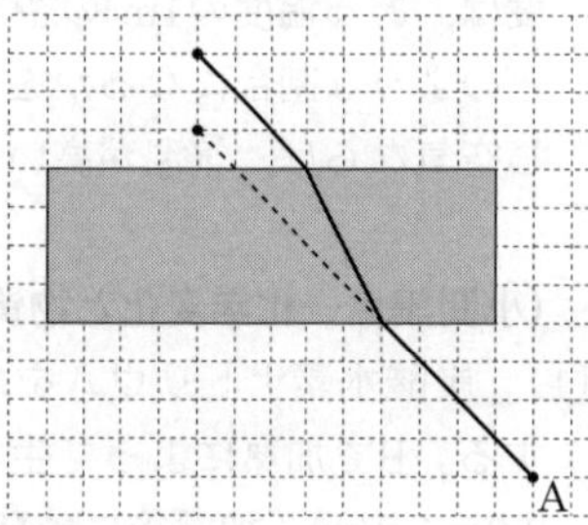

図2

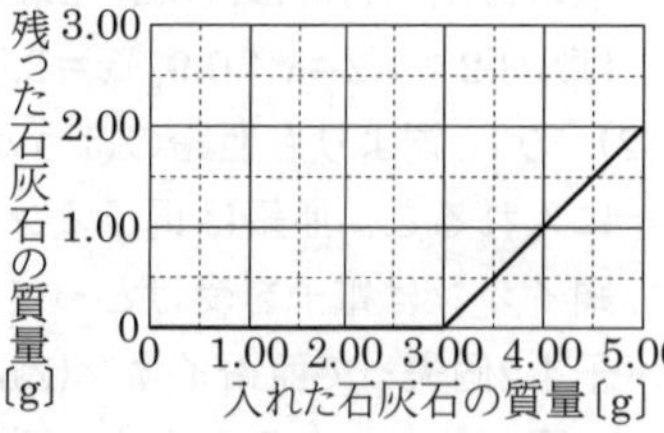

図3

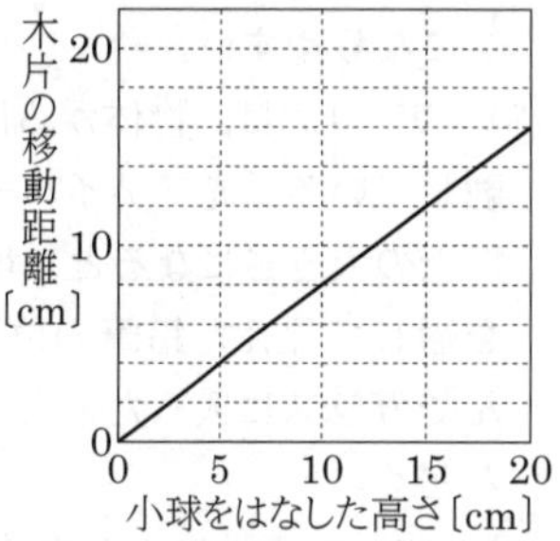

<理科解説>

1 **(小問集合―植物のつくり，食物連鎖，火成岩，天気の変化)**

(1) ア　Aはめしべ，Bはおしべ，Cは花弁，Dはがくにあたる冠毛である。　イ　タンポポは，**被子植物**のうちで子葉が2枚の**双子葉類**に分けられる。双子葉類の根は太い**主根**と，そこからのびる細い**側根**からなる。

(2) ア　ある地域に生息・生育する全ての生物と，それらを取り巻く環境を一つのまとまりでとらえたものを**生態系**という。　イ　自然界で，食べる・食べられるという鎖のようにつながった生物どうしの一連の関係を**食物連鎖**という。植物を食べる草食動物が減少すると，食べられていた植物は増加し，草食動物を食べていた肉食動物は減少する。肉食動物が減少すると，草食動物の生物量はもとにもどり，それによって植物が減少するとともに，肉食動物が増加する。

(3) ア　火山噴出物にふくまれる，マグマが冷えてできた粒のうち，結晶になったものを**鉱物**という。セキエイとチョウ石は無色鉱物。カンラン石は不規則な形の小さい粒である。　イ　花こ

う岩などの深成岩のように，大きな鉱物が組み合わさってできるつくりを**等粒状組織**という。深成岩は，マグマが地下の深いところで長い時間をかけて冷えてできるため，鉱物の粒が大きく成長する。

(4)　ア　**寒冷前線**では，寒気が暖気の下にもぐりこみ，暖気をおし上げながら進むため，寒冷前線付近では強い上昇気流が生じて，積乱雲が発生する。そのため，強い雨が短時間に降り，強い風がふく。寒冷前線の通過後は北寄りの風がふいて，寒気におおわれて気温は下がる。　イ　湿度は，ある温度の$1m^3$の空気にふくまれる水蒸気の質量が，その温度での**飽和水蒸気量**に対してどのような割合になるかを百分率で表す。飽和水蒸気量は気温が高いほど大きいので，湿度が同じ空気ならば，気温が高いほど，空気$1m^3$にふくまれる水蒸気量は大きい。

2 （小問集合―化学変化と物質の質量，化学変化と電池，光，電流）

(1)　炭酸水素ナトリウムを加熱すると，炭酸ナトリウム，二酸化炭素，水の3種類の物質に**分解**する。Bで加熱によって生じた二酸化炭素と水は空気中に出ていき，その質量の合計は，3.2－2.0＝1.2(g)　加熱後に蒸発皿に残ったのは炭酸ナトリウムだけである。Cで生じた二酸化炭素と水の質量の合計は，3.2－2.3＝0.9(g)　このとき反応した炭酸水素ナトリウムの質量をxgとすれば，3.2：1.2＝x：0.9，x＝2.4(g)

(2)　ア　銅よりも亜鉛のほうが**陽イオン**になりやすいため，亜鉛を銅イオンが存在する水溶液中に入れると，亜鉛は銅イオンに**電子**をあたえて，陽イオンになって水溶液中にとけ出す。一方，銅イオンは電子を受けとって金属の単体になり，亜鉛板の表面に付着した。亜鉛原子(Zn)は電子を2個失って亜鉛イオン(Zn^{2+})になる。　イ　表より，マグネシウムは亜鉛と銅のいずれよりも陽イオンになりやすく，亜鉛はマグネシウムよりも陽イオンになりにくいが，銅よりも陽イオンになりやすい。

(3)　ア　1では，物体から出た光が鏡で**反射**して目にとどく。3は，物体の表面の凹凸で光が**乱反射**している。光ファイバーは，光がガラスなどの物体や水から空気中へ進むとき，入射角が一定以上の大きさになると，境界面を通りぬける光がなくなる**全反射**を利用している。　イ　ガラスを通して見えた鉛筆の位置とA点を結んで線Pとすると，鉛筆から出た光がその線Pと平行に進んでガラスに入ったあと，屈折して進み，線Pとガラスのふちの交点でさらに屈折してA点までとどく。

(4)　ア　乾電池による電流のように，一定の向き(＋極から回路を通って－極)に流れる電流を**直流**という。一方，コンセントによる電流のように，流れる向きが交互に入れかわり，周期的に変化する電流を**交流**という。　イ　1日あたりの使用時間をx時間とすると，1.2(kW)×x×30＝324(kWh)，x＝9.0(h)

3 （消化と吸収－対照実験，だ液のはたらき，消化酵素，消化器官）

(1)　ア　調べたい条件以外の条件をそろえて実験を行い，その結果を比較することによって，調べたい内容を検討することができる。　イ　表1の結果より，試験管A，Bの溶液中にはデンプンがある。ヨウ素液の反応がなかったことから，試験管Cではデンプンがなくなったことがわかる。試験管A，Bと試験管Cの条件のちがいは，24℃の室温の中にあるか，ヒトの体温と同等の温度に保たれたかである。

(2)　ア　ベネジクト液は，麦芽糖の有無を調べるために使われる。麦芽糖をふくむ溶液にベネジクト液を入れて加熱すると，赤褐色(せきかっしょく)の沈殿ができる。沸とう石は，液体が急激に沸とうするのを防ぐ。　イ　Xはだ液の有無のみがちがう実験結果でデンプンの有無が確認できたもの，Yはだ

液を入れた実験結果で，麦芽糖の有無が確認できたものを比較する。

(3)　だ液のような消化液には，**消化酵素**がふくまれている。消化酵素は食物を分解し，体内に吸収されやすい物質にする。デンプンはアミラーゼによって麦芽糖などに分解され，さらにすい液中の消化酵素や小腸のかべの消化酵素によって最終的にはブドウ糖に分解される。ブドウ糖は小腸の**柔毛**で吸収されて毛細血管に入り，肝臓を通って全身の細胞へ運ばれるが，ブドウ糖の一部はグリコーゲンに変えられて一時的にたくわえられる。

4　**(気体の発生ー化学式，実験操作，気体の確認方法，化学変化と物質の質量の関係)**

(1)　1では，水溶液中に白い沈殿ができる。2では水素，3ではアンモニアが発生する。4では銅が空気中の酸素と結びつく**酸化**が起こり，黒色の酸化銅が生じる。

(2)　ア　**元素記号**を用いて物質を表したものを**化学式**という。二酸化炭素のような**分子**の化学式は，物質を構成している元素と，その**原子**が何個ずつ結合しているかを表している。　イ　うすい塩酸と石灰石を入れた試験管には空気も入っているので，反応によって発生した二酸化炭素によっておし出された空気が，1本目の試験管にたまることになる。　ウ　石灰水に二酸化炭素を通すと白くにごることから，二酸化炭素の確認方法として使われる。

(3)　ア　図3で，石灰石の質量3.00g以上では，発生した二酸化炭素の質量が変化していないことから，うすい塩酸40.0cm³と石灰石3.00gがちょうど反応して，(0.44×3)gの二酸化炭素が発生したことがわかる。したがって，石灰石4.00gと5.00gでは，それぞれ余分に加えられた石灰石が残っている。　イ　うすい塩酸100cm³と石灰石8.00gでは，石灰石0.5gが反応に使われずに残る。求める二酸化炭素の質量をxgとすれば，$40.0:(0.44\times3)=100.0:x$，$x=3.30$(g)

5　**(運動とエネルギーー等速直線運動，平均速さ，運動エネルギー，位置エネルギー)**

(1)　ア　斜面を下ったあと，小球は摩擦力を受けない水平面を一定の速さで進んでいる。このように，物体が一直線上を一定の速さで進む運動を**等速直線運動**という。　イ　速さ(cm/s)＝移動距離(cm)÷かかった時間(s)　表1より，高さ5cmのとき，小球は水平面上を0.1秒間に9.9cm進んでいる。1秒間では(9.9×10)cm。

(2)　運動している物体は，ほかの物体を動かしたり形を変えたりできるので，エネルギーをもっており，このエネルギーを**運動エネルギー**という。表2で，小球の速さが大きいほど木片の移動距離が大きいことから，物体の速さが大きいほど運動エネルギーは大きいことがわかる。

(3)　ア　高い位置にある物体がもつエネルギーを，**位置エネルギー**という。運動している物体がもつ位置エネルギーと運動エネルギーはたがいに移り変わっていくが，それらを合わせた総量である**力学的エネルギー**は一定に保たれている。小球が斜面を下るにしたがって高さが減少し，位置エネルギーは小さくなっていくが，速さは増して運動エネルギーは大きくなっていく。
イ　高さ5cmのときの小球の水平面での速さは99cm/s，木片の移動距離は4.0cm。高さ10cmのときの小球の速さは140cm/s，木片の移動距離は8.0cm。高さ20cmの時の小球の速さは198cm/s，木片の移動距離は16.0cmである。これらをグラフにすると，原点を通る直線になる。

6　**(天体の動きー天球，星の動き，日周運動，南中)**

(1)　ア　天体を，自分を中心とした大きな球体の天井にはりついているように考えた，見かけ上の球体の天井を**天球**という。　イ　北の空の星は，北極星を中心に反時計回りに回転して見え，東の空の星は2のように右ななめ上の方向に，西の空の星は3のように右ななめ下の方向に移動して見える。1は南の空の星の動きを示している。　ウ　星の見え方は，空全体では地軸を延長

した軸を中心として，天球が東から西へ回転しているように見える。これは，**地球が地軸を中心として西から東へ自転**しているために起こる見かけの動きである。

(2) ア 地球は，公転面に垂直な方向に対して地軸を23.4°傾けたまま太陽のまわりを**公転**している。したがって，図2でおうし座に近い位置は冬至，しし座に近い位置は春分，さそり座に近い位置は夏至に当たる。 イ 22時にてんびん座が**南中**して見えたときの地球の位置は，春分と夏至の間である。星座が同じ位置に見える時間は，1か月では約2時間早くなる。9か月後の地球は，冬至と春分の間にあり，20時に南中して見える星座はふたご座である。

<社会解答>

1 (1) タイガ (2) 北緯45[度]，東経105[度] (3) 6
(4) (記号) う (国名) オーストラリア (5) ア バイオエタノール[バイオ燃料]
イ (例)マナオスに比べて，キトの標高が高いから。

2 (1) 京浜 (2) (例)歴史的な景観や町並みを守るため。
(3) (記号) Y (大都市圏名) 大阪圏[大阪大都市圏] (4) ターミナル
(5) 棚田 (6) (例)丘陵地を切り開いてニュータウンを建設し，丘陵をけずって得られた土を沿岸のうめ立てに利用した開発が行われた。

3 (1) 2 (2) 荘園 (3) 徳政令[永仁の徳政令] (4) 4
(5) (例)物価の上昇をおさえる／物価を引き下げる (6) A 6 B 3 C 5

4 (1) 井伊直弼 (2) 1 (3) 富国強兵 (4) 関東大震災 (5) 3→2→1
(6) (例)日ソ共同宣言が調印され，ソ連との国交が回復した

5 (1) ア A 選挙 B 助言と承認 イ X 6 Y 1 (2) 学校 (3) 4
(4) (例)地方公共団体の間の財政の格差をおさえる

6 (1) 財 (2) 契約 (3) 2 (4) エシカル (5) 1 (6) (例)(すべての国民が，)所得に関係なく，同じ金額の商品の購入に対して同じ金額を負担するから。

7 (1) 十字軍 (2) 4 (3) 3 (4) 正倉院 (5) 先住

<社会解説>

1 **(地理的分野―世界地理－気候・地形・人口・資源・エネルギー・貿易)**

(1) **ロシア連邦**北部の大部分は，長くて厳しい冬と，短いが比較的温暖な夏を持つ**冷帯気候**に属している。この地域の針葉樹の森林を**タイガ**という。タイガは，カナダ北部・アラスカにも多くみられる。タイガというのは「北方の原生林」という意味である。

(2) この地図では，緯線は15度ごとに，経線も15度ごとにひかれている。したがって，略地図中のPの地点は，北緯45度，東経105度となる。

(3) **人口**が最も多い州は，人口世界第一位の中国，第二位のインドが属するアジア州である。**GDP(国内総生産)**では，中国と日本を含むアジアが一番高く，アメリカ合衆国を含む北アメリカ州が二番目である。以上から，Aが面積，Bが人口，CがGDPである。正解は6である。

(4) 記号 日本の**鉄鉱石**輸入先として最大なのは**オーストラリア**であり，略地図中のうである。
国名 オーストラリアの貿易について，輸出額の多い順に並べると，鉄鉱石・石炭・金である。なお，オーストラリアの輸出先としては，日本が最も多い。日本の鉄鉱石輸入先は，約50%が

オーストラリア，約30％がブラジルである。日本はオーストラリアの資源に大きく依存している。

(5)　ア　とうもろこし・さとうきびなど植物由来の燃料が，**バイオエタノール**である。バイオエタノールは，原料の供給が容易なため，石油・石炭・天然ガスなどの有限な**化石燃料**と異なり，**再生可能なエネルギー源**とみなされている。バイオエタノールは**バイオ燃料**でも正解とされる。C　バイオエタノールは，石油・石炭・天然ガスなどの化石燃料とは異なり，大気中の**二酸化炭素**の総量は増えないことが特徴である。**地球温暖化**が問題視される中で，バイオエタノールは注目されている。　イ　キトとマナオスはほぼ同緯度にあるが，年間平均気温には大きな差がある。それは標高の差による。**標高が100m高くなると**，**気温が0.6℃下がる**ので，標高2850mのキトは，標高92mのマナオスと標高にして2700m以上の差があり，年平均気温はほぼ14℃の差があることになる。

2　**(地理的分野―日本地理－工業・都市・交通・農林水産業・地形)**

(1)　東京・横浜・川崎を中心とし，機械工業・重化学工業が発達するとともに，印刷業の割合が高いのが**京浜工業地帯**である。**京葉工業地域**との区別に注意が必要である。

(2)　京都府京都市では，電柱や電線・看板などを撤去し，建築物の高さを制限する，建築物の形・色を規制する，屋外広告を規制するなどの工夫をしている。こうした工夫によって守られる**歴史的景観**そのものを，観光資源として活用するためである。こうした趣旨のことを簡潔に記せばよい。

(3)　記号　三大都市圏とは，**東京大都市圏・名古屋大都市圏・大阪大都市圏**である。人口の多い順では，東京大都市圏，大阪大都市圏，名古屋大都市圏となる。京都府の位置する大都市圏である大阪大都市圏はYである。　大都市圏名　京都府が位置するのは，隣接する大阪府を中心とする大阪大都市圏(大阪圏)である。

(4)　複数の路線が乗り入れ，列車・バスなどの起点・終点となる駅を**ターミナル駅**という。東京都では，東京駅・渋谷駅・池袋駅などがこれにあたる。

(5)　山の斜面に階段状に水田をつくっているものを**棚田**と呼ぶ。一望できる範囲に棚田が広がっている場合，**千枚田**ということもある。なお，畑がこうした形状につくられる場合には，段々畑という。

(6)　丘陵地を切り開いて**ニュータウン**を建設し，丘陵をけずって得られた土を沿岸のうめ立てに利用し，アイランド・空港をつくる開発が行われた。上記のような趣旨をまとめて解答すればよい。

3　**(歴史的分野―日本史時代別－古墳時代から平安時代・鎌倉時代から室町時代・安土桃山時代から江戸時代，―日本史テーマ別－政治史・法律史・経済史，―世界史－世界史総合)**

(1)　**中大兄皇子**が**中臣鎌足**とともに，**蘇我氏**を打倒して始めた，古代政治史上の一大改革を**大化の改新**という。留学生や留学僧を顧問にして，当時の中国で展開されていた**律令制**を模範として，天皇家を中心とした新しい政権を構築しようとするものだった。

(2)　743年の**墾田永年私財法**によって認められた，**貴族**や寺社の私有地を**荘園**という。その後，たびたび**荘園整理令**が出されたが，荘園は存続し，16世紀に**豊臣秀吉**によって行われた**太閤検地**によってようやく消滅した。

(3)　**鎌倉幕府**が，困窮した**御家人**たちを救うために，1297年に発した法令が**徳政令**である。この法令で，幕府は**元寇**や**分割相続**で窮乏した御家人たちが売却したり質入れしてしまった土地を，買主から無償で取り戻せるようにし，御家人たちの**借金を帳消し**にした。徳政令は，室町時代ま

でたびたび出されたため，1297年の法令を特に**永仁の徳政令**という。室町時代には，庶民が徳政令の発布を要求して，**徳政一揆**を起こすこともあった。

(4) 4の絵は，1789年に起こった**フランス革命**の端緒となる，民衆の**バスティーユ牢獄襲撃**を描いたものである。

(5) 幕府は，特定の商人集団を**株仲間**として，一定地域の特権的な営業独占を認め，**運上金**や冥加金という営業税を納めさせた。これにより，物価が上昇してしまったため，**老中水野忠邦**は**天保の改革**で，1843年に**株仲間解散**を命じ，物価の上昇をおさえようとした。

(6) Aは，坂上田村麻呂によって**胆沢城**の築かれた802年と，**藤原道長**が**摂政**となった1016年の間の出来事があてはまる。あてはまるのは，907年の**唐の滅亡**である。Bは，1467年に始まった応仁の乱と，**ザビエル**により**キリスト教の伝来**した1549年の間の出来事があてはまる。あてはまるのは，1492年の**コロンブス**の**西インド諸島到達**である。Cは，1789年に始まった**フランス革命**と，1841年から1843年に行われた**天保の改革**の間の出来事があてはまる。あてはまるのは，1840年に始まった**アヘン戦争**である。

4 (歴史的分野―日本史時代別－安土桃山時代から江戸時代・明治時代から現代，―日本史テーマ別－政治史・教育史・外交史，―世界史－政治史)

(1) 彦根藩主**井伊直弼**は**大老**となり，国内の反対を押し切り，天皇の許可である**勅許**(ちょっきょ)を得ないままに在日総領事**ハリス**との間で**日米修好通商条約**を結んだ。

(2) 2・3・4はどれも明治時代の世の中の変化である。1の民主主義教育について定めた**教育基本法**は，**第二次世界大戦**後の1947年に制定されたので，明治時代ではない。

(3) **欧米列強**に追いついて対抗するために，国家の**経済を発展**させて**軍事力の増強**を目指す政策を，**富国強兵**という。国の経済を発展させるために行われた政策が，**殖産興業**である。

(4) 1923年9月1日に起こったのは関東大震災である。東京・横浜を中心に大きな被害が出て，死者・行方不明者は，10万人を超えた。

(5) 1の**真珠湾攻撃**は，1941年12月に行われた。2の**日独伊三国同盟**は，1940年9月に成立した。3の**盧溝橋事件**は，1937年7月に起こった。したがって，年代の古い順に並べると，3→2→1となる。

(6) 日本は，1951年に48か国と**サンフランシスコ平和条約**を結んだが，ソ連をはじめとする国々は条約に参加しなかった。そのため，**国連安全保障理事会**の**常任理事国**であるソ連が反対し，**国際連合**への加盟はできなかった。1956年に**日ソ共同宣言**が調印され，ソ連との国交が回復して，日本は国際連合への加盟が実現した。

5 (公民的分野―国の政治の仕組み・憲法の原理・基本的人権・経済一般・地方自治)

(1) ア A **主権者**である国民が**選挙**を通じて国会における代表者を選び，選ばれた代表者によって政治が行われているしくみを**間接民主制**という。 B **日本国憲法**第7条には，天皇の**国事行為**として，「一 **憲法改正，法律，政令及び条約**を公布すること。二 **国会を召集**すること。三 **衆議院を解散**すること。」などが示されている。なお，この天皇の国事行為は，**内閣の助言と承認**によって行われると規定されている。 イ X 日本国憲法第28条で，労働者が集団となることで，使用者と対等な立場で交渉できるよう，以下の**労働三権**を保障している。**団結権・団体交渉権・団体行動権**が労働三権である。しかし，公務員が，要求を実現するためにストライキなどを行う権利は，公共の福祉に反するところから禁止されている。 Y 表現の自由は，他人の名誉を傷つけたり，プライバシーを侵すなどの場合に，公共の福祉に反するとして制限され

る。

(2)　地方自治体では，都道府県知事，市区町村長と，都道府県議会議員，市区町村議会議員をそれぞれ直接選挙で選ぶ。これを**二元代表制**と呼ぶ。さらに**直接請求**の制度があり，国民が自分に関わりのある問題について，自分の意思を地方自治に反映させ，民主主義を実践する場であるので，地方自治は「**民主主義の学校**」と呼ばれるのである。

(3)　地方自治体では，住民が直接選挙で選んだ議員の中から，議会が首長を指名するのではなく，都道府県知事，市区町村長もそれぞれ住民が直接に選挙で選ぶ。1・2・3は正しく，4が誤りである。

(4)　地方自治体の**収入の格差**を少なくするために，国から交付される資金のことを**地方交付税交付金**という。国税の一部を財政基盤の弱い自治体に配分し，自治体間の**財政格差**を補うことが目的である。上記のような趣旨を簡潔に記せばよい。

6 (公民的分野―経済一般・財政，その他)

(1)　人間の欲求を充足させるものを一括して，**財・サービス**という。そのうち，**機械や家具などの有形物が財**であり，教育や医療などの無形物がサービスである。形ある商品を財という。

(2)　二人以上の当事者が合意することによって，法的な権利義務関係が発生する行為を**契約**という。契約は，**申し込みの意思表示**と，それに対応する**承諾の意思表示**が合致することによって成立する。

(3)　2の，**公開市場操作**を行って，景気を安定させることは，**日本銀行**の役割である。日本銀行は**金融政策**を行い，不景気の時には，一般の銀行が持つ**国債**などを買い上げる公開市場操作を行い，一般の銀行が保有する資金量を増やし，市場に通貨が出回りやすくする。これを**買いオペレーション**という。好景気の時には，逆に銀行に国債などを売る。これを**売りオペレーション**という。

(4)　**消費者**それぞれが各自にとっての社会的課題の解決を考慮したり，そうした課題に取り組む事業者を応援しながら消費活動を行うことを，**エシカル消費**という。「エシカル」とは「倫理的」という意味である。2015年に国連で採択された**持続可能な開発目標**(SDGs)の17のゴールのうち，特にゴール12「つくる責任・つかう責任」に関連する取り組みである。

(5)　**需要曲線**は，価格が高くなるほど需要が少なくなる右下がりの曲線であり，**供給曲線**は，価格が高くなるほど多くなる右上がりの曲線である。この2本の曲線が交わるところが，**均衡価格**である。このグラフの場合，曲線Xが需要曲線であり，価格が800円のときには需要が少なく供給が多いため，売れ残りが生じる。**自由競争**が行われているので，価格は下落し，均衡価格に落ち着いていく。

(6)　すべての国民が，**所得**に関係なく，同じ金額の商品を購入した場合，同じ金額の**消費税**を負担するので，所得の低い人ほど負担が重くなる逆進性がある。逆進性の対比語は，累進性である。上記のような趣旨を簡潔に記せばよい。なお，所得税は累進課税である。

7 (歴史的分野―日本史時代別－古墳時代から平安時代・明治時代から現代，―日本史テーマ別－文化史・社会史，―世界史－政治史，地理的分野―世界地理－人々のくらし，―日本地理－気候)

(1)　11世紀に**ローマ教皇**ウルバヌス2世の呼びかけに応じ，イスラム教徒から**パレスチナの聖地エルサレム**を奪還するために遠征したのが**十字軍**である。遠征は9回まで行われたが，エルサレムはイスラム教徒の手に戻った。

(2)　4は，豚の頭数が0である。下線部ⓘのイランでは，**イスラム教**の信者が多く，豚肉を食べる

ことが**コーラン**で宗教上の禁忌とされているため，と考えられる。

(3)　ある地域で，一定の方角への風が特によく吹く傾向があるとき，季節によって風の吹く方角が変化するものを，**季節風**(モンスーン)と呼ぶ。日本の場合，太平洋側では，夏に海洋から大陸に向かって吹く南東の季節風の影響で降水量が多く，日本海側では，冬に大陸にあるシベリア気団から吹く冷たい北西の季節風の影響で降雪量が多い。

(4)　**東大寺**敷地内に存在する，**校倉造**(あぜくらづくり)の大規模な高床倉庫を**正倉院**という。正倉院宝物庫には**聖武天皇**・光明皇后ゆかりの品をはじめとする，天平時代を中心とした多数の美術工芸品を収蔵している。シルクロードを通じて唐にもたらされた，ペルシアなど西域の影響を受けた文化財も多い。

(5)　北海道や樺太などに先住してきた，独自の言語と文化をもつ**先住民族**が**アイヌ**である。アイヌは，**明治維新によっても差別はなくならず**，**第二次世界大戦**後も言語や文化についての様々な差別を受けてきた。1997年に「**アイヌ文化振興法**」が制定され，2008年に国会で「**アイヌ民族を先住民族とすることを求める決議**」が行われ，ようやく日本国民として平等に尊重される入り口に到達した。

＜国語解答＞

1　(1)　音や動きがあること　(2)　資料を効果的に提示すること。　(3)　3
(4)　(例)学級旗は団結のしるし

2　(1)　ア　ふくつ　イ　げきれい　ウ　はくせい　エ　と　オ　かえり
カ　素質　キ　忠誠　ク　補修　ケ　招　コ　除　(2)　ア　1　イ　4

3　(1)　有レ備レ患　(2)　2　(3)　1

4　(1)　4　(2)　(例)内部から外に向かって開放される　(3)　地面と並行する横方向
(4)　2　(5)　(例)生の基盤を稲作に置く日本人にとって，身体の安定を保ち，同じ動作のリズムを共有することが必要であった

5　(1)　2　(2)　3　(3)　すべらない入れ物に移して　(4)　ア　(例)アゲハの羽が破れていること。　イ　(例)自分のせい　(5)　(例)動かなくなったり傷ついたりしたことがあっても，外灯の下で光りながら舞い続ける　(6)　2

6　(例)　資料によれば，国語が乱れていると思う人は，平成十九年以降，減り続けています。私は，平成時代のことはわかりませんが，いい傾向だと思います。
　それは，相手を尊重し，互いの理解を深めるためには，きちんとわかりやすく伝えることが大切だからです。乱暴な言い方や不適切な表現は，悪気がなくても相手を傷つけたり，思わぬ誤解を生んだりすることがあります。言葉は，相手との関係性を左右するものなのです。

＜国語解説＞

1　**(聞き取り―内容吟味)**

(1)　本田さんは，「動画の特徴は，**音や動きがあること**です。」と述べている。

(2)　本田さんは，「さまざまな人にわかりやすい動画にするために，話す速さや表情を工夫することと，**資料を効果的に提示すること**が大切だと思います。」と述べている。

(3)　1は，本田さんは「本やインターネットの内容」を引用していないので誤り。2は，中村さんは「数値」を挙げていないので誤り。3は，本田さんは「**動画**」，中村さんは「**新聞**」という**主張をはじめに示して論を展開している**ので，適切な説明である。4は，「話し合いがまとまる」ように意見を述べているのは，林さんなので，誤りである。

(4)　新聞記事は，文化祭での学級旗の展示について書いたものである。解答例は，インタビューの内容と直後の「クラスの団結を喜んだ」をもとに「**学級旗は団結のしるし**」としているが，この通りでなくても「学級旗」を使った見出しとして適切な内容であれば正解とする。

2　**(知識—漢字の読み書き)**

(1)　ア「**不屈**」は，どんな困難にあってもくじけずにやりとげる様子をいう。　イ「**激励**」は，はげまして元気づけること。　ウ「**剥製**」は，動物の内臓や肉を抜き，綿などをつめて生きていたときのような姿にしたもの。エ「**溶**」の音読みは「ヨウ」で，「溶液」「溶解」などの熟語を作る。　オ　この場合の「**顧みる**」は，過去のことを思い起こすという意味。　カ「**素質**」は，生まれつきもっている性質や才能。　キ「**忠誠**」は，上の立場の人を裏切ることなく真心からつくすこと。　ク「**補修**」は，同音異義語の「補習」としたり，「補」を形の似ている「捕」などと書いたりしないように注意。　ケ「**招**」は「手(扌)でまねく」と覚える。　コ「**除**」の音読みは「ジョ」「ジ」で，「除外」「掃除」などの熟語を作る。

(2)　ア　訓読みにすると，1の「裂」は「**さ(く)**」，2の「刺」は「さ(す)」，3の「避」は「さ(ける)」，4の「去」は「さ(る)」となる。　イ　——の部分を漢字で書くと「**趣向**」となるので，4が正解。

3　**(漢文—内容吟味，その他)**

〈口語訳〉　漢の国の人で，呉の国に行く者がいた。呉の国の人がたけのこ料理を用意したところ，問うことには「これは何ですか」と。答えて言うことには，「竹です」と。帰ってからベッドに敷く竹の敷物を煮たが煮えなかったので，その妻に言ったことには，「呉の国の人はうそつきだ。私を欺いたことはこのようだ」と。

〈口語訳〉　宋の国の人で畑を耕す者がいた。畑の中に木の切り株があり，うさぎが走ってきて切り株に突き当たり，首を折って死んだ。そこで自分のすきを放り出して切り株の番をし，再びうさぎを手に入れようと待ち望んだ。うさぎを二度とは手に入れることができず，彼自身は宋の国の笑い者となった。

(1)　【漢文】は「有適呉」，漢字を読む順序は「呉適有」で1字ずつ返って読むので，「**有**」と「**適**」の左下に，それぞれ**レ点**をつける。

(2)　「**漢人**」が「呉人」に対して「是何物」と質問したので，2が正解。

(3)　【漢文】の「漢人」は，たけのこと敷物の竹が同じ物だと勘違いした。【資料】の「宋人」は，切り株の番をしていればすぐにうさぎを手に入れられると思い込んだ。**両者とも自分の思い違いに気づいていない**ので，1が正解。「宋人」は「人のせい」にしていないので，2は誤り。竹を煮ることや切り株の番をすることは「古い習慣」ではないので，3は不適切。両者とも予想に反して「満足」な結果を得られなかったので，4は誤りである。

4　**(論説文—内容吟味，文脈把握，品詞・用法)**

(1)　「向け」は下一段活用動詞「向ける」の**連用形**。1「聞けば」は五段活用動詞「聞く」の仮定形，2「運動すること」はサ行変格活用動詞「運動する」の連体形の一部，3「食べよう」は下

一段活用動詞「食べる」の未然形，4「笑った」は五段活用動詞「笑う」の連用形。

(2) ヨーロッパのリズムの方向性は「上向き」というよりも「身体の**内部から外に向かって開放されてゆく**方向」であり，日本のリズムは「下向き」というよりも「身体の中からさらにその芯へ，奥へ向かう」ものである。前者の内容を，15字以内で前後につながるように書く。

(3) この場合の「水平方向の運動」とは，上下に動かず，横に動くことを指している。傍線部㋑の次の段落の最後の文に「また，ひねもす地に伏して働く稲作のためには，**地面と並行する横方向**に注意を払い，……」とあるので，ここから抜き出す。

(4) 第一・二段落の「**和楽器はいずれも，動きを下にして止めることで，リズムの流れをいったん途切れさせているのである。つまり日本のリズムには断絶がある**」と合致する2が正解。1の「住居の違い」と動きの関係については，本文に書かれていない。3の「跳び上がる」動作が少なくないことは，ヨーロッパとの違いを説明する根拠として不適切。本文は，「人間としてのリズムの共有」を説明したものではないので，4は不適切である。

(5) キーワードに注目して本文を見ると，第六段落に「**生の基盤**を稲作に置く日本人にとっては，身体のブレを防いで動くことが必須のものであった」「**安定**を確保しながら進むことを優先しなければならなかった」とある。また，第七段落は，稲作を営むためには「同じ動作のリズムを**共有**」することが必要であることを説明している。この内容を50字以内にまとめ，前後につながるように書く。

5 (小説─情景・心情，内容吟味，文脈把握，脱文・脱語補充)

(1) 空欄に選択肢の語句を入れると，1「息をぬいて」＝緊張を解いて，2「息をつめて」＝**緊張などで一時的に息をとめて**，3「息をいれて」＝しばらく休息して，4「息をはずませて」＝激しい息遣いをして，という意味になる。この場面は，「ぼく」がアゲハの羽化をじっと見守る場面なので，2が適切である。

(2) 1は，この場面で「ぼく」の緊張はむしろ高まっているので不適切。2は，「見守っていたみんな」の様子と合わない。3は，**「十秒，二十秒……」は子どもたちが無言でアゲハを見守っている時間の経過を表現している**ので，適切な説明である。4は，「一人，二人」はアゲハが動かないためがっかりして子どもたちが去っていく様子を表現したものであり，宿題の時間との直接の関わりはないので，不適切である。

(3) アゲハは，「飼育ケースのプラスチックがつるつるすべるせい」で飼育ケースの床に落下してしまった。空欄の少し前に「ダンボールかなにか，**すべらない入れ物に移して**やればよかった」という「ぼく」の思いが示されているので，ここから抜き出す。

(4) ア たくとの「**羽がやぶけとる**」という言葉が表すことをわかりやすく書く。 イ 「ぼく」は，アゲハの羽は「きっと床にすべり落ちたときに傷ついたんだろう」と推測し，そうなったのはアゲハをすべらない入れ物に入れてやらなかった**自分のせい**だと考えている。

(5) 「ぼく」がアゲハの弱さを感じたのは，羽化の途中で落下して**動かなくなった**ときや，**傷ついた**羽を見たときである。一方，強さを感じたのは，羽が傷ついているにもかかわらず，外灯の下でキラキラ**光りながら旋回した**ときである。この内容を，前後につながるように40字以内でまとめる。

(6) 1は，「ぼく」が「多くの生き物」を飼っているとは本文から読み取れないので，不適切。2は，「たくと」は興奮すると「**じっとしていられない**」反面，アゲハが生きているとわかったときに「**よかったねえ，壮くん**」と声をかけるなど，友だちへの気遣いも見せているので，適切な説明である。3は，「雄大」は，宿題を放り出してアゲハの羽化を見に来たり，アゲハが生きて

いるとわかったときに「うそ!」と言って駆け寄ってきたりしていることから，「どんな状況でも冷静」とはいえない。4は，「センター長」は「たくと」の音読の宿題をやらせようとしているので，不適切な説明である。

6 **（作文）**

(1)～(3)の条件を満たすこと。題名は書かず，**二段落構成**で第一段落に【資料】をもとに**自分の意見**を書き，第二段落に**その理由**を書く。制限字数は，両方合わせて**150～200字**である。解答例は，第一段落に【資料】から「国語が乱れていると思う」人が減っていることを読み取って「いい傾向だ」という意見を書き，第二段落にその理由を書いている。

書き始めや段落の初めは1字空けるなど，原稿用紙の使い方にも注意する。書き終わったら必ず読み返して，**誤字・脱字**や表現のおかしなところは書き改める。

MEMO

大切なことはメモしておこうネ！

青森県公立高等学校

2021年度

★★★★★★★★★★★★★★★★★★★★★★

入試問題

●くわしい解説……37ページ

＜数学＞

時間　45分　　満点　100点

1 次の(1)～(8)に答えなさい。(43点)

(1) 次のア～オを計算しなさい。

ア　$-1-5$

イ　$(-3)^2+4\times(-2)$

ウ　$10xy^3\div(-5y)\times3x$

エ　$2x-y-\dfrac{5x+y}{3}$

オ　$(\sqrt{5}+3)(\sqrt{5}-2)$

(2) 次の等式を r について解きなさい。

$\ell=2\pi r$

(3) 次の方程式を解きなさい。

$x^2=9x$

(4) y は x に比例し，$x=-3$ のとき，$y=18$ である。$x=\dfrac{1}{2}$ のときの y の値を求めなさい。

(5) 正 n 角形の1つの内角が140°であるとき，n の値を求めなさい。

(6) 空間内の平面について述べた文として**適切でないもの**を，次の**ア**～**エ**の中から1つ選び，その記号を書きなさい。

ア　一直線上にある3点をふくむ平面は1つに決まる。

イ　交わる2直線をふくむ平面は1つに決まる。

ウ　平行な2直線をふくむ平面は1つに決まる。

エ　1つの直線とその直線上にない1点をふくむ平面は1つに決まる。

(7) あるクラスの生徒14人の反復横とびの回数を測定したところ，全員が異なる回数であった。その測定した回数の少ない順に並べたとき，7番目の生徒と8番目の生徒の回数の差は6回で，中央値は48.0回であった。このとき，7番目の生徒の回数は何回か，求めなさい。

(8) 次のページの図のように，座標平面上の原点Oを通る円がある。この円は，原点Oのほかに，y 軸と点A (0, 4) で，x 軸と点Bで交わる。この円の原点Oをふくまない方の $\overset{\frown}{AB}$ 上に点P

をとると，$\angle OPA = 30°$ であった。このとき，この円の中心の座標を求めなさい。

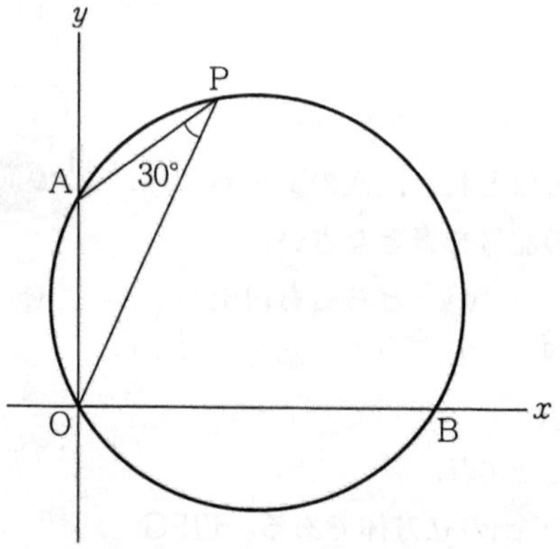

2 次の(1)，(2)に答えなさい。(13点)

(1) 次の文章は，異なる２つの自然数が，ともに偶数であるときの和と積について考えているレンさんとメイさんの会話である。［ア］には式，［イ］には語，［ウ］～［オ］には自然数をそれぞれ入れなさい。

レン：たとえば，和は
$2+4=6$，$4+10=14$，$12+18=30$
となるので，必ず偶数になると予想できるよ。

メイ：その予想は正しいといえるのかな。

レン：では，そのことを証明してみるよ。
m，n を異なる自然数とすると，
異なる２つの偶数は $2m$，$2n$ と表すことができるから，
$2m+2n=2$（［ア］）となる。
［ア］は自然数だから，2（［ア］）は必ず［イ］になる。
したがって，異なる２つの偶数の和は，［イ］であるといえるよ。

メイ：予想が正しいことを証明できたね。今度は，積はどうなるか，同じように考えてみるよ。
たとえば，積は
$2\times4=8$，$4\times10=40$，$12\times18=216$
となるので，必ず８の倍数になると予想できそうだね。

レン：その予想も正しいといえるのかな。
たとえば，［ウ］と［エ］の積は［オ］となり，８の倍数ではないから，
必ずいえることにはならないよ。

メイ：なるほど。成り立たない場合があるから，予想は正しくないんだね。

(2) 次のページの図のように，２つの袋の中に，赤玉が１個，白玉が２個，黒玉が３個ずつ入っている。袋の中をよくまぜてから，それぞれから１個の玉を同時に取り出すとき，あとの**ア**，**イ**に答えなさい。

ア　それぞれから取り出す玉が，どちらも白玉である確率を求めなさい。

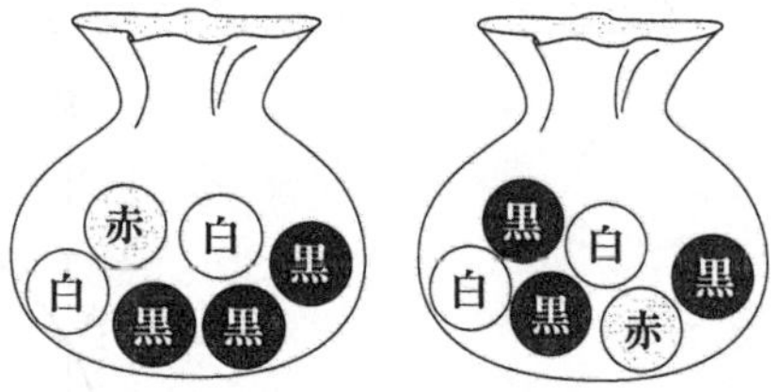

イ　それぞれから取り出す玉の組み合わせとして，最も起こりやすいのはどれか，次のあ～かの中から１つ選び，その記号を書きなさい。

Ⓐ どちらも赤玉　　Ⓘ どちらも白玉　　Ⓤ どちらも黒玉
Ⓔ 赤玉１個と白玉１個　　Ⓞ 白玉１個と黒玉１個　　Ⓚ 赤玉１個と黒玉１個

3　次の(1)，(2)に答えなさい。(16点)

(1)　右の図は，1辺の長さが6㎝の立方体である。辺FGの中点をPとするとき，次のア，イに答えなさい。

ア　辺EF上にQF＝4㎝となる点Qをとるとき，三角すいBQFPの体積を求めなさい。

イ　辺AEの中点をRとするとき，点Rから辺EFを通って点Pまで糸をかける。この糸の長さが最も短くなるときの，糸の長さを求めなさい。

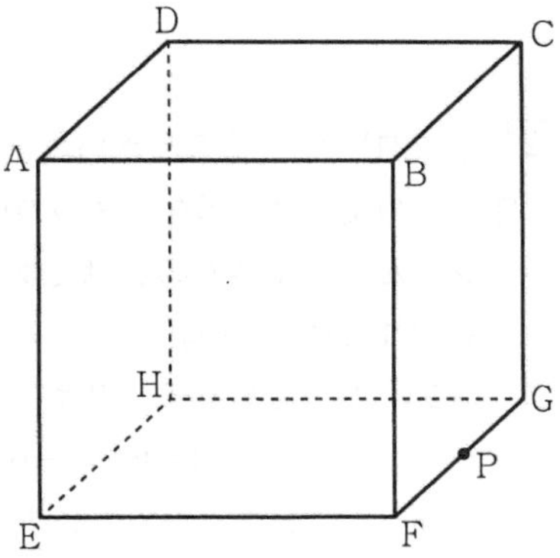

(2)　下の図のように，正三角形ABCがあり，辺AC上に点Dをとる。また，正三角形ABCの外側に正三角形DCEをつくる。このとき，次のア，イに答えなさい。

ア　△BCD≡△ACEであることを次のように証明した。[あ]，[い]には式，[う]には適切な内容をそれぞれ入れなさい。

[証明]
△BCDと△ACEについて
△ABCと△DCEは正三角形だから，
[　あ　]　……①
CD＝CE　……②
[　い　]＝60°　……③
①，②，③から，
[　う　]がそれぞれ等しいので，
△BCD≡△ACE

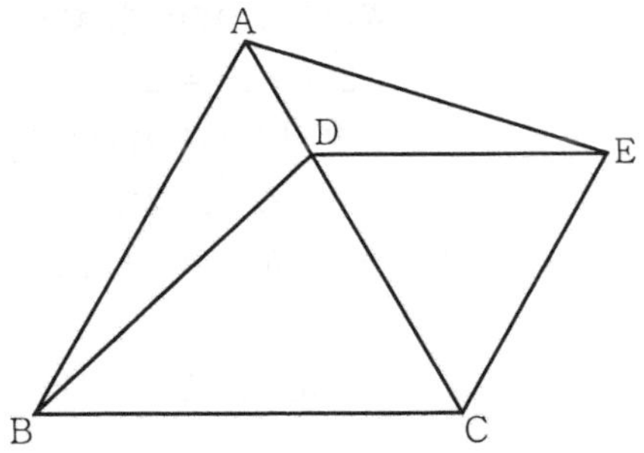

イ　四角形ABCEの周の長さが21㎝のとき，次の(ア)，(イ)に答えなさい。

(ア)　AB＝a㎝，CD＝b㎝としたとき，辺AEの長さをa，bを用いて表しなさい。

(イ)　△ABDの周の長さが13㎝のとき，正三角形DCEの１辺の長さを求めなさい。

4 図1で，①は関数 $y=-\frac{4}{9}x^2$ のグラフであり，点Aの座標は（2，－4），点Bは①上の点で x 座標が負の値をとり，y 座標は－4である。次の(1)～(4)に答えなさい。ただし，座標軸の単位の長さを1cmとする。(11点)

(1) 点Bの x 座標を求めなさい。

(2) ①の関数について，x の値が3から6まで増加するときの変化の割合を求めなさい。

(3) 点Pを x 軸上にとり，AB＝APとなる二等辺三角形ABPをつくる。点Pの x 座標が正の値をとるとき，点Pの座標を求めなさい。

(4) 図2は，図1の①上に x 座標が6である点Cをとり，四角形OBCAをかき加えたものである。点Aを通り，四角形OBCAの面積を2等分する直線の式を求めなさい。

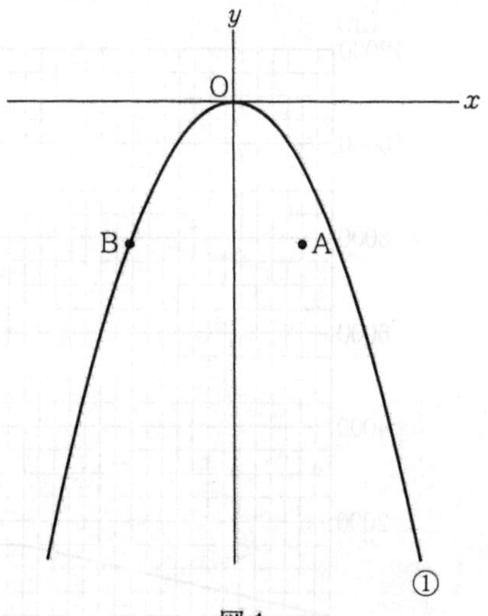

図1

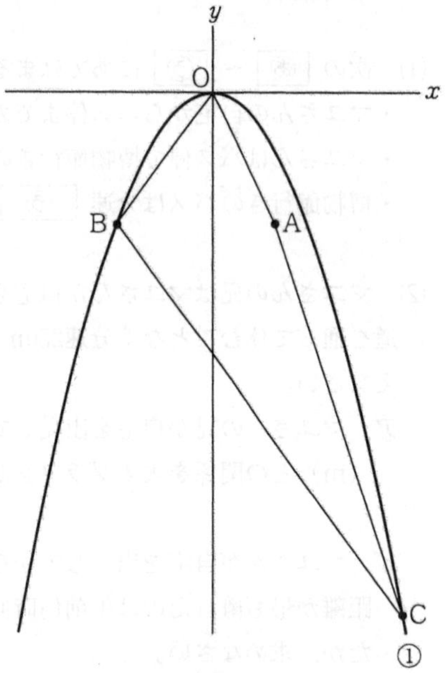

図2

5 ある日の午前10時に，マユさんは自宅から12000m離れた博物館へ向かった。途中，マユさんは自宅から分速75mで20分間歩いてバス停に着き，博物館行きのバスが来るまで待った。その後，博物館行きのバスに14分間乗車し，午前10時43分に博物館に到着した。次のページのグラフは，マユさんが自宅を出発してから博物館に到着するまでの時間（分）と自宅からの距離（m）との関係を表したものである。あとの(1)～(3)に答えなさい。ただし，自宅から博物館までの道は，まっすぐであるものとする。(17点)

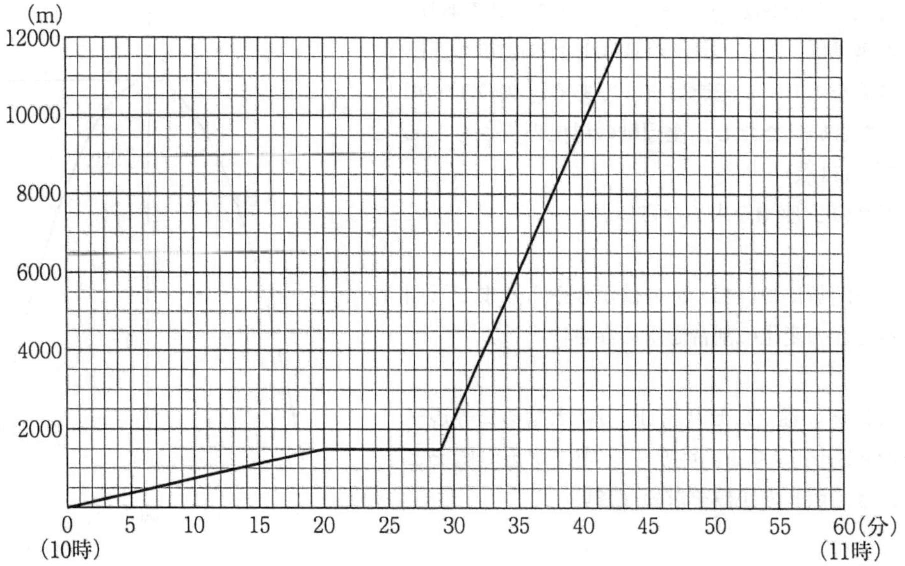

(1) 次の [あ] ～ [う] にあてはまる数を求めなさい。

・マユさんの自宅からバス停までの距離は [あ] mである。

・マユさんはバス停で博物館行きのバスが来るまで [い] 分間待った。

・博物館行きのバスは分速 [う] mで移動した。

(2) マユさんの兄はマユさんが自宅を出発してから７分後に，自転車で自宅からマユさんと同じ道を通って休むことなく分速250mの一定の速さで移動し，博物館に到着した。次の**ア**，**イ**に答えなさい。

ア　マユさんの兄が自宅を出発してから博物館に到着するまでの時間（分）と自宅からの距離（m）との関係を表すグラフをかきなさい。

イ　マユさんが自宅を出発してから博物館に到着するまでの間で，マユさんとマユさんの兄の距離が最も離れたのは午前何時何分か，求めなさい。また，そのときの２人は何m離れていたか，求めなさい。

(3) マユさんの兄は午前何時何分に自宅を出発していれば，マユさんと同時に博物館へ到着することができたのか，求めなさい。ただし，マユさんの兄は自宅からマユさんと同じ道を通り，(2)と同じ一定の速さで博物館へ自転車で移動するものとする。

＜英語＞

時間　50分　満点　100点

1　放送による検査（27点）

(1)

ア　1  2  3  4 

イ　1 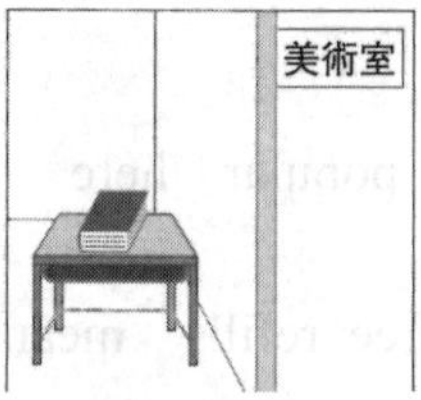

2 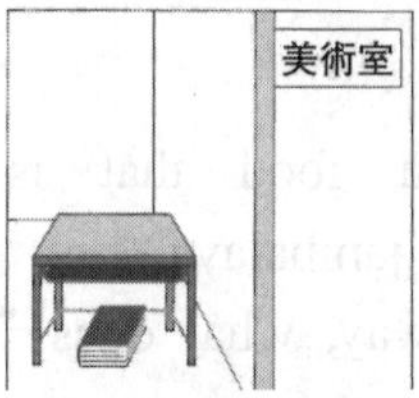

3 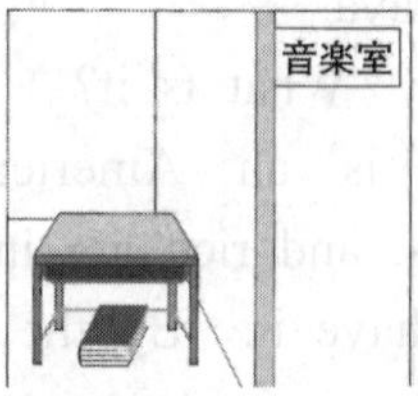

4 

ウ　1　I don’t think so.　2　Shall I carry your bags?
　　3　Thank you for listening.　4　Could you say that again?

(2)

ア　1　Five years old.　2　Six years old.
　　3　Fifteen years old.　4　Sixteen years old.

イ　1　Because he can go to many places by bike.
　　2　Because walking is good for his health.
　　3　Because he wants to buy a new bike.
　　4　Because his brother walks to school.

ウ　1　His bike.　2　His brother’s bike.
　　3　His mother’s bike.　4　His father’s bike.

(3)

ア　1　At a movie theater.　2　At a post office.
　　3　At a stadium.　4　At a library.

イ　1　May 11.　2　May 12.　3　June 11.　4　June 12.

(4)　(　　　　　　　　　　　　　　　　　　　　　　).

2 次の英文は，アメリカのあるレストランでの，接客係のローブさん（Mr. Loeb）と，留学中の高校生のジュンイチ（Junichi）との対話の一部です。２人は，最初，メニュー（menu）を見ながら話をしています。これを読んで，あとの(1)～(3)に答えなさい。＊印の語句には，対話のあとに（注）があります。（14点）

Mr. Loeb : May I *take your order?

Junichi : Oh, I have not decided yet. ア (most is which popular the) food in this restaurant?

— Menu —

*jambalaya	cola
hamburger	orange juice
pizza	coffee

It's seven dollars for food and *drink.
We have *free refills of drinks for one hour.

Mr. Loeb : It's jambalaya.

Junichi : Jambalaya? What is it?

Mr. Loeb : Jambalaya is an American food that is popular here. Meat, *vegetables, and rice are in jambalaya.

Junichi : OK. I'll have it. By the way, what does "free refills" mean on the menu?

Mr. Loeb : It means if you *order a drink, you can have it many times.

Junichi : I see. I'll have an orange juice.

Mr. Loeb : Sure. I'll bring it.

〈After eating〉

Mr. Loeb : Did you enjoy the food?

Junichi : Yes. Jambalaya was like *paella. イ (than delicious was more it) paella. I didn't know about jambalaya when I was in Japan.

Mr. Loeb : Oh, are you [　　] Japan? I like Japanese culture.

Junichi : Really? I'm going to talk about Japanese culture at my school event next Sunday. Why don't you come to my school event then?

Mr. Loeb : OK. ウ (to looking I'm it forward).

（注） take ～ order　～の注文をとる　　jambalaya　ジャンバラヤ（アメリカの郷土料理）
drink(s)　飲み物　　free refills　おかわり自由　　vegetables　野菜
order ～　～を注文する　　paella　パエリア（スペインの郷土料理）

(1) 下線部ア～ウについて，文の意味が通るように（　）内の語をすべて用いて，正しい順序に並べかえて書きなさい。大文字にする必要のある文字は大文字にしなさい。

(2) [　　] に入る最も適切な英語１語を書きなさい。

(3) 下線部I'm going to talk about Japanese cultureとありますが，あなたなら日本の文化について何を紹介しますか。あとの英文の〔　〕内に，あなたが紹介したい日本の文化一つ

について**英語20語以上**で書きなさい。紹介する日本の文化の名称はローマ字で書いてもかまいません。また，文の数はいくつでもかまいません。

Hello, everyone. I'm あなたの名前. Today, I'm going to talk about Japanese culture.

〔　　　　〕Thank you.

3 次の英文は，野球の国際交流のために日本を訪れている高校生のニック（Nick）と，アメリカに住んでいるお父さん（Dad）との電話での応答の一部です。これを読んで，あとの(1)，(2)に答えなさい。＊印の語句には，応答のあとに（注）があります。(13点)

Nick : I have just arrived at a hotel, Dad.

Dad : That is good. [ア]

Nick : It took twelve hours. Well, I have to talk with you about something.

Dad : What is it?

Nick : I had our team's *training camp before coming to Japan. Then, I was chosen as our team's *leader. I have tried to make a good team, but some of my *teammates don't follow me. I don't know what to do.

Dad : I see. I also had the same problem when I was the team leader of the baseball club in high school. At first, I decided everything without talking with my teammates. That was my way. *As a result, they didn't follow me. Some of them never *accepted my opinions. Then, I *realized that my way was not good. So, [イ]

Nick : How did you change it?

Dad : I listened to the opinions of my teammates.

Nick : That is nice. I have a question. [ウ]

Dad : They said things about how to practice baseball. They had different opinions. So, I listened to them, and then decided my *direction. That is one of the things that leaders should do.

Nick : 〔　A　〕

Dad : I understand. When other teammates don't accept your direction, Nick, you should remember that we all are not the same. We are different, so you need to listen to their opinions.

Nick : Oh, it's hard to be a leader.

Dad : Yes. Leaders are sometimes *lonely. 〔　B　〕

Nick : OK. I'll *do my best. Thank you, Dad.

Dad : You're welcome, Nick. Good luck.

（注） training camp　合宿　　leader(s)　リーダー　　teammates　チームメート
As a result　その結果として　　accept(ed)～　～を受け入れる（た）
realized that ～　～とわかった　　direction　方向性　　lonely　孤独な
do my best　最善を尽くす

(1) 電話での応答が成立するように，ア ～ ウ に入る英文をそれぞれ一つ書きなさい。

(2) 電話での応答が成立するように〔A〕，〔B〕に入る最も適切なものを，次の1～6の中からそれぞれ一つ選び，その番号を書きなさい。

1 Some teammates don't accept my direction.
2 If you remember we are all the same, you will be a good leader.
3 But if you have this experience, you will be a good leader.
4 All my teammates follow me.
5 So you should not listen to their opinions.
6 Leaders should decide everything without talking with teammates.

4 次の英文は，外国語指導助手のスミス先生（Mr. Smith）が，北海道・北東北の縄文遺跡群（じょうもんいせきぐん）（Jomon Prehistoric Sites in Northern Japan）について中学生に話しか内容の一部です。これを読んで，あとの(1)～(3)に答えなさい。＊印の語句には，内容のあとに（注）があります。（21点）

I have lived in Aomori *Prefecture for two years. One day, a Japanese teacher gave me a *pamphlet about Jomon Prehistoric Sites in Northern Japan. I didn't know about them and read the pamphlet. It was written in English, so I could understand it easily. One of those *sites was in this city and I wanted to see it with my own eyes.

One week later, I visited the site. I was surprised to find that people in the *Jomon period made many kinds of things. Some were used in their daily lives and others were used for special purposes like *rituals. All those things looked beautiful to me. When I was looking at the site, I met some *local high school students. They were working as *volunteer guides. They will get the chance to think about their important place from the experience.

It is fun for me to know about Jomon Prehistoric Sites in Northern Japan. Foreign people can learn a lot from them, too. I think they are important not only for local people but also for people all over the world. I want many people to enjoy those sites and we should *preserve them. I think *the inscription on the World Heritage List is a good way. I hope the day will come soon.

（注）Prefecture 県　pamphlet パンフレット　site(s) 遺跡　Jomon period 縄文時代
rituals 儀式　local 地元の　volunteer guides ボランティアガイド
preserve ～ ～を守る　the inscription on the World Heritage List 世界遺産への登録

(1) 次の文章は，スミス先生の話した内容に関する生徒のメモです。話の内容と合うように（ア）～（ウ）に入る最も適切な数字や日本語をそれぞれ書きなさい。

【メモ】

・スミス先生は青森県に（ ア ）年間住んでいる。

・縄文時代の人々が作ったものには，彼らの（　イ　）で使われたものもあれば，儀式のような特別な目的のために使われたものもあった。
・スミス先生は，北海道・北東北の縄文遺跡群は，地元の人々にとってだけではなく，（　ウ　）人々にとっても大切であると考えている。

(2) スミス先生の話の内容と合うように，次の１～３の質問に対する答えをそれぞれ一つの英文で書きなさい。

1 Why could Mr. Smith understand the pamphlet easily?

2 What will those local high school students get from the experience?

3 Does Mr. Smith think it is necessary to preserve Jomon Prehistoric Sites in Northern Japan?

(3) 次の文章は，スミス先生の話を聞いたあとで，生徒がスミス先生に英語で書いた感想です。下線部１，２をそれぞれ一つの英文で書きなさい。

I listened to your story and I am interested in joining the volunteer guides at the site. It is good to do useful things for the site. Before joining them, 1 私には学ぶべきことがたくさんあります。 I will try it. 2 私は，すばらしいものを人々に見せることを楽しむでしょう。

5 次の英文は，高校生のタロウ（Taro）が，祖父やアミ（Ami）とのやりとりを通して学んだことについて書いた文章です。これを読んで，あとの(1)～(3)に答えなさい。＊印の語句には，本文のあとに（注）があります。(25点)

I have played the *Japanese flute in the traditional events of the village for eight years. I practice it every day to play it well. My grandfather is one of the best Japanese flute players in the village and he teaches me and other children at his house.

One day, he listened to my *performance and said to me, "Very good! I can understand that you practice hard. Well, I have an idea. How about teaching children together this Saturday?" I *was worried. Teaching was too difficult for me.

When I went to my grandfather's house that day, I found a girl. She was sitting on the chair next to my grandfather and looked *nervous. Her name was Ami and she was nine years old. She started to practice the Japanese flute two months ago. I wanted her to enjoy my *lesson, so I played the traditional music of the village. When she listened to it, she smiled and stood up. She was watching my fingers *carefully.

We started to practice the music. It had a difficult *part for her and she stopped at that part many times. She didn't give up but looked sad. I said, "You're good. You don't give up." She said, "I like playing the Japanese flute. I want to play that part well soon." I said, "I can say two things to you, Ami.

If you practice even for a short time every day, you can play it well. If you don't forget that you are doing your favorite thing, you can get the power to enjoy difficult things." She could not play the part that day but after practicing, she said to me *cheerfully, "I enjoyed your lesson. Thank you. See you again."

When I was going to leave my grandfather's house, he said to me, "I learned a good thing from you." That made me surprised and I asked him, "Did you learn from me? Why? You are the best teacher." He said, "I am not perfect. I am still learning. Today, you taught her the way of learning. Of course, we need to practice hard to play the Japanese flute well but we have <u>another important thing.</u> Ami learned it from you. I learned it again. Thank you, Taro." Teaching was a good experience for me. I will not stop learning like my grandfather.

（注） Japanese flute 笛　performance 演奏　was worried 心配だった　nervous 緊張して
lesson 稽古（けいこ）　carefully 注意深く　part 部分　cheerfully 明るく

⑴ 本文の内容と合うように英文を完成させるとき，次のア～エに続く最も適切なものを，1～4の中からそれぞれ一つ選び，その番号を書きなさい。

ア After Taro's performance, his grandfather thought that
1 Taro stopped practicing the Japanese flute.
2 Taro was a teacher of traditional events in the village.
3 Taro was able to play the Japanese flute well.
4 Taro was worried about playing the Japanese flute.

イ When Taro played the traditional music for Ami,
1 she started to cry.
2 she was glad and stood up.
3 she started to play the music, too.
4 she was nervous and sat down.

ウ Ami looked sad because
1 she gave up practicing with Taro.
2 she wanted to practice with Taro's grandfather.
3 she didn't do her favorite thing.
4 she couldn't play a difficult part.

エ When Taro was going to leave his grandfather's house,
1 Taro was surprised by his grandfather's words.
2 Taro and his grandfather talked about Ami's school.
3 Taro's grandfather taught Ami an important thing.
4 Taro was so tired that he couldn't say anything.

⑵ 次の英文が本文の内容と合うように，（ア）～（ウ）に入る最も適切な語を，あとの1～7の中からそれぞれ一つ選び，その番号を書きなさい。

Taro （ ア ） the Japanese flute every day. One day, he taught Ami how to

play it. They practiced the traditional music of the village. There was a difficult part and she tried to play it. At the end of practicing with Taro, she told him that she had a (イ) time with him. After that, he and his grandfather talked. Taro wants to (ウ) learning like his grandfather.

1 difficult	2 keep	3 bad	4 practices	5 good
6 teaches	7 finish			

(3) 下線部 <u>another important thing</u> が表している内容を日本語で書きなさい。

＜理科＞

時間 45分 満点 100点

1 次の(1)〜(4)に答えなさい。(18点)

(1) 右の図は，ある被子植物が受粉した後のめしべの断面を模式的に表したものであり，Aは精細胞が運ばれていくつくりを示している。次のア，イに答えなさい。

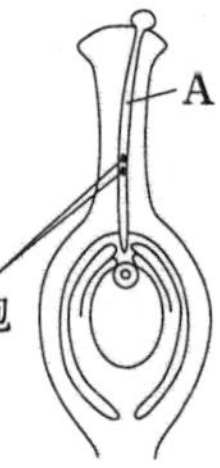

ア Aの名称として適切なものを，次の1〜4の中から一つ選び，その番号を書きなさい。

1 柱頭　2 花粉管　3 子房　4 胚珠

イ 受精によって子をつくる生殖を何というか，書きなさい。

(2) 右の図のように，2本の試験管に水を入れ，葉のついたホウセンカをさしたものをa，葉をとり除いたホウセンカをさしたものをbとし，日の当たる場所に置いた。

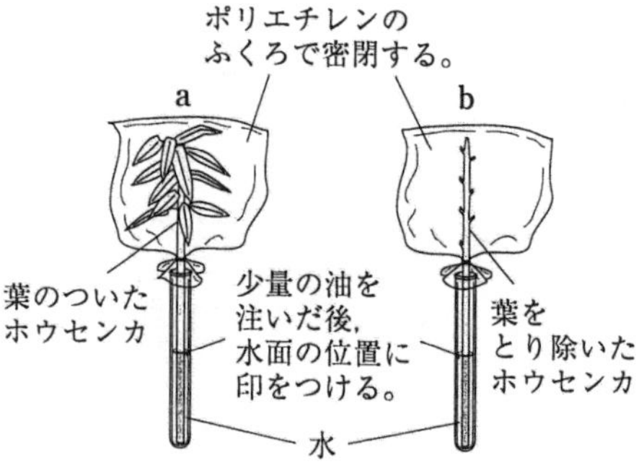

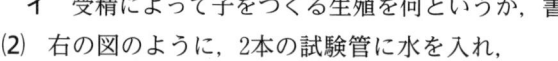

数時間後，それぞれの変化を調べたところ，aは水面の位置が下がってふくろの内側が水滴でくもったが，bはほとんど変化が見られなかった。下線部のようになった理由を，植物のはたらきに着目して，書きなさい。

(3) 気象の観測について，次のア，イに答えなさい。

ア 右の図で表されている天気と風向および風力の組み合わせとして適切なものを，次の1〜4の中から一つ選び，その番号を書きなさい。

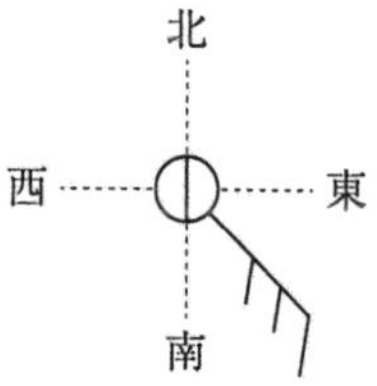

1 くもり 北西 7　2 晴れ 北西 3
3 くもり 南東 7　4 晴れ 南東 3

イ 乾湿計を用いて，ある時刻の乾球温度と湿球温度を観測したところ，乾球温度は18.0℃，湿球温度は16.0℃を示していた。図1は，湿度表の一部を，図2は，気温と飽和水蒸気量の関係の一部を表したものである。

観測した時刻の空気1 m^3にふくまれている水蒸気量は何gか，小数第二位を四捨五入して求めなさい。

乾球温度〔℃〕	乾球温度と湿球温度の差〔℃〕						
	0.0	0.5	1.0	1.5	2.0	2.5	3.0
19	100	95	90	85	81	76	72
18	100	95	90	85	80	75	71
17	100	95	90	85	80	75	70
16	100	95	89	84	79	74	69
15	100	94	89	84	78	73	68

図1

気温〔℃〕	飽和水蒸気量〔g/m^3〕
19	16.3
18	15.4
17	14.5
16	13.6
15	12.8

図2

(4)　右の図は，日本のある場所で春分の日の夕方，西の地平線にしずんでいく太陽を模式的に表したものである。次のア，イに答えなさい。

ア　下の文は，同じ場所で春分の日から3か月後における，地平線にしずむ太陽の位置と時刻について述べたものである。文中の ① ， ② に入る語の組み合わせとして適切なものを，次の1～4の中から一つ選び，その番号を書きなさい。

> 地平線にしずむ太陽の位置は，春分の日と比べて ① 側に移動し，しずむ時刻は ② なることで，昼の長さも変わる。

1　①　北　②　遅く　　2　①　南　②　遅く
3　①　北　②　早く　　4　①　南　②　早く

イ　昼の長さや太陽の南中高度が季節で異なるのはなぜか。その理由を**公転**という語を用いて書きなさい。

2　次の(1)～(4)に答えなさい。(20点)

(1)　右の図の装置を用いて，水9 cm³とエタノール3 cm³を混合した㋐液体を沸とうさせて，得られた気体を集めて冷やし，ふたたび液体を得る操作を行った。ガラス管から出てきた液体を約2 cm³ずつ，試験管A，B，Cの順に集めた。これらの液体をそれぞれろ紙にしみ込ませて，蒸発皿に置いたマッチの火に近づけたところ，㋑Aの液体はよく燃え，Bの液体は少しだけ燃え，Cの液体は燃えなかった。次のア，イに答えなさい。

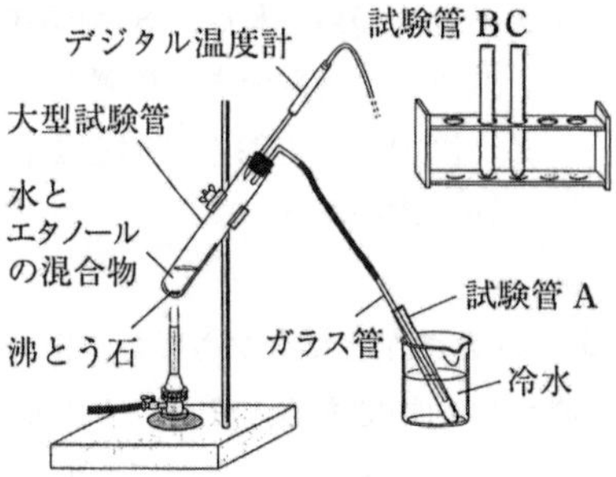

ア　下線部㋐を何というか，書きなさい。

イ　下線部㋑のようになったのはなぜか。その理由を，試験管Aの液体にふくまれる物質の量に着目して，**沸点**という語を用いて書きなさい。

(2)　鉄粉3.5 gと硫黄の粉末2.0 gの混合物を試験管に入れて加熱したところ，過不足なく反応し，硫化鉄になった。次のア，イに答えなさい。

ア　硫化鉄の化学式を書きなさい。

イ　鉄3.9 gと硫黄2.4 gの混合物がある。これを加熱して過不足なく反応させるためには，鉄と硫黄のうち，どちらの物質を加えなければならないか，その物質の名称を書きなさい。また，加える物質の質量は何gか，求めなさい。

(3)　図1のように，クルックス管の電極AB間に高い電圧を加えたところ，電極Aから出た電子の流れが観察された。次に，AB間に電圧をかけたまま，電極CD間に電圧をかけたところ，次のページの図2のように電子の流れが曲がった。次のア，イに答えなさい。

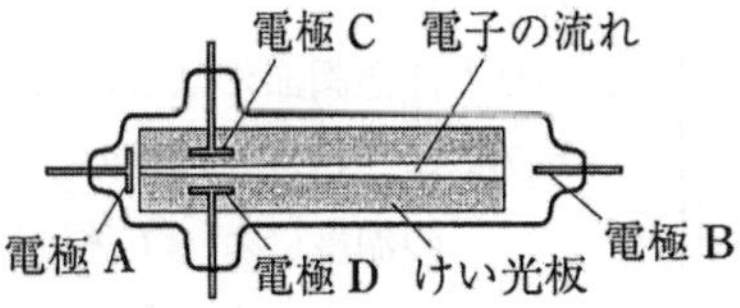

図1

ア　図1において，クルックス管内で観察された現象を何というか，書きなさい。

イ　下の文は，下線部の理由について述べたものである。文中の ① ～ ③ に入る適切な＋，－の符号を書きなさい。

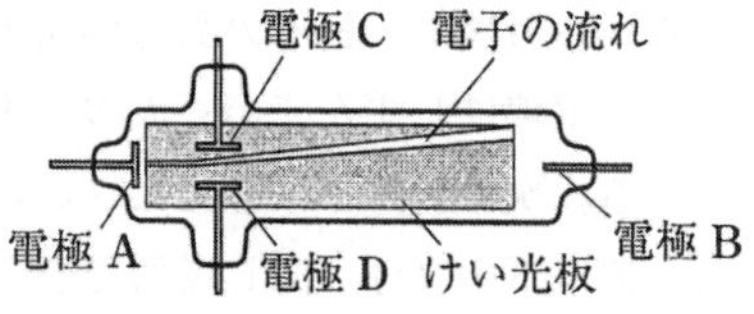

図２

> 電子の流れが曲がったのは， ① 極である電極Aから出た電子が ② の電気をもった粒子であるため， ③ 極である電極Cの方に引きつけられたから。

(4)　右の図のように，P点にあるおもりをはなしたところ，Q点，R点を通過してS点に達した。次の**ア**，**イ**に答えなさい。ただし，空気の抵抗や摩擦は考えないものとし，Q点は基準面から６cm，R点は12cm，S点は18cmの高さとする。

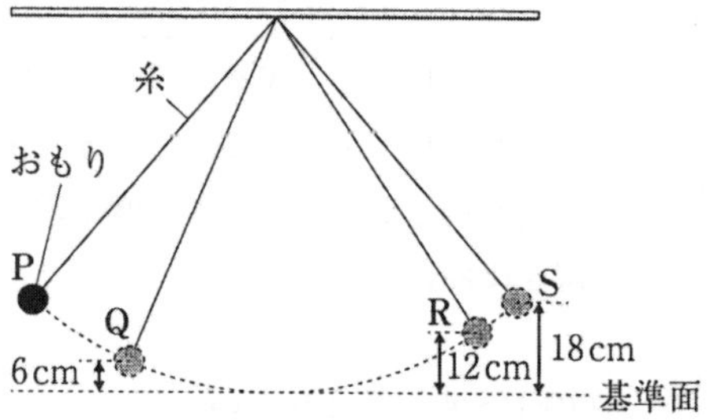

ア　図のQ点，R点，S点の中で，おもりのもつ運動エネルギーが最も大きい位置と位置エネルギーが最も大きい位置として適切なものを，それぞれ一つ選び，その記号を書きなさい。

イ　図のS点でおもりのもつ位置エネルギーは，R点でおもりのもつ位置エネルギーの何倍か，求めなさい。

3　リカさんとマナブさんは，5つのなかまに分類されるせきつい動物である，サケ，カエル，ヘビ，ハト，ネズミのいずれかが裏に書かれた５枚のカードA～Eを用いて，せきつい動物の特徴について考えた。下の【会話文】は，２人が話した内容である。次のページの(1)～(6)に答えなさい。(17点)

A	B	C	D	E

【会話文】

リ　カ：一生を水の中で過ごす動物が書かれているのはどのカードですか。
マナブ：Aです。
リ　カ：卵でうまれる動物が書かれているのはどのカードですか。
マナブ：A，B，C，Eです。ⓐDだけが違います。
リ　カ：A，B，C，Eのうち，殻がある卵を陸上にうむ動物が書かれているのはどのカードですか。
マナブ：C，Eです。
リ　カ：体温調節にはどのような特徴がありますか。
マナブ：C，Dはⓘ外界の温度によらず体温をほぼ一定に保つのに対し，A，B，Eは外界の温度によって体温が変わります。
リ　カ：これで，A～Eに書かれている動物がわかりました。
マナブ：A～Eに書かれている動物には，他にⓤからだの表面のようすやⓔ呼吸のしかたなどに異なる特徴があります。

(1)　Aに書かれているせきつい動物の分類の名称を書きなさい。

(2)　下線部ⓐについて，Dに書かれている動物のうまれ方の名称を書きなさい。

(3)　下線部ⓘのようなしくみをもつ動物を何というか，書きなさい。

(4)　下線部ⓤについて，からだの表面がうろこでおおわれている動物が書かれているカードとして適切なものを，A～Eの中から**二つ**選び，その記号を書きなさい。

(5)　下の文は，下線部ⓔについて，Bに書かれている動物の特徴を述べたものである。文中の ① ～ ③ に入る適切な語を書きなさい。

> Bは，サケ，カエル，ヘビ，ハト，ネズミのうち ① であり，幼生のときは ② で呼吸し，成体のときは ③ と皮ふで呼吸する。

(6)　次の1～6の中で，C，Eに書かれている動物と同じなかまに分類される動物の組み合わせとして適切なものを一つ選び，その番号を書きなさい。

1　C　コウモリ　　E　カメ
2　C　イモリ　　E　ワシ
3　C　ペンギン　　E　トカゲ
4　C　カメ　　E　コウモリ
5　C　ワシ　　E　イモリ
6　C　トカゲ　　E　ペンギン

4　塩化銅の電気分解について，下の**実験**を行った。次の(1)～(5)に答えなさい。(15点)

実験　ビーカーにⓐ10.0%の塩化銅水溶液60.0cm³を入れ，図1の装置を用いて，電圧を加えて約30分間電流を流したところ，陰極には赤色の物質が付着し，陽極では気体が発生した。陰極に付着した物質をけずり取って薬さじでこすると，金属光沢が現れたことから，銅であることがわかった。また，陽極で発生した気体は，特有の刺激臭があったことから，ⓘ塩素であることがわかった。

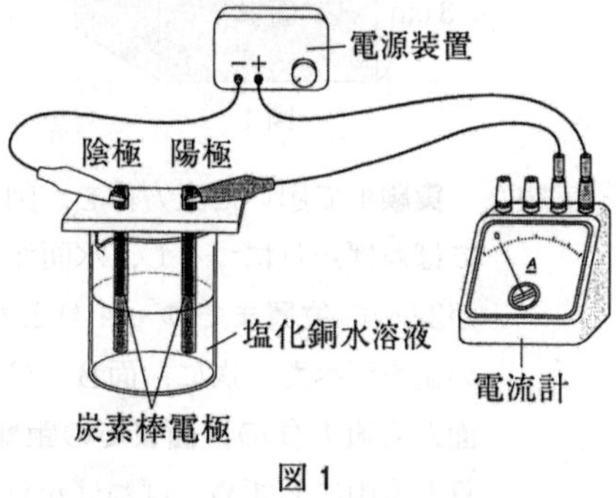

図1

(1)　塩化銅の電離のようすは，次のようにイオン式を使って表すことができる。(　)に入る適切なイオン式を書きなさい。

$CuCl_2$　→　(　　　)　+　$2Cl^-$

(2)　下線部ⓐの水溶液に溶けている塩化銅は何gか，求めなさい。ただし，この水溶液の密度を1.08 g/cm³とする。

(3)　下線部ⓘの性質について述べたものとして適切なものを，次のページの1～4の中から一つ選び，その番号を書きなさい。

1　気体の中で最も軽い。　　2　殺菌作用や漂白作用がある。
3　石灰水を白くにごらせる。　　4　ものを燃やすはたらきがある。

(4) **実験**において，電流を流した時間と水溶液中の銅イオンの数の関係を図2のように表したとき，電流を流した時間と塩化物イオンの数の関係はどのようになると考えられるか，そのグラフをかきなさい。

(5) **実験**において，陰極に付着した銅の質量が0.60 gであったとき，陽極で発生した塩素の質量は何gと考えられるか，求めなさい。ただし，銅原子1個と塩素原子1個の質量の比が20：11であるものとする。

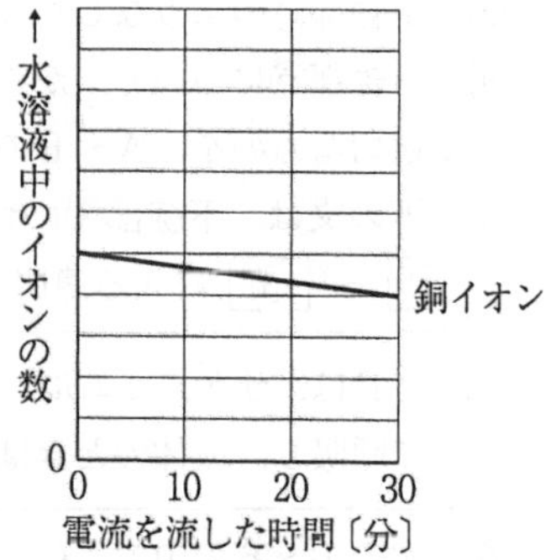

図2

5　圧力について，下の**実験1，2**を行った。次の(1)，(2)に答えなさい。ただし，100 gの物体にはたらく重力の大きさを1 Nとし，ひもの質量は考えないものとする。(15点)

実験1　図1にある540 gの直方体を，図2のように，面A，B，Cの順にそれぞれ下にして，スポンジの上にはみ出さないように置き，スポンジのへこみ方を調べた。

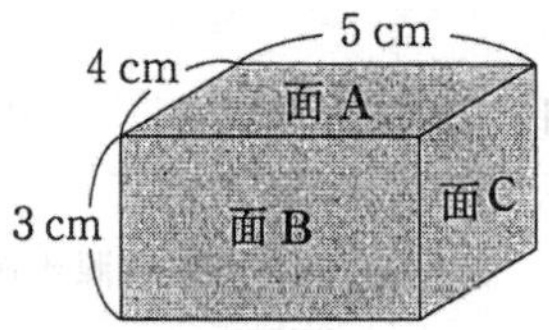

図1

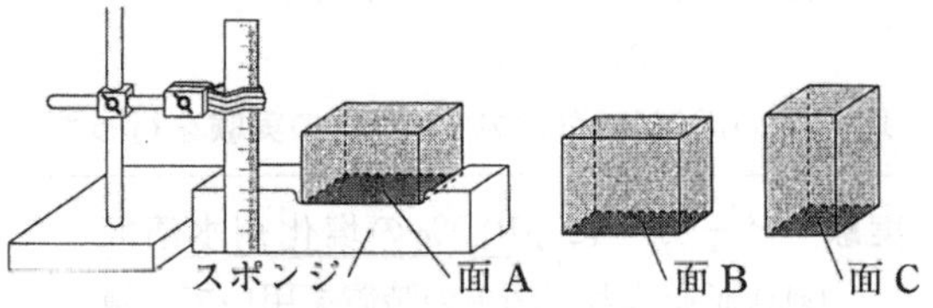

図2

実験2　**実験1**で用いた直方体を，図3のように，面Aを下にしてばねばかりにつるし，水面から直方体の下面までの距離が2.5cmの位置までゆっくりと水中にしずめ，ばねばかりの値を調べた。次に，面B，Cを下にして，同じように水面から直方体の下面までの距離が2.5cmの位置までゆっくりと水中にしずめ，ばねばかりの値を調べた。

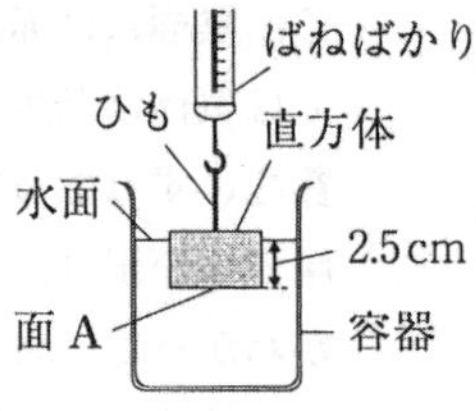

図3

(1) **実験1**について，次の**ア**～**ウ**に答えなさい。

ア　スポンジに接した直方体がスポンジから垂直に受ける力の名称を書きなさい。

イ　下線部について述べたものとして適切なものを，次の1～4の中から一つ選び，その番号を書きなさい。

1　面Aを下にしたとき，最もへこんだ。
2　面Bを下にしたとき，最もへこんだ。
3　面Cを下にしたとき，最もへこんだ。
4　どの面を下にしても，へこみは同じだった。

ウ　面Bを下にしたとき，スポンジが受ける圧力は何Paか，求めなさい。

(2) 実験2について，次のア，イに答えなさい。

ア　面Aを下にしたとき，ばねばかりの値は4.90Nを示した。直方体にはたらく浮力の大きさは何Nか，求めなさい。

イ　面A，面B，面Cを下にして実験したとき，直方体にはたらく浮力の大きさの大小関係はどのようになるか。適切なものを，次の1～6の中から一つ選び，その番号を書きなさい。

1　面A＞面B＞面C　　2　面A＞面C＞面B　　3　面B＞面A＞面C
4　面B＞面C＞面A　　5　面C＞面A＞面B　　6　面C＞面B＞面A

6　下の資料は，ある地域の地点A～Cで行った地下の地質調査をまとめたものの一部である。次の(1)～(4)に答えなさい。ただし，この地域の地層は，各層とも均一の厚さで水平に重なっており，断層やしゅう曲はないものとする。(15点)

資料

図1は，地点A～Cにおける泥岩，砂岩，れき岩，凝灰岩，ⓐ石灰岩の層の重なりを表した柱状図である。地点Bのa層からはⓘビカリアの化石が見つかった。図2は，この地域の地形を等高線で表したものであり，地点Aの標高は65m，地点Bの標高は58mであった。地点Cは場所の記録がない。

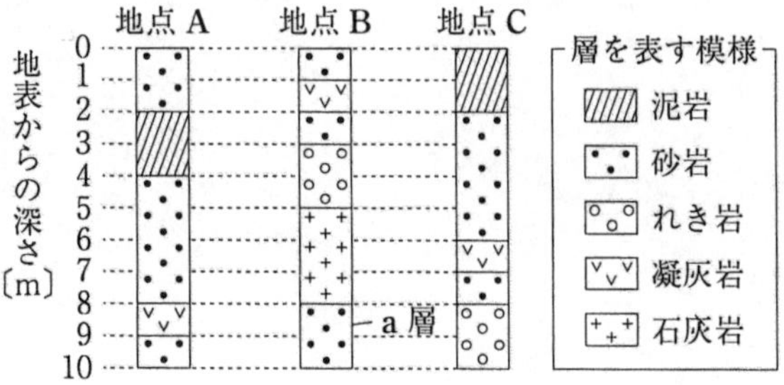

図1

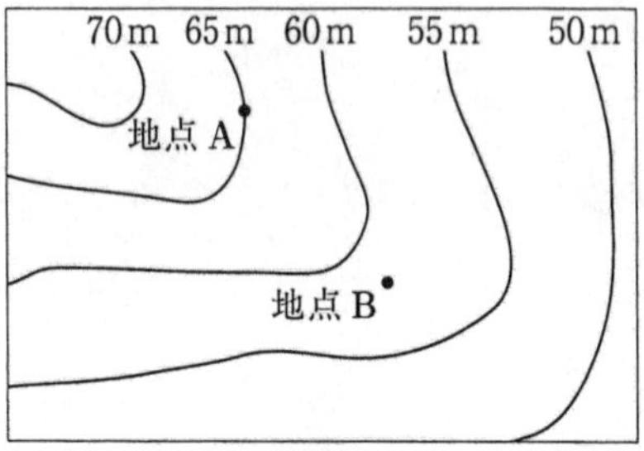

図2

(1) 下の文は，下線部ⓐについて述べたものである。文中の ① ， ② に入る語句の組み合わせとして適切なものを，次の1～4の中から一つ選び，その番号を書きなさい。

> 石灰岩は，貝殻やサンゴが堆積するなどしてできた岩石で， ① を2，3滴かけると ② が発生する。

1　①　うすい水酸化ナトリウム水溶液　②　酸素
2　①　うすい水酸化ナトリウム水溶液　②　二酸化炭素
3　①　うすい塩酸　②　酸素
4　①　うすい塩酸　②　二酸化炭素

(2) この地域では，かつて火山活動があったと考えられる。その理由を**火山灰**という語を用いて書きなさい。

(3) 下線部ⓘのように，地層が堆積した年代を推定することができる化石を何というか，書きなさい。また，その特徴について述べたものとして最も適切なものを，次のページの1～4の中から一つ選び，その番号を書きなさい。

1 長い期間にわたって栄え，広い範囲にすんでいた生物の化石である。

2 長い期間にわたって栄え，せまい範囲にすんでいた生物の化石である。

3 ある期間にだけ栄え，広い範囲にすんでいた生物の化石である。

4 ある期間にだけ栄え，せまい範囲にすんでいた生物の化石である。

(4) 柱状図について，次の**ア**，**イ**に答えなさい。

ア 地点Cの標高は何mか，求めなさい。

イ この地域における，標高60mの地点の層の重なりはどのようになっていると考えられるか。図1のように層を表す模様を用いて，地表からの深さ10mまでの柱状図をかきなさい。

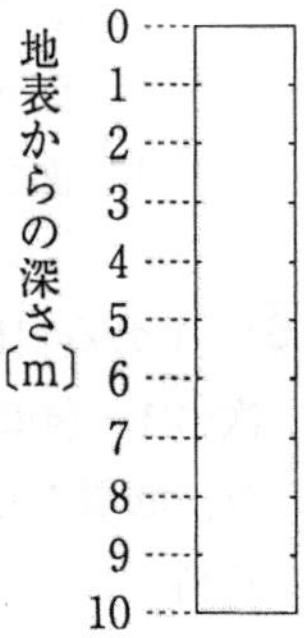

＜社会＞

時間　45分　　満点　100点

1　下の略地図や資料を見て，次の(1)～(3)に答えなさい。(14点)

略地図

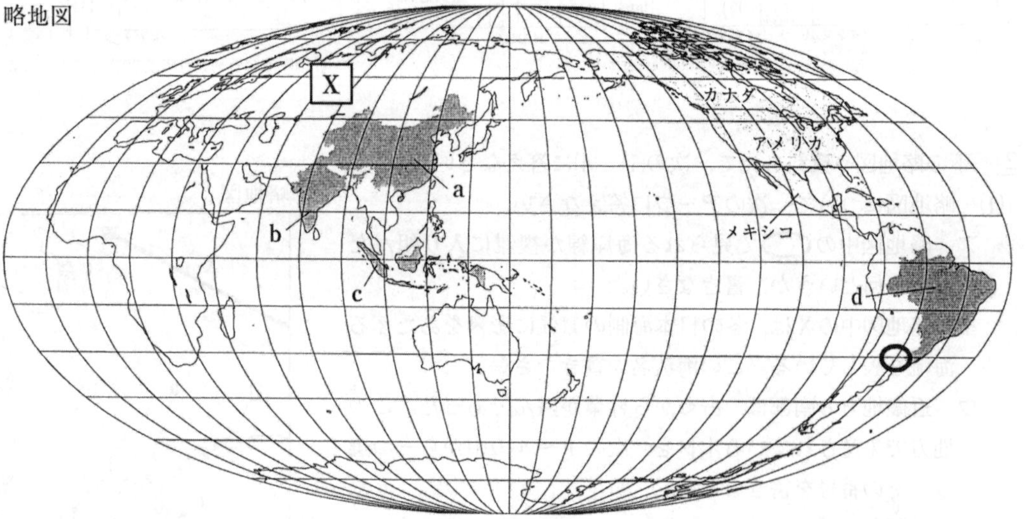

(1)　次のア，イに答えなさい。

ア　略地図中の X の大陸名を書きなさい。

イ　略地図中の ○ の位置を表している緯度と経度の組み合わせとして適切なものを，次の1～4の中から一つ選び，その番号を書きなさい。

1　北緯と西経　　2　北緯と東経　　3　南緯と西経　　4　南緯と東経

(2)　資料1は，略地図中のa～dの国の輸出額上位3品目を表している。aの国について表しているものを資料1中の1～4の中から一つ選び，その番号を書きなさい。

資料1

	第1位	第2位	第3位
1	大豆	機械類	肉類
2	石油製品	機械類	ダイヤモンド
3	石炭	パーム油	機械類
4	機械類	衣類	繊維品

〔「世界国勢図会 2017/18」による〕

(3)　略地図中のカナダ，アメリカ，メキシコについて，次のア～ウに答えなさい。

ア　この3か国の太平洋側の一部をふくむ造山帯を何というか，書きなさい。

イ　アメリカで暮らす移民について述べた下の文中の（Y）にあてはまる語を書きなさい。

> メキシコ，中央アメリカ，西インド諸島の国々などからやってきた（　Y　）語を話す移民はヒスパニックと呼ばれ，農場，建設工事現場など，重労働の職場で低い賃金で働く人が少なくない。

ウ　次のページの資料2は，カナダ，アメリカ，メキシコの貿易相手国を表している。この3か国の関係について，資料2を参考にして，「カナダ，アメリカ，メキシコの3か国は，」に

続けて，次の2語を用いて書きなさい。

貿易協定　　経済

資料2

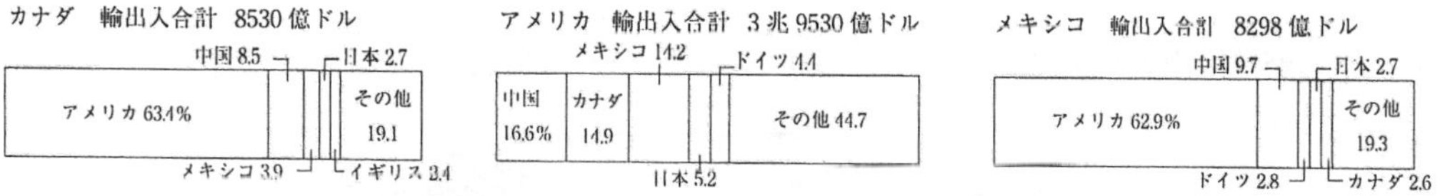

〔「国際連合貿易統計年鑑2017年版」による〕

2　下の略地図や資料を見て，次の(1)～(4)に答えなさい。(16点)

(1) 略地図について，次のア～ウに答えなさい。

ア　略地図中の⬭で見られる海岸線が複雑に入り組んだ地形を何というか，書きなさい。

イ　略地図中のXは，冬の日本海側の気候に影響をあたえる海流を表している。この海流名を書きなさい。

ウ　近畿地方の南部は，古くから林業が盛んであった。この地方で生産されている木材を，次の1～4の中から一つ選び，その番号を書きなさい。

1　屋久(やく)すぎ
2　吉野(よしの)すぎ
3　越後(えちご)すぎ
4　秋田(あきた)すぎ

略地図

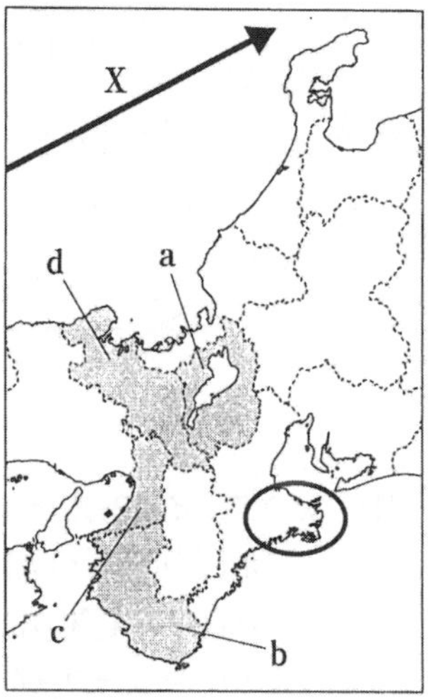

(2) 資料1は，ある府県で見られる自然環境の特色と観光地の一つである天橋立(あまのはしだて)を表している。資料1が示している府県として適切なものを，略地図中のa～dの中から一つ選び，その記号を書きなさい。

資料1

【自然環境の特色】北部にはなだらかな山地が広がり，北西の季節風の影響で，冬には雪や雨が多く降る。
【観光地】天橋立

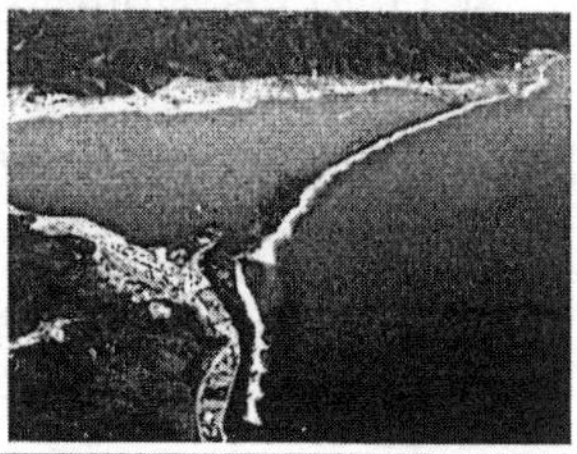

(3) 資料2は，職人が手作業で刃物(はもの)を造る様子を表している。資料2について述べた下の文章中の（A），（B）にあてはまる語をそれぞれ書きなさい。

> 近畿地方では，古くから鉄製道具が生産されてきた。鉄を加工する技術が鍛冶(かじ)職人によって受け継がれ，戦国(せんごく)時代(じだい)には鉄砲(てっぽう)の生産地となった地域もある。そのような歴史的背景をもつ大阪府（　A　）市で造られている高品質の刃物は，現在，京都府の西陣織(にしじんおり)や京友禅(きょうゆうぜん)などとともに国から伝統的（　B　）に指定されている。

資料2

(4) 資料３は，京都府，兵庫県，大阪府，奈良県の工業生産額，米生産額，畜産生産額，国宝・重要文化財の指定件数（建造物）を表している。兵庫県を表しているものを，資料３中の１～４の中から一つ選び，その番号を書きなさい。

資料３

	工業生産額（億円）2017年	米生産額（億円）2017年	畜産生産額（億円）2017年	国宝・重要文化財の指定件数（建造物）2020年
1	157988	476	627	109
2	58219	177	143	300
3	21181	108	61	264
4	173490	77	23	101

〔「2020データでみる県勢」などによる〕

3　下の表は，あるクラスが歴史の学習で調べたことを，班ごとにまとめたものである。次の(1)～(6)に答えなさい。（15点）

班	テーマ	調べた内容
A	大和（やまと）政権の誕生	奈良盆地を中心とする地域に，王を中心に，近畿地方の有力な豪族（ごうぞく）で構成する大和政権が生まれ，王や豪族の墓として大きな（　あ　）が造られた。
B	国風文化	貴族たちは，唐風（とうふう）の文化をふまえながらも，日本の風土や生活，日本人の感情に合った国風文化を生み出し，い摂関政治（せっかんせいじ）のころに最も栄えた。
C	日明（にちみん）貿易	う足利義満（あしかがよしみつ）は，正式な貿易船に，明からあたえられた勘合（かんごう）という証明書を持たせ，え朝貢（ちょうこう）の形の貿易を行った。
D	お江戸幕府による大名の統制	江戸幕府は，か武家諸法度（ぶけしょはっと）という法律を定め，大名が許可なく城を修理したり，大名どうしが無断で縁組（えんぐみ）をしたりすることを禁止した。

(1) （あ）にあてはまる語を書きなさい。

(2) い＿＿について，次のア，イに答えなさい。

ア　い＿＿の仏教について述べた文として適切なものを，次の１～４の中から一つ選び，その番号を書きなさい。

1　百済（くだら）から朝廷に仏像や経典（きょうてん）がおくられ，飛鳥地方を中心に，最初の仏教文化が栄えた。

2　仏教の力にたよって，国家を守ろうと考え，国ごとに国分寺（こくぶんじ）と国分尼寺（こくぶんにじ）が建てられた。

3　念仏を唱えて阿弥陀如来（あみだにょらい）にすがり，極楽浄土（ごくらくじょうど）へ生まれ変わることを願う，浄土信仰がおこった。

4　座禅（ざぜん）によって自分の力でさとりを開こうとする禅宗（ぜんしゅう）が伝わり，臨済宗（りんざいしゅう）や曹洞宗（そうとうしゅう）が開かれた。

イ　右の資料は，い＿＿によまれた歌である。この歌をよんだ人物名を書きなさい。

資料

この世をば
わが世とぞ思う
望月（もちづき）の欠けたることも
無しと思えば

(3) ㋒____が建てた建築物として適切なものを，次の１～４の中から一つ選び，その番号を書きなさい。

1

2

3

4

(4) ㋓____について述べた下の文中の[　　]に入る適切な内容を書きなさい。

明は東アジアやインド洋諸国に対して，貢ぎ物を差し出させるかわりに[　　　　]を認めたり，絹や銅銭などの返礼品をあたえたりする伝統的な朝貢体制を広く求めた。

(5) ㋔____が行った次の１～３のできごとを年代の古い順に並べ，その番号を書きなさい。
1 異国船打払令を出した。 2 生類憐みの令を出した。 3 公事方御定書を定めた。

(6) 徳川家光が，㋕____で定めた，大名が１年おきに領地と江戸とを往復する制度を何というか，書きなさい。

4 下のA～Cは，ある生徒が近代から現代までの日本の経済について，まとめたカードである。次の(1)～(6)に答えなさい。(15点)

A 日本の産業革命
㋐紡績業では大工場が次々と造られ，主にアジア諸国に輸出した。製糸業は，主にアメリカ向けの輸出によって発展し，㋑日露戦争後には世界最大の輸出国となった。

B ㋒世界恐慌からの回復
深刻な打撃を受けた日本の経済は諸外国と比べて，いち早く不況から立ち直った。㋓重化学工業が発展し，急速に成長した新しい財閥が，朝鮮や満州に進出した。

C [㋔]
経済面では，財閥が解体されたり，労働者の団結権を認める労働組合法，労働条件の最低基準を定める労働基準法が制定されたりした。農村では，㋕農地改革が行われた。

(1) ㋐____について，資料１は綿糸の生産と貿易の変化を表したものである。資料１中のX～Zを表している語の組み合わせとして適切なものを，次の１～４の中から一つ選び，その番号を書きなさい。

1 X－国内生産量 Y－輸入量 Z－輸出量
2 X－輸出量 Y－輸入量 Z－国内生産量
3 X－国内生産量 Y－輸出量 Z－輸入量
4 X－輸出量 Y－国内生産量 Z－輸入量

資料１
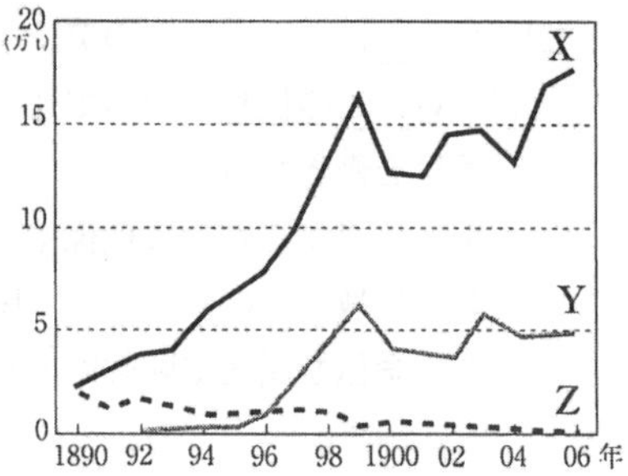

〔「日本経済統計集」などによる〕

(2) ㋑____について，アメリカの仲介によって，日本とロシアとの間で結ばれた条約名を何というか，書きなさい。

(3) ㋒____について，次のア，イに答えなさい。
ア ㋒____への対策として，アメリカが始めた政策の名称を書きなさい。
イ ㋒____が起こった後のできごととして**適切でないもの**を，次の１～４の中から一つ選び，

その番号を書きなさい。

1　陸軍の青年将校たちが二・二六事件を起こした。
2　原敬が本格的な政党内閣を組織した。
3　関東軍が柳条湖事件を起こした。
4　近衛文麿内閣が国家総動員法を制定した。

⑷　㊁＿＿する基礎となった，日清戦争の賠償金を基に建設された官営工場を何というか，書きなさい。

⑸　[㋔]に入る内容として適切なものを，次の１～４の中から一つ選び，その番号を書きなさい。

1　地租改正　　2　高まる自由民権運動　　3　殖産興業政策　　4　戦後の民主化

⑹　資料２は㋕＿＿による自作地と小作地の割合の変化を表している。㋕＿＿の内容を，資料２を参考にして，次の２語を用いて書きなさい。

政府　　小作人

資料２

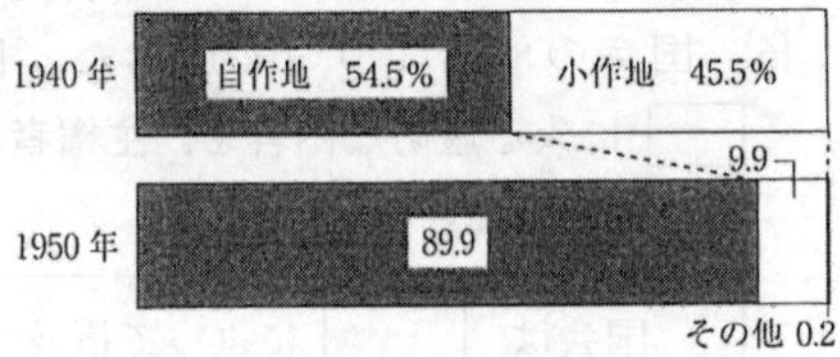

〔「完結昭和国勢総覧」などによる〕

5　下は，ある生徒が国会の１年の動き（2017年）についてまとめたものである。次の⑴～⑹に答えなさい。（14点）

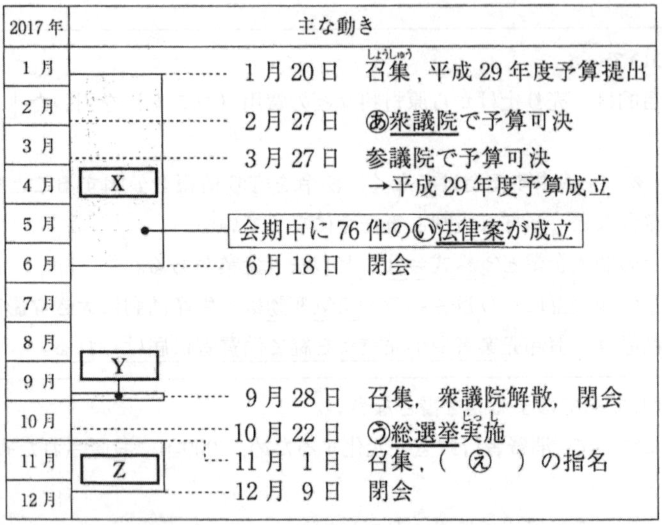
2017 年
主な動き
1 月
2 月
3 月
4 月
5 月
6 月
7 月
8 月
9 月
10 月
11 月
12 月
X
Y
Z
1 月 20 日　召集，平成 29 年度予算提出
2 月 27 日　㋐衆議院で予算可決
3 月 27 日　参議院で予算可決
→平成 29 年度予算成立
会期中に 76 件の㋑法律案が成立
6 月 18 日　閉会
9 月 28 日　召集，衆議院解散，閉会
10 月 22 日　㋒総選挙実施
11 月 1 日　召集，（　㋓　）の指名
12 月 9 日　閉会

⑴　国会の議決のうち，いくつかの重要な点で，㋐＿＿の議決を優先させることを何というか，書きなさい。

⑵　[X]～[Z]にあてはまる国会の種類の組み合わせとして適切なものを，次の１～４の中から一つ選び，その番号を書きなさい。

1　X－常会　Y－臨時会　Z－特別会　　2　X－臨時会　Y－特別会　Z－常会
3　X－特別会　Y－常会　Z－臨時会　　4　X－常会　Y－特別会　Z－臨時会

(3) ⓘ____について述べた文として**適切でないもの**を，次の1～4の中から一つ選び，その番号を書きなさい。

1 国会議員と内閣だけが提出することができる。
2 委員会では，関係者などから意見を聴取する公聴会を開くことができる。
3 特別の場合を除き，両議院で可決したときに法律となる。
4 国会以外の機関でも法律を制定することができる。

(4) ⓤ____について，右の資料は，ある模擬選挙の投票結果を表している。**当選者4名**を，資料中のa～iの中から選び，その記号を書きなさい。

資料
比例代表制：**定数4名**（ドント式による）

政党名	得票数	名簿の順位		
		1位	2位	3位
けやき党	330	aさん	bさん	cさん
かえで党	270	dさん	eさん	fさん
いちょう党	180	gさん	hさん	iさん

(5) (ⓔ) にあてはまる語を書きなさい。

(6) 国会の地位について述べた，下の文中の□に入る適切な内容を，**主権者**という語を用いて書きなさい。

> 国会は，□によって構成されるため，国権の最高機関として，国の政治の中心的な地位をしめる。

6 下の文章は，ある生徒が企業についてまとめたものの一部である。次の(1)～(5)に答えなさい。(14点)

> 1. 私企業について
> ・生産活動の目的は，売り上げから原材料などの費用（コスト）を引いた ⓐ を得ることである。
> ・現代では，ⓐ を追求するだけでなく，法令を守り情報を公開することやⓘ消費者の安全や雇用の確保など，多様な役割と責任をになっている。
> ・個人商店などの個人企業とⓤ株式会社などの法人企業がある。
> ・好景気と不景気が交互にくり返されるⓔ景気変動は，生産活動に大きな影響をあたえる。
> ・生産された商品は，ⓞ卸売業者や小売業者を経て消費者に届けられる。

(1) ⓐ に共通してあてはまる語を書きなさい。

(2) ⓘ____などについて，消費者行政を一元化するため，2009年に設置された省庁を何というか，書きなさい。

(3) ⓤ____について，次のア，イに答えなさい。

ア 株式会社の仕組みについて述べた文として**適切でないもの**を，次の1～4の中から一つ選び，その番号を書きなさい。

1 株主は，株式会社が倒産しても，出資した金額以上の負担は負わない。
2 株主総会で経営者を交代させることはできない。
3 株式を発行することで，人々から広く資金を集めることができる。
4 株主総会は，経営方針や配当の決定などを行う。

イ 東京，名古屋，福岡などに設けられ，株式や債券の売買が行われる特定の施設を何というか，書きなさい。

(4) 資料１は，㋓＿＿を表している。資料１中の◯の時期における，経済の一般的な傾向について述べた文として適切なものを，次の１～４の中から一つ選び，その番号を書きなさい。

資料１

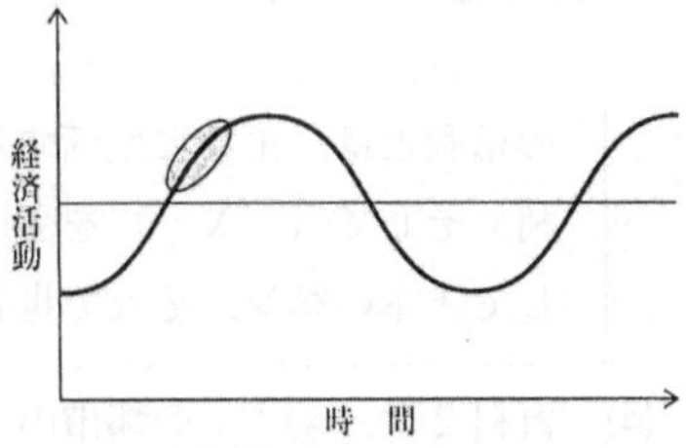

1 商品が売れず，企業は生産を減らす。

2 企業の雇用が減少し，失業者が増加する。

3 需要量が供給量を上回ると，インフレーションが発生する。

4 供給量が減り，需要量との均衡が取れてくると，企業は再び生産を増やす。

(5) ㋔＿＿について，資料２は，野菜が生産者から消費者に届くまでの流通経路を表している。Xの経路が見られるようになってきた理由を，次の２語を用いて書きなさい。

大規模小売業者　　生産者

資料２

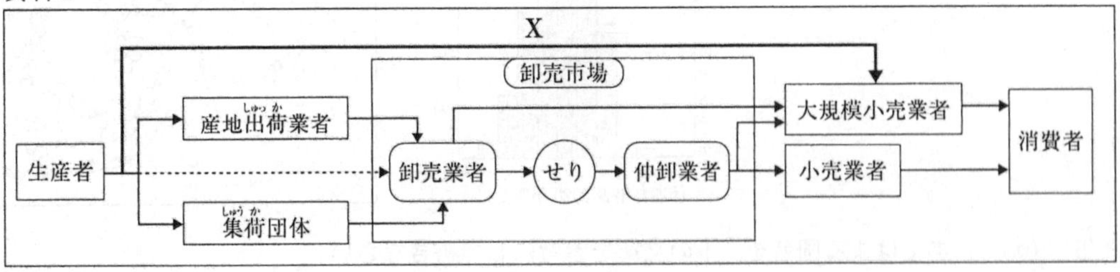

7 下の表は，ある生徒が戦後の主なノーベル平和賞受賞者・受賞団体についてまとめたものである。次の(1)～(5)に答えなさい。(12点)

受賞年	主な受賞者・受賞団体	出身国
1974年	㋐佐藤栄作	日本
1991年	アウン・サン・スー・チー	㋓ミャンマー
1993年	ネルソン・マンデラ	(㋔)
2001年	㋑国際連合	―
2014年	㋒マララ・ユスフザイ	パキスタン

(1) ㋐＿＿について述べた文として適切なものを，次の１～４の中から一つ選び，その番号を書きなさい。

1 アメリカ政府と交渉を進め，沖縄の日本への復帰を実現させた。

2 日ソ共同宣言を調印し，ソ連との国交を回復させた。

3 アメリカなどとサンフランシスコ平和条約を結んだ。

4 日中共同声明によって中国との国交を正常化させた。

(2) ㋑＿＿が紛争後の平和の実現のために行う，停戦や選挙を監視するなどの活動を何というか，その略称をアルファベット３字で書きなさい。

(3) 資料１は，㋒＿＿が国際連合本部で述べたスピーチを要約したものの一部である。資料１中の（X）にあてはまる語を書きなさい。

資料

私は，自分たちの権利のためにたたかっている声なき人々のために，声を上げます。その権利とは，平和に生活する権利，尊厳を持ってあつかわれる権利，均等な機会を得る権利，そして（　X　）を受ける権利です。（略）一人の子ども，一人の教師，1冊の本，そして1本のペン，それで世界を変えられます。

(4) 資料２は，㋓＿＿の都市の一つであるヤンゴンの雨温図を表している。ヤンゴンが属する気候帯として適切なものを略地図を参考にして，次の１～４の中から一つ選び，その番号を書きなさい。

1　冷帯
2　温帯
3　乾燥帯（かんそう）
4　熱帯

資料２

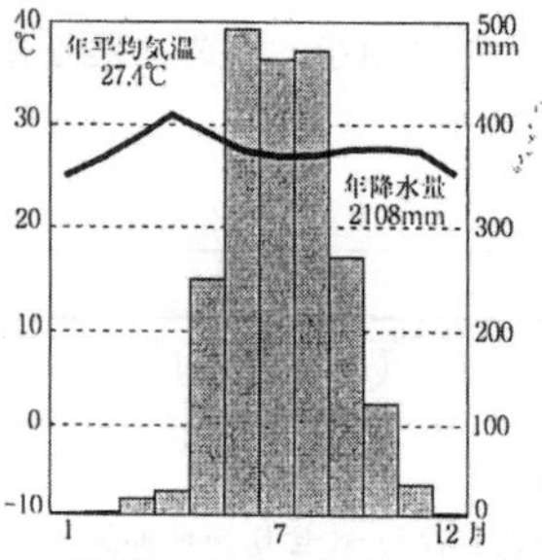

〔「理科年表 2020 年版」による〕

略地図

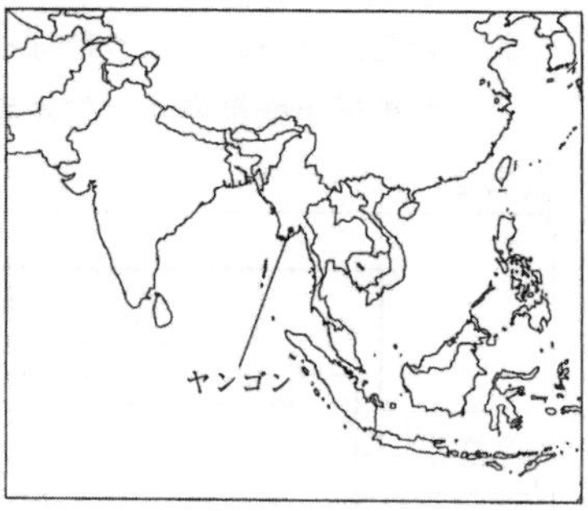

(5) （㋔）にあてはまる国名を，下の文章を参考にして書きなさい。

アフリカ州にあるこの国では，長い間アパルトヘイトを採り，ヨーロッパ系以外の人々を差別してきた。しかし，長期にわたる反対運動が実り，アパルトヘイト体制はくずされ，1994年，マンデラはアフリカ系として初めてこの国の大統領になった。

【名言】

A 過去も未来も存在せず、あるのは現在という瞬間だけだ。
トルストイ

B 過去から学び、今日のために生き、未来に対して希望をもつ。
アインシュタイン

【意見の観点】
AとBの「生き方」の違い

(1) 題名を書かないこと。
(2) 二段落構成とし、それぞれの段落に次の内容を書くこと。
・第一段落では、【意見の観点】をもとに、気づいたことを書くこと。
・第二段落では、気づいたことをふまえて、自分の意見を書くこと。
(3) 百五十字以上、二百字以内で書くこと。

「それじゃ、あたしはこれで。最初に見つけてくれたきみたち、お手柄だったね。ほうっておいたら、もっと遠くに行ってしまったかもしれないからね」

指示出しをしていた女性が、第一発見者の子たちをほめるのを聞きながら、華は胸の鼓動が激しくなった。

――川端裕人（かわばたひろと）『風に乗って、跳べ　太陽ときみの声』より――

(1) 1言っ、2差し込む、3そらさ、4務め の中で、動詞の活用の種類が他と**異なるもの**を一つ選び、その番号を書きなさい。

(2) ㋐自分自身に言い聞かせた とありますが、ある生徒が「華」の気持ちについて次のようにまとめました。[　] に入る最も適切な語句を、本文中から**八字**で**そのまま**抜き出して書きなさい。

> [　] 選挙はバカらしいし、もともと自分は生徒会に向いてなく、リーダーの器ではないと思っている。

(3) [　] に入る語として最も適切なものを、次の1～4の中から一つ選び、その番号を書きなさい。

1 格差　2 空想　3 矛盾　4 偽物

(4) ㋑心象風景ってやつだろうか とありますが、「華」が「心象風景」だと思った理由を次のようにまとめました。[A] には最も適切な語句を、本文中から**五字**で**そのまま**抜き出して書き、[B] には適切なそのときの「華」の具体的な気持ちを、**十五字以内**で書きなさい。

> 「華」は生徒会を [A] だと思いこもうとしているが、今後のことを考えると [B] を感じていて、その気持ちが小学校低学年の頃に感じた気持ちと同じであったから。

(5) ある生徒が、児童公園で泣いている子を見つけたあとの「華」について、次のようにまとめました。[　] に入る「華」の具体的な行動と様子を、**三十字以内**で書きなさい。

> 「華」は、児童公園で泣いている子どもを見つけた。すると、そこに女性が現れた。「華」は、女性が子どもを助けるためにテキパキと指示した格好よい様子と、自分が [　] を比べることで、恥ずかしくて、顔が熱くなった。「華」は自分も女性のようにありたいと感じるが、何もできずに胸の鼓動が激しくなった。

(6) この文章について述べたものとして最も適切なものを、次の1～4の中から一つ選び、その番号を書きなさい。

1 大きな身振りや手振りで話す「華」の様子を描くことで、ふだんは冷静な「華」が動揺していることを強調している。

2 現在の場面と回想する場面を描くことで、「華」の心情が不安定で落ち着かない状態であることを強調している。

3 「華」と「女性」が会話を交わす場面を多く描くことで、二人の心のつながりの深さを強調している。

4 「女性」が大きな子たちに最後まで厳しく質問を続ける姿を描くことで、その場の緊張感を強調している。

6 ある中学校で、国語の時間に二つの名言を読み、「生き方」というテーマで、意見文を書くことになりました。次のページの【名言】と【意見の観点】を読んで、あとの(1)～(3)に従って文章を書きなさい。（10点）

て華々しさからほど遠い。おまけにいったん疑問を持つと、みんな納得していることでも混ぜっ返してしまう面倒くさい性格だ。生徒会ってなんだろうって考え始めたら、いろんなことが気になってきて、今、選挙に向かって進もうとしているメンバーと話が合わなくなってしまった。

本当に生徒会って［　　］だらけだ。選んでくださった人たちの意思を尊重しなければならないのに、実際は、先生の思惑と生徒の願望の間で板挟みになることがほとんどだし、いくらがんばっても、部活動の予算のことで恨まれたり、ささいな不手際(ふてぎわ)を責められたりもする。1年でやめて正解だ。

でも、これからは「帰宅部」になってしまうんだろうなあと考えたら、ちょっと泣けてきた。なんだか居場所がない感じがする。こんなに心細いのは、泣き虫だった小学校低学年の頃以来かもしれない。

どんよりした気分のまま歩いていると、ふいに小さい子の泣き声が聞こえてきた。

(い)記憶の中の幼い自分の泣き声？

心象風景ってやつだろうか。などと最初は思った。

でも、どうやら違うらしい。泣き声は本物だ。

目の前には児童公園があって、ブランコのところで幼稚園か小学校1、2年生くらいの小さい子が泣いていた。そのまわりにはもう少し体格のいい歳上の子たちがいる。

華は横目で見ながらもスルーすることにした。大きな子たちが泣いている子の面倒を見ているのかもしれないし、華が出ていって口を出すような場面ではないだろう。そもそも、こっちは自分のことだけでも目一杯だ。

でも、正直に言うと、その子の泣き方はただならぬ様子で、歳上の子たちも「まずい」とか「やばい」とか口々に言っていて、ひょっとしたらおとなを呼んだ方がいいんじゃないだろうかと、華も心のどこかで分かっていた。だからこそ、視線をそらして、はっきり気づかないようにした。我ながら卑怯(ひきょう)だった。

そのまま児童公園を通り過ぎようとした時、視界の端を影が横切った。

ふわっといい匂いがして、すぐに背後から声が聞こえてきた。

「やあ、きみたち、歳上がよってたかってその子を泣かしているのなら、どんないきさつがあったとしても、それはいじめだ。今すぐやめなさい」

女性の声だった。

低くて落ち着いていて、有無を言わさない芯の強さがあった。

「いじめじゃないです！　この子、さっきから泣いてて、どうしたらいいのかって」

少し大きな子たちのうちの一人が言った。

「じゃあ、見てるだけじゃなくて、助けを呼ぼう。公園の管理事務所というのがあったはずだけど、誰か知っている人がいたら知らせてきて。それと、念のために近くの交番へも。あたしはこの子の近くにいて、少し話を聞き出してみるよ」

テキパキと指示する様子は格好よかった。それに対して、自分はスルーしようとしてしまったことが、とても恥ずかしくて、華は顔がかーっと熱くなった。

するとそこへ、すぐに血相を変えたお母さんが子どもの名前を呼びながらやってきた。よかった、警察を呼ぶまでもなく、一件落着だ。

解決したのだから、さっさと帰ろうと華はそそくさと背を向けた。

でも、なぜか足が動かなかった。

(4) ある学級で、国語の時間に、㊛それを知ることは楽しい　について話し合いをしました。次は、村田さんのグループで話し合っている様子です。[A]、[B]に入る最も適切な語句を、[A]は**十一字**で、[B]は**十五字**で、それぞれ本文中から**そのまま**抜き出して書きなさい。

村田　それを知るとは、どういうことかな。
吉崎　辞書と自分のもっている「日本語のリスト」を比較すると、[A]がわかるということだと思うよ。
山本　なぜ筆者は、それを知ることが楽しいんだろう。
伊藤　[B]は、「現代のはなしことば」や現在使われている「書きことば」に偏り、限界があるからじゃないかな。

(5) ㊉「照らし合わせ」には意義がある　とありますが、ある生徒が、その理由を次のようにまとめました。[　]に入る具体的な内容を、**三十字以内**で書きなさい。

[　　]と感じ、言語には「多くの人が共有している部分」と、共有されていない「個人的に使用している部分」があることを知ることができるから。

5 次の文章を読んで、あとの(1)～(6)に答えなさい。（26点）

「それでは、お先に失礼します！」

扉のところで振り返ってそう言った時、山田華は思わず目を細めた。

校舎の西端の生徒会室には夕日が直接差し込む。目をそらさずにいたつもりなのに、まぶしすぎて、結局、現生徒会長の龍ケ崎さんや、1年間一緒に事務局員を務めてきた緑川美桜の表情は読み取れなかった。

「やっかい払いできて、せいせいしている、かな」と華は口の中でつぶやいた。

ここのところ、自分がかなり面倒くさいやつだったことを、華は自覚している。

ゴム底の靴をキュッキュッと鳴らして校長室の前を過ぎ、昇降口から外に出た。校門のところで一度だけ生徒会室を振り返って、華は駅の方へと足早に歩き始めた。

県立みらい西高校の生徒会は毎年5月に改選される。去年、入学早々の選挙で事務局員、つまりヒラの生徒会メンバーになった華は、次の選挙でなんらかの「役」に立候補することになっていた。できれば、美桜が会長で自分が副会長にと思っていたのに、あてが外れた。会長には同学年の男子、加藤が立って、美桜は副会長を目指す。

じゃあ、自分はどうしよう。

成績優秀、容姿端麗、人望も厚い美桜が相手では分が悪すぎる。落ちると分かっている選挙のために、推薦人20人の署名を集め、実現もしないようなことを公約に掲げ、形の上でだけ競う。そんなのはバカらしすぎる。

だから「選挙には出ません」と伝えた。おとなげないと言われたけれど、まだおとなじゃないし。

「もともと生徒会なんて向いてないよね。わたしは、リーダーの器じゃない」

華は口の中でぼそっとつぶやいて、㊀自分自身に言い聞かせた。我ながら、まったくイケてない。華という名前からして、古風すぎ

のリストにはない語がずいぶんあるな」。ⓔそれを知ることは楽しいと筆者は思っている。本をあまり読まないということになると、出会っている日本語は「現代のはなしことば」寄りになる。もちろんそれで何も不自由はない。しかしどんな言語にも「はなしことば」と「書きことば」とがある。現在使われている「書きことば」には新聞などで接している。しかし、新聞には顔をださない「書きことば」もたくさんある。過去の「書きことば」となれば、新聞にはほとんど使われない。新聞だから、それは当然のことといえよう。

母語については、母語だからみんな自信をもっている。自身の使い方と異なる使い方をみると間違っているのではないかと思う。筆者は、日本語についていろいろなことを発言している。そうした発言の中には、他者の使い方に疑問を呈しているようなものもあるが、自身の使い方が正しいということではなく、自身の使い方と照らし合わせると、そういうことを感じるということだ。言語には「多くの人が共有している部分」と、そこまでは共有されていない「個人的に使用している部分」とがある。そういうことを具体的に知るためにもⓞ「照らし合わせ」には意義がある。「辞書をよむ」とそういうことにも気づく。辞書をよんで「ああでもないこうでもない」と考えることも大事だし、だからこそ、それを楽しみたい。

さらに時間をかけてよみこんでいけば、新しい発見があるだろう。(注2)『広辞苑（こうじえん）』が内包している「情報」は一人の人間がすぐに把握できるようなものではない。それだけの「情報」を、バランスをとりながら、辞書のかたちに収めた編集者のエネルギーもまた並大抵のものではないことが、じっくりとよむことによって実感できた。その「実感」は大事にしていきたい。

——今野真二（こんのしんじ）『『広辞苑』をよむ』より——

(注1)　まがりなり……不完全なこと。
(注2)　広辞苑……国語辞典の一種。

(1)　ⓐにと同じ働きをしているものを、次の1～4の中から一つ選び、その番号を書きなさい。

1　夏なのに涼しい。　2　風がさわやかに吹く。
3　すでに船は出てしまった。　4　野球の試合を見に行く。

(2)　ⓘ少し違う点とありますが、本文中の語句を用いて、次のようにまとめました。[　　]に入る適切な内容を、二十字以内で書きなさい。

> 自身が母語としていない言語の辞書を使って何かを調べる場合は、「知らないことについて調べる」という面がつよい。しかし、自身が母語としている言語の辞書を使って何かを調べる場合は、知らない語についての情報を得ようとしている場合もあるだろうが、多少余裕がありそうで、[　　]という側にちかい。

(3)　ⓤ「よむ」という言語活動とありますが、その特徴として**適切でないもの**を、次の1～4の中から一つ選び、その番号を書きなさい。

1　「よむ」という言語活動は、無意識に行うため、AといえばB、BといえばCという関連性が生じる特徴がある。
2　「よむ」という言語活動は、ああもよめるしこうもよめるという経過をたどる特徴がある。
3　「よむ」という言語活動は、「よむ」と「考える」が一対の関係になっており、「考えながらよむ」特徴がある。
4　「よむ」という言語活動は、オンラインで検索することとは異なり、一定量の時間がかかる特徴がある。

「酒、水、いかけさせよ(振りかけ)」ともいはぬに、しありくさまの(それをしてまわる様子が、やるべきことをわきまえ)、例しり、いささか(少しも)主に物いはせぬこそ、うらやましけれ。㋒さらんものがな使はん(こういう気のきく者を使いたいものだ、と思われる)、とこそおぼゆれ。

――『枕草子』より――

(注1) 陰陽師……暦を仕立てたり占いや土地の吉凶などをみたりする役人。
(注2) 祓……神に祈って罪・けがれを清め、災いを除くこと。また、その行事。
(注3) 祭文……節をつけて読んで神仏に告げる言葉。

(1) いはせぬ　とありますが、**すべてひらがなで現代かなづかいに書き改めなさい。**

(2) ㋐知りたれ、㋑よむ　の主語の組み合わせとして最も適切なものを、次の1～4の中から一つ選び、その番号を書きなさい。

1　㋐ 陰陽師　㋑ 小童　　2　㋐ 陰陽師　㋑ 作者
3　㋐ 小童　㋑ 陰陽師　　4　㋐ 小童　㋑ 作者

(3) ㋒さらんものがな使はん、とこそおぼゆれ　とありますが、ある生徒が、作者がそのように思った理由を次のようにまとめました。□に入る「小童」の具体的な様子を、**二十字以内**で書きなさい。

> 作者は、「小童」が陰陽師に指示されなくても□様子を見て、自分もそのような気のきく者を使いたいと思ったから。

4 次の文章を読んで、あとの(1)～(5)に答えなさい。(22点)

筆者が、(まがりなりに、であるが)(注1)『日本国語大辞典』全巻をよんだ、ということを聞いて、学生は「いやいや、辞書はよむものではないでしょ」と言う。そのとおりだ。辞書はよむものではなく、何かを調べるため㋐に使うものだ。しかし、自身が母語としている言語の辞書は、そうでない言語の辞書と㋑少し違う点もありそうだ。スペイン語を母語としていない人がスペイン語の辞書を使って何かを調べる。このような場合は、「知らないことについて調べる」という面がつよそうだ。しかし、日本語を母語としている人が日本語についての辞書を調べる場合は、もちろんまったく知らない語についての情報を得ようとしている場合もあるだろうが、少しはわかっているけれども「確認」するということもあるだろう。それも結局は「調べる」ということであるが、多少余裕はありそうだ。せっぱつまっていない。その「余裕」の気分は「実用的」ということからは少し離れていて、「よむ」という側に少しちかいように思う。

オンライン版の場合は、調べたい文字列を検索欄に入力するところから始まる。入力してエンターキーをぽんと押すと、検索結果が出て来る。そこには「余裕の気分」も何もない。オンライン版は検索機能を使って、辞書に蓄蔵されている「情報」を引き出すという面が強い。いや、「強い」どころか、そういうものだ。㋒「よむ」という言語活動とはだいぶ異なる。「よむ」は「考える」ということとセットになっていると思う。「よみながら考える」あるいは「考えながらよむ」。それなりの時間がかかるし、時間をある程度かけないと「よむ」ことができない。「よむ」は生体反応ではないので、AといえばB、BといえばCというわけにはいかない。「ああでもないこうでもない」というプロセスをともなう。

辞書の全体は小説のようにまとまりをもった文章ではない。しかし、「日本語のリスト」であることは間違いない。自分のもっている「日本語のリスト」を、辞書をよみつつ点検してみる。「おお、自分

＜国語＞

時間　五〇分　満点　一〇〇点

【注意】問題の1は放送による検査です。問題用紙は放送による指示があるまで開いてはいけません。

1　放送による検査（16点）

【資料】

資料1

花壇に植えたい花
についてのアンケート

環境委員会

○花壇整備の目的
・花を見た人に［　　　　　］ため。

○植えたい花はどれですか？
下から一つ選んでマルをつけてください。
（・ペチュニア
・マリーゴールド
・パンジー）

アンケートへのご協力
ありがとうございました。

資料2

生活委員会

朝の挨拶運動標語　応募用紙

年　組　名前

2　次の⑴、⑵に答えなさい。（14点）

⑴　次のア～オの——の漢字の読みがなを書きなさい。また、カ～コの——のカタカナの部分を楷書で漢字に書き改めなさい。

ア　丹精こめて咲かせた花。
イ　全ての情報を網羅した資料。
ウ　世界最古の鋳造貨幣を見る。
エ　観光資源が街の発展を促す。
オ　元旦には近くの神社に詣でる。
カ　ジュンジョ立てて考える。
キ　内容をカンケツにまとめる。
ク　この辺りは日本有数のコクソウ地帯だ。
ケ　堂々とした姿で開会式にノゾむ。
コ　きつい練習にもネをあげることはない。

⑵　次のア、イの——のカタカナの部分を漢字で表したとき、その漢字と同じ漢字が使われている熟語を、それぞれあとの1～4の中から一つずつ選び、その番号を書きなさい。

ア　月の満ちカけを観察する。
1　出欠　2　図書　3　懸命　4　駆使

イ　質問ジコウを手帳にまとめる。
1　巧妙　2　項目　3　効果　4　郊外

3　次の文章を読んで、あとの⑴～⑶に答えなさい。（12点）

陰陽師（注1）のもとなる小童こそ、いみじう（すばらしく）物は㋐知りたれ。祓（注2）などしにいでたれば、祭文（注3）など㋑よむを、人は猶こそきけ（人はただ聞いているだけだが）、ちうと（さっと）たち走りて、

国語放送台本

今から、国語の、放送による検査を行います。はじめに、解答用紙を出して、受検番号を決められた欄に記入してください。

次に、問題用紙の2ページを開いてください。

□一は、【資料】を見ながら放送を聞いて、質問に答える問題です。

ある中学校の四月の生徒総会で、環境委員長と生活委員長の二人の生徒が発表をしました。これから、その二人の発表の様子を紹介します。そのあとで、四つの問題を出します。それを聞いて、解答用紙の(1)、(2)、(3)、(4)、それぞれの欄に答えを書きなさい。発表の様子、問題は、それぞれ一回しか言いません。必要なことは、メモを取ってもかまいません。

それでは、始めます。

[生徒会役員]

これから各委員会からの発表を行います。はじめに、環境委員長の工藤さん、お願いします。

[工藤さん]

はい。環境委員長の工藤です。環境委員会では美化活動を校外まで広げたいと考えています。整えられた環境で生活することは校内ではもちろんのこと、また地域のためにもとても有意義なことだと思います。私はそのために二つの取り組みに力を入れたいと考えています。

まずは通学路の清掃です。委員会活動の時間を使って、通学路を中心に清掃活動を行います。私たちの手で、学区内の美化に貢献しましょう。

次に花壇整備です。植える場所は学校の正門の花壇を考えています。花壇整備の目的は、皆さんや来校された方、また通りがかりの町内の方など、花を見た人に明るい気持ちになってもらうためです。植える花の種類については全校の皆さんから植えたい花のアンケートをとり、決めていきたいと考えています。ご協力をお願いします。

環境の美化は心の美化につながります。皆さん、一緒に活動を頑張りましょう。

[生徒会役員]

ありがとうございました。次に生活委員長の吉田さん。お願いします。

[吉田さん]

はい。生活委員長の吉田です。生活委員会の目標は元気な挨拶で活気あふれる学校にすることです。

私は入学してすぐ、不慣れな学校生活に不安な気持ちを抱えていたときがありました。そんな思いで登校すると、生徒玄関では先輩方が朝の挨拶運動を行っていました。明るい笑顔と張りのある大きな声で励まされ、私の心の中の不安がどんどん小さくなっていったのを覚えています。そして、三年生になった今、私は先輩たちと同じように挨拶のよい学校にしたいと思い、活動をしています。

現在も朝の挨拶運動は続けていますが、その様子を見ると、挨拶の声が小さかったり、また挨拶を返さなかったりと、よい状態であるとは言えません。そこで私は挨拶運動の改善に取り組もうと考えています。まず皆さんから「おはよう」の言葉を使った標語を募集します。それを校内に掲示し、挨拶運動の活性化を図り、挨拶をよくしていきたいです。

皆さん、元気な挨拶で活気あふれる学校をつくっていきましょう。

以上、発表の様子は、ここまでです。続いて問題に移ります。

(1)の問題。工藤さんは今年度の環境委員会の取り組みとして二つ発表をしました。その取り組みとは何と花壇整備でしたか。書きなさい。

(2)の問題。資料1は、発表のあとで環境委員会が行った全校アンケートです。空欄に入る適切な内容を書きなさい。

(3)の問題。資料2の空欄に入る標語を「おはよう」を使って一つ書きなさい。

(4)の問題。工藤さん、吉田さんの発表の仕方の説明として最も適切なものを、これから言う、1、2、3、4の中から一つ選んで、その番号を書きなさい。

1　工藤さんは、説得力を高めるために、取り組みについての問題点を何度も強調しながら説明している。

2　吉田さんは、活動内容を効果的に示すために、ふだんの会話のような親しげな話し方をして説明している。

3　工藤さんと吉田さんは、自分の思いを伝えるために、過去の体験を具体的に交えながら説明している。

4　工藤さんと吉田さんは、聞き手の理解を得るために、発表の最後に呼びかけの言葉を入れて説明している。

これで、放送による検査を終わります。では、あとの問題を続けてやりなさい。

2021年度

解答と解説

《2021年度の配点は解答用紙集に掲載してあります。》

<数学解答>

1 (1) ア -6　イ 1　ウ $-6x^2y$　エ $\frac{x-4y}{3}$　オ $-1+\sqrt{5}$　(2) $r=\frac{\ell}{2\pi}$
(3) $x=0,\ 9$　(4) -3　(5) 9　(6) ア　(7) 45　(8) $(2\sqrt{3},\ 2)$

2 (1) ア $m+n$
イ 偶数　(例)ウ 2
エ 6　オ 12
(2) ア $\frac{1}{9}$　イ ㋔

3 (1) ア 12　イ $6\sqrt{2}$
(2) ア ㋐ BC＝AC
㋑ ∠BCD＝∠ACE
㋒ 2組の辺とその間の角
イ (ア) $21-2a-b$
(イ) 4

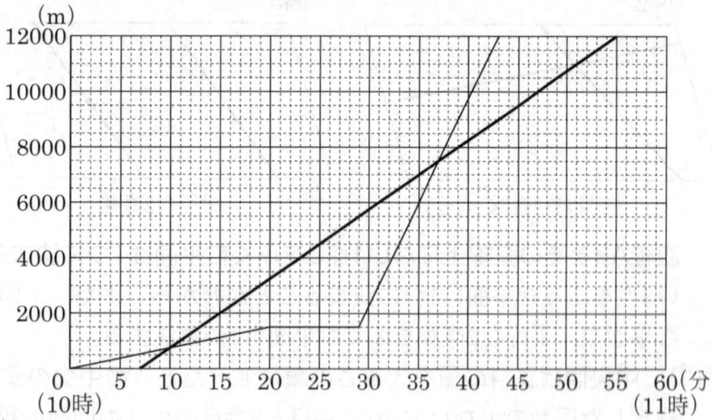

4 (1) -3　(2) -4
(3) $(5,\ 0)$　(4) $y=2x-8$

5 (1) ㋐ 1500　㋑ 9　㋒ 750　(2) ア 上図　イ 午前10時29分，4000
(3) 午前9時55分

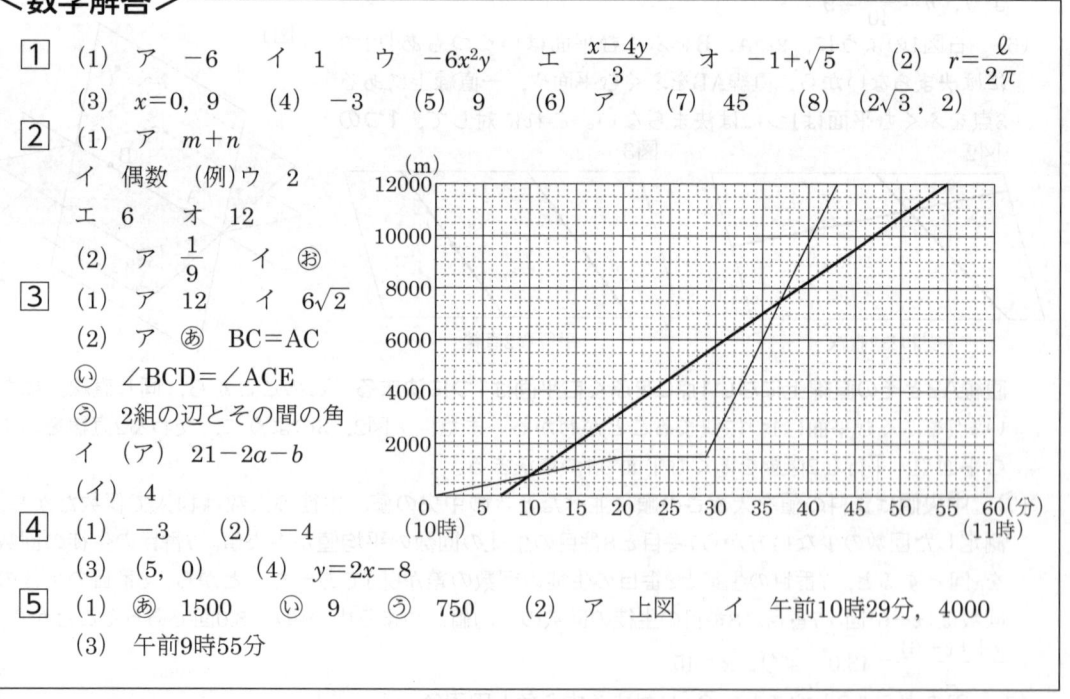

<数学解説>

1 (数・式の計算，平方根，等式の変形，二次方程式，比例関数，角度，空間内の平面，資料の散らばり・代表値，円の性質)

(1) ア　同符号の2数の和の符号は2数と同じ符号で，絶対値は2数の絶対値の和だから，$-1-5=(-1)+(-5)=-(1+5)=-6$

イ　四則をふくむ式の計算の順序は，指数→かっこの中→乗法・除法→加法・減法となる。$(-3)^2=(-3)\times(-3)=9$だから，$(-3)^2+4\times(-2)=9+(-8)=9-8=1$

ウ　$10xy^2\div(-5y)\times3x=10xy^2\times\left(-\frac{1}{5y}\right)\times3x=-\frac{10xy^2\times3x}{5y}=-6x^2y$

エ　$2x-y-\frac{5x+y}{3}=\frac{3(2x-y)}{3}-\frac{5x+y}{3}=\frac{3(2x-y)-(5x+y)}{3}=\frac{6x-3y-5x-y}{3}=\frac{6x-5x-3y-y}{3}=\frac{x-4y}{3}$

オ　乗法公式$\boldsymbol{(x+a)(x+b)=x^2+(a+b)x+ab}$を用いると，$(\sqrt{5}+3)(\sqrt{5}-2)=(\sqrt{5}+3)\{\sqrt{5}+(-2)\}=(\sqrt{5})^2+\{3+(-2)\}\sqrt{5}+3\times(-2)=5+\sqrt{5}-6=-1+\sqrt{5}$

(2) $\ell=2\pi r$　左辺と右辺を入れかえて　$2\pi r=\ell$　両辺を2πで割って，$2\pi r\div2\pi=\ell\div2\pi$
$r=\frac{\ell}{2\pi}$

(3)　$x^2=9x$　右辺の$9x$を左辺に移項して$x^2-9x=0$　**共通因数**xをくくり出して$x(x-9)=0$　よって，$x=0$，9

(4)　**yはxに比例する**から，xとyの関係は，$y=ax$と表せる。$x=-3$，$y=18$を代入して，$18=a\times(-3)$　$a=-6$　よって，$y=-6x$　これに，$x=\frac{1}{2}$を代入すると，$y=-6\times\frac{1}{2}=-3$

(5)　**1つの頂点のとなり合う内角と外角の和は180°**であることから，正n角形の1つの内角が140°であるとき，1つの外角は$180-140=40$(°)　多角形の外角の和は360°だから，$40\times n=360$(°)より，$n=\frac{360}{40}=9$

(6)　右図1のように，2点A，Bをふくむ平面はいくつもあり1つには決まらないから，直線ABをふくむ平面や，一直線上にある3点をふくむ平面は1つには決まらない。これに対して，**1つの直線ABとその直線上にない1点Cをふくむ平面は1つに決まる。**このことから，同じ直線上にない3点をふくむ平面は1つに決まることがわかる。また，上図2，3のように，交わる2直線をふくむ平面や，平行な2直線をふくむ平面も1つに決まる。

図1

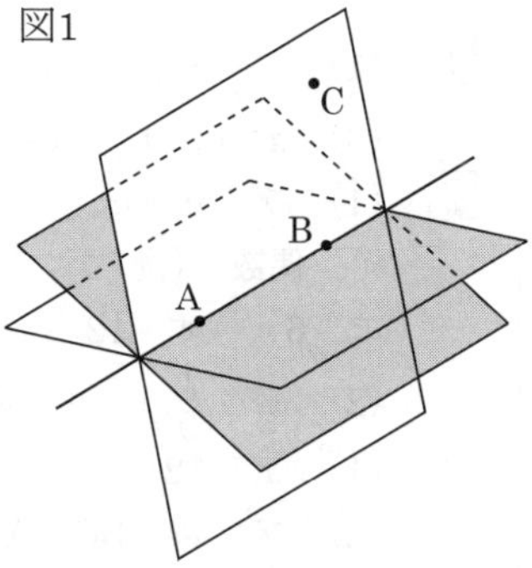

図2

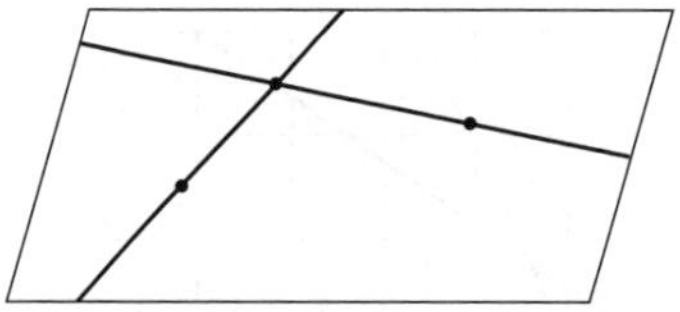

交わる2直線

図3

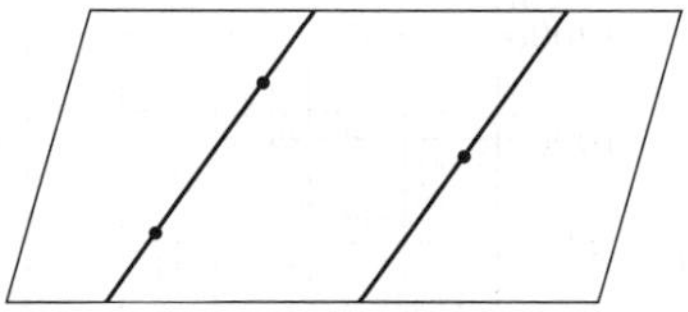

平行な2直線

(7)　**中央値**は資料の値を大きさの順に並べたときの中央の値。生徒の人数は14人で偶数だから，測定した回数の少ない方から7番目と8番目の生徒の回数の**平均値**が中央値。7番目の生徒の回数をx回とすると，7番目の生徒と8番目の生徒の回数の差が6回であったことから，8番目の生徒の回数は$(x+6)$回。7番目と8番目の生徒の回数の平均値，つまり中央値が48.0回であったことから，$\frac{x+(x+6)}{2}=48.0$　より，$x=45$

(8)　円の中心をQとすると，$\overset{\frown}{OA}$に対する**中心角と円周角の関係**から，$\angle OQA=2\angle OPA=2\times30°=60°$　よって，△QAOは頂角$\angle OQA=60°$，QO＝QAの二等辺三角形だから，正三角形である。点Qからy軸へ垂線QHを引くと，**二等辺三角形の頂角からの垂線は底辺を2等分する**から，点Hは線分OAの中点である。また，△QOHは**30°，60°，90°の直角三角形で，3辺の比は2：1：$\sqrt{3}$**である。以上より，$OH=\frac{OA}{2}=\frac{4}{2}=2$，$QH=OH\times\sqrt{3}=2\times\sqrt{3}=2\sqrt{3}$だから，円の中心Qの座標は$(2\sqrt{3},\ 2)$

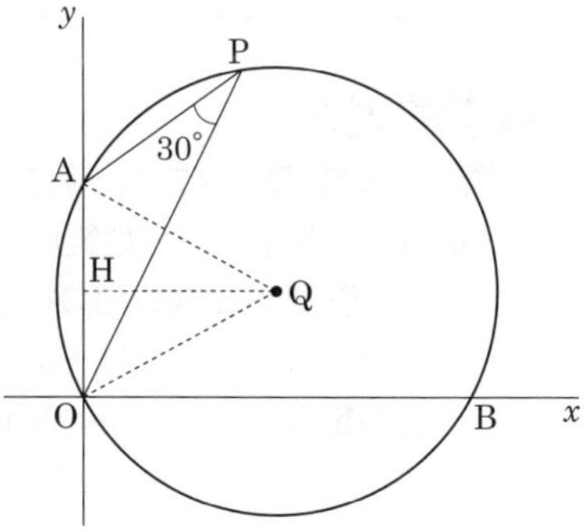

2　(数の性質，式による証明，確率)

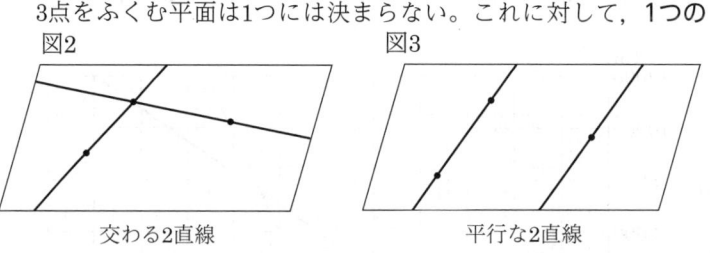

(1)　m，nを異なる自然数とすると，異なる2つの偶数は$2m$，$2n$と表すことができるから，異なる2つの偶数の和は，$2m+2n=2(m+n)$…アとなる。ここで，自然数＋自然数＝自然数より，$m+n$は自然数だから，$2(m+n)$は2×(自然数)より，必ず偶数…イになる。したがって，異なる2つの偶数の和は，偶数であるといえる。異なる2つの偶数の積は，たとえば，2…ウと6…エの積は12…オとなり，8の倍数ではないから，異なる2つの偶数の積は，必ず8の倍数になるとはいえない。異なる2つの偶数$2m$，$2n$を用いると，異なる2つの偶数の積は，$2m\times2n=4mn$とな

る。自然数×自然数＝自然数より，mnは自然数だから，$4mn$は4×(自然数)より，4の倍数になる。したがって，異なる2つの偶数の積は，4の倍数であるといえるが，8の倍数であるとはいえない。mnが2の倍数(偶数)のときに限り，$4mn$は8の倍数になる。

(2)　ア　2つの袋のそれぞれから1個の玉を同時に取り出すとき，すべての取り出し方は右図のあ～かで示した36通り。このうち，それぞれから取り出す玉が，どちらも白玉であるのは，いで示した4通りだから，求める確率は$\frac{4}{36}=\frac{1}{9}$

1つ目の袋＼2つ目の袋	赤	白	白	黒	黒	黒
赤	あ	え	え	か	か	か
白	え	い	い	お	お	お
白	え	い	い	お	お	お
黒	か	お	お	う	う	う
黒	か	お	お	う	う	う
黒	か	お	お	う	う	う

イ　前問アと同様に右図より，それぞれから取り出す玉が，どちらも赤玉であるのは，あで示した1通りだから，その確率は$\frac{1}{36}$　どちらも黒玉であるのは，うで示した9通りだから，その確率は$\frac{9}{36}=\frac{1}{4}$　赤玉1個と白玉1個であるのは，えで示した4通りだから，その確率は$\frac{4}{36}=\frac{1}{9}$　白玉1個と黒玉1個であるのは，おで示した12通りだから，その確率は$\frac{12}{36}=\frac{1}{3}$　赤玉1個と黒玉1個であるのは，かで示した6通りだから，その確率は$\frac{6}{36}=\frac{1}{6}$　以上より，それぞれから取り出す玉の組み合わせとして，最も起こりやすいのは，確率が$\frac{1}{3}$で一番大きい白玉1個と黒玉1個を取り出す玉の組み合わせである。

3　(三角すいの体積，線分和の最短の長さ，合同の証明，線分の長さ)

(1)　ア　(三角すいBQFPの体積)$=\frac{1}{3}\times\triangle QFP\times BF=\frac{1}{3}\times\left(\frac{1}{2}\times PF\times QF\right)\times BF=\frac{1}{3}\times\left(\frac{1}{2}\times 3\times 4\right)\times 6=12(cm^3)$

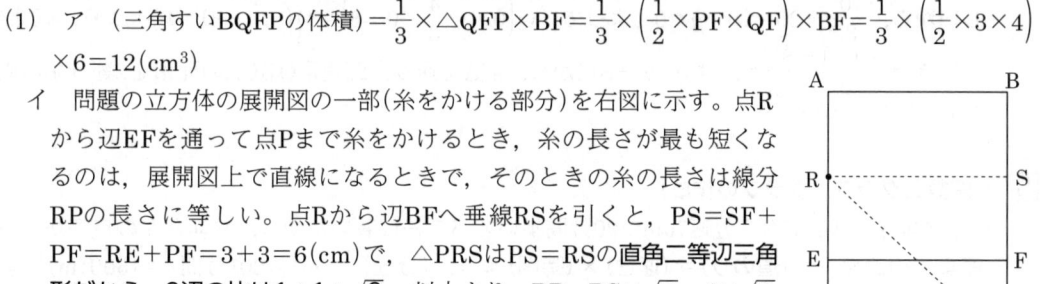

イ　問題の立方体の展開図の一部(糸をかける部分)を右図に示す。点Rから辺EFを通って点Pまで糸をかけるとき，糸の長さが最も短くなるのは，展開図上で直線になるときで，そのときの糸の長さは線分RPの長さに等しい。点Rから辺BFへ垂線RSを引くと，PS＝SF＋PF＝RE＋PF＝3＋3＝6(cm)で，△PRSはPS＝RSの**直角二等辺三角形だから，3辺の比は1：1：$\sqrt{2}$**。以上より，RP＝RS×$\sqrt{2}$＝6×$\sqrt{2}$＝$6\sqrt{2}$(cm)

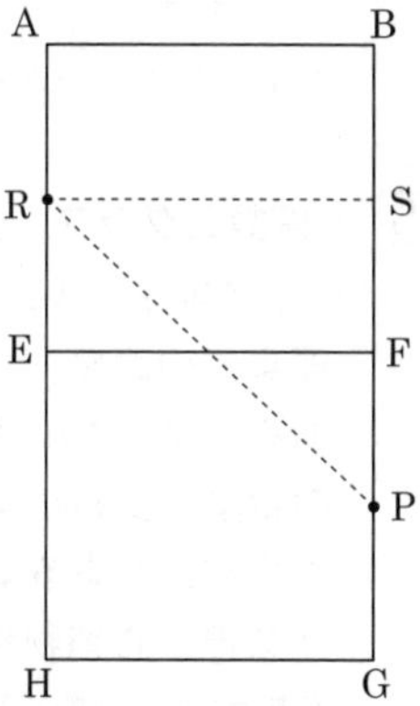

(2)　ア　(証明)△BCDと△ACEについて仮定より，△ABCと△DCEは正三角形で，それぞれ3辺が等しく，3つの角も等しいので，BC＝AC(あ)…①　CD＝CE…②　∠BCD＝∠ACE＝60°(い)…③　①，②，③から，2組の辺とその間の角(う)がそれぞれ等しいので，△BCD≡△ACE

イ　(ア)　四角形ABCEの周の長さが21cmだから，AB＋BC＋CE＋AE＝21(cm)より，AE＝21－(AB＋BC＋CE)＝21－(AB＋AB＋CD)＝21－$(a+a+b)$＝21－$2a-b$(cm)

(イ)　前問アより△BCD≡△ACEだから，BD＝AE＝21－$2a-b$(cm)　また，AD＝AC－CD＝AB－CD＝$a-b$(cm)　△ABDの周の長さが13cmだから，AB＋BD＋AD＝13(cm)より，$a+(21-2a-b)+(a-b)=13$　よって，$b=4$　正三角形DCEの1辺の長さは，CD＝b＝4(cm)

4　(図形と関数・グラフ)

(1)　点Bは$y=-\frac{4}{9}x^2$上にあるから，そのy座標－4を代入して$-4=-\frac{4}{9}x^2$　$x^2=9$　点Bのx座標は

負の値をとるから，$x=-\sqrt{9}=-3$より，B$(-3,\ -4)$

(2)　$y=-\frac{4}{9}x^2$について，$x=3$のとき$y=-\frac{4}{9}\times 3^2=-4$，$x=6$のとき$y=-\frac{4}{9}\times 6^2=-16$。よって，$x$の値が3から6まで増加するときの**変化の割合**は，$\frac{-16-(-4)}{6-3}=-4$

(3)　2点A，Bのy座標は等しいから，線分ABの長さはそれぞれの点のx座標の差に等しくAB$=2-(-3)=5$(cm)　点Aからx軸へ垂線AHを引く。問題の条件より，AP$=$AB$=5$(cm)だから，△APHに**三平方の定理**を用いると，PH$=\sqrt{\mathrm{AP}^2-\mathrm{AH}^2}=\sqrt{5^2-4^2}=3$(cm)　点Hの$x$座標は点Aの$x$座標と等しく2だから，仮に，点Pが点Hの左側にあるとすると，点Pのx座標は$2-\mathrm{PH}=2-3=-1$で，負の値となり問題の条件に適さない。点Pが点Hの右側にあるとすると，点Pのx座標は$2+\mathrm{PH}=2+3=5$で，正の値となり問題の条件に適する。以上より，点Pの座標は，$(5,\ 0)$

(4)　C$(6,\ -16)$だから，直線BCの傾き$=\frac{-16-(-4)}{6-(-3)}=-\frac{4}{3}$　直線BCの式を$y=-\frac{4}{3}x+b$とおくと，点Bを通るから，$-4=-\frac{4}{3}\times(-3)+b$　$b=-8$　直線BCの式は　$y=-\frac{4}{3}x-8$
四角形OBCA$=$△AOB$+$△ACB$=\frac{1}{2}\times$AB$\times$(点Oのy座標－点Aのy座標)$+\frac{1}{2}\times$AB$\times$(点Aのy座標－点Cのy座標)$=\frac{1}{2}\times$AB$\times${(点Oのy座標－点Aのy座標)＋(点Aのy座標－点Cのy座標)}$=\frac{1}{2}\times$AB$\times$(点Oのy座標－点Cのy座標)$=\frac{1}{2}\times 5\times\{0-(-16)\}=40$(cm^2)　これより，点Aを通り，四角形OBCAの面積を2等分する直線と線分BCとの交点をQとすると，四角形OBQA$=\frac{40}{2}=20$(cm^2)
点Qのx座標をqとすると，点Qは直線BC上の点だから，Q$\left(q,\ -\frac{4}{3}q-8\right)$　四角形OBQA$=$△AOB$+$△AQB$=\frac{1}{2}\times$AB$\times$(点Oのy座標－点Aのy座標)$+\frac{1}{2}\times$AB$\times$(点Aのy座標－点Qのy座標)$=\frac{1}{2}\times$AB$\times$(点Oのy座標－点Qのy座標)$=\frac{1}{2}\times 5\times\left\{0-\left(-\frac{4}{3}q-8\right)\right\}=\frac{10}{3}q+20$(cm^2)　これが20cm^{2}に等しいから，$\frac{10}{3}q+20=20$　$q=0$　よって，Q$\left(0,\ -\frac{4}{3}\times 0-8\right)=Q(0,\ -8)$　以上より，直線AQの傾き$=\frac{-4-(-8)}{2-0}=2$，切片が-8だから，点Aを通り，四角形OBCAの面積を2等分する直線AQの式は，$y=2x-8$

5　(関数とグラフ，グラフの作成)

(1)　マユさんは自宅から分速75mで20分間歩いてバス停に着いたから，マユさんの自宅からバス停までの距離は，**(道のり)＝(速さ)×(時間)**より，(分速)75(m)×20(分間)＝1500(m)…㋐である。マユさんがバス停で博物館行きのバスが来るまで待った時間は，問題のグラフで自宅からの距離が変わらなかった10時20分から10時29分までの間だから，マユさんはバス停で博物館行きのバスが来るまで10(時)29(分)－10(時)20(分)＝9(分間)…㋑待った。博物館行きのバスは，バス停から博物館までの12000(m)－1500(m)＝10500(m)の道のりを，14分間で走ったから，**(速さ)＝(道のり)÷(時間)**より，バスは10500(m)÷14(分間)＝(分速)750(m)…㋒で移動した。

(2)　ア　午前10時x分にマユさんの兄は自宅からymの距離のところにいるとすると，マユさんの兄は，マユさんが午前10時に自宅を出発してから7分後に，休むことなく分速250mの一定の速さで移動し，博物館へ到着したから，マユさんの兄が自宅を出発してから博物館へ到着するまでの時間と自宅からの距離との関係は，y(m)＝(分速)250(m)×$(x-7)$(分間)　つまり，$y=250x-1750$…①　マユさんの兄が博物館へ到着する時刻は，①に$y=12000$を代入して，$12000=250x-1750$　$x=55$より，午前10時55分だから，マユさんの兄のグラフは，2点$(7,\ 0)$，$(55,\ 12000)$を結んだ直線となる。

イ　前問アのグラフから，マユさんとマユさんの兄の距離が最も離れたと考えられるのは，マユ

さんが博物館行きのバスに乗車した午前10時29分のときか，博物館へ到着した午前10時43分のときである。前問アの①を用いると，午前10時29分のとき，マユさんは自宅から1500mの距離にいて，マユさんの兄は自宅から250×29－1750＝5500(m)の距離にいるから，マユさんとマユさんの兄の距離は5500－1500＝4000(m)離れていた。また，午前10時43分のとき，マユさんは自宅から12000mの距離にいて，マユさんの兄は自宅から250×43－1750＝9000(m)の距離にいるから，マユさんとマユさんの兄の距離は12000－9000＝3000(m)離れていた。以上より，マユさんとマユさんの兄の距離が最も離れたのは，午前10時29分で，そのときの2人は4000m離れていた。

(3) 前問(2)アの結果より，マユさんの兄が博物館へ到着したのは午前10時55分だから，マユさんより(午前)10(時)55(分)－(午前)10(時)43(分)＝12(分)遅れて博物館へ到着した。よって，マユさんと同時に博物館へ到着するためには，自宅を午前10時7分の12分前である午前9時55分に出発していればいい。

＜英語解答＞

1 (1) ア 1　イ 3　ウ 2　(2) ア 2　イ 1　ウ 4　(3) ア 4　イ 3　(4) (例)I talk about my friends.

2 (1) ア Which is the most popular(food in this restaurant ?)　イ It was more delicious than(paella.)　ウ I'm looking forward to it(.)
(2) from　(3) (例)*Osechi* is Japanese traditional food. Many people eat it during the New Year's holidays. It is delicious. Please try it.
(例)A *yukata* is a kind of Japanese traditional clothes. It is cool and beautiful. Some people wear it when they go to summer festivals.

3 (1) (例)ア How long did it take ?　イ I changed it.　ウ What did they say ?　(2) A 1　B 3

4 (1) ア 2　イ 日常生活　ウ 世界中の　(2) (例)1 Because it was written in English.　2 They will get the chance to think about their important place.　3 Yes, he does.　(3) (例)1 I have many thigs to learn.　2 I will enjoy showing people wonderful things.

5 (1) ア 3　イ 2　ウ 4　エ 1　(2) ア 4　イ 5　ウ 2
(3) (例)もし自分が好きなことをしているということを忘れなければ，難しいことを楽しむ力を得られるということ。

＜英語解説＞

1 (リスニング)
放送台本の和訳は，46ページに掲載。

2 (会話文問題：語句の並べ換え，語句補充・記述，条件英作文，比較，進行形，接続詞，未来，不定詞)
(全訳) ローブ(以下L)：ご注文をお伺いしてもよろしいですか。／ジュンイチ(以下J)：あっ，

まだ決まっていません。ア このレストランで最も人気がある食事はどれですか。／L：ジャンバラヤです。／J：ジャンバラヤですって？　それは何ですか。／L：ジャンバラヤはアメリカ料理で，当地で人気があります。肉，野菜，そして，米がジャンバラヤには使われています。／J：わかりました。それを頂きます。ところで，メニューの'free refills'とはどういう意味ですか。／L：それは，1つ飲み物を注文すれば，何度もそれがもらえるという意味です。／J：なるほど。オレンジジュースを頂きます。／L：かしこまりました。それをお持ちします。／<食事後>／L：食事を楽しまれましたか。／J：とても。ジャンバラヤはパエリアみたいでしたね。イ パエリアよりもっとおいしかったです。日本では，ジャンバラヤについて知りませんでした。／L：あっ，あなたは日本からいらっしゃったのですか。私は日本の文化が好きです。／J：本当ですか。次の日曜日に学校での行事で，私は日本の文化について話すことになっています。その時，私の学校の行事にいらしてはいかがですか。／L：わかりました。ウ 楽しみにしています。

ー　メニュー　ー
ジャンバラヤ　　コーラ
ハンバーガー　　オレンジジュース
ピザ　　コーヒー
食べ物と飲み物で7ドルです。 1時間は飲み物のお代わりは無料です。

(1)　ア　Which is the most popular(food in this restaurant ?)　**<the + 最上級 + in + 単数名詞[of+ 複数名詞]>「〜の中で最も…」** the most popular「最も人気のある」は most の最上級。通常は<**原級 + -est**>で**最上級**を作るが，**長い語の場合は，<most + 原級>で最上級**となる。　イ　It was more delicious than(paella.) **<比較級 + than>「〜と比較してより…」** more delicious「より美味しい」は delicious の比較級。通常は<**原級 + -er**>で**比較級**を作るが，**長い語の場合は，<more + 原級>で比較級**となる。
ウ　I'm looking forward to it. **<look forward to>「〜を楽しみにしている」 <be動詞 + 現在分詞[原形 + -ing]>「〜しているところだ」**進行形

(2)　ジュンイチ：「日本にいた時，ジャンバラヤについて知らなかった」→　ローブ：「＿＿私は日本の文化が好きだ」以上の文脈と与えられた語より，空所を含む英文は「あなたは日本出身ですか」という意味となるように空所に適語を補うことになる。正解は **Oh, are you from Japan ?** となる。<be動詞 + from> 出身・由来・起源などを表す表現　<接続詞 when + 主語 + 動詞>「〜するときに」

(3)　波線部は「日本の文化について話すつもりだ」の意。紹介したい日本文化について20語以上の英語で書く条件英作文。**<be動詞 + going + 不定詞[to + 原形]>「〜しようとしている，するつもりだ」**
(全訳)「皆さん，こんにちは。私は＿＿です。今日，日本文化について話そうと思います。[　　　]ありがとうございます」
(例訳)「おせちは日本の伝統的な食べ物です。正月の休暇中に多くの人々が食べます。美味しいです。どうぞ食べてみてください」／「浴衣は日本の伝統的な着物の一種です。涼しくて，美しいです。夏祭りへ行く時に，浴衣を着る人々がいます」

3 (会話問題：条件英作文，文の挿入・記述・選択，接続詞，助動詞，前置詞，動名詞)
(全訳)　ニック(以下N)：お父さん，僕はちょうどホテルに着いたところです。／父(以下D)：そ

れは良かった。[ア]どのくらい時間がかかったのかなあ。／N：12時間かかりました。あの，お父さんと話さなければならないことがあります。／D：何だね。／N：日本に来る前に，我がチームの合宿がありました。その時に，僕はチームのリーダーに選ばれました。僕は良いチームを作ろうと頑張ってきたのですが，チームメイトの中には僕についてこない人もいます。どうしたらよいかわかりません。／D：なるほど。私も高校で野球部のチームキャプテンだった時に，同様の問題を抱えていたことがあるよ。まず，私は，チームメイトに相談することなく，全てを自分で決めていた。それが私のやり方だった。その結果，彼らは私の言うことに従わなかった。彼らの中には，私の意見を決して受け入れようとしない者もいた。その時に，私は自分のやり方が良くないということがわかった。そこで，[イ]やり方[それ]を変えてみたのさ。／N：どのように変えたのですか。／D：自分のチームメイトの意見を聞くようにしたよ。／N：それは良いですね。1つ聞きたいことがあります。[ウ]彼ら[チームメート]は何と言ったのですか。／N：彼らは野球の練習方法について発言をしたのさ。彼らは異なった意見を持っていた。そこで，私は彼らの話を聞くようにして，それから，自分の方向性を決めるようにしたのさ。これは指導者がしなければならないことの1つなのだね。／D：A_1チームメイトの中には私の方向性を受け入れない人たちがいます。／D：君の言っていることはよくわかるよ。他のチームメイトが君の方向性を受け入れないのであれば，ニック，私たちはみんな同じではないということを記憶しておくべきだね。私たちは異なる，だから，君は彼らの意見を聞く必要があるのさ。／N：なるほど，指導者になることは大変なのですね。／D：そうだね。指導者は時には孤独だよ。B_3でも，こうした経験をしていれば，君は良いリーダーになるだろう。／N：わかりました。最善を尽くそうと思います。ありがとうございます，お父さん。／D：どういたしまして，ニック。幸運を祈っているよ。

(1) 父の[ア]の発言を受けて，ニックは所要時間を答えているので，空所アには「**どのくらい時間がかかったのか**」を尋ねる英文を入れること。正解は **How long did it take ?** となる。父：「自分のやり方が間違っていることが分かった。→　そこで，[イ]」→　ニック：「どのように変えたか？」以上の文の展開より，空所イには「それ[自分のやり方]を変えた」という内容を表す英文を入れればよいことになる。<～. **So**…>「**～である。だから[したがって，よって]…**」　ニック：「質問があります。[ウ]」→ 父：「彼らは～と言った」なので，空所ウには「彼らは何と言ったか」という内容の英文を当てはめればよい。

(2) 〔A〕「ニック：A_1チームメイトの中には私の方向性を受け入れない者がいる。／父：言っていることはよくわかる。他のチームメイトが君の方向性を受け入れないのであれば，私たちはみんな同じではないとうことを記憶しておくべきだ」 **should**「**～するべきだ／するはずだ**」
〔B〕「父：指導者は時には孤独だ。B_3でも，こうした経験をしていれば，君は良いリーダーになるだろう。／ニック：わかりました。最善を尽くそうと思う」 他の選択肢は次の通り。
2 「私たちはみんな同じであるということを記憶していれば，あなたは良いリーダーになるだろう」(×) 意見が違うことに気づくべきだ，というのが会話の趣旨。 4 「すべてのチームメイトが私に従う」(×) もしこのことが事実であれば，父やニックが悩む必要はない。 5 「だから，彼らの意見を聞くべきでない」(×) 人の意見に耳を傾けるべきであるというのが会話の要点。<～. **So**…>「**～である。だから[したがって，よって]…**」 **should**「**～するべきだ／するはずだ**」 **listen to**「**～を聞く**」 6 「チームメイトと話さずに，指導者は全てを決めるべきだ」(×) 父は，人と意見を交換せずに自分自身で決定していたことを反省して，それまでのやり方を変更したのである。<without ＋ 動名詞[原形 ＋ -ing]>「～しないで」 talk with「～と話す」

4 (長文読解問題・エッセイ：メモを用いた問題，日本語で答える問題，内容真偽，和文英訳，現在完了，前置詞，受け身，接続詞，助動詞，不定詞，動名詞)

(全訳) 私は青森県に2年間住んでいます。ある日，1人の日本人の教員が私に，北海道・北東北における縄文遺跡群に関するパンフレットを渡してくれました。私はそれらの存在を知らず，そのパンフレットを読んでみました。それは英語で書かれてあったので，私でも簡単に理解することができました。それらの遺跡の1つがこの町に位置しており，私は自身の目で確認してみたくなりました。

1週間後に，私はその遺跡を訪れました。縄文時代の人々は多くの種類のものを作った，ということを知り，私は驚きました。あるものは日常生活で使われ，別のものは儀式のような特別の目的のために使用されたのです。それらの全てのものが，私にとって美しく映りました。私がこの遺跡を見学していた際に，何人かの地元の高校生に出会いました。彼らはボランティアガイドとして活動していたのです。彼らはこういった経験を通じて，自分らにとって大切な場所について考える機会を得ることでしょう。

北海道・北東北地域の縄文遺跡群について知るのは，私にとって楽しいことです。外国の人たちも同様に，それらから多くのことを学ぶことが可能です。地元の人々だけではなくて，世界中の人々にとっても，それらは重要である，と私は考えています。多くの人たちにこれらの遺跡を楽しんで欲しいと願うと共に，私たちはそれらを守らなければなりません。世界遺産への登録は良い方法だと思います。早くそんな日が来ることを私は望んでいます。

(1) ア 第1段落第1文 I have lived in Aomori Prefecture for two years. を参考にすること。現在完了<**have[has] + 過去分詞**> **完了・継続・経験・結果** <for + 期間>「～の間」 イ 縄文時代に作られたものの用途は，第2段落3文(Some were used in their daily lives(「日常生活で」)and others were used for special purposes like rituals)に記されている。were used「使われた」← <**be動詞 + 過去分詞**>「**～される**」受け身 some ～ and others …「～するもの[者]もあれば，…するもの[者]もある」 前置詞like「～のような」 ウ 第3段落3文(they[Jomon Prehistoric Sites in Northern Japan]are important not only for local people but also for people all over the world「世界中の人々にとっても」)を参照すること。not only A but also B「AばかりでなくBもまた」 all over the world「世界中」← all over「～中」

(2) 1 質問「なぜスミス先生はそのパンフレットを簡単に理解することができたか」第1段落4文に It[The pamphlet]was written in English, so I could understand it easily. とあることを参考にすること。Why ～? と理由を聞かれているので，Because ～で答えること。could「できた」← can の過去形 was written「書かれた」← <**be動詞 + 過去分詞**>「**～される**」**受け身** <**～, so** …>「**～なので，**…」 2 質問「これらの地元の高校生はこの経験から何を得るだろうか」local high school students「地元の高校生」のことに言及されているのが，第2段落後半。最終文に They[The local high school students]will get the chance to think about their important place from the experience. と記されているのを参考にすること。 the chance to think about「～について考える機会」← <**名詞 + 不定詞[to + 原形]**>「**～するための[するべき]名詞**」不定詞の形容詞的用法 3 質問「スミス先生は，北海道・北東北にある縄文遺跡群を保存することが必要であると考えているか」第3段落4文後半に we should preserve them[Jomon Prehistoric Sites in Northern Japan]とあるので，肯定で答えること。<**It is + 形容詞 + 不定詞[to + 原形]**>「～する[不定詞]ことは… [形容詞]である」 **should**「～するべ

きだ／するはずだ」

(3) (和訳)「私は先生の話を聞き，遺跡のボランティアガイドとして参加することに興味を抱いています。遺跡のために役立つことをすることは良いことです。参加する前に，[1]私には学ぶべきことがたくさんあります。そのことを実行に移してみようと考えています。[2]私は，すばらしいものを人々に見せることを楽しむでしょう」「学ぶべきたくさんのこと」many things to learn ← <名詞 + 不定詞[**to** + 原形]>「～するための[するべき]名詞」不定詞の形容詞的用法「見せることを楽しむ」enjoy showing ← <**enjoy** + 動名詞[原形 + **-ing**]>「～することを楽しむ」 <show + 人 + もの> ⇔ <show + もの + to + 人>

5 (長文読解問題・エッセイ：語句の補充・選択，要約文などを用いた問題，語句の解釈・指示語，日本語で答える問題，助動詞，動名詞，不定詞，受け身)

(全訳) 8年間村の伝統的催しで，私は笛を演奏してきた。演奏が上達するように，私はそれを毎日練習している。私の祖父は，村で最も上手い笛の演奏家の1人であり，自宅で私や他の子どもたちに(笛を)教えてくれている。

ある日，彼は私の演奏を聴き，私に次のように言葉をかけてくれた。「とてもいいね！ タロウが懸命に練習をしたということがわかるよ。そうだ，ある考えが思い浮かんだ。今度の土曜日に，一緒に子どもたちに指導してみてはどうだろう」私は心配だった。教えることは私には難しすぎるからだ。

当日，私が祖父宅へ行くと，1人の少女の姿が目に入った。彼女は私の祖父の隣のいすに座っており，緊張している様子だった。彼女の名前はアミで，年齢は9歳だった。彼女は2か月前に笛の練習を始めた。彼女に私の稽古を楽しんでもらいたかったので，村の伝統的音楽を自分自身で演奏してみた。彼女はそれを聞くと，笑顔になり，立ち上がった。彼女は私の指を注意深く見つめていた。

私たちは音楽の練習を開始した。その曲には彼女にとって難しい箇所が含まれており，彼女の演奏はそこで何度も中断した。彼女はあきらめなかったが，悲しそうだった。私は声をかけた。「頑張っているね。君はあきらめないものね」彼女は「私は笛を吹くのが好きです。早くこの箇所も上手く吹けるようになりたいです」と応えた。私は次のような話をした。「アミ，2つのことが言えるよ。たとえ短い時間でも毎日練習すれば，上手く演奏できるようになる。好きなことをしているということを忘れなければ，困難なことを楽しむ力が得られるだろうね」その日のうちに，彼女は該当箇所を演奏することはできなかったが，練習後に彼女は私に明るく語った。「あなたのレッスンを楽しむことができました。ありがとう。また会いましょう」

祖父宅を後にしようとすると，彼は私に言った。「私はタロウから大切なことを学んだよ」その言葉を聞き，私は驚いて，彼に尋ねた。「僕から学んだ？ どうして？ おじいちゃんは最も優れた笛の先生でしょう」彼は言った。「私は完ぺきではないよ。まだ学習途上さ。今日，タロウは学ぶ姿勢を彼女に教えていたよね。もちろん，笛を上手く演奏するためには，私たちは懸命に練習する必要があるが，別の重要な点がある。アミはタロウからそのことを学び，そして，私がそのことを学んだのさ。ありがとう，タロウ」教えることは私にとって貴重な経験となった。私の祖父のように，私は学ぶことを中断しないように心がけようと思う。

(1) ア 「タロウの演奏後，彼の祖父は□と思った」タロウの演奏を聴いた際の祖父のせりふは第2段落で，"Very good！ I can understand that you practice hard."と記されているので，正解は，3「タロウは笛を上手く演奏することができる」。<**be**動詞 + **able** + 不定詞[**to** + 原形]>「～できる」他の選択肢は次の通り。 1「タロウは笛の練習を止めてしまった」(×)上記 you practice hard の内容に反する。<**stop** + 動名詞[原形 + **-ing**]>

「～することを止める」　2 「タロウは村の伝統的行事の先生である」(×)下線部の記述なし。　4 「タロウは笛を演奏することを心配している」(×)タロウが心配していたのは，笛の演奏を教えることである。(第2段落の最後の2文)<be動詞 ＋ worried about>「～について心配している」　イ 「タロウがアミに伝統音楽を演奏した時に，□。」正解は，2 「彼女は喜び，立ち上がった」。第3段落最後から2文目(When she listened to it, she smiled and stood up.)に一致。他の選択肢は次の通りだが，いずれも記載なし。　1 「彼女は泣きだした」(×)　3 「彼女も音楽を演奏し始めた」(×)　4 「彼女は緊張してしゃがみ込んだ」(×)<start ＋ 不定詞[to ＋ 原形]>「～し始める」 sat down ← sit down「座る」　ウ 「□ので，アミは悲しそうだった」悲しそうだった(looked sad)という表現は第4段落第3文にある。その原因は，前文に It had a difficult part for her and she stopped at that part many times とあるのを参考にすること。正解は，4 「彼女は難しい箇所を演奏できなかった」。**could ← can「できる」の過去形**　他の選択肢は次の通りだが，アミが悲しそうであった理由に該当しない。　1 「彼女はタロウと練習をすることをあきらめた」(×)give up「あきらめる」　2 「彼女はタロウの祖父と練習したかった」(×)　3 「彼女は好きなことをしているわけではない」(×)彼女は I like playing the Japanese flute.(第4段落5文)と述べているので，不可。　エ 「タロウが彼の祖父宅を辞するときに，□。」タロウが祖父宅を出る際の出来事は最終段落で扱われていて，祖父が「タロウから大切なことを学んだ」という発言を聞いて，タロウが驚いている様子が描かれている。従って，正解は，1 「タロウは彼の祖父の言葉に驚いた」**<be動詞 ＋ surprised>「驚いている」**他の選択肢は次の通りだが，すべて誤り。　2 「タロウと彼の祖父はアミの学校について語った」(×)記載なし。　3 「タロウの祖父はアミに重要なことを教えた」(×)アミを指導したのはタロウである。　4 「タロウはとても疲れたので何も言えなかった」(×)**<so ～ that … >「とても～なので…」**

(2) (全訳) 「タロウは毎日笛[ア]4を練習している。ある日，彼はアミに演奏法を指導した。彼らは村の伝統的音楽を練習した。難しい箇所があり，彼女はそれを演奏しようと試みた。タロウとの練習の最後で，彼女は彼に対して，[イ]5素晴らしい時間を一緒に過ごすことができた，と語った。その後，彼と祖父は話をした。タロウは彼の祖父のように学び[ウ]2続けることを望んでいる」　ア「～を練習する」Taro practices the Japanese flute ～　イ「素晴らしい時間を過ごした」had a good time　ウ「～を続ける」<keep ＋ 動名詞[原形 ＋ -ing]>他の選択肢は次の通り。1「難しい」　3「悪い」　6「教える」　7「終える」

(3) 下線部を含む文は「笛を上手く演奏するためには，懸命に練習する必要があるが，別の重要な点がある」の意。後続文では「アミがそのことを学んだ」とあるので，タロウがアミに教えた事を確認すること。第4段落では，タロウは以下の2つのことをアミに伝えている。「2つのことが言える。たとえ短い時間でも毎日練習すれば，上手く演奏することができる。好きなことをしているという点を忘れなければ，困難なことを楽しむ力が得られる」波線と下線がそれぞれ呼応関係にあることに注目すること。

2021年度英語　放送による検査

〔放送台本〕

(1)は，英文と質問を聞いて，適切なものを選ぶ問題です。問題は，ア，イ，ウの三つあります。質問の答えとして最も適切なものを，1，2，3，4の中からそれぞれ一つ選んで，その番号を解答用紙

に書きなさい。英文と質問は二回読みます。

アの問題

Ken is watching a soccer game on TV. Which picture shows this?

イの問題

Miku found a book under the desk in the music room. Which picture shows this?

ウの問題

Your teacher is carrying many bags and looks busy. What will you say to the teacher?

〔英文の訳〕

アの問題

「ケンはテレビでサッカーの試合を見ている。このことを示しているのはどの絵か。」

イの問題

「ミクは音楽室の机の下に本を見つけた。これを示すのはどの絵か。」

ウの問題

「あなたの先生は多くのカバンを抱えて，忙しそうです。あなたなら先生に対して何というだろうか。」

〔選択肢の訳〕

1 私はそう思わない。 ② あなたのカバンを運びましょうか。

3 聞いていただき，ありがとうございます。

4 それをもう一度言っていただけませんか。

〔放送台本〕

(2)は，ジョンの自転車に関するスピーチを聞いて，質問に答える問題です。問題は，ア，イ，ウの三つあります。はじめに，英文を二回読みます。次に，質問を二回読みます。質問の答えとして最も適切なものを，1，2，3，4の中からそれぞれ一つ選んで，その番号を解答用紙に書きなさい。

When I was six years old, I could ride a bike for the first time. It is useful to me because I can go to many places by bike. My mother also likes riding a bike because it is good for her health. Now, my bike is too small. When I want to ride a bike, I usually use my father's one. So, I want a new bike.

ア How old was John when he could ride a bike for the first time?

イ Why is a bike useful to John?

ウ Whose bike does John usually ride?

〔英文の訳〕

6歳の時に，私は初めて自転車に乗ることができた。それは私にとって役立っている。というのは，自転車で多くの場所へ行くことができるからである。私の母も自転車に乗ることが好きだ。彼女の健康に良いからである。今や，自分の自転車は小さすぎる。自転車に乗りたい時には，私は，通常，父のものを使うことにしている。だから，私は新しい自転車が欲しいのである。

質問ア：ジョンが初めて自転車に乗ることができた時に，彼は何歳だったか。

〔選択肢の訳〕

1 5歳。 ② 6歳。 3 15歳。 4 16歳。

質問イ：なぜ自転車はジョンにとって役立っているのか。

〔選択肢の訳〕

① 彼は自転車で多くの場所へ行くことができるから。

2 歩くことが彼の健康に良いから。 3 彼は新しい自転車を買いたいから。

4 彼の兄[弟]は学校まで歩くから。

質問ウ：誰の自転車にジョンは通常乗るか。

〔選択肢の訳〕

1 彼の自転車。 2 彼の兄[弟]の自転車。 3 彼の母の自転車。 ④ 彼の父の自転車。

〔放送台本〕

(3)は，ピーターとサトコの対話の一部を聞いて，質問に答える問題です。問題は，ア，イの二つあります。はじめに，対話を読みます。次に，質問を読みます。質問の答えとして最も適切なものを，1，2，3，4の中からそれぞれ一つ選んで，その番号を解答用紙に書きなさい。対話と質問は二回読みます。

アの問題

Peter: I want to borrow books here. How many books can I borrow?

Satoko: Well, you can borrow five books.

Question: Where are they talking now?

イの問題

Peter: When is your birthday?

Satoko: May eleventh. How about you, Peter?

Peter: My birthday is the same day, but the next month.

Question: When is Peter's birthday?

〔英文の訳〕

ア ピーター：私はここで本を借りたいです。何冊借りることができますか。／サトコ：えーと，5冊借りることができます。／質問：彼らは今どこで話をしているか。

〔選択肢の訳〕

1 映画館で。 2 郵便局で。 3 スタジアムで。 ④ 図書館で。

イ ピーター：あなたの誕生日はいつですか。／サトコ：5月11日です。ピーター，あなたはどうですか。／ピーター：私の誕生日は同じ日ですが，(あなたの誕生月の)翌月です。／質問：ピーターの誕生日はいつか。

1 5月11日。 2 5月12日。 ③ 6月11日。 4 6月12日。

〔放送台本〕

(4)は，外国語指導助手のアレン先生の話を聞いて，質問に答える問題です。話の最後の質問に対して，あなたなら何と答えますか。あなたの答えを解答用紙に英文で書きなさい。アレン先生の話は二回読みます。

I like talking with my family. When I was young, I often talked about my future with them. What do you talk about with your family?

〔英文の訳〕

私は私の家族と話すことが好きです。若い頃，しばしば彼らと私の将来について話しました。あなたの家族と，あなたはどのようなことを話しますか。

(模範解答例訳)

私は私の友人について話をします。

＜理科解答＞

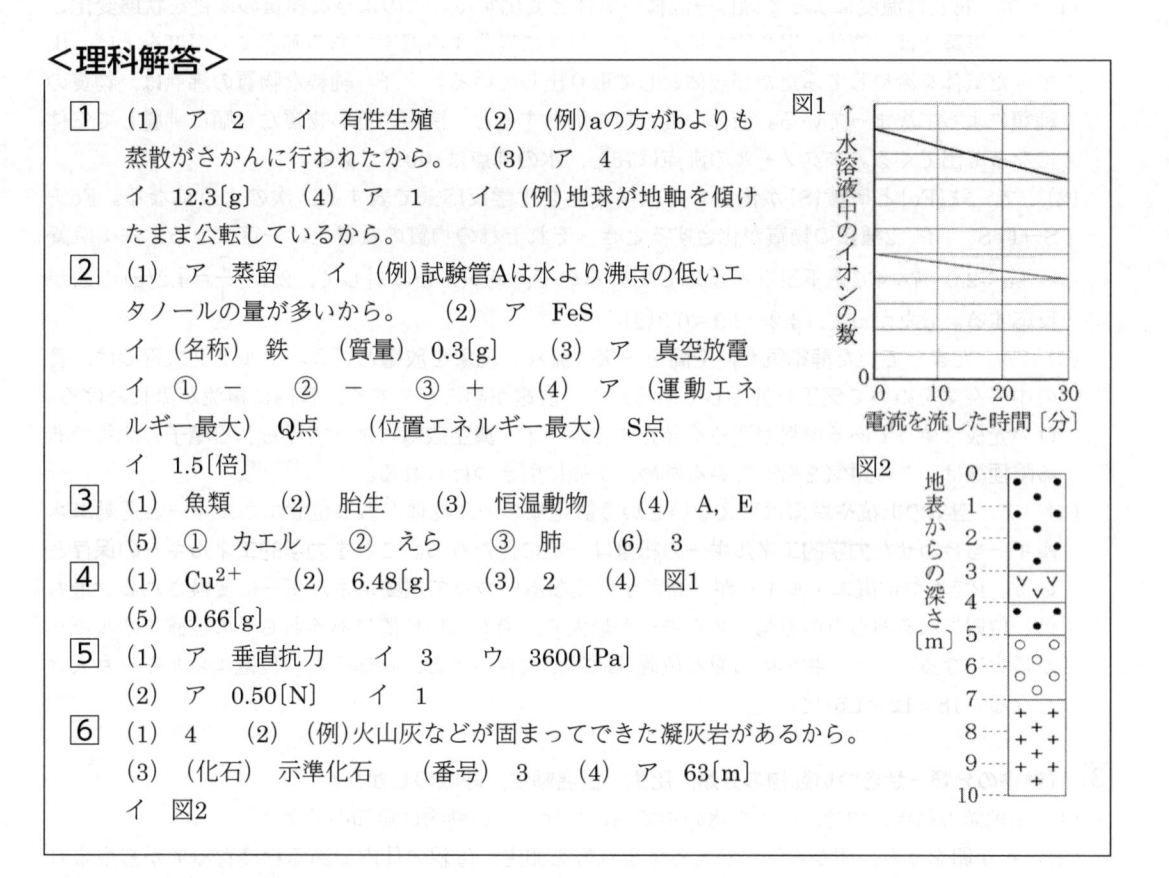

1 (1) ア 2　イ 有性生殖　(2) (例)aの方がbよりも蒸散がさかんに行われたから。　(3) ア 4　イ 12.3〔g〕　(4) ア 1　イ (例)地球が地軸を傾けたまま公転しているから。

2 (1) ア 蒸留　イ (例)試験管Aは水より沸点の低いエタノールの量が多いから。　(2) ア FeS　イ (名称) 鉄　(質量) 0.3〔g〕　(3) ア 真空放電　イ ① －　② －　③ ＋　(4) ア (運動エネルギー最大) Q点　(位置エネルギー最大) S点　イ 1.5〔倍〕

3 (1) 魚類　(2) 胎生　(3) 恒温動物　(4) A, E　(5) ① カエル　② えら　③ 肺　(6) 3

4 (1) Cu^{2+}　(2) 6.48〔g〕　(3) 2　(4) 図1　(5) 0.66〔g〕

5 (1) ア 垂直抗力　イ 3　ウ 3600〔Pa〕　(2) ア 0.50〔N〕　イ 1

6 (1) 4　(2) (例)火山灰などが固まってできた凝灰岩があるから。　(3) (化石) 示準化石　(番号) 3　(4) ア 63〔m〕　イ 図2

図1

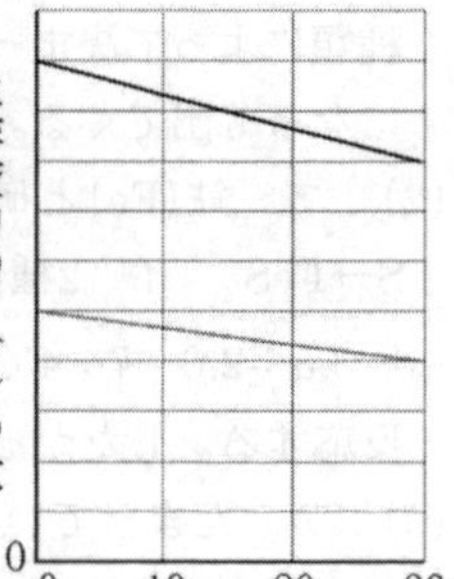

図2

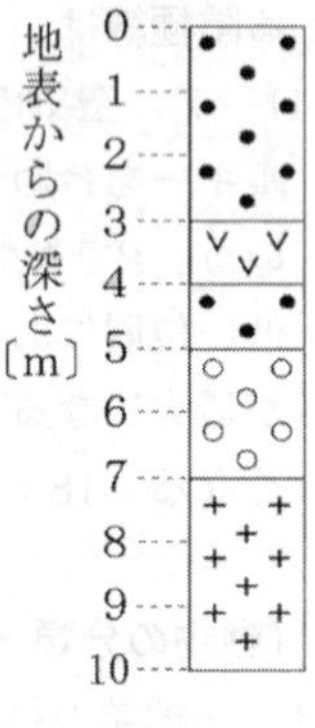

＜理科解説＞

1 (小問集合―生殖，植物のつくりとはたらき，気象観測，天体の動き)

(1) ア めしべの柱頭に花粉がつくと，**花粉管**が**胚珠**に向かってのび，その中を精細胞が運ばれていく。この精細胞が胚珠の中の卵細胞と結びついて受精する。　イ 植物の精細胞と卵細胞，動物の精子と卵子が結びつく受精による生殖を**有性生殖**という。

(2) 植物の体の中の水分は，おもに葉の裏側に多く見られる**気孔**から，水蒸気として空気中に出ていく。このはたらきを**蒸散**という。ふくろの内側についた水滴は，蒸散によって放出された水蒸気が液体に変化したもにである。

(3) ア 天気記号は○快晴，◐晴れ，◎くもり，●雨，⊗雪など。**風向**は，風がふいてくる方向を16方位で表し，**風力**は矢羽根の本数で風力0～12の13段階を表す。　イ 図1で，乾球温度18℃を右に見ていくと，乾球と湿球の差が(18.0－16.0)℃のときの80％が湿度にあたる。15.4(g/m^3)×80÷100＝12.3(g)

(4)　ア　春分の日から3か月後は夏至。北半球で太陽を観測すると，西に沈む太陽の位置は，真西を中心にして春から夏は北寄りへ移り，秋から冬は南寄りへ移る。　イ　地球が公転面に対して垂直な方向から地軸を23.4°傾けて**公転**している。そのため，太陽の**南中高度**や昼の長さが変化し，地表のあたためられ方が変わり，季節の変化が生じる。

2　(小問集合―状態変化，化合，放電，ふりこの運動)

(1)　ア　物質は温度によって固体→液体→気体と変化する。このような物質の変化を**状態変化**という。実験では，液体の混合物を加熱して，気体に変化する温度である**沸点**まで温度を上げ，出てきた気体を冷やしてふたたび液体として取り出している。　イ　純粋な物質の沸点は，物質の種類によって決まっている。液体の混合物を加熱すると，沸点の低い物質から順に沸騰して気体になって出てくる。エタノールの沸点は78℃，水の沸点は100℃である。

(2)　ア　鉄(Fe)と硫黄(S)が**化合**する化学変化を化学反応式で表すと，次のようになる。Fe＋S→FeS　イ　2種類の物質が化合するとき，それぞれの物質の質量比は一定になる。鉄：硫黄＝3.5：2.0＝7：4で過不足なく反応しているので，硫黄2.4gに対して，$2.4\times\frac{7}{4}=4.2$(g)の鉄が反応する。したがって，4.2－3.9＝0.3(g)

(3)　ア　たまっていた**静電気**が，空間を一気に流れる現象を**放電**という。クルックス管では，管の中の空気をぬいて気圧を低くしてあるため，放電が起こりやすく，管内に電流が流れ続ける。けい光板に塗ってある塗料が明るく発光する。　イ　**真空放電**によって見られる**電子**の流れである**陰極線**は，－の電気をもっているため，＋極に引きつけられる。

(4)　ア　空気の抵抗や摩擦は考えないという設定なので，物体がもつ位置エネルギーと運動エネルギーを合わせた**力学的エネルギー**の総量は一定に保たれる。これを**力学的エネルギーの保存**という。Pでもつ位置エネルギーが，高さが低くなるにつれて運動エネルギーに変換される。最も低い位置にあるおもりの運動エネルギーが最大で，最も高い位置にあるおもりの位置エネルギーが最大になる。　イ　物体の質量と位置(高さ)が大きいほど，物体のもつ位置エネルギーも大きくなる。18÷12＝1.5(倍)

3　(動物の分類－せきつい動物の分類，胎生，恒温動物，呼吸のしかた)

(1)　5種類の動物の中で，一生を水の中で過ごすせきつい動物は魚類のサケ。

(2)　親が卵をうみ，卵から子がかえる生まれ方を**卵生**，母親の体内である程度育ってから生まれるのを**胎生**という。胎生はホニュウ類だけなので，Dはネズミである。

(3)　環境の温度が変化しても，体温をほぼ一定に保つしくみをもつ動物を**恒温動物**，環境の温度の変化にともなって体温も変動する動物を**変温動物**という。恒温動物にあたるのは鳥類とホニュウ類で，Cは鳥類のハトである。殻がある卵を陸上にうむC，Eはハチュウ類または鳥類なので，Eはハチュウ類のヘビである。

(4)　からだの表面がうろこでおおわれている動物は，魚類とハチュウ類である。

(5)　両生類の幼生は水中で生活するので主にえらで呼吸し，成体になると陸上でも生活するので肺と皮ふで呼吸する。

(6)　Cは鳥類なのでペンギンかワシ，Eはハチュウ類なのでカメかトカゲがあてはまる。

4　(電解質の電気分解－電離，濃度，気体の性質，イオンの数)

(1)　塩化銅($CuCl_2$)が水に溶けて銅イオン(Cu^{2+})と塩化物イオン(Cl^-)に電離する。

(2)　質量パーセント濃度(%)＝(溶質の質量)(g)÷(溶液の質量)(g)×100より，60.0(cm^3)×1.08

(g/cm³)×10.0÷100＝6.48(g)

(3)　気体の中で最も軽いのは水素。二酸化炭素は石灰水を白くにごらせるので，気体を確認する方法として利用される。酸素はものを燃やすはたらきがあるが，酸素そのものは燃えない。

(4)　陽極では，$2Cl^- \rightarrow Cl_2 + 2e^-$，陰極では，$Cu^{2+} + 2e^- \rightarrow Cu$という電子の受けわたしが行われ，それぞれのイオンが減少していく。

(5)　求める質量をxgとすると，$20:(11\times2)=0.60:x$，$x=0.60\times\frac{22}{20}=0.66$(g)

5　**(力と圧力－垂直抗力，圧力，浮力)**

(1)　ア　面が物体におされたとき，その力に逆らって面が物体をおし返す力を**垂直抗力**という。
イ　直方体がスポンジに加える力の大きさは，どの面を下にしても等しい。スポンジに加える**圧力**の大きさは，スポンジと接する面積が小さいほど大きく，深くへこむ。　ウ　[圧力](Pa)＝[面を垂直におす力](N)÷[力がはたらく面積](m²)より，5.4(N)÷15(cm²)×10000＝3600(Pa)

(2)　ア　物体が水中で上向きに受ける力を**浮力**という。540gの物体にはたらく**重力**の大きさは5.4Nなので，浮力の大きさは，5.40－4.90＝0.50(N)　イ　物体の水中にある部分の体積が増すほど，物体にはたらく浮力は大きくなる。

6　**(地層の重なり－堆積岩，火山噴出物，化石，柱状図)**

(1)　石灰岩の主な成分は炭酸カルシウムで，うすい塩酸に溶けて二酸化炭素を発生する。同じように生物が堆積してできた**堆積岩**であるチャートの主な成分はケイ酸で，ひじょうにかたく，うすい塩酸には溶けない。

(2)　**火山噴出物**が広い範囲に降り積もって固まってできた岩石が凝灰岩で，その層は離れた場所の地層の対比に役立つ。

(3)　**示準化石**の条件としては，次のようなことがあげられる。①種としての寿命が短く，ある特定の時代の地層にだけ含まれること。②広い地域で分布していること。③個体数が多く，発見されやすいこと。

(4)　ア　凝灰岩の上面は，地点A，Bでそれぞれ57mなので，地点Cでの凝灰岩の上面の標高が57mにあたる。57＋6＝63(m)　イ　地点A，Bの柱状図を凝灰岩の標高を合わせて重ね，地点Aの5mの深さから地点Bの8mの深さまでを示す。

＜社会解答＞

1　(1)　ア　ユーラシア(大陸)　イ　3　(2)　4　(3)　ア　環太平洋造山帯
イ　スペイン　ウ　(例)〔カナダ，アメリカ，メキシコの3か国は，〕貿易協定を結び，経済の面で結び付きを強めている。

2　(1)　ア　リアス海岸　イ　対馬海流　ウ　2　(2)　d　(3)　A　堺　B　工芸品
(4)　1

3　(1)　古墳[前方後円墳]　(2)　ア　3　イ　藤原道長　(3)　1　(4)　(例)支配者としての地位　(5)　2→3→1　(6)　参勤交代

4　(1)　3　(2)　ポーツマス条約　(3)　ア　ニューディール[新規まき直し]　イ　2
(4)　八幡製鉄所　(5)　4　(6)　(例)地主が持つ小作地を政府が強制的に買い上げて，小作人に安く売りわたした。

5 (1) 衆議院の優越 (2) 1 (3) 4 (4) a, b, d, g (5) 内閣総理大臣[首相]
(6) (例)主権者である国民が直接選んだ国会議員

6 (1) 利潤[利益] (2) 消費者庁 (3) ア 2 イ 証券取引所 (4) 3
(5) (例)大規模小売業者は，商品を生産者から直接仕入れることで，流通費用の削減を図ろうとしているから。

7 (1) 1 (2) PKO (3) 教育 (4) 4 (5) 南アフリカ共和国[南アフリカ]

<社会解説>

1 (地理的分野―世界地理－地形・貿易・人々のくらし)

(1) ア 世界の**六大陸**とは，ユーラシア大陸・アフリカ大陸・北アメリカ大陸・南アメリカ大陸・オーストラリア大陸・南極大陸の6つの大陸を指す。Xは，**ユーラシア大陸**である。 イ この地図では**経線**は15度ごとにひかれており，イギリスを通る西経0度の**本初子午線**から数えれば，西経60度になる。緯度0度の緯線を**赤道**という。赤道は，インドネシア・南アメリカ大陸北部・アフリカ大陸中央部を通る。この地図では緯線は15度ごとにひかれている。○地点は赤道よりも緯線2本分南にあり，南緯30度である。

(2) a国は中国である。中国の輸出品は，電気電子製品等の機械類，衣類が1位，2位を占める。

(3) ア 太平洋を環状にとりまく，中生代以後の新しい造山帯を**環太平洋造山帯**という。アンデス山脈・ロッキー山脈・アリューシャン列島・日本列島・フィリピン諸島・ニューギニア島を経て，ニュージーランドの諸島につながる。なお，**アルプス－ヒマラヤ造山帯**と合わせて，**世界の2大造山帯**という。 イ メキシコなど中南米・カリブ海地域の出身者やその子孫で，**スペイン語**を母国語とし，米国に居住する人々を**ヒスパニック**といい，メキシコとの国境付近を中心に分布している。 ウ カナダ，アメリカ，メキシコの3か国は**北米自由貿易協定**(North American Free Trade Agreement, **NAFTA**)を結び，関税の引き下げに始まり，金融・投資の自由化などを取り決め，締結国間での貿易障壁を取り除き，経済の面で結び付きを強めている。以上を簡潔にまとめる。

2 (地理的分野―日本地理－地形・農林水産業・工業)

(1) ア 起伏の多い山地が，海面上昇や地盤沈下によって海に沈み形成された，海岸線が複雑に入り組んで，多数の島が見られる地形を**リアス海岸**という。日本では，東北地方の**三陸海岸**や，問題の三重県にある**志摩半島**が代表的である。 イ **対馬海流**は，**日本海流(黒潮)**の一部が対馬海峡から日本海に入り，日本列島の沿岸を北に向かって流れる**暖流**である。 ウ 主に奈良県中南部の吉野林業地帯が産地の杉を吉野すぎという。屋久すぎは鹿児島県の屋久島を，越後すぎは新潟県を，秋田すぎは秋田県を産地とするすぎである。

(2) 資料1の写真の**天橋立**は，京都府北部の日本海に面した丹後地方の宮津湾にある。**陸奥の松島・安芸の宮島**とともに**日本三景**の一つである。

(3) A 16世紀半ばに伝来した**鉄砲**は，戦国時代後期となると，和泉の**堺**・近江の**国友**・紀伊の**根来**(ねごろ)など，日本各地で生産されるようになった。和泉の堺は，現在の大阪府堺市であり，古くから鉄を加工する鉄製道具が生産されてきた。 B 1974年に制定された「伝統的工芸品産業の振興に関する法律」による指定工芸品を，**伝統的工芸品**という。主として日常生活に使われるもの，製造過程の主な部分が手工業的・伝統的な技術技法によるものが指定される。

(4) **国宝・重要文化財**の指定件数が最も多いのは京都府，次に多いのは奈良県であり，2が京都

府であり，3が奈良県である。(なお，国宝は，重要文化財の中から選ばれるので，その数は重要文化財の数の中に含まれる。)**工業生産額**では，大阪府が全国第3位で，兵庫県が全国第5位なので，4府県のうちでは，最も多い4が大阪府，次に多い1が兵庫県となる。

3 (歴史的分野―日本史時代別－古墳時代から平安時代・鎌倉時代から室町時代・安土桃山時代から江戸時代，―日本史テーマ別－政治史・文化史・外交史)

(1) 3世紀半ばから7世紀半ばにかけて築造された，土を高く盛った古代の墓のことを**古墳**という。**大王**や**豪族**など身分の高い人や権力者の墓として築造された。3世紀から見られた古墳の形状は，**前方後円墳**である。4世紀から5世紀には，大和地方で前方後円墳は巨大化し，一方で，各地にも前方後円墳の分布が広がった。前方後円墳でも正答とされる。

(2) ア 1は飛鳥時代の仏教に関する説明である。2は奈良時代の仏教に関する説明である。4は鎌倉時代の仏教に関する説明である。3が**摂関政治**の時代の仏教に関する説明である。平安時代中期は**末法思想**の流行から，**浄土信仰**が発展した。**念仏**を唱え**阿弥陀如来**にすがり，**極楽浄土**に**往生**しようとするのが，浄土信仰である。　イ この歌を詠んだのは，**藤原道長**である。道長は，4人の娘を天皇のきさきとして**摂政**の位についたが，望月の歌は，道長の三女威子が後一条天皇の中宮になった日に宴席で詠まれた。

(3) **室町幕府**の3代将軍である**足利義満**は，**南北朝**を統一した後，1397年に**金閣**を建立した。写真の1である。金閣は1950年に放火により焼失し，現在の金閣は再建されたものである。

(4) **明**は，各方面の国に対して朝貢を求め，貢ぎ物を差し出させる代わりに，その国の支配者として認める外交を行った。明の皇帝に対して朝貢貿易を行い，明の皇帝から**日本国王**として認められたのが，室町幕府の3代将軍の**足利義満**である。この貿易にあたっては，勘合符が用いられたため**勘合貿易**といわれる。

(5) 1 **異国船打払令**が出されたのは，11代将軍**徳川家斉**の時のことである。　2 **生類憐みの令**が出されたのは，5代将軍**徳川綱吉**の時のことである。　3 公事方御定書(くじかたおさだめがき)が出されたのは，8代将軍徳川吉宗の時のことである。したがって，年代の古い順に並べると，2→3→1の順となる。

(6) 大名が江戸と領地を往復することはすでに習慣化していたが，3代将軍**徳川家光**によって1635年に出された**武家諸法度**の**寛永令**により，初めて明文化された。この制度を，**参勤交代**という。

4 (歴史的分野―日本史時代別－明治時代から現代，―日本史テーマ別－政治史・経済史・外交史・法律史，―世界史－政治史)

(1) **日清戦争**後の産業革命で軽工業が発達し，輸入した綿花を綿糸に加工する**紡績業**の生産が飛躍的に伸びたため，1890年代の半ばから輸出が輸入を上回るようになった。3が正しい。

(2) **ポーツマス条約**は，アメリカ合衆国のセオドア・ルーズベルト大統領の仲介で，日本全権**小村寿太郎**，ロシア全権セルゲイ・ウィッテの間で締結された。ポーツマス条約によって日本が手に入れたのは，**韓国**における**日本の優越権**，**樺太**の南半分，**遼東半島**南部の**租借権**などであったが，**賠償金**がなかったために，日本国民の反発を買い，講和に反対する**日比谷焼打ち事件**が起こった。なお，ポーツマスとはアメリカの地名である。

(3) ア **世界恐慌**に対する政策として，フランクリン・ルーズベルト大統領が行ったのが，**ニューディール政策**である。ニューディール政策では，テネシー川流域においてダム建設などの**公共事業**を行い，失業者を大量に雇用するなど，政府が積極的に経済に関わった。ニューディールと

は，新規まき直しの意味である。　イ　世界恐慌は，1929年に起こった。1の**二・二六事件**が起こったのは，1936年である。3の関東軍が**柳条湖事件**を起こしたのは，1931年である。4の**国家総動員法**が制定されたのは，1938年である。1・3・4のどれも世界恐慌よりも後のできごとである。世界恐慌よりも前のできごとは，2である。**シベリア出兵**を機に起こった**米騒動**の鎮圧に，軍隊を利用した責任をとって**寺内正毅内閣**が退陣し，**政友会**の**原敬**による**本格的政党内閣**が成立したのは，1918年のできごとである。

(4) **日清戦争**後には，特に**鉄鋼**の需要が増え，**軍備増強**および産業資材用鉄鋼の生産増大をはかるためにつくられたのが，**八幡製鉄所**である。日清戦争の**賠償金**の一部が建設費に用いられ，1901年に操業開始した。

(5) **財閥解体・農地改革**などが，GHQの指令で行われたのは，戦後の**民主化政策**の一環である。

(6) GHQの農村の民主化の指令により，**地主**制の解体を目的とする農地改革が行われた。具体的には，政府が地主の持つ耕地を強制的に買い上げて，**小作人**に安く売りわたすことが行われた。これにより，グラフに見られるように，**自作農**の割合が飛躍的に増えた。

5 (公民的分野―国の政治の仕組み・憲法の原理)

(1) **日本国憲法**では，法律案の議決・予算案の議決・条約の承認・内閣総理大臣の指名等について**衆議院の優越**が定められている。衆議院の優越の理由としては，参議院が6年任期なのに対して，衆議院は**4年**と**任期**が短く，**解散**もあるため選挙も頻繁になり，その時点での国民の意思をより直接に反映する機関であるからと考えられている。

(2) 毎年1回1月中に召集されるのが，**常会(通常国会)**である。常会では，次年度の国の予算やこの予算を実行するのに必要な法律案などを審議する。常会の会期は，**150日間**と定められている。内閣が必要と認めたとき，または衆参いずれかの議院の総議員の4分の1以上の要求があったときに，臨時に召集されるのが，**臨時会(臨時国会)**である。補正予算や外交といった，国政において緊急を要する議事を審議する。**衆議院**が**解散**したあとの**総選挙**の日から30日以内に召集され，内閣総理大臣の指名などを行うのが，**特別会(特別国会)**である。

(3) 日本国憲法第41条に「国会は，**国権の最高機関**であって，国の**唯一の立法機関**である。」と明記されており，国会以外の機関が法律を制定することはない。

(4) **比例代表選挙**において採用されている**ドント式**では，各政党の**総得票数**を，それぞれ1，2，3，4…と自然数で割っていき，得られた**商の大きい順に議席を配分する方式**をとる。結果は，a，b，d，gが当選となる。

(5) **衆議院**が解散したあとの**総選挙**の日から30日以内に召集される**特別会**では，**内閣総理大臣**の指名が行われる。**首相**と答えてもよい。

(6) **主権者**が**国民**であることを明記し，その国民が**選挙**によって直接選んだ**国会議員**によって構成されるので，憲法に記されているとおり「国会は，**国権の最高機関**」であることを簡潔に記せばよい。

6 (公民的分野―経済一般・消費生活)

(1) **企業**において，総収益から賃金・地代・利子・原材料費などのすべての費用を差し引いた残りの金額を**利潤**という。利潤を追求するのが，企業の本来的目的であるが，現代では企業は利潤の追求だけでなく，従業員・消費者・地域社会・環境などに配慮した企業活動を行うべきとする考え方が打ち出され，それを**企業の社会的責任(CSR)**という。

(2) 消費者保護，安全の確保，消費者啓発を目的として，消費者行政に関する施策や，消費者問

題に関する注意喚起を行う機関として，2009年に設置されたのが，**消費者庁**である。

(3)　ア　**株式会社**において「経営方針」「決算」「役員人事」「配当金」などの重要事項を審議し，決定する最高意思決定機関が**株主総会**であり，株主総会で**経営者を交代**させることができる。
イ　**株式**や債券などの売買取引を行ない，大量の株式や債券の需要と供給を調整して，公平な市場価格の形成をし，適正な流通を図る役割を果たしている施設が，**証券取引所**である。**東京証券取引所**は，日本最大の証券取引所で，略して**東証**と呼ばれる。

(4)　資料1のグラフ中の○部分は，**好景気**に向かうところである。　1　好景気の時には商品は順調に売れており，企業は生産を増やす。　2　好景気の時には企業は雇用を拡大し，失業者が減少する。　4　好景気の時には供給量が減ると，需要量との均衡が崩れてくる。1・2・4のどれも好景気の時の説明ではなく，**不景気**の時の説明であり，3が正しい。好景気の時に需要量が供給量を上回ると，**インフレーション**が発生する。

(5)　**大規模小売業者**が**生産者**から直接仕入れることで，出荷業者や集荷業者，卸売業者や仲卸業者を通さず，**流通費用の削減**を図ろうとしているから，という趣旨のことが書ければよい。

7　**(歴史的分野―日本史時代別－明治時代から現代，―日本史テーマ別－外交史，地理的分野―世界地理－気候・人々のくらし，公民的分野―国際社会との関わり)**

(1)　2の**日ソ共同宣言**は，1956年に**鳩山一郎**首相が行ったことである。3の**サンフランシスコ平和条約**の調印は，1951年に**吉田茂**首相が行ったことである。4の**日中共同声明**は，1972年に**田中角栄**首相が行ったことである。2・3・4のどれも，ほかの首相の行ったことである。1が正しい。**佐藤栄作**首相は，**沖縄**の日本への復帰を実現した。佐藤栄作首相は，**非核三原則**を打ち出したことでも有名である。

(2)　地域紛争で停戦を維持したり，紛争拡大を防止したり，公正な選挙を確保するなどのための活動が，**国際連合**の**PKO(平和維持活動)**である。日本は，1992年に**国際平和協力法**が成立し，以来この活動に参加している。

(3)　パキスタンでタリバン勢力に銃撃されて頭部に重傷を負った**マララ・ユスフザイ**は，紛争下にある女性・子どもに**教育の機会**を与えようと，2013年に**国連総会**で演説した。マララ・ユスフザイは，2014年に17歳で**ノーベル平和賞**を受賞した。

(4)　**ミャンマー**の首都である**ヤンゴン**は，**赤道**に近いため，**雨温図**に見られるように年平均気温が高く，**雨季と乾季**があり，気候帯としては**熱帯**に属する。

(5)　1990年代まで**「アパルトヘイト」**と呼ばれる**人種隔離政策**が行われていた国は，**南アフリカ共和国**である。そこでは，異なる人種間での結婚が禁止されたり，居住区域が制限されたりしていた。1994年に，同国初の黒人大統領**ネルソン・マンデラ**によって，アパルトヘイトは廃止された。

＜国語解答＞

1　(1)　通学路の清掃　(2)　明るい気持ちになってもらう　(3)　(例)おはようで活気あふれるスタートだ　(4)　4

2　(1)　ア　たんせい　イ　もうら　ウ　ちゅうぞう　エ　うなが　オ　もう　カ　順序　キ　簡潔　ク　穀倉　ケ　臨　コ　音　(2)　ア　1　イ　2

3　(1)　いわせぬ　(2)　3　(3)　(例)さっと立ち走って，酒や水を振りかける

4 (1) 4　(2) (例)「実用的」ということから離れて,「よむ」　(3) 1
(4) A 自分のリストにはない語　B 自分の言語生活で出会える日本語
(5) (例)自身の使い方と他者の使い方を照合すると異なる使い方をしている

5 (1) 4　(2) 形の上でだけ競う　(3) 3　(4) A やめて正解　B (例)自分の居場所がなくなる心細さ　(5) (例)子どもたちにはっきり気づかないようにした,卑怯な様子　(6) 2

6 (例) Aは過去や未来を無視して現在だけに注目する生き方,Bは過去・現在・未来をどれも大切にしようとする生き方である。
　時間はつながっているから,過去や未来を完全に切り離すことはできない。確かに過去にこだわり過ぎたり,未来のことばかり考えたりして現在をおろそかにするのはよくないと思う。しかし,私は「今日」をしっかり生きるためにも,Bのように過去の経験や未来への希望を大切にしていきたい。

<国語解説>

1 **(聞き取り―内容吟味)**

(1) 工藤さんは,今年度の環境委員会の取り組みとして,**「通学路の清掃」**と「花壇整備」の2つを挙げている。

(2) 工藤さんは,花壇整備の目的を「花を見た人に**明るい気持ちになってもらう**ため」と説明している。

(3) 吉田さんは,生活委員会の目標を「元気な挨拶で活気あふれる学校にすること」と説明しており,挨拶運動の改善に取り組もうとしているので,「おはよう」を使って目標に合った標語を考える。解答例は**「おはようで活気あふれるスタートだ」**だが,この通りでなくても「おはよう」を使った標語として適切な内容であれば正解とされた。

(4) 1は,工藤さんは「問題点を何度も強調」していないので不適切。2は,吉田さんは丁寧語で話しており「ふだんの会話のような親しげな話し方」をしていないので誤り。3は,「過去の体験」について吉田さんは話しているが,工藤さんは話していないので誤り。4は,工藤さんは「皆さん,～頑張りましょう」,吉田さんは「皆さん～つくっていきましょう」と**発表の最後に呼びかけの言葉を入れている**ので,適切な説明である。

2 **(知識―漢字の読み書き)**

(1) ア 「**丹精**こめて」は,真心をこめてという意味。　イ 「**網羅**」は,残らず集めること。　ウ 「**鋳造**」は,金属を溶かして型に流し込んでつくること。　エ 「**促**」の音読みは「ソク」で,「促進」「催促」などの熟語を作る。　オ 「**詣でる**」は,寺や神社に行っておまいりすること。　カ 「**順序**」の「順」の左側の形は「川」。　キ 「**簡潔**」は,手短に要領よくまとまっていること。　ク 「**穀倉地帯**」は,米や麦がたくさんとれる地域を指す。　ケ 「**臨**」の音読みは「リン」で,「臨時」「臨機応変」などの熟語を作る。　コ 「**音**をあげる」は,「もうだめだ」と言って降参すること。

(2) ア 「月の満ち**欠け**」は,月が丸くなったり細くなったりすること。　イ 「**事項**」は,一つ一つのことがら。同音異義の「時効」などと間違えないこと。

3 **(古文―内容吟味,仮名遣い)**

〈口語訳〉 陰陽師のところにいる子どもは，すばらしく物を知っている。(陰陽師が)祓などをしに出かけると，祭文などを読むのを，他の人はただ聞いているだけだが，さっと立ち走って，「酒，水を振りかけなさい」とも言わないのに，それをしてまわる様子が，やるべきことをわきまえ，少しも主人に物を言わせないのが，うらやましいことだ。こういう気のきく者を使いたいものだ，と思われる。

(1) 語頭にない「**は**」を「**わ**」に書き改めて「**いわせぬ**」とする。

(2) 物を知っているのは「陰陽師のもとなる**小童**」なので，傍線部㋐「知りたれ」の主語は「小童」。傍線部㋑を含む文は主語が省略されているが，祭文を読むのは「**陰陽師**」である。したがって，3が正解。

(3) 設問に「『小童』の具体的な様子」とあるので，「**ちうとたち走りて『酒，水，いかけさせよ』ともいはぬに，しありく**」をもとに現代語で書く。「いはぬに」の部分は「指示されなくても」と説明されているので，その部分を除き，字数制限に注意して「**さっと立ち走って，酒や水を振りかける**」(18字)などと書く。

4 **(論説文―内容吟味，文脈把握，品詞・用法)**

(1) 「調べるために」の「に」は**格助詞**。1「夏なのに」は接続助詞「のに」の一部，2「さわやかに」は形容動詞の連用形の活用語尾，3「すでに」は副詞の一部，4「見に」は格助詞なので，4が正解。

(2) 空欄の前の「余裕」という語句に着目して本文を見ると，第1段落の最後に「その『余裕』の気分は**『実用的』ということからは少し離れていて『よむ』**という側に少しちかい」とあるので，この部分をもとに字数制限に注意して書く。「 」や句読点も字数として数えること。

(3) **適切でないもの**を選ぶことに注意する。第2段落と照合すると，1は「**『よむ』は～AといえばB，BといえばCというわけにはいかない」と合わない**ので，適切でないものである。2は「『ああでもないこうでもない』というプロセスをともなう」，3は「『よむ』は『考える』ということとセットになっている」，4は「それなりの時間がかかる」と合致するので，いずれも適切な内容である。

(4) A 傍線部の「それ」は直前の「**自分のリストにはない語**」を指しているので，この部分を抜き出す。 B 傍線部の文の次の文に「**自分の言語生活で出会える日本語**はたかが知れている」とあるので，ここから抜き出す。

(5) 母語について，誰かが自身の使い方と異なる使い方をしているのをみたとき，「間違っている」と否定するだけなら照らし合わせに意義はない。**自身の使い方と他者の使い方を照合して異なる使い方をしている**と感じたとき，どちらが正しいかを判断するのではなく，「ここは同じ」「この点は違う」などと具体的に知ることができるから意義があるのである。後の語句につながるように30字以内でまとめること。

5 **(小説―情景・心情，内容吟味，文脈把握，脱文・脱語補充，品詞・用法)**

(1) 1 「言っ」は**四段活用**動詞「言う」の連用形， 2 「差し込む」は**四段活用**動詞「差し込む」の終止形， 3 「そらさ」は**四段活用**動詞「そらす」の未然形， 4 「務め」は**下一段活用**動詞「務める」の連用形なので，活用の種類が他と異なるのは4である。

(2) 空欄の後の「バカらしい」という語句に注目して本文を見ると，傍線部㋐の少し前に「**形の上でだけ競う**。そんなのはバカらしすぎる」とあるので，この部分から抜き出す。

(3) 生徒会は「選んでくださった人の意志を尊重する」という役割を求められているが，「先生

の思惑」と「生徒の願望」を両方満たすことはできないし，「がんばる」ことで得られるはずの「報われる」もない。「二つのことのつじつまが合わず，同時に成立しないこと」という意味の3「**矛盾**」が入る。

(4)　A　本文の空欄を含む段落の最後の文に「1年で**やめて正解**だ。」とあるので，ここから抜き出す。　B 「でも，これからは」で始まる段落の「なんだか**居場所がない**感じがする。こんなに**心細い**のは～」という部分をもとに，15字以内で前後につながるように書く。

(5)　「華」の行動は「横目で見ながらもスルーすることにした」「視線をそらして，はっきり**気づかないようにした**」と書かれており，「華」がその行動を「我ながら**卑怯**だった」と考えている様子が読み取れるので，この部分をもとに30字以内で前後につながるように書く。

(6)　1は，「大きな身振りや手振り」が本文に書かれていないし，「華」が「ふだんは冷静」であることは本文から読み取れないので不適切。2は，本文は生徒会室を出てからの**現在の場面**と，生徒会の事務局員になってからのことや小学校低学年の頃のことを**回想する場面**が描かれており，それが「華」の**不安定**な心情を強調しているので，適切な説明である。3は，本文には「『華』と『女性』が会話を交わす場面」は描かれていないので誤り。4は，「最後まで厳しく質問を続ける」が誤り。「女性」は，最後の場面で第一発見者の子たちをほめている。

6　**(作文)**

(1)～(3)の条件を満たすこと。題名は書かず，**二段落構成**で第一段落にAとBの「生き方」の違いについて**気づいたこと**を書き，第二段落にそのことをふまえた**自分の意見**を書く。制限字数は，両方合わせて150～200字である。解答例は，第一段落にAとBの過去・現在・未来についての捉え方の違いを書き，第二段落にそれをふまえた意見を書いている。

書き始めや段落の初めは1字空けるなど，原稿用紙の使い方にも注意する。書き終わったら必ず読み返して，**誤字・脱字**や表現のおかしなところは書き改める。

青森県公立高等学校

2020年度

★★★★★★★★★★★★★★★★★★★★★★★

入　試　問　題

2020年度

●くわしい解説 …… 39ページ

＜数学＞

時間　45分　　満点　100点

1　次の(1)～(8)に答えなさい。(43点)

(1) 次のア～オを計算しなさい。

ア　$-5\quad(-7)$

イ　$\left(\frac{1}{4}-\frac{2}{3}\right)\times 12$

ウ　$4x\times\frac{2}{5}xy\div 2x^2$

エ　$(-2a+3)(2a+3)+9$

オ　$\sqrt{24}\div\sqrt{8}-\sqrt{12}$

(2) 次の数量の関係を等式で表しなさい。
100円硬貨が a 枚，50円硬貨が b 枚あり，これらをすべて10円硬貨に両替(りょうがえ)すると c 枚になる。

(3) 150を素因数分解しなさい。

(4) 次の連立方程式を解きなさい。

$$\begin{cases} y=4(x+2) \\ 6x-y=-10 \end{cases}$$

(5) 関数 $y=\frac{a}{x}$ について述べた文として**適切でないもの**を，次の**ア**～**エ**の中から１つ選び，その記号を書きなさい。ただし，比例定数 a は負の数とし，$x=0$ のときは考えないものとする。

ア　この関数のグラフは２つのなめらかな曲線になる。

イ　x の変域が $x<0$ のとき，y は正の値をとり，x の値が増加すると y の値も増加する。

ウ　対応する x と y の値について，積 xy は一定で a に等しい。

エ　この関数のグラフは $x>0$ の範囲で，x の値を大きくしていくと x 軸に近づき，いずれ x 軸と交わる。

(6) 箱の中に同じ大きさの白玉がたくさん入っている。そこに同じ大きさの黒玉を100個入れてよくかき混ぜた後，その中から34個の玉を無作為に取り出したところ，黒玉が４個入っていた。この結果から，箱の中にはおよそ何個の白玉が入っていると考えられるか，求めなさい。

(7) 右の図で，$\ell // m$，AB=AC のとき，$\angle x$ の大きさを求めなさい。

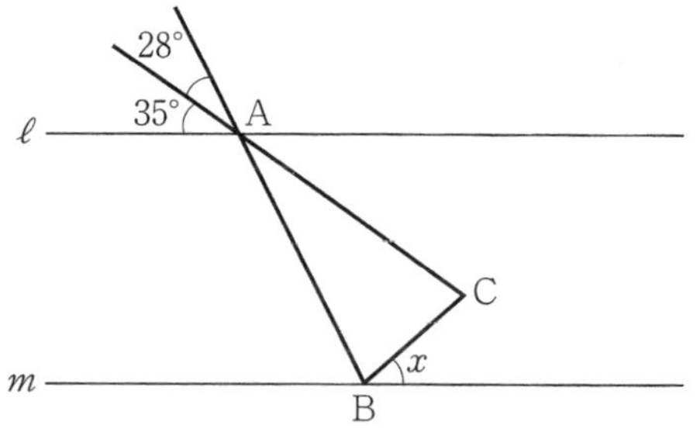

(8)　右の図の立体は，半径6㎝の球を中心Oを通る平面で切った半球である。この半球の表面積を求めなさい。

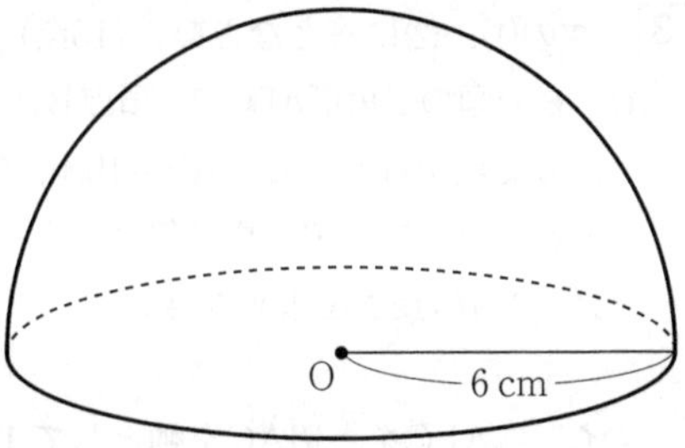

2　次の(1)，(2)に答えなさい。(15点)

(1)　異なる4つの自然数を小さい順に a，b，c，d とし，図1のように並べたとき，ab，cd，ac，bd の和を p とした。

次の文章は，p の値について考えているレンさんとメイさんの会話である。ア ～ オ にあてはまる数を求めなさい。

a	b
c	d

図1

1	5
6	11

図2

2	3
7	d

図3

3	b
c	9

図4

レン：たとえば，図2のように，$a=1$，$b=5$，$c=6$，$d=11$ のときは

$$p=ab+cd+ac+bd$$
$$=1\times5+6\times11+1\times6+5\times11$$
$$=132$$

になるね。では，図3のように，$a=2$，$b=3$，$c=7$ で $p=150$ となるとき，d の値はいくらになるかな？

メイ：方程式をつくって，それを解くと $d=$ ア になるよ。

レン：では，図4のように，$a=3$，$d=9$ で $p=168$ となるとき，b と c の値はいくらになるかな？

メイ：同じ考え方で方程式をつくると，イ $(b+c)=168$ となり，$b+c=$ ウ になるよね。

条件を満たすのは，$b=$ エ ，$c=$ オ だということがわかったよ。

(2)　右の図は，円周の長さが8㎝である円Oで，その円周上には円周を8等分した点がある。点Aはそのうちの1つであり，点P，Qは，点Aを出発点として次の［**操作**］にしたがって円周上を移動させた点である。

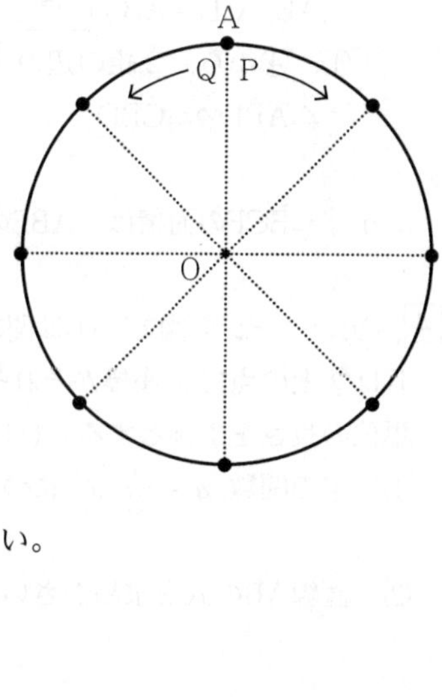

> ［**操作**］
> 大小2つのさいころを同時に投げ，大きいさいころの出た目の数を x，小さいさいころの出た目の数を y とする。点Pは時計回りに x ㎝，点Qは反時計回りに y ㎝それぞれ点Aから移動させる。

ア　$x=4$，$y=2$ となるとき，∠PAQの大きさを求めなさい。

イ　∠PAQ＝90° となる確率を求めなさい。

3 次の(1)，(2)に答えなさい。(16点)

(1) 右の図の三角形ABCで，頂点Bから辺ACに垂線をひき，辺ACとの交点をHとする。AB＝10cm，CH＝6cm，∠BCH＝45° とするとき，次のア～ウに答えなさい。

ア　AHの長さを求めなさい。

イ　△ABCを，辺ACを軸として1回転させてできる立体の体積を求めなさい。

ウ　△ABHを，辺AHを軸として1回転させると円すいができる。この円すいの展開図をかいたとき，側面になるおうぎ形の中心角を求めなさい。

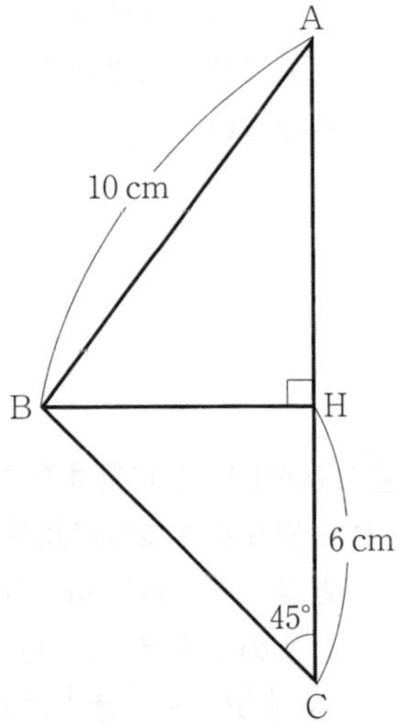

(2) 下の図は，AB＝$\sqrt{3}$cm，BC＝3cm の平行四辺形ABCDである。辺AD上に AE＝1cm となる点Eをとり，線分BDと線分CEの交点をFとするとき，次のア，イに答えなさい。

ア　△ABEと△CBDが相似になることを次のように証明した。[あ] には角，[い] には数，[う] には辺，[え] にはことばをそれぞれ入れなさい。

[証明]

△ABEと△CBDについて

仮定より

∠BAE＝ [あ]　……①

また

AE：CD＝1：[い]　……②

AB：[う]＝$\sqrt{3}$：3

＝1：[い]　……③

②，③から

AE：CD＝AB：[う]　……④

①，④から，2組の辺の [え] とその間の角がそれぞれ等しいので

△ABE∽△CBD

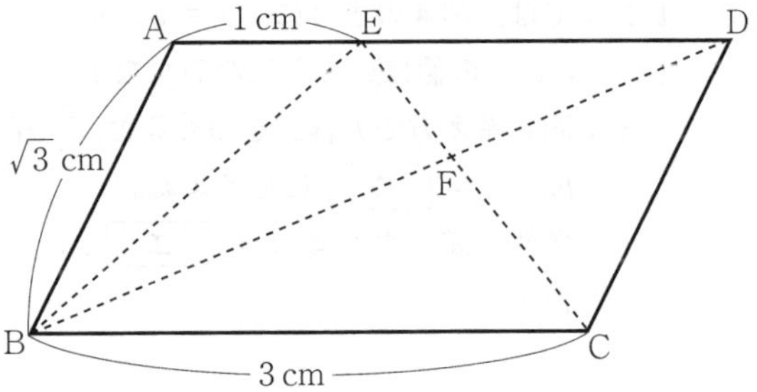

イ　△BCFの面積は△ABEの面積の何倍か，求めなさい。

4 次のページの図で，①は関数 $y=\frac{1}{3}x^2$，②は関数 $y=-\frac{1}{2}x^2$ のグラフである。2点A，Bは②上の点で x 座標がそれぞれ－4，2である。次の(1)～(3)に答えなさい。ただし，座標軸の単位の長さを1cmとする。(11点)

(1) ①の関数 $y=\frac{1}{3}x^2$ について，x の変域が $-3 \leqq x \leqq 1$ のとき，y の変域を求めなさい。

(2) 直線ABの式を求めなさい。

(3)　①上に x 座標が正である点Pをとる。また，点Pを通り，x 軸と平行な直線を引いたとき，y 軸との交点をCとする。点Pの x 座標を t としたとき，次のア，イに答えなさい。

ア　点Pの y 座標を t を用いて表しなさい。

イ　OC+CP=18cm であるとき，点Pの座標を求めなさい。

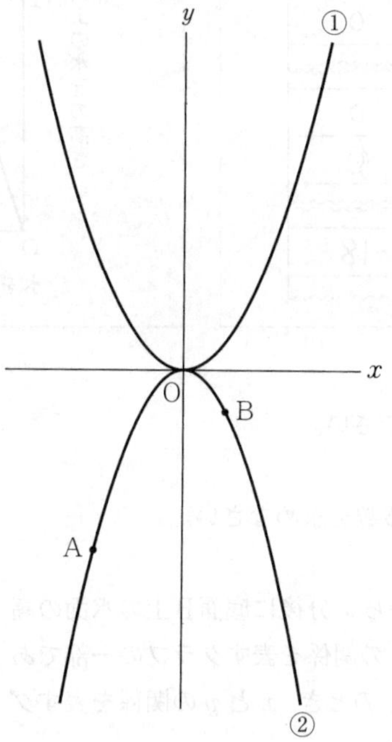

5　図1のように，直方体の形をした水の入っていない水そうが水平に固定されており，水そうの中には PQ=RS=20cm である長方形の仕切り①，②が底面に対して垂直に取り付けられている。それぞれの仕切りの高さは a cmと21cmであり，水面が仕切りの高さまで上昇すると水があふれ出て仕切りのとなり側に入る。図2は，この水そうを真上から見た図であり，仕切りで区切られたそれぞれの底面を左側から順に底面A，B，Cとする。マユさんは底面Aの真上にある給水口から一定の割合で25分間水を入れ続け，それぞれの底面上において水面の高さがどのように変化するか観察した。次のページの図3，図4は，そのようすを記録したノートの一部である。次の(1)～(4)に答えなさい。ただし，水そうや仕切りの厚さは考えないものとする。(15点)

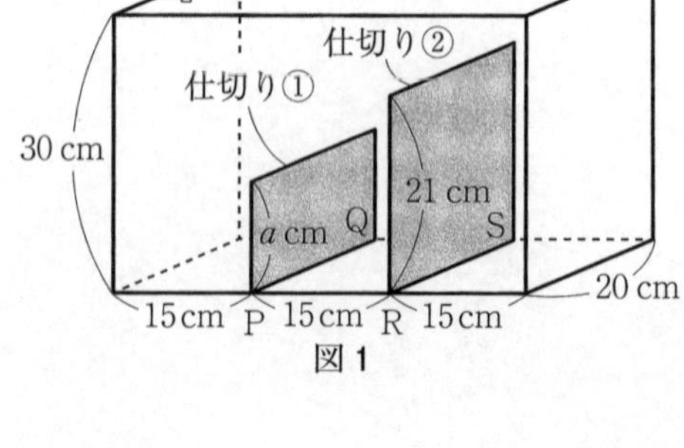

図1

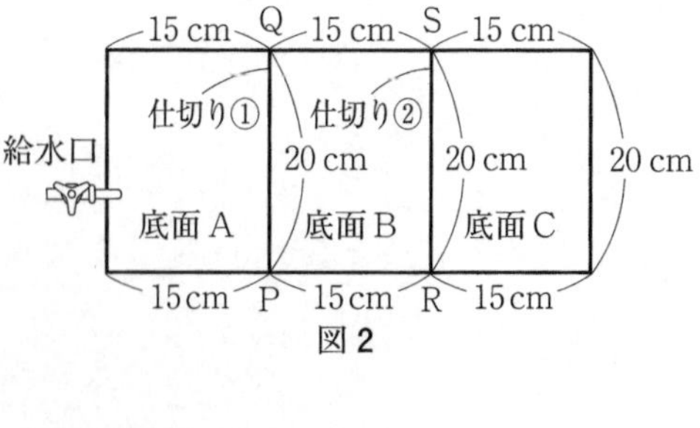

図2

水を入れ始めてからの時間(分)と
底面A，B上の水面の高さ(cm)との関係を記録した表

水を入れ始めてからの時間(分)	底面A上の水面の高さ(cm)	底面B上の水面の高さ(cm)
0	0	0
1	㋐	0
4	12	0
5	12	㋑
㋒	18	18

図3

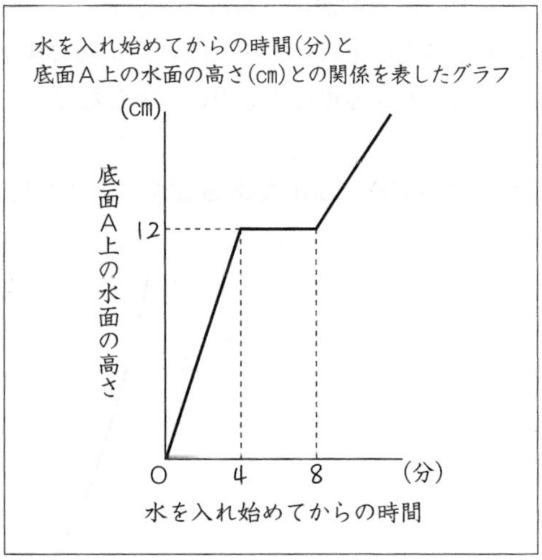

図4

(1)　仕切り①の a の値を求めなさい。

(2)　図3の㋐～㋒にあてはまる数を求めなさい。

(3)　図5は，水を入れ始めてから x 分後に底面B上の水面の高さが y cmとなるとき，x と y の関係を表すグラフの一部である。x の変域が $4 \leqq x \leqq 14$ のとき，x と y の関係を表すグラフを図5にかき加えなさい。

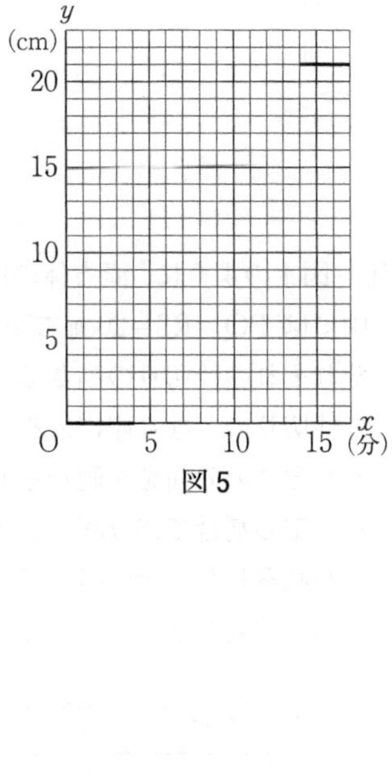

図5

(4)　水を入れ始めてから20分後の，底面C上の水面の高さを求めなさい。

＜英語＞

時間　50分　　満点　100点

1　放送による検査（27点）

(1) ア

1

メアリー へ

あけましておめでとう！

ユカ より

2

ユカ へ

あけましておめでとう！

メアリー より

3

Dear Mary,

Happy New Year !

Yuka

4

Dear Yuka,

Happy New Year !

Mary

イ

1

2
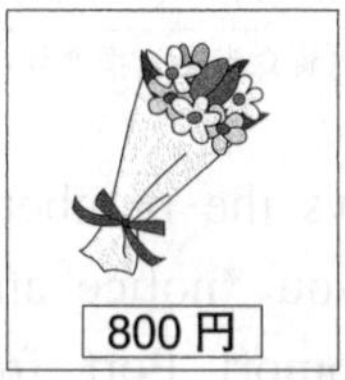

3

4

ウ　1　Here you are.　　2　I hope so.
　　3　You're welcome.　　4　Yes, I do.

(2) ア　1　This Wednesday.　　2　This Friday.
　　3　Next Wednesday.　　4　Next Friday.

イ　1　They can read news about India.
　　2　They can watch a movie.
　　3　They can sing popular songs.
　　4　They can take pictures together.

ウ　1　One.　　2　Two.　　3　Three.　　4　Four.

(3) ア　1　At a station.
　　2　At a convenience store.
　　3　At an airport.
　　4　At a zoo.

イ　1　It is rainy.
　　2　It is sunny.
　　3　It is tomorrow.
　　4　It is warm.

(4) (　　　　　　　　　　　　　　　　　　　　).

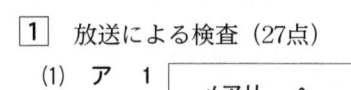

2 次の英文は，オーストラリア出身のALT（外国語指導助手）のポール（Paul）と，青森県に住んでいる高校生のダイゴ（Daigo）の対話の一部です。２人は，青森港（Aomori Port）に来たクルーズ客船（観光旅行用の客船）の数を示したグラフ（graph）の資料を見ながら話をしています。これを読んで，あとの(1)～(3)に答えなさい。＊印の語句には，対話のあとに（注）があります。（14点）

【グラフ】

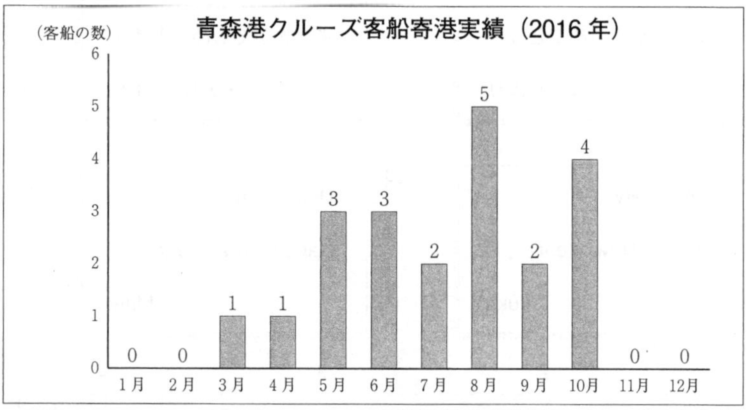

（青森市交流推進課ホームページより作成）

Paul : Look at this graph. This shows the number of *cruise ships that came to Aomori Port in 2016. Do you *notice anything from this graph?

Daigo : Well, cruise ships came to Aomori Port from March to [　　　　].
Five cruise ships came to Aomori Port in August.

Paul : Many festivals are held in summer, so a lot of people came to see them. ア I have (them　I　never　since　seen) came to Aomori. But finally, I can see a festival next week.

Daigo : Wow. That's nice. Let's go to see the festival together. イ By the way, do you (don't　why　have　know　we) cruise ships in winter?

Paul : *Maybe many people don't know about the *good points of winter in Aomori, but I know many good points. ウ I think (can　to enjoy　people　something　find) in winter in Aomori. I hope cruise ships will come to Aomori Port *all year round.

Daigo : I agree. We can use the Internet to give *tourists more *information about the good points of winter in Aomori.

Paul : That's a good idea.

（注） cruise ships　クルーズ客船　　notice ～　～に気づく　　Maybe　たぶん
good points　良い点　　all year round　一年中　　tourists　観光客　　information　情報

(1) [　　] に入る最も適切な英語１語を書きなさい。

(2) 下線部ア～ウについて，文の意味が通るように，（　）内の語句をすべて用いて，正しい順序に並べかえて書きなさい。

⑶ クルーズ客船で青森港に来た外国人観光客に，あなたが住んでいる所について紹介することになりました。下の英文の〔　〕内に，あなたが住んでいる県，地域，市町村などのいずれかについて紹介する文を，英語20語以上で書きなさい。
文の数はいくつでもかまいません。

Hello. I'm <u>あなたの名前</u>. Nice to meet you. 〔　　　　　　　〕 Thank you.

3 次の英文は，高校生のシオリ（Shiori）と，日本の大学に留学しているアメリカ人のケイティ（Katie）との電話での応答の一部です。これを読んで，あとの⑴，⑵に答えなさい。＊印の語句には，応答のあとに（注）があります。(13点)

Katie : Hello. This is Katie.
Shiori : Oh, Katie. This is Shiori. What's up?
Katie : I have some homework about Japanese culture. I'm writing a report about two things which are new to me. I have to finish it today. [ア]
Shiori : Yes, I can. What do you want to know?
Katie : The first thing is about *surgical masks. I often see Japanese people who use surgical masks. You also use them, right? [イ]
Shiori : Because we want to *prevent a cold and don't want to *give a cold to others. Do American people use surgical masks, too?
Katie : No. American people *rarely use them. Some people use them for their jobs. For example, doctors, nurses, and scientists. I don't think that using them is our culture.
Shiori : OK. *I got it. 〔 A 〕 Japanese people think that it's a way to keep good health and good *manners.
Katie : I see. The second thing is about life in Japanese high schools. I hear that Japanese students clean their classrooms. 〔 B 〕
Shiori : Yes, it is.
Katie : Oh. Usually, American students don't clean the classrooms. Tell me about the classrooms at your school. [ウ]
Shiori : After school. We clean them every day.
Katie : That's interesting. I think that I can write a good report. Thank you, Shiori.

（注） surgical masks　マスク　　prevent a cold　風邪(かぜ)を予防する　　give a cold　風邪をうつす
rarely　めったに～ない　　I got it.　分かりました。　　manners　礼儀

⑴ 電話での応答が成立するように，[ア] ～ [ウ] に入る英文をそれぞれ一つ書きなさい。

⑵ 電話での応答が成立するように〔A〕，〔B〕に入る最も適切なものを，次の１～６の中からそれぞれ一つ選び，その番号を書きなさい。

1 Is it the fourth thing?
2 The ideas about using surgical masks are different.

3 Are they thinking about Japanese schools?
4 We should not know about surgical masks.
5 Is it true?
6 You have to write your report.

4 次の英文は，ナナ（Nana）が，英語の授業で行ったスピーチです。これを読んで，あとの(1)～(3)に答えなさい。＊印の語句には，スピーチのあとに（注）があります。(21点)

Today, I'm going to talk about Japanese language, especially for foreign people. Twenty-five years ago, Japan had a *disaster. Many foreign people had a hard time then because they did not understand *warnings and necessary *information in Japanese. Most of the words and *sentences were too difficult for them. Another way was needed to have communication in Japanese. Then, **yasashii nihongo* was made to support foreign people in a disaster.

Yasashii nihongo has rules. I will tell you some of them. You should choose necessary information from *various information sources. You should use easy words and make sentences short. You should not use too many **kanji* when you write Japanese. Is it difficult for you to understand these rules?

These days *yasashii nihongo* begins to spread around you. At some hospitals, doctors use it. Sick foreign people can understand the things which they should do. It is used at some city halls, too. They give information about how to take trains and buses. The information is written in *yasashii nihongo*.

Some people say that the word "*yasashii*" of *yasashii nihongo* means two things. One is "easy" and the other is "kind." When you use it, foreign people around you can live in Japan easily. They will thank you for your kind *actions, too.

Now, you know a lot about *yasashii nihongo*. Let's use it for foreign people. You can do it.

（注）disaster 災害　warnings 警告　information 情報　sentences 文
yasashii nihongo やさしい日本語　various information sources さまざまな情報源
kanji 漢字　actions 行動

(1) 次の文章は，ナナのスピーチに関する同級生のメモです。スピーチの内容と合うように，（ア）～（ウ）に入る最も適切な日本語や数字をそれぞれ書きなさい。

【メモ】

・日本で（　ア　）年前に災害があった。
・「やさしい日本語」の規則によると，私たちはさまざまな情報源から必要な情報を（　イ　）べきだ。
・「やさしい日本語」の「やさしい」には「簡単な」と「（　ウ　）な」の２つの意味があると言う人もいる。

(2) ナナのスピーチの内容と合うように，次の１～３の質問に対する答えをそれぞれ一つの英文で書きなさい。

1 Did many foreign people have a hard time in the disaster?

2 What can sick foreign people understand when doctors use *yasashii nihongo*?

3 What does Nana want her classmates to do?

(3) 次の文章は，ナナのスピーチを聞いたあとで，同級生が彼女に英語で書いた感想です。下線部１，２をそれぞれ一つの英文で書きなさい。

I saw the news about *yasashii nihongo* on TV. We can use it to tell more foreign people about Japan. 1 それは英語と同じくらい大切です。 For example, foreign people may learn some Japanese words before a trip to Japan. 2 もし彼らが知っている単語を見つければ，彼らは幸せでしょう。 I think that they will come again.

5 次の英文は，中学生のアユミ（Ayumi）と彼女の両親が，村が企画した「星とキャンドルの夜」(Night of Stars and Candles) というイベントに参加したときのことについて書かれたものです。これを読んで，あとの(1)～(3)に答えなさい。＊印の語句には，本文のあとに（注）があります。(25点)

One day, Ayumi came home from school after her *club activity. She was surprised to see her father at home. He was reading a newspaper. Ayumi said, "*What's going on? You're always very busy and come home *late." Her father said, "Today, our village has an event called Night of Stars and Candles. In this event, people see beautiful stars and *candlelight at the park and spend the summer night in a *relaxed way. So, I came home early to go there with you and your mom."

Ayumi said, "I want to watch *videos on the Internet after dinner. Can I use your *smart phone at the park?" Her father said, "Sorry, but you can't use it today. I think that we can enjoy the event without it." She didn't feel happy when she heard that. She could not *imagine how to spend the night without *electronic devices. Then, Ayumi's mother said, "You liked to see stars when you were in elementary school. You can see many stars and beautiful candlelight at the park. Let's go there together after dinner." Ayumi started to be interested in the event.

When Ayumi and her parents arrived at the park, many people were already there and talking a lot. There were about five hundred *candles in the park and the candlelight was *bright. Later, the *electric lights of the park were *turned off. The sky and the park were amazing. Everyone *caught their breath. Ayumi saw a lot of stars in the sky. She also saw candlelight around

her in the park. Ayumi said to her parents, "The stars and candlelight are very beautiful. I didn't know that they were very bright like this." Ayumi felt very relaxed.

Her father said to her mother, "I'm happy to have a lot of time with you and Ayumi." Her mother said, "You're right. It's nice to spend the time together." Ayumi said, "I thought that the time with my family was special for me because I spent the time in a different way." Her mother said, "<u>That</u> is a good thing, Ayumi. I want to talk more with you." Many people in the park were smiling when they saw the beautiful stars and candlelight. Ayumi and her parents continued to see the lights and talk for a long time. They thought that the night was so wonderful.

（注） club activity 部活動　What's going on? どうしたの。　late 遅く
candlelight ろうそくの明かり　relaxed くつろいだ　videos 動画
smart phone スマートフォン　imagine 想像する　electronic devices 電子機器
candles ろうそく　bright 輝いている　electric 電気の　turned off 消された
caught their breath 息をのんだ

(1) 本文の内容と合うように，次のア～エの英語に続けるのに最も適切なものを，１～４の中からそれぞれ一つ選び，その番号を書きなさい。

ア Ayumi came home from school and found that
1 her father was already at home.
2 her father was surprised to see her.
3 her father was seeing the candlelight.
4 her father was reading a book.

イ Before Ayumi went to the park with her parents,
1 she wanted to know how to go there.
2 she wanted to visit her elementary school.
3 she began to use candles with them.
4 she began to be interested in the event.

ウ When Ayumi arrived at the park,
1 many people were talking there.
2 her parents didn't come with her.
3 three hundred candles were sold there.
4 the electric lights of the park were turned off.

エ During the event,
1 Ayumi's father lost his smart phone at the park.
2 Ayumi's mother felt that it was good to spend the time with her family.
3 Ayumi and her parents saw the electric lights for a long time.
4 Ayumi was too busy to see the stars.

(2)　次の英文が本文の内容と合うように，（ア）～（ウ）に入る最も適切な語を，下の１～７の中からそれぞれ一つ選び，その番号を書きなさい。

One day, Ayumi （ ア ） an event called Night of Stars and Candles. During the event, Ayumi saw many stars and beautiful candlelight. She was （ イ ） to talk with her parents a lot. Ayumi and her parents had a wonderful （ ウ ） in this event.

1　experience　2　made　3　joined　4　sad　5　walked　6　glad
7　dinner

(3)　下線部 That が表している内容を日本語で書きなさい。

＜理科＞

時間 45分 満点 100点

1 次の(1)～(4)に答えなさい。(20点)

(1) 下の文章は，顕微鏡でミカヅキモを観察したときの操作について述べたものである。次のア，イに答えなさい。

> ミカヅキモを観察するために，池の水を試料としてプレパラートをつくった。視野が最も明るくなるように調節してから，プレパラートをステージにのせ，顕微鏡を ① から見ながら，調節ねじを回して対物レンズとプレパラートをできるだけ ② た。その後，接眼レンズをのぞきながら，調節ねじを回してピントを合わせ，しぼりで明るさを調節して，観察した。

ア ミカヅキモのように，からだが1つの細胞でできている生物を何というか，書きなさい。

イ 文章中の ① ， ② に入る語の組み合わせとして最も適切なものを，次の1～4の中から一つ選び，その番号を書きなさい。

1 ① 横 ② 近づけ　　2 ① 上 ② 近づけ
3 ① 横 ② 遠ざけ　　4 ① 上 ② 遠ざけ

(2) ヒトの目と耳について，次のア，イに答えなさい。

ア 目や耳のように，周囲からの刺激を受け取る器官を何というか，書きなさい。

イ ものが見えたと感じたり，音が聞こえたと感じたりするときの刺激の伝わり方について述べたものとして適切なものを，次の1～4の中から**二つ**選び，その番号を書きなさい。

1 目に入った光は，レンズを通って，網膜の上に像を結ぶ。
2 光の刺激は，網膜から毛細血管を通して脳に伝えられる。
3 耳でとらえた音は，はじめにうずまき管を振動させ，次に耳小骨を振動させる。
4 音の刺激は，振動から電気の信号に変えられ，神経を通して脳に伝えられる。

(3) 地震について，次のア，イに答えなさい。

ア 地震の発生やゆれについて述べたものとして**適切でないもの**を，次の1～4の中から一つ選び，その番号を書きなさい。

1 地震が起こると，P波とS波が発生し，P波はS波よりも伝わる速さが速い。
2 地震が起こると，がけくずれや液状化が起こることがある。
3 地震のゆれの大きさは，マグニチュードで表される。
4 地震のゆれは，地表面では震央を中心にほぼ同心円状にまわりに伝わる。

イ ある地震を地点A～Cで観測した。初期微動継続時間は地点Aが10秒，地点Bが15秒，地点Cが35秒であり，また震源から地点Aまでの距離は70km，震源から地点Cまでの距離は245kmであった。震源から地点Bまでの距離は何kmと考えられるか，求めなさい。ただし，P波とS波はそれぞれ一定の速さで伝わるものとする。

(4) 次のページの図は，地球の北極側から見たときの，地球と月の位置関係および太陽の光を模式的に表したものである。次のア，イに答えなさい。

ア　月のように，惑星のまわりを公転している天体を何というか，書きなさい。

イ　下の文は，月食について述べたものである。文中の ① に入る語句として最も適切なものを，次の１～４の中から一つ選び，その番号を書きなさい。また，② に入る月の位置として最も適切なものを，図のＡ～Ｄの中から一つ選び，その記号を書きなさい。

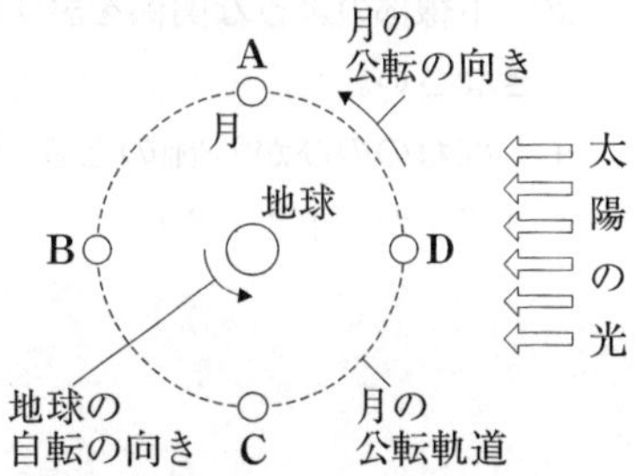

> 月食は，［①］のときに起こることがあり，そのときの月の位置は，図の［②］である。

１　新月　２　上弦の月　３　満月　４　下弦の月

2　次の⑴～⑷に答えなさい。(20点)

⑴　右の図の装置を用いて，酸化銀を加熱して発生した気体を集めた。集めた気体に火のついた線香を入れると，線香が炎を上げて燃えた。加熱した試験管が冷めてから，中に残った白い物質を取り出した。次のア，イに答えなさい。

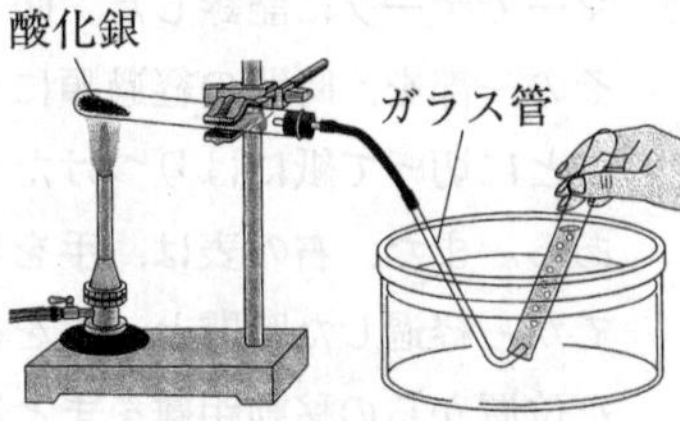

ア　白い物質の性質について述べたものとして適切なものを，次の１～４の中から一つ選び，その番号を書きなさい。

１　電気を通しやすい。　２　水に溶けやすい。

３　燃えやすい。　４　水より密度が小さい。

イ　酸化銀の変化のようすを表した下の化学反応式を完成させなさい。

> $2Ag_2O \rightarrow$ ［　　］ + ［　　］

⑵　うすい塩酸10cm³にうすい水酸化ナトリウム水溶液を16cm³加えてよくかき混ぜたところ，中性になった。次に，この混合液を加熱して水をすべて蒸発させると，塩化ナトリウムが0.24g得られた。次のア，イに答えなさい。

ア　酸性の水溶液とアルカリ性の水溶液を混ぜると，たがいにその性質を打ち消し合う。このような化学変化の名称を書きなさい。

イ　同じうすい塩酸とうすい水酸化ナトリウム水溶液を20cm³ずつ混ぜ合わせた。この混合液を加熱して水をすべて蒸発させたとき，得られる塩化ナトリウムの質量は何gか，求めなさい。

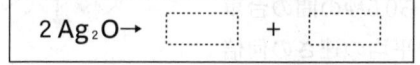

⑶　あるばねにいろいろな質量のおもりをつるして，ばねののびを測定した。次のページの図は，測定した結果をもとに，ばねののびが，ばねに加える力の大きさに比例する関係を表したものである。次のページのア，イに答えなさい。ただし，質量100gの物体にはたらく重力の大きさを１Nとする。

ア　下線部のような関係を表す法則を何というか，書きなさい。

イ　ばねののびが2.8cmのとき，つるしたおもりの質量は何gか，求めなさい。

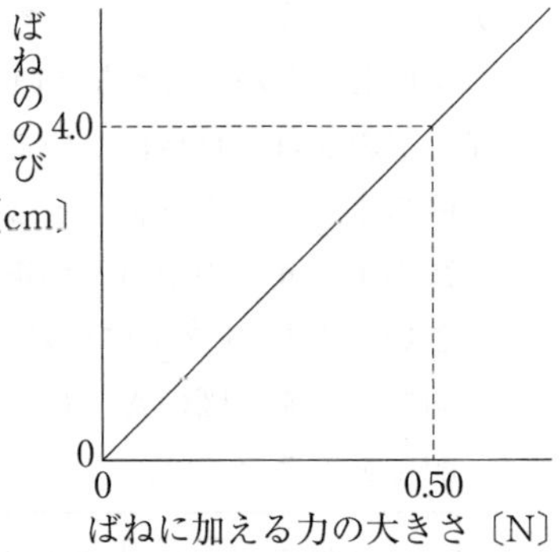

(4)　図1のように，台車をなめらかな斜面上に置いて，手で止めておいた。手をはなすと台車は斜面を運動した。このときの台車の運動のようすを，1秒間に50打点する記録タイマーでテープに記録した。図2は，その一部を，時間の経過順に5打点ごとに切って紙にはりつけたものである。また，右の表は，手をはなしてから経過した時間と，手をはなした位置からの移動距離をまとめたものである。次のア，イに答えなさい。

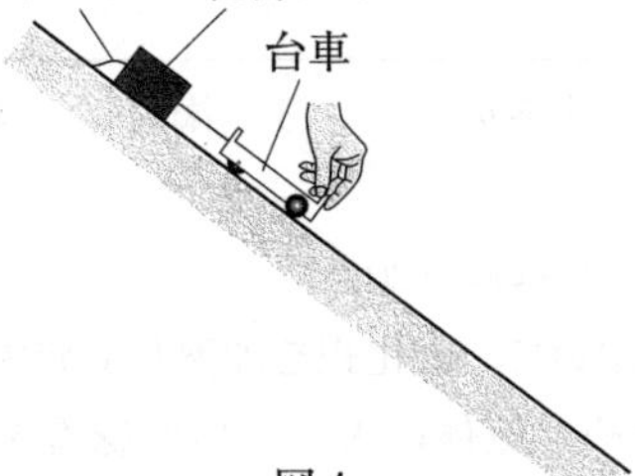

図1

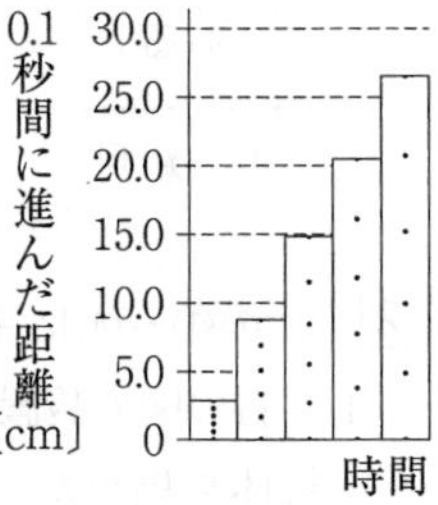

図2

経過した時間〔秒〕	0	0.1	0.2	0.3	0.4	0.5
移動距離〔cm〕	0	2.9	11.7	26.4	46.9	73.3

ア　図3は，台車が斜面上を運動しているときのようすを方眼紙にうつしたもので，矢印は台車にはたらく重力を示している。台車にはたちく重力を，斜面に沿った方向の分力と斜面に垂直な方向の分力に分解し，それぞれの力を表す矢印をかきなさい。

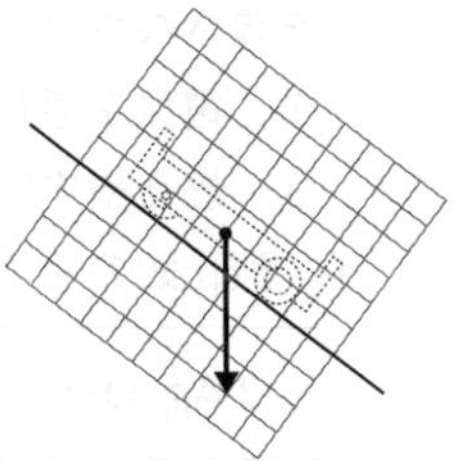
図3

イ　表をもとにすると，経過した時間が0.4秒から0.5秒の間の台車の平均の速さは，0.1秒から0.2秒の間の台車の平均の速さの何倍になると考えられるか，求めなさい。

3　植物の根の成長について調べるために，下の**実験**を行った。次の(1)～(4)に答えなさい。（15点）

実験

目的　タマネギの根の細胞を㋐染色液で染色して顕微鏡で観察し，根の成長について調べる。

手順1　タマネギの根の先端を切り取り，試験管に入れて㋑うすい塩酸を加え，約60℃の湯で3分間あたためた。

手順2　手順1の処理をした根から，図1のX～Zの各部分を切り取って

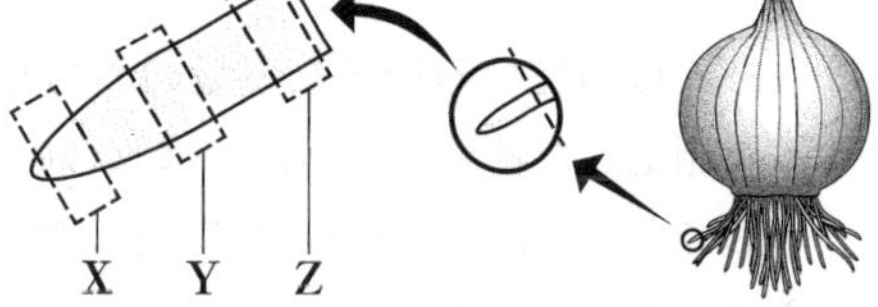

図1

染色し，プレパラートをつくった。そのうち，Xのプレパラートを顕微鏡で観察すると，細胞の中に，核と㋒染色体が見られた。図2のa～fは，そのときに観察したいくつかの細胞のスケッチである。

手順3　手順2で作成したX～Zのプレパラートを，すべて同じ倍率で観察した。図3は，そのときのスケッチである。

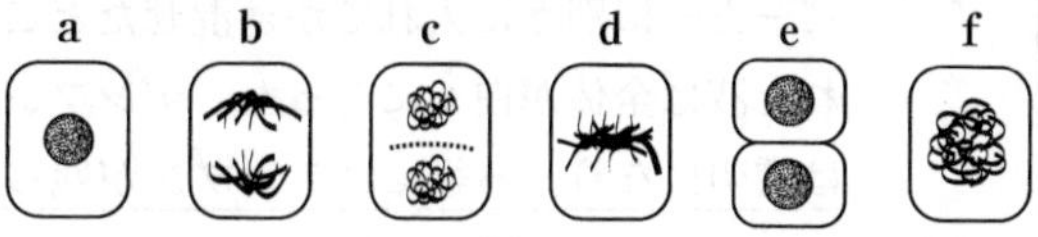

図2

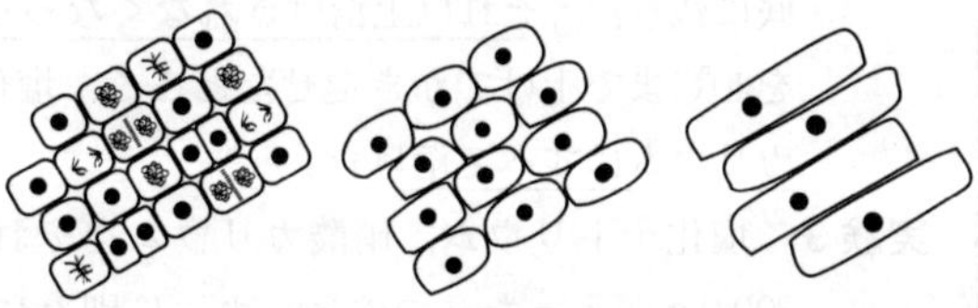

図3

(1) この**実験**で用いる下線部㋐として最も適切なものを，次の1～4の中から一つ選び，その番号を書きなさい。

1　フェノールフタレイン溶液　　2　ヨウ素液
3　酢酸オルセイン液　　4　ベネジクト液

(2) 下線部㋑の処理を行うことで，細胞が観察しやすくなる理由を書きなさい。

(3) **手順2**について，次の**ア～ウ**に答えなさい。

ア　下線部㋒の中にある遺伝子の本体は何という物質か，書きなさい。

イ　下の文は，細胞分裂の前後における染色体のようすについて述べたものである。文中の ① ， ② に入る語句の組み合せとして最も適切なものを，次の1～4の中から一つ選び，その番号を書きなさい。

> 根などのからだをつくる細胞が分裂するとき，染色体が ① されて，もとの細胞と ② の染色体をもつ2個の細胞ができる。

1　①　複製されてから2等分　②　同じ数
2　①　2等分されてから複製　②　同じ数
3　①　複製されてから2等分　②　異なる数
4　①　2等分されてから複製　②　異なる数

ウ　図2のa～fを，細胞分裂が進む順に並べ，その記号を書きなさい。ただし，細胞分裂の過程の最初をaとする。

(4) **実験**をもとにすると，植物の根は，細胞がどのような変化をすることによって成長すると考えられるか。X～Zのようすに着目して，書きなさい。

4　砂糖，デンプン，塩化ナトリウム，硝酸カリウムの4種類の物質を用いて，水への溶け方や溶ける量について調べるために，下の**実験1～4**を行った。次の(1)～(4)に答えなさい。ただし，水の蒸発は考えないものとする。(15点)

実験1　砂糖とデンプンをそれぞれ1.0gずつはかり取り，20℃の水20.0gが入った2つの

ビーカーに別々に入れてかき混ぜたところ，ⓐ砂糖はすべて溶けたが，デンプンを入れた液は全体が白くにごった。デンプンを入れた液をろ過したところ，ⓘろ過した液は透明になり，ろ紙にはデンプンが残った。

実験2 塩化ナトリウムと硝酸カリウムをそれぞれ50.0 gずつはかり取り，20℃の水100.0 gが入った2つのビーカーに別々に入れてかき混ぜたところ，どちらも粒がビーカーの底に残り，ⓤそれ以上溶けきれなくなった。次に，2つの水溶液をあたためて，温度を40℃まで上げてかき混ぜたところ，塩化ナトリウムは溶けきれなかったが，ⓔ硝酸カリウムはすべて溶けた。

実験3 塩化ナトリウム，硝酸カリウムをそれぞれ [　　] gずつはかり取り，60℃の水200.0 gが入った2つのビーカーに別々に入れてかき混ぜたところ，どちらもすべて溶けたが，それぞれを冷やして，温度を15℃まで下げると，2つの水溶液のうちの1つだけから結晶が出てきた。

実験4 水に硝酸カリウムを入れて，あたためながら，質量パーセント濃度が30.0%の水溶液300.0 gをつくった。この水溶液を冷やして，温度を10℃まで下げたところ，硝酸カリウムの結晶が出てきた。

(1) 下線部ⓐのときのようすを，粒子のモデルで表したものとして最も適切なものを，次の1～4の中から一つ選び，その番号を書きなさい。ただし，水の粒子は省略しているものとする。

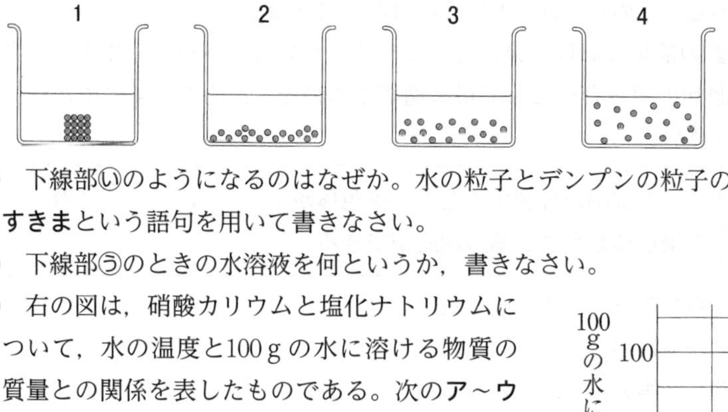

(2) 下線部ⓘのようになるのはなぜか。水の粒子とデンプンの粒子の大きさに着目して，**ろ紙のすきま**という語句を用いて書きなさい。

(3) 下線部ⓤのときの水溶液を何というか，書きなさい。

(4) 右の図は，硝酸カリウムと塩化ナトリウムについて，水の温度と100 gの水に溶ける物質の質量との関係を表したものである。次の**ア**～**ウ**に答えなさい。

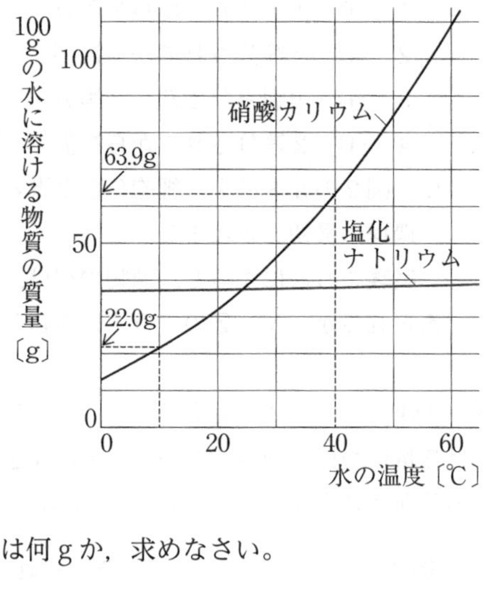

ア 下線部ⓔについて，この水溶液を40℃に保った場合，硝酸カリウムをあと何 g溶かすことができるか，求めなさい。

イ 実験3の [　　] に入る数値として最も適切なものを，次の1～4の中から一つ選び，その番号を書きなさい。

1 20.0　　2 40.0
3 60.0　　4 80.0

ウ 実験4について，出てきた硝酸カリウムの結晶は何 gか，求めなさい。

5　電熱線に流れる電流と電熱線の発熱量について調べるために，下の**実験1**，2を行った。次の(1)，(2)に答えなさい。ただし，電熱線以外の抵抗は考えないものとする。(15点)

実験1

手順1　図1のように，2.0Ωの電熱線aを用いて回路をつくり，電圧をかけたときの，㋐電流計の値を読み取ったところ，1.5Aであった。

手順2　図2のように，**手順1**と同じ電熱線aと3.0Ωの電熱線bを用いて並列回路をつくり，6.0Vの電圧をかけたときの，電流の大きさをはかった。

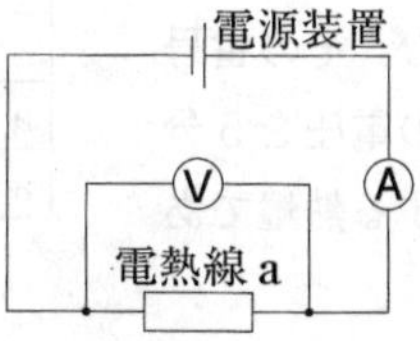

図1

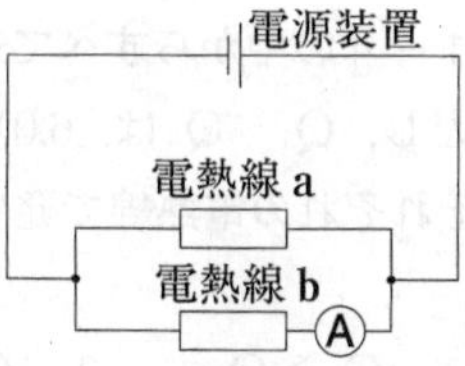

図2

実験2　図3の装置で，**実験1**と同じ電熱線を用いて，発生する㋑熱量を求めるために，6.0Vの電圧をかけ，電流を流した時間と水の上昇温度の関係を調べた。実験は，はじめ電熱線aで行い，次に電熱線bで行った。図4は，実験結果を表したものである。さらに，同じ実験を電熱線aと電熱線bを直列につないだ場合と，並列につないだ場合でも行った。なお，すべての実験において水の量は一定であり，はじめの水温も同じであった。

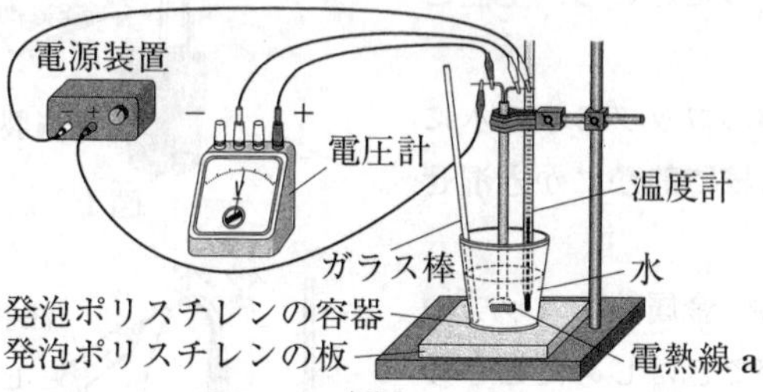

図3

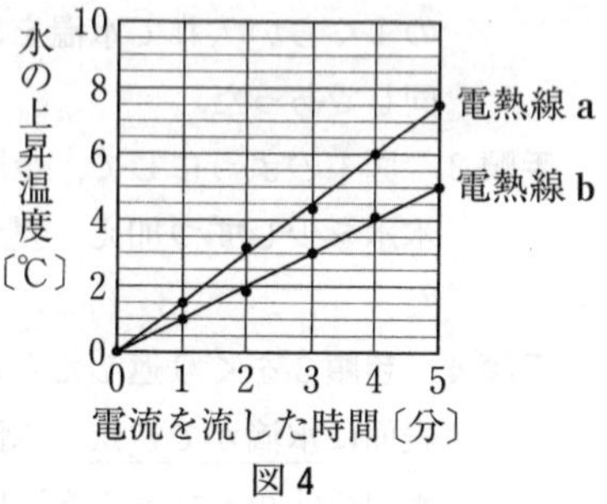

図4

(1)　**実験1**について，次のア～エに答えなさい。

ア　下線部㋐のときの電流計の端子のつなぎ方とそのときの電流計のようすを表したものとして適切なものを，次の1～4の中から一つ選び，その番号を書きなさい。

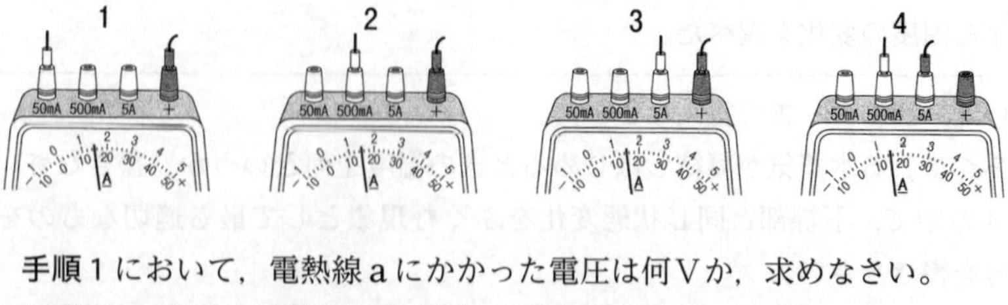

イ　**手順1**において，電熱線aにかかった電圧は何Vか，求めなさい。

ウ　**手順2**において，電熱線bに流れた電流は何Aか，求めなさい。

エ　**手順2**において，回路全体の抵抗は何Ωか。適切なものを，次のページの1～4の中から

一つ選び，その番号を書きなさい。

1　0.6Ω　　2　1.2Ω　　3　5.0Ω　　4　6.0Ω

(2)　**実験2**について，次の**ア**，**イ**に答えなさい。

ア　下線部ⓘについて述べた下の文中の（　）に入る適切な語を，**カタカナ**で書きなさい。

熱量の単位の記号にはJが用いられ，その読み方は（　　　）である。

イ　右の表のように，各電熱線で発生した熱量を，Q_1～Q_4とするとき，熱量の大小関係を表したものとして適切なものを，次の1～4の中から**すべて**選び，その番号を書きなさい。ただし，Q_1～Q_4は，6.0Vの電圧を5分間かけたときに，それぞれの電熱線で発生する熱量であるものとする。

電熱線	熱量
aのみ	Q_1
bのみ	Q_2
aとbを直列につないだもの	Q_3
aとbを並列につないだもの	Q_4

1　$Q_1 > Q_2$　　2　$Q_3 > Q_1$　　3　$Q_2 > Q_3$　　4　$Q_3 > Q_4$

6　空気中の水蒸気の変化と雲のでき方について調べるために，下の**実験1**，**2**を行った。次の(1)，(2)に答えなさい。（15点）

実験1

手順1　理科室の室温をはかったところ，24℃であった。

手順2　金属製のコップの中に，くんでおいた水を3分の1くらい入れて水温をはかったところ，室温と同じであった。

手順3　図1のようにして，金属製のコップの中の水に氷水を少しずつ加え，ガラス棒で静かにかき混ぜた。

手順4　手順3をくり返したところ，金属製のコップの表面に水滴ができた。水滴ができはじめたときの水温をはかったところ，14℃であった。

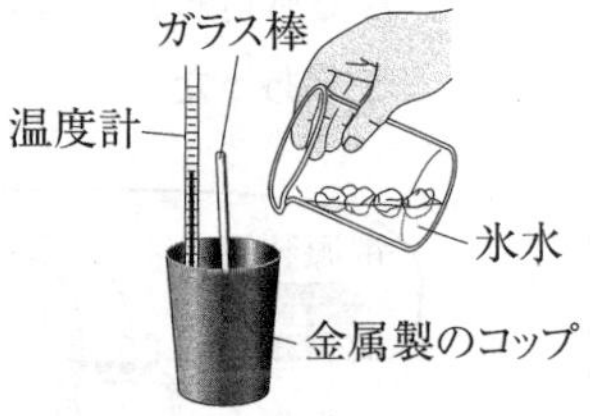

図1

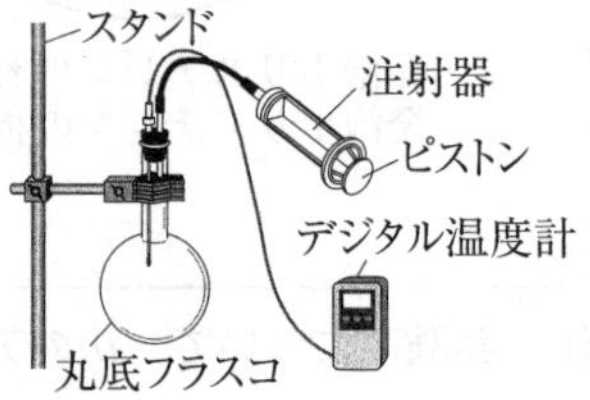

図2

実験2　丸底フラスコの中を水でぬらし，線香の煙を少し入れた。図2のように，丸底フラスコに注射器をつなぎ，デジタル温度計を接続した。注射器のピストンを引いたり押したりして，丸底フラスコ内のようすの変化と温度の変化を調べた。

(1)　**実験1**について，次の**ア**～**エ**に答えなさい。

ア　空気中にふくまれる水蒸気が凝結しはじめるときの温度を何というか，書きなさい。

イ　次の1～4の中で，下線部と同じ状態変化をふくむ現象として最も適切なものを一つ選び，その番号を書きなさい。

1　晴れた日に道路の水たまりがなくなった。　　2　明け方に霧が発生した。

3　しめっていた洗濯物が乾いた。　　4　冬にバケツの中の水がこおった。

ウ　下の文は，**手順2～4**において金属製のコップを用いている理由について述べたものである。文中の（　）に入る適切な内容を書きなさい。

> 金属には（　　　　　　　　）性質があるため，コップの中の水温とコップの表面付近の空気の温度が，ほぼ等しくなると考えることができるから。

エ　下の表は，空気の温度と飽和水蒸気量との関係を表したものである。**実験1**を行ったときの理科室の湿度は何％か，小数第一位を四捨五入して整数で求めなさい。ただし，理科室の空気中にふくまれる水蒸気量は変わらないものとする。

空気の温度〔℃〕	10	12	14	16	18	20	22	24	26	28
飽和水蒸気量〔g/m^3〕	9.4	10.7	12.1	13.6	15.4	17.3	19.4	21.8	24.4	27.2

(2)　下の文章は，**実験2**を終えたある生徒が，実験の結果から自然界における雲のでき方について考察して，まとめたものの一部である。次の**ア**，**イ**に答えなさい。

> 実験では，ピストンを急に［①］たときに，フラスコ内の空気の温度が下がることで［②］が生じ，それによってフラスコ内が白くくもった。自然界では，しめった空気のかたまりが上昇すると，上空ほど［　　③　　］ために，膨張して温度が下がり，雲ができると考えられる。

ア　文章中の［①］，［②］に入る語の組み合わせとして最も適切なものを，次の1～4の中から一つ選び，その番号を書きなさい。

1　①　引い　②　水蒸気　　2　①　押し　②　水蒸気

3　①　引い　②　水滴　　4　①　押し　②　水滴

イ　文章中の［③］に入る適切な内容を書きなさい。

＜社会＞

時間　45分　　満点　100点

1　下の略地図や資料を見て，次の(1)，(2)に答えなさい。(14点)

(1) 略地図1を見て，次のア～ウに答えなさい。

略地図1

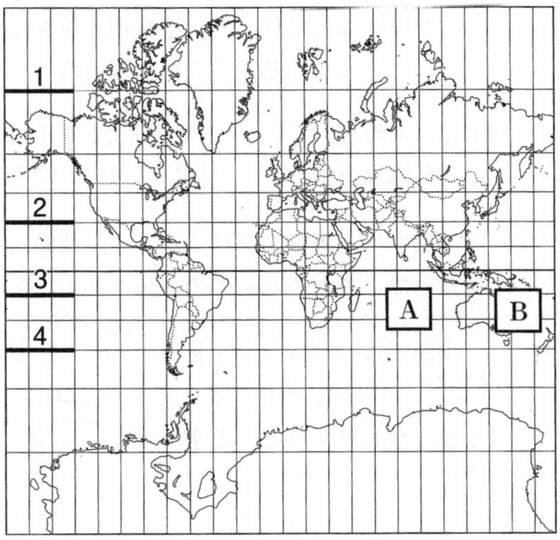

ア　世界の三大洋の一つである略地図1中のAの海洋名を書きなさい。

イ　略地図1は，緯線(いせん)と経線が直角に交わった地図を表している。緯線と平行に同じ長さで描かれている略地図1中の1～4の——のうち，実際の距離が**最も短いもの**を一つ選び，その番号を書きなさい。

ウ　Bのオセアニア州について述べた文として**適切でないもの**を，次の1～4の中から一つ選び，その番号を書きなさい。

1　面積の小さい島々の多くは，現在でもアメリカ領，フランス領などである。
2　貿易などで，アジア諸国との結び付きを強めている。
3　日本と季節が逆であることから，日本を訪れる観光客が増えている。
4　18世紀後半から世界に先がけて鉄鋼業や機械工業が発達した。

(2) 略地図2を見て，次のア～ウに答えなさい。

略地図2

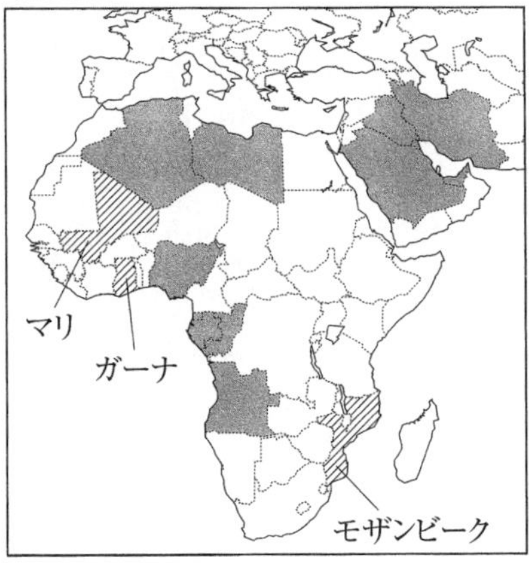

ア　略地図2中の[灰色の楕円]の国々は，石油の価格の安定を確保することなどを目的としている組織に加盟することを通して，結び付いている。この組織を何というか，書きなさい。

イ　アフリカ北部や西アジアの一部の地域では，水や草を求めて季節的に移動し，牛やラクダなどを飼育する牧畜(ぼくちく)が行われている。このような牧畜を何というか，書きなさい。

ウ　右の資料は，略地図2中のモザンビーク，ガーナ，マリの公用語を表している。この3か国のように，アフリカ州の多くの国々で，独自の言語を持ちながらポルトガル語，英語，フランス語などが公用語として使われている理由を，書きなさい。

資料

国　名	公用語
モザンビーク	ポルトガル語
ガーナ	英語
マリ	フランス語

〔「2019 データブック オブ・ザ・ワールド」による〕

2　下の略地図や資料を見て，次の(1)～(6)に答えなさい。(15点)

略地図

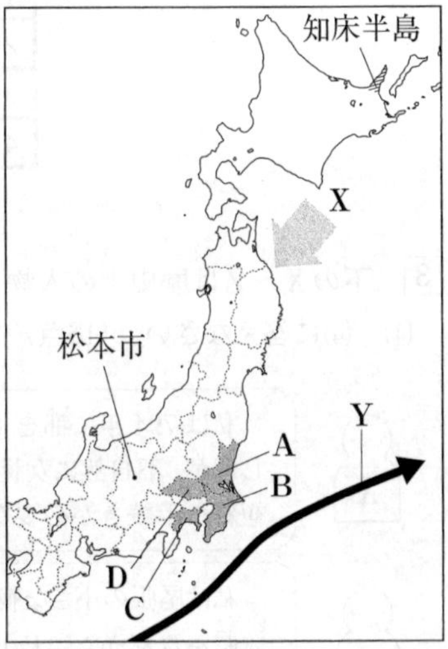

(1)　略地図中のXについて述べた下の文中の□にあてはまる語を書きなさい。

> 夏に吹く冷たくしめった北東の風で□と呼ばれ，冷害をもたらすことがある。

(2)　略地図中のYは，赤道付近から北上してくる海流を表している。この海流名を書きなさい。

(3)　略地図中の松本市の雨温図として適切なものを，次の1～4の中から一つ選び，その番号を書きなさい。

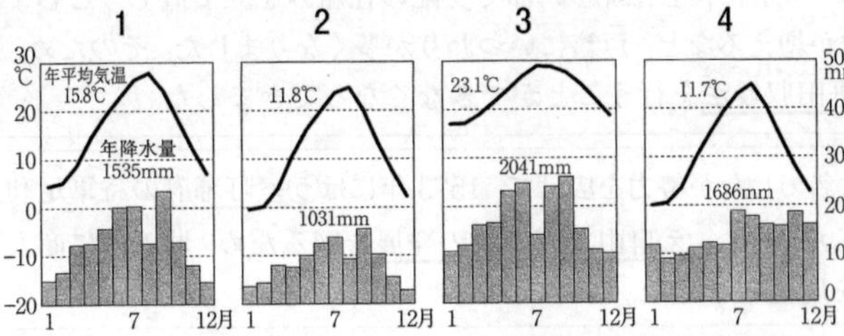

〔「理科年表平成31年版」による〕

(4)　資料1は，略地図中の知床（しれとこ）半島の高架（こうか）木道を表している。これは，自然環境を維持しながら雄大な自然を体験するために設置された。このように自然環境や歴史，文化などを観光資源とし，その観光資源を損（そこ）なうことなく，体験したり学んだりする観光の在り方を何というか，**カタカナ7字**で書きなさい。

資料1

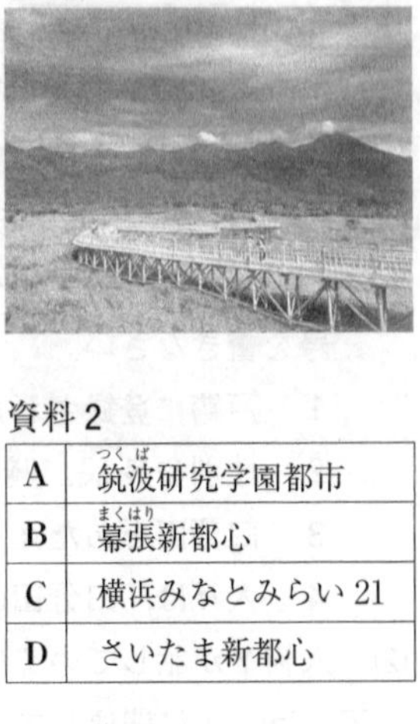

(5)　資料2は，略地図中のA～Dの各県に計画的につくられた都市や地区を表している。これらの都市や地区がつくられた目的を，「都市問題の解決に向けて，」に続けて，次の2語を用いて書きなさい。

　　集中　　　**分散**

資料2

A	筑波（つくば）研究学園都市
B	幕張（まくはり）新都心
C	横浜みなとみらい21
D	さいたま新都心

(6)　資料3のア～ウは，北海道地方，東北地方，中部地方の各地方の畜産（ちくさん），野菜，果実，米の生産額を表している。各地方とア～ウの組み合わせとして適切なものを，次の1～4の中から一つ選び，その番号を書きなさい。

資料3
〔2015年〕

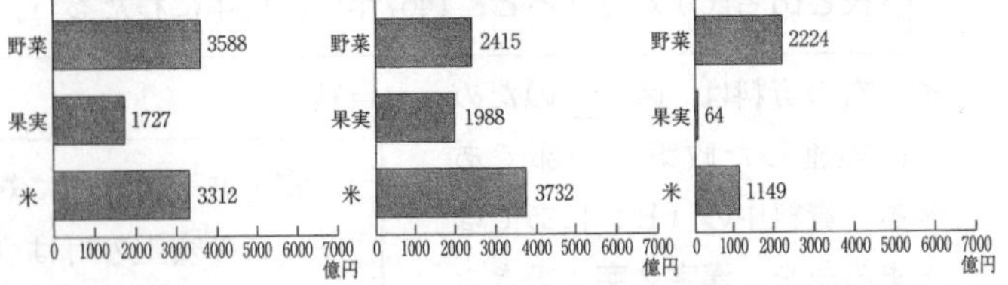

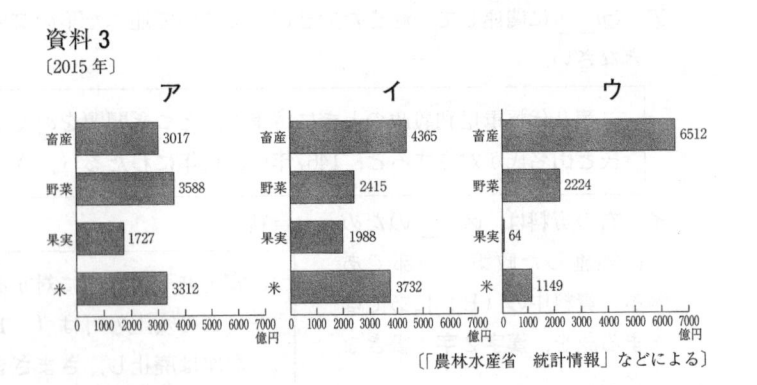

〔「農林水産省　統計情報」などによる〕

	北海道地方	東北地方	中部地方
1	ア	イ	ウ
2	イ	ウ	ア
3	ウ	イ	ア
4	ウ	ア	イ

3 下のX～Zは歴史上の人物を表している。X～Zがそれぞれ話している内容について，次の(1)～(4)に答えなさい。(16点)

X 私は794年に都を（ あ ）京に移し，新しい都で支配の仕組みを立て直そうとしましたが，不自然に女性の数が増えるなど，戸籍(こせき)にいつわりが多くなりました。そのため，複雑な手続きが必要ない班田収授法(はんでんしゅうじゅのほう)を行うことができなくなってきました。

Y 私は尾張(おわり)の小さな戦国大名(だいみょう)でしたが勢力を広げて，1573年にはう室町幕府の将軍足利義昭(あしかがよしあき)を京都から追放しました。また，え自由な商工業の発展を図(はか)るため，城下町(じょうかまち)に商人を招き，座(ざ)や各地の関所を廃止(はいし)しました。

Z 私は老中(ろうじゅう)になった後，幕府の財政を立て直すために，お商工業者が株仲間(かぶなかま)を作ることを奨励(しょうれい)しました。また，長崎での貿易を奨励し，新しい輸出品の開発に力を入れました。この時代は，商工業が活発になり，自由な風潮でか学問や芸術も発展しました。

(1) 人物Xが話している内容を読んで，次のア，イに答えなさい。

ア （あ）にあてはまる語を書きなさい。

イ い＿＿について述べた文として**適切でないもの**を，次の1～4の中から一つ選び，その番号を書きなさい。

1 戸籍に登録された6歳(さい)以上のすべての人々に口分田(くぶんでん)があたえられた。
2 性別や良民(りょうみん)，賤民(せんみん)の身分に応じて口分田の広さが決められていた。
3 口分田をあたえられた人が死ぬと，国に返すことになっていた。
4 人々は，口分田の面積に応じて調(ちょう)を負担した。

(2) 人物Yが話している内容を読んで，次のア，イに答えなさい。

ア う＿＿に関連して，起きたできごとについて述べた下の文中の（A）にあてはまる語を書きなさい。

> 第8代将軍足利義政(あしかがよしまさ)のときに将軍のあとつぎ問題をめぐって，有力な守護大名(しゅごだいみょう)の細川(ほそかわ)氏と山名(やまな)氏が対立すると，1467年には11年にわたる（ A ）が始まった。

イ 右の資料は，え＿＿のために実施した政策の一部である。資料中の（B）にあてはまる語を，**漢字2字**で書きなさい。

資料

> 安土(あづち)城下の町中に対する定め
> 一 この安土の町は（ B ）としたので，いろいろな座は廃止し，さまざまな税や労役(ろうえき)は免除(めんじょ)する。

(3)　人物Zが話している内容を読んで，次のア，イに答えなさい。

ア　㋔＿＿について，この目的を，次の2語を用いて書きなさい。

特権　　営業税

イ　㋕＿＿について，18世紀後半に本居宣長が大成させた学問を書きなさい。

(4)　X，Y，Zの人物名として適切なものを，次の1～9の中からそれぞれ一つ選び，その番号を書きなさい。

1　織田信長　　2　桓武天皇　　3　聖武天皇
4　推古天皇　　5　田沼意次　　6　徳川家康
7　豊臣秀吉　　8　松平定信　　9　水野忠邦

4　下のA～Cは，ある生徒が歴史の授業で興味をもったことについて，まとめたカードである。次の(1)～(6)に答えなさい。（15点）

A　開国の影響

1858年に幕府は日米修好通商条約を結び，外国との自由な貿易を始めた。㋐開国後の最大の貿易港は横浜で，㋑貿易の相手国はイギリスが中心であった。外国との貿易は，日本の経済に大きな影響をあたえた。

B　明治維新の三大改革

㋒新政府は，欧米諸国にならった近代化のためのさまざまな改革を推し進めた。なかでも，学制，徴兵令，㋓地租改正の三つの改革は，近代政策の基礎となり，国民の生活に大きな影響をあたえた。

C　㋔大正デモクラシーの思想

寺内正毅内閣が（　㋕　）によって退陣すると，原敬が本格的な政党内閣を組織した。政党政治が発展した大正時代，特に第一次世界大戦後は，民主主義（デモクラシー）が強く唱えられた時期だった。

(1)　㋐＿＿に起こった次の1～3のできごとを年代の古い順に並べ，その番号を書きなさい。

1　薩長同盟が結ばれた。　2　大政奉還が行われた。　3　桜田門外の変が起こった。

(2)　資料1は，㋑＿＿の変化を表している。資料1中の□にあてはまる国名を書きなさい。また，□の国の割合が減少している理由について，資料2を参考にして，書きなさい。

資料1

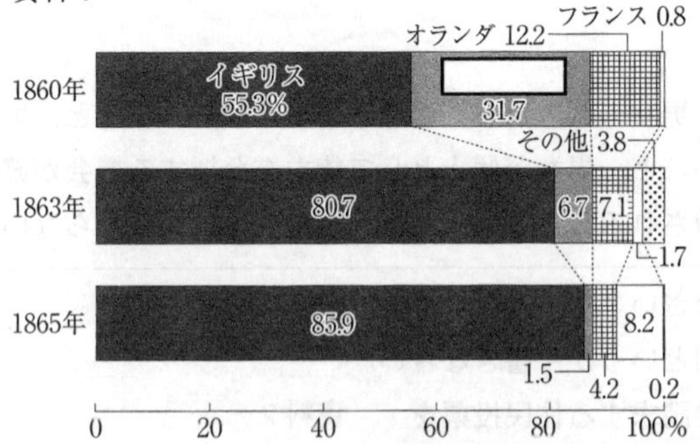

〔「近代日本経済史要覧」による〕

資料2

年	世界のおもなできごと
1853年	クリミア戦争が始まる
1857年	インド大反乱が始まる
1861年	イタリア王国が成立する アメリカ南北戦争が始まる
1871年	ドイツが統一される

(3)　㋒＿＿が1868年3月に定めた，新しい政治の方針を何というか，書きなさい。

(4)　㋓＿＿について述べた文として適切なものを，次の1～4の中から一つ選び，その番号を書きなさい。

1　政府は，土地の所有者と価格（地価）を定め，地券を発行した。

2 課税の基準を，その土地の収穫高にした。
3 地租は地価の2.5%としたが，のちに３%に引き上げた。
4 土地の所有者は，地租を米で納めた。

(5) ㊍＿を広めるうえで大きな役割を果たした民本主義を主張した人物名を書きなさい。

(6) 資料３は，（ ㊎ ）のできごとの様子を表している。(㊎)にあてはまるできごととして適切なものを，次の１～４の中から一つ選び，その番号を書きなさい。

1 第一次護憲運動　　2 米騒動
3 小作争議　　4 第１回メーデー

資料３

5 下の文章を読んで，次の(1)～(5)に答えなさい。(14点)

> 私たちが自由に人間らしく生きていくことができるように，自由権，㋐社会権，㋑平等権，㋒参政権，㋓裁判を受ける権利などの基本的人権が保障されている。人権の保障は，一人一人の個性を尊重し，かけがえのない人間としてあつかうという「個人の尊重」の原理（憲法第13条）に基づいている。
> しかし，産業や科学技術の発展などにともなって，日本国憲法に直接的には規定されていない権利が主張されるようになり，このような権利は「新しい人権」と呼ばれる。「新しい人権」には，㋔環境権や知る権利，プライバシーの権利などがある。

(1) 1919年に定められた，㋐＿を最初に取り入れたドイツの憲法を何というか，書きなさい。

(2) ㋑＿について，資料１は日本における男女平等の実現に向けて，1999年に制定された法律の一部である。資料１中の（X）に共通してあてはまる語を書きなさい。

資料１

> 〈男女共同（ X ）社会基本法〉
> 第３条〔男女の人権の尊重〕
> 男女共同（ X ）社会の形成は，男女の個人としての尊厳が重んぜられること，男女が性別による差別的取扱いを受けないこと，男女が個人として能力を発揮する機会が確保されることその他の男女の人権が尊重されることを旨として，行われなければならない。

(3) ㋒＿について，次のア，イに答えなさい。

ア 国や地方の機関に要望する権利を何というか，書きなさい。

イ 資料２のA市の場合，市長の解職を請求する住民投票を行うためには，最低何人の有効な署名が必要か。次の１～４の中から一つ選び，その番号を書きなさい。

1 6万人　　2 10万人　　3 12万人　　4 18万人

資料２

A市の人口	36万人
A市の有権者数	30万人

(4) ㋓＿について述べた文として**適切でないもの**を，次のページの１～４の中から一つ選び，その番号を書きなさい。

1　司法制度改革の一環として，国民が刑事裁判に参加する裁判員制度が始まった。

2　裁判において，裁判官は自らの良心に従い，憲法と法律だけに拘束される。

3　地方裁判所での第一審の判決に納得できない場合，高等裁判所に上告することができる。

4　国会や内閣は裁判所の活動に干渉してはいけない。

(5)　資料３は，㋔＿＿に配慮されたマンションを表している。このマンションについて述べた下の文中の［　　］に入る適切な内容を書きなさい。

> 環境権に配慮し，中央のマンションは，左のマンションへの［　　　　］ために，側面を階段状にしている。

資料３

6

下の文章は，ある生徒が「経済の仕組み」についてまとめたものの一部である。次の(1)～(4)に答えなさい。(14点)

> ・私たちの経済は，生産と㋐消費を中心に成り立っている。
> ・商品には㋑価格がつけられ，価格は需要量と供給量との関係で変化する。
> ・独占や寡占を防ぐために，㋒独占禁止法が制定された。
> ・㋓少子高齢化が経済にも影響をあたえている。

(1)　㋐＿＿について，家族や個人など，消費生活を営む単位を何というか，書きなさい。

(2)　㋑＿＿について，次のア，イに答えなさい。

ア　右の資料は，東京都中央卸売市場における，ほうれんそうの入荷量と価格の動きを表している。ほうれんそうの入荷量と価格の関係について，「ほうれんそうの入荷量が」に続けて書きなさい。

資料

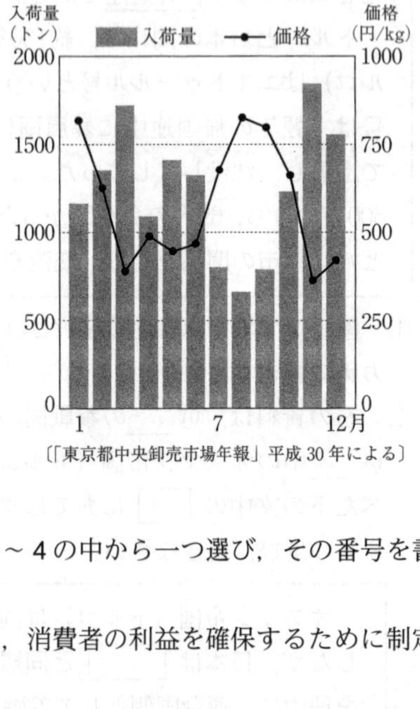

〔「東京都中央卸売市場年報」平成30年による〕

イ　下の文章中の［　　］にあてはまる語を書きなさい。

> 電気，ガス，水道などの価格は，大きく変動すると，国民生活に大きな影響をあたえかねない。そこで，これらの価格（料金）は［　　　　］と定められ，国や地方公共団体が決定したり認可したりしている。

(3)　㋒＿＿について述べた文として適切なものを，次の１～４の中から一つ選び，その番号を書きなさい。

1　企業などに市場での公正かつ自由な競争をうながし，消費者の利益を確保するために制定された。

2　消費者の権利や自立の支援などの基本理念と，国や地方公共団体の責務などが規定されている。

3 欠陥商品で消費者が被害を受けたときの企業の責任について定めている。

4 労働時間，休日，賃金など労働条件についての最低基準を定めている。

(4) ㋓＿＿について，次のア，イに答えなさい。

ア 少子高齢化の進展に対応して導入された，40歳以上の人が加入し，介護が必要になったときに介護サービスを受けられる制度を何というか，書きなさい。

イ 少子高齢化の進展と社会保障との関連について述べた文として**適切でないもの**を，次の１～４の中から一つ選び，その番号を書きなさい。

1 公的年金や医療など高齢者の生活を支える社会保障にかかる費用が増加した。

2 高齢者を支える現役世代の数が減少するため，国民一人あたりの経済的な負担が軽くなった。

3 子育て及び家族の介護と仕事を両立できる雇用環境を整えるために，育児・介護休業法が定められた。

4 75歳以上の高齢者が加入する，後期高齢者医療制度が導入された。

7 下の文章は，ある生徒がトルコ共和国と日本との関係についてまとめたものである。次の(1)～(5)に答えなさい。(12点)

　トルコは黒海，エーゲ海，地中海に囲まれており，㋐古代ギリシャなど，さまざまな文明が栄えた場所に位置している。トルコが近代国家として誕生したのは，㋑第一次世界大戦後である。現在のトルコでは，国民の９割以上が（　㋒　）教を信仰しているが，その他の宗教が信仰されていた時代もあった。イスタンブールにあるアヤ・ソフィア大聖堂は宗教的融和を象徴する㋓世界遺産である。
　トルコと日本の間には，約130年におよぶ友好の歴史がある。1889年，オスマン帝国（トルコ）はエルトゥールル号という軍艦で日本に使節を派遣した。ところが，エルトゥールル号は，翌年の帰国途中に暴風雨により，和歌山県大島村（現在の㋔串本町）の樫野崎付近で遭難し，沈没してしまった。この時，大島村の村人は献身的な救助活動を行い，乗組員約600人のうち，69人の命が助かった。現在でも，串本町はトルコのメルシン市，ヤカケント町と姉妹都市の関係を結び，交流を続けている。

(1) ㋐＿＿で地中海各地に建設された，アテネやスパルタのような都市国家を何というか，**カタカナ**で書きなさい。

(2) 右の資料は，㋑＿＿の参戦国の一部を表している。㋑＿＿中のオスマン帝国（トルコ）と日本について述べた下の文中の □ にあてはまる国名を，資料中から一つ選び，書きなさい。

　オスマン帝国（トルコ）は同盟国側として参戦したが，日本は □ と同盟を結んでいることを理由に，連合国側として参戦した。

資料

連合国側	同盟国側
イギリス	ドイツ
フランス	オーストリア
ロシア	オスマン帝国（トルコ）
セルビア	
イタリア	
アメリカ	
日本	

(3) (㋒) にあてはまる語を書きなさい。

(4) ㋓＿＿などの文化財の保護や，識字教育などの活動をしている，国際連合の専門機関の略称として適切なものを，次の1～4の中から一つ選び，その番号を書きなさい。

1　UNEP（ユネップ）　2　UNICEF（ユニセフ）

3　UNCTAD（アンクタッド）　4　UNESCO（ユネスコ）

(5) ㋔＿＿の場所を下の文章を参考にして，右の略地図中の1～4の中から一つ選び，その番号を書きなさい。

> 串本町は，紀伊（きい）山地を背に雄大な太平洋に面し，海岸線が東西に長く延（の）びている。町の南の先端（せんたん）には，潮岬（しおのみさき）があり，これは東京の八丈島（はちじょうじま）とほぼ同緯度に位置する。

略地図

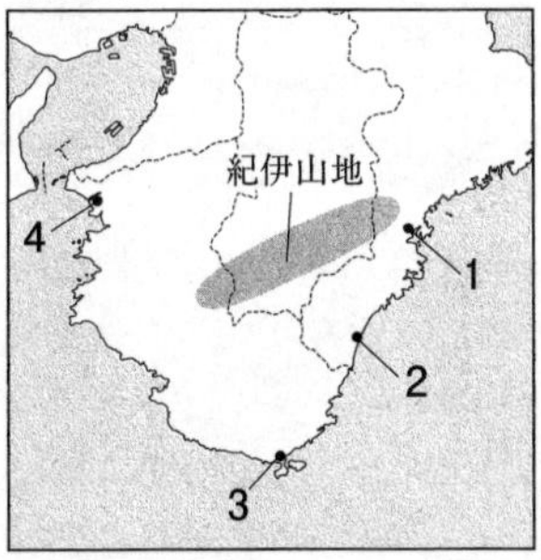

6　ある中学校で、国語の時間に行った、類義語に関する学習で、場面や状況に応じた適切な言葉づかいについて、意見文を書くことになりました。次の文章は、ある中学生が「美しい」と「きれいだ」の違いについて調べてまとめたものの一部です。これを読んで、あとの(1)～(3)に従って文章を書きなさい。（10点）

> 私は形容詞の「美しい」と形容動詞の「きれいだ」の違いについて考えました。「ひたむきな姿が美しい」は、しっくりしますが、「ひたむきな姿がきれいだ」は、変な感じがします。「床をきれいに掃く」は、しっくりしますが、「床を美しく掃く」は、やはり変な感じがします。「美しい風景」と「きれいな風景」は、どちらも言えそうですが、場面や状況が異なるように感じられます。

(1)　題名を書かないこと。

(2)　二段落構成とし、第一段落では、「美しい」と「きれいだ」の違いについて**気づいたこと**を書き、第二段落では、**そのことをふまえて、自分の意見**を書くこと。

(3)　**百五十字以上、二百字以内**で書くこと。

3　連敗することは「祐也」の成長にとって必要であるため、現実の過酷さを受け入れさせようと突き放している。
4　「祐也」が厳しい状況にあることを理解しつつも、対戦相手を打ち負かしてほしいと躍起になっている。

(2)　ⓘ取り返しのつかないこと　とありますが、どのようなことを表しているかを、「祐也」の思いをふまえながら、次のようにまとめました。[　]に入る最も適切な語句を、本文中から**七字**で**そのまま抜き出して**書きなさい。

「祐也」は、将棋の研修会に入ってから、勝てない苦しみでおかしくなり、その状態が続けば[　]になるということ。

(3)　ⓤあふれた涙が頰をつたって、地面にぼとぼと落ちていく　とありますが、ある生徒が、この表現の特徴について、次のようにまとめました。[　]に入る最も適切な語句を、次の1～4の中から一つ選び、その番号を書きなさい。

[　]響きをもつ擬音語を用いて、「祐也」の心の内の悲しみを効果的に表現している。

1　鈍く重い
2　鈍く軽い
3　鋭く重い
4　鋭く軽い

(4)　ⓔすぐには気持ちを切り換えられないだろう　とありますが、ある生徒が、「父」の気持ちについて次のようにまとめました。[　]に入る具体的な内容を**三十五字以内**で書きなさい。

「父」は棋士を目ざしている「祐也」に対して、[　]と願っている。

(5)　ⓞ祐也は顔がほころんだ　とありますが、このときの「祐也」の気持ちとして最も適切なものを、次の1～4の中から一つ選び、その番号を書きなさい。

1　母の言葉でやる気が湧きあがり、今度こそはと闘志を燃やしている。
2　将棋を気にかけない母に対して不満を抱き、やりきれないでいる。
3　厳格な態度の父と異なり、温かな態度の母に感極まっている。
4　勝敗に関係なく見守ってくれる母に接し、ほっとしている。

(6)　ある生徒が、家に着いたあとの「祐也」について次のようにまとめました。[A]、[B]に入る具体的な内容を、それぞれ**二十字以内**で書きなさい。

「祐也」は家に着いたあと、浴槽につかっているあいだも、夕飯のあいだも、研修会で戦ってきた緊張がとけて、ただただ眠たく、ベッドに入ってからは、[A]、涙があふれ、布団をかぶって泣いているうちに眠ってしまった。夜中の1時すぎに目が覚め、ベッドのうえに正座をし、今日の4局を並べ直したとき、将棋をおぼえてからの日々を思い返し、プロにはなれなかったけれど、それでも[B]思いを抱いた。

千駄ヶ谷駅で総武線(注7)に乗ってからも、父は、世間の誰もが感心したり、褒めそやしたりする能力だけが人間の可能性ではないのだということをわかりやすく話してくれた。

「㋛すぐには気持ちを切り換えられないだろうが、まだ中学1年生の12月なんだから、いくらでも挽回はきく。高校は、偏差値よりも、将棋部があるかどうかで選ぶといい。そして、自分なりの将棋の楽しみかたを見つけるんだ」

ありがたい話だと思ったが、祐也はしだいに眠たくなってきた。錦糸町駅(注8)で乗り換えた東京メトロ半蔵門線(注9)のシートにすわるなり、祐也は眠りに落ちた。

午後6時すぎに家に着くと、玄関で母がむかえてくれた。

「祐ちゃん、お帰りなさい。お風呂が沸いているから、そのまま入ったら」

いつもどおり、張り切った声で話す母に、㋔祐也は顔がほころんだ。浴槽につかっているあいだも、夕飯のあいだも、祐也は何度も眠りかけた。2年と2ヵ月、研修会で戦ってきた緊張がとけて、ただただ眠たかった。

悲しみにおそわれたのは、ベッドに入ってからだ。

「もう、棋士にはなれないんだ」

祐也の目から涙があふれた。布団をかぶって泣いているうちに眠ってしまい、ふと目をさますと夜中の1時すぎだった。父と母も眠っているらしく、家のなかは物音ひとつしなかった。

常夜灯がついた部屋で、ベッドのうえに正座をすると、祐也は将棋をおぼえてからの日々を思い返した。米村君(注10)はどうしているだろう。中学受験をして都内の私立に進んでしまったが、いまでも将棋を指しているだろうか。いつか野崎君(注11)と、どんな気持ちで研修会に通っていたのかを話してみたい。

祐也は、頭のなかで今日の4局を並べ直した。どれもひどい将棋だと思っていたが、1局目と2局目はミスをしたところで正しく指していれば、優勢に持ち込めたことがわかった。

「おれは将棋が好きだ。プロにはなれなかったけど、それでも将棋が好きだ」

うそ偽りのない思いにからだをふるわせながら、祐也はベッドに横になり、深い眠りに落ちていった。

（佐川光晴「駒音高く」より）

（注1）三和土……ここでは研修会場の玄関。
（注2）D1……研修会の階級クラス。
（注3）D2……研修会の階級クラス。
（注4）奨励会試験……日本将棋連盟のプロ棋士養成機関に入会する試験。
（注5）千駄ヶ谷駅……駅名。
（注6）秀也……「祐也」の兄。
（注7）総武線……路線名。
（注8）錦糸町駅……駅名。
（注9）半蔵門線……路線名。
（注10）米村君……小学生の時に「祐也」に将棋を教えてくれた友達。
（注11）野崎君……2局目の対戦相手。

(1) ㋐それでも最後まで最善を尽くしてきなさい　とありますが、このときの「父」の心情として最も適切なものを、次の1～4の中から一つ選び、その番号を書きなさい。

1　無理だとあきらめることは勝負に影響を及ぼすので、「祐也」を奮い立たせようと怒鳴りつけている。

2　「祐也」が挽回できそうにないことはわかっているものの、将棋に向き合い全力で臨んでほしいと願っている。

5　次の文章を読んで、あとの(1)～(6)に答えなさい。（26点）

> 中学校1年生の「祐也」はプロ棋士を目ざし、将棋の研修会に通っていた。日々、対局を重ねていたが、最近は何をしても勝てない状況に陥っていた。

「祐也」

呼ばれて顔をあげると、三和土(注1)に背広を着た父が立っていた。

「どうした？」

心配顔の父に聞かれて、祐也は4連敗しそうだと言った。

「そうか。それじゃあ、もう休もう。ずいぶん、苦しかったろう」

祐也は父に歩みよった。肩に手を置かれて、その手で背中をさすられた。

「挽回できそうにないのか？」

手を離した父が一歩さがって聞いた。

「無理だと思う」

祐也は目を伏せた。

「そうか。(あ)それでも最後まで最善を尽くしてきなさい」

「わかった」

父に背をむけて、祐也は大広間に戻った。どう見ても逆転などありえない状況で、こんな将棋にしてしまった自分が情けなかった。

10手後、祐也は頭をさげた。次回の、今年最後の研修会で1局目から3連勝しないかぎり、D1(注2)で2度目の降級点がつき、D2(注3)に落ちる。これでは奨励会試験(注4)に合格するはずがない。しかし、そんなことよりも、いまのままでは、将棋自体が嫌いになりそうで、それがなによりこわかった。

祐也はボディーバッグを持ち、大広間を出た。

「負けたのか？」

父に聞かれて、祐也はうなずいた。そのまま二人で1階まで階段をおりて、JR千駄ヶ谷駅(注5)へと続く道を歩いていく。いきには気づかなかったが、街はクリスマスの飾りでいっぱいだった。

「プロを目ざすのは、もうやめにしなさい」

祐也より頭ひとつ大きな父が言った。

「2週間後の研修会を最後にして、少し将棋を休むといい。いまのままだと、きみは(い)取り返しのつかないことになる。わかったね？」

「はい」

そう答えた祐也の目から涙が流れた。足が止まり、(う)あふれた涙が頰をつたって、地面にぼとぼと落ちていく。胸がわななき、祐也はしゃくりあげた。こんなふうに泣くのは、保育園の年少組以来だ。身も世もなく泣きじゃくるうちに、ずっと頭をおおっていたモヤが晴れていくのがわかった。

「将棋をやめろと言っているんじゃない。将棋は、一生をかけて、指していけばいい。しかし、おととしの10月に研修会に入ってから、きみはあきらかにおかしかった。おとうさんも、おかあさんも、気づいてはいたんだが、将棋については素人同然だから、どうやってとめていいか、わからなかった。2年と2ヵ月、よくがんばった。今日まで、ひとりで苦しませて、申しわけなかった」

父が頭をさげた。

「そんなことはない」

祐也は首を横にふった。

「たぶん、きみは、秀也(注6)が国立大学の医学部に現役合格したことで、相当なプレッシャーを感じていたんだろう」

父はそれから、ひとの成長のペースは千差万別なのだから、あわてる必要はないという意味の話をした。

のんびりとした雰囲気を味わったような記憶がある。だが、これをもし、東京の中心街から遠い土地に住んでいることを気にしている人間が読んだら、ちょっと複雑な気持ちかもしれないとも思った。同じそのことばから、都心に住む人が近郊を「いなか」と見くだすまなざしを感じとらないとも限らない。［　］次第で効果も逆効果もあるから微妙である。

広く読まれる文章では相手も不特定だから、どういう表現で誰が傷つくか、ますます油断がならない。要はⓘ他者への配慮であり、やさしさである。基本はそれに尽きるだろう。

（中村明（なかむらあきら）「日本語の作法」より。一部省略がある。）

（注1）フォーカス……焦点。
（注2）どんぐり眼……丸くて愛らしい目。
（注3）おちょぼ口……小さくかわいらしい口。
（注4）文章作法書……ここでは文章を書く方法を著した書物。
（注5）都下……東京都のうちで、二十三区を除いた市町村。
（注6）小金井市……東京都中部の地名。
（注7）国木田独歩……作家。
（注8）徳富蘆花……作家。
（注9）武蔵野……ここでは埼玉県川越から東京都府中までの間に広がる地域。

(1) 読まと動詞の活用形が同じものを、次の1～4の――の中から一つ選び、その番号を書きなさい。
1 勉強をする時間だ。
2 借りた本を返す。
3 係を決めればよい。
4 彼にも話そう。

(2) ㋐全体としてつじつまの合わないとありますが、その理由を次のようにまとめました。［　］に入る最も適切な語句を、本文中から**十字**で**そのまま**抜き出して書きなさい。

「御出産おめでとうございます」という祝いの手紙が来て、［　］いたのに、文章が母親に合わせて書かれていたから。

(3) ［　］に入る語として最も適切なものを、次の1～4の中から一つ選び、その番号を書きなさい。
1 土地　2 目的
3 相手　4 意味

(4) この文章について述べたものとして最も適切なものを、次の1～4の中から一つ選び、その番号を書きなさい。
1 文章作法書の手順に従って全体を構成し、文章の書き方が的確に伝わるように表現している。
2 最初に疑問を述べ、次に疑問の答えを裏付ける具体例を示し、説得力を増すように表現している。
3 複数の具体例とともに、意見を繰り返して示し、筆者の主張が明確に伝わるように表現している。
4 間違いを積極的に修正する必要性を具体例に必ず含め、主張に客観性をもたせて表現している。

(5) ⓘ他者への配慮であり、やさしさであるとありますが、ある生徒が、この語句について、次のようにまとめました。［　］に入る具体的な内容を、**四十字以内**で書きなさい。

自分が書いた文章を読んでくれる相手に対する感謝として、［　］、論点をくっきりさせることが大切である。

ただ漫然と書くのではなく、まずは誰が読むのかを考え、語りかける方向を定めよう。こういう極端な例ならわかりやすいだろう。意中の人の心に訴えかけるべき恋文を、もしも万人向けに書き、そんなものをビラのように配ったら、肝腎の相手は本気にしない。だから当然、そんな場合は誰だって、内容も表現も、そのかけがえのない一個人に合わせて書く。

こんなふうに読み手の方向性をしぼる配慮は、特定の人に宛てる手紙にだけ必要なわけではない。程度の違いこそあれ、書きだす前に誰でも考え、実際に試みているはずなのだ。ここが曖昧だと、ピントが甘くなり、フォーカス(注1)が定まらないから、論点がぼやけてしまう。一般向けの文章であっても、どういう人に読んでもらいたいのかという、いわば文章の宛先をできるだけ限定し、ターゲットとなる読者層を明確にして書きたい。意識してピンぼけを防ぎ、シャープな文章に仕立てるためである。

通常の文章はたいてい不特定多数の読み手を想定して書く。だから、もちろん、どんぐり眼(注2)でおちょぼ口(注3)をした丸顔のぽちゃぽちゃっとした女の子などと、個別の読み手をイメージするわけにはいかない。とはいえ、読者層はのっぺりとした得体の知れないかたまりとは違う。子供か大人か、男性か女性か、学生か社会人か教員か職人か主婦か、その問題にどの程度の関心や知識のある人びとなのか、可能な範囲で読者対象をしぼりこみたい。どういう人が読むかによって、適切な表現はそれぞれ違ってくる。どのような人間が読むかという点を一切抜きにして、絶対すぐれた文章などというものはありえないからである。

読み手の立場に寄り添って書くようにと説くのは、おそらく文章作法書(注4)というものの常道だろう。そういう当然のことができるのは、書き始める前に読者層のイメージが頭のなかにおおよそ方向づけられているからだ。むろん、世の中には、物知りもいれば、物知らずもいる。関心のありかも人それぞれみな違う。ぴたりと照準を合わせるのは至難の業だ。それでも、書くのは自分で、読むのは他人、その他人は自分とはまるで違う人間であるという当然きわまる事実を、きちんと認識して書く、その第一歩が肝腎なのである。

子供の生まれた家に市長名で「御出産おめでとうございます」という祝いの手紙が来て、よく見ると宛名が赤ん坊になっていた、そんな笑い話みたいな実話があるらしい。「出産」したのは母親であって、子供は夢中で「誕生」したにすぎない。発信人としては、赤ん坊はまだ字を知らないから実際に読むのは母親だと気をまわしすぎて、ⓐ全体としてつじつまの合わない通信文になったのかもしれない。もし一度でも、宛名の相手の身になって読み返すことがあったら、こういう間違いはきっと避けられたはずなのだ。

この場合はまだ愛嬌といって済まされそうな例だが、気づかずに相手を傷つけるケースもある。たとえば、東京の人間に「下阪」と書かれたら、きっと大阪の人間はいい気持ちがしないことだろう。大阪へ下るなどと、相手を見くだす態度が気に食わないはずだ。

かつて千年以上も都だった京都、その地に生まれ育った人は、長年にわたって「京に上る」と言われてきただけに、東京に行くという意味の「上京」という語に抵抗が強く、無意識のうちにその使用を避ける傾向がありそうだ。［中略］

以前、「都下(注5)小金井市(注6)」と宛てたはがきが舞い込んだことがある。作家の永井龍男から届いた一通だったかもしれない。ほのかに文学的かおりが漂うせいか、「都下」という懐かしいことばから、国木田(注7)独歩(注8)や徳富蘆花などの時代の武蔵野(注9)のおもかげが目に浮かび、一瞬

以身親之。而単父亦治。巫馬期問其故。宓子曰、「我之謂任[A]。子之謂任[B]。任力者故労、任人者故逸。」

【書き下し文】
宓子賤単父を治むるに、鳴琴を弾きて、身堂を下らず、而して単父治まる。巫馬期星を以つて出で、星を以つて入り、日夜居らず、身を以つて之を親らす。而して単父亦治まる。巫馬期其の故を問ふ。宓子曰はく、「我は之れ[A]に任すと謂ふ。子は之れ[B]に任すと謂ふ。力に任す者は故より労す、人に任す者は故より逸す。」と。

(現代語訳)
宓子賤が知事として単父を治めたとき、いつも琴を弾き、自身は堂より下りて来ず、何もしないのに単父は治まった。巫馬期が知事として単父を治めたとき、朝は早く星を見て出かけ、夜も遅く星を見て戻り、日夜政道に尽くして安居せず、自ら政治を行った。そのようにして単父は同じように治まった。巫馬期はその訳を尋ねた。すると宓子賤は答えた。「私の政治のやり方は[A]に任せて治めるというものです。あなたの政治のやり方は[B]に任せて治めるというものです。自身の力に頼る者は疲れるが、他人に任せる者は楽なのです。」

(「蒙求」より)

(注1) 宓子賤……中国の春秋時代の人。
(注2) 単父……中国の春秋時代の地名。
(注3) 巫馬期……中国の春秋時代の人。

(1) 以身親之 に、【書き下し文】を参考にして、返り点をつけなさい。

(2) 星を以つて出で、星を以つて入り とありますが、どのようなことを表していますか。最も適切なものを、次の1～4の中から一つ選び、その番号を書きなさい。
1 風流を楽しむこと。　2 物事の兆候があらわれること。
3 仕事に勤め励むこと。　4 事態が差し迫ること。

(3) [A]、[B]に入る語の組み合わせとして最も適切なものを、次の1～6の中から一つ選び、その番号を書きなさい。
1 A 力　B 労　　2 A 労　B 力
3 A 人　B 逸　　4 A 逸　B 人
5 A 力　B 人　　6 A 人　B 力

4 次の文章を読んで、あとの(1)～(5)に答えなさい。(22点)

書く側には、誰も読まないかもしれないなどという想像は浮かんでこない。何の疑いもなく、読み手の存在を当然の前提として文章を綴る。だが、人間には、読む権利があると同時に、読まない自由もある。そんな何の義務も義理もない赤の他人に、ぜひ読んでもらおうと思えば、それ相応の配慮が必要だ。まずは、読むに値するすぐれた内容を盛ること、そして、読むにたえる秀でた表現で綴ることである。わざわざその文章を読んでくれる奇特な相手に感謝し、その負担をできるだけ減らすことで少しでもその労に報いたい。

一般的な心構えとしてなら、そんなことは誰にでもわかっているかもしれない。だが、具体的にどうするかがむずかしい。しかも、表現の方策と効果はつねに一定ではない。読み手により、局面により、その目的により、その他さまざまな条件に応じて、結果はそれぞれ違うから、現実には途方にくれるばかりである。

＜国語＞

時間　五〇分　満点　一〇〇点

【注意】問題の1は放送による検査です。問題用紙は放送による指示があるまで開いてはいけません。

1　放送による検査（16点）

【資料】

発表項目

テーマ

「折り紙」という言葉の意味

日本で使う「折り紙」

世界で使う「折り紙」

折り紙の特徴を応用した研究

まとめ

質問メモ

田中さんの質問

折り畳める構造をもつ建物のよさとは？

2　次の(1)、(2)に答えなさい。（14点）

(1) 次のア～オの――の漢字の読みがなを書きなさい。また、カ～コの――のカタカナの部分を楷書（かいしょ）で漢字に書き改めなさい。

ア　音読で抑揚をつける。

イ　廉価な製品をつくる。

ウ　曇天の中を移動する。

エ　地域の催しに参加する。

オ　事実と意見を併せて発表する。

カ　体の中のゾウキの働きを勉強する。

キ　カンダンの差が激しい。

ク　方位ジシンを購入する。

ケ　物音に驚いて馬がアバれる。

コ　サイワいなことに雨がやんだ。

(2) 次のア、イの――のカタカナの部分を漢字で表したとき、その漢字と同じ漢字が使われている熟語を、それぞれあとの1～4の中から一つずつ選び、その番号を書きなさい。

ア　部屋をカタづける。

1 方言　2 破片　3 模型　4 形式

イ　当初の目的をカンスイする。

1 遂行　2 推進　3 睡眠　4 抜粋

3　次の文章を読んで、あとの(1)～(3)に答えなさい。（12点）

【漢文】

宓子（注1）賤治（ムルニ）単父（注2）（ヲ）、弾（キテ）鳴琴（ヲ）、身不（レ）下（ラ）堂（ヲ）、而（シテ）単父治（マル）。巫馬（注3）期以（テ）星（ヲ）出（デ）、以（テ）星（ヲ）入（リ）、日夜不（レ）居（ラ）、

国語放送台本

今から、国語の、放送による検査を行います。はじめに、解答用紙を出して、受検番号を決められた欄に記入してください。

次に、問題用紙の2ページを開いてください。

□一は、【資料】を見ながら放送を聞いて、質問に答える問題です。

ある中学校の国語の時間に、木村さんが調べたことについて発表しました。これから、その発表と、発表後の質疑応答の様子の一部を紹介します。そのあとで、四つの問題を出します。それを聞いて、解答用紙の(1)、(2)、(3)、(4)、それぞれの欄に答えを書きなさい。発表と質疑応答の様子、問題は、それぞれ一回しか言いません。必要なことは、メモを取ってもかまいません。

それでは、始めます。

［木村さん］

これから発表を始めます。私は折り紙について調べました。発表項目の資料を見てください。その項目順に、発表を進めます。

皆さんは、折り紙と聞いて、何を想像しますか。私は折り鶴を想像します。ところが、先日のテレビでは、折り紙と人工衛星の関係について放送していたのです。ロケットに人工衛星を載せるときに、太陽電池パネルを小さく畳んだり、宇宙の、予定された位置で、大きく広げたりするために、折り紙の特徴を応用する例が紹介され、私は興味をもちました。そこで、私は、テーマを「折り紙の特徴を生かした研究」と設定し、調べることにしました。

まず、「折り紙」という言葉の意味について説明します。日本で使う「折り紙」という言葉の意味は、紙でさまざまな形を折る遊びのことです。しかし、世界で使う「折り紙」という言葉の意味は、金属などを折ることで、状態を変化させること、とする場合もあるのです。

次に、折り紙の特徴を応用した研究について説明します。折り紙の特徴は、「畳んだり広げたりできる」ということです。その特徴を、金属などに応用する研究が、世界中で進んでいます。宇宙分野では、一辺が十四メートルの正方形で、髪の毛よりも薄い膜を、宇宙で広げることに、日本のグループが成功しました。その膜を折り畳むときに、折り紙をヒントにしたそうです。医療分野では、金属を使った網状（あみじょう）の筒を小さく折り畳み、血管を保護するために用いる研究が進んでいます。建築分野では、畳むと平らで、広げると立体になるという、折り畳める構造をもつ建物の研究が進んでいます。現在は、畳むと二十センチの高さが、広げると二メートルの高さになり、人が入れる建物が開発されています。私は、折り紙が国際語として広く使われ、折り紙の特徴が、身近なものから人工衛星まで、幅広い分野で応用されていることを知りました。折り紙の特徴を生かした研究がさらに進み、世界中の人々を支える手立ての一つになればいいと思います。以上で発表を終わります。質問はありませんか。田中さん、どうぞ。

［田中さん］

はい。折り畳める構造をもつ建物には、どのようなよさがあるのですか。

［木村さん］

はい。目的地に、容易に運べます。また、使ったあとは、場所をとらずにしまっておけます。折り畳める構造をもつ建物には、そういうよさがあるのです。

以上、木村さんの発表と質疑応答の様子の紹介は、ここまでです。続いて問題に移ります。

(1)の問題。木村さんが設定したテーマは何でしたか。書きなさい。

(2)の問題。木村さんは、日本で使う「折り紙」という言葉の意味は、どのようなことだと言っていましたか。書きなさい。

(3)の問題。木村さんの発表の仕方の説明として最も適切なものを、これから言う、1、2、3、4の中から一つ選んで、その番号を書きなさい。

1 発表の最初に自分の主張を述べることで、聞き手に話題が伝わるように発表している。

2 調べた内容について反対意見を交えて述べることで、聞き手が興味をもつように発表している。

3 調べた結果の問題点を強調して述べることで、聞き手の理解が深まるように発表している。

4 発表の項目を資料にして述べることで、聞き手に分かりやすくなるように発表している。

(4)の問題。木村さんは、田中さんの「折り畳める構造をもつ建物には、どのようなよさがあるのですか」という質問に対して、どのようなよさがあると言っていましたか。木村さんが言っていた内容をまとめて書きなさい。

これで、放送による検査を終わります。では、あとの問題を続けてやりなさい。

2020年度

解 答 と 解 説

《2020年度の配点は解答用紙集に掲載してあります。》

<数学解答>

1 (1) ア 2　イ −5　ウ $\frac{4}{5}y$　エ $-4a^2+18$　オ $-\sqrt{3}$

(2) $100a+50b=10c$　(3) $2\times3\times5^2$

(4) $\begin{cases} x=-1 \\ y=4 \end{cases}$　(5) エ　(6) 750　(7) 41

(8) 108π

2 (1) ア 13　イ 12　ウ 14　エ 6　オ 8

(2) ア 45　イ $\frac{1}{9}$

3 (1) ア 8　イ 168π　ウ 216

(2) ア ㋐ ∠BCD　㋑ $\sqrt{3}$　㋒ CB

㋓ 比　イ $\frac{9}{5}$

4 (1) $0\leqq y\leqq3$　(2) $y=x-4$　(3) ア $\frac{1}{3}t^2$

イ (6, 12)

5 (1) 12　(2) ㋐ 3　㋑ 3　㋒ 12

(3) 右図　(4) 18

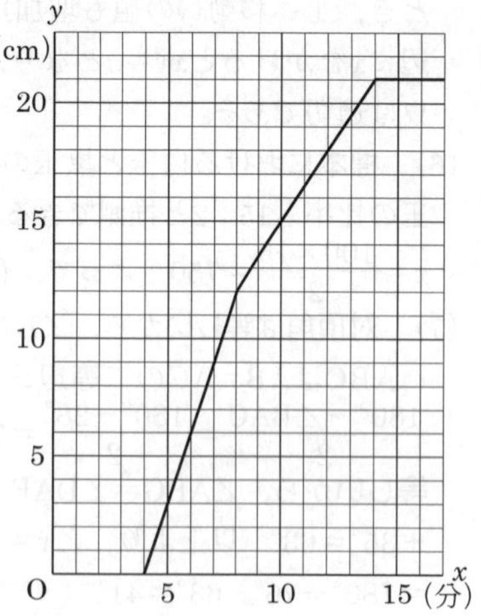

<数学解説>

1 (数・式の計算，平方根，文字を使った式，素因数分解，連立方程式，比例関数，標本調査，角度，表面積)

(1) ア　正の数・負の数をひくには，符号を変えた数をたせばよい。また，異符号の2数の和の符号は絶対値の大きい方の符号で，絶対値は2数の絶対値の大きい方から小さい方をひいた差だから，$-5-(-7)=(-5)+(+7)=+(7-5)=2$

イ　分配法則を使って，$\left(\frac{1}{4}-\frac{2}{3}\right)\times12=\frac{1}{4}\times12-\frac{2}{3}\times12=\frac{1\times12}{4}-\frac{2\times12}{3}=3-8=-5$

ウ　$4x\times\frac{2}{5}xy\div2x^2=4x\times\frac{2xy}{5}\times\frac{1}{2x^2}=\frac{4x\times2xy}{5\times2x^2}=\frac{4}{5}y$

エ　乗法公式$(\boldsymbol{a+b})(\boldsymbol{a-b})=\boldsymbol{a^2-b^2}$より，$(-2a+3)(2a+3)+9=-(2a-3)(2a+3)+9=-\{(2a)^2-3^2\}+9=-(4a^2-9)+9=-4a^2+9+9=-4a^2+18$

オ　$\sqrt{12}=\sqrt{2^2\times3}=2\sqrt{3}$　だから，$\sqrt{24}\div\sqrt{8}-\sqrt{12}=\sqrt{24\div8}-2\sqrt{3}=\sqrt{3}-2\sqrt{3}=(1-2)\sqrt{3}=-\sqrt{3}$

(2) 100円硬貨がa枚，50円硬貨がb円の合計金額は，100円×a枚＋50円×b枚＝$(100a+50b)$円…①　また，両替した10円硬貨がc枚の合計金額は，10円×c枚＝$10c$円…②　①＝②だから，$100a+50b=10c$

(3) 自然数を素因数の積に分解することを素因数分解という。

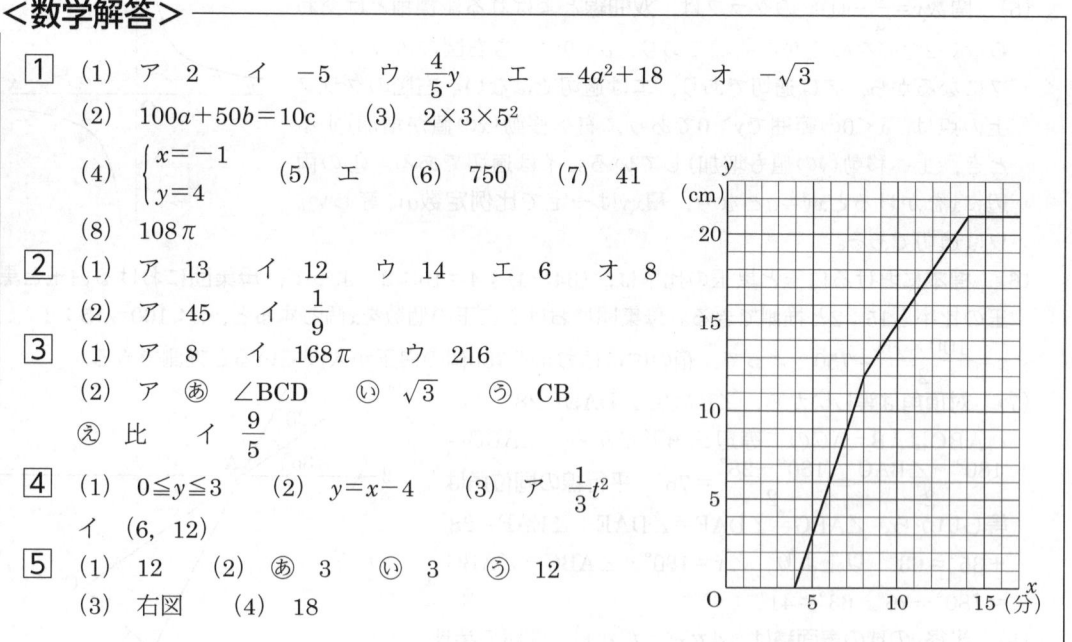

素因数分解は，右図のように，**素数**で順にわっていき，商が素数になったらやめる。よって，150を素因数分解すると　$2\times3\times5^2$　である。

$$\begin{array}{r|l} 2 & 150 \\ 3 & 75 \\ 5 & 25 \\ & 5 \end{array}$$

(4)　$\begin{cases} y=4(x+2)\cdots① \\ 6x-y=-10\cdots② \end{cases}$　①を②へ代入して，$6x-4(x+2)=-10$　$6x-4x-8=-10$　$2x=-2$　$x=-1$　これを①に代入して，$y=4(-1+2)=4$　よって，連立方程式の解は，$x=-1$，$y=4$

(5)　関数$y=\frac{a}{x}\cdots①$　のグラフは，**双曲線**とよばれる座標軸とは交わらない2つのなめらかな曲線であり，$a<0$のとき右図のようなグラフになるから，アは適切であり，エは適切ではない。右図のグラフ上の点は，$x<0$の範囲で$y>0$であり，右へ移動(xの値が増加)するとき，上へ移動(yの値も増加)している。イは適切である。①の両辺にxをかけると$xy=a$となり，積xyは一定で**比例定数**aに等しい。ウは適切である。

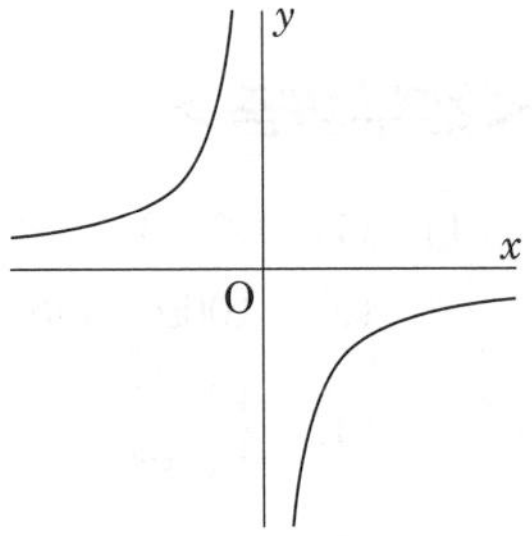

(6)　**標本**における白玉と黒玉の比率は，$(34-4):4=15:2$　よって，**母集団**における白玉と黒玉の比率も$15:2$と推測できる。母集団における白玉の個数をx個とすると，$x:100=15:2$　$x=\frac{100\times15}{2}=750$　よって，箱の中にはおよそ750個の白玉が入っていると推測できる。

(7)　**対頂角は等しい**から，$\angle BAC=\angle DAE=28°$　$\triangle ABC$は$AB=AC$の二等辺三角形だから，$\angle ABC=\frac{180°-\angle BAC}{2}=\frac{180°-28°}{2}=76°$　**平行線の同位角は等しい**から，$\angle ABG=\angle DAF=\angle DAE+\angle EAF=28°+35°=63°$　以上より，$\angle x=180°-\angle ABC-\angle ABG=180°-76°-63°=41°$

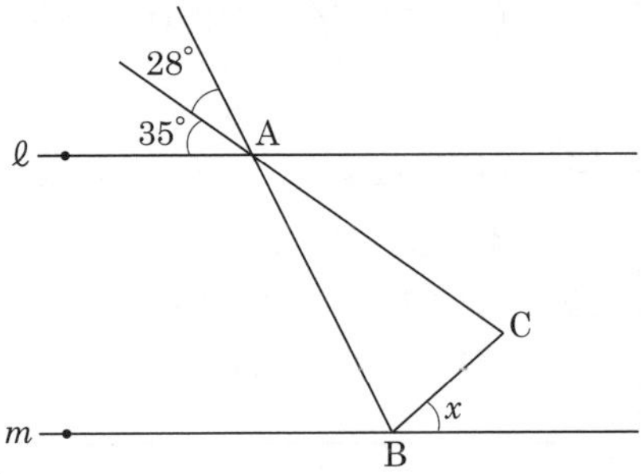

(8)　**半径rの球の表面積は　$4\pi r^2$**　だから，問題の半球の表面積は　$4\pi\times6^2\times\frac{1}{2}+\pi\times6^2=108\pi\ cm^2$

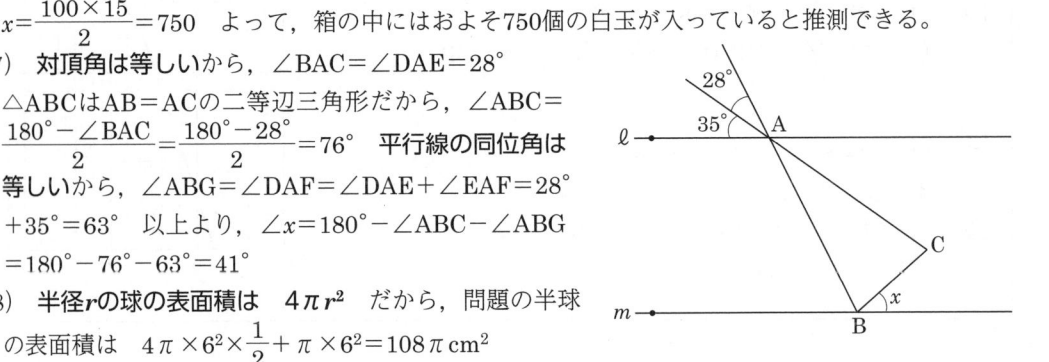

2　(方程式の応用，図形と確率)

(1)　問題図3において，$p=ab+cd+ac+bd=2\times3+7\times d+2\times7+3\times d=6+7d+14+3d=10d+20$　これが，150に等しいから，方程式$10d+20=150$が成り立つ。これを解いて　$d=13\cdots$ア
問題図4において，$p=ab+cd+ac+bd=ab+ac+cd+bd=a(b+c)+d(c+b)=(a+d)(b+c)=(3+9)(b+c)=12(b+c)$　これが，168に等しいから，方程式$12(b+c)=168\cdots$イ　が成り立つ。両辺を12でわって　$b+c=14\cdots$ウ　ここで，問題の条件　$a<b<c<d$　より　$3<b<c<9\cdots①$　ウと①の条件を同時に満たすのは，$b=6\cdots$エ，$c=8\cdots$オ　だということがわかる。

(2)　ア　$x=4$，$y=2$となるとき，点P，Qはそれぞれ点E，Cに移動するから，$\angle PAQ$の大きさは，$\angle EAC$の大きさに等しい。$\overset{\frown}{CE}$に対する**中心角と円周角の関係**から，$\angle PAQ=\angle EAC=\frac{1}{2}\angle EOC=\frac{1}{2}\times90°=45°$

イ　大小2つのさいころを同時に投げるとき，全ての目の出方は$6\times6=36$通り。このうち，$\angle PAQ=90°$となるのは，**直径に対する円周角が90°**であることから，線分PQが円Oの直径になるときで，$(x,\ y)=(1,\ 3)$，$(2,\ 2)$，$(3,\ 1)$，$(6,\ 6)$の4通り。よって，求める確率は　$\frac{4}{36}=\frac{1}{9}$

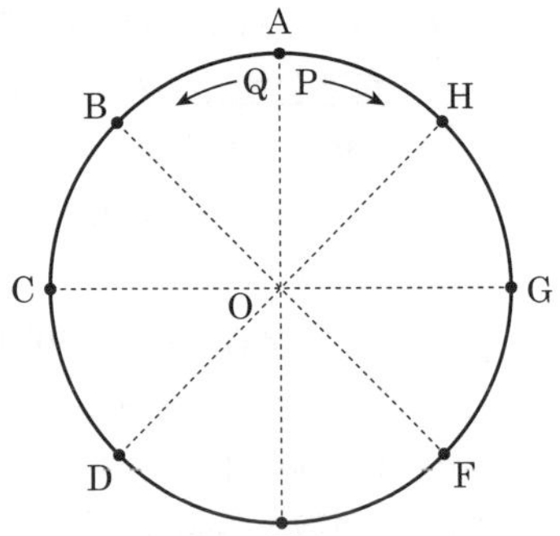

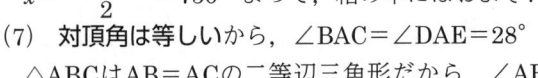

3 **(線分の長さ，回転体の体積，円すいの展開図，相似の証明，面積の比)**

(1)　ア　**直角三角形BCHの1つの内角が45°なので，3辺の比は1：1：$\sqrt{2}$**　BH＝CH＝6cm
△ABHで三平方の定理を用いると，$AH=\sqrt{AB^2-BH^2}=\sqrt{10^2-6^2}=\sqrt{64}=8$cm

イ　できる立体は，底面の半径がBH，高さがAHの円すいと，底面の半径がBH，高さがCHの円すいを合わせたものだから，求める体積は　$\frac{1}{3}\times\pi\times BH^2\times AH+\frac{1}{3}\times\pi\times BH^2\times CH=\frac{1}{3}\pi\times BH^2\times(AH+CH)=\frac{1}{3}\pi\times6^2\times(8+6)=168\pi\,cm^3$

ウ　△ABHを，辺AHを軸として1回転させてできる立体は，底面の半径がBH＝6cm，母線の長さがAB＝10cmの円すいである。この円すいを展開したとき，側面になるおうぎ形の中心角をa°とすると，1つの円では，**おうぎ形の弧の長さ(＝底面の円周の長さ)は，中心角の大きさに比例する**ことから，$\frac{a}{360}=\frac{2\pi\times BH}{2\pi\times AB}=\frac{BH}{AB}=\frac{6}{10}=\frac{3}{5}$　$a=\frac{3}{5}\times360=216$

(2)　ア　(証明)△ABEと△CBDについて　仮定より，**平行四辺形の2組の対角はそれぞれ等しい**から　∠BAE＝∠BCD(あ)…①　また，平行四辺形の2組の対辺はそれぞれ等しいから　AE：CD＝AE：AB＝1：$\sqrt{3}$(い)…②　AB：CB(う)＝$\sqrt{3}$：3＝($\sqrt{3}\div\sqrt{3}$)：($3\div\sqrt{3}$)＝1：$\sqrt{3}$…③　②，③から　AE：CD＝AB：CB…④　①，④から，2組の辺の比(え)とその間の角がそれぞれ等しいので　△ABE∽△CBD

イ　△ABEと△CBDの**相似比**は，AE：CD＝1：$\sqrt{3}$　**相似な図形では，面積比は相似比の2乗に等しい**から，△ABE：△CBD＝1^2：$(\sqrt{3})^3$＝1：3…①　**平行線と線分の比についての定理**より，DF：BF＝DE：BC＝(AD－AE)：BC＝(3－1)：3＝2：3…②　①，②より，△BCF＝$\frac{BF}{BD}$△CBD＝$\frac{3}{2+3}$△CBD＝$\frac{3}{5}\times3$△ABE＝$\frac{9}{5}$△ABE　だから，△BCFの面積は△ABEの面積の$\frac{9}{5}$である。

4 **(図形と関数・グラフ)**

(1)　xの**変域**に0が含まれているから，yの**最小値**は0。$x=-3$のとき，$y=\frac{1}{3}\times(-3)^2=3$　$x=1$のとき，$y=\frac{1}{3}\times1^2=\frac{1}{3}$　よって，yの**最大値**は3　yの変域は，$0\leqq y\leqq3$

(2)　点A，Bは$y=-\frac{1}{2}x^2$上にあるから，そのy座標はそれぞれ　$y=-\frac{1}{2}\times(-4)^2=-8$，$y=-\frac{1}{2}\times2^2=-2$　で，A(－4，－8)，B(2，－2)　よって，直線ABの傾き＝$\frac{-2-(-8)}{2-(-4)}=1$　直線ABの式を　$y=x+b$　とおくと，点Bを通るから，$-2=2+b$　$b=-4$　直線ABの式は　$y=x-4$

(3)　ア　点Pは$y=\frac{1}{3}x^2$上にあるから，そのy座標は　$y=\frac{1}{3}t^2$　で，$P\left(t,\ \frac{1}{3}t^2\right)$

イ　$OC+CP=\left(\frac{1}{3}t^2+t\right)$cm　これが18cmに等しいから，$\frac{1}{3}t^2+t=18$　$t^2+3t-54=0$
$(t-6)(t+9)=0$　$t>0$より，$t=6$　よって，点Pの座標は$P\left(6,\ \frac{1}{3}\times6^2\right)=P(6,\ 12)$

5 **(関数とグラフ，グラフの作成)**

(1)　問題図4のグラフから，水を入れ始めて4分後からの4分間，底面A上の水面の高さが12cmで変わらないことから，$a=12$である。

(2)　水を入れ始めてから4分間，底面A上の水面の高さは1分当たり12cm÷4分＝3cmずつ上昇するから，水を入れ始めて1分後の，底面A上の水面の高さは　毎分3cm×1分＝3cm…あ　水を入れ始めて4分後から8分後は，底面A上の水があふれ出て，底面B上に入る。底面Aの面積と底面Bの面積が等しいことから，底面B上の水面の高さも毎分3cmの割合で上昇するから，水を入れ始

めて5分後の，底面B上の水面の高さは　毎分3cm×(5－4)分＝3cm…㋑　水を入れ始めて8分後からは，底面Aと底面B上の水面が同時に上昇する。底面Aと底面Bを合わせた面積は，底面Aの面積の2倍だから，水面が上昇する割合は　毎分$3\times\frac{1}{2}=\frac{3}{2}$cm　となる。よって，底面Aと底面B上の水面の高さが18cmになるのは，水を入れ始めて　8分＋(18cm－12cm)÷毎分$\frac{3}{2}$cm＝12分後…㋒　である。

(3)　前問(2)の結果より，水を入れ始めて4分後から8分後は，底面B上の水面は毎分3cmの割合で上昇するから，水を入れ始めて8分後の，底面B上の水面の高さは　毎分3cm×(8－4)分＝12cm　$4\leqq x\leqq 8$のグラフは点(4，0)と点(8，12)を結んだ直線になる。水を入れ始めて8分後から底面B上の水面の高さが21cmになるまでは，底面B上の水面は毎分$\frac{3}{2}$cmの割合で上昇するから，底面B上の水面の高さが21cmになるのは，水を入れ始めて　8分＋(21cm－12cm)÷毎分$\frac{3}{2}$cm＝14分後である。$8\leqq x\leqq 14$のときのグラフは点(8，12)と点(14，21)を結んだ直線になる。

(4)　水を入れ始めて14分後からは，底面Aと底面B上の水があふれ出て，底面C上に入る。底面A，底面B，底面Cの面積は全て等しいことから，底面C上の水面の高さも毎分3cmの割合で上昇する。これより，水を入れ始めて20分後の，底面C上の水面の高さは　毎分3cm×(20－14)分＝18cm　である。

<英語解答>

1 (1) ア 3 イ 2 ウ 1 (2) ア 4 イ 2 ウ 3 (3) ア 4 イ 1 (4) (例)I cook breakfast with my mother(.)

2 (1) October (2) ア (I have)never seen them since I(came to Aomori.) イ (By the way, do you)know why we don't have(cruise ships in winter ?) ウ (I think)people can find something to enjoy(in winter in Aomori.)
(3) (例)I live in Aomori City. It's famous for food and hot springs. You can eat delicious fish and relax there. I think the park in Hirosaki City is the best place to see many beautiful flowers. You can enjoy seeing them in spring.

3 (1) (例) ア Can you help me? イ Why do you use them? ウ When do you clean them? (2) A 2 B 5

4 (1) ア 25 イ 選ぶ ウ 親切 (2) (例)1 Yes, they did. 2 They can understand the things which they should do. 3 She wants them to use *yasashii nihongo* for foreign people. (3) (例)1 It is as important as English. 2 If they find the words which they know, they will be happy.

5 (1) ア 1 イ 4 ウ 1 エ 2 (2) ア 3 イ 6 ウ 1
(3) (例)時間を違った方法で過ごしたので、家族との時間は自分にとって特別であると思ったこと。

<英語解説>

1 (リスニング)

放送台本の和訳は，47ページに掲載。

2 (会話文問題：グラフを用いた問題、語句補充・記述、語句の並べ換え、条件英作文、現在完了、間接疑問文、不定詞)

(和訳)　ポール(以下P)：このグラフを見て。これは2016年に青森港に来たクルーズ客船の数を示しているよ。このグラフから何か気づいたことはある？／ダイゴ(以下D)：そうだね，3月から10月にかけて，クルーズ客船が青森に来ているね。8月には5隻のクルーズ客船が寄港している。／P：夏には多くの祭りが催されるので，多くの人がそれを見学に来たのだね。ア僕は青森に住むようになってから，祭[それ]を見たことがないんだ。でも，ようやく来週には，お祭を見ることができる。／D：わっ，それは良かった。一緒にお祭を見に行こうよ。イところで，なぜ冬にはクルーズ客船が来ないのかが，わかる？／P：たぶん，多くの人々が青森の冬の良さがわかっていないからだね。でも，僕は多くの良い点があることを知っているよ。ウ青森の冬でも，人々が楽しみを見つけることができる，と僕は考えている。青森港に，一年中クルーズ客船がやって来るようになれば良い，と思っているんだ。／D：同感だなあ。インターネットを使えば，観光客に対して，もっと青森の冬の良さに関する情報を提供することができるよ。／P：それは良い考えだね。

(1)　空所を含む英文の意味は「3月から(　)にかけて，クルーズ客船が青森を訪れている」。従って，表より3月から何月まで，クルーズ客船が寄港しているかを確認のうえ，該当する月名を英語で答えること。正解は，「10月」に該当する October である。

(2)　ア　(I have)never seen them since I(came to Aomori.)　現在完了(完了・経験・継続・結果)<**have[has]never ＋過去分詞＋ since** …>「…以来，決して～したことがない」)　イ　(By the way, do you)know why we don't have(cruise ships in winter?)　間接疑問文(疑問文が他の文に組み込まれた形)<疑問詞＋主語＋動詞>の語順になるので注意。　ウ　(I think)people can find something to enjoy(in winter in Aomori.)　不定詞[to do]の形容詞的用法<名詞＋ **to do**>「～するための[するべき]名詞」

(3)　住んでいる地域の紹介文を英語20語以上でまとめる条件英作文。(解答例和訳)私は青森に住んでいる。食べ物と温泉で有名だ。ここでは，美味しい魚を食べて，くつろぐことができる。／多くの美しい花を見るには，弘前市の公園が最適だと思う。春にそれらを鑑賞して楽しむことが可能だ。

3 (会話文問題：文の挿入・記述・選択，助動詞，接続詞，動名詞)

(和訳)　ケイティ(以下K)：もしもし，こちらはケイティです。／シオリ(以下S)：あっ，ケイティ。シオリよ。どうしたのかしら。／K：日本の文化に関する宿題がちょっと出ているの。私にとって目新しかった2つの事柄についてレポートを書いているのよ。今日中に終わらせなければならないわ。ア手伝ってもらえるかしら。／S：ええ，いいわよ。何を知りたいのかしら。／K：最初(の項目)はマスクについてよ。マスクを着用している日本人をよく見かけるのだけれど。あなたもマスクを使っているでしょう？　イなぜそれ[マスク]を使うのかしら。／S：風邪を予防したいからと，風邪を他の人にうつしたくないからよ。アメリカ人もマスクを使うのでしょう？／K：いいえ。アメリカ人はめったにマスクを使うことはないわ。仕事上で使う人はいるけれど。例えば，医師，看護師，そして，科学者ね。マスクを使用することは，私達の文化ではない[文化に根付いていない]わ。／S：なるほど。分かった。A 2マスクを使用するということに対する考え方は，異なっているのね。そのこと[マスクを使用すること]で，健康や礼儀を維持している，と日本人は考えているの。／K：なるほど。第2(の事柄)は，日本の高校生活についてよ。日本人の生徒は，自ら教室を清掃するそうね。B 5それって本当かしら？／S：そうよ。／K：へえー，通常。アメリカ人学生は，教室の掃除はしないわ。あなたの学校の教室について教えて。ウいつ教室を掃除するのかしら。／

S：放課後よ。私達は毎日教室を掃除するの。／K：それは興味深いわね。良いレポートが書けると思うわ。シオリ，ありがとう。

(1)　ア 「日本の文化に関する宿題が出た。～ 今日中に終わらせなければならない。［ア］」(ケイティ)→「ええ，いいわよ」(シオリ)文脈と空所アに対するシオリの応答より，Can ～ ? で始まり，「手伝ってもらえるか？」という趣旨の英文が当てはまることになる。**can「～できる」助動詞を含む文の疑問文＜助動詞＋主語＋原形 ～?＞**　イ 「あなたもマスクを使うでしょう？［イ］(ケイティ)→ 「風邪予防と人にうつしたくないから」(シオリ)空所イに対して，**because**「～だから」(理由を述べる接続詞)で応じていることや文脈から，マスク着用の理由を尋ねる英文(「なぜマスクを使うのか」)が当てはまることになる。**理由を尋ねる疑問文 Why ～ ?「なぜ～か」**　ウ 「日本人学生は教室の掃除を行う」(ケイティ／シオリ)→「アメリカ人学生は清掃を行わない。あなたの学校の状況を教えて欲しい。［ウ］」(ケイティ)→「放課後実施」(シオリ)以上の文脈から，空所には「いつ清掃をするのか」という意味の英文を当てはめれば良いことになる。**時を尋ねる疑問文 When ～ ?「いつ～か」**

(2)　［A］「一部の職業従事者以外，アメリカ人はマスクを着用しない」(ケイティ)→「なるほど。分かった。［A］日本人はマスクの着用により，健康や礼儀を維持している」(シオリ)以上より，マスクをめぐる日米の習慣の違いに言及した2「マスクを使用する考え方が異なる」が正解。about <u>using</u> masks ← ＜前置詞＋動名詞＞ **動名詞[doing]「～すること」**　［B］「日本人の生徒は自ら教室を清掃するそうね。［B］」→「そうよ」空所には，直前の事実の真偽を尋ねる5「それって本当？」が当てはまる。その他の選択肢は次の通り。1「それは第4番目のこと？」／3「彼らは日本の学校について考えている？」／5「マスクについて知るべきでない」／6「あなたはレポートを書かなければならない」**＜be動詞 ＋ 現在分詞[doing]＞進行形「～しているところだ」　should「～すべきだ／きっと～だろう」＜have[has]＋ 不定詞[to do]＞「～しなければならない／に違いない」**

[4]　(長文読解問題・エッセイ：メモを用いた問題，日本語で答える問題，英問英答，内容真偽，和文英訳，助動詞，形容詞，代名詞，過去，関係代名詞，不定詞，比較，接続詞)

(和訳)　今日は，特に外国人のための日本語について話そうと思う。25年前，日本は災害に襲われた。当時，多くの外国人が困難な状況を経験した。彼らは日本語で表された警告や必要な情報を理解することができなかったからだ。ほとんどの語や文が彼らにとって難し過ぎたのである。日本語で意思伝達をするためには，他の方法が求められた。そこで，災害時に外国人を支援する目的で，‘やさしい日本語’がつくられた。／‘やさしい日本語’には規則がある。いつくか説明しよう。さまざまな情報源より，必要な情報を選択する必要がある。平易な言葉を使い，文は短くしなくてはならない。(日本語の)文字で表記される際には，漢字を使いすぎてはならない。これらの規則を理解するのは，難しいことだろうか。／最近，‘やさしい日本語’は周囲で広がりをみせている。病院でそれ[‘やさしい日本語’]を用いる医師が出てきた。病気にかかった外国人は，自分がしなければならないことがわかる。市役所で使用されている場合もある。電車やバスの乗り方に関する情報が提供されている。こうした情報は‘やさしい日本語’で表示されているのだ。／‘やさしい日本語’の中の‘やさしい’という語は，2つのものを指している，という人がいる。一つは「易しい」で，他方は「優しい」だ。これ[‘やさしい日本語’]を使えば，周囲の外国人にとって，日本での暮らしが容易になる。彼らは親切な行為に対して，感謝の気持ちも抱くだろう。／さて，‘やさしい日本語’に関して，多くのことを知ったことになる。外国の人々に対して，これ[‘やさしい日本語’]を使うようにしよう。実践するのはあなた。

(1) (ア)日本で災害があったのは25年前。(第1段落第2番目の文)　(イ)第2段落第2文に，You should choose necessary information とあるのを参考にすること。「～さまざまな情報源から必要な情報を選ぶべきだ」とある。**should**「～すべきだ／するはずだ」(ウ) 第4段落第1・2文目に「'やさしい日本語'には，簡単な[easy]と親切な[kind]の2つの意味がある」と述べられている。one ～ the other …「一つには～，残りの一つには…」

(2) 1「災害の際に，多くの外国人は困難な体験をしたか」第1段落第2文目の内容に一致するので，肯定で答えること。**一般動詞過去時制の肯定の応答文 <Yes, 主語 + did.>** have a hard time「困難に遭遇する」　2「医師が'やさしい日本語'を使用した際，病気の外国人は何を理解することができるか」第3段落第2・3文目参照[～ can understand the things which they should do]← which 目的格の関係代名詞 **<先行詞＋目的格の関係代名詞＋主語＋動詞>「主語が動詞する先行詞」**　3「ナナは彼女の級友に何をして欲しいか」最終段落を参考のこと。<want ＋ 人 ＋ 不定詞[to do]>「人に～してもらいたい」**<Let's＋原形>「～しよう」**

(3) (和訳)「私はテレビで'やさしい日本語'に関するニュースを見ました。それを使えば，日本についてもっと多くの外国人に話をすることが可能です。1それは英語と同じくらい大切です。例えば，日本へ旅行する前に，外国人が日本語を学ぶことができるかもしれません。2もし彼らが知っている単語を見つければ，彼らは幸せでしょう。彼らは再び訪れることになると思います」

1 **「同じくらい～だ」<as＋形容詞／副詞の原級＋as>**→「同じくらい重要な」as important as　2 **「もし～ならば」if ～** 条件を表す接続詞「彼らが知っている単語」the words (which／that) they know 目的格の関係代名詞。**<先行詞＋(目的格の関係代名詞)＋主語＋動詞>「主語が動詞する先行詞」目的格の関係代名詞は省略可。**

5 **(長文読解問題・エッセイ：内容真偽，要約文を用いた問題，指示語，不定詞，進行形，受け身，分詞の形容詞的用法)**

(和訳) ある日，アユミは(彼女の)部活動を終えて，学校から帰宅した。彼女の父が自宅にいるのを見て，彼女は驚いた。彼は新聞を読んでいた。アユミは尋ねた。「どうしたの？　いつも忙しくて，帰宅が遅いのに」彼女の父は答えた。「今日は，星とキャンドルの夜と呼ばれる催しが，この村で行われるのさ。この行事では，人々が公園で美しい星とろうそくの明かりを見て，くつろいで夏の夜を過ごす。だから，君とお母さんとそこへ出かけるために，早く帰宅したのさ」／アユミは次のように述べた。「夕食の後，インターネットで動画を見たいの。公園でお父さんのスマートフォンを使っても良い？」彼女の父は答えた。「ごめんよ，今日は使えないね。それ[スマートフォン]なしでも，催しを楽しめると思う」彼女はそれを聞いて，がっかりした。電子機器なしでどうやって夜を過ごしたらよいかが，彼女には想像できなかった。その時にアユミの母が発言した。「小学校に通っていた時には，あなたは星を見るのが好きだったよね。公園でたくさんの星と美しいろうそくの明かりを見ることができるわ。夕食後に，一緒にそこへ行きましょうね」アユミはその催しに興味を抱き始めた。／アユミと彼女の両親が公園に着くと，多くの人々がすでにそこに来ていて，話で盛り上がっていた。公園にはおよそ500本のろうそくがあり，ろうそくの明かりは輝いていた。しばらくして，公園に備え付けられていた電気による照明は消された。空と公園は，驚くべき光景だった。みんなが息をのんだ。アユミは空に輝くたくさんの星を見た。同様に，彼女は公園にある自分の周辺のろうそくも見つめた。アユミは両親に言った。「星とろうそくの明かりがとてもきれいね。こんな明るいなんて知らなかった」アユミはとてもゆったりとした気持ちでいた。／

アユミの父が彼女の母に語りかけた。「君やアユミとたくさんの時間を共有することができるのは，幸せだね」彼女の母は返答した。「そうね。一緒に時間を過ごすのは良いわね」アユミが発言した。「家族と一緒の時間は，私にとって特別なものだ，と感じたわ。(今までと)違ったやり方で過ごしたので」彼女の母は「それは重要なことね，アユミ。私はあなたともっと話をしたいわ」と言った。美しい星とろうそくの明かりを見て，公園にいる多くの人々がほほ笑んでいた。アユミと彼女の両親は，長い間，明かりを見つめて，話し続けた。その晩はとても素晴らしいものとなった，と彼女らは感じた。

(1) ア 「アユミは学校から帰宅すると[1]彼女の父親が既に家にいた」第1段落第1・2文目の内容に一致。他の選択肢は次の通り。 2 「彼女の父親は彼女を見て驚いた」(×) 驚いたのはアユミのほうである。(第1段落第2文目)<**感情を表す語＋不定詞[to do]**>「**～して感情がわきあがる**」 3 「彼女の父はろうそくの明かりを見ていた」(×) 4 「彼女の父は本を読んでいた」(×) 父は新聞を読んでいたのである。(第1段落第3文目)was seeing[reading]← <**be動詞＋現在分詞[doing]**> **進行形「～しているところだ」** イ 「アユミは両親と公園へ行く前に[4]彼女はその催しに興味を抱き始めた」第2段落の最終文と内容が一致。<**be動詞 ＋ interested in**>「**～に興味がある**」他の選択肢は次の通り。 1 「彼女はそこへの行き方を知りたがった」(×) <**how ＋不定詞[to do]**>「**～する方法**」 2 「彼女は小学校を訪問したかった」(×) 小学校が話題に上がるのは，「小学生の時に星を見ることが好きだった」という事象のみに限定。(第2段落最後から第4文目) 3 「彼女は両親とろうそくを使い始めた」(×)いずれも言及なし。 ウ 「アユミが公園に着いた時に，[1]多くの人々がそこで話をしていた」第3段落第1文目に一致。arrive at「(場所)に到着する」<**be動詞＋現在分詞[doing]**> **進行形「～しているところだ」**他の選択肢は次の通り。 2 「彼女の両親は彼女と一緒に行かなかった」(×) 彼女の両親も一緒について行った。(第3段落最初の文) 3 「300本のろうそくがそこで売られていた」(×) 約500本のろうそくがあった，という記述はあるが(第3段落第2文目)，「売られていた」という事実はない。were sold ← **受け身「～される／されている」**<**be動詞＋過去分詞**> 4 「電気照明は消された」(×) 電気照明が消されたのは，後になって[later]からで(第3段落第3文目)，アユミの公園への到着時ではない。turn off「消す」⇔ turn on「点灯する」 エ 「催しの最中に，[2]アユミの母は，彼女の家族と共に時を過ごすのは良いことである，と感じた」第4段落第2文目と一致。<**It is ＋形容詞＋不定詞[to do]**>「**～ [不定詞] するのは… [形容詞] である**」他の選択肢は次の通り。 1 「アユミの父は公園でスマートフォンを失くした」(×) 言及なし。 3 「アユミと彼女の両親は電気照明を長い間見つめた」(×) 電気照明[electric lights]は途中で消灯され(第3段落第3文目)，見つめていたのは candlelight「ろうそくの明かり」である。(第4段落最後から第2文目)turn off「(栓・スィッチをひねって)止める／消す」⇔ turn on「(栓・スィッチをひねって)つける／出す」 4 「アユミは忙しすぎて星を見ることができなかった」(×) アユミは星を見ている。(第3段落第6文目)<**too ＋ 形容詞／副詞 ＋ 不定詞[to do]**>「**～ [形容詞／副詞] すぎて… [不定詞] できない／… [不定詞] するにはあまりにも～ [形容詞／副詞] すぎる**」

(2) (和訳)「ある日，アユミは星とキャンドルの夜と呼ばれる催し$_{ア}$[3]に参加した。催しの間に，アユミは多くの星や美しいろうそくの明かりを見た。彼女は両親とたくさん話をして，$_{イ}$[6]うれしかった。アユミと両親はこの催しを通じて，素晴らしい$_{ウ}$[1]体験をした」 ア join「～に参加する」an event called Night of Stars and Candles ← **過去分詞の形容詞的用法 <名詞＋過去分詞＋他の語句>「～される名詞」** イ アユミは家族と一緒に過ごす経験を特別[special]だったと述べていることから考える。(第3文目) ウ experience「体験」他の選

択肢は次の通り。2「作った」made ← makeの過去形／4「悲しい」／5「歩いた」／7「夕食・その日の主な食事」

(3) 直前のアユミの発言「時間を違った方法で過ごしたので，家族との時間は自分にとって特別であると思った」を受けている。thatが指す内容なので，文末を「～こと」にすると良い。

2020年度英語　放送による検査

〔放送台本〕

(1)は，英文と質問を聞いて，適切なものを選ぶ問題です。問題は，ア，イ，ウの三つあります。質問の答えとして最も適切なものを，1，2，3，4の中からそれぞれ一つ選んで，その番号を解答用紙に書きなさい。英文と質問は二回読みます。

アの問題

Yuka will send a New Year's card to Mary. She wrote it in English. Which card shows this?

イの問題

Shinji went to a shop to buy a gift for his sister. He had one thousand yen and bought flowers for her. Which did he buy?

ウの問題

You and Jiro are studying. You are going to pass a pen to him. What will you say to him?

〔英文の訳〕

アの問題

「ユカはメアリーに年賀状を送る。彼女はそれを英語で書いた。どのカードがこれを示しているか」

イの問題

「シンジは彼の姉[妹]のために贈り物を買いに店へ行った。彼は千円所持していて，彼女に花を買った。彼はどれを買ったか」

ウの問題

「あなたとジロウは勉強している。あなたは彼にペンを渡そうとしている。あなたは彼に何と言うか」

〔選択肢の和訳〕 1 「はい，どうぞ」(○)　2 「そう望んでいる」(×)
3 「いらっしゃい／どういたしまして」(×)　4 「はい，します／そうです」(×)

〔放送台本〕

(2)は，外国語指導助手のメイ先生からの，行事に関する話を聞いて，質問に答える問題です。問題は，ア，イ，ウの三つあります。はじめに，英文を二回読みます。次に，質問を二回読みます。質問の答えとして最も適切なものを，1，2，3，4の中からそれぞれ一つ選んで，その番号を解答用紙に書きなさい。

I have good news for you. We will have an event about India at the computer room. It will start after school next Friday. In the event, you can watch a

movie about its history. You can also play three games. They are popular in India. We studied about India this Wednesday. I hope you will learn more about it. See you then.

ア　When will students have the event?
イ　What can students do in the event?
ウ　How many games can students play in the event?

〔英文の訳〕
あなたたちに良い知らせです。コンピューター教室でインドに関する催しがあります。次の金曜日の放課後にそれは開催されます。催しでは，その[インドの]歴史に関する映画を見ることができます。また，3つのゲームをすることも可能です。それらはインドで人気があります。私たちは今週の水曜日にインドについて学びました。あなたたちがもっとそれ[インド]に関する知識を深めることができたら，と願っています。それではまた。

質問ア：「いつ生徒に対するそのイベントが開催されるか」
〔選択肢の訳〕 1 「この水曜日」　2 「この金曜日」　3 「次の水曜日」　④ 「今度の金曜日」
質問イ：「その催しで生徒は何をすることができるか」
〔選択肢の訳〕 1 「インドについてニュースを読むことができる」　② 「映画を見ることができる」　3 「人気のある歌を歌うことができる」　4 「写真を一緒に撮影できる」
質問ウ：「その催しでは生徒はいくつのゲームをすることができるか」
〔選択肢の訳〕 1 「1つ」　2 「2つ」　③ 「3つ」　4 「4つ」

〔放送台本〕
(3)は，アンナとユウジの対話の一部を聞いて，質問に答える問題です。問題は，ア，イの二つあります。はじめに，対話を読みます。次に，質問を読みます。質問の答えとして最も適切なものを，1，2，3，4の中からそれぞれ一つ選んで，その番号を解答用紙に書きなさい。対話と質問は二回読みます。

アの問題
Anna: We can enjoy seeing a lot of animals here. I'm excited.
Yuji: Me, too. Which animal do you want to see first?
Question: Where are they talking now?

イの問題
Anna: It is raining and cold now! Yesterday, it was sunny and warm.
Yuji: Will it rain tomorrow, again?
Anna: No. It will be cloudy.
Question: How is the weather now?

〔英文の訳〕
アの問題
アンナ：「ここでは多くの動物を見て楽しむことができるわね。ワクワクするわ」
ユウジ：「僕もそうだよ。まず，君はどの動物を見たい？」
質問：「今彼らはどこで話をしているか」
〔選択肢の訳〕 1 「駅」　2 「コンビーニエンス・ストア」　3 「空港」　④ 「動物園」

〔英文の訳〕
イの問題
アンナ：「今，雨が降っていて，寒いね！　昨日は晴れていて，温かかったわ」
ユウジ：「明日，再び雨が降るのかな」
アンナ：「いいえ。曇りよ」
質問：「今の天候はどうか」
〔選択肢の訳〕 ①「雨だ」　2「晴れている」　3「それは明日だ」　4「温かい」

〔放送台本〕
(4)は，メイ先生の話を聞いて，質問に答える問題です。話の最後の質問に対して，あなたなら何と答えますか。あなたの答えを解答用紙に英文で書きなさい。メイ先生の話は二回読みます。

It is good to help your family. When I was young, I washed my mother's car. What do you do for your family?

〔英文の訳〕
あなたの家族を手助けするのは良いことです。私は若い頃，母の車を洗いました。あなたは家族(のため)に何をしますか。
〔解答例の和訳〕 私は母と朝食を作ります。

<理科解答>

1 (1) ア 単細胞生物　イ 1　(2) ア 感覚器官　イ 1，4　(3) ア 3
イ 105〔km〕　(4) ア 衛星　イ ① 3　② B

2 (1) ア 1　イ $2Ag_2O \rightarrow 4Ag + O_2$　(2) ア 中和
イ 0.30〔g〕　(3) ア フックの法則　イ 35〔g〕
(4) ア 右図　イ 3.0〔倍〕

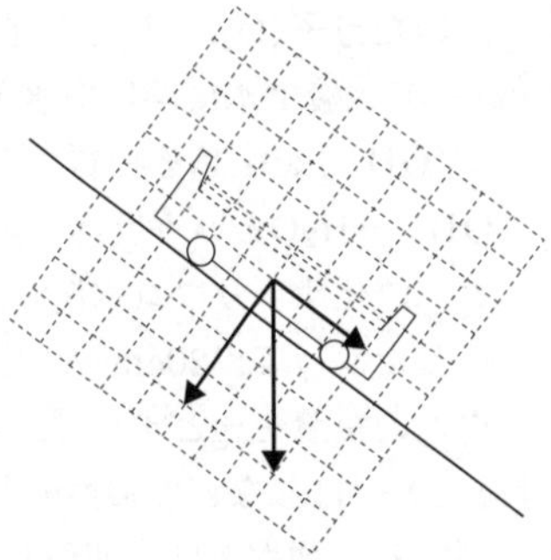

3 (1) 3　(2) (例)細胞どうしがはなれやすくなるから。
(3) ア DNA［デオキシリボ核酸］　イ 1
ウ a → f → d → b → c → e　(4) (例)根は，先端に近い部分の細胞が分裂することで数が増え，増えた細胞のそれぞれが大きく(長く)なることにより，成長する。

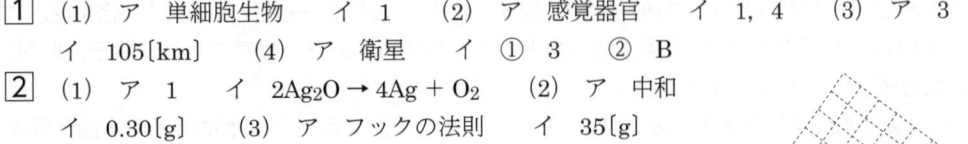

4 (1) 4　(2) (例)ろ紙のすきまより小さい水の粒子は通りぬけるが，デンプンの粒子は通りぬけることができないため。　(3) 飽和水溶液
(4) ア 13.9〔g〕　イ 3　ウ 43.8〔g〕

5 (1) ア 3　イ 3.0〔V〕　ウ 2.0〔A〕　エ 2　(2) ア ジュール　イ 1，3

6 (1) ア 露点　イ 2　ウ (例)熱を伝えやすい　エ 56〔%〕
(2) ア 3　イ (例)大気圧(気圧)が低くなる

<理科解説>

1 (小問集合－生物の観察，ヒトの体のつくり，地震，天体)

(1)　ア　ミカヅキモやゾウリムシのように，体が1つの細胞だけでできている生物を**単細胞生物**，体が多くの細胞からできている生物を**多細胞生物**という。　イ　顕微鏡で観察するとき，プレパラートに対物レンズを近づけるようにしてピントを合わせると，対物レンズがカバーガラスにふれて割れるおそれがある。逆に，できるだけ近づけておいてから，対物レンズをプレパラートから遠ざけながらピントを合わせる。

(2)　ア　ヒトの**感覚器官**には目(視覚)，耳(聴覚)，鼻(臭覚)，舌(味覚)，皮ふ(触覚)などがあり，それぞれの感覚器官には，決まった種類の刺激を受けとる感覚細胞がある。　イ　光の刺激は，**網膜**から視神経を通して**大脳**に伝えられる。音は空気の振動で伝えられ，鼓膜で受けとられた空気の振動は，**耳小骨**で強められ，**うずまき管**の聴細胞で受けとられて神経を通して大脳へと伝えられる。

(3)　ア　地震によるある地点での地面のゆれの程度を**震度**といい，日本では10段階に分けられている。**マグニチュード**(M)は地震が起こったときに放出されるエネルギーのちがいを表している。　イ　**初期微動継続時間**は，震源からの距離に比例する。70(km)：10(秒)＝x：15(秒)，x＝105(km)

(4)　ア　太陽のように自ら光を出している天体を**恒星**といい，恒星のまわりを**公転**して光を反射して光っている天体を**惑星**という。さらに，この惑星のまわりを公転している小さな天体を**衛星**という。　イ　満月が地球の影に入ってしまい，月の一部または全部が欠けることを**月食**という。地球と月と太陽が一直線上に並ぶときに起こる。

2 (小問集合－分解，中和，力とばね，物体の運動)

(1)　ア　酸化銀を加熱すると，**分解**して銀と酸素が生じる。白い物質は金属である銀。金属には，みがくと輝く(金属光沢)，たたくと広がり(展性(てんせい))，引っ張るとのびる(延性(えんせい))，電流が流れやすく熱が伝わりやすいという共通の性質がある。　イ　(酸化銀)→(銀)＋(酸素)　化学反応式では，矢印の左右(反応の前後)で原子の種類と数が一致する。また，酸素の気体は**原子**2個が結びついた**分子**(O_2)として存在する。

(2)　ア　酸は水に溶けて**水素イオン**(H^+)と生じる物質で，アルカリは水に溶けて**水酸化物イオン**(OH^-)を生じる物質である。酸性の水溶液とアルカリ性の水溶液を混ぜ合わせると，$H^+ + OH^- \rightarrow H_2O$という反応によって水が生じ，おたがいの性質を打ち消し合う。　イ　うすい塩酸と水酸化ナトリウム水溶液は，10：16＝5：8の体積比で過不足なくちょうど反応する。

したがって，20cm^3の水酸化ナトリウム水溶液のすべてが反応に使われる。求める塩化ナトリウムの質量をxgとすれば，16：0.24＝20：x，x＝0.30(g)

(3)　ア　ばねなどの**弾性**のある物体が力を受けたときの変形の大きさは，加えた力の大きさに比例する。弾性とは，変形した物体がもとに戻ろうとする性質のことである。　イ　ばねに加える力の大きさをxNとすると，0.50(N)：4.0(cm)＝x(N)：2.8(cm)，x＝0.35(N)　したがって，つるしたおもりの質量は，0.35×100＝35(g)

(4)　ア　斜面上の物体にはたらく鉛直方向の**重力**を分解すると，斜面に沿った方向の分力と斜面に垂直な方向の分力は，重力を対角線とする平行四辺形(長方形)の2辺になる。　イ　0.4秒から0.5秒の**平均の速さ**は，(73.3－46.9)(cm)÷0.1(秒)＝264.0(cm/秒)，0.1秒から0.2秒の平均の速さは，(11.7－2.9)(cm)÷0.1(秒)＝88.0(cm/秒)　したがって，264.0÷88.0＝3.0(倍)

3 (細胞と成長－細胞の観察，染色体，遺伝子，細胞分裂)

(1)　フェノールフタレイン溶液はアルカリ性で赤色に，ヨウ素液はデンプンがあると青紫色にな

る。ブドウ糖などをふくむ溶液にベネジクト液を加えて加熱すると，赤かっ色の沈殿ができる。

(2)　うすい塩酸に入れて湯であたためると，細胞と細胞の結合を切ってばらばらになりやすく，顕微鏡で観察するときに見やすくなる。

(3)　ア　生物の特徴になる**形質**を表すもとになるものを**遺伝子**といい，これは細胞の核の中にある**染色体**に存在する。その遺伝子の本体はDNA(デオキシリボ核酸)という物質であることがわかっている。　イ　**体細胞分裂**では，まず染色体が複製されて数が2倍になり，これらが2つに分かれて新しい2つの細胞へそれぞれ入る。その結果，新しい2つの細胞の**核**にある染色体の数は，もとの細胞と同じになる。　ウ　細胞分裂では，核の中に染色体が現れ(f)，染色体は太く短くなって2つに分かれる(d)。さらに，分かれた染色体は細胞の両端に移動し(b)，染色体はそれぞれかたまりになって細胞の真ん中にしきりができ始める(c)。この染色体のかたまりが核になってしきりがはっきりできる(e)。

(4)　細胞の1つ1つが細胞分裂をくり返すことで細胞の数がふえ，それらが大きくなることで生物の体全体が成長する。

4　**(水溶液－粒子のモデル，飽和水溶液，溶解度，再結晶)**

(1)　物質が水に溶けると，集まっていた物質の粒子がばらばらに分かれ，水の粒子の間に入りこんでいくため目には見えなくなり，透明な水溶液になる。ばらばらになった粒子は散らばって動き回っているので，時間がたっても下のほうに集まったりしない。

(2)　デンプンは水に溶けにくいため，液全体が白くにごった。ろ紙の目のすき間よりも小さな粒子は通りぬけるが，デンプンのように大きな粒子は通りぬけられず，ろ紙の上に残る。

(3)　一定量の水に溶ける物質の最大の量を，その物質の**溶解度**という。物質が溶解度まで溶けている水溶液を**飽和水溶液**という。

(4)　ア　40℃での硝酸カリウムの溶解度は63.9g。したがって，63.9－50.0＝13.9(g)の硝酸カリウムを溶かすことができる。　イ　60℃で塩化ナトリウムがすべて溶けていることから，(38.0×2)g以下であることがわかる。さらに，15℃で結晶が出てきたので(26.0×2)g以上である。

ウ　**濃度**30.0％の水溶液300.0gに溶けている硝酸カリウムの質量は，$300.0\times\frac{30}{100}=90.0$(g)
10℃の水(300.0－90.0)gの水に溶ける硝酸カリウムの質量をxgとすると，$100:22.0=210.0:x$，$x=46.2$(g)　したがって，再結晶によって出てくる硝酸カリウムの質量は，90.0－46.2＝43.8(g)

5　**(電流－電圧と電流，抵抗，熱量)**

(1)　ア　－端子については，50mA端子では最大50の目もりが50mA，500mA端子では最大5の目もりが500mAになる。1.5A＝1500mAなので，最大の－端子である5A端子を使用する。4はどちらも－端子を使用しているので測定できない。　イ　電圧(V)＝電流(A)×抵抗(Ω)より，1.5(A)×20(Ω)＝3.0(V)　ウ　図2の電熱線a，bには，いずれも6.0Vの電圧がかかる。電流(A)＝電圧(V)÷抵抗(Ω)より，6.0(V)÷3.0(Ω)＝2.0(A)　エ　電熱線aに流れた電流は，6.0(V)÷2.0(Ω)＝3.0(A)　したがって，回路全体の電流は，3.0＋2.0＝5.0(A)　回路全体の抵抗は，6.0(V)÷5.0(A)＝1.2(Ω)

(2)　ア　**熱量**の単位はジュール(J)で，1Wの電力で1秒間電流を流すと1Jの熱が発生する。

イ　熱量(J)＝電力(W)×時間(秒)，電圧は6.0Vで一定なので，電流が大きいほど(抵抗が小さいほど)熱量は大きくなる。aとbを**直列**につないだ回路全体の抵抗は(2.0＋3.0)Ω，aとbを**並列**につないだ回路全体の抵抗は，2.0Ωより小さい。

6　(空気中の水蒸気－露点，湿度，雲のでき方)

(1)　ア　水蒸気を含む空気が冷えてある温度になると，**凝結**が始まって水滴ができ始める。このときの温度を，その空気の**露点**という。　イ　1と3は液体(水)→気体(水蒸気)，4は液体(水)→固体(氷)の状態変化である。地表近くの気温が下がり，露点以下になると，空気中の水蒸気の一部が凝結して小さな水滴になる。これが地表付近に浮かんだものが雲である。　ウ　金属がもつ性質のうち，温度に関係するものがあてはまる。　エ　露点が14℃なので，理科室の空気中に含まれる水蒸気は12.1g/m^3。湿度は，12.1÷21.8×100＝55.5(%)

(2)　ア　ピストンをすばやく引くと，フラスコ内の空気が膨張して温度が下がる。また，空気が膨張するとき，気圧も下がる。このときフラスコ内の空気の温度が露点以下になり，水蒸気が水滴になった。　イ　地球をとりまく大気には重さがあるので，地表にはこの重さによる圧力である**大気圧**が加わっている。上空にいくほど，その高さに相当する分だけ大気の重さが減るので，気圧は低くなる。

<社会解答>

1　(1)　ア　インド洋　　イ　1　　ウ　4　　(2)　ア　石油輸出国機構[OPEC]
イ　遊牧　　ウ　(例)かつてアフリカ州を植民地にしたヨーロッパの国々の言語を使っているから。

2　(1)　やませ　　(2)　黒潮[日本海流]　　(3)　2　　(4)　エコツーリズム
(5)　(例)[都市問題の解決に向けて,]東京の中心部に集中する都市機能を各地に分散させようとしたため。　　(6)　3

3　(1)　ア　平安　　イ　4　　(2)　ア　応仁の乱[応仁・文明の乱]　　イ　楽市
(3)　ア　(例)株仲間に特権をあたえ，そのかわりに営業税を取るため。　　イ　国学
(4)　X　2　　Y　1　　Z　5

4　(1)　3→1→2　　(2)　(国名)　アメリカ　　(理由)　(例)アメリカは南北戦争の影響のため，アジアへの進出がしばらく止まったから。　　(3)　五箇条の御誓文(五箇条の誓文)
(4)　1　　(5)　吉野作造　　(6)　2

5　(1)　ワイマール憲法　　(2)　参画　　(3)　ア　請願権　　イ　2　　(4)　3
(5)　(例)日当たりを確保する

6　(1)　家計　　(2)　ア　(例)[ほうれんそうの入荷量が]少ないと価格は上がり，多くなると価格は下がる。　　イ　公共料金　　(3)　1　　(4)　ア　介護保険制度　　イ　2

7　(1)　ポリス　　(2)　イギリス　　(3)　イスラム　　(4)　4　　(5)　3

<社会解説>

1　(地理的分野―世界地理－地形・人々のくらし・産業・資源)

(1)　ア　**太平洋・大西洋**と並ぶ**世界三大洋**の一つが**インド洋**である。三大洋の中で最小の大洋で，アジアの南方で，アフリカ大陸とオーストラリア大陸の間に位置し，南は南極大陸に及ぶ。　イ　この地図は**メルカトル図法**で描かれているため，赤道から遠いほど，実際の距離よりも長く描かれる。よって最も短いのは，緯度の最も高い1の直線である。　ウ　18世紀後半から**産業革命**を達成し，世界に先がけて鉄鋼業や機械工業が発達したのは，イギリスであり，オセアニア州

について述べた文としては適切でない。

(2)　ア　国際石油資本などから石油産出国の利益を守るため，欧米の石油カルテルに対抗して，1960年に設立されたのが**石油輸出国機構**(OPEC)である。当初の加盟国は，イラン・イラク・クウェート・サウジアラビア・ベネズエラの5か国であったが，リビア・アルジェリアなどが加わり，また，脱退した国もあって，現在では，14か国が加盟している。　イ　1か所に定住しないで，牛や羊などの家畜とともに水や牧草を求めて，移動しながら牧畜を行うことを**遊牧**という。特にアフリカ北部や西アジアなどで行われている。　ウ　ポルトガルはモザンビークを，イギリスはガーナを，フランスはマリをそれぞれ**植民地**としていた。アフリカ州の多くの国では，かつて植民地支配されていた国の言語を公用語として使用している。

2　**(地理的分野―日本地理－気候・地形・都市・農林水産業，―環境問題)**

(1)　梅雨明け後に，**オホーツク海気団**より吹く，冷たく湿った北東風を**「やませ」**といい，北海道・東北地方の太平洋側に吹き付け，冷害をもたらす。

(2)　東シナ海を北上して，九州と奄美大島の間のトカラ海峡から太平洋に入り，日本の南岸に沿って流れ，房総半島沖を東に流れる暖流を，**黒潮**という。黒潮は，**日本海流**ともいう。これとぶつかるように，北から南下してくる寒流を親潮という。**親潮**は，**千島海流**ともいう。

(3)　松本の気候の特徴は，夏冬の寒暖差が大きいことである。年平均気温は12度程度である。盆地であるため，周囲を山に囲まれて風が吹きにくい夏は暑く，また，冬は冷たい空気が盆地内にたまるため寒い。北側を山脈・山地によってさえぎられているため，大陸から吹いてくる北西の季節風の影響を受けにくく，気温が低い割には冬の降雪量は少ない。降水量は1年を通して少なく，年間降水量は1100mm弱である。松本の**雨温図**は，2である。

(4)　自然などの地域資源を活かしながら，持続的にそれらを利用することを目指した観光のあり方を，**エコツーリズム**という。出題されている知床の他，西表島・屋久島・尾瀬など多くの地域で，積極的な取り組みがなされている。

(5)　東京中心部に集中する機能を，関東地方の各地に移転・分散させ，東京の過密緩和を図る目的で，1960年代以降につくられたことを指摘すればよい。

(6)　この3地方のうち，**畜産**が最も盛んなのは，北海道地方であり，ウが北海道地方である。野菜の割合が最も多いのは，中部地方であり，アが中部地方である。米の割合が最も多いのは，東北地方であり，イが東北地方である。

3　**(歴史的分野―日本史時代別－古墳時代から平安時代・鎌倉時代から室町時代・安土桃山時代から江戸時代，―日本史テーマ別－政治史・経済史・文化史・外交史)**

(1)　ア　**桓武天皇**は，仏教勢力が強く，政治への影響力も強い**平城京**から遷都することを決意した。そして784年に**山背国長岡京**へ遷都がなされた。さらに，怨霊の祟りを恐れるために，都は794年に**平安京**に移された。平安京では，唐の長安にならい，また，陰陽道を考慮した都市づくりがなされた。　イ　**調**は，**正丁**と呼ばれる21歳から60歳までの男子が一定量，**老丁**と呼ばれる老人男子は正丁の2分の1を負担し，**少丁**と呼ばれる若年者は正丁の4分の1を負担したので，4は誤りである。1・2・3は正しい。

(2)　ア　**室町幕府**の8代将軍**足利義政**の後継問題をめぐって，管領の**細川勝元**と侍所の所司**山名宗全**の対立が激化し，管領家の細川氏や斯波氏の家督争いも関わって起こったのが，**応仁の乱**である。全国の守護大名も加わって，1467年から1477年まで争いが続いた。応仁の乱後は，**戦国時代**が到来した。応仁の乱は，応仁・文明の乱ともいう。　イ　市での商人の特権や独占を否

定し，自由営業・課税免除を保証した**戦国大名**の商業政策を，**楽市**という。「楽市令」とは「楽市・楽座」を包括する法令である。**座**とは，特定地域での営業権を与えられた商人の組合である。**織田信長**の**楽市・楽座**が有名だが，戦国大名の間で，おもに城下町・港町の建設と発展に際し，広く行われていた。なお，「楽」とは規制が緩和されて自由な状態となったことを表す言葉である。

(3) ア 幕府は，特定の商人集団を**株仲間**として，一定地域の特権的な営業独占を認め，**運上金**や**冥加金**という営業税を納めさせた。 イ **本居宣長**が18世紀後半に大成させた学問とは，「**国学**」である。「国学」は，江戸時代から明治時代にかけて，日本独自の精神文化を研究した学問である。本居宣長をはじめ，多くの国学者が現れ，さまざまな研究成果を残した。本居宣長の著書としては，古事記の注釈書『**古事記伝**』や政治意見書の『**秘本玉くしげ**』が有名である。

(4) X 794年に**平安遷都**を行ったのは，**桓武天皇**である。桓武天皇は，8世紀末から9世紀初期に在位し，**坂上田村麻呂**を**征夷大将軍**として東北地方の**蝦夷**を討つなど，朝廷権力を大きく伸ばした。 Y 尾張の小さな戦国大名出身で，のちに**室町幕府**の将軍**足利義昭**を京都から追放し，**天下統一**を大きく進めたのは，織田信長である。**楽市・楽座**制を進めるなど，古くからの権威を否定し，新しい時代を切り開きつつあったが，**本能寺の変**で，家臣の**明智光秀**に討たれた。 Z 18世紀後半に**老中**となり，**株仲間**を積極的に奨励して営業の独占権を認めるかわりに，**運上金**を納めさせるなど商工業者の力を利用して，幕府の財政を立て直そうとしたのは，**田沼意次**である。田沼意次は，長崎貿易にも力を入れ，**俵物**と呼ばれる海産物の干物を輸出するなどして，貿易黒字を生み出した。また，**印旛沼**の干拓による農地の拡大に力を入れた。

4 **(歴史的分野―日本史時代別－安土桃山時代から江戸時代・明治時代から現代，―日本史テーマ別－政治史・外交史・法律史・経済史，―世界史－政治史)**

(1) 1 **坂本龍馬**の仲介により，長い間犬猿の仲であった薩摩と長州のあいだに**薩長同盟**が結ばれたのは，1866年である。これにより時代は倒幕へと大きく進んだ。 2 15代将軍の**徳川慶喜**により，天皇家に政権を返上する**大政奉還**が行われたのは，1867年である。自ら政権を天皇に返上することで，新政府の中でも発言力を維持しようという狙いがあった。 3 **大老**の**井伊直弼**が江戸城の桜田門外で，水戸藩の脱藩者らに殺害された**桜田門外の変**は，1860年である。これにより幕府の権威が大きく低下した。したがって，年代の古い順に並べると，3→1→2となる。

(2) (国名) あてはまる国名は，アメリカである。**日米和親条約**で日本を開国させ，**日米修好通商条約**を結び日本との貿易の道を開いたのはアメリカであったが，日本が貿易を始めると，その相手国の中心はイギリスとなっていった。 (理由) アメリカは1861年からは，国内を二分する**南北戦争**が起こり，1865年まで続いたため，アジアへの進出がしばらく止まったことを簡潔に指摘するとよい。

(3) 明治新政府は，旧幕府軍との**戊辰戦争**の最中の1868年3月に，「一 広ク会議ヲ興シ万機公論ニ決スヘシ」で始まる新政府の方針を内外に示した。これが**五箇条の御誓文**である。なお，最近では五箇条の誓文ということが多い。

(4) 1 課税の基準を収穫高にすると，政府の収入が毎年変動して不安定になるため，定額となるよう**地価**を課税基準としたのが**地租改正**である。 2 地租は，1873年当初地価の**3%**と定められたが，農民の反発が強く，**地租改正反対一揆**が頻発したため，1877年に2.5%に引き下げられた。 3 江戸時代の年貢は現物納(米)であったが，地租改正により土地の所有者は現金で納めるようになった。2・3・4のどれも誤りであり，1が正しい。**地券**には，土地の所在地・所有者・面積・地価・税率等が記載されていた。

(5)　**大日本帝国憲法**の枠内で，民意に基づいて政治を進め，民衆の福利を実現することが望ましいという「**民本主義**」を提唱したのが，東京帝国大学で教壇に立つ**吉野作造**である。民本主義を説く論文である「憲政の本義を説いて其有終の美を済すの途を論ず」は，雑誌『**中央公論**』に発表された。吉野作造は，**大正デモクラシー**の理論的リーダーの一人となった。

(6)　**シベリア出兵**を機に，1918年に富山県から起こったのが**米騒動**である。民衆が米の安売りを求めて米穀商を襲う騒動は全国に広がった。**寺内正毅内閣**は，米騒動の鎮圧に天皇の軍隊を利用した責任をとって退陣し，**政友会**の**原敬**による**本格的政党内閣**が成立した。

5　**(公民的分野―憲法の原理・国の政治の仕組み・三権分立・地方自治・基本的人権)**

(1)　1919年に，第一次世界大戦の敗戦国ドイツで制定されたのが**ワイマール憲法**である。当時，世界で最も先進的な憲法といわれ,世界で初めて国家が最低限の生活を保障する**社会権**を規定した憲法である。ドイツ共和国憲法でもよい。

(2)　男女が，社会の対等な構成員として，社会のあらゆる分野における活動に参画する機会が確保され，男女が均等に政治的・経済的・社会的および文化的利益を享受することができ，かつ，ともに責任を担うべき社会を，**男女共同参画社会**という。**男女共同参画社会基本法**は1999年に制定された。

(3)　ア　日本国憲法第16条は「何人も，損害の救済，公務員の罷免，法律，命令又は規則の制定，廃止又は改正その他の事項に関し，平穏に請願する権利を有し，何人も，かかる請願をしたためにいかなる差別待遇も受けない。」と規定している。国民のこの権利を「**請願権**」という。

イ　**首長**の解職については，**地方自治法**において，**有権者**の3分の1の署名をもって，**選挙管理委員会**に直接請求することができると定められている。A市の人口は30万人なので，その3分の1は10万人である。なお，首長の解職ではなく，**条例**の改廃の場合には，有権者の50分の1の署名をもって，首長に直接請求することができることになっている。

(4)　「**控訴**」は第1審に対する不服申し立てで，「**上告**」は第2審に対する不服申し立てのことをいう。問題文の**高等裁判所**に対してするのは，上告ではなく控訴である。よって3が適切ではない。なお，この「控訴」と「上告」は「上訴」ともいう。

(5)　マンションの側面を階段状にすることで，日当たりを確保する，壁状の圧迫感をやわらげる，ビル風をやわらげる，プライバシーが守られやすいなどのことを指摘するとよい。

6　**(公民的分野―経済一般・国民生活と社会保障)**

(1)　家庭の生活設計に従って行われる経済活動を**家計**という。また，その経済活動の結果を金銭面からとらえたものが家計である。

(2)　ア　**需要と供給の法則**により，資料に見られるように，ほうれんそうの入荷量が少ないと価格は上がり，多くなると価格は下がることを指摘すればよい。　イ　国会や政府及び地方公共団体がその料金の決定や改定に直接関与する料金のことを**公共料金**という。主なものとして，国会や政府が決定する社会保険診療報酬や介護報酬などと，政府が認可する電気料金・ガス料金・鉄道運賃・郵便料金・固定電話の通話料金・国内航空運賃，地方自治体が決定する公立学校授業料などがある。

(3)　資本主義の市場経済において，健全で公正な競争状態を維持し，消費者の利益を確保するために，1947年に制定されたのが**独占禁止法**である。その運用のために，同年設置されたのが**公正取引委員会**である。よって，1が正しい。なお，2は**消費者基本法**，3は**製造物責任法(PL法)**，4は**労働基準法**についての説明である。

(4)　ア　2000年から導入され，40歳以上の国民全員が加入して，**介護保険料**を支払い，必要が生じたときに**介護サービス**を受けられる制度を，**介護保険制度**という。　イ　**少子高齢化**の急激な進展により，**高齢者**を支える**現役世代**の数が減少し，現役世代一人あたりの経済的負担は重くなった。

7　**(歴史的分野―世界史－政治史，―日本史時代別－明治時代から現代，―日本史テーマ別－外交史，地理的分野―世界地理－人々のくらし，―日本地理－地形，公民的分野―国際社会との関わり)**

(1)　古代ギリシャの都市国家を，**ポリス**という。特に，多くのポリスで市民の**直接民主政**が行われたことが特徴であり，アテネやスパルタなどが有名である。紀元前8世紀ころに成立し，紀元前5世紀ころ消滅した。

(2)　ロシアの南下を警戒するイギリスと，ロシアの**満州・朝鮮**への進出を抑えようとする日本の利害の一致から，1902年に**日英同盟**が締結された。日本の第一次世界大戦への参戦は，日英同盟を理由として行われた。日英同盟は1922年に，日本・アメリカ・イギリス・フランスの間で結ばれた**四か国条約**により，破棄された。

(3)　インドネシア・パキスタン・インド・バングラデシュが**イスラム**人口を1億人以上抱える国である。これら諸国に次いで，イラン・トルコ・エジプト・ナイジェリアが7千万人台のイスラム人口を有するイスラム国である。トルコでは，イスラム教は国教ではないが，人口の99％がイスラム教信者である。

(4)　諸国民の教育・科学・文化の協力と交流を通じて，国際平和と人類の福祉の促進を目的とした国際連合の専門機関が，**ユネスコ**(国連教育科学文化機関，United Nations Educational Scientific and Cultural Organization **UNESCO**)であり，4が正しい。なお，1の**UNEPは国連環境計画**，2の**UNICEFは国連児童基金**，3の**UNCTADは国連貿易開発会議**である。

(5)　「紀伊山地を背にし，太平洋に面し」の文から，4ではない。「海岸線が東西に延びている」の文から，1や2ではない。「町の南の先端には，潮岬があり」の文から，3であるとわかる。なお，潮岬・八丈町の緯度は，北緯約33度である。

<国語解答>

1　(1)　(例)折り紙の特徴を生かした研究　(2)　(例)紙でさまざまな形を折る遊びのこと。　(3)　4　(4)　(例)目的地に容易に運べ，使ったあとは場所をとらずにしまっておけるよさ。

2　(1)　ア　よくよう　イ　れんか　ウ　どんてん　エ　もよお(し)　オ　あわ(せて)　カ　臓器　キ　寒暖　ク　磁針　ケ　暴(れる)　コ　幸(い)

(2)　ア　2　イ　1

3　(1)　以㆑身親㆑之　(2)　3　(3)　6

4　(1)　4　(2)　宛名が赤ん坊になって　(3)　3　(4)　3　(5)　(例)読むに値するすぐれた内容を，読むにたえる秀でた表現で書くために，読者層を明確にし

5　(1)　2　(2)　将棋自体が嫌い　(3)　1　(4)　(例)プロになることをあきらめて，自分なりの将棋の楽しみかたを見つけてほしい　(5)　4　(6)　A　(例)棋士にはなれない悲しみにおそわれて　B　(例)将棋が好きだという，うそ偽りのない

6　(例)「美しい」は「ひたむきな姿」など人の態度にも使うが，「きれいだ」は「床」など物の見た目について使う。また，「美しい部屋」はセンスがいい家具や物で飾られているイ

メージだが，「きれいな部屋」だとごみがなくて片づいているという感じがする。
　このことから，「美しい」は「そこに存在するものを快く感じる」ことを表し，「きれいだ」は「不快な物が見えない」ことを表すのではないかと考えられる。

<国語解説>

1 (聞き取り－内容吟味)

(1) 木村さんは，「私は，テーマを『**折り紙の特徴を生かした研究**』と設定し，調べることにしました。」と言っている。

(2) 「『折り紙』という言葉の意味」は日本と世界とでは異なるが，木村さんは「日本で使う『折り紙』という言葉の意味」を「**紙でさまざまな形を折る遊びのこと**」と説明している。

(3) 木村さんは，「**発表項目の資料**」を使って，資料の項目順に発表を進めている。これは，**聞き手に分かりやすくなる**ようにするための工夫であるから，4が正解となる。1の「自分の主張」は，発言の最初にはない。2の「反対意見」，3の「問題点」にあたるものは述べられていないので，誤りである。

(4) 木村さんは，田中さんの質問に対して，「**目的地に，容易に運べます**。また，**使ったあとは，場所をとらずにしまっておけます**。」と答えているので，この内容をまとめて書く。

2 (知識－漢字の読み書き)

(1) ア 「**抑揚**」は，文章や声の調子に強弱や高低をつけること。　イ 「**廉価**」は，値段が安いという意味。　ウ 「**曇天**」は，くもり空やくもった天気のこと。　エ 「**催し**」は大勢の人が集まる行事のことで，「イベント」ともいう。　オ 「**併**」の音読みは「ヘイ」で，「併用」「合併」などの熟語を作る。　カ 「**臓器**」は，内臓など体の器官のこと。　キ 「**寒暖**」は，寒さとあたたかさ。　ク 「**磁針**」は，同音異義語の「地震」「自信」などと間違えないようにする。
ケ 「**暴**」の下の部分の形は「氺」である。　コ 「**幸**」は，横画の数に注意する。

(2) ア 「カタづける」を漢字で書くと「**片づける**」となる。　イ 「カンスイ」は漢字で書くと「**完遂**」となり，やりとげるという意味を表す。

3 (漢文－内容吟味，脱文・脱語補充，その他)

(1) 「以身親之」に対応する部分の書き下し文は，「身を以つて之を親らす」である。「以」より「身」を先に読むので，「以」の左下に**レ点**を打つ。また，「親」より「之」を先に読むので，「**親**」の左下に**レ点**を打つ。

(2) 「星を以つて出で，星を以つて入り」は，「朝は早くから星を見て出かけ，夜も遅く星を見て戻り」と現代語訳されている。これは**朝早くから夜遅くまで仕事をする**ということなので，3の「仕事に勤め励むこと」が正解となる。

(3) 空欄Bの次の文に「**力**に任す者は故より労す，**人**に任す者は故より逸す」とあり，「自身の力に頼る者は疲れるが，他人に任せる者は楽なのです」と現代語訳されている。この場合，楽をしているのは「宓子賤(＝我)」，疲れているのは「巫馬期(＝子)」なので，Aには「人」，Bには「力」が入る。したがって，正解は6である。

4 (論説文－内容吟味，文脈把握，脱文・脱語補充，品詞・用法)

(1) 「読まない」は五段活用動詞「読む」の**未然形**。1「<u>する</u>時間」は「する」の連体形，2「<u>借</u>

りた」は「借りる」の連用形，3「決めれば」は「決める」の仮定形，4「話そう」は「話す」の未然形なので，4が正解である。「ない」に続く形だけでなく，「う」に続く形も未然形なので注意する。

(2) 手紙はふつう宛名の人が読むことを想定している。しかし，この場合は**宛名が赤ん坊になっていた**のに，文章は母親が読むことを想定して書かれていたために，つじつまの合わない通信文になってしまったのである。

(3) 空欄の前には，「都下」という宛先を見て，筆者は「のんびりとした雰囲気を味わった」と好意的に捉えたが，「東京の中心街から遠い土地に住んでいることを気にしている人間」が読んだら「複雑な気持ち」かもしれないと書いてある。同じことばでも**相手**によって感じ方が異なるということなので，正解は3となる。

(4) 筆者は，子供の生まれた家への手紙，「下阪」「上京」「都下」など**複数の具体例**とともに，「文章を書くときは読む人のことを考えよう」という**意見**を繰り返し述べている。正解は3。1の「文章作法書の手順に従って」という説明は根拠が示されていないので不適切。本文の最初には2の「疑問」はない。4は，例えば「都下」の例に「間違いを積極的に修正する必要性」は含まれていないので，誤りである。

(5) 傍線部「配慮」は，第一段落に「まずは，**読むに値するすぐれた内容**を盛ること，そして，**読むにたえる秀でた表現**で綴ることである」と説明されている。また，第四段落に「**読み手の方向性をしぼる**配慮」とあるように，読者を明確にすることも示されている。この内容を，前後につながる形で制限字数内にまとめる。

5 (小説―情景・心情，内容吟味，文脈把握)

(1) 「それでも」ということばから，「父」は「祐也」が**負けることを受け入れている**ことがわかる。しかし，「父」は「祐也」に，負けるからといって勝負を放棄するのではなく，**最後まできちんと将棋に向き合ってほしい**と願っているのである。このことを説明した2が正解。1の「『祐也』を奮い立たせようと怒鳴りつけている」や3の「突き放している」は，この前の部分で「もう，休もう」と言って「祐也」の背中をさする「父」の行動と合わない。4は「対戦相手を打ち負かしてほしい」が不適切である。

(2) 「祐也」は何をしても勝てない状況で「いまのままでは，**将棋自体が嫌い**になりそうで，それがなによりこわかった」と考えている。「父」はそのような「祐也」の様子を見て「取り返しのつかないことになる」と言ったのである。

(3) 「ぼとぼと」は水滴などが落ちる様子を表す擬音語である。「ぼ」が濁音をなので，「ぽとぽと」などに比べて**鈍く重い**響きになっている。

(4) 「父」は「祐也」に「**プロを目ざすのは，もうやめにしなさい**」と言っている。しかし，「将棋をやめろ」と言っているのではなく，「**自分なりの将棋の楽しみ方を見つける**」ことを提案しているのである。この内容を，前後につながる形で制限字数内にまとめる。

(5) 「顔がほころぶ」は，表情をくずして笑みを浮かべるという意味である。「祐也」に**対局の結果も聞かず，「いつもどおり」に接してくれる母**の様子に，「祐也」が**ほっとしている**様子を読み取る。正解は4。1の「やる気」「闘志」は，プロ棋士をあきらめようとしている「祐也」の心情として不適切。「祐也」は「将棋を気にかけない母」に「不満」を抱いていないので，2は誤り。3は「厳格な態度の父」が本文と合わず，誤りである。

(6) A 「**悲しみにおそわれた**のは，ベッドに入ってからだ。『もう，**棋士にはなれない**んだ』」という部分をもとに，前後につながるように20字以内で書く。 B 「『おれは**将棋が好きだ**～』う

そ偽りのない思い」という部分をもとに，前後につながるように20字以内で書く。

6 **(作文)**

(1)～(3)の条件を満たすことが必要である。題名は書かず，**二段落構成**で第一段落に「美しい」と「きれいだ」の違いについて**気づいたこと**を書き，第二段落にそのことをふまえた**自分の意見**を書く。制限字数は，**150～200**字である。解答例は，第一段落に「美しい」と「きれいだ」の使い方や印象の違いについて気づいたことを書き，第二段落にそれをふまえた意見を書いている。

書き始めや段落の初めは1字空けるなど，原稿用紙の使い方にも注意する。書き終わったら必ず読み返して，**誤字・脱字**や表現のおかしなところは書き改める。

MEMO

大切なことはメモしておこうネ！

解答用紙集

○月×日 △曜日　天気（合格日和）

◆ご利用のみなさまへ

＊解答用紙の公表を行っていない学校につきましては、弊社の責任において、解答用紙を制作いたしました。

＊編集上の理由により一部縮小掲載した解答用紙がございます。

＊編集上の理由により一部実物と異なる形式の解答用紙がございます。

人間の最も偉大な力とは、その一番の弱点を克服したところから生まれてくるものである。 ――カール・ヒルティ――

東京学参株式会社

※ 175%に拡大していただくと，解答欄は実物大になります。

受 検 番 号

令和6年度県立高等学校入学者選抜学力検査

数　学　解答用紙

【注意】　の欄には何も記入しないこと。

総計	
/100	

1				
(1)	ア		/3	
	イ		/3	
	ウ		/3	
	エ		/3	
	オ		/3	
(2)			/4	
(3)		個	/4	
(4)			/4	
(5)		$a=$	/2	
		$b=$	/2	
(6)		度	/4	
(7)			/4	
(8)			/4	
小計			/43	

2					
(1)	ア		分以上　分未満	/2	
	イ			/3	
(2)	ア	あ		/2	
		い		/2	
		う		/2	
	イ		Aさんの家から峠まで　km ／ 峠から祖父の家まで　km	/3	
小計				/14	

3					
(1)	ア		cm	/2	
	イ		度	/2	
	ウ		cm	/3	
(2)	ア	あ		/2	
		い		/2	
		う		/2	
	イ		cm	/4	
小計				/17	

4				
(1)			/2	
(2)		cm	/3	
(3)	ア		/3	
	イ	cm	/4	
小計			/12	

5					
(1)	ア			/2	
	イ			/3	
(2)	ア	う		/2	
		え		/3	
	イ		人	/4	
小計				/14	

※ 182％に拡大していただくと，解答欄は実物大になります。

受検番号

令和６年度県立高等学校入学者選抜学力検査

英　語　解答用紙

【注意】　　の欄には何も記入しないこと。

総計 /100

								配点
1	(1)	ア		イ		ウ		/9
	(2)	ア		イ		ウ		/9
	(3)	ア		イ				/6
	(4)	(					)	/3
								小計 /27

				配点
2	(1)	ア	You (　　) places.	/2
		イ	Can (　　) to her?	/2
		ウ	You (　　).	/2
	(2)			/2
	(3)	1		/3
		2		/3
				小計 /14

								配点
3	(1)	A		B		C		/9
	(2)							/4
								小計 /13

				配点
4	(1)	ア		/2
		イ		/2
		ウ		/2
	(2)	1		/3
		2		/3
		3		/3
	(3)			/6
				小計 /21

										配点
5	(1)	ア		イ		ウ		エ		/12
	(2)									/4
	(3)	ア		イ		ウ				/9
										小計 /25

青森県公立高校　　2024年度

※ 182%に拡大していただくと，解答欄は実物大になります。

受 検 番 号

令和６年度県立高等学校入学者選抜学力検査

理　科　解 答 用 紙

【注意】　　の欄には何も記入しないこと。

総計 /100

				配点
1	(1)	ア		/2
		イ		/3
	(2)	ア		/2
		イ		/3
	(3)			/3
	(4)	ア		/2
		イ		/3
			小計	/18

				配点
2	(1)	ア		/2
		イ		/3
	(2)	ア		/2
		イ	陰極 陽極	/3
	(3)	ア		/2
		イ	Hz	/3
	(4)	ア	N	/2
		イ		/3
			小計	/20

					配点
3	(1)	ア		倍	/2
		イ			/3
		ウ	①		/2
			②		/2
	(2)	ア			/3
		イ			/3
				小計	/15

				配点
4	(1)	ア		/2
		イ		/3
		ウ	cm³	/3
	(2)	ア		/3
		イ	g	/4
			小計	/15

				配点
5	(1)	ア		/2
		イ	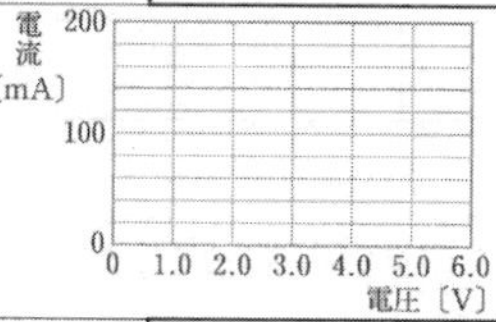	/3
		ウ		/3
	(2)	ア	抵抗器B　Ω 抵抗器D　Ω	/2
		イ	秒間	/2
			小計	/15

				配点
6	(1)	ア		/2
		イ		/3
		ウ		/3
	(2)	ア		/3
		イ	22時　　分　　秒	/3
		ウ	秒	/3
			小計	/17

青森県公立高校　　2024年度

※ 185%に拡大していただくと，解答欄は実物大になります。

受検番号

令和6年度県立高等学校入学者選抜学力検査

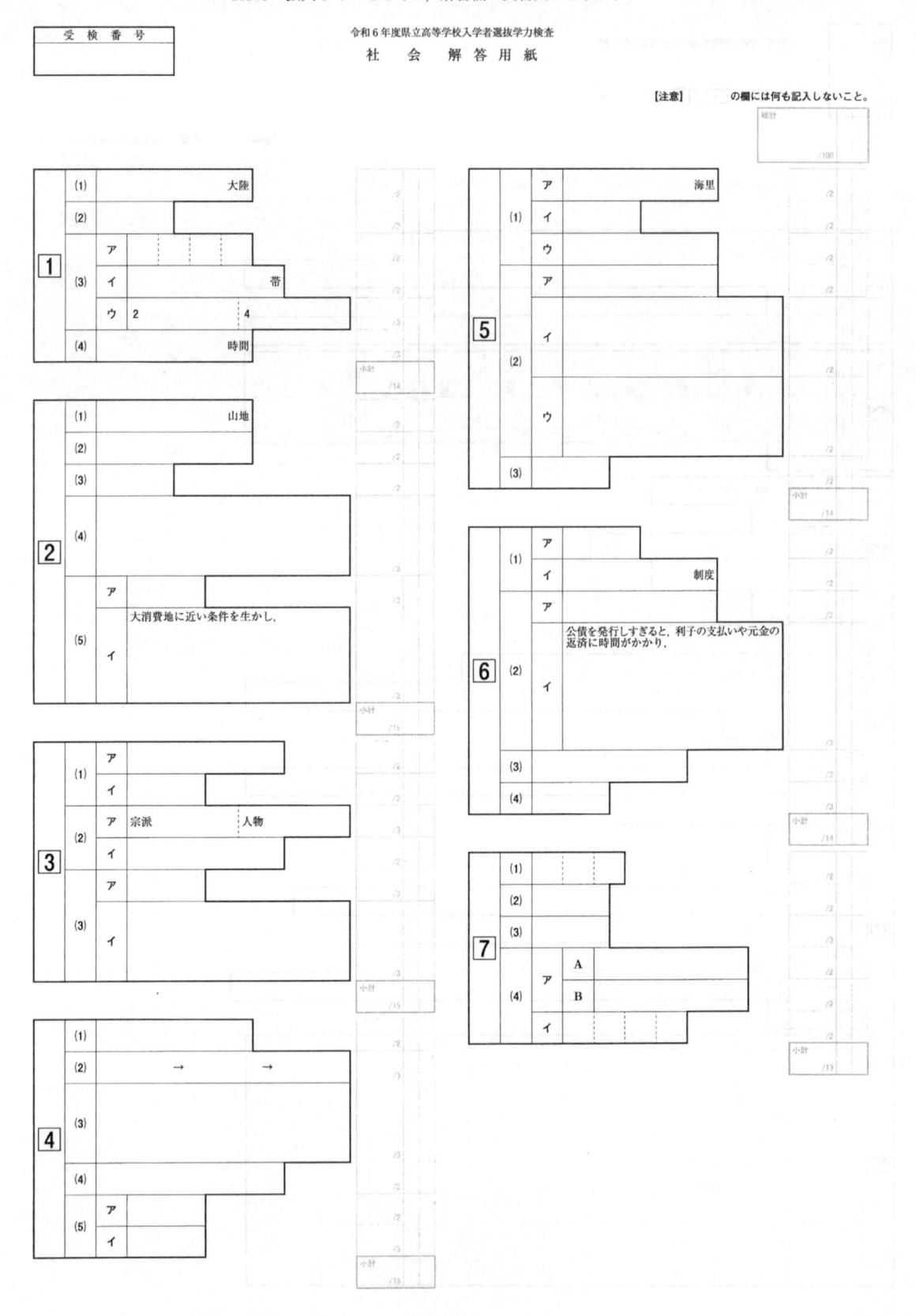

社　会　解答用紙

【注意】　　の欄には何も記入しないこと。

総計
/100

1

(1)		大陸
(2)		
(3)	ア	
	イ	帯
	ウ	2　　4
(4)		時間
小計		/14

2

(1)		山地
(2)		
(3)		
(4)		
(5)	ア	
	イ	大消費地に近い条件を生かし，
小計		/15

3

(1)	ア	
	イ	
(2)	ア	宗派　　人物
	イ	
(3)	ア	
	イ	
小計		/15

4

(1)		
(2)		→　→
(3)		
(4)		
(5)	ア	
	イ	
小計		/15

5

(1)	ア	海里
	イ	
	ウ	
(2)	ア	
	イ	
	ウ	
(3)		
小計		/14

6

(1)	ア	
	イ	制度
(2)	ア	
	イ	公債を発行しすぎると，利子の支払いや元金の返済に時間がかかり，
(3)		
(4)		
小計		/14

7

(1)		
(2)		
(3)		
(4)	ア	A
		B
	イ	
小計		/13

青森県公立高校 2024年度

※189％に拡大していただくと，解答欄は実物大になります。

令和六年度県立高等学校入学者選抜学力検査

国語 解答用紙

受検番号

1

(1)	(2)	(3)	(4)

2

(1)

ア	イ	ウ	エ	オ
寸暇	峡谷	均衡	眺（める）	殊（に）

カ	キ	ク	ケ	コ
トウロク	ハソン	ジュウダン	スジミチ	ス（ます）

(2)

3

(1) ア 謂ヒテ晏子ニ曰ハク　イ　ウ

(2) ア　イ

4

(1) (2) (3) (4) (5)

5

(1) (2) (3) (4) (5) A B (6)

6

【注意】　の欄には何も記入しないこと。

/4	/4	/4	/4	/5	/5	/2	/2	/4	/4	/2	/2	/4	/4	/4	/4	/6	/4	/4	/4	/4	/4	/2	/4	/4	/10	

総計 /100	小計 /16	小計 /12	小計 /14	小計 /22	小計 /26	/10	

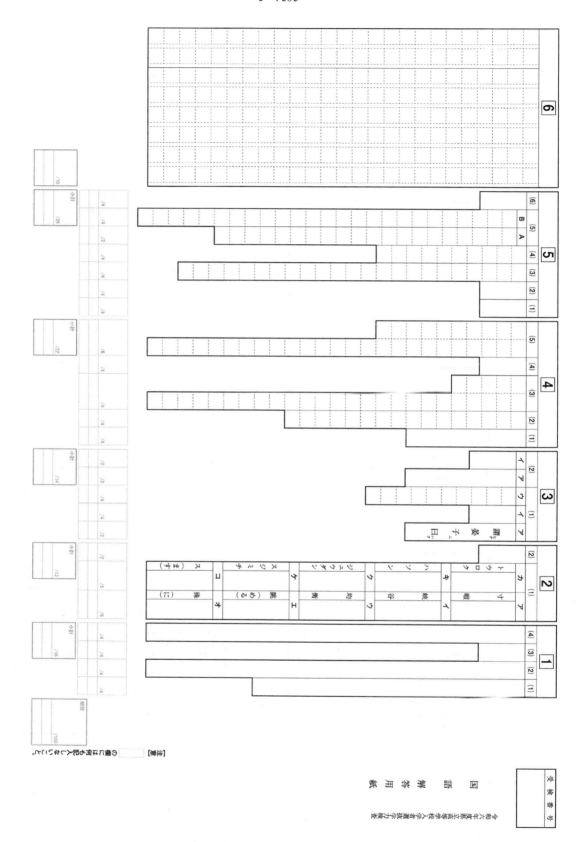

2024年度入試配点表(青森県)

数学	1	2	3	4	5	計
	(1) 各3点×5 (5) 各2点×2 他 各4点×6	(1)イ,(2)イ 各3点×2 ((2)イ完答) 他 各2点×4	(1)ウ 3点 (2)イ 4点 他 各2点×5	(1) 2点 (3)イ 4点 他 各3点×2	(1)ア,(2)ア㋒ 各2点×2 (2)イ 4点 他 各3点×2	100点

英語	1	2	3	4	5	計
	各3点×9	(3) 各3点×2 他 各2点×4	(1) 各3点×3 (2) 各2点×2	(1) 各2点×3 (2) 各3点×3 (3) 6点	(1) 各3点×4 (2) 4点 (3) 各3点×3	100点

理科	1	2	3	4	5	6	計
	(1)ア,(2)ア,(4)ア 各2点×3 他 各3点×4	(1)ア,(2)ア,(3)ア,(4)ア 各2点×4 他 各3点×4 ((1)イ,(2)イ各完答)	(1)ア,(1)ウ 各2点×3 他 各3点×3	(1)ア 2点 (2)イ 4点 他 各3点×3	(1)ア,(2)ア 各2点×3 他 各3点×3	(1)ア 2点 他 各3点×5	100点

社会	1	2	3	4	5	6	7	計
	(3)ウ,(4) 各3点×2 他 各2点×4 ((3)ウ完答)	(4),(5) 各3点×3 他 各2点×3	(2)ア,(3) 各3点×3 他 各2点×3 ((2)ア完答)	(2),(3),(5)イ 各3点×3 他 各2点×3	各2点×7	(2)イ,(4) 各3点×2 他 各2点×4	(3) 3点 他 各2点×5	100点

国語	1	2	3	4	5	6	計
	各4点×4	(1) 各1点×10 (2) 2点	(1)イ・ウ 各4点×2 他 各2点×3	(5) 6点 他 各4点×4	(5)A 2点 他 各4点×6	10点	100点

青森県公立高校　　2023年度

※ 192%に拡大していただくと，解答欄は実物大になります。

受検番号

令和５年度県立高等学校入学者選抜学力検査

数　学　解答用紙

【注意】　　の欄には何も記入しないこと。

総計
/100

1

(1)	ア		/3
	イ		/3
	ウ		/3
	エ		/3
	オ		/3
(2)			/4
(3)	相対度数		/2
	累積相対度数		/2
(4)			/4
(5)	$a=$		/2
	$b=$		/2
(6)		度	/4
(7)		cm	/4
(8)			/4
小計			/43

2

(1)

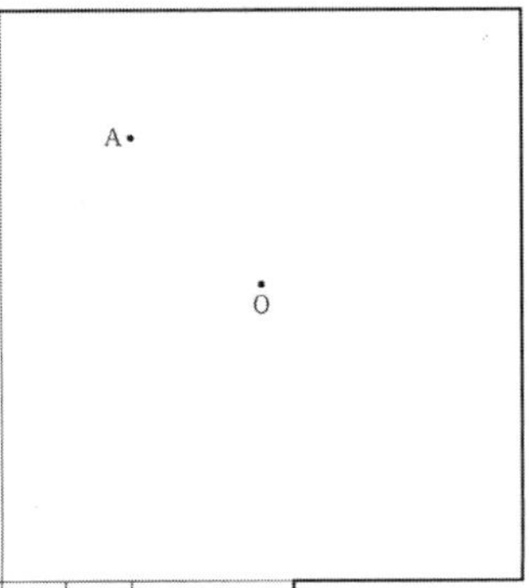

(1)			/3
(2)	ア	あ	/2
		い	/2
		う　　え	/3
		X	/2
	イ		/3
小計			/15

3

(1)	ア		cm	/2
	イ	(ア)	cm^3	/2
		(イ)	cm	/3
(2)	ア	あ		/2
		い		/2
		う		/2
	イ		cm^2	/3
小計				/16

4

(1)	ア		/2
	イ	$a=$	/2
(2)	ア		/3
	イ	$a=$	/4
小計			/11

5

(1)	あ		/2
	い		/2
(2)	ア		/3
	イ	え　（　，　），（　，　），（　，　），（　，　）	/4
		お　（　，　）　りんご　　個，なし　　個	/4
小計			/15

※ 192％に拡大していただくと，解答欄は実物大になります。

受検番号

令和５年度県立高等学校入学者選抜学力検査

英　語　解 答 用 紙

【注意】　　の欄には何も記入しないこと。

総計 /100

1	(1)	ア		イ		ウ		/9	
	(2)	ア		イ		ウ		/9	
	(3)	ア		イ				/6	
	(4)	(					)	/3	小計 /27

2	(1)	ア	(　　), please?	/2
		イ	(　　)?	/2
		ウ	This is a (　　) of numbers.	/2
	(2)			/2
	(3)	1		/3
		2		/3
			小計 /14	

3	(1)	A		B		C		/9
	(2)							/4
							小計 /13	

4	(1)	ア		/2
		イ		/2
		ウ		/2
	(2)	1		/3
		2		/3
		3		/3
	(3)			/6
			小計 /21	

5	(1)	ア		イ		ウ		エ		/12
	(2)									/4
	(3)	ア		イ		ウ				/9
									小計 /25	

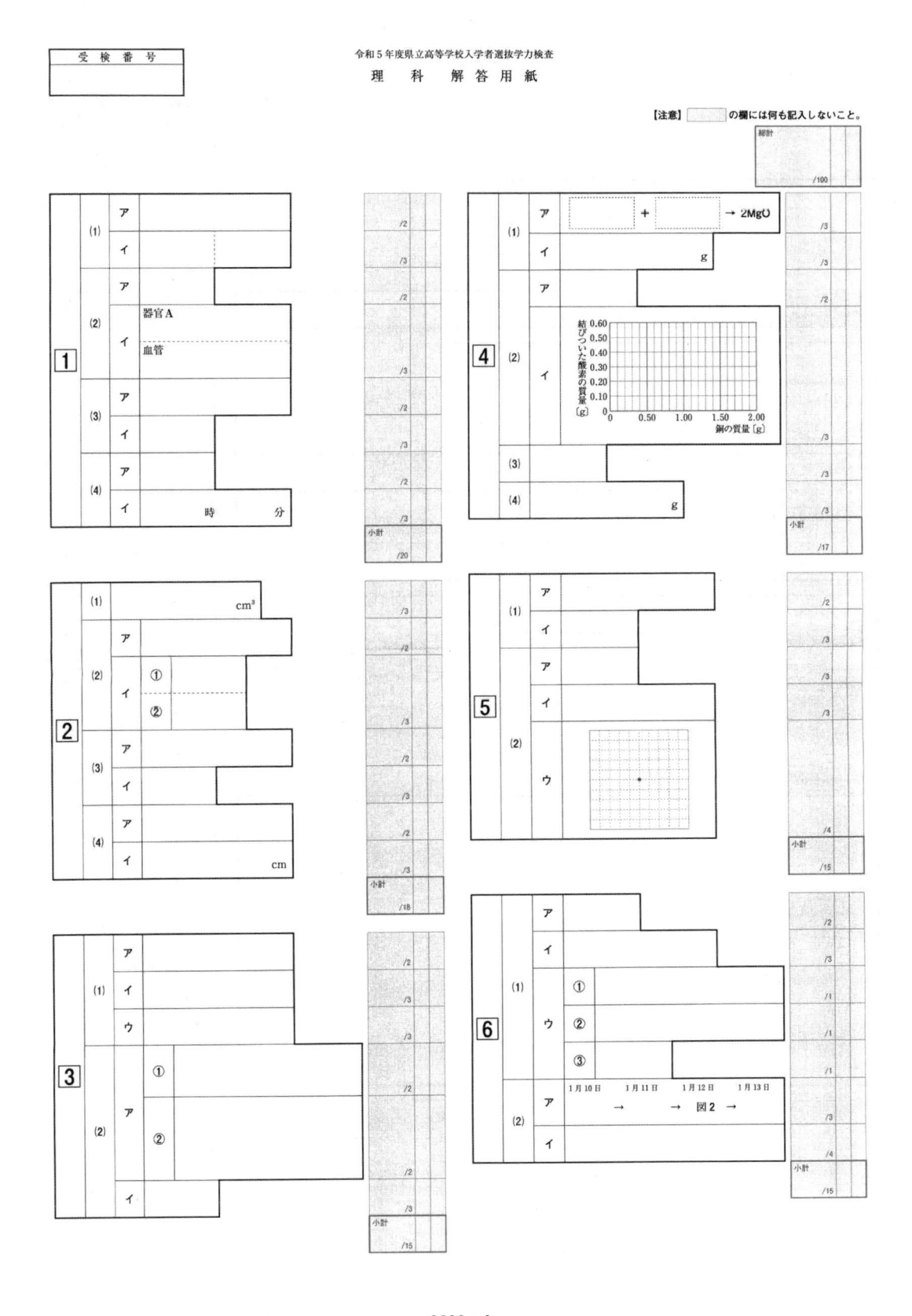

※ 192%に拡大していただくと，解答欄は実物大になります。

受検番号

令和５年度県立高等学校入学者選抜学力検査

理　科　解 答 用 紙

【注意】　　の欄には何も記入しないこと。

総計 /100

1

		解答	配点
(1)	ア		/2
	イ		/3
(2)	ア		/2
	イ	器官A　血管	/3
(3)	ア		/2
	イ		/3
(4)	ア		/2
	イ	時　分	/3
小計			/20

2

		解答	配点
(1)		cm³	/3
(2)	ア		/2
	イ	①　②	/3
(3)	ア		/2
	イ		/3
(4)	ア		/2
	イ	cm	/3
小計			/18

3

		解答	配点
(1)	ア		/2
	イ		/3
	ウ		/3
(2)	ア	①	/2
		②	/2
	イ		/3
小計			/15

4

		解答	配点
(1)	ア	＋　→ 2MgO	/3
	イ	g	/3
(2)	ア		/2
	イ	(グラフ)	/3
(3)			/3
(4)		g	/3
小計			/17

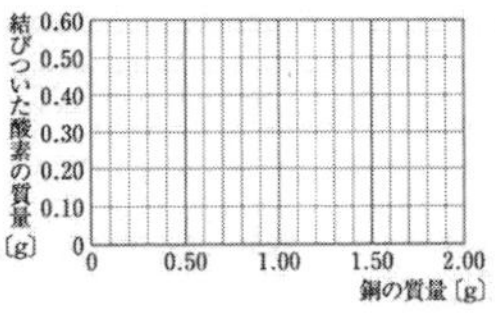

5

		解答	配点
(1)	ア		/2
	イ		/3
(2)	ア		/3
	イ		/3
	ウ	(作図)	/4
小計			/15

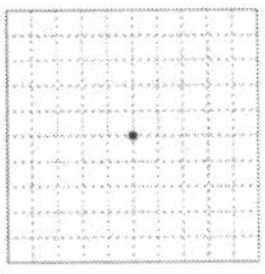

6

		解答	配点
(1)	ア		/2
	イ		/3
	ウ	①	/1
		②	/1
		③	/1
(2)	ア	1月10日 → 1月11日 → 1月12日 図2 → 1月13日	/3
	イ		/4
小計			/15

※ 192%に拡大していただくと，解答欄は実物大になります。

受検番号

令和５年度県立高等学校入学者選抜学力検査

社　会　解答用紙

【注意】　　の欄には何も記入しないこと。

総計	/100

1		配点
(1)		/2
(2)		/2
(3)		/2
(4)	ア	/2
	イ	/2
(5)		/3
小計		/13

2			配点
(1)	ア	市	/2
	イ		/2
	ウ		/2
	エ	A県　B県　C県	/3
(2)	ア		/3
	イ	中国・四国地方	/2
		九州地方	/2
小計			/16

3		配点
(1)	ア	/2
	イ	/3
(2)		/3
(3)	ア	/2
	イ	/2
(4)		/3
小計		/15

4		配点
(1)		/2
(2)		/2
(3)	X Y	/3
(4)	→　→	/3
(5)		/2
(6)		/3
小計		/15

5			配点
(1)			/2
(2)			/2
(3)	ア		/2
	イ		/2
	ウ	C　D	/3
(4)			/3
小計			/14

6		配点
(1)		/2
(2)		/2
(3)		/2
(4)	A　月　B　ドル 番号	/3
(5)		/3
(6)	a　b c　d	/3
小計		/15

7		配点
(1)		/2
(2)		/3
(3)	→　→	/3
(4)		/2
(5)		/2
小計		/12

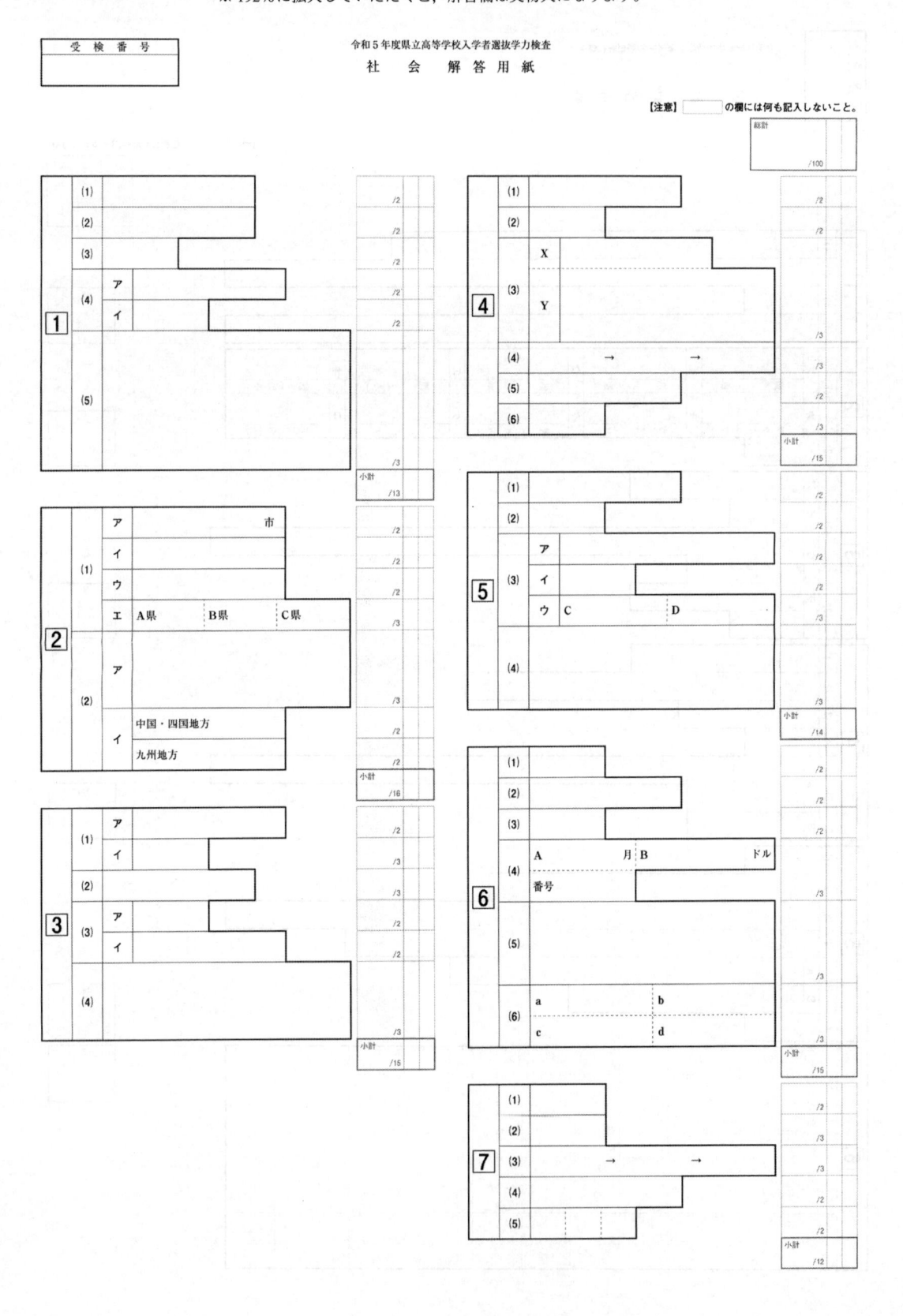

青森県公立高校　2023年度
※192%に拡大していただくと、解答欄は実物大になります。

令和五年度県立高等学校入学者選抜学力検査

国語解答用紙

受検番号

【注意】□の欄には何も記入しないこと。

総計
/100

1

(1) /4
(2) /4
(3) /4
(4) /4

小計 /16

2

(1)

ア	褐色	
イ	迅速	
ウ	寡黙	
エ	控（える）	
オ	狭（める）	
カ	フッキュウ	
キ	ゴクヒ	
ク	サンサク	
ケ	コナ	
コ	タ（らす）	

/5 /5

(2) /2

小計 /12

3

(1) ア /2　イ /4　ウ /4

(2) ア /2　イ /2

小計 /14

4

(1) /4
(2) /4
(3) /4
(4) /4
(5) A /4　B /2

小計 /22

5

(1) /4
(2) /4
(3) /4
(4) /4
(5) A /4　B /2
(6) /4

小計 /26

6

/10

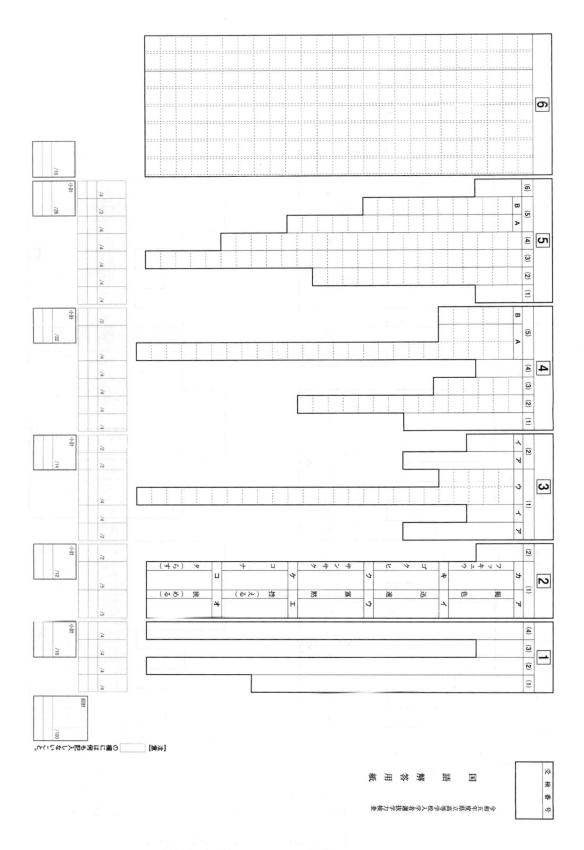

2023年度入試配点表(青森県)

数学	1	2	3	4	5	計
	(1)　各3点×5 (3)・(5)　各2点×4 他　各4点×5	(1),(2)アうえ・イ 各3点×3 ((2)アうえ完答) 他　各2点×3	(1)イ(イ),(2)イ 各3点×2 他　各2点×5	(1)　各2点×2 (2)ア　3点 (2)イ　4点	(1)　各2点×2 (2)ア　3点 (2)イ　各4点×2 (各完答)	100点

英語	1	2	3	4	5	計
	各3点×9	(1)・(2)　各2点×4 他　各3点×2	(1)　各3点×3 (2)　各2点×2	(1)　各2点×3 (2)　各3点×3 (3)　6点	(2)　4点 他　各3点×7	100点

理科	1	2	3	4	5	6	計
	(1)ア,(2)ア,(3)ア,(4)ア 各2点×4 他　各3点×4 ((1)イ,(2)イ各完答)	(2)ア,(3)ア,(4)ア 各2点×3 他　各3点×4 ((2)イ完答)	(1)ア,(2)ア 各2点×3 他　各3点×3 ((1)イ完答)	(2)ア　2点 他　各3点×5 ((1)ア完答)	(1)ア　2点 (2)ウ　4点 他　各3点×3	(1)ア　2点 (1)ウ　各1点×3 (2)イ　4点 他　各3点×2	100点

社会	1	2	3	4	5	6	7	計
	(5)　3点 他　各2点×5	(1)エ,(2)ア 各3点×2 他　各2点×5 ((1)エ完答)	(1)イ,(2),(4) 各3点×3 他　各2点×3	(3),(4),(6) 各3点×3 他　各2点×3 ((3)完答)	(3)ウ,(4) 各3点×2 他　各2点×4 ((3)ウ完答)	(4),(5),(6) 各3点×3 他　各2点×3 ((4),(6)各完答)	(2),(3) 各3点×2 他　各2点×3	100点

国語	1	2	3	4	5	6	計
	各4点×4	(1)　各1点×10 (2)　2点	(1)イ・ウ 各4点×2 他　各2点×3	(5)B　2点 他　各4点×5	(5)B　2点 他　各4点×6	10点	100点

※ 192％に拡大していただくと，解答欄は実物大になります。

受検番号

令和４年度県立高等学校入学者選抜学力検査

数　学　解答用紙

【注意】　　の欄には何も記入しないこと。

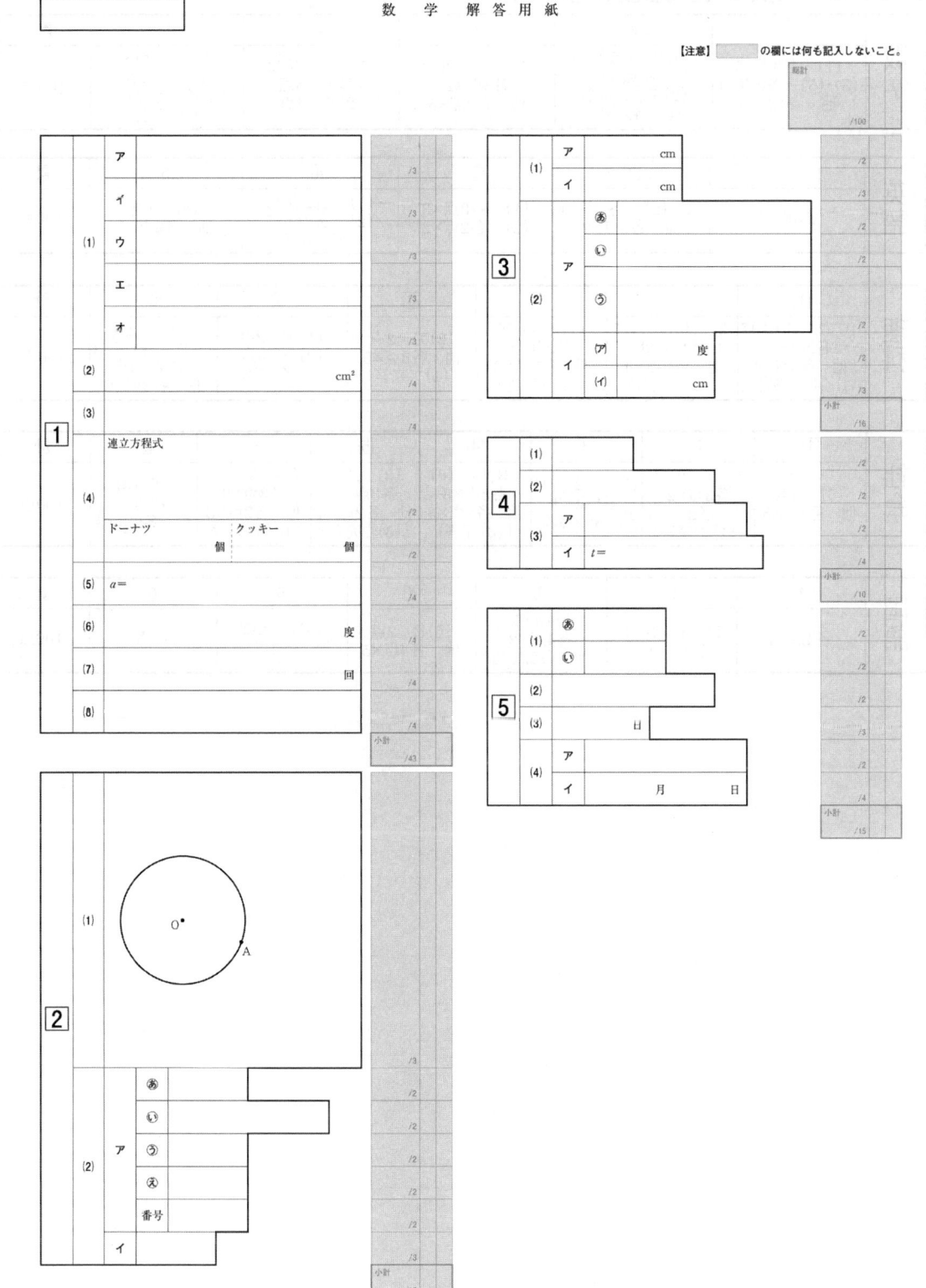

総計 /100

1

			配点
(1)	ア		/3
	イ		/3
	ウ		/3
	エ		/3
	オ		/3
(2)		cm²	/4
(3)			/4
(4)	連立方程式		/2
	ドーナツ　個	クッキー　個	/2
(5)	$a=$		/4
(6)		度	/4
(7)		回	/4
(8)			/4
小計			/43

2

				配点
(1)		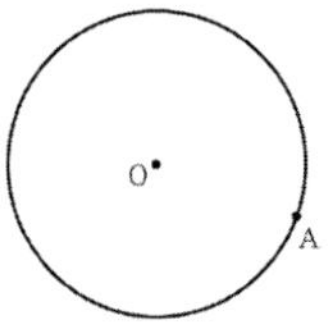		/3
(2)	ア	あ		/2
		い		/2
		う		/2
		え		/2
		番号		/2
	イ			/3
小計				/16

3

				配点
(1)	ア		cm	/2
	イ		cm	/3
(2)	ア	あ		/2
		い		/2
		う		/2
	イ	(ア)	度	/2
		(イ)	cm	/3
小計				/16

4

			配点
(1)			/2
(2)			/2
(3)	ア		/2
	イ	$t=$	/4
小計			/10

5

			配点
(1)	あ		/2
	い		/2
(2)			/2
(3)		日	/3
(4)	ア		/2
	イ	月　日	/4
小計			/15

※ 185%に拡大していただくと，解答欄は実物大になります。

受検番号

令和４年度県立高等学校入学者選抜学力検査

英　語　解答用紙

【注意】　の欄には何も記入しないこと。

総計 /100

								配点	小計
1	(1)	ア		イ		ウ		/9	
	(2)	ア		イ		ウ		/9	
	(3)	ア		イ				/6	
	(4)	( )						/3	/27
2	(1)	ア	( ) things.					/2	
		イ	( ) the coins?					/2	
		ウ	( ) a useful hole in your country's coins.					/2	
	(2)							/2	
	(3)	1						/3	
		2						/3	/14
3	(1)	ア						/2	
		イ						/2	
	(2)	A		B		C		/9	/13
4	(1)	ア						/2	
		イ						/2	
		ウ						/2	
	(2)	1						/3	
		2						/3	
		3						/3	
	(3)							/6	/21
5	(1)	ア		イ		ウ		エ	/12	
	(2)							/4	
	(3)	ア		イ		ウ		/9	/25

青森県公立高校　2022年度

※ 192%に拡大していただくと，解答欄は実物大になります。

受検番号

令和４年度県立高等学校入学者選抜学力検査

理　科　解答用紙

【注意】 ▒▒ の欄には何も記入しないこと。

総計
/100

1

				点
(1)	ア			/2
	イ	①		/1
		②		/1
		③		/1
(2)	ア			/2
	イ			/3
(3)	ア			/2
	イ			/3
(4)	ア			/2
	イ		・　・	/3
小計				/20

2

			点
(1)		g	/3
(2)	ア		/2
	イ		/3
(3)	ア		/2
	イ	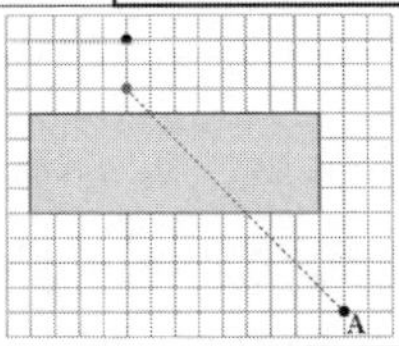	/3
(4)	ア		/2
	イ	時間	/3
小計			/18

3

				点
(1)	ア			/2
	イ			/3
(2)	ア			/3
	イ	X		/2
		Y		/2
(3)	①			/1
	②			/1
	③			/1
小計				/15

4

				点
(1)				/2
(2)	ア			/2
	イ			/3
	ウ	①		/3
		②		
(3)	ア	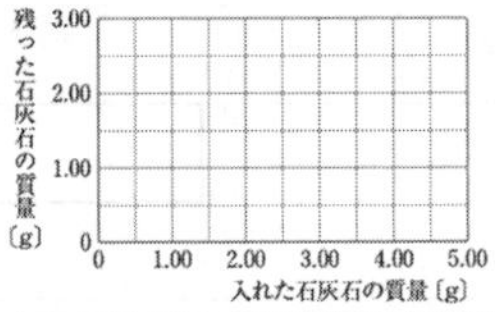		/3
	イ	g		/4
小計				/17

5

				点
(1)	ア			/2
	イ	cm/s		/3
(2)	番号		記号	/3
(3)	ア			/3
	イ	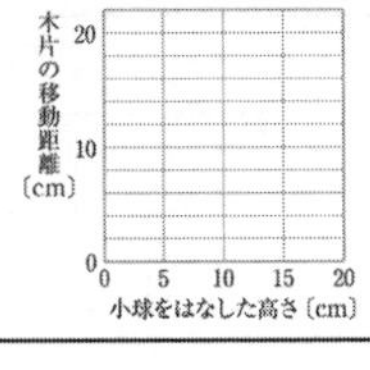		/4
小計				/15

6

				点
(1)	ア			/2
	イ			/3
	ウ	①		/3
		②		
(2)	ア			/3
	イ			/4
小計				/15

※ 189%に拡大していただくと，解答欄は実物大になります。

受検番号

令和４年度県立高等学校入学者選抜学力検査

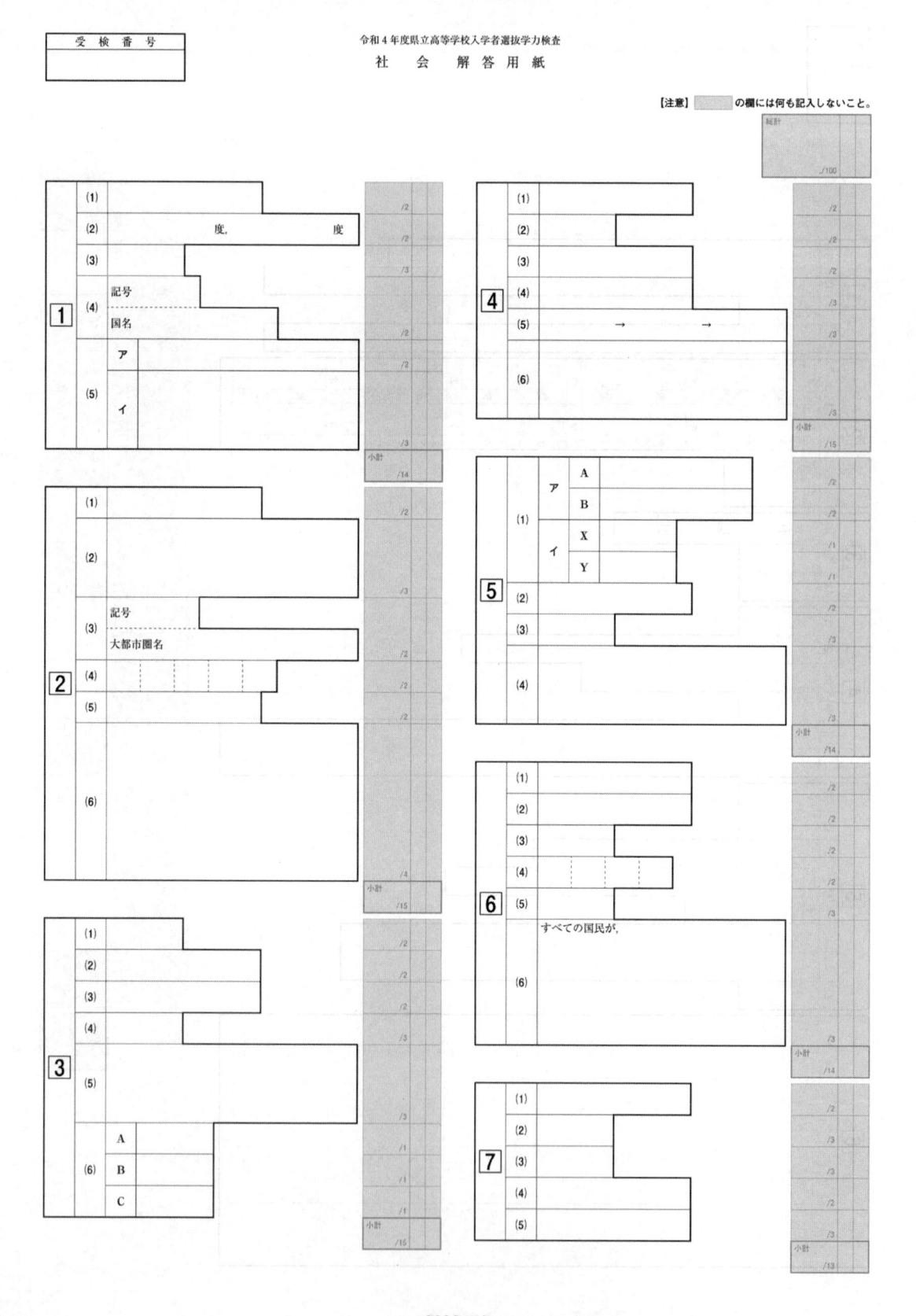

社　会　解 答 用 紙

【注意】　　　の欄には何も記入しないこと。

総計
/100

1

			配点
(1)			/2
(2)	度，	度	/2
(3)			/3
(4)	記号		/2
	国名		
(5)	ア		/2
	イ		/3
小計			/14

2

			配点
(1)			/2
(2)			/3
(3)	記号		/2
	大都市圏名		
(4)			/2
(5)			/2
(6)			/4
小計			/15

3

			配点
(1)			/2
(2)			/2
(3)			/2
(4)			/3
(5)			/3
(6)	A		/1
	B		/1
	C		/1
小計			/15

4

		配点
(1)		/2
(2)		/2
(3)		/2
(4)		/3
(5)	→ →	/3
(6)		/3
小計		/15

5

				配点
(1)	ア	A		/2
		B		
	イ	X		/1
		Y		/1
(2)				/2
(3)				/3
(4)				/3
小計				/14

6

		配点
(1)		/2
(2)		/2
(3)		/2
(4)		/2
(5)		/3
(6)	すべての国民が，	/3
小計		/14

7

		配点
(1)		/2
(2)		/3
(3)		/3
(4)		/2
(5)		/3
小計		/13

青森県公立高校 2022年度

※189%に拡大していただくと、解答欄は実物大になります。

令和四年度青森県立高等学校入学者選抜学力検査

国語解答用紙

受検番号

【注意】 の欄には何も記入しないこと。

1 (1) (2) (3) (4)

2 (1) ア 不屈 イ 激励 ウ 飼 エ 滞（かす） オ 顧（みる） カ ソン キ チュウセイ ク ホシュウ ケ マネ（く） コ ノゾ（く） (2) ア イ

3 (1) 有リ 適クセン 矣ニ (2) (3)

4 (1) (2) (3) (4) (5)

5 (1) (2) (3) (4) ア イ (5) (6)

6

/4 /4 /4 /4 小計 /16

/5 /5 /2 /2 小計 /14

/4 /4 /4 小計 /12

/4 /4 /4 /4 /6 小計 /22

/4 /4 /4 /2 /2 /6 /4 小計 /26

/10

総計 /100

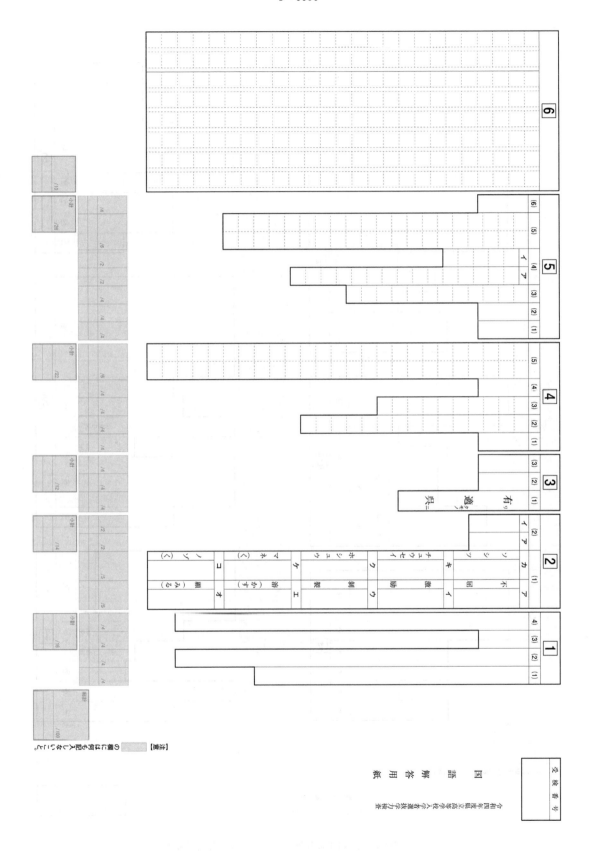

2022年度入試配点表(青森県)

数学	1	2	3	4	5	計
	(1)　各3点×5 (4)　各2点×2 他　各4点×6((4)ドーナツとクッキーの個数完答)	(1),(2)イ 各3点×2 他　各2点×5	(1)イ,(2)イ(イ) 各3点×2 他　各2点×5	(3)イ　4点 他　各2点×3	(3)　3点 (4)イ　4点 他　各2点×4	100点

英語	1	2	3	4	5	計
	各3点×9	(1)・(2)　各2点×4 他　各3点×2	(1)　各2点×2 (2)　各3点×3	(1)　各2点×3 (2)　各3点×3 (3)　6点	(2)　4点 他　各3点×7	100点

理科	1	2	3	4	5	6	計
	(1)イ　各1点×3 (1)ア,(2)ア,(3)ア,(4)ア 各2点×4　他　各3点×3((4)イ完答)	(2)ア,(3)ア,(4)ア 各2点×3 他　各3点×4	(3)　各1点×3 (1)ア・(2)イ 各2点×3 他　各3点×2	(1)　各1点×2 (2)ア 2点　(3)イ 4点　他　各3点 ×3((2)ウ完答)	(1)ア　2点 (3)イ　4点 各3点×3 ((2)完答)	(1)ア　2点 (2)イ　4点 他　各3点×3 ((1)ウ完答)	100点

社会	1	2	3	4	5	6	7	計
	(3),(5)イ 各3点×2 他　各2点×4 ((4)完答)	(2)　3点 (6)　4点 他　各2点×4 ((3)完答)	(4),(5) 各3点×2 (6)　各1点×3 他　各2点×3	(1)～(3) 各2点×3 他　各3点×3	(1)イ　各1点×2 (3),(4) 各3点×2 他　各2点×3	(5),(6) 各3点×2 他　各2点×4	(1),(4) 各2点×2 他　各3点×3	100点

国語	1	2	3	4	5	6	計
	各4点×4	(1)　各1点×10 他　各2点×2	各4点×3	(5)　6点 他　各4点×4	(4)　各2点×2 (5)　6点 他　各4点×4	10点	100点

※ 161%に拡大していただくと，解答欄は実物大になります。

受検番号

令和３年度県立高等学校入学者選抜学力検査

数学解答用紙

1

(1) ア		(2)		(7)	回
イ		(3)		(8)	
ウ		(4)	$y=$		
エ		(5)	$n=$		
オ		(6)			

2

(1) ア		イ		ウ	エ	オ
(2) ア		イ				

3

(1) ア	cm^3	イ	cm	
(2) ア	あ		い	
	う			
イ	(ア)		(イ)	cm

4

(1)		(2)		(3)		(4)	

5

(1) あ		い		う	

(2) ア

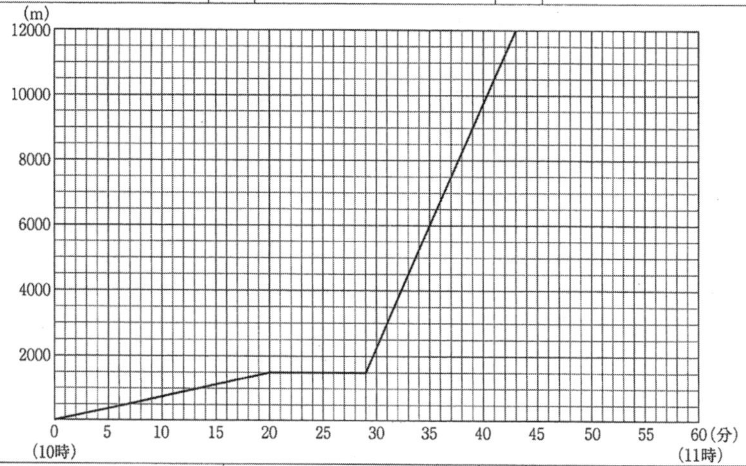

イ　午前　時　分	m	(3)	午前　時　分

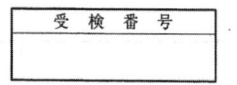

※ 164%に拡大していただくと，解答欄は実物大になります。

受検番号

令和3年度県立高等学校入学者選抜学力検査

英　語　解答用紙

1	(1)	ア		イ		ウ	
	(2)	ア		イ		ウ	
	(3)	ア		イ			
	(4)	(					).

2	(1)	ア	(　　) food in this restaurant ?
		イ	(　　) paella.
		ウ	(　　).
	(2)		
	(3)		Hello, everyone. I'm あなたの名前. Today, I'm going to talk about Japanese culture. 〔 〕 Thank you.

3	(1)	ア			
		イ			
		ウ			
	(2)	A		B	

4	(1)	ア		イ		ウ	
	(2)	1					
		2					
		3					
	(3)	1					
		2					

5	(1)	ア		イ		ウ		エ	
	(2)	ア		イ		ウ			
	(3)								

※ 159％に拡大していただくと，解答欄は実物大になります。

受　検　番　号

令和３年度県立高等学校入学者選抜学力検査

理　科　解答用紙

1

(1)	ア		イ	
(2)				
(3)	ア		イ	g
(4)	ア			
(4)	イ			

2

(1)	ア				
(1)	イ				
(2)	ア		イ	名称	質量　g
(3)	ア		イ	① ②	③
(4)	ア	運動エネルギー最大　点	位置エネルギー最大　点	イ	倍

3

(1)		(2)	
(3)		(4)	
(5)	① ② ③	(6)	

4

(1)		(2)	g	(3)	
(5)	g				

(4)

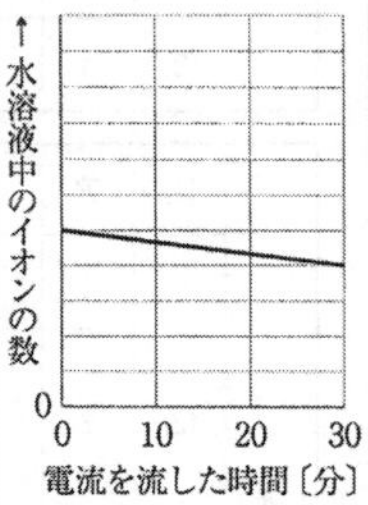

5

(1)	ア		イ		ウ	Pa
(2)	ア	N	イ			

6

(1)				
(2)				
(3)	化石	番号	(4)	ア　m

イ

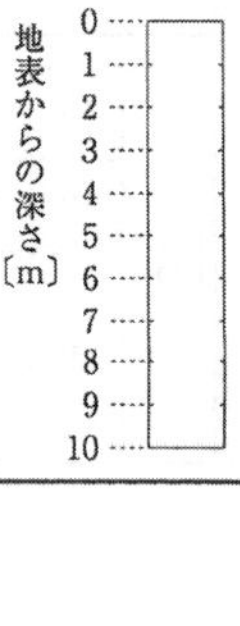

※ 156%に拡大していただくと，解答欄は実物大になります。

受検番号

令和３年度県立高等学校入学者選抜学力検査

社会　解答用紙

1

(1)	ア	大陸	イ		(2)	
(3)	ア		イ			
	ウ	カナダ，アメリカ，メキシコの３か国は，				

2

(1)	ア		イ		ウ		
(2)		(3)	A		B		(4)

3

(1)		(2)	ア		イ	
(3)		(4)				
(5)	→ →	(6)				

4

(1)		(2)		
(3)	ア		イ	
(4)		(5)		
(6)				

5

(1)		(2)		(3)		
(4)	さん	さん	さん	さん	(5)	
(6)						

6

(1)		(2)				
(3)	ア		イ		(4)	
(5)						

7

(1)		(2)		(3)	
(4)		(5)			

青森県公立高校　２０２１年度

※１６４%に拡大していただくと、解答欄は実物大になります。

受検番号

令和三年度県立高等学校入学者選抜学力検査

国語　解答用紙

1
(1)
(2)
(3)
(4)

2
(1)
ア 丹精
イ 網羅
ウ 鋳造
エ 促（す）
オ 詣（でる）
カ ジュンジョ
キ カンケツ
ク コクソウ
ケ ノゾ（む）
コ ネ
(2)
ア
イ

3
(1)
(2)
(3)

4
(1)
(2)
(3)
(4) A B
(5)

5
(1)
(2)
(3)
(4) A B
(5)
(6)

6

2021年度入試配点表(青森県)

数学	1	2	3	4	5	計
	(1)　各3点×5 他　各4点×7	(1)ウ～オ 3点(完答) (2)イ 4点 他　各2点×3	(1)イ,(2)イ(イ) 各3点×2 他　各2点×5	(3)　3点 (4)　4点 他　各2点×2	(1)　各2点×3 (2)ア　3点 他　各4点×2	100点

英語	1	2	3	4	5	計
	各3点×9	(3)　6点 他　各2点×4	(1)　各3点×3 (2)　各2点×2	(1)　各2点×3 他　各3点×5	(3)　4点 他　各3点×7	100点

理科	1	2	3	4	5	6	計
	(1)ア,(3)ア,(4)ア 各2点×3 他　各3点×4	(1)ア,(2)ア,(3)ア, (4)ア　各2点×4 他　各3点×4 ((2)イ,(3)イ,(4)ア各完答)	(4)　各1点×2 他　各3点×5 ((5)完答)	(3)　2点 (5)　4点 他　各3点×3	各3点×5	各3点×5 ((3)完答)	100点

社会	1	2	3	4	5	6	7	計
	(2),(3)ウ 各3点×2 他　各2点×4	(2),(4) 各3点×2 他　各2点×5	(4)　3点 他　各2点×6	(6)　3点 他　各2点×6	(4),(6) 各3点×2 ((4)完答) 他　各2点×4	(3)ア,(5) 各3点×2 他　各2点×4	(1),(5) 各3点×2 他　各2点×3	100点

国語	1	2	3	4	5	6	計
	各4点×4	(1)　各1点×10 (2)　各2点×2	各4点×3	(5)　6点 (4)　各2点×2 他　各4点×3	(4)　各2点×2 (5)　6点 他　各4点×4	10点	100点

受検番号

令和２年度県立高等学校入学者選抜学力検査

数　学　解 答 用 紙

1	(1)	ア		(2)		(5)	
		イ		(3)		(6)	個
		ウ		(4)		(7)	度
		エ				(8)	cm^2
		オ					

2	(1)	ア		イ		ウ	
		エ		オ			
	(2)	ア	度	イ			

3	(1)	ア	cm	イ	cm^3	ウ	度			
	(2)	ア	あ		い		う		え	
		イ	倍							

4	(1)		(2)		
	(3)	ア		イ	

5	(1)	$a =$		(3)
	(2)	あ		
		い		
		う		
	(4)	cm		

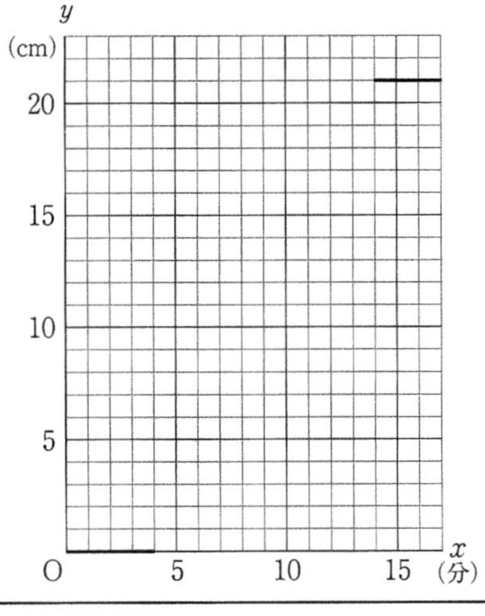

※この解答用紙は159％に拡大していただきますと，実物大になります。

受検番号

令和２年度県立高等学校入学者選抜学力検査

英　語　解答用紙

1	(1)	ア		イ		ウ	
	(2)	ア		イ		ウ	
	(3)	ア		イ			
	(4)	(					).

2	(1)		
	(2)	ア	I have (　　　) came to Aomori.
		イ	By the way, do you (　　　) cruise ships in winter ?
		ウ	I think (　　　) in winter in Aomori.
	(3)	Hello. I'm あなたの名前. Nice to meet you.〔　　　〕Thank you.	

3	(1)	ア			
		イ			
		ウ			
	(2)	A		B	

4	(1)	ア		イ		ウ	
	(2)	1					
		2					
		3					
	(3)	1					
		2					

5	(1)	ア		イ		ウ		エ	
	(2)	ア		イ		ウ			
	(3)								

※この解答用紙は161％に拡大していただきますと，実物大になります。

受検番号

令和２年度県立高等学校入学者選抜学力検査

理　科　解答用紙

1	(1)	ア		イ	
	(2)	ア		イ	
	(3)	ア		イ	km
	(4)	ア		イ	① ②

2	(1)	ア		イ	$2Ag_2O$ → ［ ］ + ［ ］
	(2)	ア		イ	g
	(3)	ア		イ	g
	(4)	ア	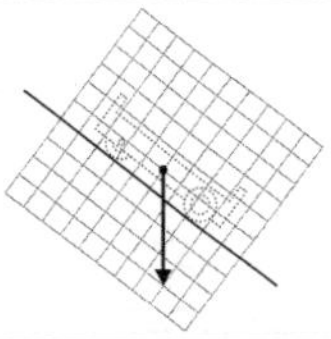	イ	倍

3	(1)		(2)		
	(3)	ア		イ	
		ウ	a → → → → →		
	(4)				

4	(1)							
	(2)							
	(3)		(4)	ア	g	イ	ウ	g

5	(1)	ア		イ	V	ウ	A	エ	
	(2)	ア		イ					

6	(1)	ア		イ	
		ウ		エ	%
	(2)	ア		イ	

※この解答用紙は164％に拡大していただきますと，実物大になります。

受　検　番　号

令和２年度県立高等学校入学者選抜学力検査

社　会　解 答 用 紙

1	(1)	ア		イ		ウ			
	(2)	ア		イ					
		ウ							
2	(1)		(2)		(3)				
	(4)								
	(5)	都市問題の解決に向けて，							
	(6)								
3	(1)	ア		イ					
	(2)	ア		イ					
	(3)	ア							
		イ		(4)	X		Y		Z
4	(1)	→ →							
	(2)	国名	理由						
	(3)		(4)		(5)				
	(6)								
5	(1)		(2)						
	(3)	ア		イ		(4)			
	(5)								
6	(1)								
	(2)	ア	ほうれん草の入荷量が						
		イ							
	(3)		(4)	ア		イ			
7	(1)		(2)		(3)				
	(4)		(5)						

※この解答用紙は164％に拡大していただきますと，実物大になります。

令和二年度県立高等学校入学者選抜学力検査

国語解答用紙

受検番号

1
(1)
(2)
(3)
(4)

2
(1)
ア 抑揚
イ 廉価
ウ 曇天
エ 催(し)
オ 併(せて)
カ ゾウキ
キ カンダン
ク ジシン
ケ アバ(れる)
コ サイワ(い)
(2)
ア
イ

3
(1) 以ッテ身ヲ親ラス之ヲ
(2)
(3)

4
(1)
(2)
(3)
(4)
(5)

5
(1)
(2)
(3)
(4)
(5)
(6)
A
B

6

※この解答用紙は161%に拡大していただきますと、実物大になります。

2020年度入試配点表(青森県)

数学	1	2	3	4	5	計
	(1)　各3点×5 他　各4点×7	(1)　各2点×5 (2)ア　2点 イ　3点	(1)ア　2点 イ・ウ　各3点×2 (2)ア　各1点×4 イ　4点	(3)ア　3点 イ　4点 他　各2点×2	(3)　3点 (4)　4点 他　各2点×4	100点

英語	1	2	3	4	5	計
	各3点×9	(3)　6点 他　各2点×4	(1)　各3点×3 (2)　各2点×2	(1)　各2点×3 他　各3点×5	(3)　4点 他　各3点×7	100点

理科	1	2	3	4	5	6	計
	(1)ア,(2)ア,(3)ア, (4)ア　各2点×4 他　各3点×4	(1)ア,(2)ア,(3)ア, (4)ア　各2点×4 他　各3点×4	(1),(3)ア・イ 各2点×3 他　各3点×3	(1),(3),(4)ア 各2点×3 他　各3点×3	(1)ア・ウ,(2)ア 各2点×3 他　各3点×3	(1)ア・イ,(2)ア 各2点×3 他　各3点×3	100点

社会	1	2	3	4	5	6	7	計
	(1)イ,(2)ウ 各3点×2 他　各2点×4	(3),(5),(6) 各3点×3 他　各2点×3	(3)ア　3点 (4)X・Y・Z 各1点×3 他　各2点×5	(1),(2),(4) 各3点×3 他　各2点×3	(3)イ,(5) 各3点×2 他　各2点×4	(2)ア,(4)イ 各3点×2 他　各2点×4	(2),(5) 各3点×2 他　各2点×3	100点

国語	1	2	3	4	5	6	計
	各4点×4	(1)　各1点×10 (2)　各2点×2	各4点×3	(5)　6点 他　各4点×4	(4)　6点 (6)　各2点×2 他　各4点×4	10点	100点

MEMO

大切なことはメモしておこうネ！

MEMO

大切なことはメモしておこうネ！

MEMO

大切なことはメモしておこうネ！

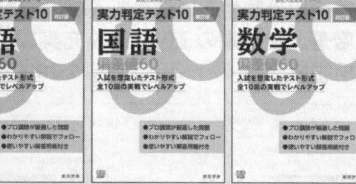

〈ダウンロードコンテンツについて〉

本問題集のダウンロードコンテンツ、弊社ホームページで配信しております。現在ご利用いただけるのは「2025年度受験用」に対応したもので、**2025年3月末日**までダウンロード可能です。弊社ホームページにアクセスの上、ご利用ください。

※配信期間が終了いたしますと、ご利用いただけませんのでご了承ください。

青森県公立高校　2025年度

ISBN978-4-8141-3252-2

[発行所] 東京学参株式会社

〒153-0043　東京都目黒区東山2-6-4

書籍の内容についてのお問い合わせは右のQRコードから　⇒

※書籍の内容についてのお電話でのお問い合わせ、本書の内容を超えたご質問には対応できませんのでご了承ください。

2024年5月31日　初版